Einführung in die Kryptologie

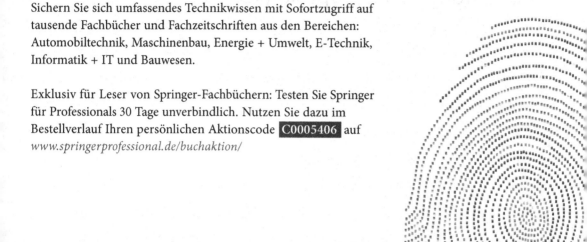

Karin Freiermuth • Juraj Hromkovič
Lucia Keller • Björn Steffen

Einführung
in die Kryptologie

Lehrbuch für Unterricht
und Selbststudium

2., überarbeitete Auflage

Karin Freiermuth
Prof. Dr. Juraj Hromkovič
Dr. Lucia Keller
Dr. Björn Steffen

ETH Zürich
Zürich, Schweiz

ISBN 978-3-8348-1855-3 ISBN 978-3-8348-2269-7 (eBook)
DOI 10.1007/978-3-8348-2269-7

Die Deutsche Nationalbibliothek verzeichnet diese Publikation in der Deutschen Nationalbibliografie; detaillierte bibliografische Daten sind im Internet über http://dnb.d-nb.de abrufbar.

Springer Vieweg
© Springer Fachmedien Wiesbaden 2010, 2014

Springer Vieweg ist eine Marke von Springer DE. Springer DE ist Teil der Fachverlagsgruppe Springer Science+Business Media.
www.springer-vieweg.de

Vorwort zur 1. und 2. Auflage

Die Kryptologie als Lehre der Geheimschriften ist eine der faszinierendsten Wissenschaftsdisziplinen der Gegenwart. Sie ist voll von spannenden Puzzle-Aufgaben und pfiffigen Lösungen. Bei der Suche nach Lösungen bringt sie unerwartete Wendungen und öffnet – ähnlich wie es uns die Physik öfters vorgeführt hat – Türen, die das Unmögliche möglich machen. Und bei allen diesen besonderen Gedankenexperimenten hat die Kryptologie keinen langen Weg vom Abstrakten zur Praxis. Die meisten Entdeckungen können direkt für den Entwurf von sicheren Kommunikationssystem verwendet werden. Der heutige elektronische Handel, Online-Shopping oder Online-Banking wären ohne die modernen Konzepte der Kryptologie unmöglich.

Dieses Gebiet zu meistern erfordert einigen Tiefgang, und insbesondere für den Unterricht an Hochschulen wurden in den letzten Jahren mehrere Lehrbücher geschrieben. Das Ziel dieses Buches ist ein anderes. Es soll für alle Anfänger im Selbststudium zugänglich sein, sogar auch ohne Vorwissen aus den Gebieten der Mathematik wie Algebra und Zahlentheorie, die maßgebend für die Entwicklung moderner Kryptosysteme sind.

Somit eignet sich das Buch für Schülerinnen, Schüler und Studierende aller Art, von der Sekundarstufe II bis zum Universitätsstudium, sowie für Lehrpersonen, die Kryptologie selber unterrichten wollen. Die Schwerpunkte des didaktischen Vorgehens sind die folgenden:

1. Präzise Begriffsbildung und konsequente Verwendung der Fachsprache, die dem aktuellen Stand der Schülerinnen und Schüler entspricht.

2. Langsames und leitprogrammartiges Vorgehen in kleinen Schritten, die sofort durch zahlreiche Aufgaben (auch mit Lösungen und Beschreibungen der Überlegungen und Strategien) gefestigt werden.

3. Fokus auf der inneren Philosophie der Disziplin mittels Schilderung der geschichtlichen Entwicklung der wichtigsten Ideen und Konzepte. Damit vermitteln wir ein tiefes Verständnis für den Kontext dieses Wissenschaftsgebiets.

4. Hinweise für die Lehrpersonen zum Umgang mit diesem Lehrmittel, dem Stoff, den möglichen Schwierigkeiten bei dessen Übermittlung sowie zusätzliche fachliche Hintergründe sind an den entsprechenden Stellen im Lehrbuch verzeichnet.

5. Mittels vielen puzzle-artigen Aufgabenstellungen und überraschenden Lösungsideen sowie Einblicken in die Geschichte unterschiedlicher Kryptosysteme wird für Spannung gesorgt und die Motivation zur weiteren Vertiefung geweckt.

Fachlich vermittelt das Lehrbuch die Grundlagen der klassischen Kryptographie und der entsprechenden Kryptoanalyse sowie die Fundamente der Public-Key-Kryptographie mit ausgewählten Anwendungen. Der rote Faden durch das ganze Buch ist die Entwicklung des Begriffes eines sicheren Kryptosystems. Wir beginnen mit den naiven Geheimschriften der Antike und des Mittelalters, fahren mit dem Kerkhoffs-Prinzip der Sicherheit und der perfekten Sicherheit im statistischen Sinn fort und enden mit dem komplexitätstheoretischen Sicherheitskonzept der modernen Kryptosysteme.

Das Buch besteht aus elf Lektionen, jede umfasst 4 bis 12 Unterrichtsstunden. Das Buch bietet Lehrpersonen eine große Auswahl. Mehrere Lektionen sind optional und können ohne Konsequenzen für das Verständnis der nachfolgenden Lektionen übersprungen werden. Jede Lektion bietet mehrere Stufen der Vertiefung, so dass auch nur gewisse Teile im Unterricht behandelt werden können. Alle diese Auswahlmöglichkeiten werden in Hinweisen an die Lehrperson angegeben.

Für ein minimales zugeschnittenes Programm braucht man kein Vorwissen. Für vertiefende Passagen setzen wir elementare Mathematikkenntnisse aus der Kombinatorik, der Wahrscheinlichkeitstheorie und die Fähigkeit lineare Gleichungssysteme zu lösen voraus. Alle anderen Kenntnisse der Algebra und der Zahlentheorie werden mittels entsprechender kryptographischer Motivation direkt im Lehrbuch vermittelt. Somit eignet sich das Lehrbuch für den Informatik- sowie den Mathematikunterricht in der Sekundarstufe II. Dasselbe gilt für die Studiengänge der Informatik und Mathematik an der Hochschule, insbesondere für das Lehramtsstudium.

Es war eine didaktische Herausforderung den Weg zur Public-Key-Kryptographie zugänglich zu machen. Er vermittelt zuerst die grundlegenden Konzepte ohne mathematisches Vorwissen und präsentiert dann in der Vertiefung ein funktionsfähiges Public-Key-Kryptosystem so, dass man es nicht nur zu verwenden versteht, sondern dass man es – es vollkommen verstehend – selber bauen und seine Sicherheit mathematisch beweisen kann. Das ist das erste Mal, dass man eine solche anspruchsvolle Zielsetzung sogar an Gymnasien zu erfüllen versucht. Wie gut uns dies gelungen ist, haben unsere Leserinnen und Leser zu beurteilen.

An dieser Stelle möchten wir uns ganz herzlich bei Frau Lea Burger für die ausgezeichnete Unterstützung bei den sprachlichen Korrekturen und bei Frau Sybille Thelen und Herrn Ulrich Sandten für deren große Geduld und die sehr konstruktive und freundliche Zusammenarbeit bedanken.

Zürich, Juni 2014

Karin Freiermuth
Juraj Hromkovič
Lucia Keller
Björn Steffen

Inhaltsverzeichnis

Lektion 1

Von Geheimschriften zu Kryptosystemen

Sprachen sind aus dem Bedürfnis heraus entstanden, jemandem etwas mitzuteilen. Wir Menschen machen diese Erfahrung bereits früh im Leben. Erinnert euch zurück: Als Kleinkind versuchten wir verzweifelt mit wortähnlichen Lauten auf uns aufmerksam zu machen. Oft wurden unsere Äußerungen dabei aber missverstanden. Um Irrtümer zu vermeiden blieb uns nichts anderes übrig als sprechen zu lernen. Wir konnten nun also unserer Umgebung unsere Bedürfnisse mitteilen. Gleichzeitig verstanden wir auch, was die Leute uns mitteilen wollten, und wir konnten ihre Gespräche mitverfolgen.

Bald merkten wir aber, dass es da noch eine weitere Hürde zu überwinden gab. Wir verstanden zwar, was wir hörten, aber die komischen Zeichen, die die älteren Kinder und Erwachsenen benutzten, konnten wir nicht entziffern.

Seit dem ersten Schultag begann sich dieses Problem allmählich von ganz allein zu lösen: Wir zeichneten Buchstaben, reihten sie aneinander und bildeten daraus Wörter, Sätze und ganze Texte. Später lernten wir sogar fremde Sprachen zu verstehen und zu sprechen. Wir konnten uns also mit immer mehr Personen austauschen.

Nur ein kleines Problem gab es noch: Alles, was wir einer Person mitteilten, konnte auch von anderen Personen verfolgt werden. Manchmal waren diese Leute nicht befugt die Mitteilung zu hören. Wir mussten also nach einer Möglichkeit suchen, den anderen heimlich Nachrichten zukommen zu lassen, beispielsweise indem wir die Nachricht für Dritte unleserlich machten. Da gab es viele Möglichkeiten. Vielleicht kennt ihr noch den Trick mit der Zitrone und dem Bügeleisen? Mit Zitronensaft kann man eine unsichtbare Nachricht auf ein Blatt Papier schreiben. Um die Nachricht zu lesen, muss man mit dem Bügeleisen über das Blatt Papier fahren. Die Wärme bewirkt, dass der Zitronensaft braun und dadurch sichtbar wird. Der Nachteil dieser Methode ist, dass jeder, der den Trick kennt, diese Nachricht abfangen und lesen kann.

Ihr kennt aber sicher auch noch andere Möglichkeiten, um Nachrichten für andere unleserlich oder unverständlich zu machen. Vielleicht werdet ihr sogar Parallelen zu den Methoden in diesem Buch erkennen. Zuvor werden wir aber kurz in die Geschichte der Kryptographie eintauchen und uns einen für die Kryptographie geeigneten Wortschatz aneignen.

1.1 Geschichte und Grundbegriffe

Mit der Entdeckung der Schriften wurden erstmals schriftliche Mitteilungen zu Elementen einer Art Geheimsprache. Lesen und Schreiben unterrichteten meistens Priester unterschiedlicher Religionen, und deren Unterricht glich nicht selten einer Einweihung in die tieferen Geheimnisse des Priester- oder Beamtentums. Der Roman *Der Fünfte Berg* von Coelho [4] stellt eine schöne belletristische Bearbeitung dieses Themas dar.

Jede Schrift basiert auf einer endlichen, nichtleeren Menge von ausgewählten Zeichen, die **Alphabet** genannt wird. Die Zeichen des Alphabets nennen wir auch **Symbole** oder **Buchstaben**. Ursprünglich stellten viele Zeichen Gegenstände und Tiere dar, mit der Zeit wurden diese immer stärker vereinfacht, bis sie schließlich symbolischen Charakter annahmen. Die schriftlichen Mitteilungen erhält man, wenn man die Symbole in einer Folge anordnet. Diese Symbolfolgen nennen wir **Texte**.

Als Texte betrachten wir einerseits einzelne Buchstaben und Wörter aus einer Sprache, anderseits aber auch beliebig lange Aufsätze wie beispielsweise den Inhalt eines Buches. Für uns ist aber auch XXYAAPQR ein Text, obwohl diese Folge von Buchstaben in einer natürlichen Sprache keine Bedeutung hat. Sobald es sich aber um die Codierung einer geheimen Information handelt, kann der Text eine Bedeutung haben.

Mit der sozialen Entwicklung der Gesellschaften war der Fortschritt in Bezug auf Lese- und Schreibkenntnisse dann aber nicht mehr zu bremsen, und der Anteil der Bevölkerung mit Schreibfähigkeit stieg stark an. In dieser Zeit entstand auch der Bedarf an der Entwicklung der Geheimschriften.

Auszug aus der Geschichte Unter einer Schrift versteht man ein System von graphischen Zeichen, das zur Kommunikation verwendet wird. Die Erfindung der Schrift betrachten wir als eine der fundamentalsten Entwicklungen der Menschheit, die Erhaltung und Überlieferung von Wissen zuverlässig über lange Zeitabschnitte ermöglicht hat. Aus dieser Sicht kann man die Geschichte der Sprachen auch als die Geschichte der Entwicklung von Zeichen (Symbolen) sehen.

Die Vorgänger der Zeichen waren Abbilder von Tieren und Menschen. Die ältesten Funde sind rund 20 000 Jahre alt. Eine der bekanntesten Fundstellen ist die Höhle von Lascaux in Frankreich. Manche Forscher fanden dort schon abstrakte Zeichen mit symbolischem Charakter, die bereits die Abstraktionsfähigkeit zeigten, die später zur Entwicklung von Zeichensystemen führte. Die bekannten Hochkulturen wie die Sumerer, Ägypter und das Reich der Mitte entwickelten bereits eigene Schriften. Die ältesten Schriftfunde sind 6000 Jahre alt und stammen aus Uruk in Mesopotamien.

Die Schrift diente der Verwaltung des Reichs im wirtschaftlichen Sinn. Die ersten Schriften waren **Bilderschriften**, in der die Gegenstände durch ihre Formen dargestellt wurden. Über **Wortschriften** sprechen wir dann, wenn ein Wort einem Zeichen entspricht, das nicht mehr „künstlerisch" den entsprechenden Gegenstand darstellt. So entwickelten sich die Schriften im alten Ägypten, die der Mayas und der Eskimos zu den **Silbenschriften**, bei denen einzelne Zeichen ganzen Silben entsprechen. Die Entwicklung hat ihren Ursprung vermutlich in der Verwendung von einsilbigen Wörtern. Die heute am meisten verwendete **Buchstabenschrift** ordnet einzelnen Zeichen bestimmte Laute zu.

Abbildung 1.1 Dieses Schema zeigt den Kommunikationsschritt, bei dem der Sender dem Empfänger einen Geheimtext schickt. Die Übertragung des Geheimtextes wird durch ein Übertragungsmedium (zum Beispiel einen Boten oder das Internet) erfolgen.

In der voneinander unabhängigen Entwicklung von Schriften an unterschiedlichen Orten kam es oft zu gemischten Schriftarten. Die älteste bekannte reine Buchstabenschrift ist ungefähr 4000 Jahre alt und wurde in der Region von Syrien und Palästina – beeinflusst durch ägyptische Hieroglyphen – entwickelt. Die Mehrzahl der heutigen Alphabete (Zeichensysteme) in Europa haben ihren Ursprung im griechischen Alphabet, das über die Etrusker nach Italien gelangte und sich dort ungefähr 600 Jahre v. u. Z. zum lateinischen Alphabet entwickelte.

Die Informatik hat die Entwicklung von Alphabeten ins Extreme getrieben. Sie verwendet nur die Symbole 0 und 1 zur Darstellung von Daten und damit auch von allen Texten. Alles wird als Folge von diesen zwei Symbolen dargestellt, obwohl die Symbole 0 und 1 nichts mehr mit der gesprochenen Sprache gemeinsam haben.

Aufgabe 1.1 Finde Beispiele für heute verwendete Sprachen, die keine reine Buchstabenschrift verwenden.

Das Schema einer geheimen Kommunikation ist in Abbildung 1.1 gezeichnet. Wir werden es **Kommunikationsschema** nennen. Hier wollen zwei Leute schriftlich eine geheime Nachricht austauschen, wobei die Nachricht ein Text in einer natürlichen Sprache ist. Wir wollen nun die Kommunikation, die hier abläuft, in **Kommunikationsschritte** zerlegen. In einem Kommunikationsschritt schickt der **Sender** die Nachricht an den **Empfänger**. Diese Nachricht ist in einer Sprache verfasst, die beide verstehen, und sie wird im Folgenden mit **Klartext** bezeichnet. Die Rollen des Senders und Empfängers sind für einen Kommunikationsschritt fest zugeteilt und können erst in einem weiteren Kommunikationsschritt neu verteilt werden.

Beim Übertragen der Nachricht müssen Sender und Empfänger immer damit rechnen, dass etwas schiefgeht. Beispielsweise könnten sie es mit einem unzuverlässigen Boten zu tun haben oder sogar mit einem Gegner, der ihnen schaden will. Sender und Empfänger wollen aber auf jeden Fall verhindern, dass jemand, der die geheime Nachricht in die Hände bekommt, diese lesen kann. Sie müssen sich also etwas einfallen lassen. Deshalb erstellen die beiden eine **Geheimschrift**, die nur sie beide kennen und die somit ihr gemeinsames Geheimnis ist. Eine solche Geheimschrift kann man als ein Paar von Algorithmen[1] ansehen, die wir Chiffrierung und Dechiffrierung nennen. Die **Chiffrierung** ist ein Verfahren, das einen gegebenen Klartext in einen Geheimtext umwandelt. Die **Dechiffrierung** ist ein Verfahren, welches das Ganze wieder rückgängig macht, nämlich einen Geheimtext in den Klartext zurückverwandelt. Der Geheimtext wird vom Sender mit Hilfe eines Übertragungsmediums zum Empfänger geschickt. Ein aktuelles Beispiel eines solchen Übertragungsmediums ist das Internet, welches eine sehr unzuverlässige Nachrichtenübertragung darstellt, denn jede E-Mail, die unverschlüsselt übers Internet gesendet wird, kann ohne weiteres abgefangen und gelesen werden. E-Mails können mit Postkarten verglichen werden. Weil sie in keinem Umschlag sind, könnte jeder, der die Postkarte in die Hände bekommt, die Nachricht auch gleich lesen.

Die Klartexte sind Folgen von Buchstaben eines Alphabets derjenigen Sprache, die für die Kommunikation verwendet wird. Wir verwenden hier meistens die deutsche Sprache, und dazu gehört das lateinische Alphabet,

$$\text{Lat} = \{A, B, C, D, E, F, G, H, I, J, K, L, M, N, O, P, Q, R, S, T, U, V, W, X, Y, Z\}$$

das von den meisten europäischen Sprachen benutzt wird. Leerzeichen, Punkte, Kommas und alle anderen Interpunktionszeichen werden im Klartext nicht verwendet. Wir werden sie deshalb einfach weglassen. Oft unterscheiden wir auch nicht zwischen Groß- und Kleinbuchstaben und verwenden nur Texte, die aus Großbuchstaben bestehen. Für das Alphabet des Geheimtextes können beliebige Buchstaben, Zahlen oder andere bereits bestehende, aber auch selbst erfundene Symbole verwendet werden. Die **Länge eines Textes** ist die Anzahl der Zeichen der Buchstabenfolge. Somit ist die Länge des Textes ANNA genau vier.

Manchmal ist es hilfreich, eine feste Ordnung für die Zeichen eines Alphabets zu haben. Gerade im lateinischen Alphabet, wo die Buchstaben eine bestimmte Reihenfolge A, B, C, ..., X, Y, Z haben, ist es naheliegend, die **Ordnung Ord** eines Buchstabens anhand der Position in der Auflistung anzugeben. Die Ordnungen der Buchstaben aus Lat sind in Tabelle 1.1 gegeben. Sobald eine Ordnung auf Buchstaben definiert ist, können alle Wörter der entsprechenden Sprache systematisch aufgelistet werden.

Aufgabe 1.2 Betrachte das Alphabet $\{A, B, C\}$. Liste alle Texte der Länge höchstens drei über diesem Alphabet auf. Die beiden Texte AAA und CBA sind Beispiele für Texte der Länge drei. Der Text BA hat die Länge zwei.

---

[1]Ein **Algorithmus** ist die Beschreibung einer Vorgehensweise, die man auch als Rechenvorschrift bezeichnen kann. Die Anwendung eines Algorithmus bewirkt die Durchführung einer endlichen Anzahl von Rechenschritten. Die Beschreibung des Algorithmus kann als eine Folge von einfachen, allgemein verständlichen Instruktionen angesehen werden. Der Begriff Algorithmus ist einer der wichtigsten Begriffe in der Informatik. Eine genauere Festlegung dieses Begriffs findet ihr im Modul *Geschichte und Begriffsbildung* [9] oder im Lehrbuch *Berechenbarkeit* [8].

Tabelle 1.1 Die Ordnungen der Buchstaben aus dem Alphabet Lat.

Buchst.	Ord.	Buchst.	Ord.	Buchst.	Ord.	Buchst.	Ord.	Buchst.	Ord.
A	0	G	6	L	11	Q	16	V	21
B	1	H	7	M	12	R	17	W	22
C	2	I	8	N	13	S	18	X	23
D	3	J	9	O	14	T	19	Y	24
E	4	K	10	P	15	U	20	Z	25
F	5								

Aufgabe 1.3 Wie bereits erwähnt, ermöglicht uns das Einführen der Ordnung auf Buchstaben eines bestimmten Alphabets, alle Wörter einer Sprache systematisch aufzulisten. Das bedeutet, die Wörter so aufzulisten, dass sie möglichst schnell gefunden werden. Ein Beispiel für eine solche Auflistung ist ein Wörterbuch.

Beschreibe genau, wie die Wörter in einem Wörterbuch sortiert sind. Aus dieser Beschreibung soll für zwei beliebige Wörter eindeutig hervorgehen, welches der beiden vor dem anderen aufgeführt ist und warum.

Hinweis für die Lehrperson An dieser Stelle könnte es hilfreich sein, Kenntnis von Wörtern und Alphabeten aus den Lehrbüchern *Formale Sprachen* [2] oder *Lehrbuch Informatik* [9] zu haben. Dies ist jedoch nicht unbedingt erforderlich. Beachten Sie, dass wir in den genannten Lehrbüchern anstelle des Fachwortes „Text" das Fachwort „Wort" verwenden, weil dies in der Automatentheorie üblich ist. Hier ziehen wir aber die Bezeichnung „Text" vor, weil die umgangssprachliche Verwendung dieses Begriffs näher an der hier betrachteten Bedeutung von Folgen von Buchstaben liegt.

Wenn beide Bücher den Schülern unbekannt sind, kann man sie darauf aufmerksam machen, dass jede endliche, nichtleere Menge von Symbolen ein **Alphabet** genannt werden darf. Die **Texte** über dem gewählten Alphabet sind dann alle endlichen Folgen von Symbolen dieses Alphabets. Wenn Texte als Buchstabenfolgen dargestellt werden, werden aber – im Unterschied zu Folgen, wie sie in der Mathematik vorkommen – keine Kommas zwischen den einzelnen Symbolen des Alphabets gesetzt. Dies überrascht nicht, weil wir es bereits vom Umgang mit Texten in den natürlichen Sprachen her gewohnt sind.

Die folgende Aufgabe ist nur für Klassen geeignet, die bereits die Grundlagen der Kombinatorik kennen.

Aufgabe 1.4 Wie viele Texte mit den folgenden Eigenschaften gibt es? Begründe deine Antwort.

(a) Anzahl der Texte der Länge drei über dem Alphabet $\{A, B, C\}$.

(b) Anzahl der Texte der Länge fünf über dem Alphabet $\{0, 1, 2, 3\}$.

(c) Anzahl der Texte der Längen 1 bis 3 über dem Alphabet $\{0, 1\}$.

(d) Anzahl der Texte der Länge n über dem Alphabet $\{0, 1\}$, wenn n eine positive ganze Zahl ist.

(e) Anzahl der Texte der Länge 8 über dem Alphabet $\{A, B, C, D\}$ mit der zusätzlichen Bedingung, dass jedes Symbol in jedem Text genau zweimal vorkommt.

(f) Anzahl der Texte der Länge 8 über dem Alphabet $\{0, 1, 2\}$, so dass die Texte genau vier Nullen und eine Eins enthalten.

(g) Anzahl der Texte der Länge 4 über dem Alphabet $\{0, 1\}$, die mindestens so viele Symbole 1 wie 0 enthalten. Ein Beispiel für einen solchen Text ist 1011.

(h) Anzahl der Texte der Länge 8 über dem Alphabet $\{0, 1, 2\}$, die mehr Nullen als Symbole 1 und 2 zusammen haben.

Eine der ersten Geheimschriften hat der griechische Schriftsteller Polybios 200 Jahre v. u. Z. entwickelt. Seine Chiffrierung ordnet jedem der 24 Symbole des griechischen Alphabets eine zweistellige Zahl zu. Jeder Buchstabe wird somit auf eine Folge von zwei Ziffern aus dem Alphabet $\{1, 2, 3, 4, 5\}$ abgebildet. Die genaue Zuordnung ist in Abbildung 1.2 dargestellt. Die Zeilen und Spalten der 5×5-Tabelle sind jeweils mit den Zahlen 1 bis 5 durchnummeriert. Das Alphabet wird zeilenweise eingetragen. So erhält jeder Buchstabe eine Position, gegeben durch die Zeilen- und Spaltennummer. Das Θ beispielsweise, das sich in der zweiten Zeile und in der dritten Spalte befindet, besitzt die Position $(2, 3)$ und somit die *Codierung* 23.

Aufgabe 1.5 Chiffriere den Klartext ΜΥΣΤΗΡΙΟ mit der Geheimschrift POLYBIOS.

Aufgabe 1.6 Das Folgende wurde mit der Geheimschrift POLYBIOS codiert:

    25424541443543

Wie lautet der Klartext?

Das Chiffrierungsverfahren kann mit Hilfe der Tabelle in Abbildung 1.2 beschrieben werden. Dafür werden zwei neue Begriffe verwendet: Das Alphabet, das für den Klartext verwendet wird, wird mit **Klartextalphabet**, und das Alphabet, das für den Geheimtext verwendet wird, mit **Geheimtextalphabet** bezeichnet.

	1	2	3	4	5
1	A	B	Γ	Δ	E
2	Z	H	Θ	I	K
3	Λ	M	N	Ξ	O
4	Π	P	Σ	T	Y
5	Φ	X	Ψ	Ω	

Abbildung 1.2 Die Tabelle für die Geheimschrift POLYBIOS. Der griechische Buchstabe Φ wird zum Beispiel durch die zwei Ziffern 51 codiert.

Geheimschrift POLYBIOS

Klartextalphabet: Greek

Geheimtextalphabet: $\{1, 2, 3, 4, 5\}$

Chiffrierung: Lies den Klartext von links nach rechts und ersetze jeden Buchstaben durch die Folge von zwei Ziffern aus dem Geheimtextalphabet $\{1, 2, 3, 4, 5\}$. Die erste Ziffer ist die Nummer der Zeile, in der sich der Buchstabe befindet. Die zweite Ziffer ist die Nummer der Spalte, in der sich der Buchstabe befindet.

Dechiffrierung: *Siehe Aufgabe 1.7*

Aufgabe 1.7 Beschreibe umgangssprachlich analog zum Chiffrierungsverfahren das Dechiffrierungsverfahren der Geheimschrift POLYBIOS. Achte darauf, dass deine Beschreibung eindeutig ist.

Am Beispiel der Geheimschrift POLYBIOS haben wir ein allgemeines Schema aufgezeigt, mit dem eine Geheimschrift beschrieben werden kann. Mit den Angaben Klartextalphabet, Geheimtextalphabet, Chiffrierung und Dechiffrierung ist eine Geheimschrift vollständig definiert. Wir werden diese Darstellung im Folgenden das **Schema der Geheimschriften** nennen.

Bei der Beschreibung der Chiffrierung der Geheimschrift POLYBIOS ist der Begriff *Codierung* vorgekommen. Wir wollen nun klarstellen, was dieser Begriff genau bedeutet. Dazu brauchen wir den folgenden mathematischen Hintergrund.

1.2 Funktionen

Eine **Funktion** ist eine Abbildung, die alle Elemente einer Menge (genannt **Definitionsmenge**) auf Elemente einer anderen Menge (genannt **Wertemenge**) abbildet. Seien A und B zwei beliebige Mengen. Die Funktion $f: A \to B$ ordnet jedem Element der Menge A ein Element der Menge B zu. Die Elemente aus der Definitionsmenge A heißen **Argumente**, Elemente aus der Wertemenge B nennen wir **Funktionswerte**.

Sei $\mathbb{R}$ die Menge der reellen Zahlen. Mit $\mathbb{R}^+$ bezeichnen wir die Menge der positiven reellen Zahlen. Weiter werden wir die Menge $\mathbb{N} = \{0, 1, 2, 3, \ldots\}$ der natürlichen Zahlen, die Menge $\mathbb{Z}$ der ganzen Zahlen und die Menge $\mathbb{Q}$ der rationalen Zahlen betrachten. Analog zu $\mathbb{R}^+$ ist $\mathbb{Z}^+$ die Menge der positiven ganzen Zahlen und $\mathbb{Q}^+$ die Menge der positiven rationalen Zahlen.

Ein Beispiel für eine Funktion ist $f: \mathbb{R} \to \mathbb{R}$ ist $f(x) = 2x + 1$, wobei alle Zahlen aus $\mathbb{R}$ auf Zahlen aus $\mathbb{R}$ abgebildet werden. Konkret wird jede reelle Zahl $x \in \mathbb{R}$ auf den Funktionswert $2x + 1 \in \mathbb{R}$ abgebildet. Der Graph dieser Funktion entspricht einer Geraden wie in Abbildung 1.3 dargestellt.

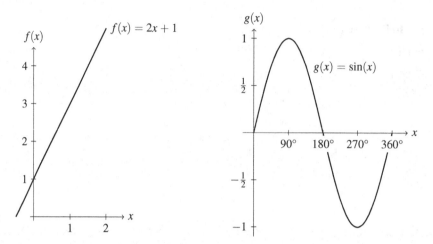

Abbildung 1.3 Der Graph der Funktion $f(x) = 2x + 1$ ist links dargestellt und der Graph der Funktion $g(x) = \sin(x)$ rechts.

Diese Darstellung für Funktionen nennen wir **Funktionsgraph** der Funktion $f(x)$. Betrachten wir die gleiche Funktion als eine Abbildung von $\mathbb{N}$ nach $\mathbb{N}$, erhalten wir anstelle einer Geraden eine Menge von Punkten. Diese Punkte liegen aber auch auf einer Geraden.

Die Funktion $g(x) = \sin(x)$ können wir als eine Funktion von $\mathbb{R}$ nach $\mathbb{R}$ betrachten oder auch als eine Funktion von $\mathbb{R}$ nach $[-1, 1]$. Es ist schnell zu sehen, dass mehrere verschiedene x-Werte auf den gleichen Funktionswert der Sinusfunktion abgebildet werden. So werden beispielsweise $\sin(180)$ und $\sin(360)$ beide auf den gleichen Funktionswert 0 abgebildet, wie in Abbildung 1.3 zu sehen ist.

In der Lehre der Geheimschriften sind wir besonders an denjenigen Funktionen interessiert, bei welchen nie zwei oder mehr x-Werte auf den gleichen Funktionswert abgebildet werden. Jeder mögliche Funktionswert $f(x)$ soll somit nur einem einzigen x zugeordnet werden können.

*Eine Funktion f von A nach B heißt **injektiv**, wenn für je zwei beliebige unterschiedliche Argumente x und y aus A die Funktionswerte $f(x)$ und $f(y)$ auch unterschiedlich sind. Das heißt, für unterschiedliche Argumente müssen die entsprechenden Funktionswerte unterschiedlich sein.*

Wenn für alle Argumente x und y, für die gilt, dass x nicht gleich y ist, die Funktionswerte $f(x)$ und $f(y)$ nicht gleich sein dürfen, bedeutet das, dass jeder Funktionswert $f(z)$ eindeutig auf sein Argument zurückgeführt werden kann. Zum Beispiel kann für die Funktion $f(x) = 2x + 1$, wenn der Funktionswert $f(x) = 11$ bekannt ist, das Argument

$x = 5$ eindeutig bestimmt werden:

$$2x + 1 = 11 \qquad\qquad\qquad | - 1$$
$$2x = 10 \qquad\qquad\qquad | : 2$$
$$x = 5$$

Der Funktionswert 11 bestimmt also eindeutig den Wert 5 für das Argument x. Analog dazu kann bei der Funktion $f(x) = x^3$ für jeden Funktionswert x^3 eindeutig das x bestimmt werden. Wenn beispielsweise $f(x) = 8$ ist, dann ist x eindeutig gleich 2. Somit ist $f(x) = x^3$ auch eine injektive Funktion.

Graphisch erkennen wir eine injektive Funktion daran, dass ihr Graph geschnitten mit jeder beliebigen Geraden parallel zur x-Achse maximal einen Schnittpunkt hat. Somit gehört zu jedem Funktionswert y genau ein Argument x.

Aufgabe 1.8 Ist die Funktion $f \colon \mathbb{R} \to \mathbb{R}$, $f(x) = x^2$ injektiv? Begründe deine Antwort.

Hinweis für die Lehrperson An dieser Stelle sollte deutlich gemacht werden, wie man die Injektivität oder die Nichtinjektivität einer Funktion begründet. Um zu zeigen, dass eine Funktion $f \colon A \to B$ nicht injektiv ist, reicht es, zwei unterschiedliche Werte x und y aus A zu finden, so dass $f(x) = f(y)$ gilt. Also reicht ein Beispiel mit zwei konkreten Werten x und y mit $x \neq y$ und $f(x) = f(y)$ aus, um die Nichtinjektivität zu zeigen. Aber um die Injektivität einer Funktion $g \colon C \to D$ zu begründen, muss man für *alle* Werte x und y aus C zeigen, dass $x \neq y$ zu $f(x) \neq f(y)$ führt.

Eine besonders wichtige Eigenschaft einer injektiven Funktion ist es, dass sie immer eine **Umkehrfunktion** besitzt, die einem Funktionswert $f(x)$ eindeutig den Wert x des Arguments zuordnet. Die Umkehrfunktion einer Funktion f wird meistens mit f^{-1} bezeichnet. Für die injektive Funktion $f(x) = 2x + 1$ zum Beispiel können wir die Umkehrfunktion f^{-1} wie folgt bestimmen: Da $f(x)$ der Funktionswert y ist, setzen wir $f(x) = y$ und bekommen so die Gleichung $y = 2x + 1$. Wenn wir diese Gleichung nach x auflösen, bekommen wir die Vorschrift, um von einem beliebigen Funktionswert y wieder auf das Argument x zu schließen.

$$y = 2x + 1 \qquad\qquad\qquad | - 1$$
$$y - 1 = 2x \qquad\qquad\qquad | : 2$$
$$\frac{y - 1}{2} = x$$

Somit ist die Umkehrfunktion $f^{-1} \colon \mathbb{R} \to \mathbb{R}$ durch $f^{-1}(y) = \frac{y-1}{2}$ gegeben.

Aufgabe 1.9 Bestimme die Umkehrfunktion der linearen Funktion $f(x) = 6x - 8$.

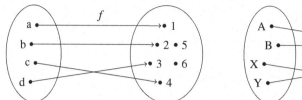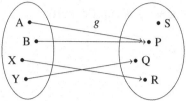

Abbildung 1.4 Die linke Darstellung zeigt eine injektive Funktion f. Die Funktion g, abgebildet auf der rechten Seite, ist dagegen nicht injektiv.

Die Funktion f von $\{a, b, c, d\}$ nach $\{1, 2, 3, 4, 5, 6\}$ mit $f(a) = 1$, $f(b) = 2$, $f(c) = 4$ und $f(d) = 3$ ist eine injektive Funktion. Die visuelle Darstellung in Abbildung 1.4 zeigt, dass zu jedem Element der Wertemenge $\{1, 2, 3, 4, 5, 6\}$ höchstens ein Pfeil führt. Das heißt, auf keinen Funktionswert wird mehr als ein Element aus $\{a, b, c, d\}$ abgebildet. Diese Darstellung von Funktionen nennen wir **Mengendarstellung**.

Im Gegensatz dazu ist die Funktion g in Abbildung 1.4 nicht injektiv, da hier mehr als ein Element auf den gleichen Funktionswert abgebildet wird: Die Elemente A und B werden beide auf den Funktionswert P abgebildet, es gilt also $g(A) = g(B) = P$.

Wichtig ist, dass jedem Element der Menge A genau ein Element aus B zugeordnet wird. Bei den Mengendarstellungen, wie wir sie in Abbildung 1.4 haben, bedeutet dies, dass von jedem Element aus A genau ein Pfeil auf ein Element in B zeigen muss. Wenn aus einem oder mehreren Elementen aus A kein Pfeil nach B geht, dann handelt es sich nicht um eine Funktion, da eine Funktion definiert ist als eine Zuordnung, die *jedem* Argument $a \in A$ *eindeutig* einen Funktionswert $f(a) \in B$ zuordnet. Es handelt sich auch deshalb nicht um eine Funktion, wenn einem Element $a \in A$ mehr als ein Element aus B zugeordnet werden, da jedem Element *genau ein* Funktionswert zugeordnet sein muss. An der Mengendarstellung kann man sehr schnell erkennen, ob es sich um eine Funktion handelt oder nicht.

Ein weiterer Vorteil der Mengendarstellung ist, dass wir die Umkehrfunktion einer injektiven Funktion ganz einfach bestimmen können, indem wir die Richtung der Pfeile ändern. Dabei muss aber beachtet werden, dass wir nur dann eine Umkehrfunktion von B nach A erhalten, wenn in der ursprünglichen Funktion B keine Elemente enthält, zu denen kein Pfeil aus A führt. Eine Funktion besitzt also nur dann eine Umkehrfunktion, wenn auf jedes Element aus B ein Pfeil zeigt.

Die Funktion f in Abbildung 1.4 besitzt keine Umkehrfunktion, da bei einer Zuordnung von B nach A der Elemente $\{1, 2, 3, 4, 5, 6\}$ nach $\{a, b, c, d\}$ für die beiden Elemente 5 und 6 keine Funktionswerte bestimmt sind.

Aufgabe 1.10 Zeichne die folgenden Funktionen f jeweils in der Mengendarstellung auf und begründe, ob es sich dabei um eine injektive Funktion handelt oder nicht.

(a) $f: \{a, b, c\} \rightarrow \{X, Y, Z\}$, wobei $f(a) = Y$, $f(b) = X$ und $f(c) = Z$

(b) $f\colon \{a, b, c\} \to \{A, B, C, D\}$, wobei $f(a) = B$, $f(b) = D$ und $f(c) = A$

(c) $f\colon \{A, B, C\} \to \mathbb{N}$, mit $f(A) = 7$, $f(B) = 13$ und $f(C) = 7$

Aufgabe 1.11 Welche der folgenden Funktionen sind injektiv? Begründe deine Antworten beispielsweise mit der Darstellung als Funktionsgraph (falls die Funktion injektiv ist) oder finde zwei unterschiedliche Argumente, für die die Funktion den gleichen Funktionswert besitzt.

(a) $f(x) = x^2$ für $f\colon \mathbb{R} \to \mathbb{R}$

(b) $f(x) = x^2$ für $f\colon \mathbb{R}^+ \to \mathbb{R}^+$

(c) $f(x) = \sin(x)$ für $f\colon \mathbb{R}^+ \to \mathbb{R}$

(d) $f(x) = \cos(x)$ für $f\colon [0, 360] \to [-1, 1]$

(e) $f(x) = 2^x$ für $f\colon \mathbb{R}^+ \to \mathbb{R}$

(f) $f(x) = 2^x$ für $f\colon \mathbb{Z} \to \mathbb{R}$

(g) $f(x) = \sqrt{x}$ für $f\colon \mathbb{R}^+ \to \mathbb{R}^+$

(h) $f(x) = x^2 - 2x + 1$ für $f\colon \mathbb{R} \to \mathbb{R}$

Aufgabe 1.12 Eine Funktion $f\colon A \to B$ ist eine **monoton wachsende Funktion**, wenn für alle $a, b \in A$ mit $a < b$ gilt, dass $f(a) \leq f(b)$ ist. Ist jede monoton wachsende Funktion eine injektive Funktion?

Aufgabe 1.13 Eine Funktion $f\colon A \to B$ ist eine **streng monoton wachsende Funktion**, wenn für alle $a, b \in A$ mit $a < b$ gilt, dass $f(a) < f(b)$ ist. Begründe, weshalb eine streng monoton wachsende Funktion eine injektive Funktion ist.

Aufgabe 1.14 ⋆ Kann eine injektive Funktion $f\colon \mathbb{R} \to \mathbb{R}$ abwechselnd steigend und fallend sein?

Aufgabe 1.15 ⋆ Kann eine injektive Funktion $f\colon \mathbb{R} \to \mathbb{R}$ Extrema haben?

1.3 Codierungen

Zuvor haben wir darauf aufmerksam gemacht, dass wir in der Lehre der Geheimschriften besonders an injektiven Funktionen interessiert sind. Der Grund dafür ist, dass nur diejenigen Geheimtexte, die mittels einer injektiven Funktion chiffriert worden sind, eindeutig auf den Klartext zurückgeführt werden können. Deshalb ist es sinnvoll zu fordern, dass eine Chiffrierung eine injektive Funktion sein soll.

Chiffrierungen bilden Texte auf Texte ab – nämlich Klartexte auf Geheimtexte. Wie bei der Beschreibung der Geheimschrift POLYBIOS bereits erwähnt worden ist, dürfen die Alphabete des Klar- und des Geheimtextes jeweils unterschiedlich sein. Bei der Geheimschrift POLYBIOS wurden Buchstaben auf Zahlen abgebildet.

Wenn $\mathscr{A}$ ein Alphabet ist, dann wird mit $\mathscr{A}^*$ die Menge aller Texte bezeichnet, die aus den Symbolen aus $\mathscr{A}$ zusammengestellt werden können. Mit jedem beliebigen Alphabet $\mathscr{A}$ kann man auf diese Weise unendlich viele Texte schreiben. Somit ist die Menge der Texte $\mathscr{A}^*$ mit den Symbolen aus $\mathscr{A}$ unendlich groß. Zum Beispiel können wir mit dem Alphabet $\mathscr{A} = \{0, 1\}$, das nur aus den beiden Symbolen 0 und 1 besteht, die folgende unendliche Menge von Texten schreiben:

$$\mathscr{A}^* = \{0, 1, 00, 01, 10, 11, 000, 001, 010, 011, \ldots\}.$$

Hinweis für die Lehrperson Weil wir die Großbuchstaben des lateinischen Alphabets meistens für Mengen verwenden, wäre es verwirrend, diese auch für die Bezeichnung von Alphabeten zu brauchen. Zur Unterscheidung benutzen wir deshalb für Alphabete die Symbole $\mathscr{A}$, $\mathscr{B}$, $\mathscr{C}$ usw. oder aber beschreibende Wörter wie Lat oder Greek.

Aufgabe 1.16 Für $\mathscr{A} = \{0, 1\}$ haben wir die Texte aus $\mathscr{A}^*$ der Reihe nach aufgelistet, indem wir zuerst die kurzen und dann die längeren Texte aufgeführt haben. Für gleich lange Texte haben wir lexikographisch (wie in einem Wörterbuch) sortiert.
    Schreibe die nächsten 10 Texte aus $\mathscr{A}^*$ auf.

Aufgabe 1.17 Sei $\mathscr{B} = \{1, 2, 3, 4, 5\}$ ein Alphabet. Schreibe die 40 kürzesten Texte aus $\mathscr{B}^*$ auf.

Wenn wir über Codierungen sprechen, unterscheiden wir zwischen der Codierung von Symbolen und der Codierung von Texten.

*Seien $\mathscr{A}$ und $\mathscr{B}$ zwei Alphabete. Jede injektive Funktion von $\mathscr{A}$ nach $\mathscr{B}^*$ ist eine **Codierung von Symbolen** aus $\mathscr{A}$ mittels Texten aus $\mathscr{B}^*$.*

Die Abbildung 1.2 beschreibt eine Codierung PolC des griechischen Alphabets

$$\text{Greek} = \{A, B, \Gamma, \Delta, E, Z, H, \Theta, I, K, \Lambda, M, N, \Xi, O, \Pi, P, \Sigma, T, Y, \Phi, X, \Psi, \Omega\}$$

mittels Texten aus $\{1, 2, 3, 4, 5\}^*$. Somit gilt $\text{PolC}(A) = 11$, $\text{PolC}(B) = 12$, $\text{PolC}(\Gamma) = 13, \ldots, \text{PolC}(\Psi) = 53$, $\text{PolC}(\Omega) = 54$. Diese Codierung von einzelnen Symbolen ist die Basis der Geheimschrift POLYBIOS, da jedes Symbol eindeutig mit zwei Ziffern chiffriert wird.

Alle Texte aus $\mathscr{B}^*$, die zur Codierung eines Symbols aus $\mathscr{A}$ verwendet werden, nennt man **Codewörter**. Für die Geheimschrift POLYBIOS sind 11, 12, 13, $\ldots$, 53, 54 die 24 Codewörter für die 24 Symbole des griechischen Alphabets.

Die Menge aller Codewörter für ein Alphabet $\mathscr{A}$ bezüglich einer Codierung f wird **Code** für $\mathscr{A}$ bezüglich f genannt und wird mit $Code(\mathscr{A}, f)$ bezeichnet. Somit haben wir zum Beispiel:

$$Code(\text{Greek}, \text{PolC}) = \{11, 12, 13, 14, 15, \ldots, 54\}.$$

Die Codierung von einzelnen Buchstaben kann für die Codierung von Texten verwendet werden.

*Seien $\mathcal{A}$ und $\mathcal{B}$ zwei Alphabete. Eine **Codierung von Texten** aus $\mathcal{A}^*$ mittels Texten aus $\mathcal{B}^*$ ist jede injektive Funktion von $\mathcal{A}^*$ nach $\mathcal{B}^*$.*

Das Chiffrierungsverfahren der Geheimschrift POLYBIOS entspricht einer Codierung. Wenn wir den Geheimtext in Stücke der Länge zwei schneiden und jeden Text (Codewort) von zwei Ziffern dem entsprechenden Symbol des griechischen Alphabets zuordnen, dann erhalten wir eindeutig den ursprünglichen Klartext. Dass die Geheimschrift POLYBIOS die Umsetzung einer injektiven Funktion ist, verdanken wir der Tatsache, dass alle Codewörter für die Buchstaben die gleiche Länge haben. Dadurch können wir eindeutig den Geheimtext in Stücke gleicher Länge zerlegen und mit diesen Stücken (Codewörtern) die ursprünglichen Symbole des Klartextes bestimmen.

Die Situation ändert sich, wenn bei der Chiffrierung einzelner Buchstaben nicht mit genügender Vorsicht vorgegangen wird. Betrachten wir zum Beispiel das lateinische Alphabet

$$\text{Lat} = \{A, B, C, D, \ldots, X, Y, Z\}$$

von 26 Buchstaben. Wir definieren damit eine Chiffrierung

$$f \colon \text{Lat} \to \{0, 1, 2, \ldots, 9\}^*$$

der Symbole von Lat durch die Abbildung der einzelnen Buchstaben $\square \in$ Lat auf die Ordnung des betreffenden Buchstabens $+1$. Das heißt $f(\square) = \text{Ord}(\square) + 1$. Die Ordnung $\text{Ord}(\square)$ eines Symbols $\square$ ist dessen Position in unserer Auflistung der Symbole des Alphabets, wobei die Positionierung mit 0 startet. Somit gilt

$$f(A) = 1, \quad f(B) = 2, \quad \ldots, \quad f(Z) = 26.$$

Die Zahlen $1, 2, 3, \ldots, 26$ als Texte aus $\{0, 1, \ldots, 9\}^*$ sind die Codewörter von f. Wenn wir f zur Chiffrierung der Texte aus Lat* verwenden, dann wird unsere Chiffrierung keine Codierung. Betrachten wir beispielsweise den Geheimtext

```
114141.
```

Im Folgenden sehen wir drei mögliche Klartexte abhängig von der Einteilung des Geheimtextes in Codewörter:

1	14	14	1		11	4	1	4	1		11	4	14	1
A	N	N	A		K	D	A	D	A		K	D	N	A

Aufgabe 1.18 Finde eine andere Zerlegung des Geheimtextes `114141` in Codewörter, so dass ein neuer Klartext resultiert.

Aufgabe 1.19 Kannst du die Codierung der Symbole aus Lat leicht abändern (ohne dabei das Prinzip der Codierung durch die Ordnung zu verletzen), so dass aus der Chiffrierung von Klartexten aus Lat* eine Codierung wird?

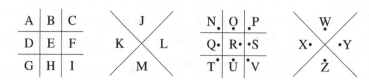

Abbildung 1.5 Das Schema für die Chiffrierung von Buchstaben mit der Geheimschrift FREI-MAURER. Die Buchstaben werden jeweils durch die Linien und Punkte in ihrer Umgebung chiffriert. So ist zum Beispiel $A = \rfloor$, $E = \Box$, $M = \wedge$, $R = \boxdot$, $Y = \prec$.

Aufgabe 1.20 Betrachte die folgende Chiffrierung der Texte aus Lat*, in der die Codierung von Symbolen nicht nur vom Symbol selbst abhängt, sondern auch vom vorhergehenden Symbol im Klartext:

Ein Symbol aus Lat mit der Ordnung $i \in \{0, 1, \ldots, 25\}$ wird folgendermaßen codiert:

1. Wenn links von diesem Symbol im Klartext kein Vokal steht (das gilt natürlich auch für das erste Symbol des Klartextes), dann ersetze das Symbol durch das Symbol mit der Ordnung $25 - i$ aus Lat. So wird zum Beispiel A durch Z (Z durch A), B durch Y (Y durch B), C durch X (X durch C) usw. ersetzt.

2. Wenn aber vor dem Symbol im Klartext ein Vokal steht, ersetze das Symbol durch das nachfolgende Symbol in der Ordnung. So wird zum Beispiel A durch B, B durch C usw. ersetzt. Wenn man am Ende angekommen ist, dann beginnt man wieder von vorne. Man ersetzt also das Z durch A.

Somit wird der Klartext ANNA in den Geheimtext ZOMZ umgewandelt.

Kannst du den Geheimtext KLMBYRPT dechiffrieren? Entspricht diese Chiffrierung einer Codierung von Texten aus Lat* durch Texte aus Lat*?

Aufgabe 1.21 ATBASCH ist eine hebräische Geheimschrift, die um 600 v. u. Z. in Palästina verwendet wurde. Bei ATBASCH wird der erste Buchstabe des Alphabets (A) durch den letzten Buchstaben (Z) codiert, der zweite Buchstabe (B) durch den zweitletzten Buchstaben (Y) usw. Dechiffriere den folgenden mit ATBASCH chiffrierten Geheimtext. Für die bessere Lesbarkeit wurden die Buchstaben gruppiert. Die Gruppierung hat nichts mit den tatsächlichen Wörtern und Leerzeichen zu tun.

```
ADVRW RMTVH RMWFM VMWOR XSWZH FMREV IHFNF MWWRV NVMHX
SORXS VWFNN SVRGZ YVIYV RNFMR EVIHF NYRMR XSNRI MRXSG
TZMAH RXSVI
```

Dieser Geheimtext basiert auf einem Zitat von Albert Einstein (1879–1955).

Die meisten alten Geheimschriften basieren auf der Codierung der Symbole durch einzelne andere Symbole. Die Freimaurer codierten im 16. Jahrhundert die Symbole mit den Bildsymbolen, wie in Abbildung 1.5 dargestellt. Dabei wird jeder Buchstabe durch ein Symbol ersetzt, das sich aus den Linien und Punkten in der Umgebung des Buchstabens im Schema ergibt.

Somit wird zum Beispiel der Klartext FREIMAURER durch den folgenden Geheimtext chiffriert:

⌐•☐⌐∧⌐•⌐•☐☐•.

Aufgabe 1.22 Dechiffriere den folgenden mit FREIMAURER chiffrierten Text:

>☐<⌐⌐⌐<⌐⌐⌐☐.

Aufgabe 1.23 Beschreibe FREIMAURER mit dem Schema der Geheimschriften. Deine Beschreibung soll das Klartextalphabet, das Geheimtextalphabet, das Chiffrierungs- und das Dechiffrierungsverfahren beinhalten.

Aufgabe 1.24 Wie wird mittels Morsezeichen chiffriert? Handelt es sich um eine Codierung?

1.4 Kryptosysteme

Die Geheimschriften basieren auf einem gemeinsamen Geheimnis der kommunizierenden Personen. Dieses Geheimnis ist die „Art und Weise" der Chiffrierung, die üblicherweise auch die „Art und Weise" der Dechiffrierung bestimmt. Keine dieser Geheimschriften kann jedoch lange verwendet werden, ohne dass man dabei das Risiko eingeht, das Geheimnis zu lüften und damit den Geheimtext für einen Gegner lesbar zu machen. Deshalb wird eine größere Vielfalt von Chiffrierungen innerhalb eines Chiffrierungssystems bevorzugt. Diese erwünschte Vielfalt geben uns die **Kryptosysteme**. Die Geheimschriften sind durch eine injektive Funktion Chiff mit

$$\text{Chiff}(\textit{Klartext}) = \textit{Geheimtext}$$

bestimmt. Somit ist der Klartext das einzige Argument der Chiffrierungsfunktion Chiff.

Bei Kryptosystemen sprechen wir von der **Verschlüsselung** anstelle von Chiffrierung, weil bei den Kryptosystemen die Verschlüsselungsfunktion Ver zwei Argumente hat: den Klartext und den Schlüssel. Der **Schlüssel** ist das zweite Geheimnis, das sich die kommunizierenden Personen teilen. Der Schlüssel kann verändert werden, ohne dass dabei die Verschlüsselungsart verändert wird. Damit enthält ein Kryptosystem mit der Verschlüsselung

$$\text{Ver}(\textit{Klartext}, \textit{Schlüssel}) = \textit{Geheimtext}$$

durch die freie Wahl von Schlüsseln eine Vielfalt von Geheimschriften. Genauer ist für jeden festen Schlüssel s die Funktion Ver_s definiert durch

$$\text{Ver}_s(\textit{Klartext}) = \text{Ver}(\textit{Klartext}, s)$$

eine Chiffrierung. Das heißt, wenn der Schlüssel nicht verändert wird, also fest bleibt, ist das Kryptosystem eine gewöhnliche Chiffrierung.

Das Kryptosystem CAESAR

Das einfachste Kryptosystem, das in der Antike vom römischen Feldherrn Gaius Julius Caesar verwendet wurde, ist CAESAR. Dieses System nutzt die uns bereits bekannte Möglichkeit, die Symbole des lateinischen Alphabets in einer festen Ordnung aufzulisten. Jeder Buchstabe des Klartextes wird durch einen anderen Buchstaben im Geheimtext codiert. Vor der Ausführung der eigentlichen Kommunikation einigen sich der Sender und der Empfänger auf einen geheimen Schlüssel. Der Schlüssel ist eine Zahl $i \in \{0, 1, \ldots, 25\}$ und wird als Abstand (in der Auflistung der Symbole des Alphabets) zwischen den Buchstaben des Klartextes und den entsprechenden Buchstaben im Geheimtext betrachtet.

Wenn der Schlüssel zum Beispiel $i = 3$ ist, dann wird A mit $\text{Ord}(A) = 0$ unabhängig von seiner Position im Klartext durch den Buchstaben D mit $\text{Ord}(D) = 3$ codiert, weil $\text{Ord}(D) - \text{Ord}(A) = 3$. Weiter wird B durch E, C durch F usw. codiert. Für die letzten drei Buchstaben X, Y und Z mit $\text{Ord}(X) = 23$, $\text{Ord}(Y) = 24$ und $\text{Ord}(Z) = 25$ werden zur Codierung die noch freien Symbole A, B und C verwendet. Man geht für die Codierung also wieder an den Anfang des Alphabets zurück.

Allgemein ausgedrückt bedeutet die Verwendung eines Schlüssels i, dass jeder Buchstabe mit dem um i Positionen nach hinten verschobenen Buchstaben im Alphabet codiert wird. Wenn für einen Buchstaben $\square$ aus Lat, $\text{Ord}(\square) + i > 25$ ist, dann wird $\square$ durch den Buchstaben mit der Ordnung $\text{Ord}(\square) + i - 26$ codiert. Das bedeutet, wenn man am Ende des Alphabets angelangt ist, beginnt man einfach wieder von vorne.

Die formale Beschreibung einer Geheimschrift besteht aus den folgenden vier Angaben: dem *Klartextalphabet*, dem *Geheimtextalphabet*, dem *Verschlüsselungs-* und *Entschlüsselungsverfahren*. Bei der Beschreibung von Kryptosystemen kommt zusätzlich noch die *Schlüsselmenge* hinzu. Wir gehen davon aus, dass der geheime Schlüssel vorher vereinbart wurde. Wir können also Kryptosysteme analog zu Geheimschriften mit dem **Schema der Kryptosysteme** beschreiben. Die formale Beschreibung von CAESAR sieht damit wie folgt aus:

Kryptosystem CAESAR	
Klartextalphabet:	Lat
Geheimtextalphabet:	Lat
Schlüsselmenge:	$\{0, 1, 2, \ldots, 25\}$
Verschlüsselung:	Ersetze für jeden vorher vereinbarten Schlüssel i jeden Buchstaben $\square$ des Klartextes durch den Buchstaben $\triangle \in$ Lat mit $\text{Ord}(\triangle) = \text{Ord}(\square) + i$ falls $\text{Ord}(\square) + i \leq 25$ oder mit $\text{Ord}(\triangle) = \text{Ord}(\square) + i - 26$ falls $\text{Ord}(\square) + i > 25$.
Entschlüsselung:	Ersetze jeden Buchstaben $\triangle$ des Geheimtextes durch den Buchstaben $\square \in$ Lat mit $\text{Ord}(\square) = \text{Ord}(\triangle) - i$ falls $\text{Ord}(\triangle) - i \geq 0$ oder mit $\text{Ord}(\square) = \text{Ord}(\triangle) - i + 26$ falls $\text{Ord}(\triangle) - i < 0$.

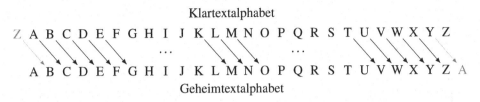

Abbildung 1.6 Darstellung der Verschlüsselung mit CAESAR mit dem Schlüssel 2.

Abbildung 1.7 Mit diesen beiden Scheiben kann die Ver- und Entschlüsselung mit CAESAR einfach ausgeführt werden. Der Schlüssel (hier 5) bestimmt die Anzahl der Buchstaben, um die die innere Scheibe im Gegenuhrzeigersinn gedreht wird. Danach werden die Klartextbuchstaben auf der äusseren Scheibe durch die Geheimtextbuchstaben der inneren Scheibe codiert.

Die Darstellung in Abbildung 1.6 zeigt die Codierung der Buchstaben im Klartext durch die um den Schlüssel 2 verschobenen Buchstaben. So wird beispielsweise der Buchstabe A durch C und der Buchstabe B durch D codiert. Die Darstellung in Abbildung 1.7 zeigt die Verschiebung mit dem Schlüssel 5 anhand zweier drehbarer Ränder. Man kann diese Räder aus Karton basteln und mit einer Verschlussklammer zusammenheften. Dann kann man die innere Scheibe zum Beispiel um fünf Buchstaben im Gegenuhrzeigersinn drehen und bekommt so die Codewörter mit dem Schlüssel 5. Diese Darstellungsform wird nach ihrem Erfinder **Caesar-Scheibe** genannt.

Wenn wir zum Beispiel den Klartext JULIUS mit dem Schlüssel 5 verschlüsseln, erhalten wir den folgenden Geheimtext:

OZQNZX.

Da der Buchstabe J die Ordnung 9 hat, wird daraus der Buchstabe O mit der Ordnung 9 + 5 = 14 usw.

Abbildung 1.8 Dieses Kommunikationsschema zeigt den Kommunikationsschritt, bei dem die Übertragung einer verschlüsselten Nachricht gezeigt wird. Um den Klartext zu verschlüsseln oder den Kryptotext zu entschlüsseln brauchen beide Kommunikationspartner zusätzlich einen gemeinsamen geheimen Schlüssel.

Aufgabe 1.25 Entschlüssle den Kryptotext

```
UZVMVIELEWKZJKUVJYVIQVEJXIFVJJKVWVZEUZE,
```

der mit CAESAR und dem Schlüssel 17 verschlüsselt worden ist.

Aufgabe 1.26 Der folgende Kryptotext ist mit dem Kryptosystem CAESAR verschlüsselt worden. Entschlüssle den Kryptotext, indem du den Schlüssel bestimmst.

```
MIFUHAYXCYMIHHYMWBYCHNMCHXQCLHCWBNTOMJUYN.
```

Aufgabe 1.27 Um das Jahr 1980 herum wurde in den Newsgroups des Internets die ROT13-Chiffrierung verwendet, um zum Beispiel Pointen von Witzen zu verschleiern. ROT13 ist eine Geheimschrift, die dem Kryptosystem CAESAR unter der Verwendung eines festen Schlüssels mit dem Wert 13 entspricht.

Was ist das Besondere am Schlüssel mit dem Wert 13 beim Kryptosystem CAESAR?

Das Kryptosystem CAESAR hat 26 Schlüssel und enthält damit 26 Geheimschriften, jeweils eine pro Schlüssel. Natürlich lohnt es sich nicht den Schlüssel mit dem Wert 0 zu verwenden, weil dann der Geheimtext identisch mit dem Klartext ist. Wir behandeln 0 trotzdem als einen potenziellen Schlüssel, weil wir später CAESAR mit einem anderen Kryptosystem kombinieren werden und sich dann die 0 als nützlich erweisen wird.

Im Folgenden werden wir uns nur noch mit Kryptosystemen beschäftigen. Wie wir später erklären werden, bieten einzelne Geheimschriften zu wenig Sicherheit und sind deshalb für die meisten Kommunikationsaufgaben nicht verwendbar. Das Schema der Verwendung von Kryptosystemen aus Abbildung 1.8 erhalten wir durch eine leichte Modifikation des Schemas für Geheimschriften. Für die Chiffrierung im Kryptosystem verwendet der Sender einen Schlüssel, weswegen wir von **Verschlüsselung** sprechen. Der Empfänger braucht ebenfalls den Schlüssel zur Dechiffrierung, deswegen sprechen wir von der **Entschlüsselung**. Für das Fachwort Geheimtext haben wir auch ein neues Synonym – **Kryptotext**.

Wenn wir ein Kryptosystem vollständig beschreiben wollen, dann müssen wir Folgendes angeben:

(1) das Alphabet der Klartexte,

(2) das Alphabet der Kryptotexte,

(3) die Menge aller Schlüssel,

(4) das Verschlüsselungsverfahren

$$\text{Ver}(Klartext, Schlüssel) = Kryptotext$$

und

(5) das Entschlüsselungsverfahren

$$\text{Ent}(Kryptotext, Schlüssel) = Klartext.$$

Die letzten drei Teile der Beschreibung eines Kryptosystems können geheim gehalten werden. Bei einer großen Vielfalt von Schlüsseln kann es reichen, wenn nur der Schlüssel geheim gehalten wird. Das ist aber sicherlich bei CAESAR nicht der Fall, weil es kein großer Aufwand ist, alle 25 nichttrivialen Schlüssel[2] auszuprobieren.

Das Kryptosystem SKYTALE

Das älteste bekannte Kryptosystem wurde ungefähr 500 Jahre v. u. Z. in Sparta entwickelt und verwendet. Die Spartaner waren in ihren zahlreichen Schlachten immer wieder darauf angewiesen, Befehle und Nachrichten zu übermitteln, die vor dem Gegner geheim gehalten werden mussten. Dazu verwendeten die Spartaner als Kryptosystem die SKYTALE.

Dieses System setzt voraus, dass Sender und Empfänger jeweils in Besitz eines Holzstabes mit genau demselben Durchmesser sind. Um eine Nachricht zu verschlüsseln wickelt der Sender einen schmalen Papierstreifen spiralartig um den Holzstab. Die Spartaner haben damals Papyrus oder Pergament benutzt. Im nächsten Schritt kann das Papier mit der geheimen Nachricht beschrieben werden, und zwar von links nach rechts, so dass auf jeder Windung nur genau ein Buchstabe oder ein Leerzeichen steht. In Abbildung 1.9 wird eine Nachricht aus Sparta gezeigt, die mittels SKYTALE verschlüsselt worden ist. Die Spartaner wollten ihren Verbündeten die folgende Nachricht übermitteln:

```
MORGEN BEGINNT DIE GROSSE SCHLACHT.
WIR WERDEN BEI SONNENAUFGANG VOM OSTEN HER ANGREIFEN.
```

---

[2]Die nichttrivialen Schlüssel sind alle Schlüssel mit Ausnahme von jenem mit dem Wert 0. Ein trivialer Schlüssel ist ein naheliegender Schlüssel. In unserem Fall ist es also der Schlüssel mit dem Wert 0, weil bei einer solchen Verschlüsselung der Kryptotext dem Klartext entspricht.

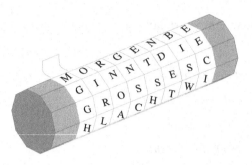

Abbildung 1.9 Die Skytale war eines der ersten Kryptosysteme und wurde ca. 500 v. u. Z. von den Spartanern entwickelt und verwendet.

Bevor die Nachricht auf den Papierstreifen geschrieben wird, muss man noch alle Leerzeichen und Satzzeichen entfernen. Die einzigen Leerzeichen, die nach dem Verschlüsseln übrig bleiben, sind die Leerzeichen am Schluss des Textes, wenn die letzte Zeile auf der Skytale nicht mehr gefüllt werden kann. Natürlich ist die Nachricht, sobald man den Papierstreifen wieder vom Holzstab entfernt, nicht mehr auf den ersten Blick lesbar. Es ist dann nur noch ein langer Papierstreifen mit vielen Buchstaben (siehe Abbildung 1.11). Ein Empfänger mit einem Holzstab mit dem gleichen Durchmesser kann den Klartext jedoch ganz leicht wiederherstellen, indem er den Papierstreifen spiralartig um sein Holzstück wickelt und die Nachricht so entschlüsselt.

Natürlich könnte man den Text auch ohne Holzstab entschlüsseln. Wenn man weiß, wie viele Zeichen auf einer Windung sind, dann ist dies auch gar nicht schwer. Wenn der Holzstab beispielsweise einen Umfang von sechs Buchstaben hat, dann liest man einfach jeden sechsten Buchstaben auf dem Papierstreifen ab: zuerst die Buchstaben an den Positionen 1, 7, 13, 19, 25, . . . , dann die Buchstaben an den Positionen 2, 8, 14, 20, 26, . . . und so weiter. Als Letztes werden die Buchstaben an den Positionen 6, 12, 18, 24, 30, . . . gelesen. Damit ist der Kryptotext auf dem Papierstreifen entschlüsselt. Der Schlüssel beim SKYTALE ist die Anzahl der Buchstaben, die beim Lesen „übersprungen" werden, also die Anzahl der Buchstaben auf einer Windung.

Bei der Verschlüsselung mit SKYTALE müssen wir aber etwas aufpassen. Bevor wir das Problem aufzeigen, möchten wir uns genau anschauen, wie man ohne einen Holzstab verschlüsselt. Dazu betrachten wir nochmals das Beispiel aus Abbildung 1.9. Wir sehen, dass der Papierstreifen acht Mal um den Holzstab gewickelt worden ist. Das ergibt acht Windungen. Also schreiben wir unseren Text einfach zeilenweise in acht Spalten auf und bekommen die somit die Figur in Abbildung 1.10. Der Schlüssel ist die Anzahl der Zeilen. Der Kryptotext besteht aus der Folge der spaltenweise gelesenen Buchstaben, also

```
MGGHREAOEFOIRLWIUMRERNOAESFOANGNSCROGSN ETSHDNATG NDET
ENNER BISWNEGNE EECIBNVHI
```

für das Beispiel in Abbildung 1.10.

```
M   O   R   G   E   N   B   E
G   I   N   N   T   D   I   E
G   R   O   S   S   E   S   C
H   L   A   C   H   T   W   I
R   W   E   R   D   E   N   B
E   I   S   O   N   N   E   N
A   U   F   G   A   N   G   V
O   M   O   S   T   E   N   H
E   R   A   N   G   R   E   I
F   E   N
```

Abbildung 1.10 Ein mit SKYTALE verschlüsselter Text mit Schlüssel 10.

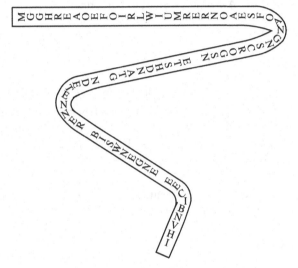

Abbildung 1.11 Der abgerollte Papierstreifen der Skytale ergibt den Kryptotext.

Wir sehen, dass am Schluss der fünften, sechsten, siebten und achten Spalte jeweils ein Leerzeichen steht, weil der Text nicht das ganze Rechteck ausfüllt. Im Kryptotext (das heißt auf dem abgewickelten Streifen, siehe Abbildung 1.11) sieht man die Leerzeichen natürlich auch.

Aufgabe 1.28 Nehmen wir an, du findest den Papierstreifen aus Abbildung 1.11 auf dem Boden und du weißt, dass der Text mit SKYTALE verschlüsselt worden ist. Den Schlüssel kennst du aber nicht. Inwiefern helfen dir die Leerzeichen, den Text mit wenigen Handgriffen zu entschlüsseln? Wie könnten die Spartaner das Problem mit den Leerzeichen umgehen, also einen Kryptotext schreiben, der keine Leerzeichen enthält?

Um die Leerzeichen zu vermeiden gibt es viele Möglichkeiten. In unserem Beispiel haben wir einen Text von 75 Buchstaben. Wenn man den Schlüssel frei wählen darf, könnte

M	O	R	G	E	N	B	E	G	I	N	N	T	D	I
E	G	R	O	S	S	E	S	C	H	L	A	C	H	T
W	I	R	W	E	R	D	E	N	B	E	I	S	O	N
N	E	N	A	U	F	G	A	N	G	V	O	M	O	S
T	E	N	H	E	R	A	N	G	R	E	I	F	E	N

Abbildung 1.12 Ein mit SKYTALE verschlüsselter Text mit Schlüssel 5.

man zum Beispiel den Schlüssel 5 wählen, damit man genau 15 Spalten bekommt, wie in Abbildung 1.12. Die Leerzeichen sind also verschwunden. Was passiert aber, wenn der Schlüssel vorgegeben ist? Wenn man ohne einen Holzstab mit SKYTALE verschlüsseln möchte, muss man zuerst die Anzahl der Spalten berechnen.

Kryptosystem SKYTALE

Klartextalphabet:	Lat
Geheimtextalphabet:	Lat
Schlüsselmenge:	$\{1, 2, \ldots, n\}$, wobei n die Länge des Klartextes ist.
Verschlüsselung:	Sei $s \in \{1, 2, \ldots, n\}$ der Schlüssel. Schreibe den Klartext zeilenweise in $\lceil \frac{n}{s} \rceil$ (das heißt, berechne $\frac{n}{s}$ und runde auf die nächste ganze Zahl auf) Spalten auf. Der Kryptotext besteht aus der Folge der spaltenweise gelesenen Buchstaben in dieser Anordnung des Klartextes.
Entschlüsselung:	Schreibe den Text spaltenweise in s Zeilen auf. Den Klartext bekommst du, indem du den so angeordneten Text zeilenweise abliest.

Aufgabe 1.29 Die Spartaner wollen einen Text mit 75 Buchstaben mit SKYTALE verschlüsseln. Sie haben zwar keinen Holzstab zur Hand, aber sie beschließen, dass sie den Schlüssel 7 wählen. Wie viele Spalten wird es geben, wenn sie so wenig Leerzeichen wie nur möglich haben möchten?

Aufgabe 1.30 Auf einem Papierstreifen steht der folgende mit SKYTALE verschlüsselte Kryptotext:

```
ETIFIITNUTNFGENKURRELEODIERSILIMSEANIE
MRECREMRHSNSSAPSTCBRCRHEUHORRNHNIEGEG
```

(a) Welches ist hier der Schlüssel?

(b) Wie lautet der Klartext?

(c) Wie viele Schlüssel müssen hier im schlimmsten Fall probiert werden, um den richtigen zu finden? Das heißt, wie viele mögliche Schlüssel gibt es?

Die Verschlüsselung mit SKYTALE ist ein Beispiel für eine Verschlüsselung, bei der die Buchstaben im Kryptotext die gleichen sind wie im Klartext, aber an einer anderen Stelle (Position des Textes) stehen. Um die Buchstaben zu vertauschen kann man aber auch noch andere Vorgehensweisen wählen. Man könnte zum Beispiel im Rechteck aus Abbildung 1.12 die Spalten nicht immer von oben nach unten ablesen, sondern beispielsweise jede zweite Spalte von unten nach oben ablesen. Wir würden dann den Kryptotext

```
MEWNTEEIGORRRNNHAWOGESEUERFRSNBEDGANAE
SEGCNNGRGBHINLEVEIOIANTCSMFEOOHDITNSN
```

erhalten. Man könnte sogar den Klartext von Anfang an ganz anders anordnen, wie zum Beispiel im folgende Bild dargestellt:

$$\begin{array}{ccccccccccccc} M & & & I & & & & G & & & & T & \\ & O & & & N & S & & R & & R & & E & A \\ & & R & E & & T & E & & R & & S & & G \\ & & & G & & & D & & & O & & S & \\ \end{array}$$

Den Kryptotext bekommt man dann zum Beispiel, wenn man die Buchstaben zeilenweise in dieser Anordnung abliest.

```
MIGTONSRREARETEOSGGDS
```

Aufgabe 1.31 Wie kann man diesen Kryptotext wieder entschlüsseln?

Aufgabe 1.32 Erfinde noch ein weiteres Verschlüsselungsverfahren, bei dem nur die Buchstaben vertauscht werden, und beschreibe es mit dem Schema für Kryptosysteme.

Die Verfahren CAESAR und SKYTALE basieren auf zwei ganz verschiedenen Verschlüsselungsideen. Während das Verfahren von CAESAR eine Codierung der einzelnen Buchstaben ist, wo Symbol für Symbol ersetzt wird, werden beim Verfahren der SKYTALE überhaupt keine Buchstaben ersetzt, sondern nur die Positionen der Symbole im Text verändert.

Aufgabe 1.33 Warum entspricht die Verschlüsselung der SKYTALE mit einem festen Schlüssel einer injektiven Funktion?

Die Kryptosysteme CAESAR und SKYTALE haben beide eine kleine Anzahl von möglichen Schlüsseln. Das bedeutet natürlich, dass jemand, der nicht im Besitz des Schlüssels ist, aber über das verwendete Kryptosystem Bescheid weiß, schnell einen Schlüssel nach dem anderen durchprobieren kann. Im schlimmsten Fall muss er alle Schlüssel ausprobieren, aber wenn die Anzahl Schlüssel eines Kryptosystems klein ist, hält sich der Aufwand in Grenzen.

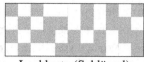

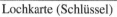

Lochkarte (Schlüssel)	Kryptotext	Klartext

Abbildung 1.13 Das Kryptosystem RICHELIEU. Links ist eine Lochkarte für einen Klartext mit zwanzig Buchstaben abgebildet. Wird die Lochkarte auf den Kryptotext gelegt, der in der Mitte dargestellt ist, erhält man den Klartext, der rechts abgebildet ist.

Das Kryptosystem RICHELIEU

Das Kryptosystem RICHELIEU, das im 17. Jahrhundert von Kardinal Richelieu erfunden worden ist, ist im Gegensatz zu den beiden vorher beschriebenen Systemen ein Kryptosystem mit sehr vielen möglichen Schlüsseln. Die Folge davon ist, dass das System nicht einfach mittels Durchprobieren aller möglichen Schlüssel zu knacken ist.

Um mit RICHELIEU zu verschlüsseln, verwendet man als Schlüssel eine Lochkarte wie in Abbildung 1.13 dargestellt. Das ist eine Karte mit Feldern, die in einer bestimmten Anzahl von Zeilen und Spalten angeordnet sind. Einige dieser Felder auf der Lochkarte sind Löcher. Die Anzahl der Löcher muss genau der Länge des Klartextes, der verschlüsselt werden soll, entsprechen. Die Lochkarte dient als Schablone.

Um zu verschlüsseln, wird diese Lochkarte auf eine leere Karte gelegt, und in einem ersten Schritt wird der Klartext von links nach rechts in diese Lochfelder geschrieben. In einem zweiten Schritt wird die Schablone entfernt, und die noch nicht beschriebenen Felder werden mit irgendwelchen Buchstaben aus dem Alphabet aufgefüllt, so dass schließlich die ganze Karte voll ist, wobei in jedem Feld ein Buchstabe steht (siehe Abbildung 1.13). Diese Karte mit einem Buchstaben an jeder Position ist der Kryptotext.

Man kann also nicht mehr unterscheiden, welcher Buchstabe zum Klartext gehört und welcher später hinzugefügt worden ist. Auf den ersten Blick scheint das Ganze wie ein großes Durcheinander von Buchstaben. Einem Besitzer des Schlüssels beziehungsweise der Lochkarte ist es jedoch ganz leicht möglich diesen Kryptotext zu entschlüsseln: Er legt die Lochkarte wie eine Schablone auf den Kryptotext und liest die Buchstaben, die durch die Lochkarte nicht abgedeckt sind, zeilenweise von links nach rechts ab. Auf diese Weise erhält er den Klartext (siehe Abbildung 1.13).

Aufgabe 1.34 Wie viele Schlüssel hat das Kryptosystem RICHELIEU bei einer Lochkarte von $n \times m$ Feldern?

1.5 Zusammenfassung

Die Verwendung von abstrakten Zeichen hat zur Entwicklung der Schriften geführt. Die Basis einer Schrift ist ein Alphabet. Ein Alphabet ist eine Menge von Zeichen, die auch Buchstaben oder Symbole genannt werden. Texte in einer Schrift sind Folgen von Buchstaben des Alphabets der Schrift.

Die zwei Parteien einer Kommunikation bezeichnen wir als Sender und Empfänger. Das Ziel des Senders ist es, eine Nachricht an den Empfänger zu schicken. Bei der Nachricht handelt es sich um einen Text in einer natürlichen Sprache, welche beide verstehen. Ein solcher Text wird Klartext genannt. Da der Sender verhindern will, dass seine Nachricht auf dem Weg zum Empfänger von irgendjemandem gelesen wird, wandelt er den Klartext in einen Kryptotext (Geheimtext) um. Diese Umwandlung wird Chiffrierung genannt. Die Chiffrierung ist im Allgemeinen ein Algorithmus, der einen gegebenen Klartext in einen Kryptotext umwandelt. Dieser Kryptotext wird anschließend vom Empfänger mit einem Dechiffrierungsverfahren wieder in den ursprünglichen Klartext zurückverwandelt. Zu bemerken ist, dass beim Chiffrieren das Alphabet des Klartextes und das Alphabet des Kryptotextes unterschiedlich sein dürfen.

Jede Geheimschrift ist durch die Chiffrierung und die Dechiffrierung eindeutig bestimmt. Beispiele für Geheimschriften sind POLYBIOS und FREIMAURER.

Man muss unterscheiden zwischen Codierungen von Symbolen und Codierungen von Texten. Wenn die einzelnen Buchstaben unabhängig von ihrer Umgebung im Klartext auf Buchstaben oder Texte aus einem Alphabet abgebildet werden, handelt es sich um eine Codierung von Symbolen des Klartextalphabets. Mit dieser Codierung von Symbolen kann man dann ganze Texte codieren.

Von Codierungen wird gefordert, dass sie injektive Funktionen sind. Eine injektive Funktion bildet zwei unterschiedliche Argumente auf zwei unterschiedliche Funktionswerte ab. Die Injektivität ist notwendig, weil sie garantiert, dass ein chiffrierter Text – also ein Kryptotext – beim Dechiffrieren eindeutig wieder auf den ursprünglichen Klartext abgebildet wird.

Kryptosysteme bestehen aus einer Vielfalt von Geheimschriften. Diese Vielfalt wird dadurch erzeugt, dass bei jeder Chiffrierung ein zusätzliches Argument eingeführt wird, das wir Schüssel nennen. Der Schlüssel ist ein Geheimnis zwischen Sender und Empfänger. Er wird sowohl zum Chiffrieren als auch zum Dechiffrieren gebraucht, deshalb sprechen wir von Verschlüsselung und Entschlüsselung. Beispiele für Kryptosysteme aus der Antike sind CAESAR und SKYTALE.

Hinweis für die Lehrperson Das Ziel dieser Lektion ist es nicht nur, einen Einblick in die Geschichte der Kryptologie zu geben und ein paar Geheimschriften und einfache Kryptosysteme zu vermitteln. Diese Lektion hat ihren Schwerpunkt in der Bildung von mehreren grundlegenden Begriffen der Kryptologie. Es soll darauf geachtet werden, dass diese Begriffe richtig verstanden werden und dass die Schülerinnen und Schüler sie richtig verwenden. Auch das Verständnis der Konzepte der Injektivität und der Umkehrfunktionen aus der Mathematik soll gesichert werden und ihre Rolle in der Kryptologie verdeutlicht werden.

Kontrollfragen

1. Wie sind die Schriften entstanden? Welche unterschiedlichen Schriftarten kennen wir?

2. Welche Bedeutung können die Zeichen eines Alphabets haben?

3. Was ist ein Alphabet aus mathematischer Sicht?

4. Was sind Texte aus mathematischer Sicht?

5. Was ist eine Funktion? Wie sieht man an der Mengendarstellung von Funktionen oder im Funktionsgraph, dass eine Funktion injektiv ist?

6. Was ist eine Geheimschrift? Wie kann eine Geheimschrift eindeutig und vollständig beschrieben werden?

7. Welche Geheimschriften kennst du?

8. Wie unterscheidet sich ein Kryptosystem von einer Geheimschrift?

9. Was ist der wesentliche Unterschied zwischen CAESAR und SKYTALE?

10. Wieso sollte eine Chiffrierung injektiv sein? Wie nennt man eine injektive Chiffrierung?

Kontrollaufgaben

1. Wie viele Texte mit folgenden Eigenschaften gibt es?

    (a) Texte bestehend aus fünf Symbolen aus Lat?

    (b) Texte aus Lat mit einer Länge kleiner gleich drei?

    (c) Texte aus dem Alphabet $\{0, 1\}$ der Länge 10?

    (d) Texte mit den Symbolen A, B, C, D und E, die mit A beginnen und mit B enden und die Länge 7 haben?

    (e) Texte aus dem Alphabet $\{X, Y, Z\}$, die drei X, vier Y und zwei Z enthalten.

    (f) Texte der Länge 3 aus dem Alphabet $\{A, B, C\}$, die mehr als die beiden anderen Buchstaben enthalten.

2. Dechiffriere den folgenden Text, der mit POLYBIOS chiffriert worden ist.

    2444112511

3. Entschlüssle den folgenden Text mit CAESAR und dem Schlüssel mit Wert 6.

    IGKYGXOYZKOTLGIN

4. Welche der folgenden Funktionen sind injektiv? Begründe deine Antworten beispielsweise mit der Darstellung als Funktionsgraph (falls die Funktion injektiv ist) oder finde zwei unterschiedliche Argumente, für die die Funktion den gleichen Funktionswert besitzt.

    (a) $f(x) = x^3$ für $f: \mathbb{R} \to \mathbb{R}$

    (b) $f(x) = x^2 - 4x + 3$ für $f: \mathbb{R} \to \mathbb{R}$

    (c) $f(x) = |x|$ für $f: \mathbb{R} \to \mathbb{R}$

    (d) $f(x) = \frac{1}{x}$ für $f: \mathbb{R}^+ \to \mathbb{R}$

    (e) $f(x) = \log_{10}(x)$ für $f: \mathbb{R}^+ \to \mathbb{R}$

5. Betrachte die Chiffrierung Cod: $\{A, B, C\} \to \{1, 2, 3, 4, 5\}$ mit $Cod(A) = 1134$, $Cod(B) = 134$ und $Cod(C) = 25$. Diese Chiffrierung von Symbolen wird also verwendet, um die Texte aus $\{A, B, C\}$ durch Texte aus $\{1, 2, 3, 4, 5\}$ zu chiffrieren. Ist diese Chiffrierung eine Codierung?

6. Gegeben sind zwei injektive Funktionen $f: A \to B$ und $g: B \to D$. Warum ist die Funktion $f(g(x))$ eine injektive Funktion von A nach D?

7. Nutze die Eigenschaft der Injektivität in der obigen Aufgabe, um die Geheimschrift ROT13 mit der Geheimschrift FREIMAURER zu kombinieren, so dass eine neue Geheimschrift entsteht. Zuerst soll der Klartext mit ROT13 codiert werden, und auf diesen Geheimtext soll dann noch FREIMAURER angewendet werden.

   (a) Gib das Schema der auf diese Weise erhaltenen Geheimschrift an.

   (b) Chiffriere deinen Namen mit dieser Geheimschrift.

   (c) Dechiffriere den folgenden Geheimtext:

   ⊐⊔⌐⦁<⊐⊐⊓⌊⦁>.

   (d) Chiffriere den in Kontrollaufgabe 7 (c) erhaltenen Klartext mit ROT13. Vergleiche den erhaltenen Geheimtext mit dem Geheimtext aus Kontrollaufgabe 7 (c). Was fällt dir auf? Wie kannst du dir das erklären?

8. Betrachte das folgende Kryptosystem mit den Schlüsseln (i, j), wobei $i \in \{0, 1, \ldots, 25\}$ und $j \in \{1, 2, \ldots, 25\}$. In einem ersten Schritt wird der Klartext mit CAESAR und dem Schlüssel i verschlüsselt. Im zweiten Schritt wird der auf diese Weise erhaltene Text mit SKYTALE und dem Schlüssel j verschlüsselt.

   (a) Wie viele Schlüssel hat dieses Kryptosystem?

   (b) Beschreibe die Vorgehensweise bei der Entschlüsselung.

   (c) Verschlüssle den folgenden Text mit dem Schlüssel $(3, 4)$:

   UEBUNGMACHTDENMEISTER

   (d) Entschlüssle das folgende Zitat von Charlie Chaplin mit dem Schlüssel $(5, 8)$. Die Symbole ⌴ stehen für Leerzeichen auf dem Band der Skytale.

   JFFYNAJLNSSQXJS⌴SISFYWJ⌴YJNHJQW⌴FRHMNTY⌴LRMYSWF⌴

   (e) Entschlüssle den folgenden Kryptotext. Du hast schon herausgefunden, dass $i = 8$ ist.

   LMAASLMPCAWKMWZTSKAPQKSIWPXCVPTN
   UWITMIQMUVMMVJVQAEBPEMOKBQQIMZMP
   PMVAKETVMLLBSMBWCMQLMVAKBZMCZVKP

   Was ist j? Wie lautet der Klartext?

9. *Diese Aufgabe kann nur mit Programmierkenntnissen gelöst werden.* Schreibe ein Programm, das einen Text mit CAESAR und beliebig gewähltem Schlüssel verschlüsseln und entschlüsseln kann.

10. In kryptographischen Anwendungen arbeiten wir oft mit ganzzahligem Teilen. Der Ausdruck

$$x \text{ div } y$$

bezeichnet das ganzzahlige Teilen von x durch y. Den Rest der ganzzahligen Division bezeichnen wir mit dem Ausdruck

$$x \text{ mod } y.$$

Somit ist zum Beispiel

$$72 \text{ div } 7 = 10 \quad \text{und} \quad 72 \text{ mod } 7 = 2.$$

Wir verwenden die mod-Notation zur Beschreibung von Chiffrierungen von einzelnen Symbolen.

(a) Sei $\mathscr{A} = \{A, B, C, D, E\}$. Die Ordnung von A in $\mathscr{A}$ ist $\text{Ord}(A) = 0$, die Ordnung von B in $\mathscr{A}$ ist $\text{Ord}(B) = 1$ usw.

Wir definieren eine Funktion $f \colon \mathscr{A} \to \mathscr{A}$ für jedes $x \in \mathscr{A}$ wie folgt:

$$f(x) = \text{das Symbol aus } \mathscr{A} \text{ mit der Ordnung } \left(\text{Ord}(x)^2 \text{ mod } 5 \right).$$

Somit ist zum Beispiel $f(D) = E$ weil $\text{Ord}(D) = 3$ und

$$3^2 \text{ mod } 5 = 9 \text{ mod } 5 = 4.$$

Ist f eine Codierung der Buchstaben aus $\mathscr{A}$?

(b) Betrachte das Alphabet $\mathscr{A} = \{A, B, C, D, E, F\}$. Definiert sei für jedes Element $x \in \mathscr{A}$ die Funktion

$$g(x) = \text{das Symbol aus } \mathscr{A} \text{ mit der Ordnung } \left(\text{Ord}(x)^2 \text{ mod } 6 \right).$$

Ist g eine Codierung von Symbolen aus $\mathscr{A}$ nach $\mathscr{A}$?

11. Seien $\mathscr{A}$ und $\mathscr{B}$ zwei Alphabete und sei $\text{Cod} \colon \mathscr{A} \to \mathscr{B}^*$ eine Codierung der Symbole aus $\mathscr{A}$ durch Texte aus $\mathscr{B}^*$. Ein Text α heißt **Präfix** eines Textes β, falls β mit dem Text α anfängt. Der Text KRYPTO ist zum Beispiel ein Präfix vom Text KRYPTOSYSTEM. Eine Codierung Cod heißt **präfixfrei**, wenn es keine Buchstaben X und Y gibt, so dass $\text{Cod}(X)$ ein Präfix von $\text{Cod}(Y)$ ist. Ist diese Eigenschaft der Präfixfreiheit einer Codierung von Buchstaben für uns interessant? Begründe deine Antwort sorgfältig.

Lektion 2

Die Suche nach Sicherheit und modulares Rechnen

Menschen streben ständig nach mehr Sicherheit. Alle Anwendungen sollen so sicher wie nur möglich werden. Bei Kryptosystemen ist es nicht anders. Aber was verstehen wir unter Sicherheit im Zusammenhang mit Kryptosystemen? Sowohl der Sender als auch der Empfänger müssen damit rechnen, dass der verschickte Kryptotext einem Gegner in die Hände fallen kann (siehe Abbildung 2.1). Dieser Gegner wird **Kryptoanalyst** oder **Kryptoanalytiker** genannt. Wir verwenden diesen neutralen wissenschaftlichen Begriff, statt über Gegner oder Feinde zu sprechen, um den Kryptoanalytiker nicht in die Rolle des Bösewichts zu versetzen. In einem Krieg zum Beispiel haben beide Seiten ihre Sender, Empfänger und Kryptoanalytiker. Es ist also eine Frage der Sichtweise, wem man die positive und wem die negative Rolle zuordnet.

Auszug aus der Geschichte Im Zweiten Weltkrieg war der Engländer Alan Turing (1912–1954) ein Kryptoanalytiker im Dienst der Alliierten. Er war einer der Gründer der Informatik, denn er legte unter anderem den Begriff des Algorithmus exakt mathematisch fest. Mit seiner Definition von Algorithmen im Jahr 1936 datieren wir die Entstehung der Informatik als eigenständige Wissenschaftsdisziplin. Alan Turing knackte das Kryptosystem ENIGMA der deutschen Wehrmacht und ihm verdanken wir, dass das Ende des Zweiten Weltkriegs nicht noch später eingetreten ist.

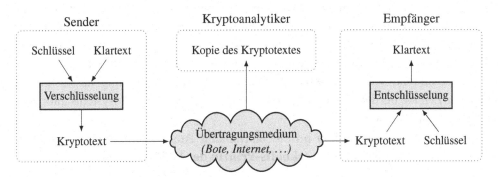

Abbildung 2.1 Dieses Kommunikationsschema zeigt die Übertragung einer verschlüsselten Nachricht (dem Kryptotext). Bei der Übertragung kann eine Kopie des Kryptotextes in die Hände einer unbefugten dritten Person – genannt Kryptoanalytiker – gelangen.

2.1 Kryptoanalyse und der Begriff der Sicherheit

Die Lehre der Geheimschriften nennt man **Kryptologie** (vom griechischen *kryptós*, „verborgen", und *logos*, „Lehre", „Kunde"). Die Aktivitäten der Kommunizierenden und Kryptoanalytiker teilen die Kryptologie in zwei Gebiete ein. Die **Kryptographie** (auch: Kryptografie; vom griechischen *kryptós*, „verborgen", und *gráphein*, „schreiben") ist die Wissenschaft der Entwicklung von Kryptosystemen, und die **Kryptoanalyse** ist die Lehre der Analyse von Geheimtexten und Kryptosystemen, die zum „Knacken" der analysierten Kryptoysteme führen soll.

Damit ist die ganze Kryptologie ein intellektuelles Spiel zwischen Kryptosystemdesignern und Kryptoanalytikern. Die Designer versuchen clevere Kryptosysteme zu bauen, und die Kryptoanalytiker versuchen eines nach dem anderen zu knacken.

Für den Bau eines Kryptosystems ist der Begriff der **Sicherheit** von zentraler Bedeutung. Es ist aber schwierig, von der absoluten Sicherheit im Sinne der Unknackbarkeit eines Kryptosystems zu sprechen, wenn man gegen einen Kryptoanalytiker spielt, der geniale Ideen entwickeln kann. Deshalb hat sich auch das Verständnis für den Begriff der Sicherheit im Laufe der Zeit geändert, was die Entwicklung der Kryptographie wesentlich beeinflusst hat.

Intuitiv verstehen wir unter einem sicheren Kryptosystem ein System, bei dem die Geheimtexte ohne Kenntnis des Geheimnisses zwischen Sender und Empfänger nicht entschlüsselt werden können. Aber absolute Sicherheit gibt es im realen Leben nicht. Deswegen ist für uns Sicherheit nicht unbedingt die absolute Unmöglichkeit, Kryptosysteme zu knacken, sondern ein in vernünftiger Zeit unrealisierbarer Aufwand, der nötig ist, die Geheimtexte ohne Kenntnis des Geheimnisses zu entschlüsseln. Also ist man bestrebt, die Kryptosysteme so zu bauen, dass die Entschlüsselung für die Kryptoanalytiker so schwer ist wie die Suche nach einer Nadel in einem Heuhaufen.

Wir sehen, dass die Sicherheit mit der Geheimhaltung einer bestimmten Kenntnis verknüpft ist. Bei den Geheimschriften ist die Art der Chiffrierung (und damit auch der Dechiffrierung) das Geheimnis, bei den Kryptosystemen kam noch die Geheimhaltung des Schlüssels hinzu. Wenn die Sicherheit eines Kryptosystems auf der Geheimhaltung des Verschlüsselungsverfahrens basiert, dann sprechen wir von „security by obscurity". Die Geheimhaltung des Verfahrens ist jedoch kein vernünftiges Kriterium für die Garantie der Sicherheit eines Kryptosystems. Der Grund dafür ist die Erfahrung, dass es nur eine Frage der Zeit ist, bis die Art der Verschlüsselung eines neuen Kryptosystems unbefugten Personen in die Hände fällt.

Deswegen formulierte schon im 19. Jahrhundert Auguste Kerkhoffs die folgende Sicherheitsanforderung, die als **Kerkhoffs-Prinzip der Sicherheit** bekannt ist:

> *Ein Kryptosystem ist sicher, wenn sich, trotz öffentlich bekanntem Verschlüsselungsverfahren, die ursprünglichen Klartexte nicht ohne die Kenntnis des Schlüssels aus den Kryptotexten ableiten lassen.*

Nach dieser Definition sind alle Geheimschriften, die wir als Kryptosysteme mit *nur einem* Schlüssel auffassen können, als unsicher zu betrachten. Das Kryptosystem CAESAR ist ebenfalls nicht sicher, denn es können alle möglichen 26 Schlüssel ohne großen Aufwand durchprobiert werden.

Damit erkennen wir, dass ein Kryptosystem nach dem Kerkhoffs-Prinzip nur dann als sicher betrachtet werden kann, wenn die Anzahl der Schlüssel so groß ist, dass es einen unrealisierbar großen Aufwand bedeuten würde alle auszuprobieren.

Aufgabe 2.1 Welche von den bisher vorgestellten Kryptosystemen kannst du nach dem Kerkhoffs-Prinzip als unsicher bezeichnen? Begründe deine Antwort.

Aufgabe 2.2 Die Spartaner wollen eine geheime Botschaft von Sparta nach Athen schicken. In dieser Nachricht ist die Strategie für die bevorstehende Schlacht mit mehreren tausend Zeichen ausführlich beschrieben. Die geplante Schlacht soll in drei Tagen beginnen. Um sicher zu gehen, dass die Botschaft in Athen ankommt, schicken die Spartaner mehrere Kopien der Botschaft nach Athen. Die Spartaner müssen aber damit rechnen, dass eine der Kopien in die Hände des Gegners kommt.

Das Ziel der Spartaner besteht nun darin, die Nachricht so zu verschlüsseln, dass der Gegner mehr als drei Tage benötigt um die abgefangene Nachricht zu entschlüsseln. Danach spielt es keine Rolle mehr, da mit dem Beginn der Schlacht der Plan sowieso öffentlich ist. Die Spartaner haben festgestellt, dass die Gegner nur einen einzigen Kryptoanalytiker haben: Lszqupt. Lszqupt ist sehr clever und arbeitet effizient. Für einen Versuch, den Kryptotext zu entschlüsseln, braucht er nur gerade eineinhalb Minuten. Ein Versuch entspricht dem Testen eines Schlüssels. Der unermüdliche Kryptoanalytiker kann drei Tage und drei Nächte am Stück arbeiten. Die Spartaner müssen auch damit rechnen, dass der clevere Lszqupt erahnen kann, welches Verschlüsselungsverfahren angewandt worden ist.

Die Spartaner entscheiden sich für das folgende Kryptosystem:

Kryptosystem 3TAGE

Klartextalphabet:	Lat
Geheimtextalphabet:	Lat
Schlüsselmenge:	(i, k, j), wobei $i, j \in \{0, 1, \ldots, 25\}$ und $k \in \{1, 2, \ldots, 100\}$
Verschlüsselung:	Die Verschlüsselung läuft in drei Schritten ab:

1. Verschlüssle den Klartext mit CAESAR und dem Schlüssel i zu *Text*$_1$.
2. Verschlüssle *Text*$_1$ mit SKYTALE und dem Schlüssel k zu *Text*$_2$.
3. Verschlüssle *Text*$_2$ mit CAESAR und dem Schlüssel j, um den endgültigen Kryptotext zu erhalten.

Beschreibe die Entschlüsselung, die vom mit 3TAGE verschlüsselten Kryptotext zum ursprünglichen Klartext führt. Weshalb bekommt man den richtigen Klartext? Haben die Spartaner eine gute Wahl getroffen?

Aufgabe 2.3 Die Wahrscheinlichkeit, dass Lszqupt mit seiner Kryptoanalyse erfolgreich ist, entspricht der Anzahl Versuche, die Lszqupt innerhalb von drei Tagen durchführt, um den Schlüssel zu erraten, dividiert durch die Anzahl aller möglichen Schlüssel. Das Ziel ist nun, diese Wahrscheinlichkeit so klein wie möglich zu halten, damit die Chance auf einen Erfolg für Lszqupt möglichst gering ist. Was würdest du als Spartaner unternehmen, um die Erfolgswahrscheinlichkeit auf weniger als $\frac{1}{100}$ zu senken?

2.2 Modulare Addition

Wir haben erkannt, dass CAESAR auch für einen Kryptoanalytiker ohne Rechner leicht zu knacken ist. Wir werden CAESAR so verbessern, dass es für einen Unbefugten ohne Rechnerunterstützung aufwändiger wird, ohne Kenntnis des Schlüssel den Klartext herzuleiten. Dabei lernen wir auch erste Ideen des **modularen Rechnens** kennen, mit dessen Hilfe wir später pfiffigere Kryptosysteme verstehen können.

Wenn mit natürlichen oder ganzen Zahlen gearbeitet wird, verwendet man oft die sogenannte **ganzzahlige Division**. Zum Beispiel

$$72 : 5 = 14 \quad \text{Rest } 2.$$

Diese Gleichung bedeutet, dass sich 72 auch durch die folgende Formel ausdrücken lässt:

$$72 = 14 \cdot 5 + 2,$$

weil die 5 genau 14-mal in 72 vorkommt und 2 der Rest der Division 72 : 5 ist. Das Resultat 14 der Division 72 : 5 drücken wir durch

$$72 \text{ div } 5$$

aus und den Rest 2 bezeichnen wir mit

$$72 \text{ mod } 5.$$

Es gilt also

$$72 = (72 \text{ div } 5) \cdot 5 + 72 \text{ mod } 5.$$

Ganz allgemein bezeichnen wir für zwei beliebige natürliche Zahlen b und a (mit $a \neq 0$) das Resultat der ganzzahligen Division von b durch a mit

$$b \text{ div } a$$

und den Rest der ganzzahligen Division von b durch a mit

$$b \text{ mod } a.$$

Weil b mod a der Rest der ganzzahligen Division durch a ist, muss b mod a immer kleiner als a sein. Mit dieser Bezeichnung gilt

$$b = (b \text{ div } a) \cdot a + b \text{ mod } a.$$

für alle natürlichen Zahlen b und a, wobei $a \neq 0$.

Aufgabe 2.4 Bestimme b div a und b mod a für die folgenden natürlichen Zahlen b, a (mit $a \neq 0$).

(a) $b = 72$, $a = 9$

(b) $b = 225$, $a = 3$

(c) $b = 257$, $a = 8$

(d) $b = 13$, $a = 25$

Eine natürliche Zahl a ($a \neq 0$) **teilt** eine natürliche Zahl b, wenn es eine natürliche Zahl k gibt, so dass

$$b = k \cdot a.$$

In anderen Worten, a teilt b, wenn

$$b \bmod a = 0.$$

Man sagt, dass a ein **Teiler** von b ist und schreibt $a \mid b$.

So wie wir die üblichen arithmetischen Operatoren $+$, $-$, $\cdot$, und $/$ verwenden, können solche Operatoren mit ähnlicher Bedeutung auch für das modulare Rechnen eingeführt werden. Die Operation

$$\oplus_a$$

wird für jede natürliche Zahl a unterschiedlich von 0 und zwei natürliche Zahlen x und y durch

$$\boxed{x \oplus_a y = (x + y) \bmod a}$$

definiert. Somit ist $\oplus_a$ eine Operation auf natürlichen Zahlen, deren Resultat immer kleiner als a ist. Zum Beispiel rechnen wir

$$15 \oplus_{26} 17 = (15 + 17) \bmod 26 = 32 \bmod 26 = 6 \,.$$

Später werden wir diesen Operator auf negative ganze Zahlen erweitern. Dazu brauchen wir aber noch mehr Hintergrundwissen. Vorerst betrachten wir die modulare Addition nur für natürliche Zahlen.

Aufgabe 2.5 Bestimme die Resultate der folgenden Rechnungen:

(a) $25 \oplus_{26} 25$

(b) $0 \oplus_{26} 19$

(c) $231 \oplus_3 222$

(d) $1378 \oplus_{10} 24\,795$

(e) $13\,874 \oplus_2 123$

Aufgabe 2.6 Beantworte die folgenden Fragen:

(a) Es ist 9 Uhr. Wie spät ist es nach 100 Stunden?

(b) Heute sei Mittwoch. Welchen Wochentag haben wir in 53 Tagen?

(c) Es sei September. In welchem Monat sind wir in 47 Monaten?

Aufgabe 2.7 Peter und Hans führen eine kleine Kneipe in Engelberg. Normalerweise läuft alles ziemlich ruhig, heute aber bekommen die beiden Besuch vom Turnverein Bümpliz. Die zwei Wirte haben während drei Stunden alle Hände voll zu tun und stellen deshalb die leeren Flaschen einfach in die Küche. So herrscht am Abend natürlich das große Chaos. Als sich die Gäste auf den Heimweg gemacht haben, müssen die zahlreichen leeren Flaschen in die Harasse versorgt werden, welche am nächsten Morgen vom Getränkehändler abgeholt werden. Peter und Hans machen sich an die Arbeit, sie arbeiten beide gleich schnell. In jedem Harass haben genau 12 Flaschen Platz, und der Händler nimmt nur volle Harasse an. In der Küche liegen 124 Flaschen herum.

(a) Wie viele Harasse füllen die beiden Wirte je, wenn sie die Arbeit gemeinsam in Angriff nehmen? Wie viele Flaschen bleiben übrig?

(b) Wie viele Harasse würde Peter füllen, wenn er alleine arbeiten würde? Bleiben gleich viele Flaschen übrig?

(c) Hans findet im Keller noch 39 Flaschen vom Vortag. Wie viele Harasse kann er mit diesen Flaschen füllen? Wie viele Flaschen bleiben übrig?

(d) Kann er mit den aus der Küche und dem Keller übriggebliebenen Flaschen noch einen Harass füllen?

(e) Am darauffolgenden Tag hat Hans starke Rückenschmerzen vom Flaschen Einfüllen. Deshalb bleibt er zu Hause. Peter ist alleine in der Kneipe, möchte aber am Abend nicht alle Harasse abfüllen. An diesem Tag stehen 51 Flaschen herum. Er rechnet nun aus, wie viele Flaschen er in die Harasse einfüllen muss, damit Peter am nächsten Tag genau die gleiche Anzahl von Flaschen in die Harasse füllen muss. Wie viele Harasse muss jeder füllen?

Die Operation $\oplus_a$ nennen wir **Addition modulo a**. Wozu kann so etwas nützlich sein? CAESAR arbeitet mit der Addition modulo 26 auf der Ordnung der Symbole des Alphabets Lat. Die Ordnung der Symbole aus Lat haben wir wie folgt festgelegt:

$$\mathrm{Ord(A)} = 0,\ \mathrm{Ord(B)} = 1,\ \mathrm{Ord(C)} = 2,\ \ldots,\ \mathrm{Ord(Y)} = 24,\ \mathrm{Ord(Z)} = 25\,.$$

Somit kann für jedes Symbol $\square \in$ Lat und für jeden Schlüssel $s \in \{0, 1, 2, \ldots, 25\}$ die Verschlüsselung mittels CAESAR wie folgt beschrieben werden:

$$\mathrm{Ver}(\square, s) = \triangle, \qquad \text{wobei } \mathrm{Ord}(\triangle) = \mathrm{Ord}(\square) \oplus_{26} s\,.$$

In Worten: Wir verschlüsseln jedes Symbol $\square$ des lateinischen Alphabets mit dem Schlüssel s durch das Symbol $\triangle$ mit der Ordnung $(\mathrm{Ord}(\square) + s) \bmod 26$. Diese Addition modulo 26 entspricht genau der Verschiebung der Scheibe um den Wert k des Schlüssels. Somit gilt zum Beispiel

$$\mathrm{Ver}(\mathrm{C}, 24) = \mathrm{A},$$

weil

$$
\begin{aligned}
\mathrm{Ord(C)} \oplus_{26} 24 &= \big(\mathrm{Ord(C)} + 24\big) \bmod 26 \\
&= (2 + 24) \bmod 26 \\
&= 26 \bmod 26 \\
&= 0 \, .
\end{aligned}
$$

Für zwei beliebige natürliche Zahlen x und y und eine natürliche Zahl $a \neq 0$ haben wir den Operator $\oplus_a$ wie folgt definiert:

$$
x \oplus_a y = (x + y) \bmod a \, .
$$

Zuerst soll also $x + y$ berechnet und anschliessend soll die Summe durch a dividiert werden. Der Rest dieser Division ist dann das Resultat. In einer Gleichung mit mehr als einem Operator $\oplus_a$, wie zum Beispiel in

$$
x \oplus_a y \oplus_a z = (x + y + z) \bmod a,
$$

kann diese Vorgehensweise jedoch sehr aufwändig werden. Vor allem erschweren große Zahlen x und y das Rechnen, da durch manche arithmetische Operationen noch größere Zahlen erzeugt werden und danach ein relativ kleiner Rest (der Rest ist immer kleiner als a) berechnet wird. Um das Auftreten von unnötig großen Zahlen zu vermeiden, können vor jeder arithmetischen Operation die Operanden x und y kleiner als der Wert a gemacht werden, und zwar durch modulares Rechnen mit modulo a. Anstatt die Summe von x und y modulo a zu berechnen, kann nämlich genauso gut vor der Berechnung der Summe jeder Summand einzeln modulo a gerechnet werden. Es gilt im Allgemeinen das folgende Gesetz (der Beweis wird weiter unten folgen):

$$
(x + y) \bmod a = \big((x \bmod a) + (y \bmod a)\big) \bmod a .
$$

Das heißt, die Summe von zwei Zahlen (x und y) modulo a ist gleich der Summe von (x modulo a) und (y modulo a) modulo a. Nicht zu vergessen ist, dass das Resultat von ($x \bmod a$) + ($y \bmod a$) auch noch modulo a gerechnet werden muss. Mithilfe dieses Gesetzes kann vor allem bei großen Zahlen x und y und wiederholter Anwendung der Operation modulo a der Rechenaufwand um einiges verringert werden, da die Zwischenresultate nie größer als a werden.

Zum Beispiel kann der Ausdruck

$$
2287 \oplus_3 1322
$$

wie folgt nach der Definition von $\oplus_3$ berechnet werden:

$$
\begin{aligned}
2287 \oplus_3 1322 &= (2287 + 1322) \bmod 3 \\
&= 3609 \bmod 3 \\
&= 0 .
\end{aligned}
$$

Mit Hilfe des oben eingeführten Gesetzes kann die Berechnung vereinfacht werden:

$$2287 \oplus_3 1322 = \big((2287 \bmod 3) + (1322 \bmod 3)\big) \bmod 3$$
$$= (1 + 2) \bmod 3$$
$$= 3 \bmod 3$$
$$= 0.$$

Aufgabe 2.8 Vergleiche jeweils die Resultate der beiden Ausdrücke:

(a) $(13\,257 + 178\,791) \bmod 77$ und $\big((13\,257 \bmod 77) + (178\,791) \bmod 77\big) \bmod 77$

(b) $(2\,087\,644 + 137\,822) \bmod 4$ und $\big((2\,087\,644 \bmod 4) + (137\,822 \bmod 4)\big) \bmod 4$

(c) $(37\,872\,949 + 13\,287) \bmod 10$ und $\big((37\,872\,949 \bmod 10) + (13\,287 \bmod 10)\big) \bmod 10$

Die Lösungen der Terme in den Teilaufgaben von Aufgabe 2.8 führen immer zum gleichen Resultat. Jetzt werden wir zeigen, dass dies tatsächlich allgemein gilt. Dafür brauchen wir aber noch ein weiteres Gesetz, welches wir zuerst zeigen werden.

Der Operator $\oplus_a$ ist für jede positive ganze Zahl a definiert, und im Folgenden sind x, y und z natürliche Zahlen. Grundsätzlich gilt, dass sich ein Wert $z \bmod a$ nicht ändert, wenn zu z ein Vielfaches von a, also $m \cdot a$, für eine beliebige natürliche Zahl m addiert wird. Dass der Ausdruck $(z + m \cdot a) \bmod a$ immer gleich $z \bmod a$ ist, kann wie folgt begründet werden: Der Term $(z + m \cdot a) \bmod a$ beschreibt den Rest nach der Division von $z + m \cdot a$ durch a. Den Summanden z kann man als ein Vielfaches von a mit einem Rest r ausdrücken, wenn $z \bmod a = r$ ist. Der Rest r ist nicht durch a teilbar. Es gilt also

$$z = n \cdot a + r.$$

Damit können wir das z in $(z + m \cdot a) \bmod a$ ersetzen:

$$(z + m \cdot a) \bmod a = (n \cdot a + r + m \cdot a) \bmod a$$
$$= \big(a \cdot (m + n) + r\big) \bmod a \qquad \{a \text{ ausgeklammert}\}$$

Der erste Summand $a \cdot (m + n)$ ist durch a teilbar, also ist der Rest bei der Teilung von $z + m \cdot a$ durch a genau der Rest r. Das heißt, es gilt

$$(z + m \cdot a) \bmod a = r$$

und somit

$$(z + m \cdot a) \bmod a = r = z \bmod a.$$

Dies ist bereits das erste Gesetz (M1) des modularen Rechnens. Für alle natürlichen Zahlen z und m und jede positive ganze Zahl a gilt

$$\boxed{z \bmod a = (z + m \cdot a) \bmod a.} \qquad \text{(M1)}$$

Mit Hilfe dieses Gesetzes können wir das zweite Gesetz

$$\boxed{(x + y) \bmod a = (x \bmod a + y \bmod a) \bmod a} \tag{M2}$$

wie folgt herleiten:

$$(x + y) \bmod a = (a \cdot x \operatorname{div} a + x \bmod a + a \cdot y \operatorname{div} a + y \bmod a) \bmod a$$

$\{$weil $x = a \cdot x \operatorname{div} a + x \bmod a$ und $y = a \cdot y \operatorname{div} a + y \bmod a\}$

$$= \left(a \cdot (x \operatorname{div} a + y \operatorname{div} a) + x \bmod a + y \bmod a\right) \bmod a$$

$\{$nach Kommutativ- und Distributivgesetz$\}$

$$= (x \bmod a + y \bmod a) \bmod a$$

$\left\{\begin{array}{l}\text{nach Gesetz (M1),} \\ \text{weil } a \cdot (x \operatorname{div} a + y \operatorname{div} a) \text{ ein Vielfaches von } a \text{ ist.}\end{array}\right\}$

Das Gesetz (M2) besagt auch ganz allgemein, dass eine modulare Summe von beliebig vielen Zahlen auf zwei unterschiedliche Arten berechnet werden kann: Eine Möglichkeit ist, zuerst alle Summanden zu addieren und für die Summe anschließend modulo a den Rest zu bestimmen. Die andere Möglichkeit ist, zuerst für alle Summanden modulo a den Rest zu bestimmen und die erhaltenen Reste anschließend zu addieren. Sobald man aber beim Addieren eine Teilsumme erhält, die größer als a ist, muss für diese Teilsumme wiederum der Rest modulo a berechnet werden, um die Summanden klein zu halten.

Aufgabe 2.9 Das Gesetz (M2) sieht für die Berechnung der Summe von drei Zahlen x, y und z wie folgt aus:

$$(x + y + z) \bmod a = \left((x \bmod a + y \bmod a) \bmod a + z \bmod a\right) \bmod a.$$

Wie kann das Gesetz für die Berechnung der Summe von vier Zahlen w, x, y und z formuliert werden?

Aufgabe 2.10 Analog zum Gesetz (M2) für die Addition gibt es ein Gesetz für die Subtraktion: Für zwei natürliche Zahlen x und y mit $x \geq y$ gilt:

$$(x - y) \bmod a = (a + x \bmod a - y \bmod a) \bmod a.$$

(a) Prüfe das Gesetz der Subtraktion für die Zahlen $a = 11$, $x = 60$ und $y = 40$.

(b) Wie kann das Gesetz der Subtraktion hergeleitet werden? (Vergleiche dazu die Herleitung des Gesetzes (M2).)

Hinweis für die Lehrperson Der Rest dieser Lektion kann auch später behandelt werden, weil die darin vermittelten Kenntnisse erst in Lektion 7 gebraucht werden. Der Grund, weshalb wir es hier behandeln, liegt darin, dass die für das Verständnis des Buches notwendigen mathematischen Grundlagen über alle Lektionen so verteilt werden, dass lange rein mathematische Lektionen vermieden werden.

2.3 Algebraische Strukturen

Es ist möglich, mit dem Operator $\oplus_{26}$ die CAESAR-Verschlüsselung von Buchstaben mathematisch zu beschreiben. Wenn das Symbol $\square$ des Klartextalphabets durch das Symbol $\triangle$ des Kryptotextalphabets ersetzt wird, dann gilt

$$\text{Ord}(\triangle) = \text{Ord}(\square) \oplus_{26} s,$$

wobei s der Schlüssel ist. Hilft uns dieser Operator aber auch für die Beschreibung der Entschlüsselung von einem mit CAESAR verschlüsselten Kryptotext? Auf den ersten Blick mag es nicht so aussehen.

Schauen wir uns ein konkretes Beispiel an. Angenommen, das Symbol D mit der Ordnung $\text{Ord}(D) = 3$ im Kryptotextalphabet wurde mit dem Schlüssel $s = 24$ verschlüsselt. Das heißt, ein uns noch unbekannter Buchstabe wurde durch den um 24 Stellen weiter hinten liegenden Buchstaben D ersetzt. Um diese Verschlüsselung rückgängig zu machen, rechnen wir intuitiv

$$\text{Ord}(D) - s = 4 - 24 = -20.$$

Das Prinzip der Verschiebung besagt, dass der resultierende Buchstabe der zwanzigste Buchstabe vom Ende des Alphabets her gesehen ist. Zum Entschlüsseln haben wir keine Addition, sondern die Subtraktion verwendet, und deshalb erhalten wir eine negative Zahl. Alle Resultate bei der Anwendung von $\oplus_{26}$ sind aber natürliche Zahlen von 0 bis 25, also nicht negative Zahlen. Dies scheint uns auf den ersten Blick zum Verhängnis zu werden. Wir werden jedoch gleich sehen, wie mit dem Operator $\oplus_{26}$ trotzdem entschlüsselt werden kann. Um genau zu verstehen, wie das funktioniert, müssen wir zuerst ein paar wenige mathematische Grundlagen aus dem Bereich der Algebra einführen.

Wir bezeichnen die Menge der ganzen Zahlen mit $\mathbb{Z}$, die Menge aller rationalen Zahlen mit $\mathbb{Q}$, und die Menge aller reellen Zahlen mit $\mathbb{R}$. Wie schon früher erwähnt, sind $\mathbb{Z}^+$, $\mathbb{Q}^+$ und $\mathbb{R}^+$ die Menge der positiven ganzen Zahlen, die Menge der positiven rationalen Zahlen und die Menge der positiven reellen Zahlen. In der Mathematik arbeitet man mit unterschiedlichen Zahlensystemen. Wenn eine Menge S von Zahlen zusammen mit einer oder mehreren Operationen vorliegt und alle Resultate der Operationen auf den Zahlen aus S wieder in der Zahlenmenge S liegen, dann (und nur dann) sprechen wir von einer **algebraischen Struktur**. Im Folgenden betrachten wir **binäre Operationen**, die nur zwei Operanden haben. Als Beispiel von binären Operationen kennt ihr die **arithmetischen Operationen** mit den Operatoren $+$, $-$, $\cdot$ und $/$. Den Begriff der **algebraischen Struktur** kann man formal wie folgt ausdrücken:

Sei S eine beliebige Zahlenmenge[1] und seien σ_1, σ_2, σ_3, ..., σ_k beliebige binäre Operationen, die über alle $a, b \in S$ definiert sind (das heißt, der Wert $a \, \sigma_i \, b$ ist für alle $i \in \{1, 2, 3, \ldots, k\}$ eindeutig definiert).

---

[1] In der Mathematik wird die algebraische Struktur mit einer beliebigen Menge definiert. Man könnte beispielsweise auch Mengen von Strecken oder noch ausgefallenere Mengen betrachten. Wir möchten uns aber in diesem Buch auf Zahlenmengen beschränken.

*Wenn für alle $a, b \in S$ und alle $i \in \{1, 2, 3, \ldots, k\}$ gilt, dass $a\, \sigma_i\, b \in S$, dann ist $(S, \sigma_1, \sigma_2, \sigma_3, \ldots, \sigma_k)$ eine **algebraische Struktur**.*

Ein Beispiel für eine algebraische Struktur ist $(\mathbb{N}, +, \cdot)$, weil

1. die Werte $a + b$ und $a \cdot b$ für alle $a, b \in \mathbb{N}$ eindeutig bestimmt sind und

2. wenn $a, b \in \mathbb{N}$, dann gilt auch $a + b \in \mathbb{N}$ und $a \cdot b \in \mathbb{N}$.

Anders formuliert, sind algebraische Strukturen Mengen mit Operationen, wobei durch die Anwendung dieser Operationen nichts erzeugt wird, das nicht schon in der Menge ist.

Die Struktur $(\mathbb{N}, -)$ ist keine algebraische Struktur, da wir leicht ein Gegenbeispiel finden können, das zeigt, wie eine Zahl erzeugt werden kann, die nicht in der ursprünglichen Menge $\mathbb{N}$ enthalten ist. Für die Zahlen 3 und 7 aus $\mathbb{N}$ erhalten wir zum Beispiel durch das Anwenden der Subtraktion $3 - 7 = -4$, wobei -4 offensichtlich nicht in $\mathbb{N}$ liegt. Hingegen ist die Struktur $(\mathbb{Z}, -)$ eine algebraische Struktur.

Aufgabe 2.11 Sei $\mathbb{N}_{\text{gerade}}$ die Menge $\{0, 2, 4, \ldots\}$ aller geraden natürlichen Zahlen. Ist die Struktur $(\mathbb{N}_{\text{gerade}}, +, \cdot)$ eine algebraische Struktur? Begründe deine Antwort.

Aufgabe 2.12 Sei $\mathbb{N}_{\text{ungerade}}$ die Menge $\{1, 3, 5, \ldots\}$ aller ungeraden natürlichen Zahlen. Entscheide für die folgenden Terme jeweils, ob sie algebraische Strukturen sind oder nicht. Begründe deine Entscheidung.

(a) $(\mathbb{N}_{\text{ungerade}}, +)$

(b) $(\mathbb{N}_{\text{ungerade}}, \cdot)$

Wenn wir prüfen wollen, ob $(\mathbb{Q}, +, \cdot)$ eine algebraische Struktur ist, dann müssen wir herausfinden, ob beim Anwenden der Addition und der Subtraktion auf beliebige rationale Zahlen $\mathbb{Q}$ wiederum nur rationale Zahlen erzeugt werden. Wenn dies gilt, dann ist $(\mathbb{Q}, +, \cdot)$ eine algebraische Struktur.

Zur Erinnerung: Die Menge $\mathbb{Q}$ der rationalen Zahlen ist die Menge aller Zahlen, die sich durch einen Bruch $\frac{p}{q}$ ausrücken lassen, wenn p eine ganze Zahl ist ($p \in \mathbb{Z}$) und q eine positive ganze Zahl ($q \in \mathbb{N} - \{0\}$). Die Zahl p des Bruches $\frac{p}{q}$ wird Zähler genannt und die Zahl q ist der Nenner des Bruches.

Wenn a und b zwei rationale Zahlen aus $(\mathbb{Q}, +, \cdot)$ sind, können diese beiden Zahlen als Brüche

$$a = \frac{p}{q} \qquad \text{und} \qquad b = \frac{r}{s}$$

dargestellt werden, wobei $p, r \in \mathbb{Z}$ und $q, s \in \mathbb{N} - \{0\}$. Dann gilt

$$a \cdot b = \frac{p}{q} \cdot \frac{r}{s} = \frac{p \cdot r}{q \cdot s}.$$

Weil für beliebige $p, r \in \mathbb{Z}$ auch $p \cdot r$ eine ganze Zahl ist, und für beliebige $q, s \in \mathbb{N} - \{0\}$ auch $q \cdot s$ eine positive natürliche Zahl ist, gilt

$$\frac{p \cdot r}{q \cdot s} \in \mathbb{Q}.$$

Das zeigt, dass für alle Zahlen a und b aus $\mathbb{Q}$ das Produkt wiederum in $\mathbb{Q}$ liegt. Um zu zeigen, dass für alle Zahlen a und b aus $\mathbb{Q}$ die Summe auch wieder in $\mathbb{Q}$ liegt, drücken wir a und b wieder durch Brüche aus und berechnen die Summe:

$$a + b = \frac{p}{q} + \frac{r}{s} = \frac{p \cdot s + r \cdot q}{q \cdot s}.$$

Offensichtlich muss $p \cdot s + r \cdot q$ eine ganze Zahl sein, da $(\mathbb{Z}, +, \cdot)$ eine algebraische Struktur ist. Und es gilt auch $(q \cdot s) \in \mathbb{N} - \{0\}$ für alle $q, s \in \mathbb{N} - \{0\}$. Der Quotient ist also gleich

$$\frac{p \cdot s + r \cdot q}{q \cdot s} = \frac{\textit{ganze Zahl}}{\textit{positive ganze Zahl}}$$

und somit wiederum eine rationale Zahl.

Aufgabe 2.13 Begründe ausführlich (wie im letzten Abschnitt), weshalb $(\mathbb{Q}, -)$ eine algebraische Struktur ist.

Aufgabe 2.14 Weshalb ist für zwei beliebige Zahlen a und b, wobei $a \in \mathbb{Q}$ und $b \in \mathbb{Q} - \{0\}$, der Quotient $\frac{a}{b}$ auch wieder in $\mathbb{Q}$?

Aufgabe 2.15 Weshalb ist $(\mathbb{Q}, /)$ keine algebraische Struktur?

Aufgabe 2.16 Ist $(\mathbb{Q} - \{0\}, /)$ eine algebraische Struktur?

Aufgabe 2.17 Welche der folgenden Terme sind algebraische Strukturen, welche sind keine? Begründe deine Antworten.

   (a) $(\mathbb{R}, +, -, \cdot)$

   (b) $(\mathbb{N} - \{0\}, +, /)$

   (c) $(\{0, 1\}, \cdot)$

   (d) $(\{0, 1\}, +)$

   (e) $(\{0, 1\}, \oplus_2)$

   (f) $(\mathbb{Q}^+, +, \cdot, /)$

   (g) $(\mathbb{Q}^+, +, -, \cdot, /)$

   (h) $(\mathbb{R}^+, /)$

Auszug aus der Geschichte Der Begriff der algebraischen Struktur ist ein wichtiger Ausdruck in der Mathematik. Bereits die Pythagoreer haben bemerkt, dass man mit der Anwendung der arithmetischen Operatoren $+$, $-$, $\cdot$ und $/$ auf die natürlichen Zahlen die Menge der rationalen Zahlen erzeugen kann. Sie haben aber geglaubt, dass es nur die Zahlen gibt, die mittels arithmetischer Operationen aus natürlichen Zahlen erzeugt werden können, und keine anderen. Da jede rationale Zahl als Bruch $\frac{p}{q}$ für $p, q \in \mathbb{Z}$ (mit $q \neq 0$) geschrieben werden kann, glaubten sie, dass die ganzen Zahlen $\mathbb{Z}$ das waren, was die Welt im Innersten zusammen hält. Und dass man mit deren Hilfe alles auf der Welt ausdrücken und erklären kann.

Die Philosophie von Pythagoras basierte um 500 v. Chr. auf der Aussage „Alles ist Zahl". Die Pythagoreer waren eine geheime religiös-politische Gemeinschaft, die sich für die Demokratie einsetzte. Ihre Lebensphilosophie war es, die göttliche Weltordnung nachzuvollziehen. Sie glaubten, dass man dies erreichen könne, indem man die Seele dazu befähige, mathematische Gesetze zu entdecken und zu verstehen. Unglücklicherweise – zumindest in Bezug auf den Glauben an die ganzen Zahlen – wurde später die Zahl $\sqrt{2}$ entdeckt. Zu diesem Zeitpunkt brach für die Anhänger dieser Philosophie eine Welt zusammen. Die Tatsache, dass man geometrisch eine Strecke der Länge $\sqrt{2}$ konstruieren kann und somit mindestens eine physikalische Größe existiert, die sich nicht durch arithmetische Operationen über die ganzen Zahlen ausdrücken lässt, widerlegte klar die Annahme, dass sich alle in der Natur vorkommenden Phänomene durch ganze Zahlen beschreiben lassen.

Wir haben den Pytagoreern, zusätzlich zum „Satz des Pythagoras", einiges mehr zu verdanken. Auch in der Musiktheorie haben sie interessante Entdeckungen gemacht, zum Beispiel die einfachen Proportionen in den wichtigsten konsonanten Intervallen.

Wisst ihr, wie man in der Antike den Satz von Pythagoras im Bauwesen verwendet hat? Beim Bauen von Häusern werden oft rechte Winkel benötigt. Wie kann dies ausschließlich mit Seilen erreicht werden? Es wird ein Dreieck aus Seilen so gespannt, dass die Dreiecksseiten genau 3, 4 und 5 Einheiten lang sind. Dies kann man so umsetzen, dass man in ein Seil Knoten in gleich großen Abständen macht und dann 3, 4 und 5 Knoten abzählt. Weil $3^2 + 4^2 = 5^2$ gilt (Satz von Pythagoras), ist der Winkel zwischen den Katheten genau $90°$.

Bei algebraischen Strukturen geht es allgemein nur darum, dass keine Elemente außerhalb der Struktur erzeugt werden können. Im Folgenden ist $\circ$ eine binäre Operation, die für alle Elemente der Menge S definiert ist. Die Menge S ist **abgeschlossen** bezüglich $\circ$, wenn für alle $a, b \in S$ das Element $a \circ b$ in S liegt. In dieser Terminologie ist $(S, \circ)$ eine **algebraische Struktur** genau dann, wenn die Operation $\circ$ auf S definiert ist und S bezüglich $\circ$ abgeschlossen ist.

Aufgabe 2.18 Die Operationen min und max sind als binäre Operationen auf den reellen Zahlen für $a, b \in S$ wie folgt definiert:

$$a \min b = \begin{cases} a & \text{wenn } a \leq b \\ b & \text{sonst} \end{cases}$$

und

$$a \max b = \begin{cases} a & \text{wenn } a \geq b \\ b & \text{sonst.} \end{cases}$$

(a) Gib drei verschiedene Mengen S an, so dass $(S, \min, \max)$ eine algebraische Struktur ist.

(b) Gibt es überhaupt eine Zahlenmenge $P \subseteq \mathbb{R}$, so dass $(P, \min, \max)$ keine algebraische Struktur ist?

Die binären Operationen haben üblicherweise zwei Eigenschaften, die wir sehr gut gebrauchen können: Die **Assoziativität**, ausgedrückt durch das **Assoziativgesetz** (Verbindungsgesetz), und die **Kommutativität**, beschrieben durch das **Kommutativgesetz** (Vertauschungsgesetz).

Eine Operation $\circ$ definiert auf S heißt **assoziativ**, falls für alle $a, b, c \in S$ gilt:

$$(a \circ b) \circ c = a \circ (b \circ c).$$

Das Assoziativgesetz sagt aus, dass die einzelnen Operationen beliebig verbunden (geklammert) werden dürfen. Es spielt also keine Rolle, in welcher Reihenfolge die Operationen $\circ$ ausgeführt werden.

Zwei Beispiele für Operationen, bei welchen das Assoziativgesetz gilt, sind die Addition und die Multiplikation auf den reellen Zahlen:

$$(a + b) + c = a + (b + c)$$
$$(a \cdot b) \cdot c = a \cdot (b \cdot c)$$

Das Assoziativgesetz gilt allerdings nicht für die Division auf den reellen Zahlen. Es gilt nämlich im Allgemeinen[2] nicht, dass

$$\frac{\left(\frac{a}{b}\right)}{c} = \frac{a}{\left(\frac{b}{c}\right)}.$$

Um zu zeigen, dass diese Gleichung im Allgemeinen nicht gilt, und somit, dass das Assoziativgesetz für die Division nicht gilt, reicht es, konkrete reelle Zahlen für a, b und c zu finden, die die Gleichung nicht erfüllen. Eine mögliche Belegung dieser Variablen ist $a = 8$, $b = 4$ und $c = 2$:

$$\frac{\left(\frac{a}{b}\right)}{c} = \frac{\left(\frac{8}{4}\right)}{2} = \frac{2}{2} = 1,$$

aber

$$\frac{a}{\left(\frac{b}{c}\right)} = \frac{8}{\left(\frac{4}{2}\right)} = \frac{8}{2} = 4.$$

Eine Operation $\circ$ definiert auf S heißt **kommutativ**, falls für alle $a, b \in S$ gilt

$$a \circ b = b \circ a.$$

---

[2] „Im Allgemeinen" bedeutet hier für alle $a, b, c \in \mathbb{R}$.

Die Kommutativität ist also eine Symmetrie. Das Kommutativgesetz sagt aus, dass die Reihenfolge der einzelnen Operanden keinen Einfluss auf das Resultat hat.

Offensichtlich sind die Addition und die Multiplikation auf den reellen Zahlen kommutativ:

$$a + b = b + a$$
$$a \cdot b = b \cdot a$$

Das Kommutativgesetz gilt aber beispielsweise nicht für die Subtraktion von reellen Zahlen. Für

$$a - b = b - a$$

können leicht Zahlen $a, b \in \mathbb{R}$ gefunden werden, die diese Gleichung nicht erfüllen.

Aufgabe 2.19 Gibt es viele Zahlen a und b, so dass $a - b = b - a$ gilt? Kannst du genau bestimmen, welche das sind?

Aufgabe 2.20 Gib eine weitere Operation auf reellen Zahlen an, die nicht kommutativ ist.

Wir betrachten oft auch Operationen, die nicht unbedingt den üblichen arithmetischen Operationen entsprechen. Wir können zum Beispiel für die Menge $\{0, 1, 2\}$ eine Operation $\circ$ wie folgt definieren:

$$x \circ y = 2x \oplus_3 y.$$

Um zu sehen, was diese Operation bewirkt, können wir die Resultate von $x \circ y$ für alle x und y aus $\{0, 1, 2\}$ auflisten:

$0 \circ 0 = 0$	$0 \circ 1 = 1$	$0 \circ 2 = 2$
$1 \circ 0 = 2$	$1 \circ 1 = 0$	$1 \circ 2 = 1$
$2 \circ 0 = 1$	$2 \circ 1 = 2$	$2 \circ 2 = 0.$

Weil solche Auflistungen umfangreich werden können, ziehen wir oft die Darstellung der Operation $\circ$ mittels der folgenden Tabelle vor:

$\circ$	0	1	2
0	0	1	2
1	2	0	1
2	1	2	0

Die Zeilen der Tabelle entsprechen dem Wert des ersten (linken) Operanden und die Spalten dem Wert des zweiten (rechten) Operanden. Wenn man das Resultat von $x \circ y$ in der Tabelle ablesen will, dann schaut man sich den Wert an der Kreuzung der Zeile x mit der Spalte y an. Somit liegt der Wert 2 von $1 \circ 0$ an der Kreuzung der Zeile 1 mit der Spalte 0.

Wir bemerken, dass die Operation $\circ$ nicht kommutativ ist, weil $2 \circ 0 = 1$ und $0 \circ 2 = 2$ ist und somit $2 \circ 0 \neq 0 \circ 2$ gilt. Die Operation $\circ$ ist auch nicht assoziativ, weil $(1 \circ 2) \circ 0 = 1 \circ 0 = 2$ und $1 \circ (2 \circ 0) = 1 \circ 1 = 0$ ist und somit $(1 \circ 2) \circ 0 \neq 1 \circ (2 \circ 0)$ gilt.

Aufgabe 2.21

(a) Betrachte die Menge $S = \{0, 1, 2, 3\}$ und die binäre Operation $\circ$ auf S, die definiert ist durch

$$x \circ y = x \oplus_4 3y.$$

Zeichne die entsprechende Tabellendarstellung der Operation $\circ$. Ist $\circ$ kommutativ und assoziativ?

(b) Ist die Operation $\times$ definiert durch

$$x \times y = 2x \oplus_4 2y$$

kommutativ und assoziativ?

Aufgabe 2.22 Kann man anhand der Tabellendarstellung einer Operation sofort erkennen, ob die Operation kommutativ ist?

Aufgabe 2.23 Wir definieren auf der Menge $\{0, 1, 2\}$ eine binäre Operation $\circ$, welche jeweils durch eine der Tabellen (a), (b) oder (c) gegeben ist. Bestimme für jede der folgenden Operationen aus (a), (b) und (c), ob diese assoziativ und/oder kommutativ ist.

(a)

$\circ$	0	1	2
0	0	1	2
1	1	1	2
2	2	2	2

(b)

$\circ$	0	1	2
0	0	2	1
1	1	0	2
2	2	1	0

(c)

$\circ$	0	1	2
0	0	0	0
1	0	1	1
2	0	1	2

Schaffst du es, mit einfachen Worten die Bedeutung dieser drei Operationen zu beschreiben und damit ein einfaches Verfahren zu ihrer Berechnung anzugeben?

Aufgabe 2.24 Definiere auf der Menge $\{0, 1, 2\}$ eine Operation $\circ$ mit den folgenden Eigenschaften:

(a) Die Operation $\circ$ ist assoziativ und kommutativ.

(b) Die Operation $\circ$ ist assoziativ, aber nicht kommutativ.

(c) Die Operation $\circ$ ist weder assoziativ noch kommutativ.

Hinweis für die Lehrperson Die modulare Addition ist für mehrere Lektionen dieses Moduls wichtig und sollte von den Schülern unbedingt beherrscht werden. Dafür kann der Rest dieser Lektion ausgelassen werden, falls man es nicht anstrebt, die zahlentheoretischen Public-Key-Kryptosysteme (den schwersten Teil dieses Moduls) zu unterrichten. Es gilt zu bedenken, dass der Rest dieser Lektion 4-6 Stunden Unterricht, unterstützt durch zusätzliches selbstständiges Üben, erfordert.

2.4 Modulare Multiplikation

Uns werden insbesondere algebraische Strukturen interessieren, welche die modulo-Operationen verwenden. Zu der schon bekannten Operation $\oplus_c$ werden wir die entsprechende Multiplikation

$$\odot_c$$

für jede natürliche Zahl c unterschiedlich von 0 definieren. Für beliebige natürliche Zahlen a und b gilt

$$a \odot_c b = (a \cdot b) \bmod c.$$

Somit ist zum Beispiel,

$$17 \odot_5 15 = (17 \cdot 15) \bmod 5 = 255 \bmod 5 = 0.$$

Wir führen jetzt die folgende Bezeichnung für jede positive ganze Zahl d ein:

$$\mathbb{Z}_d = \{0, 1, \ldots, d-1\} = \{\, x \in \mathbb{Z} \mid 0 \leq x < d \,\}.$$

Der Term rechts ist eine nützliche Schreibweise für Mengen. Den senkrechten Strich $\mid$ liest man als „für die gilt". Rechts von $\mid$ stehen die Bedingungen für die Variable x aus $\mathbb{Z}$. Diese Schreibweise ermöglicht uns eine kurze Darstellung von Mengen und deshalb werden wir sie oft brauchen.

Wenn wir statt $\mathbb{Z}$ die Menge $\mathbb{Z}_d$, und statt den üblichen arithmetischen Operationen die Operationen $\oplus_d$ und $\odot_d$ verwenden, dann sprechen wir vom **modularen Rechnen**. Bemerke, dass die beiden Operationen $\oplus_d$ und $\odot_d$ kommutativ sind. Das modulare Rechnen ist die Basis der modernen Kryptologie. Wir beobachten sofort, dass

$$(\mathbb{Z}_d, \oplus_d, \odot_d)$$

eine algebraische Struktur ist, weil durch die Operationen $\oplus_d$ und $\odot_d$ keine Elemente erzeugt werden, die nicht in $\mathbb{Z}_d$ liegen.

Aufgabe 2.25 Welche der folgenden Terme sind algebraische Strukturen? Begründe deine Antwort.

(a) $(\{0,1\}, \odot_2)$

(b) $(\mathbb{Z}_4, \odot_5)$

(c) $(\mathbb{Z}_{11}, \oplus_7)$

(d) $(\mathbb{Z}_3, \odot_2)$

(e) $(\mathbb{Z}_3, \odot_5)$

(f) $(\mathbb{Z}_2, \cdot)$

(g) $(\{0,1,3,5,7\}, \odot_8)$.

(h) $(\{0,2,4,6,8,10\}, \odot_4, \oplus_2)$

(i) $(\{0,1,2,3,5,7,11,13,17\}, \oplus_2, \odot_{23})$

(j) $(\{2^i \mid i \in \mathbb{N}\}, \cdot)$

(k) $(\{2^i \mid i \in \mathbb{N}\}, +)$

Aufgabe 2.26 Bestimme für die Operationen $\odot_7$ und $\oplus_7$

(a) zwei unterschiedliche Mengen S_1 und S_2, so dass $(S_1, \oplus_7, \odot_7)$ und $(S_2, \oplus_7, \odot_7)$ beides algebraische Strukturen sind,

(b) eine Menge T, so dass $(T, \odot_7)$ eine algebraische Struktur ist, aber $(T, \oplus_7)$ keine algebraische Struktur ist, und

(c) eine Menge U, so dass $(U, \odot_7)$ und $(U, \oplus_7)$ keine algebraischen Strukturen sind.

2.5 Monoide

Üblicherweise streben wir es an, algebraische Strukturen als Rechensysteme zu verwenden. Oft reicht es uns jedoch nicht aus, eine algebraische Struktur zu haben, und wir fordern deshalb weitere angenehme Eigenschaften. Diese Eigenschaften sollen uns unter anderem helfen, mittels Addition und Multiplikation die beiden Operationen Subtraktion und Division auszudrücken und somit berechnen zu können, ohne dass diese zwei Operationen eingeführt werden müssen.

> *Eine algebraische Struktur $(S, \circ)$ mit einer assoziativen Operation $\circ$ heißt* **Monoid**, *falls ein Element $e \in S$ existiert, so dass für alle Elemente $a \in S$ gilt*
>
> $$a \circ e = a \quad \text{und} \quad e \circ a = a.$$
>
> *Das Element e nennen wir das **neutrale Element** von $(S, \circ)$ oder das neutrale Element bezüglich $\circ$ auf S.*

Ein neutrales Element zu haben ist in der Arithmetik etwas Natürliches. Das Element 0 ist zum Beispiel das neutrale Element für die Addition, weil

$$a + 0 = 0 + a = a$$

für jede Zahl a. Analog ist 1 das neutrale Element für die Multiplikation, weil

$$a \cdot 1 = 1 \cdot a = a$$

für alle reellen Zahlen a.

Somit sind $(\mathbb{N}, +)$, $(\mathbb{Z}, +)$ und $(\mathbb{R}, +)$ Monoide mit dem neutralen Element 0. Die algebraischen Strukturen $(\mathbb{N}, \cdot)$, $(\mathbb{Z}, \cdot)$ und $(\mathbb{R}, \cdot)$ sind auch Monoide mit dem neutralen Element 1.

Wir wissen, dass ein Monoid ein neutrales Element besitzen muss. Kann ein Monoid aber mehrere neutrale Elemente haben? Wir werden zeigen, dass jede algebraische Struktur $(S, \circ)$ mit einer kommutativen Operation $\circ$ höchstens ein neutrales Element besitzen kann. Dazu nehmen wir an, dass ein Monoid $(S, \circ)$ zwei neutrale Elemente e und f hat. Weil e ein neutrales Element ist, gilt

$$e \circ f = f.$$

Weil f auch ein neutrales Element ist, gilt

$$f \circ e = e.$$

Dank der Kommutativität von $\circ$ können wir die beiden obigen Gleichungen folgendermaßen zusammensetzen:

$$f = e \circ f = f \circ e = e.$$

Wir haben gezeigt, dass e und f gleich sind, was unserer Annahme, dass e und f unterschiedlich sind, widerspricht. In einem Monoid gibt es also genau ein neutrales Element.

Aufgabe 2.27 Bestimme die neutralen Elemente der folgenden zwei Monoide:

(a) Welches Element aus der Menge $\{0, 1, 2, 3\}$ ist das neutrale Element des Monoids $(\{0, 1, 2, 3\}, \oplus_4)$?

(b) Was ist das neutrale Element des Monoids $(\{1, 2\}, \odot_3)$?

Aufgabe 2.28 Sei $S = \{0, 1, 2, 3, 4\}$. Wir definieren die Operationen $\circ$ und $\times$ auf S wie folgt:

$$x \circ y = 2x \oplus_5 2y,$$
$$x \times y = 2x \odot_5 2y.$$

(a) Ist $(S, \circ)$ ein Monoid?

(b) Ist $(S, \times)$ ein Monoid?

Begründe deine Antworten sorgfältig.

Die Operation $\oplus_d$ ist eine assoziative Operation auf $\mathbb{N}$. Dies kann rechnerisch auf folgende Weise begründet werden:

$$(x \oplus_d y) \oplus_d z = \big((x + y) \bmod d\big) \oplus_d z$$
$$\{\text{nach Definition von } \oplus_d\}$$
$$= \Big(\big((x + y) \bmod d\big) + z\Big) \bmod d$$
$$\{\text{nach Definition von } \oplus_d\}$$
$$= (x + y + z) \bmod d$$
$$\{\text{nach Gesetz (M2)}\}.$$

Analog dazu kann gezeigt werden, dass

$$x \oplus_d (y \oplus_d z) = (x + y + z) \bmod d$$

gilt.

Aufgabe 2.29 Zeige
$$x \oplus_d (y \oplus_d z) = (x + y + z) \bmod d$$
durch entsprechende Umformungen der linken Seite und begründe jeden deiner Schritte.

Da die rechte Seite beider Gleichungen gleich $(x + y + z) \bmod d$ ist, müssen die linken Seiten gleich sein. Es gilt folglich

$$(x \oplus_d y) \oplus_d z = x \oplus_d (y \oplus_d z).$$

An der obigen Gleichung kann man sehen, dass die Operation $\oplus_d$ assoziativ auf $\mathbb{N}$ ist.

Die Zahl 0 ist offensichtlich das neutrale Element bezüglich $\oplus_d$ auf $\mathbb{N}$, da für jede positive, ganze Zahl d

$$0 \oplus_d x = x$$

gilt. Somit ist $(\mathbb{N}, \oplus_d)$ ein Monoid für alle $d \in \mathbb{N} - \{0\}$.

Wir haben soeben die Assoziativität für die Operation $\oplus_d$ bewiesen. Jetzt wollen wir zeigen, dass die Assoziativität auch für die Operation $\odot_d$ gilt. Um die Assoziativität für $\oplus_d$ zu zeigen, haben wir das Gesetz (M2) für die modulare Addition zur Hilfe genommen. Zur Erinnerung ist hier nochmals das Gesetz (M2) aufgeführt:

$$(x + y) \bmod a = (x \bmod a + y \bmod a) \bmod a. \qquad \text{(M2)}$$

Um die Assoziativität für $\odot_d$ zu zeigen, brauchen wir ein zu (M2) analoges Gesetz für die modulare Multiplikation.

Aufgabe 2.30 Vergleiche die Resultate der folgenden drei Ausdrücke:

(a) $1327 \odot_{11} 21837$

(b) $((1327 \bmod 11) \cdot 21837) \bmod 11$

(c) $((1327 \bmod 11) \cdot (21837 \bmod 11)) \bmod 11$

Aufgabe 2.31 Vergleiche die Resultate der beiden Ausdrücke:

(a) $1832 \odot_3 7777$

(b) $((1832 \bmod 3) \cdot (7777 \bmod 3)) \bmod 3$

Seien x und y beliebige natürliche Zahlen und sei d eine beliebige positive ganze Zahl. Wir wissen bereits, dass

$$x = k \cdot d + x \bmod d \qquad \text{und} \qquad y = l \cdot d + y \bmod d,$$

wobei $k = x \operatorname{div} d$ und $l = y \operatorname{div} d$. Damit gilt:

$x \odot_d y = (x \cdot y) \bmod d$

$\qquad \{\text{nach der Definition von } \odot_d\}$

$\qquad = ((k \cdot d + x \bmod d) \cdot (l \cdot d + y \bmod d)) \bmod d$

$\qquad \{\text{weil } x = kd + x \bmod d \text{ und } y = ld + y \bmod d\}$

$\qquad = (d^2 kl + dk \cdot (y \bmod d) + dl \cdot (x \bmod d) + (x \bmod d) \cdot (y \bmod d)) \bmod d$

$\qquad = (d \cdot [dkl + k \cdot (y \bmod d) + l \cdot (x \bmod d)] + (x \bmod d) \cdot (y \bmod d)) \bmod d$

$\qquad \{\text{nach dem Distributivgesetz}\}$

$\qquad = ((x \bmod d) \cdot (y \bmod d)) \bmod d$

$\qquad \left\{ \begin{array}{l} \text{nach Gesetz (M1),} \\ \text{weil } m = dkl + k(y \bmod d) + l(x \bmod d) \text{ eine ganze Zahl ist.} \end{array} \right\}$

So erhalten wir das Gesetz

$$\boxed{(x \cdot y) \bmod d = (x \bmod d \cdot y \bmod d) \bmod d,} \qquad \text{(M3)}$$

das heißt

$$x \odot_d y = x \bmod d \odot_d y \bmod d.$$

Das Gesetz (M3) sagt im Allgemeinen, dass man das gleiche Resultat erhält, wenn man zwei Zahlen zuerst multipliziert und anschließend das Produkt modulo rechnet, wie wenn man die zwei Zahlen jeweils zuerst einzeln modulo rechnet und die modularen Reste anschließend modular multipliziert.

Das Gesetz (M3) ist vor allem beim Multiplizieren mit großen Werten nützlich, da die einzelnen Faktoren zuerst modulo gerechnet werden und auf diese Weise verkleinert werden können. Die einzelnen Faktoren bleiben so immer kleiner als der Wert der Zahl, mit der modulo gerechnet wird (in der Schreibweise oben also der Wert d).

Aufgabe 2.32 Vergleiche die Resultate der beiden Ausdrücke

(a) $((3728 \cdot 21117 + 212) \cdot 3784) \bmod 5$ und

(b) $\Big(\big((3728 \bmod 5 \cdot 21117 \bmod 5) \bmod 5 + 212 \bmod 5\big) \bmod 5 \cdot 3784 \bmod 5\Big) \bmod 5$.

Aufgabe 2.33 Zeige die Assoziativität der Operation $\odot_d$ auf die gleiche Weise wie die Assoziativität von $\oplus_d$ gezeigt wurde.

Aufgabe 2.34 Überprüfe, ob die folgenden algebraischen Strukturen Monoide sind. Falls die Antwort positiv ist, bestimme das neutrale Element.

(a) $(\{0,1\}, \oplus_2)$

(b) $(\{0,1,2\}, \odot_3)$

(c) $(\{0,1,2,3\}, \oplus_4)$

(d) $(\{0,1,2,3\}, \odot_4)$

(e) $(\{0,1,2\}, \circ)$, wobei $\circ$ durch die Tabelle aus Aufgabe 2.23 (a) gegeben ist

(f) $(\{0,1,2\}, \circ)$, wobei $\circ$ durch die Tabelle aus Aufgabe 2.23 (b) gegeben ist

2.6 Gruppen

Wie wir in Aufgabe 2.32 gesehen haben, ist es möglich, die Rechenregeln für die modulare Addition und die modulare Multiplikation, also die Regeln (M2) und (M3), zu verknüpfen. Wenn man zum Beispiel im Term

$$(a \cdot b + c) \bmod n$$

Zwischenresultate mit großen Zahlen vermeiden möchte, kann man das modulo n von außen nach innen in die Summe bringen. Wir bekommen also schrittweise die Gleichungen

$$(a \cdot b + c) \bmod n = \big((a \cdot b) \bmod n + c \bmod n\big) \bmod n$$
$$= \big((a \bmod n \cdot b \bmod n) \bmod n + c \bmod n\big) \bmod n.$$

Aufgabe 2.35 Wie kann man den Ausdruck

$$(a + b \cdot c) \cdot d \bmod n$$

umformen, so dass große Zahlen möglichst vermieden werden? Verwende für die Umformungen die Regeln (M2) und (M3).

Der nachfolgend definierte Begriff ist wichtig, da er uns ermöglicht, die Subtraktion mittels der Addition und die Division mittels der Multiplikation zu berechnen.

*Sei $(S, \circ)$ ein Monoid mit dem neutralen Element $e \in S$ und einer Operation $\circ$. Für $a \in S$ und $b \in S$ sagen wir, dass b ein **inverses Element** zu a ist, wenn*

$$a \circ b = b \circ a = e$$

gilt.

*Wenn jedes Element $a \in S$ ein inverses Element $b \in S$ hat, dann sagen wir, dass $(S, \circ)$ eine **Gruppe** ist.*

*Wenn die Operation $\circ$ zusätzlich noch kommutativ ist, dann sprechen wir von einer **kommutativen Gruppe**.*

Wir werden in Zukunft nur an Operationen interessiert sein, die kommutativ sind. Deshalb ist für uns der Begriff der kommutativen Gruppe wichtig.

In der Arithmetik sind die inversen Elemente etwas Natürliches. Für jede reelle Zahl a ist die Zahl $(-a)$ das inverse Element zu a bezüglich der Addition, weil

$$a + (-a) = 0$$

gilt und 0 das neutrale Element von $(\mathbb{R}, +)$ ist. Damit ist $(\mathbb{R}, +)$ eine kommutative Gruppe.

Aufgabe 2.36 Wir haben bewiesen, dass neutrale Elemente eindeutig sind. Die Eindeutigkeit gilt auch bei inversen Elementen. Schau dir den Beweis für die Eindeutigkeit von neutralen Elementen nochmals an und zeige auf dieselbe Weise, dass auch inverse Elemente eindeutig sind.

Aufgabe 2.37 Sind $(\mathbb{Q}, +)$, $(\mathbb{Z}, +)$ und $(\mathbb{N}, +)$ kommutative Gruppen?

Bemerke, dass das inverse Element zu 0 bezüglich der Addition das Element 0 selbst ist, denn

$$0 + 0 = 0.$$

Leider ist $(\mathbb{R}, \cdot)$ keine Gruppe, weil die Zahl 0 kein inverses Element bezüglich der Multiplikation besitzt. Wenn b ein inverses Element zu 0 bezüglich $\cdot$ wäre, dann müsste

$$0 \cdot b = 1$$

gelten, weil 1 das neutrale Element bezüglich der Multiplikation ist. Weil jedoch $0 \cdot a = 0$ für alle a, gibt es kein inverses Element a zu 0 bezüglich der Multiplikation. Wenn wir aber 0 aus $\mathbb{R}$ entfernen, erhalten wir eine kommutative Gruppe $(\mathbb{R} - \{0\}, \cdot)$. Für jedes Element $a \in \mathbb{R} - \{0\}$, ist das Element $a^{-1} = \frac{1}{a}$ das inverse Element zu a, weil

$$a \cdot \frac{1}{a} = 1.$$

Hinweis für die Lehrperson Die folgenden Tatsachen sollen der Klasse deutlich gemacht werden: Um zu begründen, dass eine algebraische Struktur $(S, \circ)$ mit einer Operation $\circ$ eine Gruppe ist, muss man zuerst das neutrale Element bestimmen und dann für jedes Element $a \in S$ das inverse Element zu a bezüglich $\circ$ finden. Bei kleineren, endlichen Mengen S ist es oft erforderlich, dass man für alle Elemente aus S ihre inversen Elemente auflistet.

Um zu zeigen, dass ein Monoid $(S, \circ)$ keine Gruppe ist, reicht es, wenn man ein Element findet, das kein inverses Element bezüglich $\circ$ hat.

Aufgabe 2.38 Welche der folgenden Terme sind kommutative Gruppen?

(a) $(\mathbb{N} - \{0\}, \cdot)$

(b) $(\mathbb{Q} - \{0\}, \cdot)$

(c) $(\mathbb{Z} - \{0\}, \cdot)$

(d) $(\{0, 1\}, \odot_2)$

(e) $(\{0, 1\}, \oplus_2)$

Wenn wir über Additionsoperationen wie die klassische Addition $+$ oder die modulare Addition $\oplus_d$ sprechen, bezeichnen wir das inverse Element zu einem Element a mit $(-a)$. Somit beschreibt (-5) das inverse Element zu 5, egal ob sich um ein Element aus $(\mathbb{Q}, +)$ oder $(\mathbb{Z}_d, \oplus_d)$ handelt. Analog wird für die klassische Multiplikation $\cdot$ oder die modulare Multiplikation $\odot_d$ das inverse Element zu a als a^{-1} bezeichnet.

Für unsere kryptographischen Anwendungen ist es jetzt wichtig, die inversen Elemente bezüglich $\oplus_d$ zu betrachten.

Untersuchen wir zum Beispiel die algebraische Struktur $(\mathbb{Z}_{10}, \oplus_{10})$. Das neutrale Element ist 0, weil

$$(a + 0) \bmod 10 = a$$

für alle $a \in \mathbb{Z}_{10}$ gilt. Für 0 ist das inverse Element $(-0) = 0$, weil

$$(0 + 0) \bmod 10 = 0.$$

Suchen wir jetzt das inverse Element (-1) für 1. Es muss gelten

$$(1 + (-1)) \bmod 10 = 0.$$

Wir sehen, dass nur $9 \in \mathbb{Z}_{10}$ diese Eigenschaft erfüllt, und somit ist $(-1) = 9$ das inverse Element zu 1. Wegen der Kommutativität beobachten wir außerdem, dass $(-9) = 1$ das inverse Element für 9 ist. Wenn wir weiter so vorgehen, finden wir die folgenden inversen Elemente:

$$(-0) = 0, \quad (-1) = 9, \quad (-2) = 8, \quad (-3) = 7, \quad (-4) = 6,$$
$$(-5) = 5, \quad (-6) = 4, \quad (-7) = 3, \quad (-8) = 2, \quad (-9) = 1.$$

Auf diese Weise erhalten wir für die Gruppe $(\mathbb{Z}_{10}, \oplus_{10})$ die folgende Regel für die Bestimmung der inversen Elemente: Das inverse Element zu jeder Zahl $i \in \mathbb{Z}_{10}$ ist

$$(-i) = (10 - i) \bmod 10.$$

Aufgabe 2.39 Bestimme die inversen Elemente zu allen Elementen in der Gruppe $(\mathbb{Z}_{26}, \oplus_{26})$.

Es gilt die folgende allgemeine Regel: In jeder kommutativen Gruppe $(\mathbb{Z}_d, \oplus_d)$ gilt für jedes $a \in \mathbb{Z}_d$

$$\boxed{(-a) = (d - a) \bmod d,}$$ (M4)

wobei $(d - a) \bmod d \in \mathbb{Z}_d$, weil $d - a$ eine positive Zahl ist. Die Regel kann man wie folgt begründen:

$$a \oplus_d (d - a) = \big(a + (d - a)\big) \bmod d$$
$$\{\text{nach Definition von } \oplus_d\}$$
$$= (a + d - a) \bmod d$$
$$= d \bmod d$$
$$= 0$$

Somit ist $(d - a)$ das inverse Element zu a bezüglich $\oplus_d$.

Dass wir die Subtraktion in $\mathbb{Z}_d$ mithilfe der Addition berechnen können, sollte uns nicht überraschen. Ähnlich wie bei CAESAR entspricht die modulare Addition und die Subtraktion einer Verschiebung auf einem Ring, auf welchem aufsteigend im Uhrzeigersinn alle Zahlen von 0 bis $d - 1$ stehen. Die Addition $+i$ entspricht einer Verschiebung um i Zahlen nach rechts, und die Subtraktion $-j$ entspricht einer Verschiebung um j Stellen nach links. Weil das Rad mit den d Zahlen ringsum geht, kann jede Zahl aus einer anderen Zahl durch eine Verschiebung nach rechts erreicht werden. Da wir keine Verschiebungen nach links benötigen, kommen wir deshalb auch ohne die Subtraktion aus. Allgemein kann man also die Subtraktion $\ominus_d$ in $(\mathbb{Z}_d, \oplus_d)$ wie folgt einführen:

$$a \ominus_d b = a \oplus_d (-b) = \big(a + (d - b)\big) \bmod d.$$

Somit können wir jetzt das Kryptosystem CAESAR wie folgendermaßen beschreiben:

Kryptosystem CAESAR

Klartextalphabet:	Lat
Kryptotextalphabet:	Lat
Schlüsselmenge:	$\{0, 1, 2, \ldots, 25\}$
Verschlüsselung:	Jeder Buchstabe des Klartextes wir durch einen Buchstaben unabhängig vom Rest des Klartextes ersetzt. Die Ersetzung ist durch folgendes Verfahren eindeutig bestimmt: Für einen gegebenen Schlüssel s wird ein Buchstabe $\square$ aus Lat mit der Ordnung $\mathrm{Ord}(\square)$ durch den Buchstaben $\triangle$ mit der Ordnung

$$\mathrm{Ord}(\square) \oplus_{26} s$$

ersetzt.

Entschlüsselung: Jeder Buchstabe des Kryptotextes wird durch einen Buchstaben des
Klartextes wie folgt ersetzt:
Für einen gegebenen Schlüssel s wird ein Buchstabe $\triangle$ mit der
Ordnung Ord($\triangle$) durch den Buchstaben $\square$ mit der Ordnung

$$\text{Ord}(\triangle) \oplus_{26} (-s) = \text{Ord}(\triangle) \oplus_{26} (26 - s)$$

ersetzt.

2.7 Verallgemeinerungen vom Kryptosystem CAESAR

Diese Beschreibung bringt uns auf die Idee, dass wir bei der Verschlüsselung nicht nur die
Addition, sondern auch die Multiplikation verwenden könnten. Zum Beispiel könnten wir
für einen Schlüssel s jeden Buchstaben $\square$ des Klartextalphabetes durch den Buchstaben $\triangle$
mit der Ordnung

$$\text{Ord}(\triangle) = s \odot_{26} \text{Ord}(\square)$$

ersetzen. Für einen Schlüssel $s = 5$ und $\square = \text{G}$ mit Ord(G) $= 6$ erhalten wir

$$5 \odot_{26} \text{Ord}(\text{G}) = 5 \odot_{26} 6 = (5 \cdot 6) \bmod 26 = 4.$$

Somit wird G durch E ersetzt, weil Ord(E) $= 4$ ist. Wenn s ein inverses Element s^{-1}
hätte, dann könnten wir einen Buchstaben $\triangle$ des Kryptotextes wie folgt dechiffrieren:

$$s^{-1} \odot_{26} \text{Ord}(\triangle),$$

weil

$$
\begin{aligned}
s^{-1} \odot_{26} \text{Ord}(\triangle) &= s^{-1} \odot_{26} (s \odot_{26} \text{Ord}(\square)) \\
&= (s^{-1} \odot_{26} s) \odot_{26} \text{Ord}(\square) \\
&= 1 \odot_{26} \text{Ord}(\square) \\
&= \text{Ord}(\square),
\end{aligned}
$$

wobei $\square$ jener Buchstabe des Klartextalphabets ist, der durch $\triangle$ chiffriert wird.

Dürfen wir uns diese Vorgehensweise problemlos zu Nutze machen? Die Antwort
hängt davon ab, ob

$$s \odot_{26} \text{Ord}(\square)$$

eine Codierung ist. Wenn es keine Codierung wäre, dann könnten wir einem Buchstaben
des Kryptotextalphabets mehrere Buchstaben des Klartextalphabets zuordnen. Das heißt,

die Chiffrierung wäre nicht injektiv und somit keine Codierung. Untersuchen wir diese Eigenschaft für den Schlüssel $s = 5$:

$$(5 \cdot 1) \bmod 26 = 5, \qquad (5 \cdot 2) \bmod 26 = 10, \qquad (5 \cdot 3) \bmod 26 = 15,$$
$$(5 \cdot 4) \bmod 26 = 20, \qquad (5 \cdot 5) \bmod 26 = 25, \qquad (5 \cdot 6) \bmod 26 = 4,$$
$$(5 \cdot 7) \bmod 26 = 9, \qquad (5 \cdot 8) \bmod 26 = 14, \qquad (5 \cdot 9) \bmod 26 = 19,$$
$$(5 \cdot 10) \bmod 26 = 24, \qquad (5 \cdot 11) \bmod 26 = 3, \qquad (5 \cdot 12) \bmod 26 = 8,$$
$$(5 \cdot 13) \bmod 26 = 13, \qquad (5 \cdot 14) \bmod 26 = 18, \qquad (5 \cdot 15) \bmod 26 = 23,$$
$$(5 \cdot 16) \bmod 26 = 2, \qquad (5 \cdot 17) \bmod 26 = 7, \qquad (5 \cdot 18) \bmod 26 = 12,$$
$$(5 \cdot 19) \bmod 26 = 17, \qquad (5 \cdot 20) \bmod 26 = 22, \qquad (5 \cdot 21) \bmod 26 = 1,$$
$$(5 \cdot 22) \bmod 26 = 6, \qquad (5 \cdot 23) \bmod 26 = 11, \qquad (5 \cdot 24) \bmod 26 = 16,$$
$$(5 \cdot 25) \bmod 26 = 21, \qquad (5 \cdot 0) \bmod 26 = 0.$$

Wir sehen, dass die durch $s \odot_{26} \mathrm{Ord}(\square)$ mit $s = 5$ berechnete Zuordnung eine injektive Funktion und damit eine Codierung ist. Die Zuordnung der Buchstaben ist in der folgenden Tabelle aufgeführt:

Klartextbuchstabe	A	B	C	D	E	F	G	H	I	J	K	L	M	N	O	P	Q	R	S	T	U	V	W	X	Y	Z
Kryptotextbuchstabe	A	F	K	P	U	Z	E	J	O	T	Y	D	I	N	S	X	C	H	M	R	W	B	G	L	Q	V

Für die Codierung[3]

$$Cod_5(x) = 5 \odot_{26} x$$

von $\mathbb{Z}_{26}$ nach $\mathbb{Z}_{26}$ muss es deshalb eine Umkehrfunktion geben. Gibt es eine einfache Vorschrift für die Berechnung der Umkehrfunktion? Diese Frage motiviert uns, inverse Elemente bei der Multiplikation in $(\mathbb{Z}_{26}, \odot_{26})$ zu untersuchen. Die Zahl 5 hat ein inverses Element bezüglich der Operation $\odot_{26}$. Es ist die Zahl 21, weil

$$5 \odot_{26} 21 = (5 \cdot 21) \bmod 26$$
$$= 105 \bmod 26$$
$$= 1$$

und 1 das neutrale Element im Monoid $(\mathbb{Z}_{26}, \odot_{26})$ ist. Weshalb hilft uns das? Wir behaupten, dass die Umkehrfunktion für die Codierung die Funktion

$$Decod_5(y) = 21 \odot_{26} y$$

ist. Weshalb stimmt unsere Behauptung? Die Zahl y des Kryptotextes ist gleich $5 \odot_{26} x$,

---

[3]Im Folgenden werden wir der Einfachheit halber anstatt $\mathrm{Ord}(\square)$ jeweils Variablen verwenden.

wobei x die gesuchte Zahl des Klartextes ist. Deswegen gilt

$$21 \odot_{26} y = \Big(21 \cdot \big((5 \cdot x) \bmod 26\big)\Big) \bmod 26$$

$\qquad$ {nach Definition von $\odot_{26}$ und weil $y = 5 \odot_{26} x$ gilt}

$$= ((21 \cdot 5) \cdot x) \bmod 26$$

$\qquad$ {wegen der Assoziativität von $\odot_{26}$}

$$= ((21 \cdot 5) \bmod 26 \cdot x) \bmod 26$$

$\qquad$ {wegen Gesetz (M3)}

$$= (1 \cdot x) \bmod 26$$

$\qquad$ {weil $5^{-1} = 21$, gilt $21 \odot_{26} 5 = 5^{-1} \odot_{26} 5 = 1$}

$$= x$$

$\qquad$ {weil $x < 26$}

Aufgabe 2.40 Zeige, dass $7 \odot_{26} \mathrm{Ord}(\square)$ eine Codierung ist. Finde ein inverses Element zu 7 in $(\mathbb{Z}_{26}, \odot_{26})$ und bestimme damit die Entschlüsselung.

Aufgabe 2.41 Zeige, dass $3 \odot_{10} \mathrm{Ord}(\square)$ eine Codierung ist. Finde ein inverses Element zu 3 in $(\mathbb{Z}_{10}, \odot_{10})$ und bestimme damit die Entschlüsselung.

Aufgabe 2.42 Zeige, dass $2 \odot_{10} \mathrm{Ord}(\square)$ keine Codierung ist. Finde dazu zwei unterschiedliche Elemente in $(\mathbb{Z}_{10}, \odot_{10})$ die durch diese Rechenvorschrift auf das gleiche Element abgebildet werden.

Das Kryptosystem MULTCAESAR

Bei den Zahlen 5 und 7 funktioniert das Konzept des multiplikativen Kryptosystems. Zusätzlich brauchen wir keine Division zur Umsetzung der Entschlüsselung, sondern nur die Multiplikation $\odot_{26}$. In diesem Punkt ist es ähnlich zu CAESAR, bei welchem beim Entschlüsseln die Subtraktion auch vermieden werden konnte. Die Frage ist nur, ob es für alle Zahlen aus $\mathbb{Z}_{26}$ funktioniert.

Betrachten wir zum Beispiel die Zahl $13 \in \mathbb{Z}_{26}$ und somit die Funktion

$$g_{13}(x) = 13 \odot_{26} x.$$

Diese Funktion ist nicht injektiv, da

$$g_{13}(0) = 13 \odot_{26} 0 = 0 = 26 \bmod 26 = 13 \odot_{26} 2 = g_{13}(2).$$

Es ist sogar noch schlimmer, denn es gilt $g_{13}(4) = g_{13}(6) = g_{13}(8) = \cdots = g_{13}(24) = 0$. Diese Funktion ist deshalb keine Codierung, weil sie alle Buchstaben mit gerader Ordnung auf den Buchstaben A abbilden würde.

Aufgabe 2.43

(a) Ist $g_8(x) = 8 \odot_{26} x$ eine injektive Funktion? Hat 8 bezüglich $\odot_{26}$ ein inverses Element in $\mathbb{Z}_{26}$?

(b) Finde eine von 8 verschiedene Zahl $a \in \mathbb{Z}_{26}$, so dass

$$g_a(x) = a \odot_{26} x$$

keine injektive Funktion ist.

(c) Finde eine von 5 und 7 verschiedene Zahl $b \in \mathbb{Z}_{26}$, so dass

$$g_b(x) = b \odot_{26} x$$

eine injektive Funktion ist. Bestimme die entsprechende Umkehrfunktion.

Wenn wir alle Zahlen aus $\mathbb{Z}_{26}$ untersuchen, dann stellen wir fest, dass die Verschlüsselung für alle Zahlen b mit

$$b \in \{1, 3, 5, 7, 9, 11, 15, 17, 19, 21, 23, 25\}$$

funktioniert. Natürlich bedeutet es viel Zeit, alle Zahlen auszuprobieren, um die passenden b's zu finden. Geht es denn nicht schneller? Wir stellen fest, dass alle Zahlen ungerade sind, aber nicht alle ungeraden Zahlen sind dabei. Die Zahl 13 fehlt. Wieso?

Die Zahl 26 kann als $26 = 2 \cdot 13$ faktorisiert werden. Man sieht, dass alle Zahlen, die ein Vielfaches von einem der Faktoren 2 und 13 sind, für die Verschlüsselung ungeeignet sind. Somit halten wir fest, dass diejenigen Zahlen für die Verschlüsselung geeignet sind, die als größten gemeinsamen Teiler mit 26 die Zahl 1 haben. Solche Zahlen werden **teilerfremd** genannt, weil sie keinen gemeinsamen Teiler außer 1 haben. Wir bezeichnen den **größten gemeinsamen Teiler** von a und b mit **ggT(a, b)**. Das heißt, für Zahlen a, die zu 26 teilerfremd sind, gilt $\text{ggT}(a, 26) = 1$.

Wenn wir modulo einer Primzahl rechnen, dann sind alle Reste teilerfremd zu dieser Primzahl. Somit ist $(\mathbb{Z}_p - \{0\}, \odot_p)$ eine Gruppe für jede Primzahl p. Diese Beobachtung wird in Lektion 10 (Satz 10.5) bewiesen.

Hinweis für die Lehrperson Die folgende Begründung der Tatsache, dass für Zahlen a mit $\text{ggT}(a, 26) = 1$ die Funktion $g_a(x)$ eine Codierung ist, ist nur für interessierte Schülerinnen und Schüler geeignet, die das Schema des indirekten Beweises aus den Lehrbüchern *Lehrbuch Informatik* [9] oder *Berechenbarkeit* [8] kennen.

Nun zeigen wir, dass tatsächlich jene Zahlen, die teilerfremd zu 26 sind, für die Verschlüsselung geeignet sind. Wir zeigen dies mit einem indirekten Beweis. Wir nehmen an, dass der Schlüssel s nicht 0 ist und dass er zu 26 teilerfremd ist. Wie es zum Schema des indirekten Beweises gehört, nehmen wir das Gegenteil unserer Zielbehauptung an. Wir nehmen also an, dass es dennoch zwei unterschiedliche Buchstaben a (mit $\text{Ord}(a) = i$)

und b (mit $\mathrm{Ord}(b) = j$) in $\mathbb{Z}_{26}$ gibt, die durch die Chiffrierung auf dasselbe Symbol $\triangle$ mit $\mathrm{Ord}(\triangle) = k$ abgebildet werden. Genauer gesagt ist unsere Annahme $i \neq j$ und

$$s \odot_{26} i = k \quad \text{und} \quad s \odot_{26} j = k.$$

Wir dürfen annehmen, dass die Variable i größer als j ist. Wenn das nicht so wäre, würden wir die Variablen einfach umbenennen. Mit der Definition des Operators $\odot_{26}$ folgt

$$(s \cdot i) \bmod 26 = k \quad \text{und} \quad (s \cdot j) \bmod 26 = k.$$

Wenn wir diese beiden Gleichungen modulo 26 voneinander subtrahieren, bekommen wir die folgende Gleichung.

$$\big((s \cdot i) \bmod 26 - (s \cdot j) \bmod 26\big) \bmod 26 = 0.$$

Mit dem Gesetz (M2) folgt

$$(s \cdot i - s \cdot j) \bmod 26 = 0.$$

Auf der linken Seite kann man s ausklammern:

$$s \cdot (i - j) \bmod 26 = 0.$$

Diese Gleichung sagt uns, dass wenn wir $s \cdot (i - j)$ durch 26 teilen, der Rest 0 ist. Wir haben angenommen, dass s keinen gemeinsamen Teiler mit 26 hat und auch ungleich 0 ist. Deshalb muss der zweite Faktor $i - j$ durch 26 teilbar sein. Die Zahl $i - j$ müsste also entweder 0 sein oder ein Vielfaches von 26, aber genau das ist der Widerspruch. Wir wissen ja, dass i und j beide nicht negativ und kleiner als 26 sind und dass $i > j$ gilt. Also ist die Differenz $i - j$ mit Sicherheit auch kleiner als 26. Damit muss $i - j = 0$ gelten. Das heißt, i ist gleich j, folglich haben die Buchstaben a und b dieselbe Ordnung. Also sind a und b gleich, was ein Widerspruch zur Annahme $a \neq b$ ist. Wenn daher der Schlüssel s zu 26 teilerfremd ist, dann werden wir keine zwei unterschiedlichen Buchstaben a und b finden, deren Ordnung auf den gleichen Buchstaben abgebildet wird. Wir haben somit bewiesen, dass alle zu 26 teilerfremden Zahlen als Schlüssel zur Verschlüsselung geeignet sind.

Aufgabe 2.44 Betrachte die algebraische Struktur $(\mathbb{Z}_6, \odot_6)$. Finde alle a, so dass die Funktion definiert durch

$$h_a(x) = a \odot_6 x$$

eine injektive Funktion ist.

Aufgabe 2.45 Entwickle ein Kryptosystem mit $\mathbb{Z}_{10}$ als Klar- und Kryptotextalphabet. Das Kryptosystem darf als Verschlüsselungsfunktion nur Funktionen der Form

$$f_a(x) = a \odot_{10} x$$

zur unabhängigen Ersetzung einzelner Ziffern verwenden. Welche Elemente a können als Schlüssel verwendet werden?

Durch die modulare Multiplikation erhalten wir eine neue Version MULTCAESAR von CAESAR, in der die Buchstaben nicht durch die Operation $\oplus_{26}$ verschoben, sondern mittels der Operation $\odot_{26}$ zugeordnet werden.

Kryptosystem MULTCAESAR

Klartextalphabet:	Lat
Kryptotextalphabet:	Lat
Schlüsselmenge:	$\{1, 3, 5, 7, 9, 11, 15, 17, 19, 21, 23, 25\}$
Verschlüsselung:	Für einen gegebenen Schlüssel s wird ein Buchstabe $\square$ aus Lat mit der Ordnung $\text{Ord}(\square)$ durch den Buchstaben $\triangle$ mit der Ordnung

$$s \odot_{26} \text{Ord}(\square)$$

ersetzt.

Entschlüsselung:	Für einen gegebenen Schlüssel s wird ein Buchstabe $\triangle$ des Kryptotextes mit der Ordnung $\text{Ord}(\triangle)$ durch den Buchstaben $\square$ mit der Ordnung

$$s^{-1} \odot_{26} \text{Ord}(\triangle)$$

ersetzt.

Aufgabe 2.46 Verschlüssle den Klartext GEHEIMNIS mit MULTCAESAR und dem Schlüssel 11.

Aufgabe 2.47 Der folgende Kryptotext

WNEDWUKYDOKJMONPPOUTUNOEUNPUNUNADDUMYDAHOMR

wurde mit MULTCAESAR verschlüsselt. Bestimme den Klartext sowie den verwendeten Schlüssel.

Das Kryptosystem LINCAESAR

Wenn ein Kryptoanalytiker einen durch MULTCAESAR verschlüsselten Kryptotext knacken will, reicht es, elf Schlüssel auszuprobieren. Den Schlüssel mit dem Wert 1 braucht er nicht zu betrachten. Aus dieser Sicht kann MULTCAESAR noch einfacher geknackt werden als CAESAR. Wir werden deshalb diese zwei Kryptosysteme kombinieren, um eine größere Anzahl von Schlüsseln zu erhalten. Zuerst ändern wir die Buchstaben mittels modularer Multiplikation, anschließend verschieben wir diese mittels modularer Addition. Wenn zwei injektive Funktionen hintereinander angewendet werden, erhalten wir wieder eine injektive Funktion. Sei $\square$ ein beliebiger Buchstabe aus Lat. Das Symbol $\square$ wird durch die Verschlüsselung $\text{Ver}(\square, (a, b))$ auf das Symbol $\triangle$ mit der Ordnung $\text{Ord}(\triangle)$ abgebildet. Somit können wir die Verschlüsselung durch die folgende lineare Funktion

$$\text{Ver}(\square, (a, b)) = \text{Buchstabe } \triangle \text{ mit der Ordnung } (a \odot_{26} \text{Ord}(\square)) \oplus_{26} b$$
$$= \text{Buchstabe } \triangle \text{ mit der Ordnung } (a \cdot \text{Ord}(\square) + b) \bmod 26$$

ausdrücken, wobei das Paar (a, b) der Schlüssel ist.

Die 26 Schlüssel für die Verschiebung ergeben zusammen mit den 12 Schlüsseln für die Multiplikation eine Verschlüsselung mit $12 \cdot 26 = 312$ Schlüssel. Nur der Schlüssel $(1, 0)$ ist trivial, und somit haben wir 311 verwendbare Schlüssel. Alle diese Schlüssel von Hand auszuprobieren bedeutet bereits eine erhebliche Arbeit, die mit viel Geduld und großem Zeitaufwand verbunden ist.

Aufgabe 2.48 Verschlüssle den Klartext DEMOKRIT mit der soeben beschriebenen Verschlüsselung und den folgenden Schlüsseln:

(a) $(5, 17)$,

(b) $(15, 4)$,

(c) $(6, 8)$,

(d) $(3, 9)$.

Wie man sieht, ist es nicht schwierig, mit der linearen Funktion $(ax + b) \bmod 26$ zu verschlüsseln. Aber wie wird entschlüsselt? Geht es auch so einfach? Bei der Verschlüsselung haben wir zuerst modular mit a multipliziert und danach mittels der modularen Addition um b Positionen verschoben. Wenn wir diesen Prozess umkehren wollen, müssen wir zuerst um b Positionen zurückschieben (das inverse Element $(-b)$ addieren) und dann durch a modular teilen. Wir wissen, dass die modulare Division durch a der Multiplikation mit a^{-1} (das multiplikative Inverse zu a) entspricht. Somit ist die Entschlüsselung mit dem Schlüssel (a, b)

$$\text{Ent}\left(\triangle, (a, b)\right) = \text{Buchstabe } \square \text{ mit der Ordnung } a^{-1} \odot_{26} \left(\text{Ord}(\triangle) \oplus_{26} (-b)\right)$$

für jeden Buchstaben $\triangle \in \text{Lat}$ des Kryptotextes.

Aufgabe 2.49 Für $(a, b) = (3, 21)$ ist unsere Verschlüsselung für einen Buchstaben $\square \in \text{Lat}$

$$\text{Ver}\left(\square, (3, 21)\right) = \text{Buchstabe } \triangle \text{ mit der Ordnung } \left(3 \odot_{26} \text{Ord}(\square)\right) \oplus_{26} 21$$
$$= \text{Buchstabe } \triangle \text{ mit der Ordnung } \left(3 \cdot \text{Ord}(\square) + 21\right) \bmod 26.$$

(a) Finde das additive inverse Element (-21) und das multiplikative inverse Element 3^{-1}.

(b) Überprüfe für alle Buchstaben $\triangle \in \text{Lat}$, ob die Funktion

$$\text{Ent}\left(\triangle, (3, 21)\right) = \text{Buchstabe } \square \text{ mit der Ordnung } 3^{-1} \odot_{26} \left(\text{Ord}(\triangle) \oplus_{26} (-21)\right)$$

wirklich eine Entschlüsselung für den durch Ver$\left(\square, (3, 21)\right)$ verschlüsselten Kryptotext darstellt.

Versuchen wir jetzt allgemein zu beweisen, dass $\text{Ent}\left(\triangle, (a,b)\right)$ tatsächlich die Entschlüsselung für die Verschlüsselung $\text{Ver}\left(\square, (a,b)\right)$ ist. Das Symbol $\square$ wird durch die Verschlüsselung $\text{Ver}\left(\square, (a,b)\right)$ auf das Symbol $\triangle$ mit der Ordnung $\text{Ord}(\triangle)$ abgebildet, die durch

$$\text{Ord}(\triangle) = \left(a \odot_{26} \text{Ord}(\square)\right) \oplus_{26} b$$

gegeben ist. Jetzt rechnen wir wie folgt:

$$\text{Ent}\left(\triangle, (a,b)\right) = \text{Buchstabe mit Ordnung } a^{-1} \odot_{26} \left(\text{Ord}(\triangle) \oplus_{26} (-b)\right)$$

$$= \text{Buchstabe mit Ordnung } a^{-1} \odot_{26} \left(\left[\left(a \odot_{26} \text{Ord}(\square)\right) \oplus_{26} b\right] \oplus_{26} (-b)\right)$$

$$\left\{\text{weil } \text{Ord}(\triangle) = \left(a \odot_{26} \text{Ord}(\square)\right) \oplus_{26} b\right\}$$

$$= \text{Buchstabe mit Ordnung } a^{-1} \odot_{26} \left(\left(a \odot_{26} \text{Ord}(\square)\right) \oplus_{26} \left(b \oplus_{26} (-b)\right)\right)$$

$$\left\{\text{weil } \oplus_{26} \text{ assoziativ ist}\right\}$$

$$= \text{Buchstabe mit Ordnung } a^{-1} \odot_{26} \left(a \odot_{26} \text{Ord}(\square)\right)$$

$$\left\{\text{weil } b \oplus_{26} (-b) = 0 \text{ und } 0 \text{ neutrales Element bezüglich } \oplus_{26}\right\}$$

$$= \text{Buchstabe mit Ordnung } \left(a^{-1} \odot_{26} a\right) \odot_{26} \text{Ord}(\square)$$

$$\left\{\text{weil } \odot_{26} \text{ assoziativ ist}\right\}$$

$$= \text{Buchstabe mit Ordnung } 1 \odot_{26} \text{Ord}(\square)$$

$$\left\{\text{weil } a^{-1} \odot_{26} a = 1 \text{ ist}\right\}$$

$$= \text{Buchstabe mit Ordnung } \text{Ord}(\square)$$

$$= \text{Buchstabe } \square.$$

Damit haben wir überprüft, dass die Funktion $\text{Ent}\left(\triangle, (a,b)\right)$ tatsächlich das Symbol $\triangle$ des Kryptotextes eindeutig auf den ursprünglichen Buchstaben $\square$ des Klartextes abbildet. Somit können wir das neue Kryptosystem wie folgt beschreiben:

Kryptosystem LINCAESAR

Klartextalphabet:	Lat
Kryptotextalphabet:	Lat
Schlüsselmenge:	(a,b), wobei $a \in \{1, 3, 5, 7, 9, 11, 15, 17, 19, 21, 23, 25\}$ und $b \in \mathbb{Z}_{26}$
Verschlüsselung:	Für einen gegebenen Schlüssel (a,b) wird das Symbol $\square$ durch das Symbol $\triangle$ mit der Ordnung

$$\left(a \odot_{26} \text{Ord}(\square)\right) \oplus_{26} b$$

ersetzt.

Entschlüsselung:	Für einen gegebenen Schlüssel (a,b) wird das Symbol $\triangle$ des Kryptotextes durch das Symbol $\square$ mit der Ordnung

$$a^{-1} \odot_{26} \left(\text{Ord}(\triangle) \oplus_{26} (-b)\right)$$

ersetzt.

Aufgabe 2.50 Nutze das Kryptosystem LINCAESAR. Entschlüssle jeweils die gegebenen Kryptotexte für gegebene Schlüssel (a, b).

(a) $(a, b) = (7, 7)$:

       CJWHUQHUXLDKCLJEHJGQKJCJDXHUAJU

(b) $(a, b) = (1, 21)$:

       XGRJVZLDKDJGODKXJURJXDHNZJLK

Hinweis für die Lehrperson Der Rest dieser Lektion beinhaltet das Lösen von modularen linearen Gleichungssystemen und ist damit nur für besonders motivierte Schülerinnen und Schüler geeignet. Die neu gewonnenen Kenntnisse sind keine Voraussetzung für das Bearbeiten der folgenden Lektionen. Sie sind aber interessant für die Kryptoanalyse von LINCAESAR.

Wir wissen, dass ein Kryptotext mittels LINCAESAR verschlüsselt worden ist. Auf irgendeine Weise haben wir in Erfahrung gebracht, dass der Buchstabe C durch H verschlüsselt wird und dass das E durch das Symbol L ersetzt wird. Die Frage ist, ob uns diese Information reicht, um den Schlüssel (a, b) zu bestimmen, ohne alle Schlüssel auszuprobieren. Die Antwort ist leider nicht immer positiv. Es kann sein, dass man noch die Verschlüsselung eines dritten Buchstabens kennen muss, damit die Antwort eindeutig ist. Aber wir werden zuerst zeigen, wie systematisch vorgegangen werden kann um a und b auszurechnen. Erst dann werden wir den speziellen Fall mit einer nicht eindeutigen Lösung anschauen. Es ist $\mathrm{Ord}(C) = 2$ und $\mathrm{Ord}(H) = 7$. Dies bedeutet,

$$\mathrm{Ord}(H) = (a \odot_{26} \mathrm{Ord}(C)) \oplus_{26} b$$

und somit

$$7 = (a \odot_{26} 2) \oplus_{26} b.$$

Durch die Rechenregeln für modulares Rechnen erhalten wir die modulare lineare Gleichung

$$(2a + b) \bmod 26 = 7.$$

Für $\mathrm{Ord}(E) = 4$ und $\mathrm{Ord}(L) = 11$ erhalten wir die modulare lineare Gleichung

$$(4a + b) \bmod 26 = 11.$$

Aufgabe 2.51 Wir kennen die Codierung von zwei Buchstaben. Wir wissen also, dass O auf E und G auf Q abgebildet wird. Bestimme die zwei dazugehörigen modularen linearen Gleichungen.

Also haben wir zwei Unbekannte a und b und zwei lineare Gleichungen modulo 26. Wenn es dieses modulo nicht gäbe, dann wüssten wir bereits wie a und b zu bestimmen sind. Wir wüssten auch, dass ein lineares Gleichungssystem mit zwei Unbekannten entweder keine, genau eine oder unendlich viele Lösungen hat. Aber wie sieht es bei modularen linearen Gleichungssystemen aus? Wir werden sehen, dass man bei der Berechnung der Lösungsmenge dieses Gleichungssystems ähnlich vorgehen kann wie bei normalen linearen Gleichungssystemen. Man muss einfach die Regeln des modularen Rechnens verwenden. Allerdings wird die Lösungsmenge etwas anders aussehen.

In einem ersten Schritt möchten wir eine der beiden Variablen wegbringen und subtrahieren deshalb die erste Gleichung von der zweiten modulo 26. Bevor wir dies tun, brauchen wir aber noch ein Rechengesetz für die modulare Subtraktion. Wir haben schon in Aufgabe 2.10 gesehen, dass

$$(x - y) \bmod a = (a + x \bmod a - y \bmod a) \bmod a$$

gilt. Das Gesetz (M1) sagt aus, dass sich der Wert $z \bmod a$ nicht ändert, wenn man zu z ein Vielfaches von a dazuzählt. Deshalb kann man die rechte Seite noch so umformen, dass wir das folgende Gesetz für die modulare Subtraktion bekommen:

$$\boxed{(x - y) \bmod a = (x \bmod a - y \bmod a) \bmod a} \qquad \text{(M5)}$$

Mit diesem Gesetz bekommen wir also

$$\big((4a + b) \bmod 26 - (2a + b) \bmod 26\big) \bmod 26 = (11 - 7) \bmod 26$$
$$(4a - 2a + b - b) \bmod 26 = 4 \qquad |\text{wegen (M5)}$$
$$2a \bmod 26 = 4.$$

Wir suchen nun Lösungen für a, die kleiner als 26 sind, weil a die Ordnung von Buchstaben repräsentiert und diese nicht größer oder gleich 26 sein kann. Wir stellen fest, dass $a_1 = 2$ und $a_2 = 15$ diese Gleichung erfüllen, denn es gilt

$$2 \cdot 2 \bmod 26 = 4 \bmod 26 = 4, \text{ und}$$
$$2 \cdot 15 \bmod 26 = 30 \bmod 26 = 4.$$

Somit haben wir zwei mögliche Lösungen für a gefunden. Wie man durch Einsetzen überprüfen kann, gibt es keine weiteren Lösungen für $a < 26$. Können wir aber beide Lösungen brauchen? Beim MULTCAESAR haben wir gesehen, dass wir als Faktor a nur Zahlen aus $\{1, 3, 5, 7, 9, 11, 15, 17, 19, 21, 23, 25\}$ brauchen dürfen. Also müssen wir die Lösung $a_1 = 2$ verwerfen. Uns bleibt nur noch übrig, das zu a_2 gehörige b_2 zu berechnen, indem wir a_2 in die erste Gleichung einsetzen.

$$(2 \cdot 15 + b_2) \bmod 26 = 7$$
$$(30 \bmod 26 + b_2 \bmod 26) \bmod 26 = 7 \qquad |\text{wegen (M2)}$$
$$(4 + b_2) \bmod 26 = 7 \qquad |\text{wegen (M2)}$$

Wir sehen leicht ein, dass $b_2 = 3$ die einzige mögliche Lösung für b_2 ist, weil $b_2 < 26$ gelten muss. Das liefert uns den Schlüssel $(a_2, b_2) = (15, 3)$. Mit ihm können wir den ganzen Kryptotext richtig entschlüsseln.

In diesem Beispiel hatten wir das Glück, dass der erste Schlüssel a_1 nicht möglich war. Was passiert aber, wenn wir zwei oder sogar noch mehr mögliche Schlüssel erhalten? Kann man überhaupt mehrere mögliche Schlüssel bekommen? Wenn man mehr als einen möglichen Schlüssel bekäme, dann müsste man alle Schlüssel ausprobieren und könnte erst nach dem Entschlüsseln des Kryptotextes mit allen diesen Schlüsseln entscheiden, welcher dieser Schlüssel der richtige ist. Der Aufwand für das Finden des Schlüssels wird so natürlich größer. Wir dürfen aber hoffen, dass die maximale Anzahl von möglichen Schlüsseln nicht allzu groß ist.

Aufgabe 2.52 Wir wissen, dass das Kryptosystem LINCAESAR zur Verschlüsselung verwendet wurde. Uns ist auch bekannt, dass A durch F und E durch J verschlüsselt worden ist. Kannst du, ohne das lineare Gleichungssystem zu lösen, den Schlüssel (a, b) schnell bestimmen?

Aufgabe 2.53 Zur Verschlüsselung wurde LINCAESAR mit unbekanntem Schlüssel (a, b) verwendet. Wir wissen, dass B auf sich selbst und F auf C abgebildet worden ist. Kann man a und b überhaupt bestimmen?

Um die Anzahl der möglichen Schlüssel zu bestimmen, müssen wir die Frage beantworten, wie viele Lösungen (a, b) lineare Gleichungssysteme der Form

$$(m_1 \cdot a + b) \bmod 26 = n_1$$
$$(m_2 \cdot a + b) \bmod 26 = n_2$$

haben können, wobei wir wissen, dass $a < 26$ und $b < 26$ gelten muss, weil a und b Ordnungen von Buchstaben repräsentieren. Um die Lösung dieses Gleichungssystems zu bestimmen, möchte man in einem ersten Schritt b wegbringen. Also subtrahieren wir zum Beispiel die zweite Gleichung von der ersten und bekommen die lineare Gleichung

$$(m_1 - m_2) \cdot a \bmod 26 = (n_1 - n_2).$$

Damit diese einfacher aussieht, ersetzen wir den Term $m_1 - m_2$ durch m und $n_1 - n_2$ durch n, so dass wir die folgende modulare lineare Gleichung bekommen:

$$m \cdot a \bmod 26 = n.$$

Wie viele Lösungen liefert eine solche Gleichung für $a < 26$? Es gibt eine Aussage in der Mathematik, welche besagt, dass eine solche Gleichung nur Lösungen hat, wenn der $\mathrm{ggT}(m, 26)$ die Zahl n teilt. Die Zahl $d = \mathrm{ggT}(m, 26)$ ist sogleich die Anzahl der

Lösungen, die kleiner als 26 sind. Wenn man eine Lösung a_1 gefunden hat, dann kann man die weiteren Lösungen $a_2, \ldots, a_d$ durch folgende Vorschrift bestimmen:

$$a_i = a_1 + (i - 1) \cdot \frac{26}{d}.$$

Wir werden diese Aussagen nicht beweisen. Dazu bräuchte man einen größeren mathematischen Hintergrund. Wir werden es aber am Beispiel von oben überprüfen. Da haben wir nämlich die Gleichung

$$2a \bmod 26 = 4$$

bekommen. Als erstes müssen wir nun überprüfen, ob diese Gleichung überhaupt Lösungen hat. Der $\text{ggT}(m, 26) = \text{ggT}(2, 26)$ ist gleich 2, was die Zahl $n = 4$ teilt. Also wissen wir, dass die Gleichung genau zwei Lösungen a_1 und a_2 hat. Die erste Lösung $a_1 = 2$ der Gleichung finden wir durch Ausprobieren. Die zweite Lösung a_2 lässt sich dann entweder ebenfalls durch Ausprobieren oder durch die obige Vorschrift bestimmen:

$$a_2 = a_1 + (i - 1) \cdot \frac{26}{d} = 2 + 1 \cdot \frac{26}{2} = 15.$$

Aufgabe 2.54 Wie viele bs lassen sich für ein vorgegebenes a_i finden? Verwende für die Begründung die Tatsache, dass $b < 26$ gelten muss.

Aufgabe 2.55 Der folgende Kryptotext wurde mit LINCAESAR verschlüsselt:

```
WSR LCUC CWV GPYFZAMPIFRWCNESR.
```

Irgendwie haben wir herausgefunden, dass das E durch C und das R durch P verschlüsselt wird. Versuche nun den richtigen Schlüssel für den obigen Kryptotext zu finden.

Aufgabe 2.56 Wir nehmen an, dass ein Kryptotext mit LINCAESAR verschlüsselt worden ist. Wir kennen die Verschlüsselung von zwei Buchstaben. Wie viele mögliche Schlüssel lassen sich maximal finden? Wie muss man die beiden Buchstabenpaare wählen, dass die maximale Anzahl von möglichen Schlüsseln erreicht wird?

In Aufgabe 2.55 haben wir gesehen, dass wir schlimmstenfalls 12 mögliche Schlüssel bekommen können, wenn wir zwei Buchstabenpaare kennen. Das ist sogleich die maximal mögliche Anzahl. Die Lage ist also nicht so schlimm, wie wir zu Beginn befürchtet haben. Es wäre aber dennoch schön, wenn wir den Schlüssel ohne Ausprobieren aller dieser Schlüssel finden könnten. Vielleicht würde es helfen, wenn wir noch ein weiteres Buchstabenpaar kennen würden?

Aufgabe 2.57 ⋆ Wir wissen, dass ein Kryptotext mit LINCAESAR verschlüsselt worden ist. Wir kennen zwei Buchstabenpaare, die uns je eine modulare lineare Gleichung wie oben beschrieben liefern. Um den Schlüssel zu bestimmen, subtrahieren wir die eine Gleichung von der anderen und bekommen die Gleichung

$$m \cdot a \bmod 26 = n.$$

Wir möchten das a bestimmen. Wir haben gesehen, dass man für a mehr als eine Lösung finden kann. In Aufgabe 2.55 haben wir sogar 12 mögliche Lösungen für a gefunden und in Aufgabe 2.56 haben wir gesehen, dass dies die maximale Anzahl von möglichen Schlüsseln ist. Die Frage ist nun, ob die Schlüsselmengengröße alle möglichen Werte zwischen 0 und 12 annehmen kann. Die Antwort auf diese Frage bekommst du, indem du die folgenden Teilaufgaben löst.

(a) Welche Teiler kann 26 haben?

(b) Wir haben schon die Aussage angesprochen, welche besagt, dass die obige Gleichung nur Lösungen hat, wenn der ggT$(m, 26)$ die Zahl n teilt. Die Zahl $d = $ ggT$(m, 26)$ ist dann sogleich die Anzahl der Lösungen, die kleiner als 26 sind. Was sagt uns diese Aussage über die Lösungsmengengrößen aus?

(c) Jede gerade Zahl ist durch 2 teilbar, also kann man sie darstellen als $2k$ mit einer geeigneten natürlichen Zahl k. Dementsprechend lassen sich ungerade Zahlen durch $2k + 1$ mit $k \in \mathbb{N}$ veranschaulichen. Zeige nun, dass die Summe zweier ungerader Zahlen immer gerade ist.

(d) Wir haben gesehen: Wenn man eine Lösung a_1 gefunden hat, können die weiteren Lösungen durch die folgende Vorschrift bestimmt werden:

$$a_i = a_1 + (i - 1) \cdot \frac{26}{d}.$$

Zeige mit Hilfe dieser Tatsache und der Kenntnis, dass der Schlüssel nur eine Zahl aus der Menge $\{1, 3, 5, 7, 9, 11, 15, 17, 19, 21, 23, 25\}$ sein kann, dass die Lösungsmengengröße der möglichen Schlüssel nicht 2 sein kann. Die vorangehende Teilaufgabe wird dir sicher auch weiterhelfen.

In der Aufgabe 2.57 haben wir gesehen, dass man bei zwei gegebenen Zahlenpaaren entweder genau einen Schlüssel oder genau 12 Schlüssel findet. Eine andere Lösungsmengengröße gibt es nicht. Also müssen wir nur noch den Fall mit den 12 Lösungen genauer unter die Lupe nehmen. Hilft es uns, wenn wir zusätzlich noch die Zuordnung eines dritten Buchstabenpaares kennen würden? Diese Frage möchten wir nun untersuchen. Wir nehmen an, dass der Buchstabe m_1 durch n_1, m_2 durch n_2 und m_3 durch n_3 verschlüsselt wird. Dies liefert uns das folgende Gleichungssystem:

$$(m_1 \cdot a + b) \bmod 26 = n_1$$
$$(m_2 \cdot a + b) \bmod 26 = n_2$$
$$(m_3 \cdot a + b) \bmod 26 = n_3.$$

Wir nehmen natürlich an, dass alle drei Buchstaben m_i unterschiedlich sind. Um dieses Gleichungssystem zu vereinfachen und b zu eliminieren, subtrahieren wir die zweite von der ersten und die dritte von der zweiten Gleichung. Wir bekommen die beiden Gleichungen

$$(m_1 - m_2) \cdot a \bmod 26 = (n_1 - n_2), \text{ und}$$
$$(m_2 - m_3) \cdot a \bmod 26 = (n_2 - n_3).$$

Wenn wir nur die erste Gleichung hätten, dann hätten wir die Situation von früher. Wir nehmen an, dass wir bei der ersten Gleichung 12 Schlüssel gefunden hätten. Das kann nur der Fall sein, wenn $m_1 - m_2$ genau 13 ist, weil dies der größte ggT von $m_1 - m_2 < 26$ und 26 ist. Auch $n_1 - n_2$ muss 13 sein, weil dieser ggT ein Teiler von $n_1 - n_2$ sein muss. Nun betrachten wir die untere Gleichung. Wie wir weiter oben festgestellt haben, kann auch die zweite Gleichung entweder einen oder 12 mögliche Schlüssel liefern. Wenn der erste Fall eintreffen würde, dann wären wir glücklich, weil wir dann den richtigen Schlüssel gefunden hätten. Das einzig Mühsame wäre, wenn uns auch die zweite Gleichung 12 mögliche Schlüssel liefern würde. Aber kann das überhaupt passieren? Das würde nämlich bedeuten, dass auch $m_2 - m_3$ und $n_2 - n_3$ genau 13 sein müssten. Das heißt aber, dass zum Beispiel

$$(m_1 - m_2) \bmod 26 = (m_2 - m_3) \bmod 26.$$

In Aufgabe 2.58 werdet ihr sehen, dass diese Gleichung nur gilt, wenn $m_1 = m_3$ ist. Das ist aber ein Widerspruch zu unserer Annahme, dass wir drei unterschiedliche Buchstaben m_i wählen. Also kann der Fall, dass auch die zweite Gleichung 12 mögliche Schlüssel liefert, ausgeschlossen werden. Zusammengefasst heißt das, dass wir den Schlüssel für einen mit LINCAESAR verschlüsselten Kryptotext mit Kenntnis von drei Buchstabenpaaren eindeutig finden können.

Aufgabe 2.58 Zeige, dass die Gleichung

$$(m_1 - m_2) \bmod 26 = (m_2 - m_3) \bmod 26$$

nur dann gilt, falls der Wert von $m_1 - m_2$ und der Wert von $m_2 - m_3$ jeweils 13 ist. Du siehst das am besten, wenn du dir die Rechnung modulo 26 auf einer Kreisscheibe mit den Zahlen 0 bis 25 vorstellst. Diese Darstellung haben wir schon beim Verschlüsselungsverfahren CAESAR kennengelernt.

Aufgabe 2.59 ⋆ In der späten Antike bestand das lateinische Alphabet aus nur 23 Buchstaben: A, B, C, D, E, F, G, H, I, K, L, M, N, O, P, Q, R, S, T, V, X, Y, Z.
Wir wissen, dass eine Nachricht mit LINCAESAR und diesem antiken lateinischen Alphabet verschlüsselt worden ist. Wie viele Buchstabenpaare brauchen wir, um den Schlüssel eindeutig zu bestimmen? Was ist das Besondere an der Zahl 23?

Wir haben gesehen, dass uns beim LINCAESAR die Information über die Verschlüsselung von zwei oder drei Buchstaben genügt, um das Kryptosystem zu knacken. Bei CAESAR reicht es sogar, die Verschlüsselung eines Buchstabens zu kennen. Deshalb könnten wir uns für kompliziertere Verschlüsselungen entscheiden, wie zum Beispiel für die Verschlüsselung durch Polynome wie $(ax^2 + bx + c) \bmod 26$ oder $(ax^3 + bx^2 + cx + d) \bmod 26$ oder sogar durch komplexere Funktionen modulo 26. Diese bieten sicherlich eine größere Anzahl von Schlüsseln. Der Nachteil ist jedoch, dass nicht so einfach festzustellen ist, welche der Funktionen von $\mathbb{Z}_{26}$ nach $\mathbb{Z}_{26}$ injektiv sind.

Aufgabe 2.60 Finde eine nichtlineare Funktion $ax^2 + bx + c$, die modulo 26 keine injektive Funktion ist.

Aufgabe 2.61 Finde eine nichtlineare Funktion, die modulo 26 injektiv ist.

Im Prinzip brauchen wir für die Beschreibung von Verschlüsselungen nicht unbedingt eine explizite Funktionsdarstellung. Wir wissen bereits, dass die Verschlüsselung durch einen Algorithmus angegeben werden kann. Wie wir in den nächsten Lektionen erfahren werden, ermöglicht uns dies, übersichtlich darstellbare Kryptosysteme mit einer riesigen Anzahl von Schlüsseln zu entwerfen.

2.8 Zusammenfassung

Es ist unrealistisch zu erwarten, dass wir die Art der Verschlüsselung eines Kryptosystems auf Dauer geheim halten können. Deswegen verbinden wir die Sicherheit eines Kryptosystems *nur* mit der Geheimhaltung des verwendeten Schlüssels. Diese Sicherheitsanforderung kennen wir unter dem Namen Kerkhoffs-Prinzip der Sicherheit. Kein Klartext sollte ohne die Kenntnis des Schlüssels hergeleitet werden können. Dieses Sicherheitsprinzip fordert uns dazu heraus, Kryptosysteme mit einer riesigen Anzahl von Schlüsseln zu bauen.

Modulares Rechnen ist die mathematische Basis für die moderne Kryptologie. Die Funktionsweise des Kryptosystems CAESAR kann auch mittels Addition modulo 26 vollständig beschrieben werden. Die Zahlenmengen $\mathbb{Z}_d$ von natürlichen Zahlen kleiner als d bilden zusammen mit der modularen Addition und Multiplikation modulo d algebraische Strukturen. Eine algebraische Struktur besteht aus einer Menge S und Operationen, die mit Operanden aus S wieder Elemente aus S erzeugen. Diese Eigenschaft der Menge S nennt man Abgeschlossenheit bezüglich der betrachteten Operationen.

Die modulare Addition und die modulare Multiplikation sind kommutativ und assoziativ. Wenn wir mit komplexen arithmetischen Ausdrücken modulo d rechnen, spielt es keine Rolle, ob wir den Ausdruck komplett in $\mathbb{N}$ berechnen und danach den Rest modulo d bestimmen oder ob wir während der Berechnung die einzelnen Zwischenresultate zuerst mittels modulo d verkleinern.

Eine Menge S und eine kommutative, assoziative, binäre Operation $\circ$ bilden ein Monoid, wenn $(S, \circ)$ eine algebraische Struktur mit einem neutralen Element bezüglich $\circ$ ist. Ein Element e ist neutral für $(S, \circ)$, wenn $a \circ e = e \circ a = a$ gilt für alle $a \in S$. Wenn also einer der Operanden von $\circ$ das neutrale Element e ist, dann ist das Resultat der Wert des anderen Operanden. Jedes Monoid hat genau ein neutrales Element.

Ein Element b nennen wir inverses Element zu a, wenn $b \circ a = e$ ist. Wenn jedes Element in einem Monoid $(S, \circ)$ ein inverses Element hat, dann sprechen wir von einer Gruppe. Der Begriff der Gruppe ist wichtig, weil in einer Gruppe $(\mathbb{Z}_d, \oplus_d)$ die Subtraktion mittels der modularen Addition $\oplus_d$ berechnet werden kann und damit nicht als eine neue Operation eingeführt werden muss. Analog kann die Division in $(\mathbb{Z}_d, \oplus_d)$ mittels modularer Multiplikation $\odot_d$ berechnet werden.

Die Elemente aus $(\mathbb{Z}_{26}, \odot_{26})$, die ein inverses Element bezüglich der Multiplikation haben, können wir verwenden, um CAESAR zu einem Kryptosystem mit einer komplizierteren Verschlüsselung zu verallgemeinern.

Kontrollfragen

1. In welche Gebiete teilen wir die Kryptologie, die Lehre der Geheimschriften ein?

2. Formuliere das Kerkhoffs-Prinzip der Sicherheit. Welches ist das Hauptargument für diese Definition der Sicherheit?

3. Wie kann man beim modularen Rechnen große Zahlen vermeiden? Formuliere die Regeln, die uns dies ermöglichen.

4. Weshalb haben die Pythagoreer die natürlichen Zahlen rational genannt? Was hat dies mit der Abgeschlossenheit der Mengen auf arithmetischen Operationen zu tun?

5. Wann nennen wir binäre Operationen auf einer Menge kommutativ und assoziativ? Begründe die Assoziativität von $\odot_d$ und $\oplus_d$.

6. Was ist eine algebraische Struktur?

7. Wann sagen wir, dass ein Element einer algebraischen Struktur neutral ist?

8. Was sind inverse Elemente? Wozu ist das Konzept der inversen Elemente nützlich?

9. Wann nennen wir eine algebraische Struktur ein Monoid?

10. Was ist eine kommutative Gruppe?

11. Wie kann die Verschlüsselung und die Entschlüsselung beim Kryptosystem CAESAR nur mittels $\oplus_{26}$ beschrieben werden?

12. Wie können wir das Kryptosystem CAESAR durch die Verwendung von $\odot_{26}$ abändern? Welche Rolle spielen dabei die Elemente aus $\mathbb{Z}_{26}$, die ein inverses Element bezüglich $\odot_{26}$ haben?

13. Erkläre das Kryptosystem LINCAESAR. Wie viele Buchstabenzuordnungen muss man kennen, um den Schlüssel eindeutig zu bestimmen?

Kontrollaufgaben

1. Ein Gelehrter aus Athen hat die Schwäche des Kryptosystems 3TAGE erkannt. Die zweifache Verwendung von CAESAR im ersten und im dritten Schritt der Verschlüsselung mit den Verschiebungen i und j bietet keine zusätzliche Sicherheit, weil diese Verschiebungen durch eine einmalige Anwendung von CAESAR mit dem Schlüssel $i + j$ erreicht werden können. Deswegen schlägt er vor, das Kryptosystem wie folgt zu modifizieren: Der Schlüssel besteht immer noch aus drei Zahlen (i, k, j), nur wird jetzt im ersten und im dritten Schritt mit SKYTALE und im zweiten Schritt mit CAESAR verschlüsselt. Hat er damit das Kryptosystem 3TAGE verbessert?

2. Am Tag der offenen Tür des Unispitals Zürich gibt es in der Eingangshalle ein Glücksrad mit 32 Feldern. Es gibt vier verschiedene Preiskategorien, und wenn das Glücksrad beim entsprechenden Feld stehen bleibt, darf man etwas aus dieser Preiskategorie auswählen. Auf ein Feld der Kategorie 1 folgt eines der Kategorie 2, dann kommt die Kategorie 3 und zum Schluss die Kategorie 4. Dann beginnt das Ganze wieder von vorne und wiederholt sich insgesamt achtmal. Die Kategorien sind im Uhrzeigersinn aufsteigend angeordnet. In der ersten Preiskategorie hat es unter anderem einen Kinogutschein, den Sabine sehr gerne haben möchte. Als sie an die Reihe kommt, zeigt der Pfeil auf die dritte Kategorie. Sabine dreht das Rad mit voller Kraft im Uhrzeigersinn herum. Der Pfeil überstreicht dabei 105 Felder. Wie oft dreht sich das Rad? Auf welchem Feld bleibt der Pfeil stehen? Bekommt Sabine ihren Kinogutschein?

3. Berechne $\left((3126 \oplus_7 21783) \odot_7 213894\right) \oplus_7 31942$.

4. Berechne $(2131897)^8 \bmod 3$ ohne Verwendung eines Taschenrechners. In deiner Rechnung dürfen keine Zahlen größer als 9 vorkommen.

5. Wie viele Funktionen aus $\mathbb{Z}_{26}$ nach $\mathbb{Z}_{26}$ gibt es? Wie viele davon sind injektiv?

6. Finde analog zur Aufgabe 2.10 ein Gesetz für die Subtraktion von zwei Zahlen, also für $(x - y - z) \bmod a$.

7. Betrachte die algebraische Struktur $(\{0, 1, 2, 3\}, \circ)$, wobei $\circ$ wie folgt definiert ist:

$$x \circ y = 4x \oplus_4 4y.$$

Was kann man über diese algebraische Struktur sagen? Ist sie ein Monoid? Oder sogar eine Gruppe?

8. Welche der folgenden Paare sind algebraische Strukturen? Begründe deine Antwort.

(a) $(\mathrm{Prim}, \cdot)$, wobei Prim die Menge aller Primzahlen ist.

(b) $(\mathbb{N}_{\text{gerade}}, +)$

(c) $(\mathbb{N}_{\text{ungerade}}, \cdot)$

(d) $(\mathbb{N}_{\text{gerade}}, -)$

(e) $\left(\{\, 3^i \cdot 7^j \mid i, j \in \mathbb{N}\,\}, \cdot\right)$

(f) $\left(\{\, 3^i \cdot 7^j \mid i, j \in \mathbb{N}\,\}, +\right)$

(g) $(\{1, 3, 5, 7\}, \oplus_8)$

(h) $(\{1, 3, 5\}, \odot_6)$

9. Zeichne die Tabellendarstellung der Operation $\circ$ der algebraischen Struktur $(\{0, 1, 2\}, \circ)$ definiert durch

$$x \circ y = (2 - x + 2y) \bmod 3$$

auf. Ist diese Operation kommutativ? Ist sie assoziativ?

10. Betrachte die folgende algebraische Struktur

$$\left(\{10, 11, 12, \ldots, 99\}, \circ\right) = \left(\{\, xy \mid x, y \in \{0, 1, 2, 3, 4, 5, 6, 7, 8, 9\}\,\}, \circ\right),$$

die die Menge aller zweistelligen Zahlen enthält und bei welcher die Operation mit Hilfe der Zifferndarstellung wie folgt definiert ist:

$$xy \circ uv = xv$$

für alle $x, y, u, v \in \{0, 1, 2, 3, 4, 5, 6, 7, 8, 9\}$. Ist diese Operation kommutativ? Ist sie assoziativ? Handelt es sich um ein Monoid?

11. Bestimme, ob die folgenden algebraischen Strukturen Monoide oder sogar Gruppen sind. Wenn es sich um Monoide handelt, musst du das neutrale Element bestimmen. Wenn es um Gruppen geht, muss man für jedes Element das inverse Element bezüglich der betrachteten Operation finden.

   (a) $(\mathbb{Q}, \cdot)$

   (b) $(\mathbb{N}, +)$

   (c) $\left(\{ 2^i \cdot 3^j \cdot 7^k \mid i, j, k \in \mathbb{N} \}, \cdot \right)$

   (d) $\left(\{ 5^i + 11^j \mid i, j \in \mathbb{N} \}, + \right)$

   (e) $(\mathbb{N} - \text{Prim}, \cdot)$

   (f) $(\mathbb{Z} - \text{Prim}, +)$

   (g) $(\mathbb{Z}_4, \odot_4)$

   (h) $\left(\{1, 2, 3\}, \odot_4 \right)$

   (i) $\left(\{1, 2, 3, 4\}, \odot_5 \right)$

   (j) $(\mathbb{Z}_d, \oplus_d)$ für ein $d \in \mathbb{N} - \{0, 1\}$

   (k) $\left(\{ (a, b) \mid a, b \in \mathbb{N} \}, \circ \right)$, wobei die Operation $\circ$ definiert ist als

$$(a, b) \circ (c, d) = (a \cdot c, b + d)$$

      für alle $a, b, c, d \in \mathbb{N}$.

   (l) $\left(\{ (a, b) \mid a, b \in \mathbb{Z} \}, \circ \right)$, wobei die Operation $\circ$ definiert ist als

$$(a, b) \circ (c, d) = \left(\min\{a, c\}, \max\{b, d\} \right)$$

      für alle $a, b, c, d \in \mathbb{Z}$.

   (m) $(\mathbb{Q}, \circ)$, wobei $a \circ b = \frac{a+b}{2}$ gilt.

12. Finde zur gegebenen Menge S zwei Operationen $\circ$ und $\times$, so dass $(S, \circ)$ eine Gruppe und $(S, \times)$ keine Gruppe ist.

   (a) $S = \mathbb{Z}_5$

   (b) $S = \{1, 3, 5, 7\}$

   (c) $S = \{0, 2, 4\}$

   (d) $S = \mathbb{Z}$

   (e) $S = \mathbb{Q}$

13. ⋆ Nehmen wir an, dass wir einen Kryptotext haben und wir wissen, dass das A durch ein □ ∈ Lat und das B durch ein △ ∈ Lat verschlüsselt worden ist. Haben wir die Garantie, dass es einen Schlüssel (a, b) von LINCAESAR gibt, so dass diese Codierung von A durch □ und von B durch △ der durch (a, b) bestimmten Codierung entspricht?

Lektion 3

Entwurf und Kryptoanalyse von monoalphabetischen Kryptosystemen

Wir rufen uns nochmals das Kryptosystem CAESAR in Erinnerung. Bei CAESAR werden mit Hilfe einer Verschiebung der Ordnung des betreffenden Buchstabens innerhalb des Alphabets die Buchstaben des Klartextes auf andere Buchstaben des gleichen Alphabets abgebildet. Jeder Buchstabe wird um die gleiche Anzahl von Buchstaben verschoben. Diese Anzahl ist der Schlüssel. Wir können diesen Austausch der Buchstaben graphisch darstellen, indem wir unter jeden Buchstaben des Klartextalphabets den entsprechenden Buchstaben des Kryptotextalphabets schreiben. Die folgende Abbildung zeigt diese Zuordnung bei einer Verschiebung mit dem Schlüssel 3.

Klartextbuchstabe	A B C D E F G H I J K L M N O P Q R S T U V W X Y Z
Kryptotextbuchstabe	D E F G H I J K L M N O P Q R S T U V W X Y Z A B C

Beim Kryptosystem CAESAR gibt es *nur* 26 verschiedene solche Verschiebungen, also 26 Schlüssel. Dieses Kryptosystem kann deshalb sehr einfach geknackt werden, indem alle 26 Schlüssel ausprobiert werden, bis der erhaltene Text einen Sinn ergibt.

Beim LINCAESAR-Kryptosystem ist die Anzahl der Schlüssel bereits größer. Hier wird die Ordnung der Buchstaben zuerst mit einer geeigneten Zahl multipliziert und erst dann wie bei CAESAR verschoben. Aber auch bei diesem Kryptosystem können alle Schlüssel in vernünftiger Zeit getestet werden. Mit einem Computer geht dies sogar sehr schnell. Ist es also überhaupt möglich sicherere Kryptosysteme zu entwerfen, die auf Codierungen von Buchstaben durch Buchstaben basieren?

3.1 Der Begriff der monoalphabetischen Kryptosysteme

Wir wollen in diesem Abschnitt Kryptosysteme mit einer wesentlich größeren Anzahl von Schlüsseln entwickeln. Eine Möglichkeit wäre zu erlauben, dass jeder Buchstabe auf einen beliebigen anderen Buchstaben abgebildet werden darf. Die folgende Zuordnung

Klartextbuchstabe	A B C D E F G H I J K L M N O P Q R S T U V W X Y Z
Kryptotextbuchstabe	P Z Q N H J V T A E C O L G X B R U I F M W D Y S K

beschreibt eine solche Variante, die wir durch eine Verschiebung oder eine lineare modulare Abbildung nicht erreichen können. Diese Zuordnung können wir einfacher mit dem **Vektor**

$$(15, 25, 16, 13, 7, 9, 21, 19, 0, 4, 2, 14, 11, 6, 23, 1, 17, 20, 8, 5, 12, 22, 3, 24, 18, 10)$$

beschreiben. Weil der erste Eintrag des Vektors eine 15 ist, wird der erste Buchstabe A aus Lat durch den Buchstaben P mit $\text{Ord}(P) = 15$ ersetzt. Analog wird dem zweiten Buchstaben B der Buchstabe Z mit $\text{Ord}(Z) = 25$ zugeordnet. Der Vektor enthält jede Zahl aus $\{0, 1, 2, \ldots, 25\}$ genau einmal. Die Zahl des i-ten Eintrags des Vektors ist die Ordnung des Buchstabens, auf den das i-te Symbol des Alphabets Lat abgebildet wird.

Aufgabe 3.1 Notiere die Vektordarstellung der folgenden Zuordnung:

Klartextbuchstabe	A	B	C	D	E	F	G	H	I	J	K	L	M	N	O	P	Q	R	S	T	U	V	W	X	Y	Z
Kryptotextbuchstabe	R	Q	A	V	T	K	O	M	B	Z	S	N	C	H	I	X	D	J	F	G	Y	U	W	E	L	P

Aufgabe 3.2 Welche Buchstabenzuordnung entspricht dem Vektor

$$(7, 0, 13, 25, 24, 21, 9, 16, 14, 1, 12, 5, 18, 3, 8, 15, 20, 11, 17, 22, 2, 23, 6, 10, 4, 19)?$$

Hinweis für die Lehrperson Falls die Klasse noch keine Kenntnisse in der Kombinatorik hat, ist es erforderlich an dieser Stelle den Begriff der Permutation einzuführen. Wichtig ist zu bemerken, dass eine Permutation der Elemente einer Menge A als eine Anordnung der Elemente von A definiert werden kann. Eine Permutation kann auch als eine bijektive Funktion von A nach A angesehen werden.

Die Codierungen von Buchstaben aus Lat durch Buchstaben aus Lat können somit durch **Permutationen** der Buchstaben aus Lat beschrieben werden. Wenn wir diese Codierungen mittels Vektoren darstellen, sprechen wir über Permutationen der 26 Zahlen von 0 bis 25.

Aufgabe 3.3 Wie viele Permutationen von n Elementen gibt es? Aus wie vielen Ziffern besteht die Anzahl aller Permutationen von 26 Elementen, also aller Codierungen der Buchstaben aus Lat durch die Buchstaben aus Lat?

Aufgabe 3.4 Wir möchten mit einzelnen Symbolen aus dem Alphabet Lat die Symbole aus dem Alphabet $\{0, 1, 2, 3, 4, 5, 6, 7, 8, 9\}$ codieren. Wie viele unterschiedliche Codierungen gibt es?

Aufgabe 3.5 Seien n und m zwei positive ganze Zahlen, wobei $n \leq m$ gilt. Wie viele Codierungen von Symbolen eines Alphabets mit n Elementen durch die Symbole eines Alphabets mit m Elementen gibt es?

Das Kryptosystem PERM

Wenn wir alle möglichen Permutationen für die Zuordnung von Buchstaben aus Lat durch Buchstaben aus Lat als die Schlüsselmenge betrachten, erhalten wir das folgende Kryptosystem PERM:

Kryptosystem PERM	
Klartextalphabet:	Lat
Kryptotextalphabet:	Lat
Schlüsselmenge:	Die Menge aller Permutationen $(a_0, a_1, \ldots, a_{25})$ der 26 Zahlen aus $\{0, 1, 2, \ldots, 25\}$.
Verschlüsselung:	Für einen gegebenen Schlüssel $(a_0, a_1, \ldots, a_{25})$ wird jeder Buchstabe $\square$ des Klartextes mit der Ordnung $\text{Ord}(\square) = i$ durch den Buchstaben mit der Ordnung a_i ersetzt.
Entschlüsselung:	Für einen gegebenen Schlüssel $(a_0, a_1, \ldots, a_{25})$ wird jeder Buchstabe $\triangle$ des Kryptotextes durch den Buchstaben mit der Ordnung j ersetzt, wobei $\text{Ord}(\triangle) = a_j$ ist.

Aufgabe 3.6 Verschlüssle den Klartext ERGAENZUNGSFACHINFORMATIK mit dem Kryptosystem PERM und dem Schlüssel aus Aufgabe 3.1.

Aufgabe 3.7 Der Klartext ANDIESTIFTEFERTIGLOS wurde mit dem Kryptosystem PERM zu dem Kryptotext PGNAHIFAJFHJHUFAVOXI verschlüsselt. Was kannst du über den verwendeten Schlüssel erfahren?

Das Kryptosystem PERM gehört zu der Klasse der sogenannten monoalphabetischen Kryptosysteme.

Ein Kryptosystem heißt **monoalphabetisch,** *wenn jeder Buchstabe des Klartextes unabhängig von seiner Position im Klartext immer durch denselben entsprechenden Buchstaben des Kryptotextalphabets oder durch denselben Text, der aus Buchstaben des Kryptotextalphabets besteht, ersetzt wird. Das bedeutet, dass die Verschlüsselung eine Codierung von Symbolen durch Texte ist, wobei die Codierung auf die einzelnen Symbole des Klartextes unabhängig voneinander angewendet wird.*

Wenn also zum Beispiel das Klartextalphabet $\{A, B\}$ und das Kryptotextalphabet $\{A, B, C, D\}$ ist, erhalten wir eine monoalphabetische Verschlüsselung, wenn wir zum Beispiel den Buchstaben A des Klartextalphabets immer auf den Text AB und B immer auf CD abbilden.

Wenn gleiche Buchstaben des Klartextes durch unterschiedliche Buchstaben oder Texte des Kryptotextalphabets ersetzt werden können, dann sprechen wir von **polyalphabetischen** *Kryptosystemen.*

Dies bedeutet, dass bei polyalphabetischen Kryptosystemen ein Buchstabe des Klartextalphabets durch unterschiedliche Buchstaben des Kryptotextalphabets ersetzt werden kann. Mit welchem Buchstaben ersetzt wird, kann zum Beispiel von der Position des Buchstabens im Klartext oder vom Kontext (der Umgebung) des Buchstabens im Klartext abhängig sein. Eine zufällige Wahl aus bestehenden Möglichkeiten ist auch nicht ausgeschlossen. In Aufgabe 1.20 haben wir bereits ein Beispiel für ein polyalphabetisches Kryptosystem gesehen. Dort war die Codierung davon abhängig, ob links vom Buchstaben im Klartext ein Vokal steht oder nicht.

Sowohl bei monoalphabetischen wie auch bei polyalphabetischen Kryptosystemen können das Klartextalphabet und das Kryptotextalphabet unterschiedlich sein.

Wir betrachten nun ein weiteres Beispiel für ein polyalphabetisches Kryptosystem: Seien die zwei Vektoren $\vec{a} = (a_0, a_1, \ldots, a_{25})$ und $\vec{b} = (b_0, b_1, \ldots, b_{25})$ zwei verschiedene Schlüssel für das Kryptosystem PERM. Wenn wir den Schlüssel $\vec{a}$ für die Codierung der Buchstaben des Klartextes auf geraden Positionen und den Schlüssel $\vec{b}$ für Buchstaben auf ungeraden Positionen verwenden, erhalten wir ein polyalphabetisches Kryptosystem.

Aufgabe 3.8 Bestimme für die folgenden bereits bekannten Verfahren, ob sie monoalphabetisch oder polyalphabetisch sind.

(a) SKYTALE

(b) CAESAR

(c) LINCAESAR

Aufgabe 3.9 Entwerfe ein polyalphabetisches Kryptosystem mit dem Klartext- und Kryptotextalphabet Zif $= \{0, 1, 2, 3, 4, 5, 6, 7, 8, 9\}$.

Aufgabe 3.10 Entwerfe ein polyalphabetisches Kryptosystem, bei dem die Verschlüsselung der einzelnen Buchstaben des Klartextes nicht durch ihre Position im Klartext bestimmt wird.

3.2 Kryptoanalyse von monoalphabetischen Kryptosystemen

Da beim monoalphabetischen Kryptosystem PERM alle beliebigen Zuordnungen von Buchstaben möglich sind, gibt es $26! \approx 4{,}03 \cdot 10^{26}$ verschiedene Schlüssel. Diese Anzahl ist unglaublich groß. Es ist deshalb selbst mit den schnellsten Computern nicht möglich in realistischer Zeit alle Schlüssel auszuprobieren. Ist ein solches Kryptosystem deshalb sicher?

Wir werden im folgenden Abschnitt monoalphabetische Kryptosysteme analysieren und feststellen, dass alle monoalphabetischen Kryptosysteme eine wesentliche Schwachstelle aufweisen, die wir für eine erfolgreiche Kryptoanalyse ausnutzen können. Deshalb ist eine große Anzahl an Schlüsseln noch keine Garantie für die Sicherheit eines Kryptosystems.

Tabelle 3.1 In dieser Tabelle sind die erwarteten relativen Häufigkeiten der Buchstaben in deutschen Texten aufgeführt. Die relativen Häufigkeiten sind in Prozent angegeben. Die Umlaute Ä, Ö, Ü wurden wie AE, OE, UE behandelt und ß wurde durch SS ersetzt [aus 19].

Buchstabe	Relative Häufigkeit (%)	Buchstabe	Relative Häufigkeit (%)	Buchstabe	Relative Häufigkeit (%)	Buchstabe	Relative Häufigkeit (%)
E	17,74	H	5,22	O	2,39	V	0,64
N	10,01	D	5,12	B	1,85	J	0,23
I	7,60	U	4,27	W	1,73	Y	0,04
R	6,98	L	3,49	F	1,56	X	0,02
S	6,88	C	3,26	K	1,40	Q	0,01
A	6,43	M	2,75	Z	1,10		
T	5,94	G	2,69	P	0,64		

Für die Kryptoanalyse betrachten wir als Beispiel den folgenden Kryptotext, der zur Vereinfachung der Kryptoanalyse Groß- und Kleinbuchstaben wie auch Leer- und Interpunktionszeichen enthält.

```
1 Nlht Ltrvh nhr Hazhrxphrtvhr spqs tf Atqsu,
2 Wthzhr nhr Iyhlvhrshllwqshlr tr tslhr Soaahr ogw Wuhtr,
3 Nhr Wuhlzatqshr, hytv nhf Upnh bhljoaahr, rhgr,
4 Htrhl nhf Ngrxahr Shllr ogj ngrxahf Uslpr
5 Tf Aornh Fplnpl, yp nth Wqsouuhr nlpsr.
6 Htr Ltrv, wth ig xrhqsuhr, wth oaah ig jtrnhr,
7 Trw Ngrxha ig ulhtzhr grn hytv ig ztrnhr
8 Tf Aornh Fplnpl, yp nth Wqsouuhr nlpsr.
```

$$(3.1)$$

Um den zugehörigen Klartext zu finden, können wir wegen des zu großen Aufwandes nicht alle Schlüssel durchprobieren. Wir müssen also eine andere Eigenschaft der monoalphabetischen Kryptosysteme nutzen.

Nach der Definition der monoalphabetischen Kryptosysteme wird jedes Symbol des Klartextes immer auf das gleiche entsprechende Symbol des Kryptotextes abgebildet. Nehmen wir an, wir wüssten, dass es sich bei der verschlüsselten Nachricht um einen deutschen Text handelt. Was können wir daraus schließen? Bei deutschen Texten kommen die einzelnen Buchstaben unterschiedlich häufig vor. So tritt der Buchstabe E wesentlich häufiger auf als zum Beispiel der Buchstabe Q. In Tabelle 3.1 sind die erwarteten relativen Häufigkeiten der einzelnen Buchstaben für längere, typisch deutsche Texte aufgeführt.

In diesem Abschnitt verwenden wir die folgenden Begriffe:

*Die **absolute Häufigkeit** eines Buchstabens in einem Text ist die Anzahl der Vorkommen dieses Symbols im Text. Die **relative Häufigkeit** eines Symbols in einem Text ist die absolute Häufigkeit des Symbols geteilt durch die Länge des Textes.*

Der Text

```
DER MENSCH LIEBT SEINE EIGENEN FEHLER.
```

enthält 32 Buchstaben. Die absolute Häufigkeit des Buchstabens E ist 9 und die relative Häufigkeit beträgt $\frac{9}{32}$. Der Buchstabe N kommt viermal vor, also ist die absolute Häufigkeit dieses Buchstabens 4 und die relative Häufigkeit $\frac{1}{8}$.

Für diejenigen, die sich in der Wahrscheinlichkeitstheorie auskennen, ist die relative Häufigkeit eines Buchstabens x in einem Text die Wahrscheinlichkeit, dass wir bei der zufälligen Wahl einer Position des Textes den Buchstaben x finden. Wenn die relative Häufigkeit in Prozent angegeben werden soll, muss noch mit 100 multipliziert werden.

Da bei den monoalphabetischen Kryptosystemen die einzelnen Symbole jeweils genau auf ein anderes Symbol abgebildet werden, ändern sich die absoluten und relativen Häufigkeiten der Buchstaben nur bezüglich der zugeordneten Buchstaben. Das heißt, der Buchstabe, der im Kryptotext am häufigsten vorkommt, ist sehr wahrscheinlich der in der deutschen Sprache am meisten verwendete Buchstabe. Wir können also die relativen Häufigkeiten der Buchstaben im Kryptotext mit den Werten in Tabelle 3.1 vergleichen, um die Zuordnungen der Buchstaben zu finden.

Aufgabe 3.11 Der folgende Kryptotext wurde mit CAESAR aus einem deutschen Text erzeugt. Zur besseren Lesbarkeit wurden die Buchstaben gruppiert. Diese Gruppierung hat nichts mit der Länge der tatsächlichen Wörter zu tun.

```
THYAP UOHAK HZAPZ JOALU UPZAB YUPLY NLDVU ULU.
```

Bestimme die absoluten Häufigkeiten der einzelnen Buchstaben und versuche aufgrund der häufigsten Buchstaben auf den Schlüssel zu schließen.

Das Histogramm[1] in Abbildung 3.1 zeigt die absoluten Häufigkeiten der Buchstaben im Kryptotext (3.1). Auf Grund der dargestellten absoluten Häufigkeiten können wir vermuten, dass der Buchstabe H des Kryptotextes im Klartext dem Buchstaben E entspricht.

Wenn der betrachtete Text genügend lang ist, können wir mit der Analyse der Buchstabenhäufigkeiten den Kryptotext vielleicht bereits erfolgreich erraten. Wir sehen zum Beispiel, dass das H ein E sein könnte und entsprechend das R ein N, und das T entspricht vermutlich einem I im Klartext. Wenn wir die entsprechenden Ersetzungen (H $\rightsquigarrow$ E, R $\rightsquigarrow$ N und T $\rightsquigarrow$ I) am Kryptotext (3.1) vornehmen und unbekannte Buchstaben durch _ ersetzen, erhalten wir den folgenden Lückentext:

```
1  __ei _in_e _en E__en__eni_en ____ i_ _i___,
2  _ie_en _en __e__en_e_____e_n in i__en ____en ___ __ein,
```

---

[1]Ein **Histogramm** ist eine graphische Darstellung der absoluten (oder relativen) Häufigkeiten von Messwerten. Für jede Häufigkeit wird ein Strich der betreffenden Länge gezeichnet.

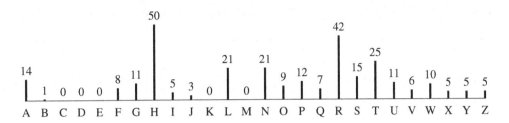

Abbildung 3.1 Das Histogramm der absoluten Häufigkeiten der Buchstaben im Kryptotext (3.1).

Abbildung 3.2 Die beiden Histogramme zeigen die Anzahl der häufigsten Bi- und Trigramme im Kryptotext (3.1).

```
3  _en __e___i__en, e_i_ _e_ ___e _e_____en, ne_n,
4  Eine_ _e_ __n__en _e_n ___ __n__e_ ____n
5  I_ __n_e _____, __ _ie _____en ____n.
6  Ein _in_, _ie __ _ne___en, _ie ___e __ _in_en,
7  In_ __n_e_ __ __ei_en _n_ e_i_ __ _in_en
8  I_ __n_e _____, __ _ie _____en ____n.
```

Wir sehen, dass wir die Buchstaben H, R und T des Kryptotextes vermutlich bereits richtig zuordnen konnten. Dies ist deshalb möglich, weil die absoluten Häufigkeiten dieser Buchstaben klar hervorstechen. Den ganzen Klartext richtig zu erschließen ist jedoch bereits erheblich schwieriger, da die relativen Häufigkeiten der restlichen Buchstaben bei kurzen Texten durchaus stark von den erwarteten relativen Häufigkeiten in Tabelle 3.1 abweichen können. Aufgrund der absoluten Häufigkeiten der Buchstaben im Kryptotext können wir zum Beispiel die Buchstaben L und N bzw. X, Y und Z nicht voneinander unterscheiden.

Wir können jedoch auch kürzere Nachrichten knacken, wenn wir nicht nur die absoluten Häufigkeiten der einzelnen Buchstaben bestimmen, sondern auch die Häufigkeiten von Buchstabenfolgen. Eine Folge von zwei Buchstaben hintereinander wird **Bigramm** genannt, eine Folge von drei Buchstaben **Trigramm**. Bei deutschen Texten kommen zum Beispiel die Bigramme EN und ER häufiger vor als andere Folgen von zwei Buchstaben. Tabelle 3.2 zeigt die häufigsten Bi- und Trigramme der deutschen Sprache.

Wir bestimmen also die Anzahl der verschiedenen Bi- und Trigramme im Kryptotext (3.1) und vergleichen die häufigsten mit denen in Tabelle 3.2. Die jeweilige Anzahl der häufigsten Bi- und Trigramme im Kryptotext (3.1) können wir den Histogrammen in Abbildung 3.2 entnehmen.

Wenn wir nun in diesen Bi- und Trigrammen jene Buchstaben, welche wir bereits

Tabelle 3.2 Die folgende Tabelle zeigt die häufigsten Bi- und Trigramme in deutschen Texten [aus 19].

Bigramm	Relative Häufigkeit (%)	Bigramm	Relative Häufigkeit (%)	Trigramm	Relative Häufigkeit (%)	Trigramm	Relative Häufigkeit (%)
ER	3,89	IE	1,87	EIN	1,14	CHT	0,67
EN	3,74	IN	1,87	ICH	1,12	INE	0,57
CH	2,97	ES	1,45	DER	0,92	DEN	0,55
TE	2,21	GE	1,41	SCH	0,84	END	0,54
ND	2,11	NE	1,26	UND	0,81	CHE	0,52
EI	2,07	UN	1,24	DIE	0,74		
DE	2,06			NDE	0,70		

aus dem ersten Schritt kennen sowie die unbekannten durch _ ersetzen, erhalten wir die folgenden Bi- und Trigramme:

```
Buchstaben im Kryptotext   NH   TR   QS   HR   HL     RNH   NHR   WQS   HTR
Buchstaben im Klartext     _E   IN   __   EN   E_     N_E   _EN   ___   EIN
```

Wir sehen, dass wir die Bigramme EN und IN wie auch das Trigramm EIN bereits gefunden haben. Weiter können wir mit Hilfe der Tabelle 3.2 einige weitere Bi- und Trigramme erraten. So sind die beiden Bigramme ER und ND sehr häufig, folglich ist wahrscheinlich HL ⤳ ER und NH ⤳ DE und somit auch RNH ⤳ NDE und NHR ⤳ DEN. Wenn wir diese neu gefundenen Buchstaben einsetzen, erhalten wir den folgenden Lückentext:

```
1 Drei Rin_e den E__en__eni_en ____ i_ _i___,
2 _ie_en den __er_en_err___ern in i_ren ____en ___ __ein,
3 Den __er__i__en, e_i_ de_ __de _er___en, ne_n,
4 Einer de_ D_n__en _errn ___ d_n__e_ __r_n
5 I_ __nde __rd_r, __ die _____en dr__n.
6 Ein Rin_, _ie __ _ne___en, _ie ___e __ _inden,
7 In_ D_n_e_ __ _rei_en _nd e_i_ __ _inden
8 I_ __nde __rd_r, __ die _____en dr__n.
```

Die neu gefundenen Buchstaben D und R könnten also stimmen. Fassen wir zusammen, welche Buchstaben wir bereits entschlüsseln konnten:

```
Buchstaben im Kryptotext  A B C D E F G H I J K L M N O P Q R S T U V W X Y Z
Buchstaben im Klartext     _ _ _ _ _ _ _ E _ _ _ R _ D _ _ _ N _ I _ _ _ _ _ _
```

Das sind eigentlich erst fünf Buchstaben, dennoch konnten wir bereits viele Stellen des Klartextes entschlüsseln. Die häufigsten Buchstaben H, R und T konnten wir nun richtig zuordnen. Die Buchstaben L und N haben wir ebenfalls mit Hilfe der Bi- und Trigramme erraten.

Betrachten wir noch einmal die absoluten Häufigkeiten der Buchstaben des Histogramms in Abbildung 3.1. Der häufigste der noch unbekannten Buchstaben ist das S, dicht gefolgt von A. Die häufigsten Buchstaben laut Tabelle 3.1 sind E, N, I, S, R und A. Die Buchstaben E, N, I und R konnten wir bereits zuordnen, das S jedoch nicht. Könnte das S im Kryptotext auch ein S im Klartext sein? Dann erhalten wir den folgenden Lückentext:

```
Drei Rin_e den E__en__eni_en s__s i_ _i_s_,
_ie_en den __er_enserr__sern in isren S___en ___ __ein,
Den __er__i_sen, e_i_ de_ ...
```

Diese Zuordnung stimmt wahrscheinlich nicht, da das Wort isren oder die beiden Teilwörter s__s und __er_enserr__sern sicherlich keine deutschen Wörter sind. Das S im Kryptotext wird mit dem gleichen Argument auch kein A sein.

Statt nun weitere Buchstaben zu probieren, schauen wir uns noch einmal die Bigramme an. NH, TR, HR und HL konnten wir bereits bestimmen. Es fehlt nur noch das Bigramm QS. Wenn wir die häufigsten Bigramme in Tabelle 3.2 betrachten, sehen wir, dass alle außer CH entweder ein E, I, N oder D enthalten. Für die Bestimmung von QS können wir also alle Bigramme bis auf CH ausschließen. Mit QS ↝ CH erhalten wir dann auch den folgenden Lückentext:

```
1 Drei Rin_e den E__en__eni_en h_ch i_ _ich_,
2 _ie_en den __er_enherr_chern in ihren H___en ___ __ein,
3 Den __er__ichen, e_i_ de_ __de_er____en, ne_n,
4 Einer de_ D_n__en Herrn ___ d_n__e_ _hr_n
5 I_ __nde __rd_r, __ die _ch___en dr_hn.
6 Ein Rin_, _ie __ _nech_en, _ie ___e __ _inden,
7 In_ D_n_e_ __ _rei_en _nd e_i_ __ _inden
8 I_ __nde __rd_r, __ die _ch___en dr_hn.
```
(3.2)

Diese Buchstaben könnten durchaus einen Sinn ergeben. Nun versuchen wir nun mit Hilfe des teilweise entschlüsselten Klartextes (3.2) weitere Wörter zu erraten. So können wir zum Beispiel die Teilworte I_ und h_ch mit F ↝ M und P ↝ O sinnvoll zu den Wörtern Im und hoch ergänzen und erhalten dann den folgenden Lückentext:

```
1 Drei Rin_e den E__en_oeni_en hoch im _ich_,
2 _ie_en den __er_enherr_chern in ihren H___en ___ __ein,
3 Den __er__ichen, e_i_ dem _ode _er____en, ne_n,
4 Einer dem D_n__en Herrn ___ d_n__em _hron
5 Im __nde Mordor, _o die _ch___en drohn.
6 Ein Rin_, _ie __ _nech_en, _ie ___e __ _inden,
7 In_ D_n_e_ __ _rei_en _nd e_i_ __ _inden
8 Im __nde Mordor, _o die _ch___en drohn.
```

Daraus resultieren wiederum neue Teilwörter, die wir möglicherweise sinnvoll zu Wörtern ergänzen können.

Diese Kryptoanalyse von monoalphabetischen Kryptosystemen wird **Häufigkeitsanalyse** genannt und wurde zum ersten mal von einem arabischen Gelehrten im neunten Jahrhundert beschrieben.

Aufgabe 3.12 Führe die Häufigkeitsanalyse des Kryptotextes (3.1) zu Ende und bestimme damit den Klartext.

Aufgabe 3.13 Der folgende Kryptotext wurde mit dem Kryptosystem PERM aus einem deutschen Klartext erzeugt. Mache eine Häufigkeitsanalyse und bestimme so den Klartext. Hier wurden die Leerzeichen zwischen den Worten und die Interpunktionszeichen beibehalten.

```
 1  HOQ HQKSD, DOCOPTSPXXO KERJEHOLZOS, PXN PT VOXOS HOX
 2  TOSXLCOS NPOR OPSDOVEQJOIN; XLCMS HPO OPSRKLCXNO SOEDPOQ
 3  WOQECN UK KER HOQ KEXXPLCN, OPS VPXXOS JE NOPIOS,
 4  HKX KSHOQO ESX YMQOSNCKINOS. OPSPDO XPSH DIEOLZIPLC DOSED,
 5  OPSOS WOQER JE RPSHOS, HOQ PS HOQ IMOXESD YMS QKONXOIS
 6  WOXNOCN. KWOQ HPO TOPXNOS YMS ESX TEOXXOS HPOXOS HQKSD TPN
 7  HOQ IMOXESD ZEOSXNIPLC JE ESXOQOQ ESNOQCKINESD
 8  KEXDOHKLCNOQ QKONXOIKERDKWOS XNPIIOS. HONOZNPYDOXLCPLCNOS
 9  ESH ZQOEJVMQNQKONXOI VOQHOS YPOIOS SENJOS;
10  OPSPDO VOSPDO TMODOS XPLC HOQ OSNXLCIEOXXOIESD
11  YMS DOCOPTXLCQPRNOS CPSDOWOS.
```

Aufgabe 3.14 Die relativen Häufigkeiten der Buchstaben in deutschen Texten aus Tabelle 3.1 wurden durch die Wahl sehr langer repräsentativer Texte festgelegt. Diese Häufigkeiten müssen sich nicht in jedem deutschen Text widerspiegeln. Schreibe einen deutschen Text, der aus mindestens drei Sätzen besteht und in welchem das E und das N nicht die zwei häufigsten Buchstaben sind.

Aufgabe 3.15 ⋆ Der folgende Kryptotext zeigt einen mit Hilfe von PERM verschlüsselten deutschen Klartext. Bestimme die absoluten Häufigkeiten der Buchstaben und der Bi- und Trigramme im Kryptotext und entschlüssle ihn, so dass du den Klartext erhältst. Für die bessere Lesbarkeit wurden jeweils fünf Buchstaben des Kryptotextes zu einer Gruppe zusammengefasst. Diese Gruppierung hat nichts mit den tatsächlichen Leerzeichen zwischen den Wörtern zu tun.

```
 1  MTHGK ATXDL ITZHQ PTPFS BICTO HQEZB GFTQW THKIZ HXQEZ
 2  DIWBI SBQSE ZTWHT QSTIF DTHDX QTPBF TOTHM TWRAW MZQWK
 3  TPUIT RJDBP TPTWH QTSTW FWMOT DHTQB TQWTL FWPDH IFIFS
 4  MTWUX IFTWT QWTSM HIEZT WTHBH QDDBI FDZAT EZSBS AWMTH
 5  OIHTU HTIBF HTWFW MSEZI FBSAP IHMTR BAMOT QMTHI HOTQB
 6  GFQWT QWTHT QWGQP TWWIE ZBRFS SPFSB ICTCA WMTHT HMTGF
 7  RRAWM TQWRI XYFTH MFHEZ MISPI WGTFW QCTHS FRFWM KQTMT
 8  HGFHF TEUHT QSTWM TWWTH ZIBTQ WTKTB BTIOP TSEZX ASSTW
 9  OTQMT HSTQW XTOTW FWMST QWTST TXTIF DMTRS JQTXS BTZTW.
```

3.3 Verbesserung zu monoalphabetischen Kryptosystemen

Dass bei der Anwendung von monoalphabetischen Kryptosystemen die Häufigkeiten der Buchstaben eines Klartextes und die Häufigkeiten der entsprechenden Buchstaben im Kryptotext gleich bleiben, ist eine Schwäche aller monoalphabetischen Kryptosysteme.

Das Kryptosystem PLAYFAIR

Um diese Schwäche der monoalphabetischen Kryptosysteme auszumerzen, könnte man sich überlegen, anstatt Buchstaben auf Buchstaben (wie beim monoalphabetischen Kryptosystem PERM) Bigramme auf Bigramme abzubilden. Aus Tabelle 3.1 und Tabelle 3.2 wird ersichtlich, dass die Häufigkeiten der Bigramme näher beieinander liegen als die Häufigkeiten der Buchstaben. Es ist also schwieriger, einen durch Ersetzung von Bigrammen entstandenen Kryptotext mit der Häufigkeitsanalyse zu knacken als einen Kryptotext, der durch Ersetzung einzelner Buchstaben entstanden ist. Ein Beispiel für eine Verschlüsselung mit Bigrammen ist das Kryptosystem PLAYFAIR.

Auszug aus der Geschichte Der Erfinder von PLAYFAIR ist nicht – wie man vermuten würde – der Baron Playfair von St. Andrews, sondern sein Freund Sir Charles Wheatstone. Er war einer der Pioniere der elektrischen Telegraphen. Die beiden Freunde hatten die Kryptographie zum Hobby. Sie trafen sich regelmäßig, um Ideen auszutauschen und verschlüsselte Privatinserate aus der Londoner Times zu entschlüsseln. Wheatstone entwickelte dann ein Kryptosystem, bei welchem Bigramme durch Bigramme ersetzt wurden, Playfair veröffentlichte dieses und gab ihm deshalb seinen Namen.

Bevor wir die Verschlüsselung mit PLAYFAIR beginnen, brauchen wir ein Schlüsselwort, zum Beispiel KRYPTOLOGIE. Von diesem Schlüsselwort werden alle Buchstaben, die zum wiederholten Mal auftreten, entfernt. Somit erhalten wir das neue Wort KRYPTOLGIE. Mit Hilfe dieses Schlüsselwortes ordnen wir alle Buchstaben des Alphabets in einem 5×5-Quadrat an. Wir beginnen mit den Buchstaben des Schlüsselwortes und fügen anschließend die restlichen Buchstaben des Alphabets der Reihe nach hinzu. Damit wir aus den 26 Buchstaben ein Quadrat basteln können, werden wir hier nicht zwischen I und J unterscheiden. Wir erhalten also die folgende Tabelle:

K	R	Y	P	T
O	L	G	I/J	E
A	B	C	D	F
H	M	N	Q	S
U	V	W	X	Z

Im nächsten Schritt müssen wir den Klartext vorbereiten. Dazu teilen wir den Text in Bigramme auf. Wenn der Klartext

```
WIR TREFFEN UNS HEUTE ABEND BEI DER BRUECKE
```

lautet, sieht die Aufteilung in Bigramme wie folgt aus:

```
WI RT RE FF EN UN SH EU TE AB EN DB EI DE RB RU EC KE.
```

Die Buchstaben in jedem Bigramm müssen unterschiedlich sein. Um dies zu erreichen fügen wir einfach ein X zwischen die beiden F ein. Das führt dazu, dass die letzte Silbe nur noch aus einem Buchstaben besteht. Aber auch da fügen wir einfach ein X an. Der präparierte Kryptotext sieht also folgendermassen aus:

```
WI RT RE FX FE NU NS HE UT EA BE ND BE ID ER BR UE CK EX.
```

Jetzt können wir mit der Verschlüsselung beginnen. Dazu werden wir jeweils die Bigramme des Klartextes durch andere Bigramme ersetzen. Wir müssen drei Fälle unterscheiden:

1. *Die beiden Buchstaben des Bigramms liegen in derselben Zeile des Quadrats:* Die Buchstaben werden durch jene ersetzt, die unmittelbar rechts von ihnen liegen. Wenn ein Klartextbuchstabe am Ende der Zeile liegt, wird er durch den Buchstaben am Anfang derselben Zeile ersetzt. Somit wird zum Beispiel das Bigramm RT mit dem Bigramm YK verschlüsselt.

2. *Die beiden Buchstaben des Bigramms liegen in derselben Spalte des Quadrats:* Die Buchstaben werden durch jene ersetzt, die unmittelbar unter ihnen liegen. Wenn ein Klartextbuchstabe am Ende der Spalte liegt, wird er durch den Buchstaben am Anfang derselben Spalte ersetzt. Das Bigramm FE wird zum Beispiel durch SF verschlüsselt.

3. *Die beiden Buchstaben des Bigramms liegen weder in derselben Zeile noch in derselben Spalte:* Beim ersten Klartextbuchstaben folgt man der Zeile, bis man die Spalte mit dem zweiten Klartextbuchstaben erreicht. Diesen Buchstaben übernimmt man. Beim zweiten Klartextbuchstaben folgt man der Zeile, bis man in die Spalte mit dem ersten Klartextbuchstaben vorstößt, und diesen schreibt man sich auf.

$$
\begin{array}{ccccc}
K & R & Y & P & T \\
O & L & G \leftarrow \boxed{I/J} & & E \\
A & B & C & D & F \\
H & M & N & Q & S \\
U & V & \boxed{W} \rightarrow X & & Z \\
\end{array}
$$

Das Bigramm WI wird also durch XG verschlüsselt.

Der Kryptotext sieht dann folgendermaßen aus:

```
XG YK TL DZ SF HW, QH SO ZK OF FL QC FL DQ LT ML ZO AY IZ.
```

Den Kryptotext kann man entschlüsseln, indem man das Verfahren umkehrt.

Aufgabe 3.16

(a) Wie viele Schlüssel hat das Kryptosystem PLAYFAIR?

(b) Beschreibe das Kryptosystem PLAYFAIR mit dem Schema von Kryptosystemen.

Aufgabe 3.17 Verschlüssle das folgende chinesische Sprichwort mit PLAYFAIR und dem Schlüssel REISFELD:

```
IM GEBIRGE LEBE VON DEN BERGEN
AN EINEM GEWAESSER LEBE VON WASSER.
```

Aufgabe 3.18 Entschlüssle den mit PLAYFAIR verschlüsselten Kryptotext

```
IW CF GD DW DN FA WG UH NL CI GC BN BH WL NL SD BN.
```

Aus Sicherheitsgründen wurde das Schlüsselwort für PLAYFAIR mit SKYTALE verschlüsselt. Das verschlüsselte Schlüsselwort lautet:

```
WNEITR.
```

Das Kryptosystem PLAYFAIR ist zwar besser als PERM, aber der Text lässt sich immer noch relativ leicht mit Hilfe einer Häufigkeitsanalyse und der Tabelle 3.2 knacken. Deshalb werden wir uns im nächsten Kapitel ein polyalphabetisches Kryptosystem anschauen, das deutlich besser ist als die bisher vorgestellten Kryptosysteme.

Das Kryptosystem ADFGVX

Wir können auch ein monoalphabetisches Kryptosystem so ausbauen, dass es etwas sicherer wird. Das Kryptosystem ADFGVX ist zum Beispiel ein Kryptosystem, bei dem man zusätzlich zum Ersetzen der Buchstaben (was mittels einer monoalphabetischen Verschlüsselung vorgenommen wird) die Buchstaben auch noch vertauscht, damit das Kryptosystem nicht mehr so einfach mit Hilfe der Häufigkeitsanalyse geknackt werden kann. Dieses Kryptosystem wurde im ersten Weltkrieg vom deutschen Militär eingesetzt.

Die Verschlüsselung mit ADFGVX erfolgt in zwei Schritten. Deshalb werden auch zwei Schlüssel a und b benötigt. Der erste Schlüssel a ist eine 6×6-Tabelle, bei welcher die Zeilen und die Spalten mit den Buchstaben A, D, F, G, V, X beschriftet werden. Diese Buchstabenfolge gibt dem Kryptosystem den Namen. Die Tabelle wird nun zufällig mit den 26 Buchstaben und den zehn Ziffern gefüllt:

	A	D	F	G	V	X
A	I	T	R	P	2	Z
D	5	H	D	8	W	4
F	E	3	V	C	S	Y
G	Q	X	J	A	0	6
V	7	B	U	9	G	K
X	M	N	L	1	F	O

Aufgabe 3.19 Wie viele Möglichkeiten, um diese Tabelle mit den 26 Buchstaben und den zehn Ziffern zu füllen, gibt es?

Im ersten Verschlüsselungsschritt werden die Klartextbuchstaben durch zwei Buchstaben ersetzt, nämlich durch die Buchstaben, die die Zeile und die Spalte des betreffenden

Klartextbuchstabens in der Tabelle bezeichnen. So werden zum Beispiel der Buchstabe C durch FG und die Ziffer 9 durch VG ersetzt. Der Klartext

```
WIRTREFFENUNSUM9UHRBEIDERBRUECKE
```

wird also zu folgendem Kryptotext:

```
DVAAAFADAFFAXVXVFAXDVFXDFVVFXAVGVFDDAFVDFAAADFFAAFVDAFVFFAFGVXFA.
```

Diesen Kryptotext könnte man immer noch mit Hilfe der Häufigkeitsanalyse entschüsseln, weil wir bisher nur eine monoalphabetische Verschlüsselung vorgenommen haben.

Um die Kryptoanalyse zu erschweren vertauschen wir jetzt in einem nächsten Schritt noch die Buchstaben dieses Kryptotextes. Dazu brauchen wir ein Schlüsselwort für den zweiten Schlüssel b. Wir schauen uns als Beispiel das Schlüsselwort SOLDATEN an. Das Schlüsselwort nehmen wir als Überschrift für eine neue Tabelle und schreiben den obigen Kryptotext zeilenweise in diese Tabelle. Dies ergibt die linke Tabelle in Abbildung 3.3.

Die Spalten der Tabelle werden nun so umgestellt, dass die Buchstaben des Schlüsselwortes in alphabetischer Reihenfolge zu stehen kommen. Das setzt natürlich voraus, dass im Schlüssel b keine Buchstaben mehrfach vorkommen. Die resultierende Tabelle ist rechts in Abbildung 3.3 abgebildet. Den endgültigen Kryptotext bekommen wir, indem wir die Einträge in dieser Tabelle wieder zeilenweise ablesen. Der Kryptotext lautet somit:

```
AAAADVDFXAXFVFAVVDXXDAFFXFVVGVFAADVDDFVFDAFAAAFFADVVFFAFVGFFAAFX.
```

Es ist bereits erheblich schwieriger diesen Kryptotext mit Hilfe der Häufigkeitsanalyse zu knacken, da die Buchstaben nicht mehr in der ursprünglichen Reihenfolge stehen.

Auszug aus der Geschichte Das Kryptosystem ADFGVX wurde im ersten Weltkrieg für den Funkverkehr mit dem Morsecode verwendet. Man war bestrebt, für den Kryptotext Buchstaben zu wählen, die man im Morsecode gut unterscheiden kann. Deshalb – und um die Übertragungsfehler möglichst klein zu halten – entschied man sich für die Buchstaben A, D, F, G, V und X.

Aufgabe 3.20 Wie kann man den endgültigen Kryptotext wieder entschlüsseln? Notiere das Verfahren und probiere es gleich am Beispiel von oben aus.

S	O	L	D	A	T	E	N
D	V	A	A	A	F	A	D
A	F	F	A	X	V	X	V
F	A	X	D	V	F	X	D
F	V	V	F	X	A	V	G
V	F	D	D	A	F	V	D
F	A	A	A	D	F	F	A
A	F	V	D	A	F	V	F
F	A	F	G	V	X	F	A

A	D	E	L	N	O	S	T
A	A	A	A	D	V	D	F
X	A	X	F	V	F	A	V
V	D	X	X	D	A	F	F
X	F	V	V	G	V	F	A
A	D	V	D	D	F	V	F
D	A	F	A	A	A	F	F
A	D	V	V	F	F	A	F
V	G	F	F	A	A	F	X

Abbildung 3.3 Links ist die Tabelle mit dem Schlüsselwort SOLDATEN dargestellt. In der rechten Tabelle wurden die Spalten alphabetisch umgestellt.

Aufgabe 3.21 Bei der SKYTALE mussten wir den Schlüssel der Länge des Klartextes anpassen, um in der letzten Zeile nicht zu viele Leerzeichen zu erhalten. Ist bei ADFGVX der Schlüssel *b* von der Länge des Klartextes abhängig? Darf man also den Schlüssel *b* bei gegebener Länge des Klartextes beliebig wählen? Überlege dir das anhand eines Beispieles.

Aufgabe 3.22 Entschlüssle den folgenden Kryptotext, der mit ADFGVX verschlüsselt worden ist. Für den Schlüssel *a* wird die gleiche Tabelle wie im Text verwendet, und das Schlüsselwort für den Schlüssel *b* lautet GLUECK.

FGDVFGGFXGVAXAVDVFFXVVXXAAADDFFAXGDAFDDVDA

Aufgabe 3.23 In dieser Aufgabe wirst du das Verschlüsseln mit ADFGVX üben.

(a) Schreibe einen beliebigen Schlüssel *a* auf.

(b) Wähle einen beliebigen, nicht allzu langen Klartext.

(c) Denke dir einen geeigneten Schlüssel *b* aus.

(d) Verschlüssle nun deinen Klartext mit ADFGVX und den gewählten Schlüsseln.

Aufgabe 3.24

(a) Auf wie viele Arten kann man fünf verschiedene Buchstaben aneinanderreihen?

(b) Nehmen wir an, dass der Gegner den Schlüssel *a* kennt und vom Schlüssel *b* weiß, dass er die Länge fünf hat. Wie kann er den Klartext bestimmen?

(c) Wie kann der Gegner den Kryptotext entschlüsseln, wenn er nur den Schlüssel *b* kennt und ihm der Schlüssel *a* unbekannt ist?

Aufgabe 3.25 ⋆ Das Kryptosystem SPION wurde von Agenten des Innenministeriums der ehemaligen UdSSR (NKWD) verwendet. Bei diesem Kryptosystem wird ähnlich wie bei POLYBIOS eine Tabelle verwendet, mit der die Buchstaben des Klartextes durch Zahlen verschlüsselt werden.

Die Klartextbuchstaben in der obersten Zeile (-) werden durch die Ziffer, die die entsprechenden Spalte bezeichnet, verschlüsselt. Die Buchstaben in den beiden unteren Zeilen (8 und 9) werden durch zwei Ziffern verschlüsselt; die erste Ziffer wird der entsprechenden Zeile entnommen und die zweite Ziffer der entsprechenden Spalte. Ein Beispiel einer solchen Tabelle sieht folgendermassen aus:

	0	1	2	3	4	5	6	7	8	9
–	S	I	O	E	R	A	T	Y	*	*
8	C	X	U	D	J	P	Z	B	K	Q
9		W	F	L		G	M	N	H	V

Mit Hilfe dieser Tabelle wird zum Beispiel der Buchstabe S durch die Zahl 0, P durch 85 und N durch 97 verschlüsselt. Somit wird aus SPION der Kryptotext 0851297.

Die Reihenfolge, in der die Buchstaben in die Tabelle eingetragen werden, sowie die Wahl der beiden Ziffern für die unteren Zeilen sind wählbar und repräsentieren somit den Schlüssel. An die Stellen * dürfen keine Buchstaben gesetzt werden.

(a) Weshalb dürfen beim dargestellten Beispiel die beiden Einträge der Spalten 8 und 9 in der obersten Zeile, die mit * markiert sind, nicht verwendet werden?

(b) Kann ein mit SPION verschlüsselter Text eindeutig entschlüsselt werden? Beschreibe das Verfahren für die Entschlüsselung von SPION.

(c) Nun schauen wir uns im Kryptotext die Kombinationen der Struktur x?x an, wobei x und ? zwei beliebige Zahlen zwischen 0 und 9 darstellen. Zähle also jeweils die Kombinationen 1?1, 2?2, ..., bis 9?9. Wie helfen uns diese Kombinationen, diejenigen Ziffern zu finden, die die zweistelligen Codewörter einleiten?

(d) Der folgende Kryptotext wurde mit SPION verschlüsselt. Der Schlüssel ist jedoch nicht bekannt. Führe eine Kryptoanalyse des Kryptotextes durch, um den Klartext zu gewinnen. Beschreibe deine Überlegungen und dein Vorgehen, um das Kryptosystem zu knacken. Der Kryptotext wurde zur besseren Lesbarkeit in Gruppen zu je fünf Zeichen eingeteilt.

```
 1 93567 63393 66765 16456 33735 67633 56560 65313 43253
 2 72353 77967 78623 77963 35783 56339 34831 34603 56336
 3 31373 56531 34790 65316 43565 32351 67262 31346 01353
 4 06578 36352 23596 23565 63579 31346 03567 63834 65393
 5 53706 73565 67631 67358 63356 76135 31343 71353 08346
 6 53935 63366 76513 56763 32316 32353 70673 56534 63131
 7 32373 56563 31796 06360 37623 46313 56364 56513 56593
 8 13437 62653 76235 96203 58530 30623 56515 79316 32376
 9 26456 53735 67633 56560 65313 43132 37537 62353 23262
10 35651 67353 77963 35783 56367 63393 63567 35656 53567
11 93563 64565 13565 62653 13460 34631 83267 63235 32623
12 13237 37356 76335 60653 13431 34603 03179 62375 95616
13 19561 61633 46563 57935 67636 13131 65377 96567 62623
14 53463 13667 65376 76313 93493 13437 35
```

3.4 Zusammenfassung

Ein Kryptosystem heißt monoalphabetisch, wenn die Verschlüsselung mittels der Ersetzung der einzelnen Buchstaben des Klartextes durch einzelne Buchstaben oder Texte des Kryptotextalphabets durchgeführt wird und diese Zuordnung durch eine Codierung der Symbole des Klartextalphabets gegeben ist. Das Wesentliche daran ist, dass jeder Buchstabe des Klartextes immer durch denselben Buchstaben des Kryptotextalphabets ersetzt wird. Dabei überträgt sich die absolute Häufigkeit jedes Buchstabens des Klartextalphabets auf die absolute Häufigkeit der zugeordneten Buchstaben des Kryptotextalphabets. Dies ist die grösste Schwäche der monoalphabetischen Kryptosysteme, die auch durch die potenziell sehr grosse Anzahl von Schlüsseln nicht behoben werden kann. Wenn bekannt ist, in welcher Sprache der verschlüsselte Klartext verfasst worden ist, kann durch den Vergleich der bekannten (typischen) relativen Häufigkeiten der Buchstaben dieser Sprache und den relativen Häufigkeiten der Symbole des Kryptotextes auf den ursprünglichen Klartext geschlossen werden. Zur Hilfe kommen dem Kryptoanalytiker noch die Häufigkeiten von Bigrammen und Trigrammen. Dadurch entstehen Lückentexte, aus denen durch geschicktes Raten anhand der bereits bekannten Buchstaben der Klartext vollständig entschlüsselt werden kann.

Im Gegensatz zu den monoalphabetischen Kryptosystemen ermöglichen die polyalphabetischen Kryptosysteme, einen Buchstaben des Klartextalphabets durch einen von mehreren möglichen Buchstaben des Kryptotextalphabets zu ersetzen. Welcher der möglichen Buchstaben ausgewählt wird, kann zum Beispiel von der Position des Buchstabens im Klartext oder von benachbarten Buchstaben abhängen.

Kontrollfragen

1. Was ist die absolute Häufigkeit und die relative Häufigkeit des Vorkommens einzelner Buchstaben in einem Text?

2. Wie sind monoalphabetische Kryptosysteme definiert? Nenne ein Beispiel und beschreibe es.

3. Wie sind polyalphabetische Kryptosysteme definiert? Nenne ein Beispiel und beschreibe es.

4. Was sind Permutationen? Wie kann die Anzahl der Permutationen einer Menge von n Elementen gezählt werden?

5. Wie werden Permutationen verwendet, um Buchstabenzuordnungen zu beschreiben?

6. Was ist die grösste Schwäche der monoalphabetischen Kryptosysteme?

7. Welche sind die drei häufigsten Buchstaben in deutschen Texten? Welche sind die drei seltensten?

8. Was sind Bigramme und Trigramme und wie werden diese für die Kryptoanalyse von monoalphabetischen Kryptosystemen verwendet?

9. Bei welchen deutschen Texten müssen wir damit rechnen, dass die relativen Häufigkeiten der Buchstaben von den erwarteten typischen Häufigkeiten wesentlich abweichen?

10. Beschreibe mit eigenen Worten dein Vorgehen bei der Kryptoanalyse eines Kryptotextes, der durch die Verschlüsselung eines deutschen Klartextes durch ein monoalphabetisches Kryptosystem entstanden ist.

Kontrollaufgaben

1. Notiere die Vektordarstellung der folgenden Buchstabencodierung:

Klartextbuchstabe	A	B	C	D	E	F	G	H	I	J	K	L	M	N	O	P	Q	R	S	T	U	V	W	X	Y	Z
Kryptotextbuchstabe	S	U	V	R	T	L	P	O	A	M	C	X	I	Y	N	W	J	D	E	Z	F	H	Q	K	B	G

2. Welche Buchstabenzuordnung entspricht dem folgenden Vektor?

$$(13, 1, 20, 10, 17, 22, 8, 3, 24, 19, 16, 5, 23, 12, 14, 2, 6, 21, 0, 25, 4, 15, 9, 11, 7)$$

3. Entwerfe ein polyalphabetisches Kryptosystem mit dem Klartext- und dem Kryptotextalphabet $\{a, b, c, d, e, f\}$.

4. Entwerfe ein polyalphabetisches Kryptosystem, bei dem die Verschlüsselung der einzelnen Buchstaben des Klartextes vom jeweils vorangegangenen Buchstaben im Klartext mitbestimmt wird.

5. Schreibe ein Programm, das die absoluten Häufigkeiten der Buchstaben eines Textes bestimmt.

6. Der folgende Kryptotext wurde mit CAESAR aus einem deutschen Text erzeugt, und zur besseren Lesbarkeit wurden die Buchstaben gruppiert, wobei die Gruppierung nichts mit der Länge der tatsächlichen Wörter zu tun hat.

```
IVVIP IBIVM QVMUI VLMZM VBIOO MJCZB ABIOI TAITM F.
```

Bestimme die absoluten Häufigkeiten der einzelnen Buchstaben und versuche durch das Bestimmen der häufigsten Buchstaben direkt auf den Schlüssel zu schliessen.

7. Entschlüssle den folgenden Kryptotext mit Hilfe der Häufigkeitsanalyse. Der deutsche Text wurde mit PERM verschlüsselt und zur besseren Lesbarkeit jeweils in Gruppen zu je fünf Buchstaben eingeteilt. Diese Gruppierung hat nichts mit den tatsächlichen Leerzeichen zwischen den Worten zu tun.

```
 1 QNSZU FXUWL NVQVI UEYBK VEMWY UEMUF KVRWV QFFEU VUVUE
 2 MSVRB CTUMY WUWUM ECTIE MUEMU GUVLQ NIUVY UKVEM LUBBE
 3 MHNUB BFECT ZUVSV RBCTX EVZEM ZEUPQ CHUMY QBTUW UBYUC
 4 HYEMZ UVFEY YQWBK QNBUD NQHYU BXEUZ UVIEY YUIEY YUHNU
 5 BBFEC TECTI EMUEM UGUVL QNIUV YUKVE MLUBB EMHUE MUVUQ
 6 HYERM QABUV QIUMZ BEMZU VHMUE KUZUM SVRBC TGRVS NUTVY
 7 XEVZZ UVKVR WVQFF EUVUV WUSVQ WYXQV NFUVZ UMIUY YUAMZ
 8 UMSVR BCTME CTYUV TRUVY QMYXR VYSNU VUEMU SVUNM ZEMTQ
 9 IUECT HUEMU LUEYQ IUVUE MUMBK VUCTU MZUMS VRBCT SEMZU
10 ECTCR RA
```

8. Betrachte das folgende Kryptosystem PERM2:

Kryptosystem PERM2

Klartextalphabet:	Lat
Kryptotextalphabet:	Lat
Schlüsselmenge:	Die Menge von Paaren $(\vec{a}, \vec{b})$ von Permutationen $\vec{a} = (a_0, \ldots, a_{25})$ und $\vec{b} = (b_0, \ldots, b_{25})$ von $\{0, 1, \ldots, 25\}$.
Verschlüsselung:	Für einen gegebenen Schlüssel $(\vec{a}, \vec{b})$ verschlüssle alle Buchstaben des Klartextes auf ungeraden Positionen mit PERM und dem Schlüssel $\vec{a}$. Alle Buchstaben des Klartextes auf geraden Positionen werden mit PERM und dem Schlüssel $\vec{b}$ verschlüsselt.

(a) Vervollständige das Schema von PERM2 durch die Beschreibung der Entschlüsselung.

(b) Kann die Häufigkeitsanalyse helfen dieses Kryptosystem zu knacken? Begründe deine Aussage ausführlich.

9. Wir modifizieren das Kryptosystem PERM2 aus Kontrollaufgabe 8 zu PERM3, indem wir die Verschlüsselung wie folgt ändern.

> **Kryptosystem PERM3**
>
> Verschlüsselung: Für den gegebenen Schlüssel $(\vec{a}, \vec{b})$ werden die einzelnen Buchstaben des Klartextes mit dem Kryptosystem PERM wie folgt verschlüsselt: Abwechslungsweise werden je drei Buchstaben mit dem Schlüssel $\vec{a}$ verschlüsselt, dann die nächsten drei Buchstaben mit dem Schlüssel $\vec{b}$, usw.

(a) Wie sieht die entsprechende Entschlüsselung aus?

(b) Entschlüssle den Kryptotext QGDWSUITCPVSPKGP, der mit dem Schlüssel

$$((17, 5, 19, 11, 10, 7, 23, 2, 15, 0, 14, 6, 4, 1, 16, 9, 18, 22, 8, 21, 13, 25, 12, 24, 3, 20),$$
$$(2, 17, 6, 5, 15, 0, 24, 13, 20, 10, 3, 7, 22, 11, 23, 18, 14, 8, 21, 19, 1, 16, 25, 9, 4, 12))$$

verschlüsselt worden ist.

Lektion 4

Polyalphabetische Kryptosysteme und deren Kryptoanalyse

In Lektion 3 sind wir auf die monoalphabetischen Kryptosysteme eingegangen und haben auf die Schwäche dieser Verschlüsselungsverfahren aufmerksam gemacht. Grundsätzlich besteht die Schwachstelle der monoalphabetischen Kryptosysteme darin, dass jeder Buchstabe des Klartextalphabets jeweils auf den gleichen Buchstaben des Kryptotextalphabets abgebildet wird. Das allein ist noch nicht weiter gefährlich. Die Anzahl der Schlüssel ist immer noch zu groß, um alle durchzuprobieren. Handelt es sich jedoch beim verschlüsselten Klartext um einen Text in einer bestimmten Sprache oder eine spezielle Form von Schriftstück, können die Häufigkeiten der Buchstaben und Buchstabenfolgen im Kryptotext Hinweise auf den verwendeten Schlüssel geben, so dass der Klartext gefunden werden kann.

Um diese Schwäche der monoalphabetischen Kryptosysteme zu beheben, wurden die polyalphabetischen Kryptosysteme entwickelt. Wie der Name schon sagt, wird bei den polyalphabetischen Kryptosystemen ein Buchstabe des Klartextalphabets nicht strikt auf einen bestimmten Buchstaben des Kryptotextalphabets abgebildet, sondern die Abbildung kann abhängig von der Position des Buchstabens im Klartext erfolgen. Es besteht also keine eindeutige Zuordnung zwischen den einzelnen Buchstaben des Klartextes und denjenigen des Kryptotextes. Somit unterscheiden sich die Häufigkeiten der einzelnen Buchstaben des Kryptotextes von den Häufigkeiten der Buchstaben des Klartextes.

Aufgabe 4.1 Finde ein Kryptosystem in Lektion 1, das polyalphabetisch ist.

4.1 Das polyalphabetische Kryptosystem VIGENÈRE

Das Prinzip der polyalphabetischen Verschlüsselung wollen wir nun anhand des berühmten VIGENÈRE-Kryptosystems erklären. Die Schlüssel in diesem Kryptosystem sind Texte aus dem Alphabet Lat. Sender und Empfänger vereinbaren einen geheimen Schlüssel. Nehmen wir an, dass sie den Text KEY als Schlüssel vereinbart haben. Der Sender möchte nun den Klartext EINKLEINESGEHEIMNIS verschlüsseln.

Dazu wird als Erstes der Schlüssel Buchstabe für Buchstabe so oft unter den Klartext geschrieben, bis die Länge des Klartextes erreicht ist:

```
EINKLEINESGEHEIMNIS
KEYKEYKEYKEYKEYKEYK
```

Falls die Länge des Klartextes wie in diesem Beispiel nicht durch die Schlüssellänge teilbar ist, wird der Rest des Schlüssels einfach weggelassen.

Der Buchstabe des Schlüssels, der unter einem Buchstaben des Klartextes steht, bestimmt nun zusammmen mit der VIGENÈRE-Tabelle, welcher Buchstabe an der entsprechenden Stelle im Kryptotext einzusetzen ist. Die VIGENÈRE-Tabelle zeigt für jeden Buchstaben des Klartextalphabets und für jeden Buchstaben des Schlüssels den entsprechenden Buchstaben des Kryptotextes (siehe Tabelle 4.1).

Tabelle 4.1 Die VIGENÈRE-Tabelle zeigt für jeden Buchstaben des Klartextes, durch welchen Buchstaben dieser bei einem gegebenem Buchstaben des Schlüssels verschlüsselt wird. So wird zum Beispiel der Buchstabe E, der auf den Buchstaben K des Schlüssels trifft, durch den Buchstaben O verschlüsselt.

		Schlüsselbuchstabe																									
		A	B	C	D	E	F	G	H	I	J	K	L	M	N	O	P	Q	R	S	T	U	V	W	X	Y	Z
	A	A	B	C	D	E	F	G	H	I	J	K	L	M	N	O	P	Q	R	S	T	U	V	W	X	Y	Z
	B	B	C	D	E	F	G	H	I	J	K	L	M	N	O	P	Q	R	S	T	U	V	W	X	Y	Z	A
	C	C	D	E	F	G	H	I	J	K	L	M	N	O	P	Q	R	S	T	U	V	W	X	Y	Z	A	B
	D	D	E	F	G	H	I	J	K	L	M	N	O	P	Q	R	S	T	U	V	W	X	Y	Z	A	B	C
	E	E	F	G	H	I	J	K	L	M	N	O	P	Q	R	S	T	U	V	W	X	Y	Z	A	B	C	D
	F	F	G	H	I	J	K	L	M	N	O	P	Q	R	S	T	U	V	W	X	Y	Z	A	B	C	D	E
	G	G	H	I	J	K	L	M	N	O	P	Q	R	S	T	U	V	W	X	Y	Z	A	B	C	D	E	F
	H	H	I	J	K	L	M	N	O	P	Q	R	S	T	U	V	W	X	Y	Z	A	B	C	D	E	F	G
	I	I	J	K	L	M	N	O	P	Q	R	S	T	U	V	W	X	Y	Z	A	B	C	D	E	F	G	H
	J	J	K	L	M	N	O	P	Q	R	S	T	U	V	W	X	Y	Z	A	B	C	D	E	F	G	H	I
	K	K	L	M	N	O	P	Q	R	S	T	U	V	W	X	Y	Z	A	B	C	D	E	F	G	H	I	J
	L	L	M	N	O	P	Q	R	S	T	U	V	W	X	Y	Z	A	B	C	D	E	F	G	H	I	J	K
Klartextbuchstabe	**M**	M	N	O	P	Q	R	S	T	U	V	W	X	Y	Z	A	B	C	D	E	F	G	H	I	J	K	L
	N	N	O	P	Q	R	S	T	U	V	W	X	Y	Z	A	B	C	D	E	F	G	H	I	J	K	L	M
	O	O	P	Q	R	S	T	U	V	W	X	Y	Z	A	B	C	D	E	F	G	H	I	J	K	L	M	N
	P	P	Q	R	S	T	U	V	W	X	Y	Z	A	B	C	D	E	F	G	H	I	J	K	L	M	N	O
	Q	Q	R	S	T	U	V	W	X	Y	Z	A	B	C	D	E	F	G	H	I	J	K	L	M	N	O	P
	R	R	S	T	U	V	W	X	Y	Z	A	B	C	D	E	F	G	H	I	J	K	L	M	N	O	P	Q
	S	S	T	U	V	W	X	Y	Z	A	B	C	D	E	F	G	H	I	J	K	L	M	N	O	P	Q	R
	T	T	U	V	W	X	Y	Z	A	B	C	D	E	F	G	H	I	J	K	L	M	N	O	P	Q	R	S
	U	U	V	W	X	Y	Z	A	B	C	D	E	F	G	H	I	J	K	L	M	N	O	P	Q	R	S	T
	V	V	W	X	Y	Z	A	B	C	D	E	F	G	H	I	J	K	L	M	N	O	P	Q	R	S	T	U
	W	W	X	Y	Z	A	B	C	D	E	F	G	H	I	J	K	L	M	N	O	P	Q	R	S	T	U	V
	X	X	Y	Z	A	B	C	D	E	F	G	H	I	J	K	L	M	N	O	P	Q	R	S	T	U	V	W
	Y	Y	Z	A	B	C	D	E	F	G	H	I	J	K	L	M	N	O	P	Q	R	S	T	U	V	W	X
	Z	Z	A	B	C	D	E	F	G	H	I	J	K	L	M	N	O	P	Q	R	S	T	U	V	W	X	Y

Jeder Buchstabe des Klartextes wird also einzeln mit dem Kryptosystem CAESAR verschlüsselt, wobei der dazugehörige Schlüsselbuchstabe den CAESAR-Schlüssel für die Verschiebung liefert.

So wird der Buchstabe E des Klartextes zum Beispiel auf den Buchstaben O des Krypto-textes abgebildet, da sich der Buchstabe O am Schnittpunkt der Zeile E und der Spalte K befindet. Der Buchstabe I im Klartext wird durch den Buchstaben M verschlüsselt, weil der Buchstabe M im Schnittpunkt der Zeile I und der Spalte mit dem Schlüsselbuchsta-ben E ist. Mit dieser Vorgehensweise werden alle Buchstaben des Klartextes verschlüsselt. Somit erhalten wir dann den folgenden Kryptotext:

Klartext	EINKLEINESGEHEIMNIS	(Zeile)
Schlüssel	KEYKEYKEYKEYKEYKEYK	(Spalte)
Kryptotext	OMLUPCSRCCKCRIGWRGC	(Kreuzung)

Nachdem der Empfänger die verschlüsselte Nachricht OMLUPCSRCCKCRIGWRGC erhalten hat, kann er mit dem Entschlüsseln beginnen. Dazu nimmt auch er die VIGENÈRE-Tabelle zur Hand. Der Empfänger kennt den Schlüssel und weiß somit, dass die Verschlüsselung des ersten Buchstabens durch den Buchstaben K des Schlüssels bestimmt wurde. Um den ersten Kryptotextbuchstaben O zu entschlüsseln, sucht er in der VIGENÈRE-Tabelle die Spalte K, und in dieser Spalte den Buchstaben O. Die Bezeichnung der entsprechenden Zeile, in der der Buchstabe O auftritt, liefert ihm nun direkt den Buchstaben E des Klartextes.

Kryptotext	OMLUPCSRCCKCRIGWRGC	(Kreuzung)
Schlüssel	KEYKEYKEYKEYKEYKEYK	(Spalte)
Klartext	EINKLEINESGEHEIMNIS	(Zeile)

Aufgabe 4.2 Verschlüssle mit Hilfe der VIGENÈRE-Tabelle das Wort FLUGHAFEN mit dem Schlüs-sel JET.

Aufgabe 4.3 Nimm deinen Vornamen als Schlüssel und verschlüssle damit deinen Nachnamen mit VIGENÈRE.

Aufgabe 4.4 Entschlüssle das mit VIGENÈRE verschlüsselte chinesische Sprichwort mit Hilfe des Schlüssels CHINA.

    GPVZANZMUEPPAGBGZARRCSAUUPKMETOHTUOGYMA

Mit Hilfe der modularen Arithmetik, die wir in Lektion 2 eingeführt haben, kann das Kryp-tosystem VIGENÈRE auch ohne die VIGENÈRE-Tabelle beschrieben werden. VIGENÈRE kann mit dem Schema der Kryptosysteme wie folgt durch die modulare Arithmetik ausgedrückt werden:

Kryptosystem VIGENÈRE

Klartextalphabet:　　　　Lat

Kryptotextalphabet:　　　Lat

Schlüsselmenge:　　　　　Lat*

Verschlüsselung:　　　　　Jeder Buchstabe des Klartextes wird auf genau einen Kryptotextbuchstaben abgebildet. Die Buchstaben des Klartextes und des Schlüssels werden beginnend mit 1 durchnummeriert. Für einen gegebenen Schlüssel der Länge m wird jedem Buchstaben $\square$ an Position i im Klartext der Buchstabe $\bigcirc$ an Position $((i-1) \bmod m)+1$ des Schlüssels zugeordnet. Der Buchstabe $\square$ wird dann durch den Buchstaben $\triangle$ mit der Ordnung $\text{Ord}(\square) \oplus_{26} \text{Ord}(\bigcirc)$ ersetzt.

Klartext	$\dots \square \dots$	(Zeile)
Schlüssel	$\dots \bigcirc \dots$	(Spalte)
Kryptotext	$\dots \triangle \dots$	(Kreuzung)

Dies entspricht der Ersetzung von $\square$ durch den Buchstaben $\triangle$ am Schnittpunkt der Zeile $\square$ mit der Spalte $\bigcirc$ in der VIGENÈRE-Tabelle.

Entschlüsselung:　　　　　Um den Buchstaben $\triangle$ an Position i im Kryptotext zu entschlüsseln, wird zuerst der Buchstabe $\bigcirc$ an der Position $((i-1) \bmod m)+1$ des Schlüssels bestimmt. Der entsprechende Buchstabe $\square$ des Klartextes ist dann der Buchstabe mit der Ordnung $\text{Ord}(\triangle) \oplus_{26} (26 - \text{Ord}(\bigcirc))$.

　　　Welche Eigenschaft von VIGENÈRE sorgt für eine grössere Sicherheit gegenüber den monoalphabetischen Kryptosystemen? Im Gegensatz zu einer monoalphabetischen Verschlüsselung kann ein Kryptoanalytiker aus einer gegebenen Zuordnung eines bestimmten Kryptotextbuchstabens zu einem Klartextbuchstaben nicht schließen, dass diese Zuordnung auch für die restlichen gleichen Kryptotextbuchstaben gilt. Hat ein Kryptoanalytiker zum Beispiel bei einem verschlüsselten Buchstaben den entsprechenden Buchstaben des Klartextes aufdecken können, so kann er die restlichen Vorkommen des gleichen Kryptotextbuchstabens trotzdem nicht bestimmen, denn diese Buchstaben wurden möglicherweise auf einen anderen Buchstaben abgebildet.

　　　Mit der Verwendung des Schlüssels KEY kann zum Beispiel jeder Buchstabe des Klartextes auf drei mögliche Buchstaben abgebildet werden. Wie in Abbildung 4.1 a dargestellt, kann das E, abhängig von seiner Position, auf ein O, ein I oder ein C mit den Ordnungen $\text{Ord}(E) \oplus_{26} \text{Ord}(K)$, $\text{Ord}(E) \oplus_{26} \text{Ord}(E)$ oder $\text{Ord}(E) \oplus_{26} \text{Ord}(Y)$ abgebildet werden.

　　　Dies führt zu den folgenden zwei Beobachtungen: Erstens wird die Häufigkeit des Buchstabens E im Klartext nicht auf den Kryptotext übertragen, da die Häufigkeit des E auf die drei Buchstaben O, I und C verteilt wird. Zweitens werden die Buchstaben O, I und C nicht nur zum Verschlüsseln des Buchstabens E verwendet. Sie können nämlich je nach angewandtem Schlüsselbuchstaben aus zwei anderen Klartextbuchstaben entstanden

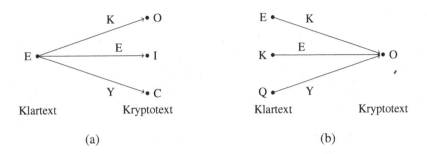

Abbildung 4.1 Mit dem Schlüssel KEY wird der Klartextbuchstabe E, abhängig von seiner Position, entweder auf den Kryptotextbuchstaben O, I oder C abgebildet, wie in (a) dargestellt. Abbildung (b) zeigt, wie der Kryptotextbuchstabe O bei der Anwendung des gleichen Schlüssels die Klartextbuchstaben E, K und Q verschlüsselt.

sein. Zum Beispiel wird der Kryptotextbuchstabe O nicht nur zum Verschlüsseln des Klartextbuchstabens E, sondern auch zum Verschlüsseln der beiden Klartextbuchstaben K und Q verwendet (siehe Abbildung 4.1 b).

Aufgabe 4.5 Welche anderen Buchstaben des Klartextes außer dem E können mit dem Schlüssel KEY auch noch auf die Buchstaben I oder C abgebildet werden?

Wie wir sehen, entsprechen die Häufigkeiten der Buchstaben des Klartextes nicht den Häufigkeiten der Buchstaben im Kryptotext, wie dies bei den monoalphabetischen Kryptosystemen der Fall war. Bei VIGENÈRE gleichen sich nämlich die Häufigkeiten der einzelnen Buchstaben im Kryptotext aus, da ein Klartextbuchstabe auf verschiedene Kryptotextbuchstaben abgebildet wird. Dieser Ausgleich ist abhängig von der Länge des gewählten Schlüssels. Je länger der Schlüssel ist, desto mehr Kryptotextbuchstaben werden zum Verschlüsseln eines bestimmten Klartextbuchstabens verwendet. Bei einem Schlüssel mit der Länge drei beispielsweise kann der Buchstabe A auf drei mögliche Buchstaben abgebildet werden, bei einem Schlüssel mit der Länge zehn bereits auf zehn verschiedene Buchstaben. Je länger also der Schlüssel ist, desto ähnlicher werden die Häufigkeiten der einzelnen Buchstaben im Kryptotext einander. Der Idealfall wäre dementsprechend, dass alle Buchstaben des Kryptotextes ungefähr gleich häufig vorhanden wären.

Auszug aus der Geschichte Das Kryptosystem VIGENÈRE wurde um 1550 von Blaise de Vigenère (1523–1596) erfunden und galt damals als unknackbar. Trotz der Komplexität und der scheinbar hohen Sicherheit gelang es 300 Jahre später (Mitte des 19. Jahrhunderts) einem britischen Genie namens Charles Babbage (1791–1871), VIGENÈRE zu knacken.

Aufgabe 4.6 Betrachte den folgenden Klartext:

1 PLOETZLICH RUTSCHT DER BERGSTEIGER AUS UND KANN SICH
2 GERADE NOCH AN EINEM WINZIGEN FELSVORSPRUNG FESTHALTEN.
3 ALS SEINE KRAEFTE NACHLASSEN, BLICKT ER VERZWEIFELT ZUM
4 HIMMEL UND FRAGT:
5 "IST DA JEMAND?"
6 "JA."
7 "WAS SOLL ICH TUN?"
8 "SPRICH EIN GEBET UND LASS LOS!"
9 DER BERGSTEIGER NACH KURZEM UEBERLEGEN:
10 "IST DA NOCH JEMAND?"

Verschlüssle den Text

(a) mit dem Schlüssel AB,

(b) mit dem Schlüssel ABCDEFGHIJKLMNOPQRSTUVWXYZ,

und schau dir anschliessend die absoluten Häufigkeiten der Buchstaben des Klartextes und der beiden Kryptotexte an. Was fällt auf?

4.2 Kryptoanalyse von VIGENÈRE

Charles Babbage hatte eine Möglichkeit für die Kryptoanalyse von VIGENÈRE gefunden. Wie konnte das Kryptosystem VIGENÈRE trotz der Tatsache, dass die Häufigkeitsanalyse nicht hilfreich ist, geknackt werden?

Schauen wir uns dazu das folgende Beispiel an. Der Klartext wird mit dem langen Schlüssel LONGSECRETKEY verschlüsselt.

Klartext	DASISTDASTORINDEMDERSCHLUESSELIST
Schlüssel	LONGSECRETKEYLONGSECRETKEYLONGSEC
Kryptotext	OOFOKXFRWMYVGYRRSVITJGAVYCDGRRAWV

An diesem Beispiel sehen wir deutlich, dass im Gegensatz zu den monoalphabetischen Kryptosystemen gleiche Klartextwörter in den meisten Fällen nicht auf gleiche Kryptotextwörter abgebildet werden. So wird hier das Wort DAS einmal zu OOF und einmal zu UEL verschlüsselt. Das Verfahren scheint auf den ersten Blick sicher zu sein.

Nun verschlüsseln wir einen Text mit dem Schlüssel KEY:

Klartext	DASISTDASTORINDEMDERSCHLUESSELIST
Schlüssel	KEYKEYKEYKEYKEYKEYKEYKEYKEYKEYKEY
Kryptotext	NEQSWRNEQDSPSRBOQBOVQMLJEIQCIJSWR

Im Kryptotext stechen plötzlich sich wiederholende Muster hervor, nämlich die beiden Buchstabenfolgen NEQ und SWR. Solche Muster sind vermutlich kaum ein Zufall. Wie

sind sie entstanden? Die Buchstabenfolge DAS ist zweimal auf die gleiche Schlüssel-
buchstabenfolge KEY gefallen. Somit sind beide DAS jeweils auf die gleiche Folge von
Kryptotextbuchstaben NEQ verschlüsselt worden. Dasselbe ist mit den Buchstaben IST
passiert, die beide Male auf die Folge SWR abgebildet worden sind, da diese ebenfalls
zweimal auf die gleiche Buchstabenfolge KEY des Schlüssels gefallen sind.

Findet nun ein Kryptoanalytiker derartige identische Folgen von Buchstaben im Kryptotext, wie hier NEQ und SWR, kann er davon ausgehen, dass es sich um gleiche Folgen
von Buchstaben im Klartext handelt. Damit weiß er zwar noch überhaupt nichts über den
Klartext, wohl aber etwas über die Länge des Schlüssels, denn der Abstand zwischen
den beiden ersten Buchstaben der wiederholten Muster muss ein Vielfaches der Schlüssellänge sein. Der Abstand zwischen den beiden NEQ beispielsweise ist 6. Der Abstand
zwischen den beiden SWR ist 27. Diese beiden Abstände 6 und 27 sind beide Vielfache
von 3.

Besonders oft treten derartige Muster von identischen Folgen bei kurzen Schlüsseln
auf. Kurze Schlüssel erhöhen die Wahrscheinlichkeit für Wiederholungen von Buchstabenfolgen im Kryptotext, weil die Anzahl der Wiederholungen des Schlüssels beim
Verschlüsseln größer ist. Je länger der Schlüssel ist, desto schwieriger wird es, identische
Buchstabenfolgen zu finden. Idealerweise ist der Schlüssel gleich lang wie der Text, aber
das ist in der Praxis meist eine unrealistische Forderung.

Schauen wir uns nun die Kryptoanalyse des vermeintlich unknackbaren VIGENÈRE-
Kryptosystems an. Wenn der Schlüssel aus m verschiedenen Buchstaben besteht, dann
kann jeder Buchstabe des Klartextes auf m unterschiedliche Buchstaben abgebildet
werden, je nachdem, auf welchen Buchstaben des Schlüssels der Klartextbuchstabe trifft.
Bestimmte Wörter wie DER, DIE, DAS, EIN oder EINE kommen in deutschen Texten so
oft vor, dass sie in langen Texten wiederholt mit der gleichen Folge von Buchstaben des
Schlüssels verschlüsselt werden.

Wenn zum Beispiel das Wort EIN mit dem Schlüssel RATEN verschlüsselt werden soll,
gibt es offensichtlich mehrere Möglichkeiten. Wie viele Varianten gibt es genau, um
dieses EIN zu verschlüsseln? Listen wir alle auf:

Klartext	EIN	EIN	EIN	EIN	EIN
Schlüssel	RATEN	RATEN	RATEN	RATENRATEN	RATENRATEN
Kryptotext	VIG	EBR	XMA	IVE	RZN

Das sind die fünf Möglichkeiten. Die Anzahl entspricht offensichtlich genau der Länge
des Schlüssels. Wenn nun das Wort EIN in einem Text mehr als fünfmal vorkommt, dann
müssen mindestens zwei EIN im Kryptotext gleich verschlüsselt worden sein. Allgemeiner
gesagt: Wenn die absolute Häufigkeit, mit der das Wort EIN in einem Klartext auftritt,
größer ist als die Länge des Schlüssels, dann muss EIN im Kryptotext mehrmals gleich
verschlüsselt vorkommen. Diese Beobachtung nennt man in der diskreten Mathematik
das **Schubfachprinzip**: Wenn man in m Schubfächer mehr als m Objekte verteilt, dann
werden in mindestens einem Schubfach mindestens zwei Objekte liegen. In unserem

Beispiel sind die Schubfächer die Möglichkeiten, das bestimmte Wort zu verschlüsseln, und die Objekte sind alle Vorkommnisse dieses Wortes im Klartext.

Aufgabe 4.7 Liste alle möglichen Verschlüsselungen des Wortes DIE auf, wenn der Schlüssel BABBAGE benutzt wird.

Betrachten wir zur Verdeutlichung eine Verschlüsselung mit dem Schlüssel RAT:

Klartext	ERNAHMEINEBIRNEEINENAPFELUNDEINE
Schlüssel	RATRATRATRATRATRATRATRATRATRATRA
Kryptotext	VRGRHF<u>VIG</u>VBBINX<u>VIG</u>VNTGFXCUGU<u>EBE</u>

Klartext	BANANEUNDBEENDETEDAMITSEINENEINKAUF
Schlüssel	TRATRATRATRATRATRATRATRATRATRATRATR
Kryptotext	URNTEENEDUVEGUEMVDTDIMJ<u>EBE</u>EG<u>VIG</u>BANW

Im Klartext kommt fünfmal die Buchstabenfolge EIN vor. Der Schlüssel ist nur drei Buchstaben lang, deshalb muss mindestens ein EIN mindestens zweimal auf die gleiche Buchstabenfolge abgebildet werden. Tatsächlich wird EIN zweimal mittels ATR zu EBE und sogar dreimal mittels RAT zu VIG verschlüsselt. Genau diese Feststellung hilft einem Kryptoanalytiker dabei, nur anhand des Kryptotextes die Länge des Schlüssels zu bestimmen.

Jeder Buchstabe im Klartext hat eine Position i, wenn wir die Buchstaben beginnend bei 1 durchnummerieren. Wenn EIN an zwei verschiedenen Positionen zum gleichen Kryptotext verschlüsselt wird, muss die Differenz zwischen den beiden Positionen entweder genau der Schlüssellänge entsprechen oder ein Vielfaches von dieser sein. Das bedeutet, dass die Schlüssellänge m ein Teiler der Differenz der beiden Positionen sein muss.

Im vorangehenden Beispiel mit dem Obst kommt die Buchstabenfolge EBE im Kryptotext zweimal vor, nämlich auf den Positionen 29 und 56. Die Differenz der beiden Positionen ist 27. Die Buchstabenfolge VIG kommt sogar dreimal vor, nämlich an den Positionen 7, 16 und 61. Hier können wir drei Differenzen zwischen je zwei Positionen bestimmen: $16 - 7 = 9$, $61 - 7 = 54$ und $61 - 16 = 45$.

Die gesuchte Schlüssellänge wird vermutlich ein Teiler von allen vier Differenzen 9, 27, 45 und 54 sein. Als Schlüssellänge kommen der **größte gemeinsame Teiler** (ggT) und alle seine Teiler in Frage. Zur Berechnung des ggT von zwei oder mehreren Zahlen bestimmen wir zuerst die Primfaktorzerlegung dieser Zahlen. Anschließend finden wir alle gemeinsamen Primfaktoren und erhalten aus deren Produkt den ggT. Für den größten gemeinsamen Teiler der Zahlen 9, 27, 45 und 54 schreiben wir $\mathrm{ggT}(9, 27, 45, 54)$ und erhalten damit:

$$9 = 3 \cdot 3,$$
$$27 = 3 \cdot 3 \cdot 3,$$
$$45 = 3 \cdot 3 \cdot 5,$$
$$54 = 2 \cdot 3 \cdot 3 \cdot 3,$$

$$\text{ggT}(9, 27, 45, 54) = 3 \cdot 3 = 9.$$

Der ggT der vier Differenzen ist somit 9. Als Teiler von 9 kommt nur die Zahl 3 in Frage. Wie oben erwähnt, kommen als Schlüssellänge der ggT sowie seine Teiler in Frage, was in diesem Fall die Zahlen 9 und 3 sind. Bei unserem Beispiel kennen wir die Lösung für die gesuchte Schlüssellänge bereits: Der Schlüssel hat die Länge 3. Wenn wir nun aber die Schlüssellänge nicht kennen würden, müssten wir alle in Frage kommenden Längen (hier 9 und 3) in Betracht ziehen.

Aufgabe 4.8 Bestimme mit der oben beschriebenen Methode von Babbage die Kandidaten für die Länge des Schlüssels für den folgenden Kryptotext:

```
QIGTEXEBUWUSMLMZSXPREPEBWQIGZKUBMGAQIXPREDNYGTEBUWU
SMLMZSXPREMBUYEEBUWUSMUYXLLWEZNXUHYIMKIDEBUW.
```

Natürlich kann man unter Umständen wesentlich mehr als nur zwei Kandidaten für die Schlüssellänge erhalten. Eine weitere Möglichkeit besteht darin, sich eine Methode zu überlegen, die dabei hilft, die Schlüssellänge aus den möglichen Kandidaten zu bestimmen. Wie man hier systematisch mit einem statistischen Verfahren vorgehen kann, wird im nächsten Abschnitt beschrieben.

Durch die Untersuchung von wiederholt auftretenden Mustern von gleichen Buchstabenfolgen können wir Kandidaten für die Schlüssellänge bestimmen. Wozu dient nun aber einem Kryptoanalytiker die Schlüssellänge? Es gibt schließlich immer noch 26^m unterschiedliche Schlüssel bei einer Schlüssellänge m.

Sobald ein Kryptoanalytiker die Schlüssellänge kennt, ist es für ihn wesentlich einfacher, einen Kryptotext zu analysieren. Warum dies so ist, und wie ein Kryptoanalytiker vorgehen kann, um den Klartext zu bestimmen, werden wir jetzt zeigen. Dazu nehmen wir den folgenden mit VIGENÈRE verschlüsselten Text als Beispiel:

```
1 DQRSE MVOUQ LBETI HVISF QCRTI MQROV KIRJZ NZFKM DZWIL
2 ZCXNM MCRZI QCRJY DJIXP DOXCM DBMKJ DALOI QESNP HAXJE
3 DZRAV DQRYG GEEXD DAPUG GAMKL SPIHX DZIOR DVORI HVITW
4 SMMTE TNYTH VQVLX HPRNM MMMTY MLIXP ZCWIL STEAW BPXRE
5 TAGNX GWIXX ZJIXO DQRKR ZCJVV ZTPGP RWYKF DZPKK SMVYM
6 BPHGW RMVCS GTIOR DVKXS DAWKV DVWZI HVFXE TKLZK DAEMX
```

```
 7 FMXGR DZJOR CMXKM MMVOI RMRMV NAWKR RBIOR GMFZM GVQOX
 8 KMXFX DZOXE EBLUG GCRJA HZJZM GVMTH DVFXY MVITA ZMLXI
 9 MLIXR NKLGY ELITE TNTXE KTAGV SMXYM DPXKV ZCJKM MUERI
10 HVIFM DOIJM DQRKM MMQGJ EMRFE GVEAJ HPRFY QMRTX TVHOR
11 CMRHV TVRKR RXVOR FBIXH DVOZW HKLSI MAGNM RBHGW GQIXI
12 HVWKP SAESI RTETH VWFOR HKLJI MVHGK DTETH DBRGG GMMTI
13 QEIOP DSSSQ SMMTD VMMZI QUETR TVHLV ZOXNE RBHAQ DQRKD
14 HMKKK DAINI MMVGR SESXX DBMIL VMMYW IIROG GBSHI RLIOR
15 DEEXH ZAAGV DQRYI KBWGQ DAZOI BPHOI HAXJS BPIIL SMMTJ
16 ZKLOR CMRHV TVRKR FMWVV TVKKR CIVGY EUIOR SLIXQ ZVRTI
17 HVQKM MMOGR MLEYR HKLZK DEIYI MAIOR CQINE AQGNE MMMTI
18 LAXKM MNIYX FMFAR CMR
```

Angenommen der Kryptanalytiker weiß, dass die Länge des Schlüssels m ist. Daraus folgt, dass der Schlüssel aus m Buchstaben $\square_1\square_2\square_3\ldots\square_m$ besteht. Der Kryptoanalytiker unterteilt nun den Kryptotext in m Teiltexte, $t_1, t_2, \ldots, t_m$, für jeden Schlüsselbuchstaben einen. Alle Buchstaben des Kryptotextes, welche mit dem ersten Schlüsselbuchstaben $\square_1$ verschlüsselt wurden, werden dem Teiltext t_1 zugeordnet. Alle Buchstaben, die entsprechend mit dem zweiten Schlüsselbuchstaben $\square_2$ verschlüsselt wurden, sind im Teiltext t_2. Auf dieselbe Art und Weise werden die restlichen Buchstaben des Kryptotextes auf die Teiltexte verteilt. Anders ausgedrückt: Der Buchstabe an Position i wird dem Teiltext $((i-1) \bmod m) + 1$ zugeordnet.

Der Text des Beispiels ist mit einem Schlüssel der Länge 5 verschlüsselt. Wir teilen deshalb die Buchstaben des Kryptotextes den fünf Teiltexten t_1 bis t_5 zu. Das können wir zum Beispiel machen, indem wir den Kryptotext spaltenweise von oben nach unten in 5 Zeilen schreiben. So fällt zum Beispiel der erste Buchstabe D in den ersten Teiltext. Der Buchstabe E an der Position 5 wird dem Teiltext t_5 und der Buchstabe O an Position 8 dem Teiltext t_3 zugeordnet. Damit ergibt sich die folgende Zuordnung der Buchstaben zu den fünf Teiltexten:

```
t₁   DMLHQ MKNDZ MQDDD DQHDD GDGSD DHSTV HMMZS BTGZD ZZRDS BRGDD DHTDF
     DCMRN RGGKD EGHGD MZMNE TKSDZ MHDDM EGHQT CTRFD HMRGH SRVHM DDGQD
     SVQTZ RDHDM SDVIG RDZDK DBHBS ZCTFT CESZH MMHDM CAMLM FC

t₂   QVBVC QIZZC CCJOB AEAZQ EAAPZ VVMNQ PMLCT PAWJQ CTWZM PMTVA VVKAM
     ZMMMA BMVMZ BCZVV VMLKL NTMPC UVOQM MVPMV MVXBV KABQV ATWKV TBMES
     MMUVO BQMAM EBMIB LEAQB APAPM KMVMV IULVV MLKEA QQMAN MM

t₃   ROEIR RRFWX RRIXM LSXRR EPMII OIMYV RMIWE XGIIR JPYPV HVIKW WFLEX
     JXVRW IFQXO LRJMF ILILI TAXXJ EIIRQ RERRH RRVIO LGHIW EEFLH ERMIS
     MMEHX HRKIV SMMRS IEARW ZHXIM LRRWK VIIRQ OELII IGMXI FR

t₄   SUTST OJKIN ZJXCK ONJAY XUKHO RTTTL NTXIA RNXXK VGKKY GCOXK ZXZMG
     OKOMK OZOFX UJZTX TXXGT XGYKK RFJKG FAFTO HKOXZ SNGXK STOJG TGTOS
     TZTLN AKKNG XIYOH OXGYG OOJIT OHKVK GOXTK GYZYO NNTKY A

t₅   EQIFI VZMLM IYPMJ IPEVG DGLXR IWEHX MYPLW EXXOR VPFKM WSRSV IEKXR
     RMIVR RMXXE GAMHY AIRYE EVMVM IMMMJ EJYXR VRRHW IMWIP IHRIK HGIPQ
     DIRVE QDKIR XLWGI RHVIQ IISLJ RVRVR YRQIM RRKIR EEIMX R
```

Die wichtige Beobachtung ist jetzt, dass alle Buchstaben eines Teiltextes t_i mit dem gleichen Buchstaben $\square_i$ des Schlüssels verschlüsselt sind. Daraus folgt, dass die Verschlüsselung aller Buchstaben eines Teiltextes einer Addition von $\mathrm{Ord}(\square_i)$ zur Ordnung des betreffenden Klartextbuchstabens modulo 26 entspricht. Das heißt, die Verschlüsselung eines Teiltextes ist eine einfache CAESAR-Verschlüsselung. Somit reicht es aus, die Verschlüsselung eines beliebigen Buchstabens zu finden, und schon können wir alle anderen Buchstaben des entsprechenden Teiltextes ermitteln.

Nun kann der Kryptoanalytiker mit der Häufigkeitsanalyse den häufigsten Buchstaben eines Teiltextes bestimmen, denn laut den erwarteten Buchstabenhäufigkeiten für die deutsche Sprache aus Tabelle 3.1 (S. 77) ist der häufigste Buchstabe vermutlich ein E. Falls das E keinen Sinn ergibt, probiert er es mit dem Buchstaben N, und so weiter. Probieren bedeutet hier nicht nur einen Kryptotextbuchstaben durch den geschätzten Klartextbuchstaben zu ersetzen, sondern alle Buchstaben des Teiltextes mittels der geschätzten Verschiebung zu bestimmen.

Zur Veranschaulichung betrachten wir den Teiltext t_1 des Beispiels und bestimmen für die Buchstaben dieses Teiltextes die absoluten Häufigkeiten. Daraus ergibt sich das folgende Histogramm:

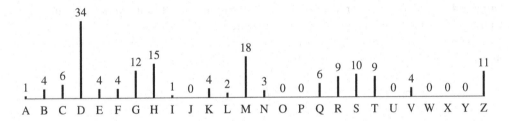

Vergleichen wir jetzt die absoluten Häufigkeiten der Buchstaben aus t_1 mit den erwarteten relativen Häufigkeiten der Buchstaben aus Tabelle 3.1. Vermutlich ist der Buchstabe E auf den Buchstaben D abgebildet worden, da das D in t_1 am häufigsten vorkommt. Aus der VIGENÈRE-Tabelle können wir nun ablesen, dass der Buchstabe E mit dem Schlüsselbuchstaben Z auf das D verschlüsselt wird. Somit könnte es sich beim ersten Schlüsselbuchstaben $\square_1$ um den Buchstaben Z handeln, was einer CAESAR-Verschiebung um 25 Buchstaben entspricht. Überprüfen wir diese Vermutung mit dem zweithäufigsten Buchstaben im Kryptotext, dem M. Mit dem gleichen Schlüsselbuchstaben Z, somit mit der gleichen CAESAR-Verschiebung, wird der Buchstabe N auf den Buchstaben M abgebildet. Unsere Vermutung über den Schlüsselbuchstaben könnte also richtig sein, da der zweithäufigste Buchstabe in der deutschen Sprache das N ist. Analog gehen wir vor, um die Schlüsselbuchstaben der entsprechenden Teiltexte t_2, t_3, t_4 und t_5 zu bestimmen.

Der nächste Schritt in der Überprüfung unserer Vermutung besteht darin, die entsprechenden entschlüsselten Buchstaben aus den Teiltexten t_1 bis t_5 an ihre ursprüngliche Position im Kryptotext zu schreiben. Dann erkennen wir, ob der erhaltene Klartext sinnvoll ist.

Die vorgestellte Kryptoanalyse des Kryptosystems VIGENÈRE heißt **Kasiski-Test**, da diese Methode im 19. Jahrhundert von Friedrich Wilhelm Kasiski beschrieben wurde.

Auszug aus der Geschichte Die Kryptoanalyse von VIGENÈRE, der sogenannte **Kasiski-Test**, wurde 1863 von Friedrich Wilhelm Kasiski (1805–1881) veröffentlicht. Tatsächlich hatte aber bereits neun Jahre vorher der berühmte Mathematiker Charles Babbage (1792–1871) diese Kryptoanalyse für VIGENÈRE entwickelt.

Babbage leistete mit der Erfindung einer Rechenmaschine einen wichtigen Beitrag für die Informatik. Seine Rechenmaschine war die erste programmierbare Maschine überhaupt und somit der Vorläufer des modernen Computers. Die Idee, dass eine Maschine abhängig von einem Programm für unterschiedliche Tätigkeiten eingesetzt werden konnte, war revolutionär.

Übrigens schrieb Ada Lovelace (1815–1852), die Tochter von Lord Byron, das erste Programm für den Rechner von Babbage und ist somit die allererste Person, die je programmiert hatte. Ein Mann baut eine Maschine und eine Frau bringt sie mittels Programmieren zum Leben, das war vor 150 Jahren eine interessante Rollenverteilung.

Aufgabe 4.9 Versuche für das Beispiel im vorangegangenen Text die restlichen Buchstaben des Schlüssels zu bestimmen, indem du t_2 bis t_5 gleich analysierst wie den Teiltext t_1 des Beispiels.

Aufgabe 4.10 Für die Verschlüsselung des Kryptotextes aus Aufgabe 4.8 wurde ein Schlüssel der Länge 5 verwendet. Schaffst du es den Klartext zu bestimmen?

Aufgabe 4.11 Der folgende Kryptotext ist das Ergebnis einer VIGENÈRE-Verschlüsselung eines deutschen Textes. Finde im Kryptotext Buchstabenfolgen, die sich wiederholen. Bestimme mit Hilfe der sich wiederholenden Muster Kandidaten für die Länge des Schlüssels. Die Leerzeichen im Klartext wurden im Kryptotext beibehalten.

```
UEU IOOCEU DIW IOOW RRCLWV UQU RRCLWV NDTH XETHE RRCF
KRTWV SFYOQ RNJJT GRSV UAV IOOCEQ EIH RUIYOHIT QLN
JZNJ VS EVRJRUI LNG UEU IOOCEU DIW IOOW HRVRWV AXW ZX
IOOCEQ IOOW AWDEVW AXW UQU WRCLWV DLV NDVCKJTHE TDXE
YFM UFLOVR QZCKKS PVHU YOHIEQ
```

Aufgabe 4.12 Ein deutscher Klartext wurde mit VIGENÈRE zu folgendem Kryptotext verschlüsselt. Weiter ist bekannt, dass der Schlüssel die Länge 3 hat. Wie lautet der Schlüssel? Bei diesem Krypotext wurden die Leer- und Satzzeichen nicht entfernt.

```
"ZHU CIQBEV IUHTKOZCKK BUVNQK NLTHW!", SEOVHUK DHI PRCICZSW
UEQ CAVKWDXEQWAKIEU. UEU JTHZGW RUV, XEKK NDTH KZNWVN XED
ECELST IRSVLNJJLRJ BHZ SHZNHD FDYRCVUJ JTHYEQ. "JEKVN VZE,
HJ FXEKWZOQZEUK NLTHW!", NIHUEUYOOK DHI BHRMWV FUVUQULLTH.
"CLM WVUIVL PZT GVM ULEFBLLTHW!", JCKEAXQT LYN GVR NRPLKAHE
DHI LDEDVKRDJSH RN. "VRGHE SLV MLI LLVBHI, WR DELE AQYAHEGHI
GHSLLVBHE IVK."
```

4.3 Statistische Kryptoanalyse von VIGENÈRE

Der **Kasiski-Test** dient als Kryptoanalyse für das VIGENÈRE-Kryptosystem. Beim Suchen der Schlüssellänge erhalten wir meist mehrere mögliche Kandidaten. Bisher bestand unsere Strategie darin, dass wir die tatsächliche Schlüssellänge durch Ausprobieren aller möglichen Kandidaten bestimmt haben. Fortlaufend haben wir durch die Häufigkeitsanalyse und das Eintragen der fehlenden Buchstaben die CAESAR-Verschiebungen der einzelnen Teiltexte herausgefunden. Der Aufwand für dieses Ausprobieren wächst natürlich mit der Anzahl der Kandidaten für die Schlüssellänge und kann unter Umständen viel zu groß werden. Deshalb ist es wichtig noch weitere Hinweise zu finden, die die Anzahl der Kandidaten für die Schlüssellänge einschränken. Um schrittweise eine Methode dafür zu entwickeln, stellen wir uns als Erstes die folgende Frage: Gibt es einen Test, mit dem festgestellt werden kann, ob ein Kryptotext mit einem monoalphabetischen Kryptosystem verschlüsselt worden ist?

Hinweis für die Lehrperson Für die Bearbeitung dieses Abschnitts sind Vorkenntnisse der Wahrscheinlichkeitsrechnung und Statistik erforderlich. Diese Vorkenntnisse überschreiten aber den üblichen Gymnasialstoff der Mathematik nicht. Die benötigten Begriffe werden eingeführt, eine vorangegangene gründliche Auseinandersetzung mit dem Thema ist jedoch von großem Vorteil.
    Die Inhalte dieses Abschnitts sind für die Bearbeitung der folgenden Lektionen nicht notwendig.

Im Folgenden betrachten wir deutsche Klartexte mit dem Alphabet Lat. Die **absolute Häufigkeit h** eines Buchstabens $\square$ mit der Ordnung $\mathrm{Ord}(\square) = i$ in einem Text t beschreiben wir mit:

$$h_i(t) = \text{„Anzahl der Buchstaben } \square \text{ mit } \mathrm{Ord}(\square) = i \text{ im Text } t\text{".}$$

So ist zum Beispiel $h_0(t)$ die absolute Häufigkeit des Buchstabens A im Text t. Falls klar ist, welchen Text wir betrachten, dann können wir auch kurz h_0 für diese Häufigkeit schreiben. Wenn n die Länge von t ist, dann gilt offensichtlich:

$$n = h_0 + h_1 + h_2 + \cdots + h_{25} = \sum_{i=0}^{25} h_i.$$

Die absolute Häufigkeit ist abhängig von der Länge des Textes, denn lange Texte haben meist mehr gleiche Buchstaben als kurze. Um ein von der Länge des Textes unabhängiges Häufigkeitsmaß zu erhalten, verwenden wir die **relative Häufigkeit rh**. Diese erhalten wir, wenn wir die absolute Häufigkeit $h_i(t)$ durch die Länge n des Textes t teilen:

$$rh_i(t) = \frac{h_i(t)}{n}.$$

Die relative Häufigkeit $rh_i(t)$ ist der Anteil der Buchstaben mit der Ordnung i in Bezug auf alle Buchstaben des Textes t. Somit ist $rh_i(t) \cdot 100$ der prozentuale Anteil des Buchstabens mit der Ordnung i im Text t.
    Die relativen Häufigkeiten $rh_0, rh_1, \ldots, rh_{25}$ aller Buchstaben eines Textes nennen wir **Häufigkeitsverteilung** der Buchstaben. Wir stellen fest, dass für eine Häufigkeitsverteilung die folgenden Eigenschaften gelten:

(1) Die Summe aller Werte der Häufigkeitsverteilung ist gleich 1,

$$rh_0 + rh_1 + \cdots + rh_{25} = 1.$$

Dies folgt aus dem Umstand, dass $h_0 + h_1 + \cdots h_{25} = n$ gilt. Denn daraus ergibt sich:

$$\frac{h_0}{n} + \frac{h_1}{n} + \cdots + \frac{h_{25}}{n} = \frac{1}{n}(h_0 + \cdots + h_{25})$$

$$= \frac{1}{n} \cdot n$$

$$= 1.$$

(2) Außerdem sind alle relativen Häufigkeiten im Intervall von 0 bis 1

$$0 \leq \frac{h_i}{n} \leq 1,$$

weil $0 \leq h_i \leq n$ gilt.

Eine spezielle Häufigkeitsverteilung ist die **Gleichverteilung**, bei der alle Werte der relativen Häufigkeiten gleich sind. Bei 26 Buchstaben bedeutet dies, dass $rh_0 = rh_1 = \cdots = rh_{25} = \frac{1}{26}$ gilt.

Wir wissen aus der Wahrscheinlichkeitstheorie, dass wir dank den Eigenschaften (1) und (2) die relativen Häufigkeiten rh_i als Wahrscheinlichkeiten betrachten dürfen. Das entsprechende Zufallsexperiment ist das zufällige Wählen einer Position im Text t. Die Zahl $rh_i(t)$ ist dann die Wahrscheinlichkeit, dass sich auf dieser Position ein Buchstabe mit der Ordnung i befindet.

Wie wir bereits in Lektion 3 gesehen haben, können wir Häufigkeiten durch Tabellen oder Histogramme darstellen. Auch die zu erwartenden relativen Häufigkeiten der Buchstaben der deutschen Sprache aus Tabelle 3.1 auf Seite 77 stellen eine Häufigkeitsverteilung dar.

Erkennung einer monoalphabetischen Verschlüsselung

In diesem Abschnitt wollen wir der Frage nachgehen: Ist es möglich, in kurzer Zeit festzustellen, ob ein Kryptotext mit einem monoalphabetischen Kryptosystem verschlüsselt ist?

Zur Illustration der folgenden Überlegungen betrachten wir einen Text, der mit dem monoalphabetischen Kryptosystem PERM verschlüsselt ist:

```
1  KHLKC IJWUK LCZHK UDRKW CGTFK VKWUK JWUKU ZKLLZ KSZJC HIHWH
2  CGTKL UWFCK HLCBF DKLWF UDFPC CKHLK WSWPC DRHKC GTFVK NJLUK
3  JWUKC HLRKL DCKDX DYKWQ FLLRK LFZDK LCGTF KVKWP IUKSW FGTDT
4  FSKLP LRYFW PIIHC CIFBZ KRFCQ ZPKUC DKCGT FVRKW TKWRK SKUHL
5  LDCHG TVPKW RKLVF ZZXPH LDKWK CCHKW KLUZP KGQZH GTKWY KHCKT
```

```
 6 FDUKJ WUKRK LCGTF VKLNJ WUKZK CKLPL RCJDW HVVDC HKRFC QWHIH
 7 LFZHC DHCGT KBWJS ZKILH GTDUF LXPLN JWSKW KHDKD DWJDX NHKZK
 8 WIHCC NKWCD FKLRL HCCKQ JIIKL CHKRK WIKLC GTKLY KZDIH DHTWK
 9 WCGTF VCZJU HQLFG TPLRL FGTFP VRHKC GTZHG TKPLR NKWVJ ZUKLP
10 LKWSH DDZHG TRHKC BPWRK CDFKD KWCXY HCGTK LYKHR KPLRR JWVQH
11 WGTKC DKHZQ ZHBBK LPLRC GTFKV KWYFU KLYFW DKLPL UKFTL DKFSK
12 LDKPK WFPVI HCCIF BZKPL RHTWK TKWRK SHCKC HTLKL DFDCF KGTZH
13 GTUKZ HLUDZ HGTDH LCRPL QKZXP SWHLU KLPLR RKLWF KDCKZ TFVDK
14 LDJRH TWKCC GTFKV KWCFP VXPQZ FKWKL.
```
                                                                                    (4.1)

Zum Vergleich betrachten wir nun den gleichen, diesmal jedoch mit VIGENÈRE verschlüsselten Text:

```
 1 QQFWE MDCKQ VKDUE VEHQZ KUTAT QIDOW GDGTR PQVFD QBAZW UUAJU
 2 SRSIZ OJSEE XYWBI LWZRP RXMCK KQICP VNZMK FDXPW OPSXQ VDYKQ
 3 WJYQS XYHQV LKQTO EAQZC SZNSP RMTLW ZSRSE QNWJG MVPFD IUZFH
 4 PMIZC FVIAG FQYQK KYAEW IPIKC XUTRW FMKUT AUOID PWJPE QPKUV
 5 FLEIR SJGMJ VQNUL PXHMA ZTTCI EAAWD ECRPG MUCXI RSIDE WAEEW
 6 LXSMG JSESP REKZS RECGS DOWDQ STYYZ LKGFR XQJFA AWPAH VVUUA
 7 FMLXD XUAUZ QPGZF XMEFU CWEKM VRMZV DCFQZ WAFEI EVABR NUEAP
 8 VYQKK HEGDX MMFVZ IHDIW WEEQN HTIPM JEQNH NLQVO WXTBT XUPJW
 9 DSRSE RADGS IZYEO PMFPN PNLMC XVUEH NLXQU ZQUCO ZQZXG XGTYY
10 ZMJTU TIWMO PVAQS EFVPM KLMEI PVEHO AECWP RIMAV QUCOH AZXCU
11 RRSIE BWAXK ATTBM FMZDH NLMMX WDWPR IZESJ FECFR SMSZZ TTLFQ
12 VLWGE GLYRU AKEMP APQCF VUHGP LQZVW NIHPW UPFWZ TPEWM MUZXI
13 RSKQT AFSTA TGTBA FEDJY OQTRM NRXYK QVMFP DTYVM MLKQL WLJFM
14 FLADX SVQAK UTATQ IDASM RZJVP MMJWZ.
```
                                                                                    (4.2)

In Abbildung 4.2 sind die Häufigkeitsverteilungen für die beiden Kryptotexte als
Historgramme abgebildet (siehe Abbildung 4.2 b und (c)). Außerdem ist zum Vergleich
die Häufigkeitsverteilung für die zu erwartenden relativen Häufigkeiten der Buchstaben
für die deutsche Sprache aufgezeichnet (siehe Abbildung 4.2 a).

Wir machen die zwei folgenden Beobachtungen:

- Die Häufigkeitsverteilung der Buchstaben des Kryptotextes (4.1) ist der Häufigkeitsverteilung der Buchstaben in der deutschen Sprache sehr ähnlich. Nur die Zuordnung der Häufigkeiten zu den Buchstaben unterscheidet sich. Diese Feststellung
  haben wir bereits in Lektion 3 gemacht, denn diese Eigenschaft der monoalphabetischen Kryptosysteme ermöglicht die Kryptoanalyse mit der Häufigkeitsanalyse.

- Die Häufigkeitsverteilung der Buchstaben des zweiten, mit VIGENÈRE verschlüssel-
  ten, Kryptotextes weicht jedoch stark von der Häufigkeitsverteilung der deutschen
  Sprache ab. Wie wir ebenfalls bereits gelernt haben, stellt diese Eigenschaft die
  Stärke der polyalphabetischen Kryptosysteme dar.

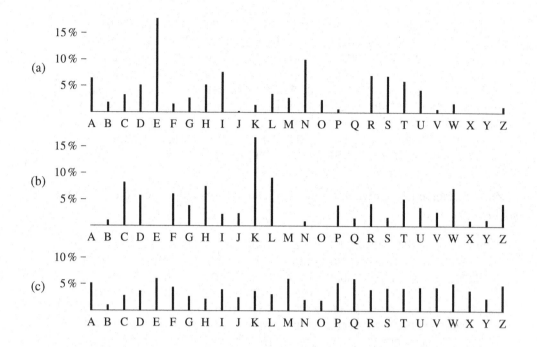

Abbildung 4.2 Das Histogramm (a) zeigt die erwartete Häufigkeitsverteilung der Buchstaben der deutschen Sprache aus Tabelle 3.1 auf Seite 77. Das zweite Histogramm (b) stellt die Häufigkeitsverteilung der Buchstaben für den monoalphabetisch verschlüsselten Kryptotext (4.1) dar. Der mit VIGENÈRE verschlüsselte Kryptotext (4.2) hat die im Histogramm (c) gezeichnete Häufigkeitsverteilung der Buchstaben.

Bevor wir uns der eigentlichen Fragestellung dieses Abschnitts zuwenden, wollen wir uns genauer ansehen, wie diese zwei festgestellten Auffälligkeiten zustande kamen.

- Bei monoalphabetischen Kryptosystemen gilt Folgendes: Wenn $h_0(t)$ bis $h_{25}(t)$ die absoluten Häufigkeiten der einzelnen Buchstaben im Klartext t sind, dann sind die Werte der Häufigkeiten $h_0(k)$, $h_1(k)$, ..., $h_{25}(k)$ der Buchstaben im Kryptotext k eine Permutation der Werte von $h_0(t)$, $h_1(t)$, ..., $h_{25}(t)$. Wenn zum Beispiel durch eine monoalphabetische Verschlüsselung der Klartextbuchstabe A auf den Kryptotextbuchstaben E abgebildet wird, dann gilt:

$$h_0(t) = h_4(k).$$

Weil der Kryptotext die gleiche Länge wie der Klartext hat, gilt auch:

$$rh_0(t) = rh_4(k).$$

- Bei einem polyalphabetischen Kryptosystem werden die Häufigkeiten $h_0(t)$, $h_1(t)$, ..., $h_{25}(t)$ jedoch nicht auf den Kryptotext übertragen. Betrachten wir zum Beispiel eine Verschlüsselung mittels VIGENÈRE mit dem Schlüssel KARTE. Auf den

Buchstaben O des Kryptotextes werden somit die 5 Buchstaben E, O, X, V und K des Klartextes abgebildet. Wenn die Buchstaben E, O, X, V und K des Klartextes ungefähr gleich oft durch die einzelnen Buchstaben K, A, R, T und E des Schlüssels verschlüsselt werden, dann entspricht die erwartete Häufigkeit des Buchstabens O im Kryptotext k dem Mittelwert der Häufigkeiten von E, O, X, V und K im Klartext t. Genauer ausgedrückt:

$$h_{14}(k) \approx \frac{h_{10}(t)}{5} + \frac{h_0(t)}{5} + \frac{h_{17}(t)}{5} + \frac{h_{19}(t)}{5} + \frac{h_4(t)}{5}$$

$$= \frac{1}{5}\Big(h_{10}(t) + h_0(t) + h_{17}(t) + h_{19}(t) + h_4(t)\Big).$$

Was passiert, wenn der Schlüssel aus 26 unterschiedlichen Buchstaben besteht? Dann ist die erwartete relative Häufigkeit jedes einzelnen Buchstabens mit der Ordnung i im Kryptotext gegeben durch:

$$rh_i(k) \approx \frac{rh_0(t)}{26} + \frac{rh_1(t)}{26} + \cdots + \frac{rh_{25}(t)}{26}$$

$$= \frac{1}{26} \sum_{i=0}^{25} rh_i(t)$$

$$= \frac{1}{26}.$$

Damit werden also alle Buchstaben des Kryptotextes erwartungsgemäß die gleiche relative Häufigkeit von $\frac{1}{26}$ haben, und es gibt kein statistisches Merkmal, welches uns die Zuordnung der Buchstaben verrät.

Aufgabe 4.13 Gegeben sei ein mit VIGENÈRE und dem Schlüssel SCHATZ verschlüsselter Kryptotext. Bestimme die erwarteten relativen Häufigkeiten der Buchstaben N, P und A im Kryptotext, wenn die Buchstaben im Klartext die Häufigkeiten aus Tabelle 3.1 auf Seite 77 aufweisen.

Aufgabe 4.14 Ein Kryptotext wurde mit VIGENÈRE und dem Schlüssel KARTE erstellt. Welche erwarteten relativen Häufigkeiten haben die Buchstaben A, B und Z im Kryptotext, wenn die relativen Häufigkeiten der Buchstaben im Klartext den Werten aus Tabelle 3.1 auf Seite 77 entsprechen?

Kommen wir zurück zur Ausgangsfrage: Ist ein Kryptotext durch eine monoalphabetische Verschlüsselung entstanden? Es scheint, dass wir lediglich überprüfen müssen, ob die Häufigkeitsverteilung der Buchstaben des Kryptotextes der erwarteten Häufigkeitsverteilung der Buchstaben in der deutschen Sprache gleicht. Sind sich die relativen Häufigkeiten der Buchstaben untereinander jedoch sehr ähnlich (also nahezu eine Gleichverteilung), dann handelt es sich vermutlich *nicht* um eine monoalphabetische Verschlüsselung.

Das heißt, bei einem monoalphabetisch verschlüsselten Kryptotext bestehen größere Unterschiede zwischen den einzelnen relativen Häufigkeiten der Buchstaben. Nun stellt sich die Frage, wie wir diese Unterschiede numerisch mittels einer einzigen Zahl greifbar machen können.

Dazu definieren wir ein Maß, das diese Unterschiede zwischen den relativen Häufigkeiten einer Häufigkeitsverteilung misst. Dieses Maß beruht auf der Idee, jeder Häufigkeitsverteilung eine Zahl zuzuweisen. Diese Zahl soll dabei umso größer sein, je stärker die Häufigkeitsverteilung von der Gleichverteilung abweicht.

Gegeben sei die Häufigkeitsverteilung: $rh_0, rh_1, \ldots, rh_{25}$. Der Betrag, um den sich die relative Häufigkeit rh_0 von $\frac{1}{26}$ unterscheidet, ist durch die absolute Differenz

$$\left| rh_0 - \frac{1}{26} \right|$$

gegeben. Wir erhalten einen ersten Ansatz für das gesuchte Maß, wenn wir diese Beträge für alle relativen Häufigkeiten der Häufigkeitsverteilung aufsummieren:

$$\left| rh_0 - \frac{1}{26} \right| + \cdots + \left| rh_{25} - \frac{1}{26} \right|.$$

Statt die Beträge der Differenzen werden wir jedoch das Quadrat der Differenzen verwenden, wie dies in der Statistik üblich ist:

$$\left(rh_0 - \frac{1}{26} \right)^2 + \cdots + \left(rh_{25} - \frac{1}{26} \right)^2. \tag{4.3}$$

Das erlaubt uns in einem späteren Abschnitt, eine interessante Interpretation für die Formel (4.3) zu diskutieren. Eine kürzere Schreibweise dieser Formel erhalten wir mit Hilfe des Summenzeichens:

$$\sum_{i=0}^{25} \left(rh_i - \frac{1}{26} \right)^2. \tag{4.4}$$

Wir erkennen, dass die Zahl, bestimmt durch die Formel (4.4), groß ist, wenn der Unterschied der Häufigkeitsverteilung zur Gleichverteilung groß ist. Wir können die Formel jedoch noch wesentlich vereinfachen, denn durch Ausmultiplizieren erhalten wir:

$$\sum_{i=0}^{25} \left(rh_i - \frac{1}{26} \right)^2 = \sum_{i=0}^{25} \left(rh_i^2 - \frac{2}{26} rh_i + \frac{1}{26^2} \right)$$

$$= \sum_{i=0}^{25} rh_i^2 - \frac{2}{26} \underbrace{\sum_{i=0}^{25} rh_i}_{=1} + 26 \frac{1}{26^2}$$

$$= \sum_{i=0}^{25} rh_i^2 - \frac{2}{26} + \frac{1}{26}$$

$$= \sum_{i=0}^{25} rh_i^2 - \frac{1}{26}.$$

Mit dem letzten Term haben wir bereits eine einfache Formel für unser gesuchtes Maß erhalten. Wir sehen, dass bei allen Häufigkeitsverteilungen die Konstante $\frac{1}{26}$ abgezogen wird. Da wir jedoch ein Maß für die Unterschiede zwischen Häufigkeitsverteilungen suchen, können wir diese Konstante auch genauso gut weglassen.

Damit erhalten wir eine Charakteristik einer Häufigkeitsverteilung, welche die Stärke der Abweichung von der Gleichverteilung beschreibt. Für die Häufigkeitsverteilung der Buchstaben eines Textes erhalten wir somit die folgende Definition für unser Maß:

Sei t ein beliebiger Text der Länge n über dem Alphabet Lat. *Dann heisst die Zahl* $\mathbf{FC}(t)$ *gegeben durch*

$$\mathrm{FC}(t) = \sum_{i=0}^{25} rh_i(t)^2,$$

*die **Friedmansche Charakteristik des Textes t**.*

Wenn wir $\mathrm{FC}(t)$ eines Textes von Hand bestimmen, ist es wesentlich einfacher, die äquivalente Formel

$$\mathrm{FC}(t) = \frac{1}{n^2} \sum_{i=0}^{25} h_i(t)^2$$

für die Friedmansche Charakteristik zu verwenden.

Wenn wir den Wert der Friedmanschen Charakteristik für die erwartete Häufigkeitsverteilung eines deutschsprachigen Textes nach Tabelle 3.1 auf Seite 77 bestimmen, erhalten wir den Wert

$$\kappa_D = 0{,}0773,$$

den wir die **Friedmansche Charakteristik der deutschen Sprache** nennen und mit κ_D bezeichnen. Die **Friedmansche Charakteristik der Gleichverteilung** bezeichnen wir entsprechend mit κ_G und erhalten:

$$\kappa_G = \sum_{i=0}^{25} \left(\frac{1}{26} \right)^2 = 26 \cdot \frac{1}{26^2} = \frac{1}{26} = 0{,}0385.$$

Die Friedmansche Charakteristik erfüllt unsere Anforderungen an ein Maß für die Häufigkeitsverteilung. Denn die Zahl $\mathrm{FC}(t)$ ist für eine Häufigkeitsverteilung

(1) *klein*, wenn die Unterschiede zwischen den einzelnen Häufigkeiten *klein* sind, und

(2) *groß*, wenn die Unterschiede zwischen den einzelnen Häufigkeiten *groß* sind.

Wenn ein Klartext mit einem monoalphabetischen Kryptosystem zu einem Kryptotext verschlüsselt wird, dann haben Klar- und Kryptotext die genau gleiche Friedmansche Charakteristik, denn die monoalphabetische Verschlüsselung bewirkt nur eine Permutation der Buchstabenhäufigkeiten. Somit bleiben die eigentlichen Werte der Häufigkeitsverteilung unverändert. Da die Werte der Häufigkeitsverteilung gleich bleiben, bleibt auch die Friedmansche Charakteristik des Textes gleich.

Wird ein Klartext t mit einem monoalphabetischen Kryptosystem zu einem Kryptotext k verschlüsselt, ist die Friedmansche Charakteristik des Kryptotextes gleich der Friedmanschen Charakteristik des Klartextes.

$$\text{FC}(t) = \text{FC}(k).$$

Handelt es sich beim Klartext um einen langen Text, bei dem die Friedmansche Charakteristik ungefähr mit dem Wert κ_D übereinstimmt, dann können wir anhand der Friedmanschen Charakteristik des Kryptotextes erkennen, ob der Kryptotext mit einem monoalphabetischen Kryptosystem verschlüsselt sein könnte.

Aufgabe 4.15 Für welche Häufigkeitsverteilungen erreicht die Friedmansche Charakteristik den maximalen und für welche Häufigkeitsverteilung den minimalen Wert? Gib je ein Beispiel für eine solche Häufigkeitsverteilung an. Wie lautet der maximale und der minimale Wert?

Aufgabe 4.16 Bestimme die Friedmansche Charakteristik für den folgenden Text und vergleiche sie mit der Friedmanschen Charakteristik der deutschen Sprache.

```
AUF DEM WEG ZUR ARBEIT SPRINGT EINEM PROGRAMMIERER
EIN FROSCH ENTGEGEN. "ICH BIN EINE VERZAUBERTE
PRINZESSIN, KUESS MICH." DER FROSCH WIRD IN DIE
JACKENTASCHE GESTECKT. IN DER MITTAGSPAUSE QUAKT
ES WIEDER. "BITTE, BITTE, KUESS MICH, ICH BIN
EINE VERZAUBERTE PRINZESSIN." KEINE REAKTION.
ALS ER ABENDS IN DER KNEIPE DEN FROSCH VORFUEHRT,
WIRD DER PROGRAMMIERER GEFRAGT, WARUM ER
DEN BETTELNDEN FROSCH NICHT ERHOERT? ANTWORT:
"FUER EINE FREUNDIN HABE ICH KEINE ZEIT, ABER
EINEN SPRECHENDEN FROSCH FINDE ICH COOL."
```

Aufgabe 4.17 Bestimme die Friedmanschen Charakteristiken der beiden Kryptotexte (4.1) und (4.2) in diesem Abschnitt und vergleiche die beiden Werte. Beschreibe deine Beobachtungen.

Aufgabe 4.18 Bestimme für den folgenden Klartext die Friedmansche Charakteristik. Verschlüssle den Klartext mit VIGENÈRE

(a) mit dem Schlüssel RAT

(b) und mit dem Schlüssel RATSCHLAG.

Bestimme anschliessend jeweils die Friedmansche Charakteristik der beiden Kryptotexte.

```
EINE SCHILDKROETE KLETTERT AUF EINEN BAUM UND SPRINGT
IMMER WIEDER HERUNTER. DANEBEN SITZT EIN VOGELPAERCHEN.
DAS WEIBCHEN SAGT ZUM MAENNCHEN: "DU, SOLLTEN WIR IHR
NICHT LANGSAM MAL SAGEN, DASS SIE ADOPTIERT IST?"
```

Der Friedman-Test zur Bestimmung der Schlüssellänge

Mit Hilfe der Friedmanschen Charakteristik können wir herausfinden, ob ein gegebener Kryptotext mit einem monoalphabetischen Kryptosystem verschlüsselt wurde oder nicht. Wie wir gleich sehen werden, kann die Friedmansche Charakteristik auch dazu verwendet werden, die Kryptoanalyse von VIGENÈRE wesentlich zu vereinfachen. Wir hatten bereits am Anfang dieses Abschnitts die Idee, die Anzahl der Kandidaten für die Schlüssellänge mit Hilfe der Friedmanschen Charakteristik einzugrenzen.

Bis jetzt hatten wir für die Kryptoanalyse von VIGENÈRE den Kasiski-Test verwendet. Diese Kryptoanalyse kann jedoch langwierig und mühsam sein, da wir unter Umständen mehrere verschiedene Schlüssellängen ausprobieren müssen, bis wir die korrekte Schlüssellänge entdecken. Die Idee ist nun, mit Hilfe der Friedmanschen Charakteristik die möglichen Schlüssellängen zum vornherein einzuschränken oder sich sogar auf eine Schlüssellänge festzulegen.

Betrachten wir einen gegebenen Kryptotext t, der mit VIGENÈRE verschlüsselt ist. Sagen wir, dass m eine mögliche Schlüssellänge ist. Dann wird der Kryptotext wie beim Kasiski-Test in m Teiltexte t_1 bis t_m eingeteilt. Falls wir die korrekte Schlüssellänge erraten haben, dann sind alle Buchstaben eines Teiltextes durch den gleichen Schlüsselbuchstaben verschlüsselt, wie bei einer CAESAR-Verschlüsselung.

Hier kommt nun die Friedmansche Charakteristik ins Spiel. Wie wir wissen, ist die Friedmansche Charakteristik für monoalphabetisch verschlüsselte Kryptotexte groß, und somit werden die Werte $FC(t_1)$, $FC(t_2)$, ..., $FC(t_m)$ für die einzelnen Teiltexte nahe bei κ_D sein. Wenn wir aber auf die falsche Schlüssellänge getippt haben, dann sind die Werte $FC(t_1)$ bis $FC(t_m)$ wahrscheinlich eher näher bei κ_G. Diese Idee nutzen wir nun, um die tatsächliche Schlüssellänge zu bestimmen.

Wir möchten jetzt für jede mögliche Schlüssellänge m eine Charakteristik für den ganzen Kryptotext haben, der die Werte $FC(t_1)$, $FC(t_2)$, ..., $FC(t_m)$ für die einzelnen Teiltexte zusammenfasst. Wir verwenden dafür den Mittelwert dieser Werte und erhalten damit die Friedmansche Charakteristik eines Textes bei der Schlüssellänge m. Wenn zum Beispiel alle $FC(t_i)$ nahe bei κ_D liegen, dann ist auch der Mittelwert aller $FC(t_i)$ nahe bei κ_D.

Gegeben sei ein Text t der Länge n, der in die Teiltexte $t_1, \ldots, t_m$ eingeteilt ist. Dann ist $\mathbf{FC^{(m)}}(t)$, *der Mittelwert aller* $FC(t_1), \ldots, FC(t_m)$, *gegeben durch*

$$FC^{(m)}(t) = \frac{1}{m} \sum_{i=1}^{m} FC(t_i),$$

die *Friedmansche Charakteristik des Textes t bei der Schlüssellänge m.*

Wie sieht nun die Kryptoanalyse von VIGENÈRE mit Hilfe der Friedmanschen Charakteristik aus? Das Vorgehen illustrieren wir anhand des Kryptotextes (4.2) auf Seite 107, der mit VIGENÈRE verschlüsselt ist. Wir raten zum Beispiel, dass die Schlüssellänge 5

Tabelle 4.2 Die Teiltexte $t_1, t_2, \ldots, t_5$ für den Kryptotext (4.2) und deren Friedmansche Charakteristiken $FC(t_i)$ sind in dieser Tabelle eingetragen. Der Mittelwert der entsprechenden Werte $FC(t_1)$ bis $FC(t_5)$ ergibt die Friedmansche Charakteristik für den Kryptotext bei Schlüssellänge 5.

		$FC(t_i)$
t_1	QMVVK QGPQU SOXLR KVFOV WXLES RZQMI PFFKI XFAPQ FSVPZ EEMRW LJRRD SLXAV FXQXC VDWEN VHMIW HJNWX DRIPP XNZZX ZTPEK PARQA RBAFN WIFST VGAAV LNUTM RATFO NQDMW FSUIR M	0,0505
t_2	QDKEU IDQBU RJYWX QNDPD JYKAZ MSNVU MVQYP UMUWP LJQXT ACUSA XSEEO TKQWV MUPMW RCAVU YEMHE TELXU SAZMN VLQQG MIVFL VEIUZ RWTML DZEMT LLKPU QIPPU SFGEQ RVTLL LVTDZ M	0,0527
t_3	FCDHT DGVAA SSWZM IZXSY YHQQN TRWPZ IIYAI TKOJK EGNHT ARCIE SEKCW YGJPU LAGEE MFFAE QGFDE IQQTP RDYFL UXUZT JWAVM ECMCX SATZM WECSL WYEQH ZHFEZ KSTDT XMYKJ AQAAJ J	0,0484
t_4	WKUQA OTFZJ IEBRC CMPXK QQTZS LSJFF ZAQEK RUIPU IMUMC WPXDE MSZGD YFFAU XUZFK ZQEBA KDVIQ PNVBJ SGEPM EQCXY TMQPE HWAOC IXBDM PSFZF GRMCG VPWWX QTBJR YFVQF DATSV W	0,0463
t_5	EQEZT WRDWU ZEIPK PKWQQ SVOCP WEGDH CGKWC WTDEV RJLAI DGIEW GPSSQ ZRAHA DZFUM VZIRP KXZWN MHOTW ESONC HUOGY UOSMI OPVHU EKMHX RJRZQ EUPFP WWZMI TAAYM KPMLM XKQMP Z	0,0490
		$FC^{(5)}(t) = 0{,}0494$

sein könnte. Dann ergeben sich fünf Teiltexte t_1 bis t_5, und für jeden dieser Teiltexte t_i bestimmen wir den Wert $FC(t_i)$. Die Teiltexte und die Werte $FC(t_i)$ sind in Tabelle 4.2 eingetragen.

Die Friedmansche Charakteristik $FC^{(5)}(t)$ des Kryptotextes bei Schlüssellänge 5 ist somit 0,0494. Diese Zahl ist näher bei κ_G als bei der Friedmanschen Charakteristik der deutschen Sprache, und deshalb schließen wir daraus, dass wir auf die falsche Schlüssellänge getippt haben.

Wie können wir die richtige Schlüssellänge bestimmen? Ganz einfach: Wir wiederholen das Vorgehen für alle möglichen Schlüssellängen. Mit Hilfe des Computers lassen sich die Zahlen $FC^{(1)}(t)$, $FC^{(2)}(t)$, ... für beliebige Schlüssellängen schnell bestimmen. Nun können wir diese Werte zum Beispiel für die Schlüssellängen von 1 bis 20 ausrechnen und in einem Funktionsgraphen aufzeichnen, wie dies in Abbildung 4.3 dargestellt ist.

Anhand des Funktionsgraphen können wir nun ganz einfach die wahrscheinlich korrekte Schlüssellänge ablesen, denn es fällt uns beim Betrachten des Funktionsgraphen sofort auf, dass die Werte für die Schlüssellängen 9 und 18 hervorstechen. Die Werte liegen als einzige weit über den anderen Werten und somit weit über dem Wert κ_G der Gleichvertei-

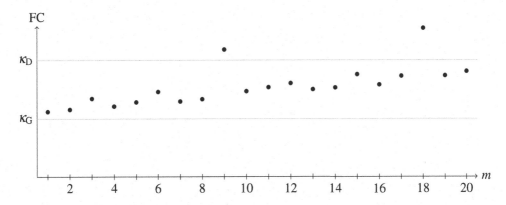

Abbildung 4.3 Funktionsgraph der Werte $FC^{(1)}(t)$, $FC^{(2)}(t)$, ..., $FC^{(20)}(t)$ für den mit VIGENÈRE verschlüsselten Kryptotext (4.2). Der Wert bei einer Schlüssellänge von 9 (und dem Vielfachen 18) sticht klar hervor und ist somit vermutlich die korrekte Schlüssellänge.

lung. Da außerdem 18 ein Vielfaches von 9 ist, können wir mit hoher Wahrscheinlichkeit davon ausgehen, dass 9 die tatsächliche Schlüssellänge ist.

Allgemein sind alle Werte von $FC^{(m)}(t)$ für $m \geq 10$ zu hoch, also näher bei κ_D als bei κ_G. Das kommt daher, dass der Text zu kurz ist. In der Folge sind die Teiltexte bei höheren m noch kürzer und damit nicht statistisch repräsentativ. Wenn wir zum Beispiel einen Teiltext der Länge 10 betrachten, kommen mindestens 16 Buchstaben gar nicht vor, und die vorhandenen Buchstaben haben entsprechend übertrieben hohe relative Häufigkeiten. Kein Wunder, dass dann die Friedmansche Charakteristik zu hoch wird.

Eine klarere Aussage über die Schlüssellänge erhalten wir, wenn der Kryptotext wesentlich länger ist als beim betrachteten Beispiel. Um dies zu verdeutlichen, haben wir den gesamten Text aus Lektion 1 mit VIGENÈRE verschlüsselt und danach den Funktionsgraph für die Werte $FC^{(1)}(t)$, $FC^{(2)}(t)$, ..., $FC^{(20)}(t)$ in Abbildung 4.4 eingetragen. Bei diesem Beispiel sehen wir sehr deutlich, wie die Werte $FC^{(l)}(t)$ für eine falsche Schlüssellänge l nahe bei κ_G sind, während der Wert für die tatsächliche Schlüssellänge 7 (und deren Vielfache) nahe bei κ_D liegen.

Diese Kryptoanalyse wurde von William Friedman und Solomon Kullback entwickelt und heißt deshalb heute **Friedman-Test**.

Auszug aus der Geschichte William Friedman (1891–1969) entwickelte mit seinem Assistenten Solomon Kullback (1903–1994) den nach ihm benannten Friedman-Test im Jahr 1925, also 70 Jahre nachdem mit Hilfe des Kasiski-Tests das Kryptosystem VIGENÈRE geknackt werden konnte.

Friedman gilt als der größte Kryptologe seiner Zeit, und sein Test beschleunigte und automatisierte sogar teilweise die Kryptoanalyse von VIGENÈRE. Seine Methode wurde stark durch die Entwicklung der statistischen Methoden und die Informationstheorie beeinflusst, die zusammen einen großen Verdienst an der Entwicklung der Wissenschaften in der ersten Hälfte des 20. Jahrhunderts hatten.

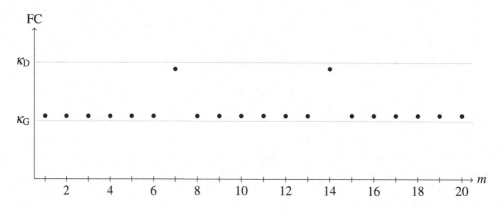

Abbildung 4.4 Funktionsgraph der Werte $FC^{(1)}(t)$, $FC^{(2)}(t)$, ..., $FC^{(20)}(t)$ für den gesamten Text aus Lektion 1, der mit VIGENÈRE verschlüsselt wurde. Der Text hat die Länge 50 360. Für die Verschlüsselung wurde der Schlüssel LEKTION der Länge 7 verwendet. Aus diesem Funktionsgraphen können wir ohne Zweifel die tatsächliche Schlüssellänge ablesen.

Aufgabe 4.19 Führe die Kryptoanalyse des Kryptotextes (4.2) zu Ende und bestimme den Schlüssel.

Aufgabe 4.20 Der unten stehende Kryptotext t wurde mit VIGENÈRE verschlüsselt. Berechne die Friedmansche Charakteristik $FC^{(m)}(t)$ für

(a) die Schlüssellänge $m = 3$

(b) und die Schlüssellänge $m = 7$.

Welcher Wert spricht für die tatsächliche Schlüssellänge? Die Leer- und Satzzeichen des Klartextes wurden in den Kryptotext übernommen.

```
UBPWQB ZYT OPZ HZIKDEM JIKUYO DSE GSEPZMO. YETYMW QKINSMRJ
RIPQMVRTT QFMV YONVPTWKKIYP, OVFYSPC TMVHHLMMV MUN
HTTHJIHHPQRVT UYO EMCJEY CIYWKRPTMR, ZYT PC AXVZS MPZIZZ,
AWWMW JZESPV YEJ LTPOIE FU WLAWVT, UX XQX RYTPCQB VON
YPCIJ GBPYBILX ZF PZPVHEY. TV WVONPC JIXRETECRX HEQTVHVZ
STNP MUKFTI, LII KIYKQKV GLD FUAVRTQCMYEJLTNP FVQAYYBI
YANO, OMV MUR GPZDNKIQWCRX GUQSMYCZ, WPYV QRT ETYMR SGUX
QIICRT.
```

Aufgabe 4.21 Bestimme mit Hilfe des Friedman-Tests die Schlüssellänge, mit der der folgende Kryptotext verschlüsselt ist. Der Kryptotext ist mit VIGENÈRE verschlüsselt und die Leer- und Satzzeichen wurden aus dem Klartext übernommen.

```
1 OETWZEX GEE MXJTMDARPQ ZEY JNODVAN HDHD MHROPOGECW DAMHJ, GTOP
2 DTH EDJOHIDFDE RHIETQZE YDIEYV XAFPENR DHS PLJE OHN
3 AYCEESHJDDWAN ERQRTVPEYDPTCDGTTRJEY CWMZQEEYV. WBPU OEWWOAXH
4 ZIYJA GPKAN GRN IX GQNVOAN QRNSE. GAS YDYHEV DOPUP MLQ ZAD
5 VPOPKJEY GAR OUQIOHJBTUGEY XJD OHN SEHNNPQOTLXJEC, PWN XXJKPOP
6 VZQ ZEC ZWLOVLIYQANSHTE, OLA NZFD IXPAR TP QNMHSOSQPEY WAIW
7 GAS HDHDPV EHC XJWPVAN EUAIMHJ SZOH. ETQAS EDCED YARDFDLLHCT
```

8 PV ANDHH UYG GRPWA, ETQ FUYJAS RHOCSZESEHNPLDN VZQ

9 BHPUJHLFDEYCSECJAN, TQ ZEY ZELOHJ, VZQ RECEKTDVYHTOZECQ

10 QMDWWNOHJEY WAIW GAR MDQMHHHT, FQZ DLV, SAD VEE ORNT PUHEMHJ,

11 UPEARDWAIRW WLW LDRP HNWLUPUYJAN...

Sinkov-Test zur Schätzung der Schlüssellänge

Im vorangehenden Abschnitt haben wir mit dem Friedman-Test ein statistisches Verfahren kennen gelernt, aus dessen Resultat wir relativ zuverlässig auf die Schlüssellänge schließen können. Dazu mussten wir die Friedmansche Charakteristik des Kryptotextes bezüglich vielen Schlüssellängen berechnen. Die Frage ist, ob es nicht möglich ist, die Schlüssellänge mit weniger Aufwand zu bestimmen. Wir möchten die Schlüssellänge sogar abschätzen, indem wir nur die Friedmansche Charakteristik für den gesamten Text berechnen. In diesem Abschnitt werden wir eine einfache Formel zur Abschätzung der Schlüssellänge entwickeln. Dazu werden wir zuerst eine interessante Interpretation für die Friedmansche Charakteristik herleiten. Die endgültige Formel für die Schlüssellänge wird dann nur noch von der Friedmanschen Charakteristik des gesamten Textes abhängig sein. Das Bestimmen der Teiltexte wird dadurch überflüssig.

Hinweis für die Lehrperson Für die Herleitung der Formel dieses Abschnitts sind Grundkenntnisse aus der Kombinatorik und der Wahrscheinlichkeitstheorie unbedingt erforderlich. Im folgenden Text werden diese vorausgesetzt.

Betrachten wir noch einmal die Definition der Friedmanschen Charakteristik für einen Text t:

$$FC(t) = \sum_{i=0}^{25} rh_i(t)^2.$$

Im Folgenden werden wir eine Interpretation dieser Formel herleiten, welche die Friedmansche Charakteristik als Wahrscheinlichkeit eines Ereignisses betrachtet.

Gegeben sei ein Text t der Länge n über dem Alphabet Lat. Wir betrachten die zufällige Bestimmung einer Position des Textes t als ein Zufallsexperiment. Somit ist die Ergebnismenge $S = \{1, 2, 3, \ldots, n\}$, wobei jedes Ergebnis, also jede Position des Zufallsexperiments, die gleiche Wahrscheinlichkeit hat.

Wir interessieren uns nun für das Ereignis A, dass der Buchstabe an der zufällig bestimmten Position ein A ist:

$A = \{ i \mid$ auf der Position i im Text t befindet sich der Buchstabe A$\}$.

Offensichtlich ist die Wahrscheinlichkeit Prob(A) für das Ereignis A gegeben durch

$$\text{Prob}(A) = \frac{h_0(t)}{n} = rh_0(t).$$

Ebenso sind die Wahrscheinlichkeiten für die anderen Buchstaben gegeben.

Nun betrachten wir das zweistufige Zufallsexperiment, bei dem *zweimal* zufällig eine Position aus dem gleichen Text bestimmt wird. Dabei kann auch zweimal die gleiche Position ermittelt werden. Ein Ergebnis dieses zweistufigen Zufallsexperiments ist demnach ein Paar (i, j) von zwei Positionen.

Betrachten wir nun das Ereignis (A, A), dass zweimal hintereinander eine Position zufällig bestimmt wird, an der sich der Buchstabe A befindet:

$$(A, A) = \{ (i, j) \mid \text{auf den Positionen } i \text{ und } j \text{ in } t \text{ befindet sich der Buchstabe A} \}.$$

Wie groß ist die Wahrscheinlichkeit für dieses Ereignis (A, A)? Die Wahrscheinlichkeit, dass beim ersten Mal der Buchstabe A bestimmt wird, beträgt $rh_0(t)$. Somit ist nach der Produktregel für mehrstufige Zufallsexperimente die Wahrscheinlichkeit, dass zweimal hintereinander der Buchstabe A bestimmt wird, gleich $rh_0(t)^2$. Analog dazu ist $rh_i(t)^2$ die Wahrscheinlichkeit, dass der Buchstabe mit der Ordnung i auf beiden zufälligen Positionen erscheint.

Nun betrachten wir das Ereignis ϕ, dass beim zufälligen Bestimmen von zwei Positionen des Textes t zwei Positionen ermittelt werden, auf denen sich der gleiche Buchstabe befindet:

$$\phi = (A, A) \cup (B, B) \cup \cdots \cup (Z, Z).$$

Wie groß ist die Wahrscheinlichkeit Prob(ϕ) für das Ereignis ϕ? Diese Wahrscheinlichkeit erhalten wir durch das Addieren der Wahrscheinlichkeiten $rh_i(t)^2$, weil die Ereignisse (A, A), (B, B), ..., (Z, Z) paarweise disjunkt sind. Somit erhalten wir:

$$\text{Prob}(\phi) = rh_0(t)^2 + rh_1(t)^2 + \cdots + rh_{25}(t)^2.$$

Wir stellen fest, dass die Wahrscheinlichkeit für das Ereignis ϕ durch die gleiche Formel ausgedrückt wird, die auch die Friedmansche Charakteristik FC(t) des Textes t darstellt. Somit haben wir eine andere Bedeutung für die Friedmansche Charakteristik eines Textes gefunden.

*Die **Friedmansche Charakteristik eines Textes t** beschreibt die Wahrscheinlichkeit, dass sich auf zwei zufällig bestimmten Positionen des Textes der gleiche Buchstabe befindet.*

$$\text{FC}(t) = \text{Prob}(\phi).$$

Aufgabe 4.22 Bestimme die Formel für die Wahrscheinlichkeit, dass sich auf drei zufällig bestimmten Positionen eines Textes der gleiche Buchstabe befindet.

Aufgabe 4.23 Wie groß ist die Wahrscheinlichkeit, dass sich auf zwei zufällig bestimmten Positionen eines Textes je ein Vokal befindet?

Aufgabe 4.24 Wir bestimmen zufällig drei Positionen i, j und k eines Textes. Wie groß ist die Wahrscheinlichkeit,

(a) dass die Buchstaben auf diesen drei Positionen das Wort EIN ergeben?

(b) dass die Buchstaben auf diesen drei Positionen in beliebiger Reihenfolge die Buchstaben E, I und N sind?

Unser Ziel ist es nun, die Wahrscheinlichkeit für das Ereignis ϕ mit Hilfe der Schlüssellänge m zu bestimmen. Das heißt, wir wollen eine Formel für $FC(t)$ in Abhängigkeit von m finden. Die erhaltene Gleichung können wir umformen, so dass wir die Schlüssellänge m in Abhängigkeit von $FC(t)$ ausrechnen können.

Betrachten wir einen Kryptotext t der Länge n, der mit VIGENÈRE und einem Schlüssel der Länge m verschlüsselt wurde. Wie zuvor beim Friedman-Test können wir den Kryptotext t in m Teiltexte $t_1, t_2, \ldots, t_m$ aufteilen. Zur Vereinfachung nehmen wir nun an, dass die Länge der Teiltexte jeweils genau $\frac{n}{m}$ beträgt, dass also $\frac{n}{m}$ ganzzahlig ist.

Wie können wir nun daraus die Wahrscheinlichkeit für das Ereignis ϕ bestimmen? Die Wahrscheinlichkeit $\mathrm{Prob}(\phi)$ ist gegeben durch die folgende Formel:

$$\mathrm{Prob}(\phi) = \frac{Anz_{\text{gleiche}}}{Anz_{\text{alle}}}, \tag{4.5}$$

wobei Anz_{gleiche} die Anzahl Positionspaare (i, j), auf denen sich der gleiche Buchstabe befindet, bezeichnet. Mit Anz_{alle} bezeichnen wir die Anzahl aller Positionspaare (i, j).

Bestimmen wir als Erstes die Anzahl Anz_{alle}. Es gibt n Möglichkeiten die erste Position zu ermitteln, und entsprechend weitere n Möglichkeiten die zweite Position zu wählen. Also folgt

$$Anz_{\text{alle}} = n^2.$$

Als Nächstes bestimmen wir die Anzahl Anz_{gleiche}. Wir werden dazu die folgende Unterscheidung machen: 1. Die beiden Positionen befinden sich im gleichen Teiltext t_i, oder 2. die beiden Positionen stammen aus unterschiedlichen Teiltexten.

Sei Anz_{gT} die Anzahl der Positionspaare, bei denen beide Positionen aus dem *gleichen* Teiltext stammen, und Anz_{uT} ist die Anzahl der Positionspaare mit Positionen aus *unterschiedlichen* Teiltexten. Offensichtlich ist $Anz_{\text{gT}} + Anz_{\text{uT}} = Anz_{\text{alle}}$.

1. Bestimmen wir die Anzahl Anz_{gT}. Es gibt n Möglichkeiten die erste Position aus t zu ermitteln. Diese Position gehört zu einem Teiltext t_i. Die zweite Position muss jetzt aus dem gleichen Teiltext stammen. Daher gibt es $\frac{n}{m}$ Möglichkeiten diese zweite Position aus dem gleichen Teiltext t_i zu wählen. Somit gibt es

$$Anz_{\text{gT}} = n \cdot \frac{n}{m} = \frac{n^2}{m}$$

Paare von Positionen, bei denen beide Positionen aus dem *gleichen* Teiltext sind.

2. Die Anzahl

$$Anz_{\mathrm{uT}} = n\left(n - \frac{n}{m}\right) = n\left(\frac{nm - n}{m}\right) = n^2\left(\frac{m-1}{m}\right)$$

bestimmt entsprechend die Anzahl Paare von zwei Positionen, die aus *unterschiedlichen* Teiltexten sind. Diese Formel folgt aus der Überlegung, dass wir wiederum n Möglichkeiten haben, die erste Position zu ermitteln. Da wir die zweite Position nicht aus dem gleichen Teiltext erhalten dürfen, haben wir entsprechend $n - \frac{n}{m}$ Möglichkeiten, die zweite Position zu wählen. Daraus folgt die Formel für die Anzahl Anz_{uT}.

Aufgabe 4.25 Zähle die Anzahl von Positionspaaren aus dem gleichen Teiltext nochmals, indem du zuerst die Anzahl Positionspaare innerhalb der einzelnen Teiltexte bestimmst und diese anschließend aufsummierst. Vergleiche das Resultat mit $\frac{n^2}{m}$.

Aufgabe 4.26 Kannst du die Anzahl Anz_{uT} schneller mit Hilfe von Anz_{gT} bestimmen?

Aufgabe 4.27 Wie würden die Zahlen Anz_{uT} und Anz_{gT} aussehen, wenn wir nur die Anzahl Positionspaare (i, j) mit $i < j$ zählen würden?

Wir berechnen nun die Anzahl Anz_{gleiche} auf zwei unterschiedliche Weisen. Zuerst verwenden wir die Formel (4.5) mit $\mathrm{Prob}(\phi) = \mathrm{FC}(t)$. Daraus erhalten wir

$$Anz_{\mathrm{gleiche}} = \mathrm{FC}(t) \cdot Anz_{\mathrm{alle}} \tag{4.6}$$

als die Anzahl der Paare von Positionen, auf denen sich der gleiche Buchstabe befindet.

Jetzt zählen wir Anz_{gleiche} anders. 1. Zuerst bestimmen wir die Anzahl Positionspaare, bei denen beide Positionen aus dem *gleichen* Teiltext t_i sind, und bei denen sich auf beiden Positionen der gleiche Buchstabe befindet. 2. Danach zählen wir die Anzahl der Paare von Positionen aus *unterschiedlichen* Teiltexten, bei denen auf beiden Positionen der gleiche Buchstabe steht:

1. Die Wahrscheinlichkeit, dass sich auf zwei zufällig bestimmten Positionen aus dem gleichen Teiltext t_i der gleiche Buchstabe befindet, ist gegeben durch $rh_0(t_i)^2 + rh_1(t_i)^2 + \cdots + rh_{25}(t_i)^2$, gegeben durch die Friedmansche Charakteristik $\mathrm{FC}(t_i)$. Da die Verschlüsselung der einzelnen Teiltexte $t_1, t_2, \ldots, t_m$ einer monoalphabetischen Verschlüsselung entspricht, können wir annehmen, dass $\mathrm{FC}(t_i)$ ungefähr κ_{D} entspricht. Somit ist die zu erwartende Anzahl Positionspaare aus dem gleichen Teiltext, auf denen sich der gleiche Buchstabe befindet, gegeben durch:

$$\kappa_{\mathrm{D}} \cdot Anz_{\mathrm{gT}}. \tag{4.7}$$

2. Analog zu 1. können wir die Wahrscheinlichkeit bestimmen, dass auf zwei zufälligen Positionen aus unterschiedlichen Teiltexten der gleiche Buchstabe steht. Hier

ist die Verschlüsselung jedoch polyalphabetisch und somit ist die Friedmansche Charakteristik erwartungsmäßig nahe bei κ_G. Daraus folgt die erwartete Anzahl an Positionspaaren aus unterschiedlichen Teiltexten, auf denen sich der gleiche Buchstabe befindet:

$$\kappa_G \cdot Anz_{uT}. \tag{4.8}$$

Aus (4.7) und (4.8) folgt somit die erwartete Anzahl Positionspaare, auf denen sich der gleiche Buchstabe befindet:

$$Anz_{gleiche} = \kappa_D \cdot Anz_{gT} + \kappa_G \cdot Anz_{uT}. \tag{4.9}$$

Die beiden unterschiedlichen Wege (4.6) und (4.9) zur Zählung der Positionspaare mit gleichen Buchstaben liefern uns durch Gleichsetzung der Terme für $Anz_{gleiche}$ die Gleichung

$$FC(t) \cdot Anz_{alle} = \kappa_D \cdot Anz_{gT} + \kappa_G \cdot Anz_{uT}, \tag{4.10}$$

die wir durch das Einsetzen von Anz_{alle}, Anz_{gT} und Anz_{uT} folgendermaßen umformen können:

$$FC(t) \cdot n^2 = \kappa_D \cdot \frac{n^2}{m} + \kappa_G \cdot n^2 \left(\frac{m-1}{m} \right) \qquad\qquad \Big| \cdot \frac{1}{n^2}$$

$$FC(t) = \frac{\kappa_D}{m} + \frac{\kappa_G \cdot (m-1)}{m} \tag{4.11}$$

Nun lösen wir die Gleichung (4.11) nach der Schlüssellänge m auf:

$$FC(t) = \frac{\kappa_D}{m} + \frac{\kappa_G \cdot (m-1)}{m}$$

$$m \cdot FC(t) = \kappa_D + \kappa_G \cdot (m-1)$$

$$m \cdot FC(t) = \kappa_D + \kappa_G \cdot m - \kappa_G$$

$$m \cdot FC(t) - \kappa_G \cdot m = \kappa_D - \kappa_G$$

$$m \cdot \big(FC(t) - \kappa_G \big) = \kappa_D - \kappa_G$$

$$m = \frac{\kappa_D - \kappa_G}{FC(t) - \kappa_G}$$

Jetzt sehen wir, wie diese Methode die Schlüssellänge m schätzt: Die Schlüssellänge m ist ein Verhältnis. In diesem Verhältnis ist der Zähler die Differenz zwischen der Friedmanschen Charakteristik der deutschen Sprache und der Friedmanschen Charakteristik der Gleichverteilung. Der Nenner ist die aktuelle Differenz zwischen dem Wert $FC(t)$ des Kryptotextes t und κ_G. Diese Methode für die Schätzung der Schlüssellänge nennen wir **Sinkov-Test** nach seinem Entdecker Abraham Sinkov (1907–1998).

Sei t ein mit VIGENÈRE *verschlüsselter Kryptotext. Mit dem* **Sinkov-Test**

$$m = \frac{\kappa_D - \kappa_G}{FC(t) - \kappa_G}$$

erhalten wir eine Schätzung für die Länge m des verwendeten Schlüssels.

Bei der Herleitung dieser Formel haben wir die idealisierten Werte κ_D und κ_G eingesetzt. Darum dürfen wir nicht erwarten, dass die berechnete Schlüssellänge m oder ihre Auf- bzw. Abrundung genau die Länge des Schlüssels liefert.

Aufgabe 4.28 Betrachte den Kryptotext (4.2) auf Seite 107. Schätze mit dem Sinkov-Test die Schlüssellänge ab und vergleiche den Wert mit der tatsächlichen Schlüssellänge.

Aufgabe 4.29 Der folgende Kryptotext ist mit VIGENÈRE verschlüsselt. Bestimme mit Hilfe des Sinkov-Tests eine Schätzung für die Schlüssellänge. Führe die Kryptoanalyse mit der geschätzten Schlüssellänge zu Ende und bestimme den Klartext und den Schlüssel. Die Leer- und Satzzeichen wurden im Kryptotext beibehalten.

```
NWD SSRZBPVB GEG UD XMYFQ 50 M. QTI. UMEN SRZXZSZ ZGF MCZ USZ
ICQDSDE PQJSFQH... SRBL XOXCWQE? BQZB! QZB HFB GEPQLUERAQE
UMCZUVFZ SSHFSXBSDKSE UCDW VAVFF EWOYH MLT, PVA QZBPIWZXZUEU
IZRQIGFRBP QI XVWEKSZ. LBP UOE CSNVB UJH ZZQTK ZQZQTK TGVF
PZS DFSYZGOYSZ CSSZCZRSDV, RUV OXJ PQJOFQIZX WZ USZ SSRVGFZUFVB
XRUQIB NRPMFFGD, OCLODZIY, COGUOZLA GER WCSUEPAEIY CWQXSZ...
```

4.4 Der Euklidische Algorithmus

Im Kasiski-Test wird der größte gemeinsame Teiler von mehreren Zahlen berechnet. In unserem Beispiel wurde dieser mittels der Primfaktorzerlegung bestimmt. Bei größeren Zahlen ist das Faktorisieren aber ein sehr aufwändiges Unterfangen. Deshalb soll hier eine effizientere Methode zur Berechnung des größten gemeinsamen Teilers erklärt werden, nämlich der **Euklidische Algorithmus**.

Hinweis für die Lehrperson Obwohl wir beim Kasiski-Test auch ohne den Euklidischen Algorithmus auskommen können, ist der Euklidische Algorithmus dank seiner Effizienz für die Entwicklung von Public-Key-Kryptosystemen unverzichtbar. Um eine Unmenge von mathematischen Definitionen in der Einführung der Public-Key-Kryptologie zu vermeiden, empfehlen wir den Algorithmus bereits hier zu behandeln.

Seien k und l zwei ganze Zahlen mit $l \neq 0$. Wir sagen l **teilt** k, wenn es eine ganze Zahl $m \in \mathbb{Z}$ gibt, so dass $k = m \cdot l$ gilt. Mit anderen Worten, l teilt k, wenn k ein Vielfaches von l ist. Wir können auch sagen, l teilt k, wenn $k \bmod l = 0$ gilt.

*Der **größte gemeinsame Teiler** **ggT**(a, b) von zwei natürlichen Zahlen a und b mit a + b ≥ 1 ist wie folgt definiert:*

(1) $\mathrm{ggT}(a, b)$ *teilt a,*

(2) $\mathrm{ggT}(a, b)$ *teilt b,*

(3) $\mathrm{ggT}(a, b)$ *ist die größte Zahl mit den beiden Eigenschaften (1) und (2).*

Der einfachste, aber auch aufwändigste Weg zur Bestimmung des $\mathrm{ggT}(a, b)$ geht über die Bestimmung der zwei Mengen

$$Teiler_a = \{ x \in \mathbb{N} \mid x \text{ teilt } a \},$$
$$Teiler_b = \{ x \in \mathbb{N} \mid x \text{ teilt } b \}$$

und dann über die Suche des größten Elements aus der Schnittmenge $Teiler_a \cap Teiler_b$.

Für $a = 36$ und $b = 84$ können wir also wie folgt vorgehen, um den $\mathrm{ggT}(36, 84)$ zu bestimmen:

$$Teiler_{36} = \{1, 2, 3, 4, 6, 9, 12, 18, 36\},$$
$$Teiler_{84} = \{1, 2, 3, 4, 6, 7, 12, 14, 21, 28, 42, 84\}.$$

Somit ist

$$Teiler_{36} \cap Teiler_{84} = \{1, 2, 3, 4, 6, 12\}$$

und entsprechend

$$\mathrm{ggT}(36, 84) = 12,$$

weil 12 die größte Zahl in $Teiler_{36} \cap Teiler_{84}$ ist.

Aufgabe 4.30 Bestimme auf diese Art und Weise den $\mathrm{ggT}(a, b)$ für die folgenden Zahlen a und b:

(a) $a = 60$ und $b = 24$,

(b) $a = 1024$ und $b = 725$,

(c) $a = 375$ und $b = 225$.

Eine etwas schnellere, aber ebenfalls aufwändige Methode zur Bestimmung des $\mathrm{ggT}(a, b)$ geht über die Primfaktorzerlegung von a und b. Hier ist der $\mathrm{ggT}(a, b)$ das Produkt aller Primfaktoren, die in beiden Primfaktorzerlegungen von a und b vorkommen. Illustrieren wir dies wieder anhand des Beispiels $a = 36$ und $b = 84$. Es gilt:

$$a = 36 = \mathbf{2} \cdot \mathbf{2} \cdot \mathbf{3} \cdot 3 \qquad \text{und} \qquad b = 84 = \mathbf{2} \cdot \mathbf{2} \cdot \mathbf{3} \cdot 7.$$

Die Primzahl 2 ist in beiden Zerlegungen zweimal vorhanden, die Primzahl 3 einmal. Somit gilt:

$$\mathrm{ggT}(36, 84) = 2 \cdot 2 \cdot 3 = 12.$$

Aufgabe 4.31 Berechne den ggT(a, b) für die Zahlen a und b aus Aufgabe 4.30 mit Hilfe der Primfaktorzerlegung von a und b.

Aufgabe 4.32 $\star$ Schaffst du es, die folgende Aussage zu begründen? Die vorangehende Aufgabe kann dir dabei helfen.

Für alle positiven Zahlen $a, b \in \mathbb{Z}^+$ gilt:

$$a = \text{ggT}(a, b) \cdot k \qquad \text{und} \qquad b = \text{ggT}(a, b) \cdot m,$$

für solche natürlichen Zahlen k und m, dass ggT$(k, m) = 1$ gilt.

Die Bestimmung des größten gemeinsamen Teilers erfordert bei beiden Methoden die (Prim-)Faktorisierung von a und b. Die Faktorisierung ist jedoch eine Aufgabe, für die kein effizienter[1] Algorithmus bekannt ist. Für große Zahlen a und b können wir diesen Weg zur Bestimmung des ggT(a, b) deshalb nicht nutzen. Um einen kürzeren Weg zur Berechnung des ggT(a, b) zu finden, untersuchen wir einige Eigenschaften des größten gemeinsamen Teilers.

Zuerst beobachten wir, dass

$$\boxed{\text{ggT}(a, b) = \text{ggT}(b, a)}, \tag{T1}$$

und dass somit die Reihenfolge der Argumente keine Rolle spielt.

Aufgabe 4.33 $\star$ Betrachten wir den ggT als eine binäre Operation auf $\mathbb{Z}^+$. Was kannst du über das Paar $(\mathbb{Z}^+, \text{ggT})$ sagen? Wie verändert sich die Situation für $(\mathbb{N}, \text{ggT})$?

Die beiden Gesetze

$$\boxed{\text{ggT}(a, a) = a} \tag{T2}$$

und

$$\boxed{\text{ggT}(a, b) \leq \min\{a, b\}} \tag{T3}$$

für positive ganze Zahlen a und b sind offensichtlich. Einfach erhalten wir ebenfalls

$$\boxed{\text{ggT}(a, m \cdot a) = a} \tag{T4}$$

für alle $a \in \mathbb{Z}^+$ und $m \in \mathbb{N}$, weil a die Zahlen a und $m \cdot a$ teilt, und weil nach Gesetz (T3) gilt: ggT$(a, m \cdot a) \leq a$. Beim Spezialfall $m = 0$ erhalten wir ggT$(a, 0) = a$, weil *Teiler*$_0 = \mathbb{N}$ und somit *Teiler*$_a \cap$ *Teiler*$_0 =$ *Teiler*$_a$ gilt.

---

[1] Der Begriff effizient kann hier umgangssprachlich verstanden werden. In Lektion 8 wird dieser Begriff dann genau definiert.

Aufgabe 4.34 Definiere analog zur Definition von $\text{ggT}(a, b)$ den $\text{ggT}(a, b, c)$ für natürliche Zahlen a, b, c mit $a + b + c \geq 1$ (also nicht alle drei sind 0). Wie sehen die Änderungen der Methoden für die Bestimmung von $\text{ggT}(a, b, c)$ aus? Welche Gesetze analog zu (T1), (T2), (T3) und (T4) kannst du formulieren und begründen?

Unsere Idee ist nun die folgende: Für alle $a, b \in \mathbb{Z}^+$ mit $a > b$ wollen wir Regeln der Form

$$\text{ggT}(a, b) = \text{ggT}(c, b)$$

finden, wobei $c < a$ ist. Auf diese Weise wollen wir die ursprünglichen Argumente a und b so lange verkleinern, bis wir durch das Gesetz (T2) oder (T4) das Resultat direkt ablesen können.

Unsere erste wichtige Beobachtung in dieser Richtung ist das folgende Gesetz:

> *Für alle Zahlen $a, b, k \in \mathbb{Z}^+$ mit $a > b$*
> *gilt:*
> *Wenn k beide Zahlen a und b teilt,*
> *dann teilt k auch die Differenz $a - b$.*
(T5)

Beweis von (T5) Wenn k die Zahlen a und b teilt, gilt

$$a = d \cdot k \qquad \text{und} \qquad b = l \cdot k$$

für irgendwelche positiven ganzen Zahlen d und l. Daraus erhalten wir

$$a - b = d \cdot k - l \cdot k = (d - l) \cdot k.$$

Nach der Definition der Teilbarkeit gilt somit, dass k die Differenz $a - b$ teilt, weil $a - b$ das $(d - l)$-fache von k ist. $\qquad\square$

Ein analoges Gesetz gilt auch für die Addition:

> *Für alle Zahlen $a, b, k \in \mathbb{Z}^+$ gilt:*
> *Wenn k beide Zahlen a und b teilt,*
> *dann teilt k auch die Summe $a + b$.*
(T6)

Aufgabe 4.35 Beweise die Behauptung (T6).

Aufgabe 4.36 Nehmen wir an, dass eine positive ganze Zahl k zwei ganze Zahlen a und b teilt. Beweise, dass k dann auch die Zahl $3a + 5b$ teilt.

Wir nutzen jetzt die Gesetze (T5) und (T6), um die folgende Gleichung zu beweisen:

$$\boxed{\text{ggT}(a, b) = \text{ggT}(a - b, b)}$$
(T7)

für alle positiven ganzen Zahlen a und b mit $a \geq b$. Diese Gleichung ist zentral für die Entwicklung eines schnellen Algorithmus zur Berechnung des ggT, und deswegen werden wir diese Gleichung jetzt beweisen.

Beweis von (T7) Die Gleichheit $x = y$ von zwei Zahlen kann oft nicht auf einfache Art und Weise direkt bewiesen werden. Deshalb führt man meist Gleichheitsbeweise in zwei Schritten durch, indem man zuerst $x \leq y$ und dann $x \geq y$ beweist. Offensichtlich implizieren $x \leq y$ und $x \geq y$ zusammen die gewünschte Gleichung $x = y$. Genau so gehen auch wir vor:

1. Wir zeigen zuerst, dass $\text{ggT}(a, b) \leq \text{ggT}(a - b, b)$ ist. Sei $d = \text{ggT}(a, b)$, also ist $d = \max\{Teiler_a \cap Teiler_b\}$. Weil d die beiden Zahlen a und b teilt, teilt d nach Gesetz (T5) auch $a - b$. Also gilt $d \in Teiler_{a-b}$. Weil $d \in Teiler_b$, erhalten wir $d \in Teiler_{a-b} \cap Teiler_b$. Somit muss

$$d \leq \max\{Teiler_{a-b} \cap Teiler_b\} = \text{ggT}(a - b, b)$$

   gelten.

2. Jetzt beweisen wir, dass $\text{ggT}(a, b) \geq \text{ggT}(a - b, b)$ gilt. Sei $h = \text{ggT}(a - b, b)$, also ist $h = \max\{Teiler_{a-b} \cap Teiler_b\}$. Weil h beide Zahlen $a - b$ und b teilt, muss h nach dem Gesetz (T6) auch die Zahlen $a = a - b + b$ und b teilen. Somit erhalten wir $h \in Teiler_a \cap Teiler_b$, und daraus folgt die gewünschte Aussage

$$h \leq \max\{Teiler_a \cap Teiler_b\} = \text{ggT}(a, b).$$

$\square$

Aufgabe 4.37 Beweise für beliebige zwei Zahlen $a, b \in \mathbb{Z}^+$, dass $\text{ggT}(a, b) = \text{ggT}(a + b, b)$ gilt.

Wir zeigen jetzt an einem Beispiel, wie wir das Gesetz (T7) zur Berechnung von $\text{ggT}(a, b)$ benützen können. Nehmen wir als Beispiel $a = 884$ und $b = 510$. Dann erhalten wir:

$$\begin{aligned}
\mathrm{ggT}(884, 510) &= \mathrm{ggT}(374, 510) &&\{\text{nach (T7)}\} \\
&= \mathrm{ggT}(510, 374) &&\{\text{nach (T1)}\} \\
&= \mathrm{ggT}(136, 374) &&\{\text{nach (T7)}\} \\
&= \mathrm{ggT}(374, 136) &&\{\text{nach (T1)}\} \\
&= \mathrm{ggT}(238, 136) &&\{\text{nach (T7)}\} \\
&= \mathrm{ggT}(102, 136) &&\{\text{nach (T7)}\} \\
&= \mathrm{ggT}(136, 102) &&\{\text{nach (T1)}\} \\
&= \mathrm{ggT}(34, 102) &&\{\text{nach (T7)}\} \\
&= \mathrm{ggT}(102, 34) &&\{\text{nach (T1)}\} \\
&= \mathrm{ggT}(68, 34) &&\{\text{nach (T7)}\} \\
&= \mathrm{ggT}(34, 34) &&\{\text{nach (T7)}\} \\
&= \mathrm{ggT}(0, 34) &&\{\text{nach (T7)}\} \\
&= 34 &&\{\text{nach (T4)}\}
\end{aligned}$$

Aufgabe 4.38 Verwende die Gesetze (T1), (T2), (T4) und (T7), um den $\mathrm{ggT}(a, b)$ für folgende Zahlen a und b zu bestimmen:

(a) $a = 162$ und $b = 125$,

(b) $a = 109\,956$ und $b = 98\,175$,

(c) $a = 990$ und $b = 2160$,

(d) $a = 602$ und $b = 430$,

(e) $a = 2898$ und $b = 2254$.

Aufgabe 4.39 Begründe oder widerlege die Gültigkeit der folgenden Gesetze:

(a) $\mathrm{ggT}(a, b) = \mathrm{ggT}(3a, b)$ für alle $a, b \in \mathbb{Z}^+$ mit $b \bmod 3 \neq 0$,

(b) $\mathrm{ggT}(a, b) = \mathrm{ggT}(a, 5b)$ für alle $a, b \in \mathbb{Z}^+$ mit $a \bmod 5 \neq 0$,

(c) $\mathrm{ggT}(a, b) = \mathrm{ggT}(3a + b, b)$ für alle $a, b \in \mathbb{Z}^+$,

(d) $\mathrm{ggT}(a, b) = \mathrm{ggT}(a + 5b, a + 6b)$ für alle $a, b \in \mathbb{Z}^+$.

Die oben entwickelte Methode nennen wir **Chinesischer Algorithmus**, und wir können ihn wie folgt zusammenfassen:

Gegeben sind zwei positive ganze Zahlen a und b mit $a > b$.
1. Solange $a \neq 0$ ist, wiederhole die Operationen 2.–3.
2. Ersetze a durch $a - b$.
3. Falls $b > a$ ist, dann vertausche die beiden Zahlen a und b.
4. Der größte gemeinsame Teiler ist die Zahl b.

Mit dem Chinesischen Algorithmus können wir schnell die Berechnung des ggT von großen Zahlen auf die Berechnung des ggT von kleinen Zahlen reduzieren, ohne die Zahlen zu faktorisieren. Das muss aber nicht immer der Fall sein. Zum Beispiel ist dieser Algorithmus für die Berechnung von $\mathrm{ggT}(138\,578\,073, 30)$ sehr aufwändig, weil die kleinere Zahl 30 sehr oft in der größeren Zahl enthalten ist. Deswegen beschleunigen wir nochmals unsere Methode zur Bestimmung des ggT.

Mit unserem Wissen über die modulare Arithmetik aus Lektion 2 können wir die Zahl a folgendermaßen ausdrücken:

$$a = (a \operatorname{div} b) \cdot b + a \bmod b.$$

Wir beobachten, dass beim Chinesischen Algorithmus $(a \operatorname{div} b)$-Mal das Gesetz (T7) wie folgt benutzt wird:

$$\begin{aligned}
\mathrm{ggT}(a, b) &= \mathrm{ggT}\big((a \operatorname{div} b) \cdot b + a \bmod b, b\big) \\
&= \mathrm{ggT}\Big(\big((a \operatorname{div} b) - 1\big) \cdot b + a \bmod b, b\Big) \\
&= \mathrm{ggT}\Big(\big((a \operatorname{div} b) - 2\big) \cdot b + a \bmod b, b\Big) \\
&\vdots \\
&= \mathrm{ggT}(2b + a \bmod b, b) \\
&= \mathrm{ggT}(b + a \bmod b, b) \\
&= \mathrm{ggT}(a \bmod b, b).
\end{aligned}$$

Wir sehen, dass wir b so lange von a subtrahieren, bis nur noch der Rest $a \bmod b$, der kleiner ist als b, übrig bleibt. Damit haben wir ein neues Gesetz entdeckt. Es gilt

$$\boxed{\mathrm{ggT}(a, b) = \mathrm{ggT}(a \bmod b, b)} \tag{T8}$$

für alle positiven ganzen Zahlen a und b mit $a > b$.

Dank dem Gesetz (T8) wird in einem Schritt die größere Zahl a auf eine Zahl $a \bmod b$ reduziert, die kleiner als die Zahl b ist. Wie schnell wir damit den größten gemeinsamen Teiler bestimmen können, zeigt das folgende Beispiel:

$$\begin{aligned}
\mathrm{ggT}(127\,500\,136, 12\,750) &= \mathrm{ggT}(136, 12\,750) && \{\text{nach (T8)}\} \\
&= \mathrm{ggT}(12\,750, 136) && \{\text{nach (T1)}\} \\
&= \mathrm{ggT}(102, 136) && \{\text{nach (T8)}\} \\
&= \mathrm{ggT}(136, 102) && \{\text{nach (T1)}\} \\
&= \mathrm{ggT}(34, 102) && \{\text{nach (T8)}\} \\
&= \mathrm{ggT}(102, 34) && \{\text{nach (T1)}\} \\
&= \mathrm{ggT}(0, 34) && \{\text{nach (T8)}\} \\
&= 34 && \{\text{nach (T4)}\}
\end{aligned}$$

Wir beobachten, dass die schnellere, auf dem Gesetz (T8) basierende Methode abwechslungsweise die beiden Gesetze (T1) und (T8) anwendet. Wir nennen diese schnellere Methode **Euklidischer Algorithmus** und beschreiben sie wie folgt:

> *Gegeben sind zwei positive ganze Zahlen a und b mit a > b.*
> 1. *Solange a ≠ 0 ist, wiederhole die Operationen 2.–3.*
> 2. *Ersetze a durch a mod b.*
> 3. *Vertausche die beiden Zahlen a und b.*
> 4. *Der größte gemeinsame Teiler ist die Zahl b.*

Auszug aus der Geschichte Die erste vorgestellte Methode zur Berechnung des ggT, die auf dem Gesetz (T7) beruht, nennen wir **Chinesischer Algorithmus**. Die Chinesen haben diese Methode ungefähr 200 Jahre v. u. Z. verwendet, und man findet sie in der chinesischen Sammlung *Mathematik in neun Büchern*.

Der **Euklidische Algorithmus** ist noch älter. Der Algorithmus ist in Euklids Werk *Die Elemente* [5] zu finden. Der griechische Mathematiker Euklid unterrichtete ungefähr 300 Jahre v. u. Z. an der damals neu gegründeten Akademie von Alexandria. Seine Elemente fassten das damalige mathematische Wissen zusammen und dienten 2000 Jahre lang dem Mathematikunterricht als Grundlage. Man weiß nicht, welche wissenschaftlichen Erkenntnisse aus *Die Elemente* der Entdeckung durch Euklid zuzuschreiben sind und welche nur von ihm zusammengefasst wurden. Deshalb kennen wir auch den tatsächlichen Erfinder des Euklidischen Algorithmus nicht. Der große Verdienst von Euklid ist es jedoch, dass er das zu jenem Zeitpunkt bekannte mathematische Wissen verständlicher als seine Vorgänger darstellte. Außerdem vereinfachte er viele Überlegungen und machte sie dadurch transparenter.

Aufgabe 4.40 Berechne den $\mathrm{ggT}(a, b)$ mit dem Euklidischen Algorithmus für die folgenden Zahlen a und b:

(a) $a = 12\,963\,734$ und $b = 4\,876\,235$,

(b) $a = 5684$ und $b = 45$,

(c) $a = 7\,648\,345$ und $b = 34\,563$,

(d) $a = 87\,635$ und $b = 8395$,

(e) $a = 3\,462\,948\,672$ und $b = 277\,456\,266$.

4.5 Homophone Kryptosysteme

Nun wollen wir ein weiteres Kryptosystem vorstellen, bei dem die Häufigkeitsanalyse des Kryptotextes nicht so einfach zum Klartext führt. Dieses Kryptosystem nennen wir HOMOPHON. Der Begriff „homophon" bedeutet „gleich lautend", womit gemeint ist, dass die Buchstabenhäufigkeiten im Klartext so verschleiert werden, dass diese im Kryptotext nicht mehr hervorstechen.

Um eine Verschleierung der Buchstabenhäufigkeiten zu erreichen, werden die Buchstaben des Klartextes jeweils nicht auf ein einzelnes Symbol, sondern auf eine Menge von

Symbolen abgebildet. Die Idee ist, dass häufig vorkommende Buchstaben, wie beispielsweise das E, durch mehrere Symbole oder unterschiedliche Texte ersetzt werden können, während beispielsweise das Q immer durch das gleiche Symbol ersetzt wird. Dadurch werden die Häufigkeiten der einzelnen Symbole im Kryptotext schließlich alle ungefähr gleich sein.

Natürlich muss auch beim Kryptosystem HOMOPHON die Verschlüsselung injektiv sein. Das bedeutet, dass wir bei Kenntnis des Schlüssels von einem Kryptotextsymbol eindeutig auf den zugehörigen Klartextbuchstaben schließen können. Da es aber beim Kryptosystem HOMOPHON möglich ist, dass ein Klartextbuchstabe durch mehrere Symbole ersetzt wird, gleichzeitig aber zwei Klartextbuchstaben nicht auf das gleiche Kryptotextzeichen abgebildet werden dürfen, reichen die Buchstaben aus Lat offenbar nicht aus, um es als Kryptotextalphabet zu verwenden. Diese Forderung stellt jedoch kein Problem dar, wenn für das Kryptotextalphabet anstelle der lateinischen Buchstaben die Menge der zweistelligen Zahlen von 00 bis 99 verwendet wird. Das bedeutet, dass die zweistelligen Zahlen, beispielsweise 57, als ein Symbol aus dem Alphabet $\{00, 01, 02, \ldots, 99\}$, und nicht als ein Text über dem Alphabet $\{0, 1, \ldots, 9\}$ betrachtet werden.

Anhand der zu erwartenden relativen Häufigkeiten der Buchstaben in der deutschen Sprache werden den Buchstaben aus dem Klartextalphabet eindeutig entsprechend viele Zahlen aus dem Kryptotextalphabet zugeordnet. Einem häufigen Buchstaben werden dadurch viele Zahlen zugeordnet, einem seltenen Buchstaben hingegen wenige oder nur eine Zahl. Die Anzahl der Symbole, die wir einem Buchstaben des Klartextalphabets zuordnen, entspricht ungefähr der erwarteten relativen Häufigkeit in Prozent aus Tabelle 3.1 auf Seite 77. Tabelle 4.3 zeigt ein Beispiel für eine solche Zuordnung der Buchstaben zu den hundert zweistelligen Zahlen aus dem Alphabet $\{00, 01, 02, \ldots, 99\}$. Dabei werden zum Beispiel dem Buchstaben A beliebige sechs Zahlen und dem Buchstaben B beliebige zwei andere Zahlen zugeordnet. Einem Buchstaben des Klartextalphabets wird zufällig eine der ihm zugewiesenen Zahlen zugeordnet.

Ein Kryptoanalytiker, der an einen verschlüsselten Text gelangt, weiß, wie viele Zahlen den einzelnen Buchstaben zugeordnet sind. Aber welche der möglichen Zahlen beispielsweise dem Buchstaben A zugeordnet sind, weiß der Kryptoanalytiker nicht. Somit ist der Schlüssel des Kryptosystems HOMOPHON die Wahl der Zahlen, die den einzelnen Buchstaben zugeordnet werden.

Aufgabe 4.41 Der folgende Kryptotext wurde mit dem Kryptosystem HOMOPHON erstellt. Entschlüssle den Kryptotext mit dem Schlüssel, der in Tabelle 4.3 gegeben ist.

> 39770151516355876939773251784518034144137454410361071
> 88758281873539706773916153864821754292531051987289

Aufgabe 4.42 Tabelle 4.3 zeigt eine Zuordnung der Buchstaben aus Lat zu den zweistelligen Zahlen aus dem Alphabet $\{00, \ldots, 99\}$. Die Tabelle repräsentiert somit einen möglichen Schlüssel. Wie viele Schlüssel hat das Kryptosystem HOMOPHON insgesamt wenn wir die Anzahl der Zahlen pro Buchstaben wie in Tabelle 4.3 wählen?

Tabelle 4.3 Die dargestellte Tabelle zeigt eine mögliche Zuordnung der Buchstaben aus Lat zu den Symbolen aus dem Alphabet der zweistelligen Zahlen $\{00, 01, 02, \ldots, 99\}$. Entsprechend den zu erwartenden relativen Häufigkeiten der Buchstaben (vgl. Tabelle 3.1 auf Seite 77) werden dem Buchstaben E zum Beispiel 17 Zahlen zugeordnet. Die Wahl der zugeordneten Zahlen entspricht dem Schlüssel des Kryptosystems HOMOPHON.

A	02	13	26	68	80	97											
B	17	47															
C	03	87															
D	08	36	43	58	99												
E	00	01	04	06	07	10	11	22	31	32	33	46	50	64	67	90	93
F	34	88															
G	25	61	74														
H	29	35	41	69	96												
I	09	18	20	42	55	62	72	91									
J	12																
K	39																
L	49	57	95														
M	45	63															
N	24	37	38	66	73	76	79	84	89	92							
O	70	82															
P	21																
Q	14																
R	15	30	48	56	71	75	94										
S	27	44	51	78	81	85	98										
T	05	16	19	23	54	60											
U	52	77	83	86													
V	59																
W	40																
X	65																
Y	28																
Z	53																

Ist die homophone Verschlüsselung sicher? Auf den ersten Blick mag es scheinen, als ob es für einen Kryptoanalytiker unmöglich wäre, mit Hilfe von statistischen Methoden von einem Kryptotext auf den Klartext zu schließen. Mit der beschriebenen Verschleierung ist es tatsächlich erheblich schwieriger geworden, das Kryptosystem zu knacken. Trotzdem kann damit eine Kryptoanalyse nicht vollständig verhindert werden.

Ein Kryptoanalytiker kann nämlich beispielsweise erkennen, dass hinter einem bestimmten Symbol überwiegend eine begrenzte Anzahl von bestimmten Symbolen steht. Daraus kann er schließen, dass das erste Symbol möglicherweise ein C und das zweite ein H oder ein K sein könnte. Dabei nutzt er das Wissen, dass der Buchstabe C selten alleine steht. Es können weitere derartige Hinweise in Kombination mit den zu erwartenden Häufigkeiten von Bi- und Trigrammen genutzt werden, um Informationen über den Klartext zu gewinnen. Auch die Idee der homophonen Verschlüsselung ist also nicht absolut sicher.

4.6 Zusammenfassung

Die monoalphabetischen Kryptosysteme liefern den Kryptoanalytikern dank den bekannten relativen Häufigkeiten der einzelnen Buchstaben einfache Möglichkeiten zur Kryptoanalyse. Das Kryptosystem VIGENÈRE verschleiert die Buchstabenhäufigkeiten im Kryptotext, indem jeder Buchstabe des Klartextalphabets abhängig von seiner Position im Klartext auf unterschiedliche Buchstaben im Kryptotext abgebildet wird. Die Schlüssel sind Texte aus Lat. Für einen Schlüssel $\square_1\square_2\ldots\square_m$ aus m Buchstaben werden die Symbole auf den Positionen $i, m+i, 2m+i, 3m+i, \ldots$ des Klartextes wie bei CAESAR um $\mathrm{Ord}(\square_i)$ Stellen verschoben (das heißt mit $\mathrm{Ord}(\square_i)$ verschlüsselt). Bei ausreichend langen Texten und langen Schlüsseln sind die relativen Häufigkeiten einzelner Buchstaben im Kryptotext fast identisch. Dank dieser Eigenschaft wurde das Kryptosystem VIGENÈRE 300 Jahre lang erfolgreich verwendet.

Die Schwachstelle von VIGENÈRE ist, dass bei bekannter Länge m des Schlüssels das Kryptosystem leicht geknackt werden kann, denn wir können den Kryptotext in m Teiltexte $t_1, t_2, \ldots, t_m$ aufteilen, wobei alle Buchstaben jedes Teiltextes t_i mit dem gleichen Schlüsselbuchstaben $\square_i$ verschlüsselt wurden. Für die Buchstabenhäufigkeiten dieser Teiltexte gelten dieselben statistischen Eigenschaften wie bei einer monoalphabetischen Verschlüsselung.

Die Schlüssellänge m kann geschätzt werden, indem übereinstimmende Muster im Kryptotext gesucht werden. Wenn wir davon ausgehen, dass diese Muster (Buchstabenfolgen) des Kryptotextes durch die Verschlüsselung der gleichen Buchstabenfolgen des Klartextes mit demselben Teil des Schlüssels entstanden sind, dann muss die Entfernung der Muster im Kryptotext ein Vielfaches der Schlüssellänge sein. Wenn wir den größten gemeinsamen Teiler solcher Entfernungen berechnen, dann sind der ggT und dessen Teiler mögliche Kandidaten für die Schlüssellänge.

Ein kürzerer Weg zur Schätzung der Schlüssellänge erfolgt mit Hilfe der Statistik. Die relativen Häufigkeiten der Buchstaben im Kryptotext sind umso ausgeglichener, je länger der Schlüssel ist. Mit Hilfe der Friedmanschen Charakteristik kann der Einfluss der Schlüssellänge auf die Häufigkeitsverteilung der Buchstaben im Kryptotext analysiert werden, womit wir eine Schätzung für die Schlüssellänge erhalten.

Eine Verbesserung von VIGENÈRE ist das Kryptosystem HOMOPHON. Hier nimmt man ein grösseres Kryptotextalphabet und ordnet jedem Symbol des Klartextalphabets mehrere Symbole aus dem Kryptotextalphabet zu. Die Anzahl der Symbole, die einem Buchstaben aus dem Klartextalphabet zugeordnet sind, entspricht ungefähr der erwarteten relativen Häufigkeit des Buchstabens in Prozent. Somit kann die Häufigkeitsanalyse, die auf den Buchstabenhäufigkeiten aufbaut, nicht zur Kryptoanalyse eingesetzt werden.

Trotzdem ist auch das Kryptosystem HOMOPHON nicht ganz sicher. Durch eine Häufigkeitsanalyse der Bi- und Trigramme kann auch dieses Kryptosystem geknackt werden. Eine Kryptoanalyse erfordert hier jedoch viel mehr Aufwand als bei VIGENÈRE.

Kontrollfragen

1. Was ist der Unterschied zwischen einem monoalphabetischen und einem polyalphabetischen Kryptosystem?

2. Was kann aus der VIGENÈRE-Tabelle abgelesen werden?

3. Kann die VIGENÈRE-Tabelle öffentlich bekannt gegeben oder muss sie geheim gehalten werden? Begründe deine Antwort.

4. Erkläre, welches Problem auftreten kann, wenn der Schlüssel bei VIGENÈRE zu kurz gewählt wird.

5. Welcher Spezialfall der Verschlüsselung tritt auf, wenn bei der polyalphabetischen Verschlüsselung mit VIGENÈRE ein Schlüssel der Länge 1 gewählt wird?

6. VIGENÈRE galt während 300 Jahren als sicher. Erst im 19. Jahrhundert gelang es dem Mathematiker Charles Babbage das Kryptosystem zu knacken. Welche Eigenschaften

   (a) des Schlüssels und

   (b) des Klartextes

   erleichterten die Kryptoanalyse?

7. Was ist der Kasiski-Test?

8. Welche zwei entscheidenden Ideen bilden die Grundlage, um einen mit VIGENÈRE verschlüsselten Text zu knacken?

9. Wie kann man testen, ob ein Text mit einem monoalphabetischen Kryptosystem verschlüsselt worden ist?

10. Was sagt die Friedmansche Charakteristik aus?

11. Bei welchen Häufigkeitsverteilungen der Buchstaben ist die Friedmansche Charakteristik am größten und bei welchen am kleinsten?

12. Wozu dient der Friedman-Test bei der Kryptoanalyse von VIGENÈRE?

13. Erkläre die Grundidee der Verschlüsselung beim Kryptosystem HOMOPHON. Welche Schwäche wird durch die homophone Verschlüsselung behoben?

14. Wie kann das Kryptosystem HOMOPHON geknackt werden?

15. Welche zahlentheoretischen Gesetze verwendet die Chinesische Methode zur Berechnung des ggT von zwei positiven ganzen Zahlen?

16. Welche Gesetze verwendet der Euklidische Algorithmus zur Berechnung von $ggT(a, b)$ für $a, b \in \mathbb{Z}^+$?

17. Welche Schritte der Chinesischen Methode fasst der Euklidische Algorithmus in einem Schritt zusammen?

Kontrollaufgaben

1. Verschlüssle den Klartext FELDSTECHER mit VIGENÈRE und dem Schlüssel GLAS.

2. Der Kryptotext GUGUSWAOLNNBG ist mit VIGENÈRE und dem Schlüssel AUTO verschlüsselt worden. Wie lautet der Klartext?

3. Wie kannst du bei VIGENÈRE mit gegebenem Klar- und Kryptotext den Schlüssel bestimmen? Beschreibe dein Vorgehen und wende es auf den Klartext FROSCH und den Kryptotext MLBVJB an.

4. Ein Kryptoanalytiker bekommt den folgenden mit VIGENÈRE verschlüsselten Kryptotext in die Hände:

ZECRM PYXAP MXZEC SKREC UCMYZ ECCQI QQKWY YEOHF EEONZ ECXEE

(a) Welches Muster lässt sich erkennen?

(b) Welche Schlüssellängen kommen als Kandidaten in Frage?

5. Der folgende deutsche Text wurde mit VIGENÈRE und einem Schlüssel aus vier Buchstaben verschlüsselt. Dabei wurden die Leer- und Satzzeichen des Klartextes beibehalten.

1 VMOIUP UHUPRMDSECEPN MJNH XVCCB FTNCHP BYTZNXFCHYJEEH
2 WZN AFHOYIYLCDSEH TNHCGQEH. TTE MDSWCNXEH OTCBU YUL
3 BY DYS HAMTPRICPRZMLEWIP, SIOOELO DCBXPBYO TM QBDSYS.
4 OIY ULUWIQABSE IMU OAM ILUJULNQFYDOORSAFMIYU. SIYS
5 DOFMEE XJP GYTLMNF XAMTP GYOLU AMPIWI OEL NLSMF OEM
6 WPRXSLEHHEEH XLSMFCS MFTN. XJPSYS KUMULNX XTRX
7 BWLYSOIHHD NCF REHBF ELSPIWIE. ECOPRMFTTM XTREFY SCDS
8 NUFXLCDS SYMMSN LWECODTY VYTYSDCBJPDY AHIMDSEH EPR
9 OCZONNLSMF FNX EPR XFD VYSORUFYGNFY WUTDELT LUM.
10 BYDYSPRMFTTM WPRUFYDYSE SCDS DCF OIWIEE XFD UGHPBYOOEH
11 XLSMFCS FBFFYOO DOSNH UFYDYSFNAFY DYT DAFAREBBWTYT,
12 OEL NPNAF GOH TNHQFMEMUZFZFY UHE OEL UPMJFCANVC DYT
13 HAMTPRM. ELS OCZON ILT UMDO CNXEL FTNY HPRCORE NFYDYOK
14 ZO TEECHPN IEPR TV DIHLPN OOO MOTD DUIPR YJYGYTEEOFCT
15 QFCDYO, HOTV HAMTPR CO OEH SPGYMKEFMPN TVREZMFTYU ZDYS
16 LUMHPDLVPCEU HILE.

(a) Wie lautet der Klartext?

(b) Welches ist der Schlüssel?

6. Betrachte den Kryptotext aus Aufgabe 4.20 auf Seite 116. Bestimme mit dem Sinkov-Test den Schätzwert für die Schlüssellänge und vergleiche den Wert mit der tatsächlichen Schlüssellänge.

7. Der folgende Text ist mit VIGENÈRE verschlüsselt. Die Satz- und Leerzeichen des Klartextes wurden beibehalten. Bestimme mit dem Friedman-Test und dem Sinkov-Test die tatsächliche Schlüssellänge, mit welchem der Text verschlüsselt ist.

1 QIHWE TUYQS AWTT YAZE GSGS ASZZ ADGEWCXIWZ GNX
2 KFRUZXEHV PULUT DYF IAFV GNX LDIZXF ECFQ AHVQRY EMUM.
3 VM FLSST XAQ ECFQ MUME DCW MNXWDE, QSDUG KUE XWZN MG
4 SLOWOKFAOH CKF. DU KMGNW PIY EMUM, VMSM KUE DS EO
5 PWDLCWNT MWU UHV LOA WUN ZGFO UME DYJ FAMUTE OFP
6 ZYASTY WE GUFL SNGXZ XWD AHVQRYF YAOK. "PA AMOK GSX",
7 SUYFE XAQ GFMQCEDUCBW YAOK, "PAM AET GWUN HWGEL
8 XDEOFP". DCW MNXWDE GSGS AMOKN KUCB VMS VAXD UF GNX

₉ EQIHL SAHR QNNLMEOKOHN: "VMS CKF JU WUNY XXEXWDMUME!".

₁₀ DUJMUZ VUE HAOHN EQHL YMNT KA GFMQCEDUCBW YAOK: "MCB,

₁₁ RG MCJ TAN WD GYKMGN WD SYA BIFGF!"

8. Der folgende Text ist mit VIGENÈRE verschlüsselt. Dabei wurden die Satz- und Leerzeichen aus dem Klartext übernommen. Mache eine Kryptoanalyse des Kryptotextes und bestimme damit den Schlüssel und den Klartext. Beschreibe dein Vorgehen.

₁ KU, KJI LGKF PQU FCPLN ITA, XI GPOYP KBM NLTYP PO XGU XUJUTCPU

₂ ULGPCYP RBHP. DP VWLDBGY WYTSFNBLO, PGYHCHAFH, LH, TIIHS

₃ NQLUYP RPYPUFH. PBS QGY XCTRMCEO CYTLJN KZU, ZWLS XKL MYMAVYTL

₄ ECGZFM DBDBGZ EYTHSNKNF LKZJEGU JH MHVZ BB OYJTFH, YLS MGPO

₅ FGIFH CBG'M UWJYN ZFNBLO QKSM, OO HO GGPOYT NFMEOJWJAF

₆ NGPMTWOBVGU, EYT ZPFNAF GKY GINNFH. CSMYP HOXGYFH IYBNWSJYTL

₇ JWJ GV CJYFL HLJAGU, BVGY HYUBOXGU FHVZDBGPEOPN,

₈ AOTBFWMGVVNLJVGU. NUEOU'M IBU, CJY NYOTFH! KJI QWLOMEOF YWJI

₉ YKU MUPNFM WUE MVLSVGUTFCUHQGPMCILT XCZFCP BOX YPOEG LVWJ PO

₁₀ XKLTYO ZBNB HECGB!

9. Beweise die Gültigkeit der folgenden Aussage für alle $a, b \in \mathbb{N}^+$ und $d \in \mathbb{Z}^+$. „Wenn die Zahl d beide Zahlen a und b teilt, dann teilt d auch die Zahl $xa + yb$ für beliebige $x, y \in \mathbb{Z}^+$."

10. Berechne den $\mathrm{ggT}(a, b)$ mit der Chinesischen Methode für die folgenden Zahlen a und b:

(a) $a = 98$ und $b = 126$,

(b) $a = 138$ und $b = 184$,

(c) $a = 976$ und $b = 1464$,

(d) $a = 1320$ und $b = 1848$,

(e) $a = 10\,830$ und $b = 15\,162$.

11. Berechne den $\mathrm{ggT}(a, b)$ mit dem Euklidischen Algorithmus für die folgenden Zahlen a und b:

(a) $a = 2425$ und $b = 3075$,

(b) $a = 11\,816$ und $b = 9352$,

(c) $a = 5580$ und $b = 9672$,

(d) $a = 1\,147\,086$ und $b = 489\,006$,

(e) $a = 218\,809\,584$ und $b = 149\,374\,338$.

12. Der Kuckuck hat sich folgendes Gesetz ausgedacht: „Für alle positiven ganzen Zahlen a und b mit $2b > a > b$ gilt:

$$\mathrm{ggT}(a, b) = \mathrm{ggT}(2b - a, a - b)."$$

Gilt das Gesetz tatsächlich für alle $a, b \in \mathbb{Z}^+$? Wenn ja, finde eine allgemeine Begründung. Wenn nein, finde zwei konkrete Zahlen a und b, für die das Gesetz nicht stimmt.

13. Diesmal hat sich der Kuckuck ein anderes Gesetz ausgedacht. „Für alle $a, b \in \mathbb{Z}^+$ mit $a > b > \frac{a}{2}$ gilt:

$$\mathrm{ggT}(a, b) = \mathrm{ggT}(2a - b, b)."$$

Kann man ihm trauen? Beweise oder widerlege dieses Gesetz.

14. Merlin hat sich für seine Lehrlinge folgende Prüfungsaufgabe ausgedacht: „Das Gesetz $\mathrm{ggT}(a, b) = \mathrm{ggT}(3a, 7b)$ gilt für unendlich viele Zahlen $a, b \in \mathbb{Z}^+$, und es gibt auch unendlich viele Zahlen $a, b \in \mathbb{Z}^+$, für die das Gesetz nicht gilt."

Kannst du die Menge aller Zahlen $a, b \in \mathbb{Z}^+$ bestimmen, für die das Gesetz gilt bzw. nicht gilt?

Lektion 5

Perfekte Sicherheit
und das ONE-TIME-PAD-Kryptosystem

Wir haben eine Reihe von Kryptosystemen kennen gelernt und erfahren, dass jedes von ihnen geknackt werden kann. Das heißt, es ist uns möglich, durch eine Kryptoanalyse der Kryptotexte den geheimen Schlüssel herauszufinden und somit die Klartexte zu erfahren. Die bisher eingeführten Kryptosysteme scheinen also definitiv nicht vollständig sicher zu sein. Können wir die **perfekte (vollkommene) Sicherheit** überhaupt erreichen? Und was bedeutet perfekte Sicherheit? Wie realistisch ist es, ein solches vollkommenes Kryptosystem in der Praxis zu bauen? Diesen Fragen wollen wir nun auf den Grund gehen.

5.1 Die Entwicklung des ONE-TIME-PAD-Kryptosystems

Wir können ein Kryptosystem als **perfekt sicher** betrachten, wenn es keinem Kryptoanalytiker möglich ist, aus einem Kryptotext auch nur einen Bruchteil über den Klartext oder den Schlüssel zu erfahren, egal wie viel Aufwand er betreibt. Wir werden den Begriff der perfekten Sicherheit später in dieser Lektion einführen und genau definieren. Bis dahin stellen wir uns ein perfekt sicheres Kryptosystem als ein System vor, dessen Verschlüsselung unter keinen Umständen geknackt werden kann. Zum Knacken soll dem Kryptoanalytiker das gesamte Wissen der Menschheit zusammen mit allen Computern dieser Welt zur Verfügung stehen. Das ist eine ganze Menge und lässt bereits vermuten, dass die Anforderungen an ein perfekt sicheres Kryptosystem sehr hoch sind.

Was ist damit gemeint, dass ein Kryptoanalytiker nichts über den Schlüssel oder den Klartext erfahren darf? Erinnern wir uns an die monoalphabetischen Verschlüsselungen: Fällt einem Kryptoanalytiker ein Kryptotext in die Hände, der mit einem monoalphabetischen Kryptosystem verschlüsselt ist, so kann der Kryptoanalytiker mit einer Häufigkeitsanalyse einzelne Teile des Schlüssels bestimmen und dadurch schließlich den Klartext erfahren. Diese Kryptoanalyse ist bereits in Lektion 3 beschrieben worden.

Wir probieren die perfekte Sicherheit zu suchen, indem wir uns bemühen bereits bekannte Schwächen der vorherigen Kryptosysteme zu vermeiden. Schauen wir zurück auf das Kryptosystem VIGENÈRE: Obwohl dieses als absolut sicher galt, wurde 300 Jahre später eine Kryptoanalyse veröffentlicht, die das System zu knacken vermochte. Die Sicherheit des Kryptosystems erwies sich als relativ. Der Fortschritt in der Mathematik und das dazu gekommene Wissen machten VIGENÈRE zu einem unsicheren Kryptosystem.

VIGENÈRE und dessen Kryptoanalyse sind bereits in Lektion 4 ausführlich erklärt worden. Wir haben dort erfahren, dass eine Kryptoanalyse vor allem dann leicht ist, wenn der verwendete Schlüssel zu kurz gewählt wird, denn die wesentliche Schwäche von VIGENÈRE ist die Wiederholung der Muster im Kryptotext bei zu kurz gewähltem Schlüssel. Betrachten wir als Beispiel einen Kryptotext aus 1000 Buchstaben, der mit einem Schlüssel der Länge fünf verschlüsselt ist. Das bedeutet, dass jeder fünfte Buchstabe und somit insgesamt je 200 Buchstaben anhand der gleichen Zeile der Vigenère-Tabelle verschlüsselt sind. Das heißt, dass je 200 Buchstaben mit dem gleichen Schlüsselbuchstaben verschlüsselt sind. Durch eine Häufigkeitsanalyse von 200 Buchstaben kann ein Kryptoanalytiker bereits den entsprechenden Buchstaben des Schlüssels bestimmen.

Was wäre aber, wenn der verwendete Schlüssel aus 50 Buchstaben bestehen würde? Dann muss eine Häufigkeitsanalyse von 50 Teilen zu je 20 Buchstaben gemacht werden. Es ist nicht garantiert, dass man aus nur 20 Buchstaben eine repräsentative Häufigkeitsverteilung erhält. Gehen wir noch einen Schritt weiter und wählen einen Schlüssel, der genau gleich lang ist wie der Klartext. Nun ist eine Häufigkeitsanalyse völlig unmöglich, da wir es mit 1000 Teilen zu je nur einem Buchstaben zu tun haben.

Aufgabe 5.1 Nachfolgend sind zwei Texte gegeben. Betrachte den ersten Text als den Klartext und den zweiten als Kryptotext. Gibt es einen Schlüssel, mit welchem der Klartext

    LUFTERDEFEUERWASSER

mit VIGENÈRE zum Kryptotext

    APFELBIRNEKIWIMANGO

verschlüsselt wird?

Wir sind beim Vorhaben, ein sicheres Kryptosystem zu entwickeln, noch nicht am Ziel angelangt.

Wie können wir das vorgeschlagene Kryptosystem verbessern? Neben der Tatsache, dass der Schlüssel geheim gehalten werden muss, gibt es noch zwei zusätzliche Bedingungen für die Wahl und die Verwendung des Schlüssels:

(1) Der Schlüssel muss zufällig aus allen möglichen Schlüsseln ausgewählt sein.

(2) Der gewählte Schlüssel darf nur ein einziges Mal verwendet werden.

Wir werden später sehen, dass diese Bedingungen die Verwendung dieses Kryptosystems stark einschränken, aber für die perfekte Sicherheit zwingend sind. Zuerst fassen wir unsere Ideen in einem neuen Kryptosystem zusammen. Das Kryptosystem trägt den Namen

ONE-TIME-PAD (Einmalblock), womit verdeutlicht werden soll, dass der Schlüssel nur einmal verwendet werden darf.

Kryptosystem ONE-TIME-PAD

Klartextalphabet:	Lat
Kryptotextalphabet:	Lat
Schlüsselmenge:	Alle Texte aus Lat* mit der gleichen Länge wie der Klartext. Wichtig dabei ist, dass für jeden Klartext ein Schlüssel zufällig generiert wird.
Verschlüsselung:	Gegeben sei ein zufällig gewählter Schlüssel s aus der Schlüsselmenge. Ein gegebener Klartext wird dann durch VIGENÈRE mit dem Schlüssel s verschlüsselt. Der Schlüssel darf danach nicht mehr verwendet werden.
Entschlüsselung:	Gegeben sei ein zufällig gewählter Schlüssel s aus der Schlüsselmenge. Der gegebene Kryptotext wird durch VIGENÈRE mit dem Schlüssel s entschlüsselt.

Aufgabe 5.2 Der Kryptotext `TLSPAWPCKWQECWKF` wurde mit dem ONE-TIME-PAD verschlüsselt. Entschlüssle den Text mit dem Schlüssel `TTZLJOSIXTCDYLCI`.

Warum erscheint uns das ONE-TIME-PAD als ein sicheres Kryptosystem? Die Intuition ist wie folgt. Weil der Schlüssel zufällig gewählt wird und genauso lang ist wie der Klartext, wird jeder Buchstabe des Klartextes um zufällig viele Positionen im Alphabet verschoben. Damit kann man den Kryptotext als eine zufällige Folge von Buchstaben betrachten. Und aus einer zufälligen Folge von Buchstaben kann man keine Informationen herauslesen.

Betrachtungen zur Sicherheit des ONE-TIME-PAD

Das ONE-TIME-PAD stellt wesentliche Bedingungen für die Wahl der Schlüssel auf, welche die Verwendung des Kryptosystems in der Praxis einschränken. Diese Beschränkungen sind jedoch notwendig, um die Sicherheit des Kryptosystems zu garantieren. Wir wollen deshalb in diesem Abschnitt erläutern, weshalb diese Bedingungen sinnvoll sind, und welche Auswirkungen deren Nichteinhaltung hat.

Zur Illustration nutzen wir die drei fiktiven Personen Alice, Bob und Eva. Alice möchte eine geheime Nachricht an Bob senden, um sich mit ihm zu verabreden, ohne dass Eva etwas über den Inhalt der Nachricht erfährt. Alice und Bob haben sich deshalb zuvor bei einem geheimen persönlichen Treffen auf einen zufälligen Schlüssel aus fünf Buchstaben für das ONE-TIME-PAD geeinigt. Alice kann nun diesen Schlüssel verwenden um Bob eine geheime Nachricht zu senden. Der entsprechende Kryptotext lautet:

`GVRCL.`

Auszug aus der Geschichte In der Kryptologie ist es Tradition die beteiligten Kommunikations-
partner mit den fiktiven Personen Alice und Bob zu veranschaulichen. Zum ersten Mal haben
Ronald Rivest, Adi Shamir und Leonard Adleman diese Charaktere benutzt, um das Kryptosystem
RSA zu beschreiben. Wir werden ihnen später, wenn wir RSA vorstellen, wieder begegnen.
Mittlerweile existieren in der Kryptologie viele weitere fiktive Personen, die unterschiedliche
Rollen und Parteien symbolisieren.

Eva hat den Nachrichtenaustausch belauscht und somit den Kryptotext in Erfahrung
gebracht. Sie möchte nun den Klartext herausfinden um zu erfahren, was Alice und Bob
unternehmen werden. Eva vermutet, dass der Kryptotext mit dem sicheren ONE-TIME-
PAD verschlüsselt ist. Da der verwendete Schlüssel gleich lang ist wie der Klartext, ist
eine Kryptoanalyse mit der Häufigkeitsanalyse unmöglich. Ihr sind auch keine anderen
Strategien zur Kryptoanalyse bekannt, und alle Schlüssel durchzuprobieren kommt nicht
in Frage, da es 26^5 verschiedene Schlüssel zu je fünf Buchstaben gibt, das sind 11 881 376
Schlüssel. Auch wenn sie alle Schlüssel ausprobieren würde, gäbe es viele Klartexte die
passen würden. Trotzdem hat Eva das Gefühl, dass sie die geheime Nachricht erraten kann.
Die Anzahl aller Klartexte, die aus fünf Buchstaben einen sinnvollen Text ergeben, wird
vermutlich nicht so groß sein. Außerdem weiß Eva, dass sich Alice und Bob verabreden
wollen.

Eva listet deshalb einige sinnvolle Texte zu je fünf Buchstaben auf. Für jeden dieser
möglichen Klartexte bestimmt sie den Schlüssel, der den entsprechenden Text zu dem
gegebenen Kryptotext verschlüsseln würde.

möglicher Klartext	entsprechender Schlüssel
BADEN	FVOYY
ESSEN	CDZYY
LESEN	VRZYY
SPORT	OGDLS
VIDEO	LNOYX

Jeder dieser Texte kann also durch den angegebenen Schlüssel zum Kryptotext GVRCL
verschlüsselt werden. Welcher Text entspricht nun der richtigen Nachricht? Alice und Bob
haben ihren geheimen Schlüssel zufällig bestimmt, das heißt, jeder mögliche Schlüssel
kann mit der gleichen Wahrscheinlichkeit ausgewählt werden. Eva hat daher keine Möglichkeit herauszufinden, welche dieser vier möglichen Klartexte der geheimen Nachricht
entspricht. Es ist auch möglich, dass der richtige Klartext nicht in der Liste steht. Somit
hat Eva keine Chance irgendeinen Teil des Klartextes oder des Schlüssel zu erfahren.

Aufgabe 5.3 Wie viele verschiedene Schlüssel der Länge *n* gibt es für das ONE-TIME-PAD?

Kryptoanalyse bei mehrfacher Verwendung des Schlüssels

Nun wollen wir wissen, weshalb ein Schlüssel beim ONE-TIME-PAD nur einmal verwendet werden darf. Dazu schauen wir uns einen erneuten Nachrichtenaustausch zwischen Alice und Bob an.

Alice möchte Bob nämlich eine weitere geheime Nachricht schicken. Da die zwei jedoch zuvor keinen zweiten Schlüssel vereinbart haben, verwendet Alice den gleichen Schlüssel ein zweites Mal. Diesmal erhält Bob von Alice den folgenden Kryptotext:

    ADRCM.

Eva hat ihr Vorhaben, die beiden zu belauschen, noch nicht aufgegeben und versucht erneut die verschlüsselte Mitteilung zu lesen. Wenn Alice und Bob für die zweite Nachricht einen *neuen* zufälligen Schlüssel ausgemacht hätten, dann könnte Eva erneut *nichts* mit dem Kryptotext anfangen. Alice war jedoch nachlässig und verwendete den gleichen Schlüssel ein zweites Mal, um sich mit Bob zu verabreden.

Eva ergänzt ihre Tabelle mit einer dritten Spalte. In dieser Spalte notiert sie den Klartext, der entsteht, wenn sie den zweiten Kryptotext mit dem entsprechenden Schlüssel aus der zweiten Spalte entschlüsselt.

möglicher Klartext für die erste Nachricht	entsprechender Schlüssel	möglicher Klartext für die zweite Nachricht
BADEN	FVOYY	VIDEO
ESSEN	CDZYY	YASEO
LESEN	VRZYY	FMSEO
SPORT	OGDLS	MXORU
VIDEO	LNOYX	PQDEP

Und siehe da, fast alle Texte in der dritten Spalte ergeben keinen Sinn, außer dem Text in der ersten Zeile. Eva erkennt, dass mit dem Schlüssel FVOYY sowohl der erste wie auch der zweite Kryptotext zu einem sinnvollen Text entschlüsselt werden können. Durch den Vergleich der Entschlüsselungen des ersten und des zweiten Kryptotextes bei gleichem Schlüssel konnte Eva die tatsächlichen Klartexte und den Schlüssel herausfinden.

Aufgabe 5.4 Eine Schulklasse möchte elektronisch einen Klassenchef wählen. Innerhalb der Klasse ist die Wahl nicht geheim, sie soll dies aber gegen aussen sein. Die Klasse arbeitet mit dem Kryptosystem VIGENÈRE und verabredet einen geheimen Schlüssel der Länge 5.

Jeder in der Klasse wird nun aufgefordert, der Lehrperson den verschlüsselten Vornamen seiner Wunschkandidatin bzw. seines Wunschkandidaten per E-Mail zu schicken.

Alfons aus der Parallelklasse gelingt es fünf Kryptotexte abzufangen:

    FADEU, WOZEF, YAGVN, ZADGB und YUWEF.

Kann er damit den Schlüssel bestimmen?

Hinweis: Alfons kennt die Klasse natürlich gut. Er schreibt sich eine Liste mit den Namen auf:

Beata	Jakob	Laura	Maria
David	James	Linda	Oscar
Erwin	Jason	Lucia	Sarah
Hanna	Jonas	Lukas	Simon
Helen	Julia	Marco	Wilma

5.2 Das mathematische Konzept der perfekten Sicherheit

Hinweis für die Lehrperson Dieser Abschnitt beschreibt die mathematische Definition der perfekten Sicherheit und die Grenzen von perfekt sicheren Kryptosystemen. Weil das Thema abstrakt ist und ein größeres Vorstellungsvermögen erfordert, ist es optional und nur mit neugierigen Schülerinnen und Schülern mit positiver Einstellung zur Mathematik zu bearbeiten.

Bisher haben wir eine grobe Vorstellung davon bekommen, was unter der perfekten Sicherheit eines Kryptosystems zu verstehen ist. Keiner unberechtigten Person darf es möglich sein irgendeine Information über den Klartext oder den Schlüssel zu erfahren, egal wie klein und lokal diese Information ist. Unser Ziel ist es nun zu präzisieren, was diese umgangssprachlich formulierte Anforderung bedeutet. Das gewonnene Verständnis hilft uns zu begreifen, dass die Anforderungen an die perfekte Sicherheit so hoch sind, dass es unrealistisch ist ausschließlich perfekt sichere Kryptosysteme anzuwenden.

Bei einem gegebenen Kryptosystem gibt es im Allgemeinen unendlich viele mögliche Klartexte und somit auch unendlich viele Kryptotexte. Um jedoch die perfekte Sicherheit zu definieren, müssen wir die Anzahl der möglichen Klar- und Kryptotexte für ein gegebenes Alphabet zählen können. Deshalb teilen wir die Menge aller möglichen Texte in Untermengen ein, so dass alle Texte einer bestimmten Länge n zur gleichen Untermenge gehören. Die Menge aller Klartexte wird im Folgenden mit T bezeichnet, und die Menge aller durch ein gegebenes Kryptosystem *möglichen* Kryptotexte mit K. Entsprechend bezeichnet T_n die Menge aller Klartexte mit der Länge n. Im Weiteren schreiben wir KRYPT$_n$ für das Kryptosystem KRYPT, das eingeschränkt ist auf die Verschlüsselung und Entschlüsselung von Texten der Länge n.

Durch diese Notation kann die Anzahl der Klartexte der Länge n durch

$$|T_n|$$

und die Anzahl der Kryptotexte, die durch die Verschlüsselung der Klartexte aus T_n entstehen, mit

$$|K_n|$$

ausgedrückt werden.

Betrachten wir die beiden Kryptosysteme CAESAR$_n$ und ONE-TIME-PAD$_n$. Für beide Kryptosysteme gilt

$$|T_n| = |K_n| = |\text{Lat}|^n = 26^n.$$

Außerdem verwenden wir die Bezeichnung S_n für die Menge aller Schlüssel bei gegebenem Kryptosystem für Klartexte der Länge n. Bei CAESAR$_n$ ist die Anzahl der Schlüssel

$$|S_n| = 26$$

nicht von der Länge n der Klartexte abhängig. Anders beim Kryptosystem ONE-TIME-PAD$_n$: Hier ist die Menge der Schlüssel abhängig von n, nämlich 26^n.

Aufgabe 5.5 Bestimme die Werte von $|T_n|$, $|K_n|$ und $|S_n|$ für die folgenden Kryptosysteme:

(a) MULTCAESAR$_n$

(b) LINCAESAR$_n$

(c) PERM$_n$

(d) HOMOPHON$_n$

   Hinweis: Die Anzahl der Zahlen pro Buchstaben sollen so wie in Tabelle 4.3 gewählt werden.

Aufgabe 5.6 Wie gross kann $|K_n|$ bei gegebenem Kryptosystem höchstens sein, abhängig von $|T_n|$ und $|S_n|$?

Jedes Kryptosystem KRYPT$_n$, das eingeschränkt ist auf Klar- und Kryptotexte der Länge n, hat eine endliche Menge von möglichen Klar- und Kryptotexten. Dies ermöglicht es uns eine **Mengendarstellung für Kryptosysteme** einzuführen, wie sie in Abbildung 5.1 dargestellt ist. Wir platzieren links die Menge aller möglichen Klartexte T_n und rechts die Menge aller möglichen Kryptotexte K_n, dann zeichnen wir eine Kante von einem Klartext t zu einem Kryptotext k, falls es einen Schlüssel s in S_n gibt, so dass

$$\text{Ver}(t, s) = k$$

gilt. Die Kante markieren wir mit s, um den verwendeten Schlüssel zu bezeichnen.

Betrachten wir als Beispiel das folgende Kryptosystem ABC-CAESAR:

Kryptosystem ABC-CAESAR

Klartextalphabet:	$\{A, B, C\}$ mit $\text{Ord}(A) = 0$, $\text{Ord}(B) = 1$ und $\text{Ord}(C) = 2$
Kryptotextalphabet:	$\{A, B, C\}$ mit $\text{Ord}(A) = 0$, $\text{Ord}(B) = 1$ und $\text{Ord}(C) = 2$
Schlüsselmenge:	$\{0, 1, 2\}$
Verschlüsselung:	Der Klartext wird Buchstabe für Buchstabe verschlüsselt. Für einen gegebenen Schlüssel s wird jeder Buchstabe $\square$ des Klartextes durch den Buchstaben mit der Ordnung

$$\text{Ord}(\square) \oplus_3 s$$

aus $\{A, B, C\}$ ersetzt.

Entschlüsselung: Für einen gegebenen Schlüssel s wird jeder Buchstabe $\triangle$ des
                          Kryptotextes durch den Buchstaben mit der Ordnung

$$\text{Ord}(\triangle) \oplus_3 (3 - s)$$

aus $\{A, B, C\}$ ersetzt.

Abbildung 5.2 zeigt einen Teil der Mengendarstellung, mit der wir das Kryptosystem
ABC-CAESAR$_2$ vollständig beschreiben können. Links befinden sich neun Knoten (die
Punkte) für alle möglichen Klartexte der Länge 2, und analog dazu sind rechts alle neun
möglichen Kryptotexte. Aus jedem Klartext führen genau drei Kanten weg, jeweils für
jeden Schlüssel eine. Somit ist die Anzahl der Kanten

$$|T_2| \cdot |S_2| = 9 \cdot 3 = 27.$$

Zum Beispiel beschreibt die Kante von AA nach AA die Verschlüsselung des Klartextes AA
mit dem Schlüssel 0 zum Kryptotext AA. Die Verschlüsselung von AB nach CA ist durch
die Kante mit dem Schlüssel 2 dargestellt. Damit die Grafik leserlich bleibt, sind nicht
alle 27 Kanten eingezeichnet. Nur bei den Klartexten AA, BA und CC sind alle abgebildet.

Aufgabe 5.7 Vervollständige die Mengendarstellung in Abbildung 5.2, indem du die fehlenden
Kanten mit korrekter Bezeichnung ergänzt. Wie wir schon festgestellt haben, entspringen aus
jedem Knoten eines Klartextes genau drei (die Anzahl der Schlüssel) Kanten. Kann die Anzahl
der Kanten, die zu einem Kryptotext führen, bestimmt werden?

Aufgabe 5.8 Zeichne die graphische Darstellung von ABC-CAESAR$_1$, also von ABC-CAESAR
für Klartexte der Länge 1.

Aufgabe 5.9 Betrachte das folgende Kryptosystem SIMPLEBIT. Zeichne die Mengendarstellung
für SIMPLEBIT$_2$ und SIMPLEBIT$_3$.

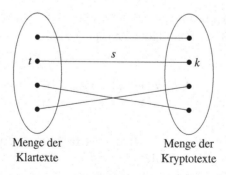

Abbildung 5.1 Mengendarstellung eines Kryptosystems, das Klartexte einer gegebenen Länge
verschlüsselt. Links ist die Menge aller Klartexte gezeichnet und rechts die Menge aller durch die
Verschlüsselung möglichen Kryptotexte. Eine Kante mit der Beschriftung s symbolisiert, dass ein
Klartext t durch den Schlüssel s zum Kryptotext k verschlüsselt wird.

Kryptosystem SIMPLEBIT

Klartextalphabet:	$\{0,1\}$
Kryptotextalphabet:	$\{0,1\}$
Schlüsselmenge:	$\{0,1\}$
Verschlüsselung:	Ein Kryptotext wird monoalphabetisch verschlüsselt. Für jedes $a \in \{0,1\}$ im Klartext und den gegebenen Schlüssel $s \in \{0,1\}$ ist

$$a \oplus_2 s$$

das Symbol im Kryptotext.

Entschlüsselung:	Für jedes Symbol $b \in \{0,1\}$ des Kryptotextes und den gegebenen Schlüssel s ist

$$b \oplus_2 s$$

das Symbol des Klartextes.

Wir sehen, dass die Mengendarstellungen von Kryptosystemen die vollständige Information über die Funktionsweise dieser Kryptosysteme beinhalten. Nach dem Kerckhoffs-Prinzip stehen diese Informationen dem Kryptoanalytiker jederzeit zur Verfügung. Weil die Mengendarstellungen eine anschauliche Abbildung eines Kryptosystems bieten, eignen sich diese auch zur Formulierung der Anforderungen an ein perfekt sicheres Kryptosystem. Die perfekte Sicherheit lässt sich als eine bestimmte strukturelle Eigenschaft der

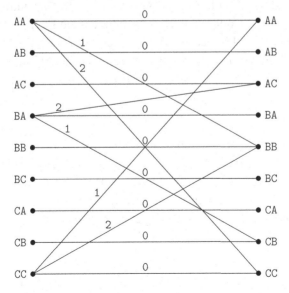

Abbildung 5.2 Mengendarstellung des Kryptosystems ABC-CAESAR$_2$. Für die bessere Übersichtlichkeit sind nicht alle Kanten eingezeichnet.

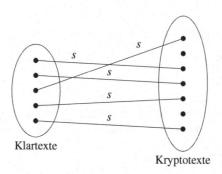

Klartexte

Kryptotexte

Abbildung 5.3 Die Kanten entsprechen der Abbildung mittels der Funktion Ver_s, das heißt der Verschlüsselung aller Klartexte mit einem festen Schlüssel s. Keine zwei unterschiedlichen Klartexte werden durch die Verschlüsselung mit dem Schlüssel s zum gleichen Kryptotext führen. Somit führt zu jedem Kryptotext höchstens eine mit s markierte Kante.

Mengendarstellung formulieren.

In Kryptosystemen ist die Verschlüsselung eines Klartextes t mit dem Schlüssel s zu einem Kryptotext k

$$\mathrm{Ver}(t, s) = k$$

immer eine Funktion mit den zwei Argumenten t und s. Für jeden festen Schlüssel s dürfen wir die Funktion

$$\mathrm{Ver}_s(t) = \mathrm{Ver}(t, s)$$

mit einem Argument, dem Klartext t, betrachten. Wir haben genau $|S_n|$ solche Funktionen Ver_s. In der ersten Lektion haben wir gelernt, dass diese Funktionen injektiv sein müssen (das heißt, sie sind Codierungen), sonst könnten die Kryptotexte nicht eindeutig entschlüsselt werden. Also können mit Ver_s bei einem festen Schlüssel s keine zwei Klartexte auf denselben Kryptotext abgebildet werden (vgl. Abbildung 5.3). Weil jeder Klartext mit dem Schlüssel s verschlüsselt werden kann, gilt deshalb:

$$|K_n| \geq |T_n|. \tag{5.1}$$

Alle bisherigen Überlegungen hatten noch nichts mit der perfekten Sicherheit zu tun. Wir haben nur festgelegt, dass jeder Klartext mit allen $|S_n|$ Schlüsseln verschlüsselt werden kann, und dass Ver_s für jeden Schlüssel s eine injektive Funktion ist.

Jetzt schauen wir uns die Verschlüsselung aus der Sicht der Kryptotexte an. Sei t ein Klartext. Nehmen wir an, es gäbe *keinen* Kryptotext k, so dass

$$\mathrm{Ver}_s(t) = k$$

für alle Schlüssel $s \in S_n$. Das heißt, mit keinem Schlüssel kann der Klartext t durch k verschlüsselt werden (vgl. Abbildung 5.4). Wenn dies der Fall wäre und ein Kryptoanalytiker den Kryptotext k erhielte, dann wüsste dieser sofort, dass der Klartext nicht t sein kann.

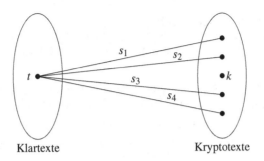

Abbildung 5.4 Der Klartext t wird durch keinen Schlüssel auf den Kryptotext k abgebildet.

Somit ist die perfekte Sicherheit nicht mehr gewährleistet, denn zu wissen, dass t nicht in Frage kommt, also als Klartext ausgeschlossen ist, entspricht einer nützlichen Information. So könnte der Kryptoanalytiker möglicherweise einige Klartexte ausschließen.

Aufgabe 5.10 Für Kryptosysteme mit zahlreichen Kryptotexten der gegebenen Länge n ist es von Vorteil, das Krytosystem mit mehreren Mengendarstellungen anstatt nur mit einer zu zeichnen. Es kann beispielsweise für jeden Schlüssel ein Bild gezeichnet werden.

(a) Zeichne für das Kryptosystem ABC-Caesar$_2$ die entsprechenden drei Mengendarstellungen für die Schlüssel 0, 1 und 2.

(b) Zeichne das Kryptosystem ABC-Caesar$_3$ mit drei Mengendarstellungen.

(c) Entwickle analog dazu das Kryptosystem ABCD-Caesar. Beschreibe es zuerst mit dem Schema der Kryptosysteme und zeichne anschließend die Mengendarstellung des Kryptosystems ABCD-Caesar$_2$.

Aufgabe 5.11 Betrachte die nachfolgende Version von Caesar. Zeichne die Mengendarstellung dieses Kryptosystems für die Klartextlänge 2 und bestimme, ob es Paare (t, k) gibt, so dass bei keinem Schlüssel der Klartext t durch k verschlüsselt wird. Das heißt, dass keine Kante von t nach k führt.

Kryptosystem SimpleCaesar

Klartextalphabet:	$\{0, 1, 2, 3\}$
Kryptotextalphabet:	$\{0, 1, 2, 3\}$
Schlüsselmenge:	$\{0, 1, 2, 3\}$
Verschlüsselung:	Die Symbole x des Klartextes werden für einen Schlüssel s einzeln wie folgt verschlüsselt:

$$\text{Ver}_s(x) = x \oplus_4 s.$$

Definition der perfekten Sicherheit

Bei einem perfekt sicheren Kryptosystem muss von jedem Klartext eine Kante zu jedem Kryptotext führen.

Weil die Anzahl der Kanten, ausgehend von einem Klartext, der Anzahl der Schlüssel $|S_n|$ entspricht, kann diese Bedingung nur dann zutreffen, wenn die Anzahl der Schlüssel mindestens so groß ist wie die Anzahl der Kryptotexte, das heißt wenn

$$|S_n| \geq |K_n|. \tag{5.2}$$

Kombiniert mit der Gleichung (5.1) erhalten wir die Anforderung

$$|S_n| \geq |K_n| \geq |T_n| \tag{5.3}$$

für die perfekte Sicherheit eines Kryptosystems für Klartexte der Länge n.

Mehr Schlüssel als Kryptotexte zu haben, führt jedoch zur Situation, in der es Klartexte t gibt, so dass deren Verschlüsselung mit zwei unterschiedlichen Schlüsseln s_1 und s_2

$$\text{Ver}_{s_1}(t) = \text{Ver}_{s_2}(t) = k$$

zum gleichen Kryptotext k führt.

Wenn aus weiteren Klartexten nur einzelne Kanten nach k führen und die Schlüssel mit der gleichen Wahrscheinlichkeit verwendet werden, dann weiß der Kryptoanalytiker beim Erhalt von k, dass die Wahrscheinlichkeit, dass es sich um den Klartext t handelt, höher ist als für einen der anderen Klartexte. Bei der perfekten Sicherheit soll dem Kryptoanalytiker diese Information jedoch nicht gegeben sein. Aus dieser und weiterer statistischer Überlegungen, auf die wir hier nicht genauer eingehen wollen, kann die Ungleichung (5.3) in die folgende Gleichung umgeformt werden:

$$|S_n| = |K_n| = |T_n| \tag{5.4}$$

Hinweis für die Lehrperson Eine formale mathematische Begründung des Übergangs von der Ungleichung (5.3) zur Gleichung (5.4) fordert stochastische Überlegungen über apriori- und postpriori-Wahrscheinlichkeiten, die nicht den gymnasialen Themen des Mathematikunterrichts entsprechen. Im Allgemeinen muss auch bedacht werden, dass die Argumentation nicht nur für die Gleichverteilung der Schlüssel geführt werden muss. Aber es kann nachvollzogen werden, dass es nicht das Ziel eines guten Kryptosystems ist, mehr Schlüssel als Klartexte zu besitzen.

Wenn Gleichung (5.4) gilt, also jeden Klartext genau $|S_n|$ Kanten verlassen und zu jedem Kryptotext $|S_n|$ Kanten führen, dann ist das eine besondere Eigenschaft der Mengendarstellung. Wir nennen solche Mengendarstellungen **vollständige bipartite Graphen**. Ein vollständiger **(g, h)-bipartiter Graph** hat $g + h$ Knoten und $g \cdot h$ Kanten. Die Knoten des Graphen können in zwei Gruppen G_1 und G_2 mit der Anzahl Knoten g bzw. h so aufgeteilt werden, dass

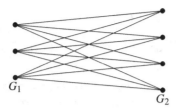

Abbildung 5.5 Ein vollständiger $(3, 4)$-bipartiter Graph mit den beiden Gruppen G_1 und G_2.

(1) Kanten nur von Knoten in G_1 zu Knoten in G_2 führen, und

(2) aus jedem Knoten in G_1 h Kanten zu allen Knoten in G_2 führen.

In Abbildung 5.5 ist ein vollständiger $(3, 4)$-bipartiter Graph gezeichnet.

Aufgabe 5.12 Zeichne einen vollständigen $(3, 5)$-bipartiten Graphen und einen vollständigen $(4, 4)$-bipartiten Graphen.

Wir haben gesehen, dass die Mengendarstellungen von perfekt sicheren Kryptosystemen vollständige $(|S_n|, |S_n|)$-bipartite Graphen sein müssen. Auf diese Weise kommen wir zur folgenden Definition der perfekten Sicherheit:

*Ein Kryptosystem für die Klartexte der Länge n ist **perfekt sicher**, wenn alle drei der folgenden Bedingungen erfüllt sind:*

(1) $|S_n| = |T_n| = |K_n|$,

(2) die Mengendarstellung des Kryptosystems entspricht einem vollständigen $(|T_n|, |K_n|)$-bipartiten Graphen, und

(3) die Schlüssel werden zufällig nach der Gleichverteilung ausgewählt, das heißt jeder Schlüssel wird mit der gleichen Wahrscheinlichkeit von $\frac{1}{|S_n|}$ gewählt.

Die Forderungen (1) und (2) haben wir bereits auf unserer Suche nach der perfekten Sicherheit entwickelt. Es bleibt die Forderung (3) zu diskutieren. Wenn einzelne Schlüssel mit unterschiedlichen Wahrscheinlichkeiten gezogen würden, dann wird es für einen gegebenen Kryptotext k klar sein, dass gewisse Klartexte wahrscheinlicher sind als andere. Die Klartexte, von denen aus Kanten mit wahrscheinlicheren Schlüsseln zu k führen, sind dann bessere Kandidaten als andere. Weil der Kryptoanalytiker die volle Information über das Kryptosystem hat und damit auch die Wahrscheinlichkeiten kennt, würde er auf diese Art und Weise eine Teilinformation über den gesuchten Klartext gewinnen. Deswegen müssen alle Schlüssel eines Kryptosystems mit der gleichen Wahrscheinlichkeit ausgewählt werden.

Das Kryptosystem BIN-ONE-TIME-PAD

Als Nächstes wollen wir das Kryptosystem BIN-ONE-TIME-PAD betrachten. Dieses Kryptosystem funktioniert fast gleich wie das Kryptosystem ONE-TIME-PAD, nur dass dieses mit dem Alphabet $\{0, 1\}$ an Stelle von Lat arbeitet. Das heißt, der Klartext ist eine Folge von Symbolen, gebildet aus den beiden Ziffern 0 und 1. Der Schlüssel besteht ebenfalls aus diesen beiden Ziffern. Wie beim ONE-TIME-PAD hat der Schlüssel die gleiche Länge wie der Klartext und der Schlüssel wird zufällig ausgewählt.

Schauen wir uns dazu ein Beispiel an: Den Klartext 00101 wollen wir mit dem Schlüssel 10110 verschlüsseln. Beim ONE-TIME-PAD hatten wir jeden Buchstaben mit der Addition modulo 26 verschlüsselt. Hier verschlüsseln wir ebenfalls ein Zeichen nach dem anderen, nun jedoch mit der Addition modulo 2:

$$
\begin{array}{ll}
\text{Klartext} & \texttt{00101} \\
\text{Schlüssel} & \texttt{10110} \\
\hline
\text{Kryptotext} & \texttt{10011}
\end{array}
$$

Die Ziffer k_i an der Position i im Kryptotext berechnet sich also durch die Addition modulo 2 der entsprechenden Ziffer im Klartext t_i und der Ziffer s_i an der Position i des Schlüssels:

$$k_i = t_i \oplus_2 s_i,$$

für die Positionen i von 1 bis n.

Um die Notation zu vereinfachen, verwenden wir für diese zeichenweise binäre Addition modulo 2 fortan den Operator $\oplus_{\text{bin}}$. Wir können also die Verschlüsselung des Kryptosystems BIN-ONE-TIME-PAD mit der folgenden Gleichung ausdrücken:

$$k = t \oplus_{\text{bin}} s.$$

Für die Texte des Beispiels bedeutet dies also, dass wir die Verschlüsselung folgendermaßen schreiben können:

$$\texttt{10011} = \texttt{00101} \oplus_{\text{bin}} \texttt{10110}.$$

Wir stellen außerdem fest, dass das Verfahren für die Entschlüsselung das gleiche ist wie für die Verschlüsselung, weil das erneute Anwenden des Schlüssels zum neutralen Element 0 führt:

$$s \oplus_{\text{bin}} s = \mathbf{0}.$$

Die $\mathbf{0}$ steht dabei für den Text der entsprechenden Länge, der nur die Ziffer 0 enthält.

Kryptosystem BIN-ONE-TIME-PAD	
Klartextalphabet:	$\{0, 1\}$
Kryptotextalphabet:	$\{0, 1\}$

Schlüsselmenge:	$\{0,1\}^*$ Für einen Klartext der Länge n wird zufällig ein Schlüssel s der gleichen Länge gewählt.
Verschlüsselung:	Ein Klartext t wird mit dem Schlüssel s zum Kryptotext k verschlüsselt, indem der Schlüssel zeichenweise modulo 2 zum Klartext addiert wird: $$k = t \oplus_{\text{bin}} s.$$
Entschlüsselung:	Ein Kryptotext k wird mit dem Schlüssel s zum Klartext t entschlüsselt, indem der Schlüssel zeichenweise modulo 2 zum Kryptotext addiert wird: $$t = k \oplus_{\text{bin}} s.$$

Betrachten wir das BIN-ONE-TIME-PAD$_2$-Kryptosystem für Klartexte der Länge 2. Die Menge der Klartexte, die Menge der Kryptotexte und die Menge der Schlüssel sind gleich, nämlich $\{00, 01, 10, 11\}$. Damit ist die Bedingung (1) der perfekten Sicherheit erfüllt. Abbildung 5.6 zeigt die Mengendarstellung des Kryptosystems BIN-ONE-TIME-PAD$_2$. Wir sehen, dass es sich um einen vollständigen $(4,4)$-bipartiten Graphen handelt. Weil der Schlüssel zufällig nach der Gleichverteilung gewählt wird, erfüllt das BIN-ONE-TIME-PAD$_2$ alle Anforderungen an die perfekte Sicherheit. Es ist perfekt sicher, weil beim Erhalt eines beliebigen Kryptotextes alle vier Klartexte gleich wahrscheinliche Kandidaten für den ursprünglichen Klartext sind. Ohne den Schlüssel zu kennen, hat niemand eine Chance den Kryptotext zu entschlüsseln.

Aufgabe 5.13 Zeichne die Mengendarstellung des BIN-ONE-TIME-PAD$_1$-Kryptosystems und begründe für die Länge $n = 1$, warum das Kryptosystem sicher ist.

Aufgabe 5.14 Zeichne die Mengendarstellung des BIN-ONE-TIME-PAD$_3$-Kryptosystems für Klartexte der Länge 3. Weil es hier neun Klartexte, neun Kryptotexte und neun Schlüssel gibt, ist die Anzahl der Kanten $9 \cdot 9 = 81$. Um die Übersicht zu behalten, verteile die Mengendarstellung in drei separate Zeichnungen. In jeder dieser Zeichnungen zeichne nur die Kanten ein, die drei

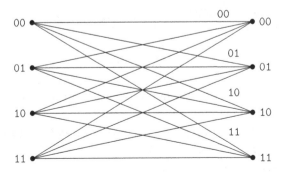

Abbildung 5.6 Mengendarstellung des Kryptosystems BIN-ONE-TIME-PAD$_2$. Aus Platzgründen sind nicht alle Kanten mit den Schlüsseln beschriftet.

ausgesuchten Schlüsseln entsprechen. Die Überlagerung dieser drei Zeichnungen ergibt dann den vollständigen $(9,9)$-bipartiten Graphen.

Aufgabe 5.15 Gibt es eine Klartextlänge, für die CAESAR ein perfekt sicheres Kryptosystem ist? Begründe deine Antwort.

Aufgabe 5.16 Begründe weshalb das Kryptosystem BIN-ONE-TIME-PAD für Klartexte der Länge n perfekt sicher ist.

Aufgabe 5.17 Betrachte ein Kryptosystem, das ähnlich wie VIGENÈRE ist, aber statt mit dem Klartext- und Kryptotextalphabet Lat mit dem Alphabet $\{A, B\}$ und mit den vier Schlüsseln AA, AB, BA und BB unabhängig von der Klartextlänge arbeitet. Zeichne die Mengendarstellung dieses Kryptosystems für Klartexte der Länge 3 und erkläre, warum dieses Kryptosystem nicht perfekt sicher ist.

5.3   Sicherheitsgrad eines Kryptosystems

Wir haben an einem Beispiel gezeigt, dass die Anforderung, einen Schlüssel nur einmal zu verwenden, ein wichtiges Merkmal der perfekten Sicherheit ist. Die Frage ist jetzt, ob wir den Sicherheitsverlust bei mehrfacher Verwendung des gleichen Schlüssels messen können. Wir werden bald sehen, dass dies möglich ist, und dass der Sicherheitsgrad exponentiell mit der Anzahl der Anwendungen des gleichen Schlüssels sinkt.

Bei perfekt sicheren Kryptosystemen kann jeder Kryptotext eine Verschlüsselung von jedem Klartext der entsprechenden Länge sein, und somit liefert der Kryptotext keine Information über den Klartext. Wir sagen deshalb, dass ein perfekt sicheres Kryptosystem einen Sicherheitsgrad von 100 % hat. Bevor wir den Sicherheitsgrad eines Kryptosystems genau abgrenzen, benötigen wir die folgende Definition:

> *Sei* KRYPT$_n$ *ein beliebiges Kryptosystem für Klartexte der Länge n. Für einen Kryptotext* $k \in K_n$ *bezeichnen wir mit* $T_n^{\to k}$ *die Teilmenge der Klartexte aus* T_n, *für die es einen Schlüssel gibt, so dass der Klartext zum Kryptotext k verschlüsselt wird. (In der Mengendarstellung von Kryptosystemen entspricht dies den Klartexten, die eine Kante zum Kryptotext k haben.) Der* **Sicherheitsgrad** α_k *eines Kryptotextes* **k** *ist gegeben durch*
>
> $$\alpha_k = \frac{|T_n^{\to k}|}{|T_n|} \cdot 100\,\%.$$

Als Beispiel betrachten wir die Abbildung 5.7, in der die Mengendarstellung eines hypothetischen Kryptosystems mit vier Klartexten ($|T_n| = 4$), fünf Kryptotexten und zwei Schlüsseln dargestellt ist. Zum Kryptotext k_1 führen zwei Kanten, weil k_1 entweder die Verschlüsselung von t_1 oder von t_2 sein kann. Somit ist $T_n^{\to k_1} = \{t_1, t_3\}$. Daraus folgt, dass der Sicherheitsgrad α_{k_1} von k_1 gegeben ist durch

$$\alpha_{k_1} = \frac{2}{4} 100\,\% = 50\,\%.$$

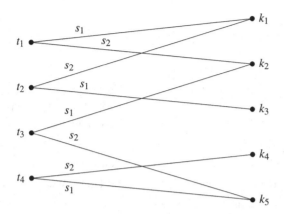

Abbildung 5.7 Mengendarstellung eines hypothetischen Kryptosystems mit fünf Klartexten $t_1, t_2, \ldots, t_4$, fünf Kryptotexten $k_1, k_2, \ldots, k_5$ und zwei Schlüsseln s_1, und s_2.

Der Sicherheitsgrad des Kryptotextes k_2 ist ebenfalls 50 %, und der des Kryptotextes k_4 ist 25 %.

Nun können wir den Sicherheitsgrad eines Kryptosystems definieren:

> *Der **Sicherheitsgrad α eines Kryptosystems** KRYPT$_n$ ist gegeben durch das Minimum der Sicherheitsgrade aller Kryptotexte aus K_n.*

Mit anderen Worten: Ein Kryptosystem hat einen Sicherheitsgrad von α, wenn alle Kryptotexte aus K_n einen Sicherheitsgrad von mindestens α aufweisen.

Das Kryptosystem in Abbildung 5.7 hat einen Sicherheitsgrad von 25 %, weil sowohl der Kryptotext k_3 und der Kryptotext k_4 mit 25 % den niedrigsten Sicherheitsgrad haben.

Aufgabe 5.18 Berechne für die folgenden Kryptotexte deren Sicherheitsgrade für das gegebene Kryptosystem:

  (a) Den Sicherheitsgrad von BB und CC beim Kryptosystem ABC-CAESAR$_2$.

  (b) Wie hoch sind die Sicherheitsgrade der Kryptotexte ABC und AAA beim Kryptosystem ABC-CAESAR$_3$?

  (c) Welchen Sicherheitsgrad haben die Kryptotexte ABCD, ZZZZ und ABBA beim Kryptosystem PERM$_4$?

Aufgabe 5.19 Welchen Sicherheitsgrad haben die folgenden Kryptosysteme?

  (a) ABC-CAESAR$_2$

  (b) PERM$_1$

Aufgabe 5.20 Betrachte das folgende Kryptosystem DIFF:

Kryptosystem DIFF

Klartextalphabet:	$\{A, B, C, D\}$
Kryptotextalphabet:	$\{A, B, C, D\}$
Schlüsselmenge:	$\{ \alpha\beta \mid \alpha, \beta \in \{A, B, C, D\} \}$
Verschlüsselung:	Für einen Klartext t und einen Schlüssel $\alpha\beta$ wird jeder Buchstabe um $(\mathrm{Ord}(\alpha) - \mathrm{Ord}(\beta)) \bmod 3$ Stellen in $\{A, B, C, D\}$ verschoben.

(a) Beschreibe die entsprechende Entschlüsselung von DIFF.

(b) Zeichne die Mengendarstellung des Kryptosystems DIFF_2. Wie sicher ist das Kryptosystem?

(c) Wie hoch ist der Sicherheitsgrad von DIFF_2?

(d) Ändere DIFF_2 zu MIX_2 so, dass der erste Buchstabe des Klartextes um

$$(\mathrm{Ord}(\alpha) - \mathrm{Ord}(\beta)) \bmod 3$$

stellen in Lat und der zweite Buchstabe um $\mathrm{Ord}(\alpha) \oplus_3 \mathrm{Ord}(\beta)$ Stellen verschoben wird. Ändert sich der Sicherheitsgrad beim Wechsel von DIFF_2 zu MIX_2?

Wie hoch ist der Sicherheitsgrad vom Kryptosystem CAESAR? Bei CAESAR_n kann jeder Kryptotext eine Verschlüsselung von genau 26 verschiedenen Klartexten sein. Beim Entschlüsseln eines Kryptotextes bildet jeder der 26 Schlüssel den Kryptotext eindeutig auf einen Klartext ab, wobei all diese Klartexte unterschiedlich sind. Daraus berechnen wir den Sicherheitsgrad aller Kryptotexte wie folgt:

$$\frac{26}{26^n} \cdot 100\,\% = \frac{1}{26^{n-1}} \cdot 100\,\%.$$

Somit hat CAESAR_n einen Sicherheitsgrad von $26^{-n+1} \cdot 100\,\%$. Offensichtlich ist das Kryptosystem CAESAR gemäß unserem Sicherheitsmaß ein sehr unsicheres Kryptosystem.

Während für CAESAR_n die Sicherheitsgrade aller Kryptotexte gleich sind, gibt es beim Kryptosystem PERM_n Unterschiede bei den Sicherheitsgraden von verschiedenen Kryptotexten. Zum Beispiel kann der Kryptotext AAAAA nur durch die Verschlüsselung der 26 Klartexte der Form $\square\square\square\square\square$ für ein $\square \in$ Lat entstehen. Damit hat der Kryptotext AAAAA einen Sicherheitsgrad von

$$\frac{26}{26^5} \cdot 100\% = \frac{100}{26^4}\,\% = 0{,}000\,22\,\%.$$

Ein Kryptotext aus K_5 kann aber eine Verschlüsselung von bis zu $26 \cdot 25 \cdot 24 \cdot 23 \cdot 22 = 7\,893\,600$ verschiedenen Klartexten sein. Der Kryptotext ABCDE hat zum Beispiel einen Sicherheitsgrad von $66{,}3675\,\%$, gegeben durch

$$\frac{26 \cdot 25 \cdot 24 \cdot 23 \cdot 22}{26^5} \cdot 100\,\% = 66{,}3675\,\%.$$

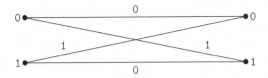

Abbildung 5.8 Mengendarstellung des Kryptosystems SIMPLEBIT_1. Die Mengendarstellung dieses perfekt sicheren Kryptosystems entspricht einem $(2, 2)$-bipartiten Graphen.

Einer der unsichersten Kryptotexte ist somit offensichtlich AAAAA, und darum hat das Kryptosystem PERM_5 nur einen Sicherheitsgrad von $0,000\,22\,\%$. Somit hat PERM_n allgemein nur einen Sicherheitsgrad von $26^{-n+1} \cdot 100\,\%$, genau wie CAESAR_n.

Aufgabe 5.21 Bestimme den Sicherheitsgrad der folgenden Kryptotexte für die angegebenen Kryptosysteme:

(a) Kryptotexte ABAB und AB beim Kryptosystem PERM_{2n} für beliebige positive Zahlen n.

(b) Kryptotexte AAAAA, ABBAA und ABCAB bei ABC-CAESAR_5.

Aufgabe 5.22 Bestimme den Sicherheitsgrad der folgenden Kryptosysteme:

(a) Kryptosystem ABC-CAESAR_n für beliebige positive Zahlen n.

(b) MULTCAESAR_n.

Sicherheitsverlust bei mehrfacher Verwendung eines Schlüssels

Mit Hilfe des Sicherheitsgrades können wir jetzt den Sicherheitsverlust messen, der bei wiederholter Verwendung des gleichen Schlüssels auftritt. Dabei interessiert uns vor allem die Auswirkung auf die perfekt sicheren Kryptosysteme. Das einfachste perfekt sichere Kryptosystem ist SIMPLEBIT_1, dessen Mengendarstellung in Abbildung 5.8 als vollständiger $(2, 2)$-bipartiter Graph dargestellt ist.

Welche Auswirkungen hat es, wenn wir zweimal hintereinander SIMPLEBIT_1 mit dem gleichen Schlüssel verwenden? Um den Sicherheitsgrad bei zweifacher Anwendung des gleichen Schlüssels zu berechnen, benötigen wir die folgende Beobachtung: Es macht keinen Unterschied, ob wir zweimal hintereinander das Kryptosystem SIMPLEBIT_1 mit dem gleichen Schlüssel anwenden, oder ob wir die beiden Klartexte zusammen schreiben und stattdessen das Kryptosystem SIMPLEBIT_2 verwenden. Wenn wir die zwei Klartexte hintereinander schreiben und entsprechend die beiden Kryptotexte zu einem zusammenfassen, dann erhalten wir die Mengendarstellung in Abbildung 5.9. Dieser Mengendarstellung entnehmen wir, dass SIMPLEBIT_2 einen Sicherheitsgrad von $50\,\%$ hat. Wir haben also durch wiederholte Anwendung des gleichen Schlüssels den Sicherheitsgrad eines perfekt sicheren Kryptosystems auf einen Sicherheitsgrad von $50\,\%$ halbiert.

Weil beispielsweise ein Text 010 als eine zusammenfassende Darstellung von den drei aufeinanderfolgenden 1-Bit Klartexten 0, 1 und 0 betrachtet werden kann, entspricht

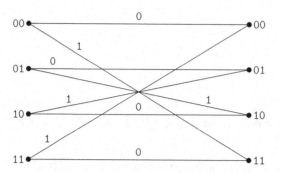

Abbildung 5.9 Mengendarstellung des Kryptosystems SIMPLEBIT_2. Beim Kryptosystem SIM-PLEBIT sind die Schlüssel jeweils nur 1 oder 0.

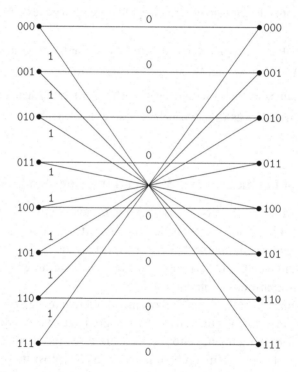

Abbildung 5.10 Mengendarstellung des Kryptosystems SIMPLEBIT_3. Zu jedem Kryptotext führen genau zwei Kanten.

die dreimalige Anwendung von SIMPLEBIT_1 mit gleichem Schlüssel der einmaligen Anwendung des Kryptosystems SIMPLEBIT_3. In Abbildung 5.10 können wir ablesen, dass SIMPLEBIT_3 einen Sicherheitsgrad von 25 % hat. Damit hat sich der Sicherheitsgrad durch die weitere Anwendung des Schlüssels erneut halbiert und ist auf $\frac{1}{4}$ des Sicherheitsgrades von SIMPLEBIT_1 gesunken.

Aufgabe 5.23 Wie verändert sich der Sicherheitsgrad des Kryptosystems ABC-CAESAR₁ bei wiederholter Anwendung des gleichen Schlüssels? Zeichne die entsprechende Mengendarstellung.

Aufgabe 5.24 Wie verändert sich der Sicherheitsgrad des Kryptosystems PERM₁ bei wiederholter Anwendung des gleichen Schlüssels?

Aufgabe 5.25 Wie verändert sich der Sicherheitsgrad von CAESAR$_n$ für eine beliebige positive ganze Zahl n, wenn das Kryptosystem zweimal hintereinander mit dem gleichen Schlüssel angewendet wird?

Aufgabe 5.26 Wie verändert sich der Sicherheitsgrad des Kryptosystems ABC-CAESAR₁, wenn du den gleichen Schlüssel dreimal hintereinander verwendest?

Aufgabe 5.27 Wie verändert sich der Sicherheitsgrad des Kryptosystems PERM₁ bei zweifacher Anwendung des gleichen Schlüssels?

Bei der vierten Verwendung des gleichen Schlüssels s beim Kryptosystem SIMPLEBIT₁ wird der Sicherheitsgrad wieder halbiert. Ein Kryptotext 0110 kann nur durch die Verschlüsselung der beiden Klartexte 1001 (für $s = 1$) und 0110 (für $s = 0$) entstanden sein. Ein Kryptotext aus vier Bits kann deshalb wiederum nur aus zwei Klartexten von insgesamt 2^4 Klartexten entstanden sein. Daher folgt bei vierfacher Anwendung des Kryptosystems SIMPLEBIT₁ mit dem gleichen Schlüssel, dass der Sicherheitsgrad nur

$$\frac{2}{2^4} \cdot 100\,\% = 12{,}5\,\%$$

ist.

Allgemein bleibt bei der n-fachen Verwendung desselben Schlüssels die Tatsache unverändert, dass nur zwei Klartexte auf einen Kryptotext abgebildet werden können. Das Kryptosystem SIMPLEBIT₁ hat somit bei der n-fachen Anwendung des gleichen Schlüssels einen Sicherheitsgrad von

$$\frac{2}{2^n} \cdot 100\,\% = \frac{1}{2^{n-1}} \cdot 100\,\%,$$

weil die Anzahl der Klartexte der Länge n genau 2^n ist. Wir sehen, dass durch mehrmaliges Verwenden des gleichen Schlüssels aus einem perfekt sicheren Kryptosystem (Sicherheitsgrad 100 %) ein unsicheres Kryptosystem entstanden ist. Der Ausdruck $\frac{1}{2^{n-1}} \cdot 100\,\%$ geht sogar mit steigendem n exponentiell schnell gegen 0.

Der Sicherheitsgrad eines perfekt sicheren Kryptosystems reduziert sich beim erneuten Verwenden des gleichen Schlüssels um den Faktor $\frac{1}{|T_n|}$.

Warum ist das so? Wenn wir das zweifache Verwenden eines Schlüssels als Verschlüsselung eines doppelt so langen Textes betrachten, erhöht sich die Anzahl möglicher Klartexte von $|T_n|$ auf $|T_n|^2$. Analog wächst die Anzahl Kryptotexte von $|K_n|$ auf $|K_n|^2$, während die

Anzahl der Schlüssel $|S_n|$ gleich bleibt. Wenn wir uns dies wiederum graphisch anschauen, dann sehen wir, dass die Anzahl der Kanten im entsprechenden $(|T_n|^2, |K_n|^2)$-bipartiten Graphen genau $|T_n|^2 \cdot |S_n|$ ist. Das bedeutet, dass die durchschnittliche Anzahl der Kanten, welche zu einem bestimmten Kryptotext führen, durch

$$\frac{|T_n|^2 \cdot |S_n|}{|K_n|^2} = |S_n|$$

gegeben ist, da bei perfekt sicheren Kryptosystemen die Gleichung

$$|T_n| = |K_n| = |S_n|$$

gilt. Daher gibt es mindestens einen Kryptotext k mit höchstens $r \leq |S_n|$ Kanten. Der Sicherheitsgrad α_k von k ist somit:

$$\alpha_k = \frac{r}{|T_n|^2} \cdot 100\,\% \leq \frac{|S_n|}{|T_n|^2} \cdot 100\,\% = \frac{|T_n|}{|T_n|^2} \cdot 100\,\% = \frac{1}{|T_n|} \cdot 100\,\%.$$

Bei der zweifachen Verwendung des gleichen Schlüssels verkleinert sich also der Sicherheitsgrad um den Faktor $\frac{1}{|T_n|}$.

Aufgabe 5.28 Zu welchem Sicherheitsverlust führt die h-fache Verwendung des gleichen Schlüssels beim Kryptosystem ABC-CAESAR?

Aufgabe 5.29 Wie hoch ist der Sicherheitsgrad von VIGENERE$_{10}$, wenn zufällige Schlüssel der Länge 5 verwendet werden?

Aufgabe 5.30 Um welchen Faktor wird der Sicherheitsgrad eines perfekten Kryptosystems bei h-fachem Verwenden des gleichen Schlüssels reduziert?

Die perfekte Sicherheit ist zwar eine schöne und saubere Sache. Diese in der Praxis umzusetzen ist jedoch gar nicht so einfach. Vor jedem Kommunikationsschritt müssen sich Sender und Empfänger im Geheimen auf einen zufälligen Schlüssel einigen, der genauso lang ist wie der Klartext. Bei der geheimen Schlüsselvereinbarung steht jedoch kein perfekt sicheres Kryptosystem zur Verfügung. Und dies wirft die folgenden zwei Fragen auf: Kann man sich in einem öffentlichen, nicht durch eine Verschlüsselung geschützten Gespräch auf einen Schlüssel einigen, so dass kein Dritter den Schlüssel erfahren kann? Und können wir die perfekte Sicherheit mit den unrealistischen Anforderungen durch eine sinnvolle „praktische" Sicherheit ersetzen, die leichter zu erreichen und trotzdem zuverlässig ist? Diese Fragen bestimmen die Themen der folgenden Lektionen.

5.4 Zusammenfassung

Ein Kryptosystem ist perfekt sicher oder hat einen Sicherheitsgrad von 100 %, wenn sich hinter jedem Kryptotext jeder Klartext der entsprechenden Länge verstecken kann.

Weil jeder Klartext mit der gleichen Wahrscheinlichkeit auf einen bestimmten Kryptotext verschlüsselt wird, erlangt ein Kryptoanalytiker keinerlei Information durch den Erhalt eines Kryptotextes. Perfekt sichere Kryptosysteme für Klartexte der Länge n haben somit die gleiche Anzahl an Klartexten, Kryptotexten und Schlüsseln. Die Mengendarstellungen von solchen perfekten Kryptosystemen entsprechen einem vollständigen bipartiten Graphen.

Beispiele von perfekt sicheren Kryptosystemen sind die Kryptosysteme ONE-TIME-PAD, BIN-ONE-TIME-PAD und SIMPLEBIT$_1$.

Der Sicherheitsgrad eines Kryptotextes wird ausgedrückt als der prozentuale Anteil der Klartexte, die zu diesem Kryptotext verschlüsselt werden können. Der Sicherheitsgrad eines Kryptosystems ist das Minimum von allen Sicherheitsgraden der Kryptotexte. Nach diesem Maß haben perfekt sichere Kryptosysteme einen Sicherheitsgrad von 100 %.

Wenn wir ein perfekt sicheres Kryptosystem zweimal mit dem gleichen Schlüssel benutzen, dann wird der Sicherheitsgrad um den Faktor $\frac{1}{|T_n|}$ verringert. Bei h-fachem Verwenden eines Schlüssels ist der Sicherheitsgrad dann noch $\frac{1}{|T_n|^{h-1}} \cdot 100\,\%$.

Kontrollfragen

1. Warum kann das ONE-TIME-PAD als Spezialfall von VIGENÈRE betrachtet werden?

2. Warum muss bei einem perfekt sicheren Kryptosystem der Schlüssel zufällig gewählt werden?

3. Weshalb darf man bei perfekt sicheren Kryptosystemen den Schlüsseln nur einmal verwenden?

4. Welche Bedeutung hat das „One-Time" im Namen des ONE-TIME-PAD-Kryptosystems?

5. Nenne zwei entscheidende Gründe, warum das ONE-TIME-PAD in der Praxis nur selten angewandt wird.

6. Wozu dient die Mengendarstellung von Kryptosystemen?

7. Wie viele Kanten hat ein vollständiger (i, j)-bipartiter Graph?

8. Sei n die Länge eines Klartextes. Was sagt die folgende Ungleichungskette aus?

$$|S_n| \geq |K_n| \geq |T_n|$$

Warum muss ein perfekt sicheres Kryptosystem diese Ungleichung erfüllen?

9. Welche Bedeutung hat es, wenn die Mengendarstellung eines Kryptosystems ein vollständiger (i, i)-bipartiter Graph ist?

10. Wie wird der Sicherheitsgrad eines Kryptotextes definiert?

11. Wie lautet die Definition des Sicherheitsgrades eines Kryptosystems?

12. Wie kann der Sicherheitsverlust bezüglich der Anzahl Verwendungen des gleichen Schlüssels gemessen werden?

Kontrollaufgaben

1. Erweitere das Klartextalphabet, das Kryptotextalphabet und die Schlüsselmenge des Kryptosystem ABC-CAESAR so, dass auch der Buchstabe D verwendet werden kann. Zeichne dann die Mengendarstellung dieses neuen Kryptosystems für Klartexte der Länge 2.

2. Zeichne einen vollständigen bipartiten Graphen, wobei die eine Knotenmenge aus 3 und die andere Knotenmenge aus 15 Knoten besteht. Wie viele Kanten hat dieser Graph?

3. Sei n die Länge der Klartexte. Stimmt die Aussage, dass, wenn die Mengendarstellung eines Kryptosystems einem vollständigen $(|T_n|, |K_n|)$-bipartiten Graphen entspricht, perfekte Sicherheit gewährleistet ist? Wenn ja, begründe deine Antwort. Wenn nein, beschreibe ein Gegenbeispiel.

4. Betrachte das Alphabet Ziff $= \{0, 1, 2, \ldots, 9\}$. Baue ein perfekt sicheres Kryptosystem analog zum ONE-TIME-PAD, das Ziff als Klartext- und als Kryptotextalphabet nutzt.

5. Betrachte das folgende Kryptosystem:

Kryptosystem CAESARMASKE

Klartextalphabet: Lat

Kryptotextalphabet: Lat

Schlüsselmenge: (s, w), wobei $s \in \{0, 1, 2, \ldots, 25\}$ und $w \in \{0, 1\}^*$. Für einen Klartext der Länge n wird immer ein Schlüssel (s, w) der Länge $|w| = n$ verwendet.

Verschlüsselung: Mit dem Schlüssel $(s, w_1 w_2 \ldots w_n)$ wird ein Klartext $t = \square_1 \square_2 \ldots \square_n$ zu einem Kryptotext $k = \triangle_1 \triangle_2 \ldots \triangle_n$ wie folgt für ein $i = 1$ bis n verschlüsselt:

$$\triangle_i = \left(\text{Ord}(\square_i) \oplus_{26} s \right) \oplus_{26} w_i.$$

Entschlüsselung: Mit dem Schlüssel $(s, w_1 w_2 \ldots w_n)$ wird der Kryptotext $k = \triangle_1 \triangle_2 \ldots \triangle_n$ wie folgt zum Klartext $t = \square_1 \square_2 \ldots \square_n$ entschlüsselt:

$$\square_i = \left(\text{Ord}(\triangle_i) \oplus_{26} (-w_i) \right) \oplus_{26} (-s),$$

für $i = 1$ bis n.

(a) Ein Klartext ist mit CAESARMASKE zum Kryptotext PIMXVJNGL verschlüsselt worden. Du weißt über den Schlüssel $(s, w_1 w_2 w_3 w_4 w_5 w_6 w_7 w_8 w_9)$, dass s durch 4 teilbar ist, und dass $w_1 = w_2 = w_9 = 0$. Bestimme den Klartext.

(b) Zeichne die Mengendarstellung von CAESARMASKE$_1$. Handelt es sich dabei um ein perfekt sicheres Kryptosystem? Begründe deine Antwort.

(c) Ändere das Kryptosystem CAESARMASKE, so dass beide nur das Klar- und Kryptotextalphabet $\{A, B, C\}$ nutzen. Ist das neue Kryptosystem ABC-CAESARMASKE$_n$ ein perfekt sicheres Kryptosystem für beliebige $n \in \mathbb{N}$? Zeichne die Mengendarstellung von ABC-CAESARMASKE$_2$.

    (d) Entwickle analog zum Kryptosystem ABC-CAESARMASKE das Kryptosystem AB-CAESARMASKE. Ist dieses Kryptosystem für alle Klartexte der Länge n perfekt sicher?

6. Zeichne einen vollständigen $(3,6)$-bipartiten Graphen.

7. Entwickle ein perfekt sicheres Kryptosystem für das Alphabet $\{0,1,2\}$, das wie das ONE-TIME-PAD funktioniert. Zeichne die Mengendarstellung für Klartexte der Länge 2. Begründe für alle möglichen Längen von Klartexten die perfekte Sicherheit.

8. Sei die Menge der möglichen Klartexte eingeschränkt auf die folgenden sieben Texte: JAN, PAAR, JOY, SCHILDKROETE, GIOVANNI, KINDER und LOGO. Entwickle ein perfekt sicheres Kryptosystem für die Verschlüsselung dieser sieben Klartexte. Ist es möglich, diese sieben Wörter auch als die Menge aller möglichen Kryptotexte zu betrachten?

9. Das Kryptosystem BIN-ONE-TIME-PAD$_2$ wurde viermal hintereinander verwendet. Die vier gesendeten Kryptotexte sind 00, 01, 11 und 10.

    (a) Wie viele unterschiedliche Folgen von vier Klartexten können sich hinter diesen Folgen von Kryptotexten verbergen?

    (b) Angenommen, für alle vier Kryptotexte ist der gleiche Schlüssel verwendet worden. Wie viele Folgen von vier Klartexten kommen in Frage? Welche?

    (c) Angenommen, die ersten zwei oder die letzten zwei Kryptotexte sind jeweils mit dem gleichen Schlüssel verschlüsselt worden. Wie viele Folgen von vier Klartexten kommen in Frage?

    (d) Angenommen, die ersten drei Kryptotexte sind jeweils mit dem gleichen Schlüssel verschlüsselt worden. Wie viele Folgen von vier Klartexten kommen in Frage?

10. Welchen Sicherheitsgrad hat LINCAESAR$_2$?

11. Wie hoch ist der Sicherheitsgrad von CAESARMASKE$_3$?

12. Wie hoch ist der Sicherheitsgrad von VIGENERE$_{m \cdot n}$ für beliebige $m, n \in \mathbb{N}$, wenn nur Schlüssel der Länge n verwendet werden?

13. Wie verändert sich die Sicherheitsgrad des Kryptosystems BIN-ONE-TIME-PAD$_5$ bei zweifacher Verwendung des gleichen Schlüssels? Wie verändert sich der Sicherheitsgrad bei k-facher Verwendung des gleichen Schlüssels für ein beliebiges $k \in \mathbb{Z}^+, k \geq 3$?

Lektion 6

Die ENIGMA und moderne Kryptosysteme

Hinweis für die Lehrperson Diese Lektion bringt ein wenig Entspannung nach den bisherigen mathematisch geprägten Lektionen. Sie stellt einige Meilensteine der Entwicklung der Kryptologie im zwanzigsten Jahrhundert vor. Ausführlich wird dabei nur auf das berühmte Kryptosystem ENIGMA eingegangen. Zusätzlich zur Geschichte der Kryptologie wird erklärt, wie heute Texte in eine standardisierte binäre Darstellung umgewandelt werden. Letzteres ist die einzige Pflichtlektüre dieser Lektion. Außerdem ist das Konzept der Blockverschlüsselung für spätere Lektionen relevant. Alle anderen Teile sind optional, weil sie kein Vorwissen beinhalten, das für die Bearbeitung der nachfolgenden Lektionen notwendig ist.

Seit der Entwicklung der Funkgeräte hat die Verbreitung der Telekommunikation rasant zugenommen. Dies hat dazu geführt, dass die vertrauliche Kommunikation wichtiger wurde als je zuvor, denn Radiowellen konnten nun ohne nennenswerten Aufwand von Dritten abgehört werden.

Trotz der perfekten Sicherheit des ONE-TIME-PAD hatten die erheblichen Einschränkungen in der praktischen Anwendung zur Folge, dass neue, einfacher anwendbare Kryptosysteme entwickelt werden mussten. Es dauerte jedoch nicht lange, bis geniale Menschen neue Kryptosysteme entwickelten, die diese neuen Anforderungen der elektronischen Telekommunikation erfüllten. Dies gelang ihnen auch deshalb, weil sie sich die neuste Technik nutzbar machten, um Kryptosysteme als elektronische Geräte umzusetzen.

Seit der Entstehung des Internets wurde die Telekommunikation noch wichtiger. Kommunikationsmittel wie das World Wide Web und E-Mail sind im heutigen Informationszeitalter nicht mehr wegzudenken. Damit stiegen die Anforderungen an die sichere Kryptographie nochmals erheblich. Für wichtige Dienstleistungen wie Online-Banking, Elektronischer Handel, Elektronische Wahlen etc. ist eine sichere Verschlüsselung unentbehrlich geworden. Zusätzlich zur Sicherheit stiegen auch die Bedürfnisse nach einer sehr schnellen Abwicklung der sicheren Kommunikation, und somit waren effiziente Verschlüsselungen und Entschlüsselungen erforderlich. Die Leistungsfähigkeit der Computer macht es zum Glück möglich moderne Kryptosysteme effizient anzuwenden. Die hardware-orientierte Implementierung von Kryptosystemen beschleunigte die Verschlüsselung um das Hundert- bis Zweihundertfache und wurde deshalb zum Standard moderner vertraulicher Kommunikation.

6.1 Die Geschichte der ENIGMA

Zwei sehr einfache mechanische kryptographische Geräte haben wir bereits in der ersten Lektion kennen gelernt, nämlich die SKYTALE und die CAESAR-Scheibe. Die Kryptosysteme, die nach dem Ende des Ersten Weltkrieges entwickelt wurden, waren jedoch erheblich komplexer und nutzten diverse mechanische und elektrische Mechanismen für die Verschlüsselung.

Der deutsche Ingenieur Arthur Scherbius (1878–1929) baute ein solches kryptographisches Gerät, das verschiedene mechanische und elektrische Elemente auf raffinierte Art und Weise zu einer Verschlüsselungsmaschine kombinierte. Die sogenannte ENIGMA wurde zum gefürchtetsten Kryptosystem der Geschichte.

Auszug aus der Geschichte Es gab verschiedene Ausführungen und Varianten der Verschlüsselungsmaschine ENIGMA. Das verbreitetste Modell war die ENIGMA I, die von der Deutschen Wehrmacht während des Zweiten Weltkrieges eingesetzt wurde. Von der ENIGMA I, auch WEHRMACHT ENIGMA genannt, waren schätzungsweise 100 000 Stück im Einsatz. Im Folgenden verstehen wir unter der ENIGMA immer die ENIGMA I.

Hinweis für die Lehrperson Die Geschichte der ENIGMA liefert viele interessante Hintergründe auch für den Unterricht in Geschichte. Es gibt unzählige Bücher über die ENIGMA, und auch einige Filme thematisieren die Geschehnisse rund um die Verschlüsselungsmaschine.

Die Funktionsweise der ENIGMA

Die ENIGMA besteht – einfach ausgedrückt – aus drei Bestandteilen: einer Verschlüsselungseinheit, die im Gehäuse verborgen ist, einer Tastatur für die Buchstaben aus Lat und einem Lampenfeld, das ebenfalls mit den Buchstaben aus Lat beschriftet ist. Diese drei Bestandteile sind in der Fotografie in Abbildung 6.1 gut zu erkennen.

Um eine Nachricht zu verschlüsseln, drückt der Operateur der Reihe nach die Tasten, die den Buchstaben des Klartextes entsprechen. Durch elektrische Signale, die durch die Verschlüsselungseinheit fließen, werden dann die Lampen der entsprechenden Kryptotextbuchstaben zum Leuchten gebracht. Der so erhaltene Kryptotext wird dann mittels Morsezeichen an den Empfänger der Nachricht gefunkt.

Den wesentlichen Bestandteil der ENIGMA bildet die Verschlüsselungseinheit. Diese Einheit besteht aus mehreren Komponenten, deren Zweck und Funktionsweise wir schrittweise erklären. Das vereinfachte Schema in Abbildung 6.2 zeigt die Tastatur, das Lampenfeld und die einzelnen Komponenten der Verschlüsselungseinheit, wobei hier von einem Alphabet mit acht Buchstaben ausgegangen wird, um die Darstellung nicht zu überladen.

Die Verschlüsselungseinheit besteht aus drei Walzen, einer Umkehrwalze und dem Steckerbrett. Das Schema zeigt, wie der Buchstabe C verschlüsselt wird. Durch Betätigen der Taste C der Tastatur fließt Strom zum Steckerbrett. Beim Steckerbrett wird der Strom durch ein gestecktes Kabel auf einen anderen Draht geleitet, von wo aus der Strom zu

Abbildung 6.1 Fotografie einer ENIGMA Modell A/27 (Baujahr 1937) aufgenommen im Flieger-Flab-Museum in Dübendorf. Gut zu sehen ist die Tastatur und das Lampenfeld oberhalb der Tastatur.

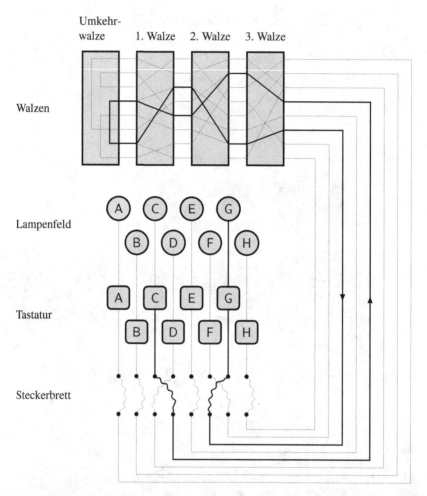

Abbildung 6.2 Dieses vereinfachte Schema zeigt die Komponenten und die Verdrahtung der ENIGMA. Um die Darstellung übersichtlich zu halten, wurden nur die ersten acht Buchstaben des Alphabets verwendet.

Über die Tastatur werden die Buchstaben des Klartextes eingegeben. Das Schema zeigt, wie der Buchstabe C verschlüsselt wird. Zuerst fließt der Strom durch das Steckerbrett, dann durch die drei Walzen zur Umkehrwalze. An der Umkehrwalze wird der Strom auf einem anderen Weg zurück durch die drei Walzen geleitet. Nach dem erneuten Durchgang durch das Steckerbrett leuchtet schließlich die Lampe des Buchstabens G auf. Der Buchstabe C wird somit durch den Buchstaben G verschlüsselt.

den Walzen fließt. Der Strom fließt jeweils von rechts nach links durch die drei Walzen und wird dann durch die Umkehrwalze wieder zurück durch die drei Walzen geleitet. Die Drähte führen wieder durch das Steckerbrett, wo der Strom möglicherweise erneut umgeleitet wird. Schließlich wird die Lampe des entsprechenden Kryptotextbuchstabens G zum Leuchten gebracht. Der Klartextbuchstabe C wird also durch den Buchstaben G verschlüsselt.

Das Steckerbrett kommt zwischen der Tastatur und der rechten Walze zum Einsatz. Mit Hilfe von sechs steckbaren Kabeln können je zwei beliebige Buchstaben miteinander vertauscht werden. Im Schema in Abbildung 6.2 sind zum Beispiel die Buchstaben C und D und die Buchstaben F und G miteinander vertauscht. Somit wird der Buchstabe C verschlüsselt, indem der Strom nun dem Draht folgt, der ursprünglich für D vorgesehen war. Analog folgen wir dem Draht für C, um den Buchstaben D zu verschlüsseln. Die Vertauschungen durch die Steckerverbindungen sind also symmetrisch. Buchstaben, die nicht durch Steckerverbindungen vertauscht werden, folgen dem durchgehenden Draht ohne eine Vertauschung.

Das wichtigste Element der Verschlüsselungseinheit sind die Walzen. Eine Walze ist eine Scheibe, die mit Hilfe eines Zahnrades mechanisch gedreht werden kann. Bei der ENIGMA werden insgesamt fünf verschiedene Walzen verwendet, die mit I, II, III, IV und V bezeichnet werden. Jeweils drei Walzen werden beliebig an drei vorgesehenen Buchten in die ENIGMA eingesetzt. Wir bezeichnen die Walze, die ganz links eingesetzt wird, als die 1. Walze, die mittlere als die 2. Walze und die rechte als die 3. Walze. Diese Zuordnung von drei Walzen nennen wir Walzenlage. Die Umkehrwalze ist links von der 1. Walze fest montiert. Die Fotografie in Abbildung 6.3 zeigt drei Walzen, die rechts neben der Umkehrwalze in die ENIGMA eingesetzt sind.

Im Inneren einer Walze befinden sich Drähte, welche die 26 Kontakte (ein Kontakt für jeden Buchstaben) auf der einen Seite kreuz und quer mit den 26 Kontakten auf der anderen Seite verbinden. Die folgende Darstellung zeigt beispielsweise eine Verdrahtung einer Walze für acht Buchstaben.

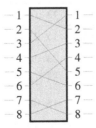

Die acht Kontakte auf der rechten Seite werden willkürlich durch Drähte mit den acht Kontakten auf der linken Seite verbunden. Hier wird zum Beispiel der Kontakt 1 auf der rechten Seite mit dem linken Kontakt 3 verbunden. Die Umkehrwalze leitet den Strom an den Kontakten ebenfalls willkürlich über einen anderen Kontakt wieder zurück durch die drei Walzen. Die Verdrahtung der Walzen kann der Tabelle 6.1 entnommen werden.

Abbildung 6.3 Detailaufnahme der ENIGMA Modell A/27 (Baujahr 1937) aufgenommen im Flieger-Flab-Museum in Dübendorf, bei der die drei eingesetzten Walzen zu sehen sind. Ganz links befindet sich die Umkehrwalze. Bei dieser ENIGMA sind die Kontakte der Walzen mit Buchstaben anstatt Zahlen beschriftet.

Tabelle 6.1 Diese Tabelle zeigt die Verdrahtung der Kontakte im Inneren der fünf Walzen der ENIGMA. Die erste Zeile zeigt die Nummern der Kontakte auf der rechten Seite der Walzen an. Die Nummern in den restlichen Zeilen entsprechen den Kontakten auf der linken Seite der entsprechenden Walzen. So ist zum Beispiel der Kontakt 1 auf der rechten Seite der Walze I mit dem Kontakt 5 auf der linken Seite verdrahtet. Die Umkehrwalze ist mit U beschriftet.

	1	2	3	4	5	6	7	8	9	10	11	12	13	14	15	16	17	18	19	20	21	22	23	24	25	26
I	5	11	13	6	12	7	4	17	22	26	14	20	15	23	25	8	24	21	19	16	1	9	2	18	3	10
II	1	10	4	11	19	9	18	21	24	2	12	8	23	20	13	3	17	7	26	14	16	25	6	22	15	5
III	2	4	6	8	10	12	3	16	18	20	24	22	26	14	25	5	9	23	7	1	11	13	21	19	17	15
IV	5	19	15	22	16	26	10	1	25	17	21	9	18	08	24	12	14	6	20	7	11	4	3	13	23	2
V	22	26	2	18	7	9	20	25	21	16	19	4	14	8	12	24	1	23	13	10	17	15	6	5	3	11
U	25	18	21	8	17	19	12	4	16	24	14	7	15	11	13	9	5	2	6	26	3	23	22	10	1	20

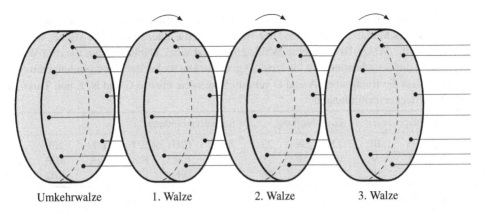

Umkehrwalze   1. Walze   2. Walze   3. Walze

Abbildung 6.4 Die 3. Walze der ENIGMA wird nach jedem eingegebenen Buchstaben um eine Position gedreht. Nach einer vollen Umdrehung der 3. Walze wird die 2. Walze um eine Position gedreht. Die 1. Walze dreht sich entsprechend nach einer ganzen Umdrehung der 2. Walze um eine Position. Die Umkehrwalze bleibt fest und dreht sich nicht. In der Darstellung sind nur acht der jeweils 26 Kontakte und Drähte eingezeichnet.

Abgesehen von den Steckerverbindungen kommt die Verschlüsselung der ENIGMA hauptsächlich durch die drei eingesetzten Walzen und die Umkehrwalze zustande. Bei der Verschlüsselung folgt der Strom zum Beispiel dem Draht des Buchstaben D bis zur 3. Walze. Diese Walze leitet den Strom durch den entsprechenden Kontakt weiter zur 2. Walze usw. Die Umkehrwalze leitet den Strom dann wieder zurück durch die drei Walzen, und schließlich erreicht das Signal die Lampe des entsprechenden Kryptotextbuchstabens.

Die so entstandene Verschlüsselung ist also abhängig von der Verdrahtung der ausgewählten Walzen, ihrer Anordnung in der ENIGMA und der Verdrahtung der Umkehrwalze. Ein wesentlicher Beitrag kommt aber durch die Rotation der Walzen zustande.

Die Verschlüsselung, die durch die drei hintereinander geschalteten Walzen zusammen mit der Umkehrwalze entsteht, entspricht jedoch nur einer monoalphabetischen Verschlüsselung. Die große Sicherheit der ENIGMA basiert darauf, dass sich die Walzen nach jedem eingegebenen Buchstaben abhängig voneinander drehen (siehe Abbildung 6.4). So ergibt sich eine sehr komplexe polyalphabetische Verschlüsselung. Die 3. Walze wird nach jedem eingegebenen Buchstaben um eine Position im Uhrzeigersinn gedreht. Die zweite Walze dreht sich erst, wenn die erste Walze eine volle Umdrehung gemacht hat. Die dritte Walze wird erst nach einer vollen Umdrehung der zweiten Walze gedreht, ähnlich wie bei einem Kilometerzähler. Dadurch wiederholt sich die Verschlüsselung erst nach $26 \cdot 26 \cdot 26 = 17\,576$ Buchstaben.

Die anfängliche Lage der drei Walzen zu Beginn einer Verschlüsselung wird als Grundstellung bezeichnet. Um eine bestimmte Grundstellung anzugeben werden Zahlen von 01 bis 26 verwendet, die jeweils die Position einer Walze angeben.

Tabelle 6.2 Beispiel einer Schlüsseltabelle der ENIGMA. Der erste Eintrag bedeutet zum Beispiel, dass am 31. Tag des Monats, entsprechend der Walzenlage, die Walze I als linke Walze, Walze IV als mittlere und die Walze III als rechte Walze eingesetzt wird. Dabei werden die drei Walzen entsprechend in die Grundstellung 12, 08 bzw. 23 gedreht. Die sechs Steckerverbindungen werden so eingesetzt, dass die Buchstaben A und D vertauscht werden, ebenso C und N, E und T usw. für die restlichen Steckerverbindungen.

Tag	Walzenlage			Grundstellung			Steckerverbindung					
31	I	IV	III	12	08	23	A/D	C/N	E/T	F/L	H/I	J/V
30	II	I	V	03	10	13	B/C	E/R	F/X	L/A	M/P	O/W
29	IV	II	III	09	15	06	A/F	D/H	F/G	I/L	K/O	M/P

Die Schlüsselmenge der ENIGMA

Um einen Klartext zu verschlüsseln, muss der Operateur der ENIGMA anhand einer Schlüsseltabelle zuerst die entsprechenden Einstellungen vornehmen. Die Schlüsseltabelle beschreibt für jeden Tag eines Monats die Walzenlage, die Grundeinstellung und die Steckerverbindung, die für diesen Tag einzustellen sind. Ein Beispiel für eine Schlüsseltabelle ist in Tabelle 6.2 für drei Tage eines Monats gegeben. So bezeichnet die Walzenlage ganz genau, welche drei Walzen in welche Walzenbuchten eingelegt werden müssen. Die sogenannte Grundstellung beschreibt, wie die drei verwendeten Walzen gedreht werden müssen, und schließlich wird durch die Beschreibung der Steckerverbindungen angegeben, welche Buchstaben mit einem Steckkabel zu verbinden sind. Diese drei Einstellmöglichkeiten bilden zusammen also einen Schlüssel des Kryptosystems.

Wie bereits aus Tabelle 6.2 zu erahnen ist, sind bei der ENIGMA eine Vielzahl von verschiedenen Einstellmöglichkeiten vorhanden. Entsprechend groß ist deshalb auch die Schlüsselmenge. Eine Auflistung der Einstellmöglichkeiten für die Walzenlage, die Grundstellung und die Steckerverbindung ist in Tabelle 6.3 aufgelistet. Daraus können wir die Anzahl Schlüssel der ENIGMA bestimmen.

Aufgabe 6.1 Wie wurde die Anzahl der Einstellungen der Steckerverbindungen berechnet? Leite die Formel für die Bestimmung dieser Zahl her und begründe sie.

Aufgabe 6.2 Im Verlauf des Zweiten Weltkrieges wurde die Anzahl der Steckerverbindungen des Steckerbrettes von sechs auf zehn erhöht. Wie viele Schlüssel hatte die ENIGMA nach dieser Änderung?

Aufgabe 6.3 Die deutsche Marine verwendete eine Variante der ENIGMA, welche drei von insgesamt acht Walzen (I bis VIII) nutzte. Um wie viel größer ist die Anzahl der Schlüssel dieser ENIGMA-Variante?

Aufgabe 6.4 Wie ändert sich die Anzahl der Schlüssel, wenn die ENIGMA nicht drei, sondern fünf Walzenbuchten hätte, in der die fünf Walzen beliebig eingereiht werden können? Wie groß ist die Anzahl der Schlüssel, wenn fünf Walzen aus insgesamt zwölf Walzen ausgewählt werden können?

Tabelle 6.3 Auflistung aller Einstellmöglichkeiten der ENIGMA und die daraus resultierende Anzahl der Schlüssel. Die Walzenlage, die Grundstellung und das Steckerbrett können unabhängig voneinander eingestellt werden. Dadurch kommt bei der ENIGMA die unglaublich große Anzahl an Schlüsseln zustande.

	Anzahl Einstellungen
Walzenlage Von den fünf Walzen werden drei ausgesucht, die jeweils in sechs verschiedene Reihenfolgen gebracht werden können. Anders ausgedrückt können wir für die erste Walzenbucht aus fünf Walzen auswählen, für die zweite Bucht aus den restlichen vier und für die letzte aus drei Walzen. Somit gilt $5 \cdot 4 \cdot 3$.	60
Grundstellung Jede der drei eingesetzten Walzen kann in eine von 26 Stellungen gebracht werden. Somit gibt es $26 \cdot 26 \cdot 26$ verschiedene Grundstellungen.	17 576
Steckerverbindung Die Anzahl der Möglichkeiten, aus 26 Buchstaben sechs Buchstabenpaare auszusuchen, deren Buchstaben durch die Steckverbindung vertauscht werden.	100 391 791 500
Anzahl Schlüssel Die Anzahl der Schlüssel der ENIGMA ergibt sich durch die Multiplikation aller Einstellungen für die Walzenlage, die Grundstellung und das Steckerbrett.	105 869 167 644 240 000

Verwendung der ENIGMA zur Ver- und Entschlüsselung

Die Verschlüsselung eines Klartextes mit der ENIGMA läuft nun folgendermaßen ab: Der Operateur schaut in der Schlüsseltabelle nach, welche Einstellungen für den aktuellen Tag gelten. Dann wählt er die entsprechenden Walzen aus und bringt sie der Walzenlage folgend in den drei Walzenbuchten unter. Danach dreht er die drei Walzen, so dass die in der Grundstellung erwähnte Einstellung vorliegt. Schließlich steckt er die Steckerverbindungen entsprechend den Angaben in der Schlüsseltabelle.

Nun ist die Verschlüsselungsmaschine eingerichtet und kann einen Klartext verschlüsseln. Dazu gibt der Operateur einfach den Klartext über die entsprechenden Tasten der Tastatur ein. Bei jeder gedrückten Taste rotiert die dritte Walze um einen Schritt, und anschließend leuchtet der entsprechende Kryptotextbuchstabe auf. Der Kryptotext kann somit Buchstabe für Buchstabe an den aufleuchtenden Lampen abgelesen werden. Der Kryptotext wird dann jeweils vom Funker via Morsezeichen an den entsprechenden Empfänger gesendet.

Wie entschlüsselt nun aber der Operateur auf der Empfängerseite den erhaltenen Kryptotext? Hier kommt die raffinierte Idee hinter der Umkehrwalze ins Spiel. Wir beobachten, dass die Umkehrwalze den Strom einfach wieder auf einem anderen Weg durch die Walzen zurück leitet. Betrachten wir dazu nochmals das Schema der ENIGMA in Abbildung 6.2. Der Buchstabe C wird durch die Verschlüsselung auf den Buchstaben G abgebildet. Nun fällt uns aber auf, dass durch Betätigen der Taste G entsprechend die

Lampe beim Buchstaben C aufleuchten würde. Das heißt, wenn bei der aktuellen Einstellung der ENIGMA der Buchstabe C auf das G abgebildet wird, dann gilt dies auch umgekehrt: Der Buchstabe G wird auf C abgebildet.

Die Entschlüsselung mit Hilfe der ENIGMA könnte also einfacher nicht sein. Der Operateur nimmt zuerst die benötigten Einstellungen vor, wie sie der Schlüssel des aktuellen Tages bezeichnet. Danach betätigt er einfach nacheinander die entsprechenden Tasten für die Buchstaben des Kryptotextes. Nun leuchten entsprechend die Lampen bei den dazugehörigen Klartextbuchstaben auf, so dass der Operateur diese nur abzulesen braucht.

Spiess [16] und Palloks [14] haben zwei gelungene Enigma-Simulatoren erstellt, bei denen das Zusammenspiel der verschiedenen Elemente der ENIGMA sehr schön dargestellt sind. Dort können auch die Auswirkungen der verschiedenen Einstellungen auf die Verdrahtung interaktiv nachvollzogen werden.

Aufgabe 6.5 Auf der Webseite `http://www.enigmaco.de` [16] befindet sich ein Enigma-Simulator. Dort wird die Grundstellung der Walzen jedoch mit Buchstaben anstelle von Zahlen angegeben. Die Funktionsweise ist sonst aber die gleiche wie wir sie hier beschrieben haben.

Entschlüssle den folgenden Kryptotext

    TXWXOXKRI

mit Hilfe des Simulators. Nutze dazu den folgenden Schlüssel:

Walzenlage			Grundstellung			Steckerverbindung					
IV	II	III	M	I	X	A/D	C/N	E/T	F/L	H/I	J/V

Studiere dabei auch die verschiedenen Elemente der ENIGMA und ihr Zusammenspiel.

Kryptoanalyse der ENIGMA

Das Kryptosystem ENIGMA war lange Zeit gefürchtet, da es über mehrere Jahre nicht geknackt werden konnte. Die geheime britische Government Code and Cypher School in Bletchley Park scheute jedoch keinen Aufwand und stellte Tausende von Leuten für die Kryptoanalyse der ENIGMA ein. Schließlich wurde die ENIGMA dank dem Ehrgeiz der Kryptoanalytiker geknackt.

Einerseits führten Bedienungsfehler dazu, dass die ENIGMA geknackt wurde, aber auch Mängel im Design der Verschlüsselungsmaschine trugen letztendlich zu deren Kryptoanalyse bei.

Zu den Bedienungsfehlern gehörte vor allem eine schlechte Wahl der Schlüssel. So wurde zum Beispiel die gleiche Walzenlage oder die gleiche Grundstellung nicht mehrmals pro Monat verwendet. Dies mag auf den ersten Blick eine gute Idee gewesen sein. Bei genauerer Betrachtung stellte dies jedoch eine schlechte Strategie dar, denn dadurch konnten die Kryptoanalytiker in Bletchley Park sofort mehrere Schlüssel ausschließen.

Aber auch Schwächen der ENIGMA selbst trugen zu deren Kryptoanalyse bei. Zwei Angriffspunkte wollen wir hier kurz vorstellen.

Ein Problem ist, dass die Steckerverbindungen symmetrisch sind. Dass heißt, wenn wir zum Beispiel den Buchstaben B mit dem R vertauschen, dann ist entsprechend auch der Buchstabe R mit B vertauscht. Diese monoalphabetische Verschlüsselung ist wesentlich schwächer als beim allgemeinen Fall, wo wir beliebige Vertauschungen wie beim Kryptosystem PERM zulassen.

Aufgabe 6.6 Eine große Schwäche der ENIGMA ist, dass die Steckerverbindungen symmetrisch sind. Wie ändert sich die Anzahl der Schlüssel, wenn wir beliebige Steckerverbindungen zulassen?

Die größte Schwachstelle der ENIGMA entstand jedoch paradoxerweise durch den größten Vorteil der Verschlüsselungsmaschine: Die Umkehrwalze. Die Umkehrwalze führt nämlich dazu, dass die Entschlüsselung gleich wie die Verschlüsselung funktioniert. Wenn wir einen Klartext durch einen gegebenen Schlüssel in den entsprechenden Kryptotext verschlüsseln, so kann die Entschlüsslung durch die erneute Eingabe des Kryptotextes mit dem gleichen Schlüssel erfolgen. Diese Tatsache war sehr praktisch und machte die Bedienung der ENIGMA sehr einfach.

Jedoch sind durch diesen Umstand auch Schwächen entstanden: Durch die Umkehrwalze kann kein Buchstabe auf sich selbst abgebildet werden, weil sonst kein geschlossener Stromkreis zustande kommen würde. Es ist also zum Beispiel nicht möglich, dass der Buchstabe E auf ein E verschlüsselt wird.

Diese Beobachtung ermöglichte es den Alliierten Informationen über den Klartext zu erfahren. Wie dies zum Beispiel aussehen könnte, wollen wir uns anhand des folgenden mit ENIGMA verschlüsselten Kryptotextes anschauen:

```
OBLPIZECXGACBILSXFIADFRFZR.
```

Aufgrund von Erfahrungen und geschickten Vermutungen konnten die Alliierten erraten, dass im entsprechenden Klartext das Wort FLUGHAFEN vorkam. Zunächst wissen wir nicht, an welcher Position des Textes dieses Wort steht. Also schreiben wir das Wort einfach an jede mögliche Position unter den Kryptotext.

```
OBLPIZECXGACBILSXFIADFRFZR        OBLPIZECXGACBILSXFIADFRFZR
FLUGHAFEN                         ........FLUGHAFEN
.FLUGHAFEN        *               .........FLUGHAFEN
..FLUGHAFEN                       ..........FLUGHAFEN        *
...FLUGHAFEN                      ...........FLUGHAFEN
....FLUGHAFEN                     ............FLUGHAFEN       *
.....FLUGHAFEN    *               .............FLUGHAFEN      *
......FLUGHAFEN   *               ..............FLUGHAFEN     *
.......FLUGHAFEN                  ...............FLUGHAFEN
........FLUGHAFEN                 ................FLUGHAFEN    *
OBLPIZECXGACBILSXFIADFRFZR        OBLPIZECXGACBILSXFIADFRFZR
```

Durch die Tatsache, dass niemals ein Buchstabe auf sich selbst abgebildet wird, können wir einige Möglichkeiten ausschließen. Wir sehen zum Beispiel, dass das Wort FLUGHAFEN nicht an der zweiten Position beginnen kann, denn dann würde der dritte Buchstabe L des Klartextes auf das L im Kryptotext verschlüsselt werden. Durch dieses Vorgehen können wir also bereits 8 Möglichkeiten von insgesamt 18 ausschließen, die wir im Beispiel mit einem Stern * markiert haben.

Mit der beschriebenen Methode konnten die Kryptoanalytiker dann die Möglichkeiten durch Erfahrungswerte soweit einschränken, dass zum Beispiel nur noch der Teiltext PIZECXGAC als Kryptotext für das Wort FLUGHAFEN in Frage kam.

Den größten Beitrag zur Kryptoanalyse der Enigma lieferte dann Alan Turing. Ihm war es möglich mit dem Wissen, dass beispielsweise FLUGHAFEN durch PIZECXGAC verschlüsselt wird, den Schlüssel der Enigma zu rekonstruieren. Er beobachtete, dass nur unter ganz bestimmten Bedingungen und nur bei wenigen Schlüsseln der vorhergesagte Klartext FLUGHAFEN zum Kryptotext PIZECXGAC verschlüsselt werden konnte. Dies brachte Alan Turing auf die Idee eine elektromechanische Maschine zu bauen, die systematisch alle Schlüssel durchprobieren konnte. Diese Maschine bestand aus über hundert hintereinander geschalteten Enigma-Geräten, mit deren Hilfe die Alliierten alle Walzenlagen und Grundstellungen durchprobieren konnten. Sehen wir einmal von den Steckerverbindungen ab, so müssen also $60 \cdot 17\,576 = 1\,054\,560$ Schlüssel ausprobiert werden. Von Hand wäre dies nicht machbar, jedoch mit Hilfe dieser sogenannten **Turing-Bomben** konnten alle Möglichkeiten in rund sechs Stunden getestet werden. Wenn wir nun statt einer Turing-Bombe gleich 60 Stück betreiben, für jede Walzenlage eine, können wir sogar alle Möglichkeiten in nur 6 Minuten ausprobieren. Deshalb waren auch bis zum Ende des Zweiten Weltkrieges über 210 Turing-Bomben im Einsatz.

Auszug aus der Geschichte Die Kryptoanalyse der Enigma war eine der größten Ingenieurleistungen der damaligen Zeit. In Bletchley Park, der geheimen Government Code and Cypher School der Briten, arbeiteten zeitweise 7000 Leute aus den unterschiedlichsten Wissenschaften an der Kryptoanalyse der Enigma. Eine spannende Schilderung der Ereignisse rund um die Enigma und eine Erläuterung über deren Kryptoanalyse kann im hervorragenden Buch *Geheime Botschaften* [15] nachgelesen werden.

6.2 Kryptographie im Zeitalter der Computer

Grundsätzlich bestehen unsere Texte aus dem Alphabet Lat und aus Zeichen wie Kommas, Punkten, Leerzeichen und vielen mehr. Solange wir Kryptologie nur auf Papier betreiben, ist das auch kein Problem. Sobald wir aber den Computer einsetzen, müssen diese Buchstaben und Zeichen zuerst in eine binäre Darstellung umgewandelt werden.

Dies hat nichts mit der eigentlichen Verschlüsselung zu tun, sondern ist eine notwendige Bedingung in der Arbeit mit Computern, denn Computer kennen nur die zwei Symbole 0 und 1, die sogenannten **Bits**. Alle Texte und Zahlen müssen nur mit diesen zwei Bits

Tabelle 6.4 Eine einfache Codierungstabelle, wie wir sie in den folgenden Lektionen verwenden werden. Jedem Zeichen wird eine Folge von fünf Bits zugeordnet.

A	00000	E	00100	I	01000	M	01100	Q	10000	U	10100	Y	11000	,	11100
B	00001	F	00101	J	01001	N	01101	R	10001	V	10101	Z	11001	?	11101
C	00010	G	00110	K	01010	O	01110	S	10010	W	10110	:	11010	!	11110
D	00011	H	00111	L	01011	P	01111	T	10011	X	10111	.	11011		11111

dargestellt werden. Dies rührt daher, dass die zwei Symbole einfach durch zwei elektrische Zustände repräsentiert werden können, nämlich „Spannung" und „keine Spannung".

Wie können jetzt aber beliebige Texte und Zahlen nur mit Nullen und Einsen repräsentiert werden? Dieser Frage wollen wir uns im folgenden Abschnitt widmen.

Repräsentation von Texten

Wir müssen uns überlegen, wie wir Buchstaben und sonstige Zeichen nur mit den beiden Bits 0 und 1 schreiben können. Dies scheint zunächst etwas kompliziert, ist aber im Grunde trivial.

Dafür wurden nämlich von diversen Gremien standardisierte Codierungstabellen festgelegt, die definieren, wie Buchstaben und andere Zeichen auf Folgen von 0 und 1 abgebildet werden sollen. Der bekannteste Standard ist die sogenannte ASCII-Tabelle[1] (American Standard Code for Information Interchange), die 1967 veröffentlicht wurde. Die Tabelle legt fest, mit welcher Folge von genau sieben Bits die Buchstaben des Alphabets und weitere Sonderzeichen codiert werden.

So steht zum Beispiel die Folge 1000001 für den Buchstaben A, und das Zeichen „+" wird durch die Folge 0101011 repräsentiert.

Da die ASCII-Tabelle die uns bekannten Umlaute und diverse Sonderzeichen von anderen Sprachen nicht berücksichtigt, gibt es heute neue Standards wie zum Beispiel ISO-8859-1 oder UTF-8, welche eine Vielzahl von gebräuchlichen Sonderzeichen abdecken.

Da selbst die alte ASCII-Tabelle sehr umfangreich ist, werden wir in diesem Buch mit einer sehr einfachen und kurzen Codierungstabelle arbeiten, die in Tabelle 6.4 angegeben ist. Diese Tabelle beinhaltet nur wenige Symbole, benötigt dafür aber nur fünf Bits um ein Zeichen zu repräsentieren.

Mit der Codierungstabelle aus Tabelle 6.4 können wir zum Beispiel den Text EINFACH! wie folgt codieren:

```
00100010000110100101000000000100011111110.
```

Aufgabe 6.7 Wie viele unterschiedliche Zeichen können mit einer Codierungstabelle dargestellt werden, wenn die Tabelle jedes Zeichen auf genau sechs Bits abbildet?

---

[1] ASCII und die darin enthaltenen Zeichen sind auf der Webseite http://de.wikipedia.org/wiki/Ascii beschrieben.

Aufgabe 6.8 Der folgende Text wurde mit der Codierungstabelle aus Tabelle 6.4 codiert. Deco-
diere diesen Text:

$$0100001101001010111010001011000000010011010000101010.$$

Aufgabe 6.9 Betrachte ein Alphabet mit 312 unterschiedlichen Zeichen. Wir möchten alle Zeichen als Bitfolgen der gleichen Länge darstellen. Welche Länge würdest du für diese Bitfolgen
wählen? Welche Länge würdest du wählen, wenn du für die Darstellung Dezimalziffern verwenden
dürftest?

Darstellung von Zahlen

Wir sind uns gewohnt natürliche Zahlen[2] im Dezimalsystem darzustellen und mit diesen
zu rechnen. Mit den uns bereits bekannten Ziffern 0, 1, 2, 3, 4, 5, 6, 7, 8 und 9 lassen sich
alle natürlichen Zahlen darstellen, abhängig davon, an welcher Stelle die jeweilige Ziffer
steht. So bedeutet die Notation

$$1849,$$

dass wir 1 Tausender, 8 Hunderter, 4 Zehner und 9 Einer addieren um die entsprechende
Zahlen zu erhalten.

Der Zahlenwert einer im Dezimalsystem ausgedrückten Zahl ergibt sich somit durch
die **Dezimalbruchentwicklung**, das heißt durch die Multiplikation der Ziffern mit ihrem
Stellenwert 10^i und der anschließenden Addition dieser Produkte:

$$\mathbf{1} \cdot 10^3 + \mathbf{8} \cdot 10^2 + \mathbf{4} \cdot 10^1 + \mathbf{9} \cdot 10^0.$$

Auf die gleiche Weise kann jede beliebige n-stellige Zahl $z_{n-1} \ldots z_3 z_2 z_1 z_0$ ausgedrückt
werden:

$$z_{n-1} \cdot 10^{n-1} + \ldots + z_3 \cdot 10^3 + z_2 \cdot 10^2 + z_1 \cdot 10^1 + z_0 \cdot 10^0,$$

wobei für alle Ziffern, $z_i \in \{0, 1, 2, 3, 4, 5, 6, 7, 8, 9\}$ gilt.

Computer und andere digitale Systeme nutzen das **Binärsystem** für die Übertragung
und Speicherung von Zahlen. Dieses Zahlensystem verwendet im Gegensatz zum Dezimalsystem nur zwei Symbole: die Bits 0 und 1.

Wie kann jetzt aber eine Zahl mit nur zwei Ziffern dargestellt werden? Analog zur
Dezimalbruchentwicklung werden den einzelnen Ziffern je nach Position Stellenwerte
zugewiesen, jedoch entsprechen diese Stellenwerte nun den Zweierpotenzen 2^i. Die
Zahl 1849 ist aus folgenden Zweierpotenzen zusammengesetzt:

$$1 \cdot 1024 + 1 \cdot 512 + 1 \cdot 256 + 1 \cdot 32 + 1 \cdot 16 + 1 \cdot 8 + 1$$
$$= \mathbf{1} \cdot 2^{10} + \mathbf{1} \cdot 2^9 + \mathbf{1} \cdot 2^8 + \mathbf{0} \cdot 2^7 + \mathbf{0} \cdot 2^6 + \mathbf{1} \cdot 2^5 + \mathbf{1} \cdot 2^4 + \mathbf{1} \cdot 2^3 + \mathbf{0} \cdot 2^2 + \mathbf{0} \cdot 2^1 + \mathbf{1} \cdot 2^0$$

---

[2]Wir sprechen hier nur über natürliche Zahlen, weil wir zur Darstellung von negativen Zahlen zusätzlich
das Symbol − benötigen würden. Bei der Darstellung von reellen Zahlen käme das Dezimalzeichen
dazu und zusätzlich das Problem, dass wir keine Garantie haben, dass die betrachtete Zahl eine endliche
Darstellung hat.

Somit wird diese Zahl, die im Dezimalsystem als 1849 dargestellt wird, im Binärsystem als 11100111001 geschrieben. 1849 nennen wir Dezimalzahl und 11100111001 Binärzahl.

Allgemein wird die gleichwertige Dezimalzahl zu einer Zahl im Binärsystem folgendermaßen gebildet:

$$b_{n-1} \cdot 2^{n-1} + \ldots + b_3 \cdot 2^3 + b_2 \cdot 2^2 + b_1 \cdot 2^1 + b_0 \cdot 2^0,$$

wobei die einzelnen Stellen (Bits) $b_{n-1}, \ldots, b_0$ nur die Werte 0 oder 1 annehmen.

Aufgabe 6.10 Wandle die folgenden Dezimalzahlen in Binärzahlen um:

(a) 12 345

(b) 4070

(c) 904

Aufgabe 6.11 Wandle die folgenden Binärzahlen in Dezimalzahlen um:

(a) 101

(b) 11100

(c) 10100101

Aufgabe 6.12 Wie lautet die größte Zahl, die binär mit 8 Bits geschrieben werden kann?

Aufgabe 6.13 Die binäre Darstellung der Zahlen ist länger als die Darstellung dieser Zahlen im Dezimalsystem, weil wir bei der binären Darstellung weniger Symbole verwenden. Wie groß sind die beiden Darstellungen im Vergleich zur dargestellten Zahl? Wie viel mal länger ist die binäre Darstellung im Vergleich mit der dezimalen Darstellung einer Zahl?

Aufgabe 6.14 Der Kuckuck hat sich die folgende binäre Darstellung ausgedacht: Er codiert zuerst alle Dezimalziffern durch Folgen von Bits einer festen Länge. Jede Ziffer wird also durch eine gleichlange Bitfolge dargestellt. Dann ersetzt er einfach die Dezimalziffern der Darstellung einer Zahl durch die entsprechenden Bitfolgen. Wie lang wird diese binäre Darstellung im Vergleich mit der Darstellung der Zahl im Binärsystem?

Aufgabe 6.15 Beim Dezimalsystem der Zahlen bedienen wir uns der Ziffern 0, 1, 2, 3, 4, 5, 6, 7, 8, 9 und 0 als Symbole. Beim Binärsystem verwenden wir nur die zwei Bits 0 und 1.

(a) Nehmen wir an, dass wir die natürliche Zahl mittels der vier Symbole 0, 1, 2 und 3 darstellen wollen. Wie könnten wir vorgehen? Wenn du mehrere Möglichkeiten siehst: Welche führt zur kürzesten Darstellung? Drücke die Länge der von dir vorgeschlagenen Darstellung als Funktion der dargestellten Zahl aus.

(b) Wie ist das Verhältnis der Längen deiner Darstellung mittels der Symbole 0, 1, 2 und 3 zur Länge der Darstellung im Binärsystem?

6.3 Moderne Kryptosysteme

Mit dem Aufkommen des Internets und der damit zunehmend weltweit verbreiteten Telekommunikation erhielt die Kryptologie eine ganz neue Bedeutung. Bisher war die Kryptologie vor allem für das Militär und Unternehmen wichtig. Nun aber wurde der Bedarf nach vertraulicher Kommunikation auch für Privatpersonen wesentlich, denn heute erledigen wir unsere Bankgeschäfte über das Internet, wir kaufen Online ein, und auch Wahlen werden in Zukunft elektronisch durchgeführt. Diese Kommunikation wollen wir gerne geheim halten.

Die bisher vorgestellten sogenannten klassischen Kryptosysteme sind unsicher geworden und wir wollen schnellere und bequemere Methoden, die mit Hilfe des Computers durchgeführt werden können.

Es wurde früh erkannt, dass, um die weltweite sichere Kommunikation zu ermöglichen, ein standardisiertes Kryptosystem entwickelt werden musste, das nicht nur die Anforderung an die Sicherheit erfüllt, sondern auch das Vertrauen der Benutzer aufrecht erhält. Deshalb wurde 1976 der Data Encryption Standard (DES) entworfen, ein Kryptosystem, das heute noch verbreitet ist.

Auszug aus der Geschichte Die Entstehungsgeschichte des Kryptosystems DES ist ebenso spannend wie die Geschichte der ENIGMA.

Nachdem IBM die Entwicklung des DES beendet und diversen Gremien zur Begutachtung vorgelegt hatte, forderte der amerikanische Nachrichtendienst, die National Security Agency (NSA), Änderungen an einem wesentlichen Bestandteil des DES-Kryptosystems.

Dies sorgte für viel Aufregung und Misstrauen, da ausgerechnet die auf Kryptologie spezialisierte NSA diese Abänderungsvorschläge unterbreitet hatte. Wollte die Behörde damit das Kryptosystem DES derart schwächen, dass ihr eine erfolgreiche Kryptoanalyse ermöglicht wurde?

Heute vermutet man, dass die Abänderungen den DES tatsächlich sicherer gemacht haben, denn der NSA war es angeblich möglich, dank einer neuartigen Kryptoanalyse den DES-Prototypen zu knacken. Nur mit den vorgeschlagenen Veränderungen wurde das Kryptosystem auch gegen die bei der NSA entdeckte Kryptoanalyse sicher. Diese neuartige, als differentielle Kryptoanalyse bekannte Methode wurde erst Jahre später außerhalb der NSA entwickelt.

Das Kryptosystem DES ist jedoch mittlerweile in die Jahre gekommen, und deshalb wurde in einem internationalen und öffentlich ausgetragenen Wettbewerb sein Nachfolger gesucht. Im Oktober 2000 wurde der Wettbewerb beendet und der Advanced Encryption Standard (AES) ins Leben gerufen. Es gewann das Kryptosystem RIJNDAEL, welches die belgischen Forscher Joan Daemen und Vincent Rijmen entwickelt hatten. Ihr Kryptosystem, das jetzt den Namen AES trägt, ist ebenso wie das Kryptosystem DES frei verfügbar und darf ohne Lizenzgebühren eingesetzt werden.

Aufbau moderner Kryptosysteme

Alle modernen Kryptosysteme arbeiten ausschließlich mit dem Alphabet $\{0, 1\}$ für die Klar- und Kryptotexte und auch die Schlüssel. Um eine Nachricht zu verschlüsseln,

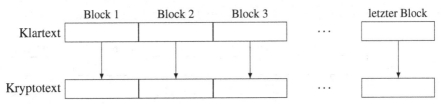

Abbildung 6.5 Darstellung des Prinzips einer Blockverschlüsselung. Der Klartext wird in Blöcke einer vorgegebenen Länge eingeteilt und nötigenfalls aufgefüllt. Danach werden die einzelnen Blöcke nacheinander und unabhängig voneinander verschlüsselt.

müssen wir deshalb diese zuerst mit einer Codierungstabelle in einen Text über dem Alphabet $\{0, 1\}$ codieren. Dies hat den Vorteil, dass die Wahl dieser Codierungstabelle die alleinige Entscheidung der beiden kommunizierenden Parteien ist.

Der Schlüssel besteht ebenfalls aus einer Folge von 0 und 1. Der Schlüssel muss dabei keine weitere Bedeutung aufweisen, sondern ist im Wesentlichen eine möglichst zufällige Folge einer vorgegebenen Länge.

Liegt der Klartext einmal vor, wird er bei den meisten modernen Kryptosystemen in Blöcke einer bestimmten Länge eingeteilt. Deshalb sprechen wir bei diesen Kryptosystemen von einer **Blockverschlüsselung**. Das Kryptosystem AES verwendet zum Beispiel eine Blocklänge von 128. Das bedeutet, dass jeweils 128 Bits des Klartextes in einem Block zusammengefasst werden. Ist die Länge des Klartextes nicht durch 128 teilbar, wird der Klartext mit einem bestimmten Muster aufgefüllt (siehe dazu Aufgabe 6.16). Bemerke, dass wir beim Kryptosystem VIGENÈRE ähnlich vorgegangen sind, bei dem wir den Klartext in Blöcke der Schlüssellänge aufgeteilt haben.

Diese Blöcke werden nun durch das Kryptosystem nacheinander separat mit dem gleichen Schlüssel verschlüsselt, wie dies in Abbildung 6.5 dargestellt ist. Für die Verschlüsselung werden diese Blöcke des Klartextes wiederum in Teilblöcke unterteilt, auf denen dann die Operationen der Verschlüsselung ausgeführt werden.

Die Verschlüsselung ist dabei aus vielen verschiedenen Operationen aufgebaut, die in raffinierter Art und Weise miteinander kombiniert werden um ein sicheres Kryptosystem zu erhalten. Erstaunlicherweise basieren jedoch diese Kryptosysteme auf drei einfachen Grundoperationen. Alle drei Operationen haben wir bereits in der einen oder anderen Form in diesem Buch kennengelernt:

- **Ersetzung**
  Die Teilblöcke des zu verschlüsselnden Blocks werden einzeln durch andere Teilblöcke ersetzt. Dies geschieht meist mit Hilfe einer Tabelle. Zum Beispiel wird jeder Teilblock mit dem Inhalt 10011 durch den Teilblock 01110 ersetzt.

Die folgende Darstellung zeigt ein Beispiel für eine Ersetzung einer Blockverschlüsselung, bei der jeder Block in fünf Teilblöcke eingeteilt wird.

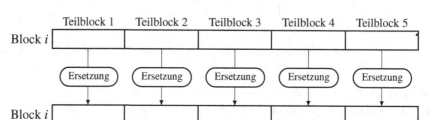

Dieses Prinzip kennen wir bereits von den Kryptosystemen CAESAR, VIGENÈRE und PLAYFAIR, wo wir jeweils ein bzw. zwei Zeichen anhand einer Tabelle durch andere Zeichen ersetzt haben.

- **Vertauschung**

Eine weitere Grundoperation besteht darin, die einzelnen Teilblöcke eines Blocks untereinander auszutauschen bzw. zu verschieben. Zum Beispiel wird der Teilblock der ersten Position an die zweite Stelle gebracht, der zweite Teilblock an die vierte Position, usw.

Die folgende Illustration zeigt als Beispiel eine Vertauschung einer Blockverschlüsselung, bei der jeder Block in fünf Teilblöcke eingeteilt ist.

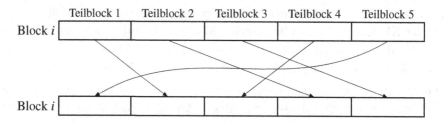

Auch dieses Prinzip kennen wir bereits aus anderen Kryptosystemen. Zum Beispiel nutzt die SKYTALE Vertauschungen von Teilblöcken der Länge 1.

- **Maskierung**

Bereits in Lektion 5 haben wir entdeckt, dass perfekt sichere Kryptosysteme die modulare Addition nutzen. Moderne Kryptosysteme beinhalten deshalb mehrere Schritte, in denen die Teilblöcke modular zu Teilschlüsseln s addiert werden.

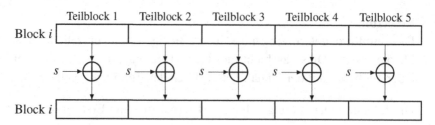

Üblicherweise werden diese Grundoperationen mehrmals in verschiedenen Variationen angewendet um den Klartextblock zu verschlüsseln.

Ein großer Vorteil dieser relativ einfachen Operationen besteht darin, dass diese direkt in digitalen Schaltkreisen umgesetzt werden können. So ist es zum Beispiel möglich, diese Verschlüsselungen sehr effizient durch spezielle Computerchips umzusetzen. Wie wir schon erwähnt haben, ist eine Hardware-Umsetzung eines Kryptosystems mehr als hundertmal schneller als eine Software-Umsetzung und damit wesentlich attraktiver für praktische Anwendungen.

Hinweis für die Lehrperson Eine schöne Darstellung der Funktionsweise des Kryptosystems AES und ein Programm um selber Texte zu verschlüsseln befindet sich auf der folgenden Webseite: http://www.formaestudio.com/rijndaelinspector [20].

Eine ausführliche Anleitung des Kryptosystem DES kann ebenfalls online gefunden werden: http://www.matheprisma.de/Module/DES [6].

Aufgabe 6.16★ Beim AES ist die Blocklänge 128. Das heißt, es werden immer 128 Bits zusammen verschlüsselt. Wenn der Klartextblock aus weniger Bits besteht, wird der Block auf 128 Bits aufgefüllt. Im Folgenden sind ein paar Varianten zum Auffüllen eines Blocks gezeigt. Untersuche die Varianten darauf, ob sie sich für die Auffüllung eignen oder ob sie möglicherweise Probleme verursachen. Bedenke, dass die Codierung injektiv sein muss, sonst kann der Klartext nicht mehr decodiert werden.

(a) Auffüllen mit Nullen.

(b) Auffüllen mit *einer* 1 und dann mit *mindestens einer oder mehr* Nullen.

6.4 Zusammenfassung

Wenn wir die Verschlüsselung sowie die Entschlüsselung von Kryptosystemen in Hardware implementieren, können wir dabei gegenüber den in Software umgesetzten Kryptosystemen eine hundert- bis zweihundertfache Beschleunigung erreichen. Das motivierte die Forscher für diese Zwecke Computerchips zu bauen, wie dies auch bei den Kryptosystemen DES und AES der Fall gewesen war.

Die modernen Kryptosysteme basieren auf einer cleveren Abfolge von bereits bekannten Operationen wie dem Austauschen der Positionen der Buchstaben, der Ersetzung von Buchstabenblöcken durch andere Buchstabenblöcke und der Maskierung durch die modulare Addition mit einem Schlüssel.

Die mechanische und elektronische Umsetzung von Kryptosystemen wurde besonders in der Zeitperiode bevorzugt, als noch keine leistungsfähige Computertechnologie zur Verfügung stand. In dieser Zeit wurde auch die ENIGMA entwickelt, das gefürchtete Kryptosystem der Deutschen Wehrmacht. Sie ist ein polyalphabetisches Kryptosystem, das in einer langen Schleife die Buchstabenzuordnung nach der Verschlüsselung jedes einzelnen Buchstabens ändert. Die ENIGMA wurde durch Alan Turing, einen der Gründer der Informatik, geknackt. Dies gelang ihm, weil er die Schwächen des Kryptosystems entdeckte und diese ausnutzte um Maschinen für die Kryptoanalyse zu bauen, die heute als Turing-Bomben bekannt sind.

Moderne Kryptosysteme arbeiten ausschließlich mit dem binären Alphabet, egal ob sie in Hardware oder Software umgesetzt sind. Dies bedeutet, dass zuerst alle potenziellen Symbole standardisiert durch Bitfolgen ersetzt werden. Diese Ersetzung hat nichts mit der Verschlüsselung zu tun, sondern ist nur eine Vorbereitung des Klartextes für die eigentliche Verschlüsselung mittels des betrachteten Kryptosystems.

Kontrollfragen

1. Was war die Motivation für die Entwicklung von mechanischen und elektronischen Kryptosystemen in der ersten Hälfte des zwanzigsten Jahrhunderts?

2. Warum setzen wir heute noch immer einige Kryptosysteme in Hardware um?

3. Warum ist die ENIGMA ein polyalphabetisches Kryptosystem?

4. Wie lang müsste ein mit der ENIGMA verschlüsselter Kryptotext sein, um eine Chance zu haben, den Kryptotext ohne Kenntnis des Schlüssels mit statistischen Verfahren herauszufinden?

5. Aus welchen drei Teilen sind die Schlüssel der ENIGMA zusammengesetzt? Wie viele Schlüssel hat die ENIGMA?

6. Welche Grundoperationen bilden die Basis von modernen Kryptosystemen wie DES und AES?

7. Was haben moderne Kryptosysteme wie DES und AES mit dem Kryptosystem SKYTALE gemeinsam?

8. Welche Idee des binären ONE-TIME-PAD spiegelt sich in der Funktionsweise der modernen Kryptosysteme ab?

9. Welche Verallgemeinerung vom Kryptosystem CAESAR und von den monoalphabetischen Verschlüsselungen findet man in DES und AES wieder?

10. Warum arbeiten moderne Kryptosysteme mit binären Darstellungen von Klartexten?

11. Gibt es standardisierte Tabellen zur binären Darstellung der Symbole der Computertastatur?

12. Wie lang ist die Darstellung einer Zahl n im Dezimalsystem? Drücke die Länge als eine Funktion des Arguments n aus.

13. Wie lang ist die Darstellung einer Zahl n im Binärsystem?

Kontrollaufgaben

1. Nehmen wir an, wir haben eine ENIGMA mit n Steckerverbindungen, wobei $1 \leq n \leq 26$. Wie viele Schlüssel hat eine solche ENIGMA?

2. Bei der ENIGMA werden immer drei aus fünf Walzen gewählt. Wie viele unterschiedlichen Walzen kann man überhaupt haben? Wie viele Schlüssel hat eine erweiterte ENIGMA, die zwanzig Walzen zur Auswahl hat?

3. Verallgemeinern wir die ENIGMA, indem wir m Walzen aus insgesamt n Walzen aussuchen dürfen. Um wie viel Mal vergrößert sich die Anzahl der Schlüssel dabei?

4. Jede Walze können wir als einen bipartiten Graphen mit 26 Knoten auf beiden Seiten und 26 Kanten darstellen, in welchem aus jedem Knoten genau eine Kante führt. Die folgende Abbildung zeigt eine Darstellung einer Walze für sechs Buchstaben in der Form eines bipartiten Graphen.

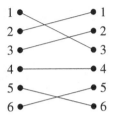

Die Darstellung enthält drei Kreuzungen von Kanten. Die Kante $(1,3)$ kreuzt sich mit der Kante $(2,1)$ und $(3,2)$, und die Kante $(5,6)$ kreuzt sich mit der Kante $(6,5)$. Es gibt offensichtlich nur eine Walze, die in der Darstellung als bipartiter Graph keine Kreuzungen hat. Die Walze mit den Kanten $(1,1),(2,2),(3,3),\dots,(26,26)$.

   (a) Wie viele Walzen mit genau einer Kreuzung gibt es?

   (b) Wie viele Walzen mit genau zwei Kreuzungen gibt es?

5. Findest du fünf Walzen für 26 Buchstaben, so dass man durch eine unterschiedliche Wahl von drei Walzen und ihrer Anordnung (Walzenlage) die gleiche Verschlüsselung erhalten kann? Wenn die Aufgabe zu komplex ist, kannst du es zuerst mit fünf Buchstaben versuchen.

6. Wie viele Möglichkeiten gibt es, Blöcke von 8 Bits durch Blöcke von 8 Bits zu ersetzen?

7. Wir haben einen Klartext von 18 Bits, der in sechs Blöcke der Länge 3 aufgeteilt ist. Wie viele Möglichkeiten gibt es, die Reihenfolge der Blöcke zu mischen?

8. Entwickle eine Darstellung von Zahlen mittels 6 Ziffern 0, 1, 2, 3, 4 und 5, so dass die Darstellung jeder Zahl n höchstens eine Länge von $\lceil \log_6(n+1) \rceil$ hat. Falls a keine ganze Zahl ist, stellt $\lceil a \rceil$ die kleinste ganze Zahl größer als a dar.

9. Betrachten wir das Alphabet $\mathscr{A}_{16} = \{A, B, C, D, E, F, G, H, I, J, K, L, M, N, O, P\}$. Verwende $\mathscr{A}_{16}$ um eine kürzere Darstellung der Zahlen als im Dezimalsystem zu erreichen.

10. Bisher haben wir immer nur Darstellungen von natürlichen Zahlen betrachtet.

   (a) Entwirf eine binäre Darstellung für ganze Zahlen.

   (b) Entwirf eine binäre Darstellung für rationale Zahlen. Jede rationale Zahl muss in dieser Darstellung durch eine endliche Folge von Bits dargestellt werden können.

11. Du willst 246 unterschiedliche Symbole durch gleich lange Bitfolgen darstellen. Welche Länge wählst du für diese Bitfolgen?

12. Auf der Webseite `http://www.enigmaco.de` [16] befindet sich ein Enigma-Simulator. Dort wird die Grundstellung der Walzen jedoch mit Buchstaben statt mit Zahlen angegeben. Die Funktionsweise ist sonst aber die gleiche wie wir sie hier beschrieben haben.

   Entschlüssle den folgenden Kryptotext

   CECBRVTYKWUFL

mit Hilfe des Simulators. Nutze dazu den folgenden Schlüssel:

Walzenlage			Grundstellung			Steckerverbindung					
V	I	IV	T	F	L	A/X	C/K	E/G	H/N	O/R	P/U

Lektion 7

Der geheime Schlüsselaustausch und das DIFFIE-HELLMAN-Protokoll

In unseren bisherigen Betrachtungen von Kryptosystemen ist die geheime Nachrichten-übermittlung meist wie folgt abgelaufen: Sender und Empfänger haben einen geheimen Schlüssel vereinbart, dann verschlüsselt der Sender die geheime Nachricht mit diesem Schlüssel und sendet den Kryptotext an den Empfänger. Dieser entschlüsselt den Krypto-text mit dem zuvor vereinbarten Schlüssel und erhält somit die Nachricht.

Da zum Verschlüsseln und zum Entschlüsseln derselbe Schlüssel verwendet wird, werden diese Kryptosysteme als **symmetrische Kryptosysteme** bezeichnet. Es gibt auch Kryptosysteme, bei denen Sender und Empfänger nicht den gleichen Schlüssel verwenden. Diese werden uns in den nächsten Lektionen beschäftigen. Zuerst stellen wir uns aber die Frage, wie Sender und Empfänger überhaupt zu einem gemeinsamen Schlüssel kommen.

Eine naheliegende Möglichkeit ist natürlich, dass sich die beiden Kommunikationspart-ner persönlich treffen und den Schlüssel direkt miteinander vereinbaren. Dies erfordert jedoch mehrmalige Treffen, weil aus Sicherheitsgründen von Zeit zu Zeit ein neuer Schlüssel verwendet werden sollte. Beim ONE-TIME-PAD zum Beispiel darf der Schlüs-sel nur einmal verwendet werden, damit perfekte Sicherheit gewährleistet ist. Die direkte Schlüsselvereinbarung ist daher sehr aufwändig, vor allem wenn die beiden Kommunika-tionspartner zusätzlich weit voneinander entfernt leben.

Wenn sich also die beiden Partner nicht treffen können oder wollen, müssen sie mit einem öffentlichen Nachrichtenaustausch einen Schlüssel vereinbaren. Diese Aufgabe, die sogenannte geheime **Schlüsselvereinbarung** oder der geheime **Schlüsselaustausch**, ist das Thema dieser Lektion. Damit der Schlüssel nicht in die Hände Dritter fällt, wollen wir die Schlüsselvereinbarung natürlich vertraulich durchführen. Aber ist dies überhaupt möglich, ohne ein Kryptosystem zu nutzen? Die folgende Idee mit einer verschließbaren Truhe wird zeigen, das wir dieses Ziel erreichen können.

Für den geheimen Schlüsselaustausch zwischen zwei Kommunikationspartnern ist eine Kommunikation mit mehreren Nachrichten in beiden Richtungen notwendig. Da die Rollen des Senders und Empfängers nur für einen Kommunikationsschritt festge-legt sind und zwischen den einzelnen Kommunikationsschritten hin und her wechseln können, müssen wir den Kommunikationspartnern eindeutige Namen geben. Wie in der

Kryptologie üblich werden wir die Partner deshalb Alice und Bob nennen.

Bei der Beschreibung einer Kommunikation und von deren Nachrichtenaustausch geben wir eindeutige Anweisungen, welcher Kommunikationspartner zu welchem Zeitpunkt eine Aktivität ausführen muss. Eine solche Beschreibung heißt **Kommunikationsprotokoll** oder kurz **Protokoll**.

> *Ein **Kommunikationsprotokoll** ist eine eindeutige Beschreibung der Tätigkeiten von zwei oder mehr Kommunikationspartnern. Durch ein Protokoll wird festgelegt, welche Partei welche Nachricht zu welchem Zeitpunkt empfängt oder versendet.*

7.1 Schlüsselaustausch mit einer verschließbaren Truhe

Betrachten wir das folgende Szenario: Alice und Bob wollen zusammen einen Schlüssel vereinbaren. Wenn sie zum Beispiel in Zukunft Nachrichten mit dem Kryptosystem VIGENÈRE verschlüsseln wollen, dann müssen beide über den gleichen Schüssel verfügen. Mit dem folgenden Kommunikationsprotokoll können sie geheim einen Schlüssel austauschen.

Alice und Bob besorgen sich beide ein Vorhängeschloss mit je einem entsprechenden Schlüssel. Dabei passt der Schlüssel von Alice nicht zum Schloss von Bob und auch nicht umgekehrt. Alice braucht zusätzlich eine Truhe, die separat mit zwei Vorhängeschlössern verschlossen werden kann.

Nun denkt sich Alice den geheimen Schlüssel aus, den Alice und Bob für ihre zukünftige vertrauliche Kommunikation nutzen möchten. Auch wenn es auf den ersten Blick unglaubwürdig erscheinen mag, dass Alice jetzt diesen geheimen Schlüssel nur mit Hilfe der Truhe und den zwei voneinander unabhängigen Vorhängeschlössern auf sicherem Weg an Bob übermitteln kann, ist die Grundidee überraschend einfach. Das Vermitteln des geheimen Schlüssels läuft nach dem folgenden Kommunikationsprotokoll ab:

Kommunikationsprotokoll SCHLÜSSELAUSTAUSCH

Ausgangssituation: Alice besitzt eine verschließbare Truhe und ein Vorhängeschloss, zu dem nur sie den Schlüssel hat. Bob besitzt ein anderes Vorhängeschloss, zu welchem nur er den passenden Schlüssel hat.

Zielsetzung: Alice hat zuvor einen geheimen Schlüssel gewählt. Diesen möchte sie an Bob senden, ohne dass Drittpersonen diesen Schlüssel erfahren.

1. Alice legt den von ihr gewählten geheimen Schlüssel in die Truhe und verschließt sie mit ihrem Vorhängeschloss. Anschließend sendet sie die verschlossene Truhe an Bob.

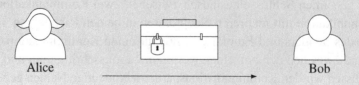

Alice   Bob

2. Da niemand außer Alice den Schlüssel zum Vorhängeschloss besitzt, bleibt die Truhe auf dem Weg zu Bob verschlossen. Auch Bob kann die Truhe nicht öffnen. Zwar besitzt er einen Schlüssel, nicht aber den für das Vorhängeschloss von Alice passenden, mit dem die Truhe verschlossen ist. Bob verschließt nun zusätzlich mit seinem eigenen Vorhängeschloss die Truhe. Diese ist nun doppelt gesichert. Dann schickt Bob die Truhe zurück zu Alice.

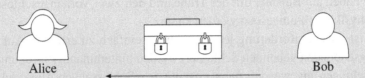

3. Die doppelt verschlossene Truhe ist nun wieder in den Händen von Alice. Sie entfernt ihr Vorhängeschloss, mit dem sie zu Beginn die Truhe verschlossen hat, und schickt die Truhe wieder an Bob. Die Truhe ist nach wie vor verschlossen, denn das Vorhängeschloss von Bob befindet sich noch immer an der Truhe.

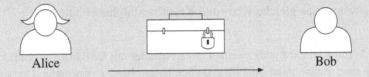

4. Bob erhält die verschlossene Truhe, wobei nun im Gegensatz zu vorher nicht mehr das Vorhängeschloss von Alice, sondern sein eigenes Vorhängeschloss die Truhe verschließt. Dieses kann Bob mit seinem Schlüssel aufschließen, anschließend kann er die Truhe öffnen und den geheimen Schlüssel entgegennehmen.

Hinweis für die Lehrperson Das Kommunikationsprotokoll SCHLÜSSELAUSTAUSCH kann mit einer Truhe und zwei voneinander unabhängigen Vorhängeschlössern durchgespielt werden: Ein Teil der Klasse spielt Alice, ein zweiter Teil Bob und der dritte Teil einen unzuverlässigen Boten. Das Ziel von Alice ist es, den Inhalt der Truhe an Bob zu übermitteln, während der unzuverlässige Bote versuchen soll, den Inhalt der Truhe an sich zu nehmen.

Bei allen drei Kommunikationsschritten ist die Truhe jeweils durch mindestens ein Vorhängeschloss verschlossen. Solange also Alice und Bob die Schlüssel für die Vorhängeschlösser bei sich behalten, hat keine Drittperson Zugriff auf den geheimen Schlüssel, der sich in der Truhe befindet.

7.2 Digitale Umsetzung des Schlüsselaustauschs

In der Praxis wäre die physikalische Umsetzung mit der Truhe wegen des Aufwands nicht geeignet. Auch wäre sie nicht sicher, weil unknackbare physikalische Vorhängeschlösser nicht einfach zu realisieren sind. Als Nächstes wollen wir deshalb anschauen, ob sich das Verfahren digitalisieren lässt.

Um die Verschlüsselung und die Entschlüsselung digital umzusetzen, ist es zwingend notwendig, dass beim Entfernen des Vorhängeschlosses von Alice das Vorhängeschloss von Bob nicht beschädigt wird. Das bedeutet, dass nachdem Alice ihr Vorhängeschloss entfernt hat, die Truhe noch genau mit dem Vorhängeschloss von Bob verschlossen sein muss. Wir haben am Beispiel mit der Truhe und den zwei Vorhängeschlössern gesehen, dass das physikalisch umgesetzt werden kann.

Digital ist diese Anforderung jedoch nicht so einfach zu erfüllen. Auf den Klartext (den zu versendenden geheimen Schlüssel) werden hintereinander zwei unterschiedliche Verschlüsselungen angewendet, zuerst eine mit dem Schlüssel von Alice und anschließend eine mit dem Schlüssel von Bob. Dann soll die erste Verschlüsselung, also die von Alice, so aufgehoben werden, dass die Verschlüsselung von Bob nicht verändert wird. Nachdem die Verschlüsselung von Alice aufgehoben worden ist, darf also der Klartext nur noch genau mit dem Schlüssel von Bob verschlüsselt sein. Diese Eigenschaft wird jedoch nicht automatisch von jedem Kryptosystem erfüllt. Eine Grundvoraussetzung dafür ist, dass das Kryptosystem das gleiche Klar- und Kryptotextalphabet hat.

Aufgabe 7.1 Ein Klartext t wird zweimal hintereinander mit CAESAR verschlüsselt. Dabei werden jeweils zwei voneinander unabhängige Schlüssel i bzw. j verwendet. Der auf diese Weise erzeugte Kryptotext kann mittels

$$\text{Ver}_j \left(\text{Ver}_i(t) \right)$$

berechnet werden. Wie muss der Schlüssel k lauten, damit

$$\text{Ver}_k \left(\text{Ver}_j \left(\text{Ver}_i(t) \right) \right) = \text{Ver}_j(t)$$

gilt? Beachte, dass k nur aus der Kenntnis von i bestimmt werden darf, weil Alice den Schlüssel j von Bob nicht kennt.

Aufgabe 7.2 Löse die gleiche Aufgabenstellung wie in Aufgabe 7.1 für das Kryptosystem SKYTALE.

Ein Kryptosystem, welches die vorher diskutierte Eigenschaft erfüllt, ist das BIN-ONE-TIME-PAD. Bei diesem Kryptosystem erfolgt die Entschlüsselung mit der gleichen Berechnung wie die Verschlüsselung. Das heißt für den Operator $\oplus_{\text{bin}}$ gilt die folgende Gleichung:

$$(t \oplus_{\text{bin}} s) \oplus_{\text{bin}} s = t,$$

für alle Klartexte t und alle Schlüssel s. Die geforderte Eigenschaft, dass nach dem Umkehren der Verschlüsselung von Alice der Klartext noch genau mit dem Schlüssel von Bob verschlüsselt ist, kann durch die folgende Gleichung ausgedrückt werden:

$$\left((t \oplus_{\text{bin}} s_{\text{A}}) \oplus_{\text{bin}} s_{\text{B}} \right) \oplus_{\text{bin}} s_{\text{A}} = t \oplus_{\text{bin}} s_{\text{B}}. \tag{7.1}$$

Dabei ist s_A der Schlüssel von Alice und s_B der Schlüssel von Bob. Wenn diese Gleichung für beliebige Klartexte und Schlüssel gilt, dann erfüllt die Operation $\oplus_{bin}$ die geforderte Eigenschaft, und wir können $\oplus_{bin}$ für das Kommunikationsprotokoll verwenden.

Zunächst wollen wir für einen konkreten Klartext t und zwei konkrete Schlüssel s_A und s_B testen, ob die Gleichung (7.1) erfüllt ist. Seien

$$t = 110100, \qquad s_A = 101010, \qquad s_B = 001011.$$

Diese Werte setzen wir zuerst in die linke Seite der Gleichung (7.1) ein:

$$\begin{aligned}
\big((t \oplus_{bin} s_A) \oplus_{bin} s_B\big) \oplus_{bin} s_A &= \big((110100 \oplus_{bin} 101010) \oplus_{bin} 001011\big) \oplus_{bin} 101010 \\
&= (011110 \oplus_{bin} 001011) \oplus_{bin} 101010 \\
&= 010101 \oplus_{bin} 101010 \\
&= 111111.
\end{aligned}$$

Wenn wir nun die Werte für t, s_A und s_B in die rechte Seite der Gleichung (7.1) einsetzen, sehen wir, das die Gleichung erfüllt ist:

$$t \oplus_{bin} s_B = 110100 \oplus_{bin} 001011 = 111111.$$

Das Beispiel zeigt, dass die geforderte Eigenschaft für die hier betrachteten Werte von Klartext und Schlüsseln erfüllt ist. Wir werden zuerst zeigen, wie der Schlüsselaustausch genau abläuft und anschließend, dass die geforderte Eigenschaft aus Gleichung (7.1) für alle Klartexte und Schlüssel gilt.

Aufgabe 7.3 Zeige, dass die Gleichung (7.1) für die folgenden Klartexte und Schlüssel erfüllt ist:

(a) $t = 11010100$, $s_A = 11110000$, $s_B = 00100110$

(b) $t = 000000$, $s_A = 101010$, $s_B = 010101$

Das folgende Kommunikationsprotokoll ist ein erster Ansatz um den Schlüsselaustausch digital umzusetzen:

Kommunikationsprotokoll DIGITALER SCHLÜSSELAUSTAUSCH

Ausgangssituation:	Alice besitzt einen zufälligen Schlüssel $s_A \in \{0,1\}^*$ der Länge n für das Kryptosystem BIN-ONE-TIME-PAD. Bob besitzt ebenfalls einen zufälligen Schlüssel $s_B \in \{0,1\}^*$ der gleichen Länge n.
Zielsetzung:	Alice hat zuvor einen geheimen Schlüssel t der Länge n aus dem Alphabet $\{0,1\}$ gewählt. Diesen Schlüssel (der Klartext) möchte sie an Bob senden, ohne dass Drittpersonen diesen Schlüssel erfahren.

1. Alice verschlüsselt den zu verschickenden Schlüssel t mit dem Kryptosystem BIN-ONE-TIME-PAD und ihrem Schlüssel s_A:

$$k_A = t \oplus_{\text{bin}} s_A.$$

Den resultierenden Kryptotext k_A schickt sie an Bob.

2. Bob verschlüsselt die empfangene Nachricht k_A erneut. Dazu nutzt er ebenfalls das BIN-ONE-TIME-PAD, und verschlüsselt die Nachricht mit seinem Schlüssel s_B:

$$k_{AB} = k_A \oplus_{\text{bin}} s_B.$$

Der zweimal verschlüsselte Kryptotext k_{AB} wird nun zurück an Alice gesendet.

3. Alice entschlüsselt den empfangenen Kryptotext k_{AB} mit ihrem Schlüssel s_A:

$$k_B = k_{AB} \oplus_{\text{bin}} s_A.$$

Nach Gleichung (7.1) ist der Klartext t nun nur noch mit dem Schlüssel s_B von Bob verschlüsselt. Alice schickt die Nachricht k_B wieder an Bob.

4. Bob entschlüsselt den Kryptotext k_B mit seinem Schlüssel s_B:

$$t = k_B \oplus_{\text{bin}} s_B ,$$

womit er nun den Klartext t, bzw. den ausgetauschten Schlüssel erhält.

Nach der Ausführung dieses Kommunikationsprotokolls erhält Bob am Ende tatsächlich immer den geheimen Schlüssel, den Alice gewählt hat. Im Folgenden wird genau aufgezeigt, warum das Kommunikationsprotokoll DIGITALER SCHLÜSSELAUSTAUSCH funktioniert.

Alice verschlüsselt den Klartext t mit ihrem Schlüssel s_A zu:

$$k_A = t \oplus_{\text{bin}} s_A.$$

Den erhaltenen Kryptotext k_A schickt sie danach an Bob. Er verschlüsselt anschließend den Kryptotext mit seinem Schlüssel s_B ein weiteres Mal

$$k_{AB} = k_A \oplus_{\text{bin}} s_B$$

und schickt den resultierenden Kryptotext k_{AB} zurück an Alice.

Alice entschlüsselt nun den Kryptotext k_{AB} mit ihrem Schlüssel s_A und erhält:

$$k_B = k_{AB} \oplus_{\text{bin}} s_A$$
$$= \left((t \oplus_{\text{bin}} s_A) \oplus_{\text{bin}} s_B \right) \oplus_{\text{bin}} s_A$$
$$\{\text{weil } k_{AB} = (t \oplus_{\text{bin}} s_A) \oplus_{\text{bin}} s_B\}$$
$$= t \oplus_{\text{bin}} s_A \oplus_{\text{bin}} s_B \oplus_{\text{bin}} s_A$$
$$\{\text{weil } \oplus_{\text{bin}} \text{ assoziativ ist}\}$$
$$= (t \oplus_{\text{bin}} s_B) \oplus_{\text{bin}} (s_A \oplus_{\text{bin}} s_A)$$
$$\{\text{weil } \oplus_{\text{bin}} \text{ kommutativ ist}\}$$
$$= t \oplus_{\text{bin}} s_B \oplus_{\text{bin}} \mathbf{0}$$
$$\{\text{weil } a \oplus_{\text{bin}} a = \mathbf{0} \text{ für alle } a.\}$$
$$= t \oplus_{\text{bin}} s_B$$
$$\{\text{weil } \mathbf{0} \text{ das neutrale Element ist}\}.$$

Alice schickt dann k_B an Bob. Der kann jetzt mit seinem Schlüssel den Kryptotext k_B wie folgt zum Klartext t entschlüsseln:

$$k_B \oplus_{\text{bin}} s_B = (t \oplus_{\text{bin}} s_B) \oplus_{\text{bin}} s_B$$
$$= t \oplus_{\text{bin}} s_B \oplus_{\text{bin}} s_B$$
$$= t \oplus_{\text{bin}} (s_B \oplus_{\text{bin}} s_B)$$
$$\{\text{weil } \oplus_{\text{bin}} \text{ assoziativ ist}\}$$
$$= t \oplus_{\text{bin}} \mathbf{0}$$
$$\{\text{weil } a \oplus_{\text{bin}} a = \mathbf{0} \text{ für alle } a\}$$
$$= t.$$

Auf diese Weise erhält Bob tatsächlich den geheimen Klartext (Schlüssel) t.

Aufgabe 7.4 In den folgenden Aufgaben ist der geheime Schlüssel, den Alice an Bob senden möchte, ein Text über dem Alphabet Lat.

(a) Verwende das Kryptosystem CAESAR anstelle des BIN-ONE-TIME-PAD, um das Kommunikationsprotokoll DIGITALER SCHLÜSSELAUSTAUSCH umzusetzen. Erkläre, wie dein Kommunikationsprotokoll funktioniert. Warum ist dieses Kommunikationsprotokoll nicht sicher?

(b) Kannst du das Kommunikationsprotokoll DIGITALER SCHLÜSSELAUSTAUSCH auch mit dem Kryptosystem VIGENÈRE umsetzten? Begründe deine Antwort ausführlich.

(c) Welche anderen Kryptosysteme gibt es, mit denen man das Kommunikationsprotokoll zum Schlüsselaustausch auch umsetzen kann?

Das Kommunikationsprotokoll DIGITALER SCHLÜSSELAUSTAUSCH scheint bezüglich der Berechnungen schön aufzugehen: Bob ist am Ende des Kommunikationsprotokolls im Besitz des geheimen Schlüssels t, den Alice ausgewählt hat. Aber ist dieses Verfahren auch sicher?

Beim Kommunikationsprotokoll SCHLÜSSELAUSTAUSCH mit der Truhe und den zwei Vorhängeschlössern haben wir gesehen, dass es einem Kryptoanalytiker nicht möglich ist, während des Protokolls an den geheimen Schlüssel zu gelangen. Im Gegensatz dazu enthält jedoch das Protokoll DIGITALER SCHLÜSSELAUSTAUSCH Lücken. Zwar gilt es als sicher, wenn der Kryptoanalytiker das Kommunikationsprotokoll nicht kennt oder wenn er nur einen einzigen Kryptotext abfangen kann. In diesem Fall erscheint ihm der Kryptotext nämlich nur als eine zufällige Folge bestehend aus den Symbolen 0 und 1. Nach dem Kerkhoffs-Prinzip der Sicherheit muss aber damit gerechnet werden, dass das Kommunikationsprotokoll öffentlich und somit dem Kryptoanalytiker bekannt ist. Die beiden zufällig generierten Schlüssel von Alice s_A und Bob s_B kennt der Kryptoanalytiker zwar nicht, aber trotzdem kann er den Klartext t bestimmen, wenn er alle Kryptotexte k_A, k_{AB} und k_B, die beim Kommunikationsprotokoll hin- und her gesendet werden, erfährt. Da aber diese Nachrichten öffentlich verschickt werden, müssen wir davon ausgehen, dass es für einen Kryptoanalytiker kein großes Problem ist, an diese zu gelangen.

Was aber kann ein Kryptoanalytiker genau mit diesen drei Kryptotexten anfangen? Schauen wir mal, was wir erhalten, wenn wir die Summe der drei Kryptotexte berechnen:

$$
\begin{aligned}
k_A \oplus_{\text{bin}} k_{AB} \oplus_{\text{bin}} k_B &= (t \oplus_{\text{bin}} s_A) \oplus_{\text{bin}} (t \oplus_{\text{bin}} s_A \oplus_{\text{bin}} s_B) \oplus_{\text{bin}} (t \oplus_{\text{bin}} s_B) \\
&= t \oplus_{\text{bin}} s_A \oplus_{\text{bin}} t \oplus_{\text{bin}} s_A \oplus_{\text{bin}} s_B \oplus_{\text{bin}} t \oplus_{\text{bin}} s_B \\
&= t \oplus_{\text{bin}} t \oplus_{\text{bin}} t \oplus_{\text{bin}} s_A \oplus_{\text{bin}} s_A \oplus_{\text{bin}} s_B \oplus_{\text{bin}} s_B \\
&= (t \oplus_{\text{bin}} t) \oplus_{\text{bin}} t \oplus_{\text{bin}} (s_A \oplus_{\text{bin}} s_A) \oplus_{\text{bin}} (s_B \oplus_{\text{bin}} s_B) \\
&= \mathbf{0} \oplus_{\text{bin}} t \oplus_{\text{bin}} \mathbf{0} \oplus_{\text{bin}} \mathbf{0} \\
&= t.
\end{aligned}
$$

Wir sehen, dass wir den Klartext t erhalten, wenn wir die drei Kryptotexte modulo 2 addieren. Das Kommunikationsprotokoll DIGITALER SCHLÜSSELAUSTAUSCH gilt damit nicht als sicher.

Auszug aus der Geschichte Es ist lange Zeit offen geblieben, ob die Idee mit der Truhe und den zwei Vorhängeschlössern überhaupt digital mit der gleichen Sicherheit umgesetzt werden kann. 1976 haben Whitfield Diffie (*1944) und Martin Hellman (*1945) ein digitales Kommunikationsprotokoll entwickelt, das eine sichere Schlüsselvereinbarung ermöglicht. Auf geschickte Weise haben sie das modulare Rechnen mit Primzahlen angewendet.

Aufgabe 7.5 Einem Kryptoanalytiker gelingt es, den ersten k_A und den zweiten Kryptotext k_{AB} abzufangen. Reichen diese dem Kryptoanalytiker, um die geheime Nachricht t zu berechnen?

Aufgabe 7.6 Kann der Kryptoanalytiker aus beliebigen zwei der drei Kryptotexte k_A, k_{AB} und k_B die geheime Nachricht t berechnen?

Aufgabe 7.7 Setze das Kommunikationsprotokoll DIGITALER SCHLÜSSELAUSTAUSCH mit dem Kryptosystem VIGENÈRE um, wie es in Aufgabe 7.4 (b) beschrieben ist. Wie kann der Kryptoanalytiker nach dem Abfangen aller drei Kryptotexte k_A, k_{AB} und k_B vorgehen um die Nachricht t zu bestimmen?

7.3 Modulares Potenzieren und die schnelle Exponentiation

Das Kommunikationsprotokoll DIFFIE-HELLMAN, das von Whitfield Diffie und Martin Hellman 1976 entwickelt wurde, löst das Problem der sicheren Schlüsselvereinbarung. Bevor wir ihr Protokoll aber erfolgreich anwenden können, müssen wir wissen, wie wir für gegebene Zahlen a, x und p schnell modulare Potenzen der Form

$$a^x \bmod p$$

berechnen können. In der Praxis sind nämlich a, x und p sehr große Zahlen von mehreren hundert Dezimalstellen.

Das erste Problem ist, dass a^x, wenn x groß ist, eine noch viel größere Zahl ist. Um diese Zahl abzuspeichern, reicht ein Register[1] eines Computers nicht aus. Es braucht mehrere Register um solche Zahlen abzuspeichern, was unter anderem bedeutet, dass arithmetische Operationen mit diesen Zahlen sehr aufwändig sind. Um dieses Problem etwas zu mindern, schauen wir nochmals auf Lektion 2 zurück. Dort haben wir gesehen, dass wir nicht unbedingt zuerst a^x berechnen müssen, um $a^x \bmod p$ zu bestimmen, sondern dass wir nach jedem Rechenschritt das Zwischenresultat modulo p berechnen können, um die Zwischenresultate stets kleiner als p zu halten:

$$a^x \bmod p = \Big(\underbrace{(a \bmod p) \cdot (a \bmod p) \cdot \ldots \cdot (a \bmod p)}_{x \text{ Faktoren}} \Big) \bmod p \, .$$

Ein weiteres Problem kann auftreten, wenn die Potenz a^x durch

$$a^x = \underbrace{a \cdot a \cdot a \cdot \ldots \cdot a}_{x \text{ Faktoren}}$$

berechnet wird, denn so werden $x - 1$ Multiplikationen ausgeführt. Das sind sehr viele Multiplikationen. Wenn zum Beispiel $x = 10^{200}$ ist, dann ist die Zahl $x - 1$ um einiges größer als das Alter des Universums in Sekunden ($\approx 10^{17}$) multipliziert mit der Anzahl Elementarteilchen im sichtbaren Universum ($\approx 10^{80}$). Eine unvorstellbar große Zahl.

---

[1] Ein Register ist ein Speicherbereich eines Computers, welcher die Operanden und Ergebnisse von Berechnungen aufnimmt. Register haben eine beschränkte Größe und können deshalb nicht beliebig große Zahlen exakt enthalten. Zum Beispiel haben die Register von handelsüblichen Computern 32 Bit und können somit nur Zahlen bis 2^{32} ($\approx 10^{10}$) darstellen. Bei neueren Prozessoren mit 64 Bit ist die größte Zahl 2^{64} ($\approx 10^{19}$). Noch größere Zahlen müssen deshalb gesondert behandelt werden, was mit höherem Aufwand verbunden ist.

Das bedeutet also, dass der Aufwand, um zum Beispiel die Potenz $a^{10^{200}}$ zu berechnen, physikalisch mit einem Computer gar nicht umsetzbar ist, wenn wir auf diese ungeschickte Weise vorgehen.

Deshalb versuchen wir jetzt anhand eines Beispiels eine geschicktere Vorgehensweise zu entwickeln, die es uns ermöglichen soll, a^x mod p trotzdem effizient zu berechnen. Potenzen können auf verschiedene Weisen ausgedrückt werden. Beispielsweise kann die Potenz a^{16} mit vier Potenzen dargestellt werden

$$a^{16} = \left(\left(\left(a^2\right)^2\right)^2\right)^2,$$

wobei sich nur die Form, nicht aber der Wert der Potenz ändert. Diese Eigenschaft wollen wir jetzt ausnutzen, um die Potenz mit nur wenigen Multiplikationen zu berechnen. Wir erhalten das folgende Schema, um a^{16} zu berechnen:

$$a$$
$$a^2 = a \cdot a$$
$$a^4 = a^2 \cdot a^2$$
$$a^8 = a^4 \cdot a^4$$

$$a^{16} = a^8 \cdot a^8.$$

Hier reichen also bereits vier Multiplikationen aus, um die Potenz a^{16} zu berechnen. Wir brauchen nicht, wie man auf den ersten Blick vielleicht denken könnte, 15 Multiplikationen auszuführen.

Wir können beispielsweise auch die Potenz a^{20} mit viel weniger als 19 Multiplikationen berechnen. Betrachten wir die folgende Darstellung:

$$a^{20} = a^{16} \cdot a^4 = \left(\left(\left(a^2\right)^2\right)^2\right)^2 \cdot \left(a^2\right)^2.$$

Dann müssen anschließend nur noch die folgenden Multiplikationen ausgeführt werden:

$$a$$
$$a^2 = a \cdot a$$
$$a^4 = a^2 \cdot a^2$$
$$a^8 = a^4 \cdot a^4$$
$$a^{16} = a^8 \cdot a^8$$

$$a^{20} = a^{16} \cdot a^4.$$

Mit nur 5 statt 19 Multiplikationen können wir also die Potenz a^{20} berechnen.

Aufgabe 7.8 Sei a eine Zahl mit 200 Dezimalstellen und x eine Zahl mit 400 Dezimalstellen. Wie viele Dezimalstellen kann a^x höchstens haben?

Aufgabe 7.9

(a) Berechne a^6 auf zwei unterschiedliche Arten mit jeweils 3 Multiplikationen.

(b) Berechne a^{64} mit 6 Multiplikationen.

(c) Berechne a^{18} mit 5 Multiplikationen.

(d) Berechne a^{45} mit höchstens 8 Multiplikationen.

(e) Berechne a^{81} mit 5 Multiplikationen.

(f) Berechne a^{625} mit 5 Multiplikationen.

Aufgabe 7.10 Was ist die minimale Anzahl Multiplikationen, die notwendig ist, um folgende Potenzen zu berechnen?

(a) a^{49}

(b) a^{1024}

(c) a^{28}

(d) a^{84}

(e) a^{732}

Die beiden Beispiele sowie die Aufgaben haben gezeigt, dass wir auf verschiedene Arten vorgehen können, um Potenzen zu berechnen. Außerdem haben wir gesehen, dass wir Potenzen oft so darstellen können, dass sie mit weniger Operationen (Multiplikationen) berechnet werden können. Wir sind nach Gefühl und ohne feste Strategie vorgegangen. Da die Berechnung der Potenz a^x aber für beliebige ganze Zahlen a und x automatisiert werden soll, müssen wir uns ein Vorgehen überlegen, das mit Sicherheit für alle ganzen Zahlen a und x die Potenz a^x mit möglichst wenigen Multiplikationen berechnet.

Um dies zu erreichen, wenden wir die Vorgehensweise an, die wir bereits beim Berechnen der Potenz a^{20} genutzt haben. Wir werden es jetzt aber etwas systematischer angehen und so die Methode der **schnellen Exponentiation** erhalten.

Das Vorgehen der schnellen Exponentiation werden wir anhand der Potenz a^{22} zeigen. Um diese Potenz zu berechnen, bestimmen wir als Erstes die binäre Darstellung des Exponenten:

$$22 = 10110_2.$$

Damit wir die Binärzahlen von den Dezimalzahlen unterscheiden können, schreiben wir zur Binärzahl den Index 2.

Als Nächstes schreiben wir die einzelnen Stellen der binären Zahl 10110_2, beginnend mit der hintersten Stelle, in die linke Spalte einer Tabelle. Anschließend bestimmen wir die Potenzen $a, a^2, a^4, \ldots$ durch wiederholtes Quadrieren der Basis a und schreiben die Resultate in die rechte Spalte der Tabelle, ebenfalls von oben nach unten:

0	a	
1	a^2	$= a \cdot a$
1	a^4	$= a^2 \cdot a^2$
0	a^8	$= a^4 \cdot a^4$
1	a^{16}	$= a^8 \cdot a^8$

Nun können wir das Resultat a^{22} durch die Multiplikation der Potenzen bilden, bei denen in der linken Spalte eine 1 steht:

$$a^{22} = a^2 \cdot a^4 \cdot a^{16},$$

da bei a^2, bei a^4 und bei a^{16} eine 1 in der linken Spalte ist.

Nun wollen wir die Korrektheit der schnellen Exponentiation für alle Potenzen a^x begründen. Sei $x_n x_{n-1} \ldots x_2 x_1 x_0$ die binäre Darstellung des Exponenten x, dann gilt

$$x = x_n \cdot 2^n + x_{n-1} \cdot 2^{n-1} + \cdots + x_1 \cdot 2^1 + x_0 \cdot 2^0$$
$$= x_n \cdot 2^n + x_{n-1} \cdot 2^{n-1} + \cdots + x_1 \cdot 2 + x_0$$
$$= \sum_{i=0}^{n} x_i \cdot 2^i.$$

Also ist die Zahl x, nach der Definition der binären Zahlen, die Summe aller 2^i, für die das Bit x_i gleich 1 ist. Durch Einsetzen dieses Terms anstelle des Exponenten x in die Potenz a^x erhalten wir die Formel

$$a^x = a^{x_n \cdot 2^n + x_{n-1} \cdot 2^{n-1} + \cdots + x_1 \cdot 2 + x_0}$$
$$= a^{x_n \cdot 2^n} \cdot a^{x_{n-1} \cdot 2^{n-1}} \cdot \ldots \cdot a^{x_1 \cdot 2} \cdot a^{x_0}$$
$$= \prod_{i=0}^{n} a^{x_i \cdot 2^i}$$

für die Berechnung von a^x. Weil $a^0 = 1$ und $a^{0 \cdot 2^i} = a^0$ gilt, bleiben für das Produkt nur die Faktoren mit $x_i = 1$ übrig. Dafür wird die folgende Schreibweise eingeführt:

$$a^x = \prod_{i=1, \, x_i=1}^{n} a^{2^i}$$

Wie viele Multiplikationen braucht die schnelle Exponentiation im schlimmsten Fall zum Potenzieren für ein gegebenes x mit der Eigenschaft $2^n \leq x < 2^{n+1}$? Die binäre Darstellung des Exponenten x braucht also $n + 1$ Bits. Um die Potenzen a^{2^i} zu berechnen, brauchen wir $i < n + 1$, d. h. $i \leq n$ Multiplikationen. Um anschließend a^x zu bestimmen, benötigen wir $m - 1$ Multiplikationen, wobei m die Anzahl der Einsen in der binären Darstellung von x ist. Weil $m \leq n + 1$ gilt, werden insgesamt höchstens

$$2n = 2 \lfloor \log_2(x) \rfloor$$

Multiplikationen gebraucht, wobei $n = \lfloor \log_2(x) \rfloor$.

Aufgabe 7.11 Berechne mit der schnellen Exponentiation die Resultate für die folgenden Potenzen:

(a) a^{75}

(b) a^{41}

(c) a^{734}

Aufgabe 7.12 Man könnte folgende Strategie vorschlagen: Zuerst werden

$$a^2 = a \cdot a \qquad \text{und} \qquad a^3 = a^2 \cdot a$$

mit zwei Multiplikationen berechnet. Anschließend berechnet man

$$a^9 = a^3 \cdot a^3 \cdot a^3$$
$$a^{27} = a^9 \cdot a^9 \cdot a^9$$
$$a^{91} = a^{27} \cdot a^{27} \cdot a^{27}$$
$$\vdots$$
$$a^{3^n} = a^{3^{(n-1)}} \cdot a^{3^{(n-1)}} \cdot a^{3^{(n-1)}}$$

für $3^n \leq x < 3^{n+1}$.

(a) Wie kann die Strategie fortgesetzt werden, um einen Algorithmus zur Berechnung der Potenz a^x zu entwickeln?

(b) Teste den Algorithmus zur Berechnung von a^{286}.

(c) Begründe die Korrektheit des Algorithmus.

(d) Teste den Algorithmus zur Berechnung von a^{24}.

Aufgabe 7.13 Bestimme die höchstmögliche Anzahl Multiplikationen des Algorithmus, den du in Aufgabe 7.12 entwickelt hast.

Mit der schnellen Exponentiation können wir Potenzen der Form a^x schnell berechnen. Zu Beginn ist es jedoch unser Ziel gewesen modulare Potenzen der Form

$$a^x \bmod p$$

für große Zahlen a, x und p zu bestimmen. Mit der **schnellen modularen Exponentiation** können auch modulare Potenzen mit wenigen Multiplikationen berechnet werden. Zudem erreichen wir mit dieser Methode, dass die Zwischenergebnisse und das Resultat Zahlen sind, die nicht größer als p sind. Die schnelle modulare Exponentiation erhalten wir mit einer kleinen Änderung der schnellen Exponentiation. Diese Änderung ist nachfolgend als Aufgabe gegeben.

Aufgabe 7.14 Wir wollen Potenzen der Form

$$a^x \bmod p$$

mit möglichst wenigen Operationen berechnen. Außerdem sollen die Zwischenresultate und das Ergebnis Zahlen sein, die kleiner als p sind. Ergänze die Methode der schnellen Exponentiation, um diese Ziele zu erreichen.

7.4 Geheime Schlüsselvereinbarung mit dem DIFFIE-HELLMAN-Kommunikationsprotokoll

Wir haben jetzt alle Vorbereitungen getroffen, um das DIFFIE-HELLMAN-Kommunikationsprotokoll zur sicheren Schlüsselvereinbarung in Angriff zu nehmen.

Das DIFFIE-HELLMAN-Kommunikationsprotokoll sorgt dafür, dass Alice und Bob einen gemeinsamen geheimen Schlüssel berechnen können, ohne dass Dritte diesen Schlüssel erfahren können. Den auf diese Weise vereinbarten Schlüssel können dann die beiden Kommunikationspartner in Zukunft für die gegenseitige verschlüsselte Kommunikation mit einem symmetrischen Kryptosystem verwenden.

Ganz am Anfang, noch bevor das eigentliche Kommunikationsprotokoll beginnt, einigen sich die beiden Kommunikationspartner Alice und Bob öffentlich auf zwei natürliche Zahlen g und p. Sich öffentlich darauf einigen bedeutet nichts anderes, als dass jeder diese beiden Zahlen kennen darf. Die Zahl p soll eine große Primzahl, und die Zahl g soll kleiner als p sein.

Der gemeinsame Schlüssel s_{AB}, den Alice und Bob zusammen berechnen, ist eine Zahl, die kleiner als p ist und durch das Protokoll wie folgt bestimmt wird:

Kommunikationsprotokoll DIFFIE-HELLMAN

Ausgangssituation: Alice und Bob haben sich zuvor öffentlich auf eine große Primzahl p und eine natürliche Zahl g geeinigt. Dabei ist $g \in \mathbb{Z}_p - \{0\}$.

Zielsetzung: Alice und Bob möchten gemeinsam mit einer öffentlichen Kommunikation einen Schlüssel s_{AB} vereinbaren. Diesen Schlüssel darf keine Drittperson in Erfahrung bringen.

1.   Alice wählt zufällig eine Zahl $a \in \mathbb{Z}_p - \{0\}$ und hält diese geheim. Dann berechnet sie mit ihrer geheimen Zahl

$$x = g^a \bmod p$$

und schickt x an Bob.

2.   Bob wählt zufällig eine Zahl $b \in \mathbb{Z}_p - \{0\}$, die er ebenfalls geheim hält. Dann berechnet er die Zahl

$$y = g^b \bmod p$$

und sendet y an Alice.

3. Alice erhält y von Bob und berechnet mit ihrer Zahl a die Zahl

$$s_{AB} = y^a \bmod p.$$

4. Bob berechnet mit dem erhaltenen x und seiner Zahl b ebenfalls die Zahl

$$s_{BA} = x^b \bmod p.$$

Da $s_{AB} = s_{BA}$ gilt, haben beide die gleiche Zahl berechnet. Diese Zahl ist damit der gesuchte gemeinsame Schlüssel s_{AB}.

Bei den bisherigen Kommunikationsprotokollen hat Alice jeweils den gemeinsamen Schlüssel ausgesucht und diesen dann mit einem Schlüsselaustausch an Bob gesendet. Beim Kommunikationsprotokoll DIFFIE-HELLMAN berechnen die beiden Kommunikationspartner den gemeinsamen Schlüssel jedoch zusammen. Da Alice und Bob die gleichen Berechnungen durchführen, ist keiner der beiden bevorzugt. Es ist sogar so, dass die beiden Schritte 1 und 2 oder die Schritte 3 und 4 auch gleichzeitig durchgeführt werden können.

Nun müssen wir jedoch beweisen, dass Alice und Bob am Ende tatsächlich den gleichen Schlüssel berechnen, das heißt, dass $s_{AB} = s_{BA}$ gilt. Nach dem Gesetz (M3) aus Lektion 2 (S. 49) berechnet Alice den Schlüssel s_{AB} im dritten Schritt mit:

$$\begin{aligned} s_{AB} &= y^a \bmod p \\ &= (g^b \bmod p)^a \bmod p \\ &= (g^b)^a \bmod p \\ &= g^{ba} \bmod p. \end{aligned}$$

Bob erhält den gleichen Schlüssel s_{BA} im vierten Schritt mit der folgenden Rechnung:

$$\begin{aligned} s_{BA} &= x^b \bmod p \\ &= (g^a \bmod p)^b \bmod p \\ &= (g^a)^b \bmod p \\ &= g^{ab} \bmod p. \end{aligned}$$

Weil die Multiplikation kommutativ ist, gilt für die beiden Ergebnisse s_{AB} und s_{BA} die folgende Gleichung:

$$g^{ba} \bmod p = g^{ab} \bmod p.$$

Also ist $s_{AB} = s_{BA}$. Somit erhalten Alice und Bob nach ihren jeweiligen Berechnungen genau die gleiche Zahl. Diese Zahl ist der geheime gemeinsame Schlüssel von Alice und Bob.

Der auf diese Weise berechnete Schlüssel ist geheim gegenüber Dritten, solange Alice und Bob ihre jeweiligen Geheimzahlen a bzw. b für sich behalten. Das Geheimhalten von a und b im DIFFIE-HELLMAN-Kommunikationsprotokoll ist analog zur Geheimhaltung der Schlüssel zu den dazugehörigen Vorhängeschlössern beim Kommunikationsprotokoll SCHLÜSSELAUSTAUSCH.

Das modulare Potenzieren entspricht dem Anhängen eines Vorhängeschlosses. Genau wie es bei der Truhe keine Rolle spielt, ob zuerst Alice und dann Bob, oder zuerst Bob und dann Alice ihr Vorhängeschloss befestigen, ist es auch beim modularen Potenzieren egal, ob zuerst mit der Zahl von Alice a und dann mit der Zahl von Bob b, oder zuerst mit b und dann mit a potenziert wird.

Wir sehen jedoch auch einen Unterschied zum Kommunikationsprotokoll SCHLÜSSELAUSTAUSCH: Beim DIFFIE-HELLMAN-Kommunikationsprotokoll findet keine Entschlüsselung statt. Beim DIFFIE-HELLMAN-Protokoll wäre der gemeinsam generierte Schlüssel die Truhe, verschlossen mit beiden Vorhängeschlössern.

Die Sicherheit des DIFFIE-HELLMAN-Protokolls

Warum ist dieses Protokoll sicher? Ein Kryptoanalytiker könnte doch ganz einfach die beiden Nachrichten $x = g^a \bmod p$ und $y = g^b \bmod p$ abfangen und anschließend aus $g^a \bmod p$ die geheime Zahl a von Alice und aus $g^b \bmod p$ die geheime Zahl b von Bob herausfinden. Mit der Kenntnis von a und b ist es für den Kryptoanalytiker eine leichte Aufgabe den Schlüssel $s_{AB} = g^{ab} \bmod p$ zu bestimmen.

Die Zahlen a oder b herauszufinden ist jedoch sehr schwer, wenn die Zahlen p, a und b sehr groß sind, zum Beispiel Zahlen mit mehreren hundert Dezimalstellen. Darin liegt die Sicherheit des DIFFIE-HELLMAN-Protokolls. Von einem gegebenen Wert

$$g^a \bmod p$$

die Zahl a zu berechnen ist sehr aufwändig. Die Bestimmung der Zahl a ist so aufwändig, dass ein Kryptoanalytiker für Zahlen mit mehreren hundert Dezimalstellen viel mehr Zeit benötigen würde als das Universum alt ist[2].

Die perfekte Sicherheit ist in der Praxis ein unrealistischer Vorsatz. Diffie und Hellman haben deshalb gar nicht erst versucht ein perfekt sicheres Protokoll zu entwerfen, sondern sie haben eine neue Art der Sicherheit geprägt:

> *Ein Kommunikationsprotokoll ist sicher, wenn dessen Kryptoanalyse so viel Zeit und Arbeit bedeutet, dass diese in der Praxis nicht ausgeführt werden kann.*

Wir werden diese revolutionäre Idee in den nächsten zwei Lektionen ausführlicher diskutieren.

---

[2]Das Universum entstand durch den Urknall vor ungefähr 13,7 Milliarden Jahren (10^{17} Sekunden).

Wenn die Zahlen g, p, a und b klein sind, dann kann ein Kryptoanalytiker das Kommunikationsprotokoll knacken, wenn es ihm gelingt die beiden Nachrichten $x = g^a \bmod p$ und $y = g^b \bmod p$ abzufangen. Mit Hilfe der abgefangenen Nachrichten und den öffentlich bekannten Zahlen g und p kann er die beiden geheimen Zahlen a und b bestimmen und daraus den Schlüssel s_{AB} berechnen.

Diese Kryptoanalyse soll am folgenden Beispiel gezeigt werden. Angenommen Alice und Bob haben sich auf die beiden öffentlichen Zahlen $g = 2$ und $p = 7$ geeinigt. Die geheime Zahl von Alice sei $a = 3$ und die von Bob $b = 5$. Nun berechnet Alice die Nachricht

$$x = g^a \bmod p = 2^3 \bmod 7 = 1$$

und sendet $x = 1$ an Bob. Er berechnet:

$$y = g^b \bmod p = 2^5 \bmod 7 = 4$$

und schickt $y = 4$ an Alice. Wenn es dem Kryptoanalytiker gelingt, die Nachrichten x und y abzufangen, dann kann er die folgenden Gleichungen aufstellen:

$$2^a \bmod 7 = 1$$
$$2^b \bmod 7 = 4$$

und daraus die beiden geheimen Zahlen $a = 3$ und $b = 5$ durch Ausprobieren bestimmen. Den vereinbarten Schlüssel s_{AB} von Alice und Bob kann der Kryptoanalytiker nun mit

$$s_{AB} = g^{ab} \bmod p$$

ausrechnen.

Aufgabe 7.15 Führe das Kommunikationsprotokoll Diffie-Hellman mit den folgenden Werten durch: $p = 17$, $g = 3$, $a = 6$ und $b = 4$. Wie lautet am Ende der gemeinsame Schlüssel s_{AB}?

Aufgabe 7.16 Alice und Bob haben mit dem Diffie-Hellman-Protokoll einen gemeinsamen Schlüssel s_{AB} berechnet. Dieser Schlüssel ist eine Zahl kleiner als p. Alice und Bob möchten nun mit dem Kryptosystem Vigenère vertrauliche Daten austauschen. Wie können sie die Zahl s_{AB} als Text interpretieren, so dass sie einen Schlüssel für Vigenère erhalten?

Aufgabe 7.17 Versuche das Kommunikationsprotokoll Diffie-Hellman zu knacken, indem du für die gegebenen Werte p, g, x und y jeweils die geheimen Zahlen a und b berechnest und daraus dann den vereinbarten Schlüssel s_{AB}:

(a) $g = 3$, $p = 5$, $x = 4$, $y = 2$

(b) $g = 2$, $p = 13$, $x = 6$, $y = 11$

Aufgabe 7.18 Setze die Idee des Diffie-Hellman-Protokolls mit Hilfe des Kryptosystems Vigenère um. Erhalten Alice und Bob auf diese Weise den gleichen Schlüssel? Ist dein Protokoll sicher?

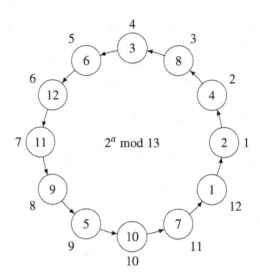

Abbildung 7.1 Darstellung der zyklischen Gruppe $(\mathbb{Z}_{13} - \{0\}, \odot_{13})$ mit dem Generator 2. In den Knoten ist die Zahl aus $\mathbb{Z}_{13}$ abzulesen, außerhalb steht der entsprechende Exponent a.

Aufgabe 7.19 Versuche das DIFFIE-HELLMAN-Protokoll zu knacken, indem du aus den gegebenen Werten p, g, x und y den geheimen Schlüssel s_{AB} bestimmst: $g = 2$, $p = 7$, $x = 2$ und $y = 4$.

In Aufgabe 7.19 haben wir gesehen, dass wir gar nicht alle sechs Exponenten ausprobieren mussten, denn $2^a \bmod 7$ ist entweder gleich 1, 2 oder 4 für alle Exponenten a. Das heißt, wir müssen nicht alle sechs Möglichkeiten durchprobieren, sondern nur drei.

Um diese Schwäche zu beheben soll die Zahl g so gewählt werden, dass alle Zahlen zwischen 1 und $p - 1$ als Resultat der modularen Potenz $g^a \bmod p$ in Frage kommen. Erst damit ist es zu aufwändig, alle Zahlen durchzuprobieren, wenn außerdem die Primzahl p groß genug gewählt worden ist.

Eine Zahl g, welche diese Eigenschaft, erfüllt wird **Generator** genannt. Eine Gruppe, für die es einen solchen Generator gibt, heißt **zyklische Gruppe**.

Eine zyklische Gruppe ist zum Beispiel die Gruppe $(\mathbb{Z}_{13} - \{0\}, \odot_{13})$ mit der 2 als Generator. Denn jede Zahl von 1 bis 12 lässt sich als Potenz von 2 darstellen:

$$1 = 2^{12} \bmod 13, \qquad 4 = 2^2 \bmod 13, \qquad 7 = 2^{11} \bmod 13, \qquad 10 = 2^{10} \bmod 13,$$

$$2 = 2^1 \bmod 13, \qquad 5 = 2^9 \bmod 13, \qquad 8 = 2^3 \bmod 13, \qquad 11 = 2^7 \bmod 13,$$

$$3 = 2^4 \bmod 13, \qquad 6 = 2^5 \bmod 13, \qquad 9 = 2^8 \bmod 13, \qquad 12 = 2^6 \bmod 13.$$

Der Begriff zyklisch stammt daher, dass wir uns die Zahlen in einem Kreis (Zyklus) vorstellen können, wie in Abbildung 7.1 dargestellt. Dass die Zahlen willkürlich auf dem Kreis verteilt zu sein scheinen, gibt uns eine Vorstellung davon, weshalb der diskrete

Logarithmus so aufwändig zu bestimmen ist. Ohne Beweis bemerken wir, dass für eine Primzahl p, die Gruppe $(\mathbb{Z}_p - \{0\}, \odot_p)$ zyklisch ist.

Aufgabe 7.20 Finde einen zweiten Generator für die zyklische Gruppe $(\mathbb{Z}_{13} - \{0\}, \odot_{13})$.

Aufgabe 7.21 Finde einen Generator für die zyklische Gruppe $(\mathbb{Z}_7 - \{0\}, \odot_7)$ und zeichne die Elemente der Gruppe auf wie in Abbildung 7.1.

Das DIFFIE-HELLMAN-Kommunikationsprotokoll ist sicher gegen sogenannte passive Angreifer. Ein **passiver Kryptoanalytiker** kann zuhören und zusehen, was passiert, er darf lesen, was übermittelt wird, darf sich aber nicht in das Protokoll einmischen. Ein **aktiver Kryptoanalytiker** hingegen beteiligt sich an der Kommunikation. Er kann beispielsweise in die Kommunikation eingreifen, indem er eigene Nachrichten verschickt und sich selbst als eine andere Person ausgibt. Gegen einen solchen Kryptoanalytiker ist das DIFFIE-HELLMAN-Protokoll nicht mehr sicher. Den Grund werden wir hier anhand des Protokolls SCHLÜSSELAUSTAUSCH aufzeigen. Ein Betrug kann wie folgt ablaufen:

1. Alice legt den auszutauschenden geheimen Schlüssel, den sie gewählt hat, in die Truhe und verschließt diese mit ihrem Vorhängeschloss. Anschließend sendet sie die verschlossene Truhe an Bob.

2. Auf dem Weg zu Bob fängt der Kryptoanalytiker die verschlossene Truhe ab. Er kann die Truhe natürlich nicht öffnen, da er keinen Schlüssel zum Schloss von Alice besitzt. Er kann die Truhe jedoch mit einem eigenen Vorhängeschloss ein zweites Mal abschließen und sich auf diese Weise als Bob ausgeben. Die Truhe ist nun doppelt verschlossen, genau so, als ob sie Bob verschlossen hätte. Jetzt sendet der Kryptoanalytiker die Truhe zurück an Alice.

3. Alice empfängt die doppelt verschlossene Truhe und geht davon aus, dass sie von Bob ordnungsgemäß verschlossen worden ist. Bob hat die Truhe jedoch gar nicht erhalten. Ahnungslos öffnet Alice ihr eigenes Vorhängeschloss und schickt die noch immer verschlossene Truhe wieder an Bob.

4. Bob erhält die verschlossene Truhe jedoch auch diesmal nicht. Stattdessen wird diese erneut vom Kryptoanalytiker abgefangen. Dieser öffnet sein Vorhängeschloss und nimmt den geheimen Schlüssel entgegen, der eigentlich für Bob bestimmt gewesen wäre.

Den auf diese Weise erlangten Schlüssel kann der Kryptoanalytiker natürlich von nun an gebrauchen, um verschlüsselte Nachrichten von Alice zu entschlüsseln. Interessant ist, dass sowohl Alice wie auch Bob unter Umständen nicht bemerken, dass jemand in das Protokoll eingegriffen hat. Alice auf der einen Seite erhält schließlich die erwartete

Antwort, wenn auch nicht vom beabsichtigten Kommunikationspartner. Bob auf der anderen Seite weiß möglicherweise gar nicht, dass ihm etwas entgangen ist.

Alice und Bob müssen sich also sicher sein können, dass sie mit dem gewünschten Partner kommunizieren, ohne dass sich ein Kryptoanalytiker als Alice oder Bob ausgeben kann. Aber wie können sie sich sicher sein, dass sie mit der richtigen Person sprechen? Dieses Problem kann mit Hilfe einer digitalen Unterschrift behoben werden, die wir in Lektion 11 kennen lernen werden.

Hinweis für die Lehrperson Der Betrug des Kryptoanalytikers kann auch mit einer Truhe und zwei voneinander unabhängigen Vorhängeschlössern in einer Klasse durchgespielt werden: Ein Teil der Klasse spielt Alice, ein zweiter Teil Bob und der dritte Teil einen unzuverlässigen Boten bzw. den Kryptoanalytiker. Das Ziel von Alice ist es, den Inhalt der Truhe an Bob zu übermitteln, während der Kryptoanalytiker versuchen soll, den Inhalt der Truhe an sich zu nehmen.

Aufgabe 7.22 Erkläre, wie ein aktiver Kryptoanalytiker erfolgreich in das Diffie-Hellman-Protokoll eingreifen kann, um anstelle von Bob an den vereinbarten Schlüssel zu kommen.

7.5 Zusammenfassung

Wenn eine Kommunikation zwischen zwei oder mehr Parteien nach bestimmten Regeln ablaufen soll, dann kann diese Kommunikation mit Hilfe von Kommunikationsprotokollen beschrieben werden. Den Kommunikationspartnern geben wir oft allgemeine Namen, wie zum Beispiel Alice und Bob.

Mit einigen Kommunikationsprotokollen kann über einen öffentlichen Nachrichtenaustausch ein geheimer Schlüssel vereinbart werden. Physikalisch ist dies mit dem Protokoll SCHLÜSSELAUSTAUSCH durchführbar. Dabei sollen Alice und Bob jeweils ein Vorhängeschloss mit einem dazu passenden Schlüssel besitzen.

Digital kann eine Schlüsselvereinbarung mit dem Diffie-Hellman-Protokoll erfolgen. Diese beiden Kommunikationsprotokolle unterscheiden sich jedoch unter anderem im folgenden Punkt: Während beim Protokoll SCHLÜSSELAUSTAUSCH der Schlüssel von Alice gewählt wird, setzt das Diffie-Hellman-Protokoll auf gleichbeteiligte Arbeit von beiden Kommunikationspartnern bei der Schlüsselerzeugung und -vereinbarung.

Sowohl das Protokoll SCHLÜSSELAUSTAUSCH wie auch das Diffie-Hellman-Protokoll sind sicher gegenüber passiven Kryptoanalytikern, jedoch nicht gegenüber aktiven Kryptoanalytikern. Ein passiver Kryptoanalytiker ist ein Kryptoanalytiker, der Nachrichten nur abfangen und entschlüsseln kann, während ein aktiver Kryptoanalytiker sich in die Kommunikation einmischen und sich als eine der beiden Parteien ausgeben kann.

Das Diffie-Hellman-Protokoll basiert auf dem modularen Potenzieren und erfordert die Berechnung von a^x mod p für große Zahlen a, x und p. Mit dem naiven x-fachen Multiplizieren der Basis lassen sich solche Potenzen aufgrund des riesigen Aufwands jedoch nicht verwirklichen. Nur dank der schnellen modularen Exponentiation ist es uns möglich mit höchstens $2\lfloor \log_2(x) \rfloor$ Multiplikationen solche Potenzen zu berechnen.

Kontrollfragen

1. Was ist ein Kommunikationsprotokoll?

2. Wieso werden die Kommunikationspartner üblicherweise Alice und Bob genannt und nicht Sender und Empfänger?

3. Wie kann man ein Geheimnis mit einer Truhe und zwei voneinander unabhängigen Vorhängeschlössern von Alice zu Bob schicken?

4. Was ist der Unterschied zwischen einem passiven und einem aktiven Kryptoanalytiker?

5. Kann ein passiver Kryptoanalytiker beim Kommunikationsprotokoll SCHLÜSSELAUSTAUSCH an das Geheimnis in der Truhe gelangen?

6. Wie viele Operationen sind mindestens nötig, um $a^x \bmod p$ zu berechnen? Wie kannst du die Größe der Zahlen, die während der Berechnung als Operanden auftreten, einschränken?

7. Was hat die Binärdarstellung der Zahl x mit dem schnellen modularen Potenzieren $a^x \bmod p$ zu tun?

8. Erkläre die einzelnen Schritte des DIFFIE-HELLMAN-Kommunikationsprotokolls.

9. Unter welcher Bedingung bezüglich Drittpersonen ist das DIFFIE-HELLMAN-Protokoll sicher?

10. Wie kann ein aktiver Kryptoanalytiker vorgehen, um das DIFFIE-HELLMAN-Protokoll zu knacken?

Kontrollaufgaben

1. Petra, Peter und Paul möchten sich über eine öffentliche Kommunikation auf einen gemeinsamen geheimen Schlüssel einigen. Entwirf ein Kommunikationprotokoll, das eine Schlüsselvereinbarung zwischen diesen drei Leuten ermöglicht.

2. Petra, Paula, Peter und Paul möchten über eine öffentliche Kommunikation einen gemeinsamen geheimen Schlüssel vereinbaren. Wir betrachten eine Kommunikation als eine Folge von Kommunikationsschritten. In einem Kommunikationsschritt darf ein Kommunikationspartner eine öffentliche Nachricht zu einem anderen Kommunikationspartner senden. Um Zeit zu sparen, möchten die vier Kommunizierenden möglichst wenig Kommunikationsschritte durchführen. Entwickle für die vier ein Kommunikationsprotokoll.

3. Angenommen das Kommunikationsprotokoll DIGITALER SCHLÜSSELAUSTAUSCH wird mit dem VIGENÈRE-Kryptosystem anstelle des BIN-ONE-TIME-PAD durchgeführt. Kann ein Kryptoanalytiker, der alle drei Kryptotexte abgefangen hat, den Schlüssel bestimmen? Was kann er aus zwei abgefangenen Texten erfahren? Was kann er aus einem abgefangenen Text erfahren?

4. Kannst du das Kommunikationsprotokoll DIGITALER SCHLÜSSELAUSTAUSCH mit Hilfe des Kryptosystems MULTCAESAR umsetzen? Kann ein Kryptoanalytiker, der alle drei Kryptotexte abgefangen hat, etwas in Erfahrung bringen?

5. Wie würde sich deine Lösung aus Kontrollaufgabe 4 ändern, wenn statt MultCaesar das Kryptosystem LinCaesar verwendet wird?

6. Was ist die minimale Anzahl an Multiplikationen um die folgenden Potenzen zu berechnen:

   (a) a^9

   (b) a^{14}

   (c) a^{42}

7. Führe das Kommunikationsprotokoll Diffie-Hellman mit den folgenden Werten durch: $p = 13$, $g = 2$, $a = 5$ und $b = 7$. Wie lautet am Ende der gemeinsame Schlüssel s_{AB}?

8. Versuche das Diffie-Hellman-Protokoll zu knacken, indem du aus den gegebenen Werten p, g, x und y den geheimen Schlüssel s_{AB} bestimmst: $g = 11$, $p = 29$, $x = 7$ und $y = 15$.

Lektion 8

Komplexitätstheoretische Konzepte und eine neue Definition der Sicherheit

Unsere Suche nach sicheren Kryptosystemen, die auch in der täglichen Praxis angewandt werden können, war bisher leider nur beschränkt erfolgreich. Wir haben gesehen, dass perfekt sichere Kryptosysteme zwar theoretisch entworfen werden können, in der Praxis jedoch nur mit einem immensen Aufwand umsetzbar sind.

Zuerst muss auf einem sicheren Weg ein Schlüssel vereinbart werden, der genauso lang ist wie der Klartext. Dies ist aber nur die erste Anforderung. Weiter muss sichergestellt werden, dass dieser Schlüssel nur einmal verwendet wird. Für die Verschlüsselung jedes weiteren Klartextes muss ein neuer Schlüssel vereinbart werden. Zusammengefasst muss jedesmal vor Beginn der eigentlichen Kommunikation mindestens soviel geheim vereinbart werden wie später verschlüsselt kommuniziert wird.

Es stellt sich deshalb die Frage, wie hilfreich die ganze Verschlüsselung ist. Schließlich hat man keinen großen Nutzen darin, wenn man beim geheimen Treffen ebenso gut den Klartext statt den Schlüssel mitteilen kann.

Dass wir uns nicht jedes Mal treffen müssen, um einen geheimen Schlüssel zu vereinbaren, haben wir in Lektion 7 begründet. Dort haben wir erklärt, wie die Schlüsselvereinbarung mittels Kommunikationsprotokollen ablaufen kann. Diese Protokolle ermöglichen es zwar den Schlüssel über einen unsicheren Kanal zu vereinbaren, sie sind jedoch leider nur gegen passive Kryptoanalytiker sicher. Sobald der Kryptoanalytiker aktiv eingreift, kann er sich als einen der Kommunikationspartner ausgeben und auf diese Weise sowohl zuerst den Schlüssel, als auch später die geheimen Nachrichten abfangen und entschlüsseln.

Wir wissen, dass perfekt sichere Kryptosysteme so gebaut sind, dass sie von keinem Kryptoanalytiker geknackt werden können. Nicht einmal dann, wenn er unbeschränkte Rechenstärke hätte. Es scheint, als ob uns dieses bedingungslose Streben nach perfekter Sicherheit beim Bau der Kryptosysteme in eine Sackgasse triebe. Die Frage ist, ob wir die perfekte Sicherheit unbedingt anstreben müssen. Würde in der Praxis nicht bereits eine etwas „niedrigere" Sicherheitsstufe hinreichend sein?

Mit dieser Frage kehren wir zurück zu unseren Grundkonzepten: Wann betrachten wir ein Kryptosystem als sicher? Wie soll die Sicherheit von Kryptosystemen definiert werden?

Grundsätzlich behalten wir zwar das Prinzip von Kerkhoffs bei, wollen aber nicht ganz bis zur perfekten Sicherheit gehen. Wir haben bereits gesehen, dass eine große Anzahl Schlüssel noch lange keine Garantie für ein sicheres Kryptosystem ist. Gefühlsmäßig verstehen wir unter perfekter Sicherheit, dass kein Kryptoanalytiker einen abgefangenen Kryptotext entschlüsseln kann. Es ist aber schwierig, diese Intuition in eine exakte mathematische Definition umzuwandeln. Es ist deshalb schwierig, weil es sich um ein Spiel zwischen zwei Individuen handelt, nämlich zwischen dem Entwickler des Kryptosystems und dem Kryptoanalytiker. Bis jetzt lief es in der Geschichte immer wieder nach dem gleichen Schema ab: Jemand entwickelte ein Kryptosystem, welches dann so lange benutzt wurde, bis es jemand anders knackte. Genau ab diesem Zeitpunkt war das Kryptosystem natürlich nicht mehr sicher und es musste ein neues Kryptosystem entwickelt werden. So fing alles wieder von vorne an.

Um diesen wiederkehrenden Prozess zu stoppen, müssen wir ein Kryptosystem entwickeln, das tatsächlich unknackbar ist – auch für einen genialen Kryptoanalytiker. Deshalb stellen wir uns die Frage, wozu die Menschen denn überhaupt fähig sind und wo die Grenze liegt zu dem, was nicht mehr möglich ist. Alle genialen Ideen, die bereits existieren und die jemals existieren werden, sollen miteinbezogen werden. Können wir so etwas überhaupt in eine mathematische Definition fassen? Genau das war die unbeantwortete Kernfrage der klassischen Kryptologie. Die Lösung dieser schweren Aufgabe der Begriffsbildung wurde erst durch die Entwicklung der Grundkonzepte der Informatik möglich.

Das erste wichtige Konzept der Informatik ist der **Algorithmus**. Unsere Verschlüsselungs- und Entschlüsselungsverfahren sind Algorithmen. Die Informatiker haben in den sechziger Jahren beobachtet, dass nicht alle Algorithmen in der Praxis umgesetzt werden können. Dies ganz einfach darum, weil beim Ausführen zu viele Operationen durchgeführt werden müssen. So gibt es Algorithmen, die auf dem schnellsten Computer der Welt so lange brauchen würden, dass das Alter des Universums nicht ausreichen würde, um diesen Algorithmus auszuführen. Hier stoßen wir an die Grenzen des physikalisch Machbaren. Es gibt aber nicht nur einzelne Algorithmen, die in der Praxis nicht durchgeführt werden können, sondern sogar Probleme, für welche alle Algorithmen, die sie lösen können, einen unrealistischen Rechenaufwand bedeuten. Ein Problem, für welches alle möglichen Algorithmen einen derartig großen unumsetzbaren Rechenaufwand benötigen, nennt man ein **schweres Problem**[1]. Ein schweres Problem kann man in der Praxis nicht lösen.

Die Existenz von schweren Problemen scheint auf den ersten Blick eine negative Nachricht zu sein, weil viele praktische Aufgabenstellungen mit der Computertechnologie nicht gelöst werden können. In der Kryptologie andererseits kann die Schwierigkeit von Problemen eine willkommene Eigenschaft sein, wenn die Kryptoanalyse eines Kryptotextes einer schweren algorithmischen Aufgabe entspricht.

---

[1] Schwer im Sinne von „schwer berechenbar".

Zusammenfassend ist die Grundidee des Entwurfs von sicheren Kryptosystemen, eine Verschlüsselung zu finden, so dass einerseits das Verschlüsselungs- und das Entschlüsselungsverfahren effizient durchführbar sind, andererseits die Kryptoanalyse einem schweren Problem entspricht. Das Großartige an dieser Idee ist, dass das Potenzial der Kryptoanalytiker einbezogen wird: Keiner, auch nicht der cleverste Kryptoanalytiker, kann nämlich eine brauchbare Methode für die Kryptoanalyse entwickeln. Der Grund dafür ist einfach: es existiert kein solches Verfahren, und es wird auch in Zukunft keines entwickelt werden können.

Die **Sicherheit eines Kryptosystems** kann jetzt wie folgt definiert werden:

*Ein Kryptosystem ist **sicher**, wenn kein effizienter Algorithmus existiert, der ohne den Schlüssel den Klartext berechnen kann. Dabei darf die Art der Verschlüsselung bekannt sein.*

Sicherheit auf diese Weise zu definieren, war vor der Einführung des Begriffs Algorithmus und des Konzepts der Berechnungskomplexität noch nicht möglich. Jetzt können die ersten zwei wichtigen Anforderungen an gute Kryptosysteme in der Sprache der Informatik definiert werden:

(1) Wenn man den Schlüssel kennt, dann können die Verschlüsselung und die Entschlüsselung effizient ausgeführt werden. Für die Berechnung von $\text{Ver}_s(t)$ und $\text{Ent}_s(t)$ gibt es effiziente Algorithmen.

(2) Wenn man den Schlüssel nicht kennt, dann ist eine Kryptoanalyse nicht effizient machbar. Die Kryptoanalyse ist dann ein schweres Problem, und somit gibt es keinen Algorithmus, der $\text{Ent}(t)$ ohne den Schlüssel effizient berechnen kann.

Zum neuen Konzept der Sicherheit kommt in der sogenannten Public-Key-Kryptographie noch eine andere geniale Idee dazu. Statt eines geheimen Schlüssels, werden zwei unabhängige Schlüssel verwendet: nämlich ein Schlüssel für die Verschlüsselung und ein anderer Schlüssel für die Entschlüsselung. Dabei sollte gelten, dass die Berechnung des Entschlüsselungsschlüssels aus dem Verschlüsselungsschlüssel ein schweres Problem sein soll. Wenn das gilt, darf der Schlüssel zur Verschlüsselung veröffentlicht werden (deshalb der Name Public-Key-Kryptographie), und der Schlüssel zur Entschlüsselung gehört als ausschließliches Geheimnis dem Empfänger, der es mit niemandem teilen muss. Das erhöht die Sicherheit in einer anderen Dimension enorm, weil es bei solchen Kryptosystemen keinen Verräter geben kann.

Auf diesem algorithmischen Konzept der Sicherheit ist das bereits in Lektion 7 beschriebene DIFFIE-HELLMAN-Kommunikationsprotokoll aufgebaut.

Die kryptographischen Verfahren, die heute eingesetzt werden, haben alle das Ziel, Sicherheit im Sinn der oben eingeführten Definition zu erreichen. Die Definition ist nicht ganz genau, weil nicht klar definiert ist, was ein effizienter Algorithmus ist. Wir wollen hier aber nicht zu sehr in die Tiefe gehen, um diesen Begriff vollständig formal zu erklären. Vielmehr ist die Zielsetzung dieses Kapitels ein Grundverständnis für die Begriffe „effizienter Algorithmus", „effizient (in der Praxis) lösbares Problem" und „praktisch unlösbare Probleme" zu bekommen. Um dies zu erreichen, müssen wir zuerst lernen, wie wir den Rechenaufwand (die Berechnungskomplexität) von Algorithmen messen.

8.1 Messung der Berechnungskomplexität von Algorithmen

Wie kann die Berechnungskomplexität eines Algorithmus gemessen werden? Was ist der Rechenaufwand eines Algorithmus?

Das Einfachste ist, die **Berechnungskomplexität** eines Algorithmus mittels der Anzahl der auszuführenden Rechenoperationen anzugeben. Da die Operationen nacheinander ausgeführt werden, spricht man von **Zeitkomplexität**. Die Zeitkomplexität ist für uns das wichtigste Maß, um die Effizienz eines Algorithmus beurteilen zu können, und wenn wir hier von Komplexität sprechen, dann ist immer die Zeitkomplexität gemeint. Neben der Zeitkomplexität ist die sogenannte **Speicherkomplexität** ein wichtiges Maß für die Berechnungskomplexität. Sie misst für einen Algorithmus die Anzahl verwendeter Variablen und damit die Anzahl Speicherplätze.

Als Beispiel betrachten wir einen Algorithmus, der den Wert des folgenden quadratischen Polynoms

$$a \cdot x^2 + b \cdot x + c$$

für die gegebenen Zahlen $a = 3$, $b = 4$, $c = 5$ und $x = 7$ berechnet. Ein naiver Algorithmus könnte wie folgt vorgehen:

$$L \leftarrow b \cdot x$$
$$X \leftarrow x \cdot x$$
$$Y \leftarrow a \cdot X$$
$$D \leftarrow L + c$$
$$R \leftarrow Y + D$$

Wir sehen sofort, dass für die gegebenen Zahlen a, b, c und x die folgenden fünf Operationen ausgeführt werden:

$$L \leftarrow 4 \cdot 7 = 28$$
$$X \leftarrow 7 \cdot 7 = 49$$
$$Y \leftarrow 3 \cdot 49 = 147$$
$$D \leftarrow 28 + 5 = 33$$
$$R \leftarrow 147 + 33 = 180$$

Die Zeitkomplexität des naiven Algorithmus ist somit 5. Da für die Werte der Variablen a, b, c, x, I, X, Y, D und R Speicherplatz benötigt wird, ist die Speicherkomplexität 9. Wie wir sehen, haben die Werte der Variablen a, b, c und x keinen Einfluss auf die Zeitkomplexität des Algorithmus. Deswegen kann man allgemein sagen, dass die Zeitkomplexität für jedes beliebige quadratische Polynom genau 5 ist.

Bei der folgenden Darstellung des Polynoms

$$a \cdot x \cdot x + b \cdot x + c$$

sehen wir die Operationen, die ausgeführt werden müssen: drei Multiplikationen und zwei Additionen.

Unser Ziel ist es jetzt, den naiven Algorithmus zu verbessern. Nach dem Distributivgesetz gilt

$$a \cdot x \cdot x + b \cdot x = (a \cdot x + b) \cdot x.$$

Das quadratische Polynom kann also wie folgt dargestellt werden:

$$a \cdot x^2 + b \cdot x + c = (a \cdot x + b) \cdot x + c.$$

Wie wir sehen, müssen in dieser neuen Darstellung nur noch zwei Multiplikationen und zwei Additionen durchgeführt werden. Damit sinkt die Zeitkomplexität des verbesserten Algorithmus auf 4.

Der Aufwand hängt also vom gewählten Algorithmus ab. Es spielt also eine entscheidende Rolle, wie geschickt wir beim Entwurf von Algorithmen vorgehen.

Aufgabe 8.1 Finde einen Algorithmus zur Berechnung eines Polynoms der Form $a \cdot x^4 + b \cdot x^2 + c$ für gegebene Zahlen a, b, c und x. Die Anzahl arithmetischer Operationen soll möglichst klein sein.

Ein weiteres Beispiel dafür, wie man die Anzahl Operationen minimieren kann, haben wir bereits in Lektion 7 kennen gelernt. Um zum Beispiel die Potenz x^{16} zu berechnen brauchen wir, wenn wir naiv vorgehen, 15 Operationen. Wandeln wir die Potenz hingegen in die Form

$$x^{16} = \left(\left(\left(x^2\right)^2\right)^2\right)^2$$

um, dann erhalten wir eine viel praktischere Berechnungsmethode, die weniger Operationen benötigt:

$$L \leftarrow x \cdot x$$
$$L \leftarrow L \cdot L$$
$$L \leftarrow L \cdot L$$
$$L \leftarrow L \cdot L$$

Wir sehen, dass es möglich ist für die Berechnung der Potenz x^{16} durch geschickte Vorgehensweise statt mit 15 nur mit 4 Multiplikationen auszukommen.

Aufgabe 8.2 Berechne

(a) x^6 mit 3 Multiplikationen,

(b) x^{64} mit 6 Multiplikationen,

(c) x^{18} mit 5 Multiplikationen,

(d) x^{45} mit 8 Multiplikationen.

Ist es möglich, x^{45} mit weniger als 8 Multiplikationen zu berechnen?

Als **Probleminstanz** bezeichnen wir eine konkrete Eingabe eines Problems. Bei der Berechnung eines Polynoms im vorherigen Beispiel ist eine mögliche Probleminstanz eine bestimmte Belegung der Variablen a, b, c und x. Beispielsweise ist das Lösen einer quadratischen Gleichung der Form $a \cdot x^2 + b \cdot x + c = 0$ ein Problem. Eine mögliche Probleminstanz dazu ist eine konkrete Gleichung wie zum Beispiel $2x^2 - 7x + 1 = 0$.

Es ist unüblich, dass ein Algorithmus für alle möglichen Probleminstanzen jeweils den gleichen Aufwand bedeutet. Diese Beobachtung soll am folgenden Beispiel veranschaulicht werden:

Für zwei Städte soll jeweils ein Telefonbuch erstellt werden. Dabei müssen die Namen alphabetisch sortiert werden. Die eine Stadt hat 3000, die andere 50 000 Einwohner. Man kann sich leicht vorstellen, dass sich der Aufwand zum Sortieren der Einträge stark unterscheidet. Die Zeitkomplexität hängt von der Eingabegröße ab. In unserem Beispiel ist die **Eingabegröße** die Anzahl der zu sortierenden Namen, also 3000 bzw. 50 000. Bei der Berechnung der Polynomwerte eines beliebigen Polynoms wie im vorherigen Beispiel wird als Eingabegröße der Grad des Polynoms betrachtet. Für das Polynom

$$a_n \cdot x^n + a_{n-1} \cdot x^{n-1} + \cdots + a_2 \cdot x^2 + a_1 \cdot x + a_0,$$

das durch $n + 2$ Zahlen

$$a_n, a_{n-1}, a_{n-2}, \ldots, a_2, a_1, a_0, x$$

als Eingabe gegeben ist, beträgt die Eingabegröße n. Der naive Algorithmus berechnet den Wert für ein Polynom der Eingabegröße n wie folgt:

1. Multiplikation: $x \cdot x = x^2$	n-te Multiplikation: $a_1 \cdot x$
2. Multiplikation: $x \cdot x^2 = x^3$	$(n+1)$-te Multiplikation: $a_2 \cdot x^2$
$\vdots$	$\vdots$
$(n-1)$-te Multiplikation: $x \cdot x^{n-1} = x^n$	$(2n-2)$-te Multiplikation: $a_n \cdot x^{n-1}$.

Anschließend werden die n Summanden mit n Additionen addiert:

$$a_0 + a_1 x + \ldots + a_n x^n.$$

Die Zeitkomplexität des naiven Algorithmus kann mittels der Funktion

$$Zeit(n) = \underbrace{2n - 2}_{\text{Multiplikationen}} + \underbrace{n}_{\text{Additionen}} = 3n - 2$$

dargestellt werden. Die Funktion ist abhängig von der Eingabegröße und gibt die Anzahl notwendiger und hinreichender Operationen an, mit der der Algorithmus jede Probleminstanz der Eingabegröße n lösen kann.

Es muss nicht zwingend so sein, dass verschiedene Probleminstanzen gleicher Eingabegröße den gleichen Aufwand erfordern. Die Zeitkomplexität eines Algorithmus wird allgemein durch die schwierigste Probleminstanz der Eingabegröße n gemessen. Man gibt also immer das Maximum der Komplexitäten des Algorithmus über allen möglichen Probleminstanzen der Eingabegröße n an. So garantiert uns das Maß der Zeitkomplexität, dass der Algorithmus mit einer Eingabegröße n mit Sicherheit nicht mehr Operationen zur Berechnung des Resultats braucht.

8.2 Vergleich der Effizienz unterschiedlicher Algorithmen

Wenn wir die Zeitkomplexität eines Algorithmus durch die sogenannte Komplexitätsanalyse bestimmt haben, dann können wir anschließend die Zeit, die der Algorithmus für gegebene Probleminstanzen braucht, im Vornherein abschätzen, also ohne den Algorithmus laufen zu lassen. Weiter dient die Komplexitätsanalyse auch zur Bestimmung der Güte eines Algorithmus oder zum Vergleich von zwei oder mehr Algorithmen.

In Abbildung 8.1 sind zwei Funktionen $3n + 2$ und n^2 aufgezeichnet. Die x-Achse gibt die Eingabegröße und die y-Achse die Anzahl der Operationen an. Offensichtlich ist der Algorithmus mit der Zeitkomplexität $Zeit(n) = 3n + 2$ effizienter als der Algorithmus mit der Zeitkomplexität $Zeit(n) = n^2$ für Eingabegrößen, die größer als 4 sind. Rechnerisch kann man beweisen, dass

$$3n + 2 < n^2$$

für alle natürlichen Zahlen grösser als 4.

Im nächsten Beispiel wollen wir die beiden Algorithmen A und B betrachten, wobei A die Zeitkomplexität

$$Zeit_A(n) = 2n^2$$

und B die Zeitkomplexität

$$Zeit_B(n) = 40n + 7000$$

hat. Eine Probleminstanz der Eingabegröße 1 kann der Algorithmus A in $2 \cdot 1^2 = 2$ Schritten abarbeiten, während B viel länger, nämlich $40 \cdot 1 + 7000 = 7040$ Schritte

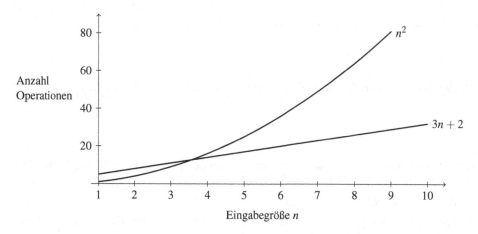

Abbildung 8.1 Funktionsgraphen der Zeitkomplexität von zwei Algorithmen. Der eine hat die Zeitkomplexität $Zeit(n) = 3n + 2$ und der $Zeit(n) = n^2$. Die x-Achse gibt die Eingabegröße n und die y-Achse die Anzahl der Operationen an.

braucht. Offenbar ist also bei dieser Eingabegröße Algorithmus A viel schneller als Algorithmus B. Weil lineare Funktionen wie $Zeit_B$ aber langsamer als quadratische Funktionen wie $Zeit_A$ wachsen, müssen sich die beiden Funktionen in einem Punkt schneiden. Dieser Punkt gibt an, ab welcher Eingabegröße der Algorithmus B für uns günstiger ist als Algorithmus A. Jetzt wollen wir also wissen, wo dieser Schnittpunkt liegt, oder eher, ab wann B schneller ist als A. Wir suchen dazu diejenigen positiven ganzen Zahlen n, für die die Ungleichung

$$2n^2 > 40n + 7000$$

gilt. Durch Umformen erhalten wir die Ungleichung

$$n^2 - 20n - 3500 > 0.$$

Mit Hilfe der bekannten Methode zur Lösung quadratischer Gleichungen können wir jetzt die Lösungen für die Gleichung $n^2 - 20n - 3500 = 0$ bestimmen:

$$(n + 50) \cdot (n - 70) = 0$$

Die Lösungen dieser Gleichung sind -50 und 70. Weil uns nur positive ganze Zahlen interessieren, schließen wir mit dem folgenden Resultat ab:

(1) B ist günstiger als A für Probleminstanzen mit einer Eingabegröße größer als 70.

(2) A und B sind gleich gut für die Eingabegröße $n = 70$.

(3) A ist vorteilhafter als B für Eingabegrößen von 1 bis 69.

Aufgabe 8.3 Gegeben seien drei Algorithmen A, B und C, die alle die gleiche Aufgabe lösen. Die Zeitkomplexitäten der Algorithmen sind durch folgende Funktionen gegeben: $Zeit_A(n) = \frac{n^3}{2} + 1$, $Zeit_B(n) = n^2 + 7$ und $Zeit_C(n) = 5n + 140$. Versuche zeichnerisch oder rechnerisch zu bestimmen, für welche Eingabegrößen welcher Algorithmus der beste bezüglich der Zeitkomplexität ist.

Ein Anwender kann höchstens eine gewisse Zeit auf das Resultat warten. Bei einer interaktiven Applikation kann eine solche Zeitschranke bereits bei kurzen 10 Sekunden liegen. Angenommen, es stehe ein Rechner zu Verfügung, der 10^9 Operationen pro Sekunde ausführen kann. Das bedeutet, dass in dieser Zeit höchstens $10 \cdot 10^9 = 10^{10}$ Operationen realisiert werden können. Jetzt wird diesem Anwender ein Algorithmus mit der Zeitkomplexität $Zeit(n) = 5n^3$ angeboten. Dieser muss sich überlegen, wie groß die Eingabegröße sein darf, damit die vorgegebene Anzahl der Operationen nicht überschritten wird:

$$5n^3 \leq 10^{10} \qquad\qquad\qquad | : 5$$

$$n^3 \leq 2 \cdot 10^9 \qquad\qquad\qquad | \sqrt[3]{}$$

$$n \leq 1259{,}921none049none89$$

Der Anwender weiß jetzt, dass er den Algorithmus für Eingabegrößen, die kleiner als 1260 sind, erfolgreich anwenden kann. Wenn die Eingabegrößen dem Anwender bekannt sind, was normalerweise der Fall ist, dann kann er sofort entscheiden, ob er den Algorithmus implementieren kann, oder ob er einen schnelleren Algorithmus braucht.

Nehmen wir jetzt an, wir haben eine Optimierungsaufgabe, in der es darum geht, aus vielen Lösungen die beste auszusuchen. Es handelt sich dabei um große Investitionen wie um den Ausbau eines Straßen- oder Bahnnetzes oder um die Platzierung von Antennen. Weil es wichtig ist, eine gute Entscheidung zu treffen, ist die Bereitschaft groß, sich für die Berechnung guter Lösungen viel Zeit zu nehmen und teure Computersysteme einzusetzen. Man geht dabei an die Grenze des Machbaren und setzt die maximale Anzahl Operationen auf 10^{16}. Beim Schnittpunkt, wo die Zeitkomplexität $Zeit_A(n)$ eines Algorithmus A auf diese Grenze trifft, können wir auf der x-Achse die Eingabegröße n_A ablesen. Auf diese Weise können wir bestimmen, für welche Eingabegrößen der Algorithmus A ausführbar ist. Weil die Eingabegröße der Probleminstanz bekannt ist, kann auch sofort entschieden werden, ob der Algorithmus für dieses Projekt geeignet ist.

Um zu sehen, wie wichtig effiziente Algorithmen sind, analysieren wir jetzt einige Algorithmen betreffend ihrer Zeitkomplexität. Eine Gegenüberstellung dieser Algorithmen bezüglich deren Rechenaufwands ist in Abbildung 8.2 dargestellt.

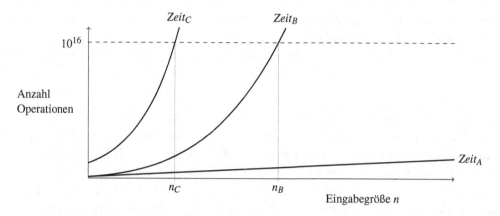

Abbildung 8.2 Vergleich der Zeitkomplexität von drei Algorithmen A, B und C. Wir haben uns eine Zeitschranke von 10^{16} Operationen gesetzt. Die Werte für n_A, n_B und n_C stellen die maximalen Eingabegrößen für die entsprechenden Algorithmen dar.

Sei $Zeit_A(n) = 3n - 2$. Es gilt

$$3n - 2 \leq 10^{16} \qquad\qquad | + 2$$

$$3n \leq 10^{16} + 2 \qquad\qquad | : 3$$

$$n \leq \frac{1}{3}\left(10^{16} + 2\right),$$

somit ist $n_A = 3\,333\,333\,333\,333\,334$. Wir sehen, dass eine Probleminstanz mit dieser Eingabegröße sowieso kaum vorkommen wird. Deshalb ist der Algorithmus A praktisch immer anwendbar. Für einen Algorithmus B mit der Zeitkomplexität $Zeit_B(n) = n^4$ erhalten wir

$$n^4 \leq 10^{16} \qquad\qquad | \sqrt[4]{}$$

$$n \leq \left(10^{16}\right)^{\frac{1}{4}} = 10^4.$$

Also ist B für Eingabegrößen bis zu $n_B = 10\,000$ praktisch ausführbar. Weil die realistischen Eingabegrößen für viele Anwendungen den Wert n_B nicht erreichen, ist B immer noch als ein „guter" Algorithmus anzusehen.

Algorithmus C hat die Zeitkomplexität $Zeit_C(n) = 10^n$:

$$10^n \leq 10^{16} \qquad\qquad | \log_{10}$$

$$n \leq 16.$$

Dieser Algorithmus ist nicht effizient. Wir können trotz der großen Zeitschranke von 10^{16} Operationen nur sehr kleine Probleminstanzen lösen. Wenn wir die exponentielle Funktion $f(n) = 2^n$ betrachten, dann sehen wir, dass die folgende Gleichung gilt:

$$2^{n+1} = 2 \cdot 2^n.$$

Das heißt, dass jede Zunahme der Eingabegröße um 1 die Zeitkomplexität und somit den Rechenaufwand verdoppelt. Diese Beobachtung verdeutlicht, warum Algorithmen mit exponentieller Zeitkomplexität in der Praxis nur sehr eingeschränkt Anwendung finden.

Aufgabe 8.4 Ein Programmierer ersetzt einen Algorithmus C mit $Zeit_C(n) = 10^n$ durch einen Algorithmus D mit $Zeit_D(n) = 4 \cdot 1.2^n$. Um wie viel nimmt die maximale Eingabegröße zu, wenn die Zeitschranke auf 10^{16} Operationen festgelegt wird?

Aufgabe 8.5 Ein Computer kann 10^9 Operationen pro Sekunde ausführen. Wir sind bereit, während einer Zeit von 10^{17} Sekunden zu warten (10^{17} ist grob geschätzt die Anzahl Sekunden, die seit dem Urknall vergangen sind). Welche Eingabegrößen können von einem Algorithmus A mit den folgenden Zeitkomplexitäten bearbeitet werden?

(a) $Zeit_A(n) = 10 \cdot n^2$

(b) $Zeit_A(n) = 50 \cdot n^3$

(c) $Zeit_A(n) = 2^n$

(d) $Zeit_A(n) = n! = n \cdot (n-1) \cdot (n-2) \cdot \ldots \cdot 2 \cdot 1$

8.3 Zeitkomplexität von algorithmischen Problemen

Im vorherigen Abschnitt haben wir gesehen, dass die Zeitkomplexität eines Algorithmus eine entscheidende Rolle dabei spielt, ob der Algorithmus in der Praxis eingesetzt wird oder nicht. Wir möchten aber noch mehr wissen. Die Informatiker möchten nicht nur die Schwierigkeit eines Algorithmus, sondern auch die Schwierigkeit von algorithmischen Problemen messen, um anschließend zu entscheiden, ob ein Problem in der Praxis lösbar ist oder nicht. Wir wollen uns deshalb nicht mehr um die Zeitkomplexität von konkreten Algorithmen, sondern um eine Reihe von Algorithmen zu einem bestimmten Problem kümmern. Auf den ersten Blick scheint der Weg von der Zeitkomplexität von Algorithmen zur Zeitkomplexität von Problemen einfach.

> *Die **Zeitkomplexität eines Problems** U ist die Zeitkomplexität des (bezüglich der Zeitkomplexität) besten Algorithmus für U.*

Obwohl die Definition einleuchtend scheint, können wir sie nicht allgemein verwenden. Forscher haben nämlich gezeigt, dass es Probleme gibt, für die man keinen besten Algorithmus festlegen kann. Für ein solches Problem U kann jeder Algorithmus für U wesentlich verbessert werden. Das hängt damit zusammen, dass es für jedes Problem unendlich viele Algorithmen gibt, die es lösen.

Weil man im Allgemeinen die Zeitkomplexität eines Problems U nicht mit der Zeitkomplexität eines Algorithmus für U eindeutig angeben kann, spricht man in der Informatik von einer oberen und einer unteren Schranke der Zeitkomplexität eines Problems:

Tabelle 8.1 Diese Tabelle zeigt den Rechenaufwand (Anzahl Operationen) von Algorithmen mit verschiedenen Zeitkomplexitäten für die Eingabegrößen 10, 50, 100 und 300.

Eingabe- größe n	Zeitkomplexität $10n$	$2n^2$	n^3		2^n	$n!$
10	100	200	1000		1024	3 628 800
50	500	5000	125 000		1 125 900 000 000 000	$\approx 10^{64}$
100	1000	20 000	1 000 000	1 267 700 000 000 000 000 000 000 000 000		$\approx 10^{157}$
300	3000	180 000	27 000 000		$\approx 10^{90}$	$\approx 10^{614}$

Sei U ein Problem und sei A ein Algorithmus, der U löst. Dann sagen wir, dass die Zeitkomplexität $Zeit_A(n)$ des Algorithmus A eine **obere Schranke** *für die Zeitkomplexität von U ist.*

Für eine Funktion f sagen wir, dass $f(n)$ eine **untere Schranke** *für die Zeitkomplexität von U ist, wenn es keinen Algorithmus B für U gibt mit*

$$Zeit_B(n) \leq f(n)$$

für fast alle[2] n.

Mit Hilfe dieser Definition konnten bereits einige wichtige Entdeckungen gemacht werden: Zum Beispiel, dass algorithmische Probleme beliebig schwierig sein können. Wir können es auch anders ausdrücken: Für beliebige schnell wachsende Funktionen wie zum Beispiel 2^n, $n!$ oder sogar 2^{2^n} findet man Probleme, die diese Zeitkomplexität als untere Schranke haben.

Die Untersuchung der Zeitkomplexität von Algorithmen und Problemen hat eine neue Frage aufgeworfen, die heute zentral ist: Welche algorithmischen Probleme sind in der Praxis lösbar?

Tabelle 8.1 veranschaulicht den Rechenaufwand von Algorithmen mit verschiedenen Zeitkomplexitäten bei einigen Eingabegrößen n. Die Werte entsprechen der Anzahl Operationen, die für eine bestimmte Zeitkomplexität bei einer bestimmten Eingabegröße n benötigt werden.

Die Funktion $Zeit(n) = 2^n$ ist eine exponentielle Funktion und wächst sehr schnell. Wir sehen, dass schon bei einer Eingabegröße von $n = 50$ über eine Billiarde Operationen ausgeführt werden müssen. Ein derartiger Rechenaufwand ist in der Praxis nicht durchführbar, denn die Umsetzung würde viel zu lange dauern.

8.4 Beispiele von schweren Problemen

Im folgenden Abschnitt stellen wir einige schwere Probleme vor, für die sogar die besten Algorithmen eine exponentielle Zeitkomplexität haben. Diese Aufgabenstellungen sollen

---

[2]„Fast alle" bedeutet „für alle bis auf endlich viele".

Abbildung 8.3 Dieser Graph hat fünf Knoten und vier Kanten. Einer der Knoten hat drei Nachbarn, zwei Knoten haben jeweils zwei Nachbarn, ein Knoten hat einen Nachbarn, und ein Knoten hat keinen Nachbarn.

einerseits zeigen, wie derartige Probleme aussehen können, und anderseits sollen diese Probleme ein Baustein für Public-Key-Kryptosysteme sein, die wir in der nächsten Lektion genau betrachten werden.

Die anschaulichsten schweren Probleme werden mit Hilfe von Graphen beschrieben. Bevor wir diese Probleme genauer betrachten, benötigen wir eine kurze Einführung in die Graphentheorie.

Graphentheorie

Graphen haben in der Informatik eine wichtige Bedeutung. Wir treffen sie deshalb in verschiedenen Bereichen an. Wir sehen Graphen als Objekte an, die aus Knoten und Kanten bestehen. Informell können wir sie wie folgt beschreiben:

> Unter einem **Graphen** verstehen wir eine Menge von Punkten, die durch Linien (oder Kurven) verbunden sind. Die Punkte nennen wir **Knoten** und die Linien **Kanten**. Jede Kante verbindet zwei unterschiedliche Knoten. Zwei Knoten, die durch eine Kante verbunden sind, heißen **benachbart**.

In Abbildung 8.3 sehen wir ein Beispiel eines Graphen mit fünf Knoten und vier Kanten.

Üblicherweise betrachten wir Graphen, bei denen jeder Knoten des Graphen jeden anderen Knoten über Kanten erreichen kann. Solche Graphen nennen wir **zusammenhängend**. Der Graph in Abbildung 8.3 ist nicht zusammenhängend, weil der oberste Knoten von keinem anderen Knoten erreichbar ist. Im Folgenden betrachten wir nur zusammenhängende Graphen.

Aufgabe 8.6 Zeichne jeweils einen Graphen mit den folgenden Eigenschaften:

(a) Der Graph hat sechs Knoten. Zwei Knoten haben jeweils vier Nachbarn und vier Knoten haben jeweils zwei Nachbarn.

(b) Der Graph hat fünf Knoten, einen mit vier Nachbarn, zwei mit jeweils zwei Nachbarn und zwei mit jeweils einem Nachbar.

(c) Der Graph hat sechs Knoten, und jeder Knoten hat genau drei Nachbarn.

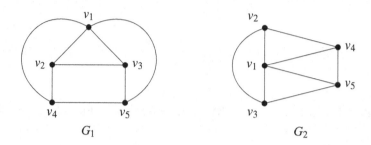

Abbildung 8.4 Zwei verschiedene graphische Darstellungen von zwei identischen Graphen.

Die Darstellung von Graphen, die wir bisher verwendet haben, ist nicht üblich in der Informatik. Der erste Grund dafür ist, dass wir auch eine andere als eine visuelle Darstellung brauchen, wenn wir mit den Graphen arbeiten wollen.

Zweitens gibt es unendlich viele graphische Darstellungen für einen bestimmten Graphen. Die Knoten kann man an unterschiedlichen Stellen zeichnen, und damit ergeben die Kanten zwischen den Knoten ein ganz anderes Bild. Schau dir die zwei Graphen in Abbildung 8.4 an. Auf den ersten Blick sehen sie anders aus, obwohl es sich um die gleichen Graphen handelt.

Aufgabe 8.7 Wie würdest du argumentieren um jemanden zu überzeugen, dass die zwei Darstellungen in Abbildung 8.4 dem gleichen Graphen entsprechen?

Um eine eindeutige Darstellung von Graphen zu erhalten, reicht es den Knoten Namen zu geben. In Abbildung 8.4 haben wir den fünf Knoten die Namen v_1, v_2, v_3, v_4 und v_5 gegeben. Mit den benannten Knoten können wir eindeutig die Kanten beschreiben. Zum Beispiel können wir die Bezeichnung $K(v_1, v_5)$ für die Kante zwischen den Knoten v_1 und v_5 verwenden. Um einen Graphen eindeutig und vollständig zu beschreiben, reicht es alle seine Knoten und Kanten aufzulisten. Das führt zur folgenden mathematischen Definition von Graphen:

*Ein **Graph** ist ein Paar $G = (V, E)$, wobei V eine endliche Menge von **Knoten** ist, und E ist eine Menge von **Kanten** zwischen den Knoten aus V.*

Mit Hilfe der Definition können wir den Graphen G_1 in Abbildung 8.4 wie folgt mathematisch beschreiben:

$$G_1 = (V_1, E_1),$$
$$\text{wobei } V_1 = \{v_1, v_2, v_3, v_4, v_5\},$$
$$\text{und } E_1 = \big\{ K(v_1, v_2), K(v_1, v_3), K(v_1, v_4), K(v_1, v_5),$$
$$K(v_2, v_3), K(v_2, v_4), K(v_3, v_5), K(v_4, v_5) \big\}.$$

Wir bemerken, dass Kanten als Verbindungen zwischen zwei Knoten keine Richtung haben. Deswegen bezeichnet $K(v_1, v_5)$ die gleiche Kante wie $K(v_5, v_1)$.

Aufgabe 8.8 Gib die mathematische Beschreibung des Graphen G_2 in Abbildung 8.4 an.

Jetzt können wir genau sehen, warum die zwei Graphen G_1 und G_2 in Abbildung 8.4 gleich sind. Die mathematische Beschreibung von $G_1 = (V_1, E_1)$ ist identisch mit der mathematischen Beschreibung von $G_2 = (V_2, E_2)$, weil $V_1 = V_2$ und $E_1 = E_2$.

*Im Folgenden sagen wir, dass zwei Graphen G_1 und G_2 **identisch** sind,*
wenn sie die gleiche Menge von Knoten und Kanten aufweisen,
und schreiben dafür $G_1 \equiv G_2$.

Aufgabe 8.9 Gib die mathematische Beschreibung der Graphen G_3 und G_4 an.

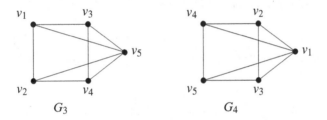

Wenn wir uns die Darstellung der Graphen G_3 und G_4 in Aufgabe 8.9 anschauen, stellen wir fest, dass G_3 sich von G_1 aus Abbildung 8.4 unterscheidet. Der Graph G_4 hingegen ist identisch mit den Graphen G_1 und G_2.

Das Letztere überrascht uns nicht, weil wir es sofort auch visuell nachvollziehen können: Der Graph G_1 ergibt, um 90° im Uhrzeigersinn rotiert, die Darstellung des Graphen G_4. Lediglich die Kanten werden im Graph G_1 rund um das Gebilde geführt um Kantenkreuzungen zu vermeiden, wobei sie im Graph G_4 als direkte Strecken zwischen den Knoten eingezeichnet sind.

Graphisomorphismusproblem

Was uns aber überrascht, ist die Tatsache, dass die Graphen G_3 und G_4 als unterschiedlich (also nicht als identisch) betrachtet werden. Zum Beispiel enthält der Graph G_3 die Kante $K(v_2, v_5)$, die in G_4 nicht vorhanden ist.

Aufgabe 8.10 Betrachte die beiden Graphen aus Aufgabe 8.9. Zähle alle Kanten in G_3 auf, die nicht in G_4 vorhanden sind. Zähle alle Kanten in G_4 auf, die nicht in G_3 vorhanden sind.

Widerspricht dies nicht unseren Erwartungen, dass wir G_3 und G_4 als unterschiedlich (nicht identisch) betrachten, obwohl sie graphisch gleich aussehen? Die Antwort auf diese Frage hängt davon ab, zu welchem Zweck die Graphen verwendet werden.

Nehmen wir an, die Knoten $v_1, v_2, \ldots, v_5$ stehen für Personen, und eine Kante zwischen zwei Personen bezeichnet eine freundschaftliche Beziehung. Oder die Knoten sind Städte und die Kanten bezeichnen direkte Bahn- oder Flugverbindungen zwischen diesen beiden Städten. In solchen Fällen macht es durchaus einen wesentlichen Unterschied, ob eine konkrete Kante wie $K(v_2, v_5)$ vorhanden ist oder nicht. Aus dieser Sicht beschreiben die zwei Graphen G_3 und G_4 also zwei unterschiedliche Situationen.

Wenn wir aber zum Beispiel die Frage stellen, ob es in einem Graphen einen Knoten gibt, der mit allen anderen Knoten benachbart ist, dann gibt es keinen Unterschied zwischen den beiden Graphen G_3 und G_4, weil die Benennung der Knoten keinen Einfluss auf das Resultat hat. Weil wir in solchen Situationen gerne sagen werden, dass die Graphen in gewissem Sinn gleich sind, führen wir den Begriff des **Isomorphismus** ein.

*Sei $G = (V, E)$ ein Graph. Eine **Umbenennung der Knoten** von G ist jede injektive Funktion von V nach V.*

Betrachten wir $G_3 = (V_3, E_3)$ aus Aufgabe 8.9. Wir haben schon festgestellt, dass die mathematische Beschreibung für G_3 folgendermaßen aussieht:

$$V_3 = \{v_1, v_2, v_3, v_4, v_5\}$$
$$E_3 = \{K(v_1, v_2), K(v_1, v_3), K(v_1, v_5), K(v_2, v_4),$$
$$K(v_2, v_5), K(v_3, v_4), K(v_3, v_5), K(v_4, v_5)\}.$$

Eine Umbenennung Um von G_3 ist zum Beispiel:

$$Um(v_1) = v_4, \qquad Um(v_3) = v_2, \qquad Um(v_5) = v_1$$
$$Um(v_2) = v_5, \qquad Um(v_4) = v_3.$$

Wir sehen, dass $Um\colon V_3 \to V_3$ eine injektive Funktion ist. Eine Umbenennung der Knoten eines Graphen ergibt einen neuen Graphen, in welchem die eingezeichneten Knoten und Kanten unverändert bleiben und nur die Namen der Knoten v_i durch $Um(v_i)$ ersetzt werden.

Den resultierenden Graphen nennen wir $Um(G)$. Wir beobachten, dass der umbenannte Graph $Um(G_3)$ identisch mit dem Graph G_4 ist.

Aufgabe 8.11 Betrachte die beiden Graphen G_1 und G_2 aus Abbildung 8.4 und die beiden Graphen G_3 und G_4 aus Aufgabe 8.9. Finde eine Umbenennung Um_1 der Knoten von G_4, so dass $Um_1(G_4) \equiv G_3$. Gibt es eine Umbenennung Um_2 von G_4, so dass $Um_2(G_4)$ identisch zu G_1 ist?

> *Zwei Graphen G und H heißen **isomorph**, wenn es eine Umbenennung Um*
> *von G gibt, so dass Um(G) ≡ H.*
> *Mit G ∼ H bezeichnen wir die Tatsache, dass G und H isomorph sind.*

Wir sehen: Isomorph bedeutet, dass zwei Graphen gleich sind bis auf die Namen der Knoten. Zu erkennen, ob zwei gegebene Graphen isomorph zueinander sind, gehört zu den schweren Aufgaben, für die wir keinen effizienten Algorithmus kennen. Für dieses sogenannte **Graphisomorphismusproblem** kennen wir nur Algorithmen, deren Zeitkomplexität exponentiell in der Anzahl der Knoten des gegebenen Graphen sind.

Aufgabe 8.12 Zeige, dass die vier Graphen aus Abbildung 8.4 und aus Aufgabe 8.9 alle zueinander isomorph sind.

Aufgabe 8.13 Betrachte die folgenden Graphen G_5 und G_6:

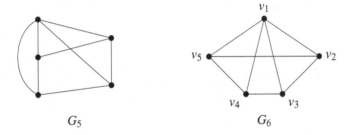

Finde eine Benennung der Knoten des Graphen G_5, so dass

(a) G_5 identisch zu G_1 in Abbildung 8.4 wird.

(b) G_5 identisch zu G_3 aus Aufgabe 8.9 wird.

(c) G_5 identisch zu G_6 wird.

Aufgabe 8.14 Zeige, dass der Graph G_6 isomorph zu

(a) G_1,

(b) G_2,

(c) G_3,

(d) G_4,

ist, indem du jeweils die entsprechende Umbenennung findest.

Aufgabe 8.15 Sind die folgenden beiden Graphen isomorph zueinander?

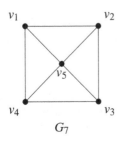

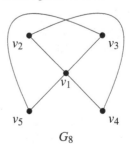

Aufgabe 8.16 Sind die Graphen G_7 und G_8 aus Aufgabe 8.15 isomorph zu den bisher betrachteten Graphen G_1 bis G_6?

Aufgabe 8.17 Begründe, warum die zwei folgenden Graphen nicht isomorph sind, oder zeige, dass sie isomorph sind.

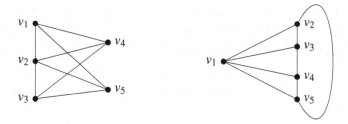

Aufgabe 8.18 Erkläre, warum die beiden folgenden Graphen trotz der gleichen Anzahl an Knoten und Kanten nicht isomorph sind.

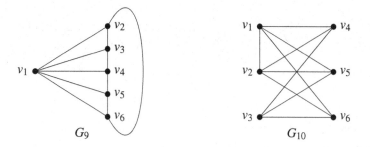

Zwei Graphen G und H sind nur isomorph, wenn es eine Umbenennung Um von G mit $Um(G) \equiv H$ gibt. Daher ist offensichtlich, dass zwei isomorphe Graphen die gleiche Anzahl an Knoten und Kanten aufweisen müssen. Wenn dies nicht der Fall ist, können wir sofort deren Isomorphie ausschließen.

Schwierig ist es über den Isomorphismus nachzudenken, wenn die Anzahl der Knoten und Kanten beider gegebener Graphen übereinstimmt. Gibt es noch eine einfache Möglichkeit den Isomorphismus auszuschließen?

Betrachten wir nochmals den Graphen G_1 in Abbildung 8.4 auf Seite 220: Er hat genau einen Knoten mit vier Nachbarn, nämlich v_1. Jeder Graph isomorph zu G_1 muss genau einen Knoten mit vier Nachbarn haben, und genau dieser Knoten muss auf v_1 umbenannt werden, um einen Isomorphismus zu G_1 zu zeigen.

Aufgabe 8.19 Verfolge die vorgestellte Idee und formuliere Bedingungen, die zwei Graphen erfüllen müssen, um zueinander isomorph zu sein. Wie können wir dies ausnutzen, um schneller eine passende Umbenennung zu finden, ohne alle auszuprobieren?

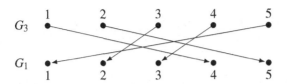

Abbildung 8.5 Graphische Darstellung der Umbenennung der Knoten des Graphen G_3 durch die Permutation $P = (4, 5, 2, 3, 1)$. Durch diese Umbenennung ist der Graph isomorph zum Graph G_1, es gilt also $P(G_3) \equiv G_1$.

Aufgabe 8.20 Sind die beiden Graphen in der folgenden Abbildung isomorph zueinander?

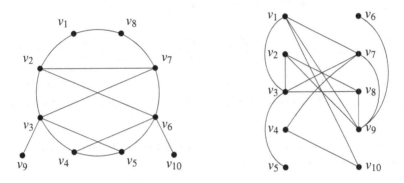

Wir haben schon beobachtet, dass die Isomorphismen $H_1 \sim H_2$ und $H_2 \sim H_3$ auch einen Isomorphismus zwischen den Graphen H_1 und H_3 implizieren.

Betrachten wir zum Beispiel die Graphen G_1 (Abbildung 8.4), G_3 (Aufgabe 8.9) und G_5 (Aufgabe 8.13): Wir haben gezeigt, dass G_3 isomorph ist zu G_1, $Um(G_3) \equiv G_1$, mit der folgenden Umbenennung Um:

$$Um(v_1) = v_4, \qquad Um(v_3) = v_2, \qquad Um(v_5) = v_1,$$
$$Um(v_2) = v_5, \qquad Um(v_4) = v_3.$$

Diese Umbenennung der Knoten aus V durch Knoten aus V nennen wir auch eine **Permutation**. Wir führen dazu diese kurze Bezeichnung ein:

$$P = (4, 5, 2, 3, 1).$$

Die erste Position der Permutation P beinhaltet eine 4. Dies entspricht der Ersetzung von v_1 durch v_4. Die zweite Position enthält eine 5, und deshalb wird v_2 zu v_5 umbenannt. Die dritte Position sagt, dass v_3 durch v_2 ersetzt wird usw. Wir können die Umbenennung, die mit der Permutation $(4, 5, 2, 3, 1)$ beschrieben wird, mit der graphischen Darstellung in Abbildung 8.5 aufzeigen.

Wenn wir nur die Reihenfolge von Objektes ändern, sprechen wir über Permutationen. In Abbildung 8.5 sehen wir, weshalb wir hier über eine Permutation sprechen.

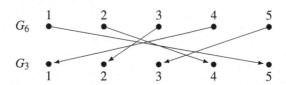

Abbildung 8.6 Die graphische Darstellung zeigt die Permutation $Q = (5, 4, 2, 1, 3)$, mit der die Knoten von G_5 umbenannt werden müssen um G_3 zu erhalten.

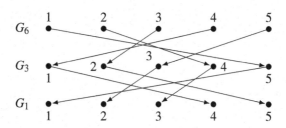

Abbildung 8.7 Graphische Darstellung von zwei Umbenennungen P und Q, die hintereinander angewendet werden, um zu zeigen, dass der Graph G_6 isomorph zum Graphen G_1 ist.

Wenn wir die Knoten von G_6 umbenennen (permutieren) wollen, so dass wir dabei G_3 erhalten, so erhalten wir dies mit der Permutation:

$$Q = (5, 4, 2, 1, 3).$$

Es gilt also $Q(G_6) \equiv G_3$. Die entsprechende Darstellung der Umbenennung dieser Permutation Q ist in Abbildung 8.6 dargestellt.

Aufgabe 8.21 Finde eine Umbenennung (Permutation) P, die zeigt, dass $P(G_3) \equiv G_6$.

Wenn wir jetzt zeigen wollen, dass G_6 isomorph ist zu G_1, reicht es die zwei entsprechenden Umbenennungen P und Q hintereinander anzuwenden. Wie in Abbildung 8.7 eingezeichnet, wenden wir zuerst die Permutation Q für den Übergang von G_6 zu G_3 an, das heißt $Q(G_6) \equiv G_3$. Anschließend verwenden wir die Permutation P für den Übergang von G_3 zu G_1. Kompakt aufgeschrieben, zeigen wir also die Isomorphie zwischen G_6 und G_1 wie folgt:

$$P\big(Q(G_6)\big) \equiv G_1.$$

Wir sehen, dass v_1 zuerst durch v_5 ersetzt wird und danach schließlich durch v_1. Der Knoten v_2 wird zuerst durch v_4 ersetzt und dann wird v_4 durch v_3 ersetzt. Somit wird v_2 in v_3 umbenannt. Der Knoten v_3 wechselt zuerst zu v_2 und dann zu v_5, usw.

Damit erhalten wir durch die Anwendung der zwei Permutationen $Q = (5, 4, 2, 1, 3)$ und $P = (4, 5, 2, 3, 1)$ hintereinander die gleiche Umbenennung wie durch die Permutation $R = (1, 3, 5, 4, 2)$. Wir schreiben

$$R = P \circ Q$$

um auszudrücken, dass die Permutation R der **Verkettung** der beiden Permutationen P und Q entspricht.

Aufgabe 8.22 Überprüfe, ob $R(G_5) \equiv G_1$ gilt.

Aufgabe 8.23 Finde zwei Permutationen P_1 und P_2, so dass $P_1(G_6) \equiv G_5$ und $P_2(G_5) \equiv G_2$ gilt. Zeige dann durch die Verkettung $P_2 \circ P_1$, dass G_6 und G_2 isomorph sind und somit $P_2(P_1(G_6)) \equiv G_2$ gilt.

Aufgabe 8.24 Wende die Permutation $(6, 4, 2, 3, 5, 1)$ auf den Graphen G_9 von Aufgabe 8.18 an und gib die mathematische Beschreibung des resultierenden Graphen als (V, E) an. Zeichne danach den Graphen, indem du alle Knoten in der Reihenfolge v_1, v_2, v_3, v_4, v_5, v_6 auf eine horizontale Gerade legst (ohne die Gerade zu zeichnen) und danach die entsprechenden Kanten verknüpfst.

Aufgabe 8.25 Wende nacheinander die drei Permutationen $(6, 5, 4, 3, 2, 1)$, $(1, 2, 4, 3, 5, 6)$ und $(6, 5, 4, 3, 2, 1)$ auf den Graphen G_9 aus Aufgabe 8.18 an. Welche Permutation erhältst du als Resultat? Benenne die Knoten des Graphen entsprechend der resultierenden Umbenennung.

Finden einer dominierenden Menge der Größe k

Ein weiteres Beispiel für ein schweres Problem ist das Finden einer sogenannten **dominierenden Menge** in einem Graphen.

*Eine **dominierende Menge** in einem Graphen ist eine Menge von Knoten, so dass jeder Knoten des Graphen entweder ein Element dieser dominierenden Menge ist, oder dass er mindestens einen Knoten dieser Menge als Nachbarn hat.*

Die Aufgabenstellung lautet für einen gegebenen Graphen G und eine Zahl k, eine dominierende Menge zu finden, die aus höchstens k Knoten besteht. In Abbildung 8.8 zeigen wir einen Graphen mit 11 Knoten, der eine dominierende Menge von 3 Knoten besitzt. Die Knoten v_1, v_6, v_9 sind in dieser dominierenden Menge. Jeder andere Knoten des Graphen wird von mindestens einem der Knoten aus $\{v_1, v_6, v_9\}$ „dominiert". Zum Beispiel dominiert der Knoten v_1 die Knoten v_2, v_3, v_5 und v_{10}.

Aufgabe 8.26 Im Graphen in Abbildung 8.8 gibt es Knoten, die von mehreren Knoten aus der dominierenden Menge dominiert werden. Zum Beispiel wird der Knoten v_{10} von den beiden Knoten v_1 und v_9 dominiert. Liste alle solche Knoten auf. Gibt es einen Knoten, der von allen drei Knoten der dominierenden Menge dominiert wird?

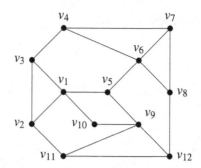

Abbildung 8.8 Dieser Graph besitzt eine dominierende Menge mit drei Knoten: $\{v_1, v_6, v_9\}$. Alle anderen Knoten sind mit mindestens einem dieser drei Knoten verbunden.

Aufgabe 8.27 Gegeben sei der Graph in Abbildung 8.8. Finde für jede Teilaufgabe eine dominierende Menge mit drei Knoten, die die genannte Eigenschaft erfüllt.

(a) Die Menge beinhaltet nicht den Knoten v_1.

(b) Die Menge beinhaltet die Knoten v_7 und v_{11}.

(c) Die Menge beinhaltet den Knoten v_4.

Aufgabe 8.28 Gibt es im Graphen in Abbildung 8.8 eine dominierende Menge von drei Knoten, die die Knoten v_4 und v_{11} beinhaltet?

Wir können uns mehrere Aufgabenstellungen aus der Praxis vorstellen, die auf dem Finden einer dominierenden Menge basieren. Zum Beispiel können die Knoten Kreuzungen und die Kanten die Straßen einer Stadt repräsentieren. Jetzt könnte die Aufgabenstellung lauten, Eisdielen (Taxistellen, Telefone etc.) so an den Kreuzungen zu platzieren, dass von jeder Kreuzung höchstens einer Straße entlang gegangen werden muss, um zur nächsten Eisdiele zu gelangen. Gleichzeitig möchte man aber auch die Anzahl der Eisdielen möglichst klein halten um Kosten zu sparen.

Das Finden einer dominierenden Menge ist nun eines dieser schweren Probleme, für die es keinen effizienten Algorithmus gibt. Wir beobachten in den folgenden Aufgaben, wie schnell die Zeit ansteigt, die zur Suche einer dominierenden Menge in einem großen Graphen nötig ist.

Wir bemerken, dass die Namen der Knoten nur der Benennung dienen und auf die dominierende Menge keinen Einfluss haben.

Aufgabe 8.29 Überlege dir selbst lustige oder ernsthafte Aufgabenstellungen, die auf dem Konzept der dominierenden Menge basieren.

Aufgabe 8.30 Existiert im folgenden Graphen eine dominierende Menge, dessen Anzahl Knoten nicht größer als 5 ist?

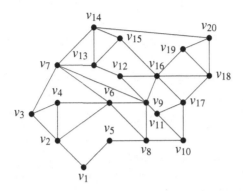

Aufgabe 8.31 Gibt es im folgenden Graphen eine dominierende Menge mit höchstens 10 Knoten?

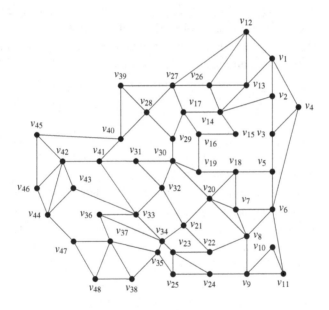

Existenz eines Hamiltonischen Kreises

Hinweis für die Lehrperson Die folgende Aufgabenstellung ist ein sehr bekanntes schweres Problem. Für die nachfolgenden Lektionen ist die Kenntnis dieses Problems jedoch nicht nötig und somit kann dieser Abschnitt übersprungen werden.

Bevor wir uns das nächste schwere Problem ansehen können, müssen wir einige weitere Begriffe aus der Graphentheorie einführen.

*Ein **Weg** in einem Graphen ist ein Kantenzug von jeweils aneinander stoßenden Kanten, der von einem Ausgangsknoten zu einem Endknoten*

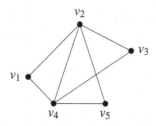

Abbildung 8.9 Die Folge v_2, v_1, v_4, v_2, v_5 ist eine mathematische Darstellung des Weges vom Knoten v_2 über die Knoten v_1, v_4, v_2 zum Knoten v_5. Die zwei aufeinanderfolgenden Knoten sind dabei jeweils benachbart.

> *führt. Mathematisch können wir Wege entweder als Folge von Knoten oder als Folge von Kanten darstellen.*

In Abbildung 8.9 gibt es zum Beispiel einen Weg vom Knoten v_2 über die aneinander stoßenden Kanten $K(v_2, v_1)$, $K(v_1, v_4)$, $K(v_4, v_2)$, $K(v_2, v_5)$ zum Knoten v_5. Mathematisch können wir diesen Weg mit der folgenden Folge von Knoten beschreiben: v_2, v_1, v_4, v_2, v_5. Die Folge v_4, v_5, v_3 andererseits ist kein Weg, da die aufeinander folgenden Knoten v_5 und v_3 nicht durch eine Kante verbunden sind.

Mit dem Begriff des Weges können wir nun weiter den Begriff Kreis betrachten:

> *Ein **Kreis** in einem Graphen ist ein Weg, der im gleichen Knoten beginnt und endet.*

Ein Beispiel eines solchen Kreises im Graphen aus Abbildung 8.9 ist zum Beispiel der Weg, der über die Knoten v_4, v_2, v_5, v_4 führt.

Die Aufgabenstellung des betrachteten schweren Problems besteht nun darin für einen gegebenen Graphen zu bestimmen, ob dieser einen Hamiltonischen Kreis besitzt. Ein **Hamiltonischer Kreis** ist ein Kreis, der über *jeden* Knoten des Graphen *genau einmal* verläuft. Betrachten wir als Beispiel die beiden Graphen in Abbildung 8.10. Der linke Graph besitzt einen Hamiltonischen Kreis, nämlich den Weg über die Knoten v_1, v_2, v_3, v_7, v_6, v_5, v_4, v_1. Der rechte Graph hat keinen Hamiltonischen Kreis, da es dort keinen Kreis gibt, der alle Knoten genau einmal besucht.

Aufgabe 8.32 Existiert im folgenden Graphen ein Hamiltonischer Kreis? Wenn ja, gib die Beschreibung des Kreises als Knotenfolge an.

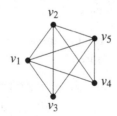

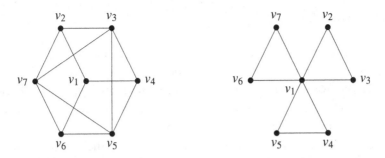

Abbildung 8.10 Der linke Graph besitzt zum Beispiel mit dem Kreis über die Knoten v_1, v_2, v_3, v_7, v_6, v_5, v_4, v_1 einen Hamiltonischen Kreis. Im rechten Graphen existiert kein Hamiltonischer Kreis.

Aufgabe 8.33 Das Finden eines Hamiltonischen Weges ist ein schweres Problem. Weshalb können wir trotzdem relativ schnell feststellen, ob der Graph in Aufgabe 8.32 einen Hamiltonischen Kreis hat?

Aufgabe 8.34 Existiert im folgenden Graph ein Hamiltonischer Kreis? Wenn ja, gib die entsprechende Folge von Knoten an.

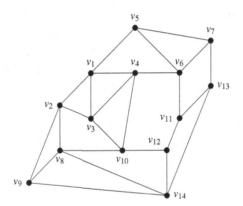

Aufgabe 8.35 Warum ist die Frage in Aufgabe 8.32 viel einfacher zu beantworten als die Frage in Aufgabe 8.34?

Für alle drei vorgestellten schweren Probleme, dem Graphisomorphismus, dem Finden einer dominierenden Menge und dem Finden eines Hamiltonischen Kreises kennt man keine effizienten Algorithmen, die diese Aufgabe in vernünftiger Zeit lösen. Bei den meisten der hier gestellten Aufgaben handelt es sich jedoch um relativ kleine Graphen, bei denen es möglich ist, relativ schnell eine Lösung zu finden. Da aber der Rechenaufwand exponentiell mit der Eingabegröße wächst, haben selbst die besten Rechner heute und auch in Zukunft keine Chance größere Probleminstanzen zu lösen.

8.5 Zusammenfassung

Die perfekte Sicherheit gibt die absolute, mathematisch beweisbare Garantie für die Unknackbarkeit eines Kryptosystems. Sie erfordert eine einmalige Schlüsselverwendung, und der vorher vereinbarte zufällig generierte Schlüssel muss genauso lang sein wie der zum Verschlüsseln bestimmte Klartext. Dies macht ein perfekt sicheres Kryptosystem für eine intensive Kommunikation praktisch untauglich.

Der Ausweg besteht in der Suche nach einem neuen Sicherheitsbegriff. Auf der Suche nach diesem half uns die Entwicklung der Begriffsbildung in der Informatik, nämlich die Konzepte des Algorithmus und der Berechnungskomplexität. Hinzu kommt die Kenntnis, dass es algorithmische Aufgaben gibt, zu deren Lösung physikalisch unumsetzbarer Rechenaufwand notwendig ist. Dann betrachten wir ein Kryptosystem als sicher, falls die Kryptoanalyse eines Kryptotextes einer schwer berechenbaren Aufgabe entspricht, das heißt, falls kein effizienter Algorithmus für die Kryptoanalyse existiert.

Wir messen die Berechnungskomplexität eines Algorithmus auf einer gegebenen Eingabe als die Anzahl der Rechenoperationen, die bei der Ausführung des gegebenen Algorithmus auf dieser Eingabe durchgeführt werden. Üblicherweise betrachten wir die Komplexität eines Algorithmus als eine Funktion der Eingabegröße, weil der Rechenaufwand mit der Eingabegröße erwartungsmäßig steigt. Wir haben beobachtet, dass Algorithmen mit exponentieller Zeitkomplexität praktisch nicht anwendbar sind. Algorithmische Probleme, für die keine schnelleren Algorithmen als solche mit exponentieller Zeitkomplexität existieren, dürfen wir also als schwer (praktisch unlösbar) betrachten.

In dieser Lektion haben wir ein paar schwere Aufgaben graphentheoretischer Natur vorgestellt. Das Problem der dominierenden Menge besteht darin, für einen gegebenen Graphen und eine natürliche Zahl k zu entscheiden, ob der Graph eine dominierende Menge der Größe k besitzt oder nicht. Das Problem des Hamiltonischen Kreises ist es zu entscheiden, ob ein gegebener Graph einen Hamiltonischen Kreis besitzt. Die Aufgabe des Graphisomorphismusproblems besteht darin, zu bestimmen, ob zwei gegebene Graphen, abgesehen von der Benennung der Knoten, gleich sind.

Kontrollfragen

1. Warum sind perfekt sichere Kryptosysteme in der Praxis nicht verbreitet?

2. Warum sind die Grundbegriffe der Informatik zur Basis für eine neue Definition der Sicherheit von Kryptosystemen geworden? Um welche Begriffe handelt es sich?

3. Was ist die Berechnungskomplexität eines Algorithmus?

4. Wann betrachten wir ein Problem als schwer?

5. Was haben schwere Probleme mit dem Entwurf von Kryptosystemen zu tun?

6. Gib die Definition der Sicherheit eines Kryptosystems im komplexitätstheoretischen Sinne wieder.

7. Was muss bei einem Kryptosystem effizient berechenbar sein und was darf nicht effizient machbar sein?

8. Wie wählt man einen Algorithmus aus, wenn man mehrere Algorithmen für die Bearbeitung eines Problems bei bekannter Eingabegröße zur Verfügung hat?

9. Was ist ein Graph?

10. Wie kann man einen Graphen eindeutig darstellen ohne diesen zu zeichnen?

11. Wozu dient die Benennung der Knoten von Graphen?

12. Welche Möglichkeiten (Arten) gibt es, um zwei Graphen als gleich zu betrachten? Wie unterscheiden sich diese Möglichkeiten? Wann ziehen wir welche Möglichkeit vor?

13. Wenn zwei Graphen identisch sind, sind sie dann auch isomorph?

14. Wenn zwei Graphen isomorph sind, müssen sie dann auch identisch sein?

15. Warum sprechen wir bei der Umbenennung von Knoten von einer Permutation?

16. Wie viele unterschiedliche Permutationen von n Knoten gibt es?

17. Was ist eine dominierende Menge?

18. Was ist das Problem der dominierenden Menge?

19. Was ist ein Hamiltonischer Kreis in einem Graphen?

20. Wie ist das Problem des Hamiltonischen Kreises definiert?

Kontrollaufgaben

1. Für eine algorithmische Aufgabe hat man drei Algorithmen A, B und C mit den Zeitkomplexitäten $Zeit_A(n) = 120n + 10\,000$, $Zeit_B(n) = 5n^2$ und $Zeit_C(n) = \frac{1}{2} \cdot 2^{\sqrt{n}} + 10$ entwickelt. Für welche Eingabegrößen eignen sich die Algorithmen A, B und C?

Die Problemlösung muss in einer interaktiven Umgebung stattfinden. Dein Computer schafft 10^9 Operationen pro Sekunde, und die Lösung ist spätestens in 12 Sekunden gefordert. Bis zu welcher Eingabegröße dürfen Probleminstanzen bearbeitet werden, um eine hinreichend schnelle Reaktion zu garantieren?

2. Wie viele Multiplikationen reichen aus, um für ein gegebenes a die folgenden Potenzen zu berechnen?

  (a) a^{578}

  (b) $a^{10\,734}$

  (c) $a^{101\,789\,234}$

3. Welche Permutation entsteht, wenn wir die Permutation $(1, 2, 6, 5, 4)$ und die Permutation $(1, 2, 6, 5, 4)$ hintereinander anwenden?

4. Finde einen Graphen H mit fünf Knoten, so dass $H \equiv P(H)$ für jede Permutation P von fünf Knoten gilt.

5. Betrachte den folgenden Graphen G:

Finde alle Permutationen P von vier Knoten, so dass $G \equiv P(G)$.

6. Finde alle Permutationen P von fünf Knoten, so dass $P(G_1) \equiv G_1$ für den Graphen aus Abbildung 8.4.

7. Zeichne einen Graphen mit n Knoten, m Kanten und einer dominierenden Menge von k Knoten für die folgenden Werte von n, m und k:

    (a) $n = 10$, $m = 20$, $k = 3$

    (b) $n = 20$, $m = 60$, $k = 5$

    (c) $n = 40$, $m = 100$, $k = 7$

8. Finde die kleinste dominierende Menge im folgenden Graph.

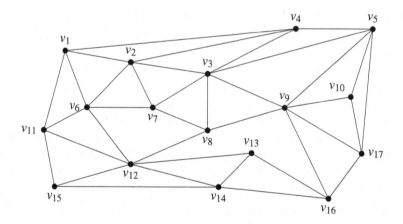

9. Eine dominierende Menge eines Graphen heißt **exakt**, wenn jeder Knoten des Graphen entweder in der dominierenden Menge liegt oder *genau einen* Nachbarn aus der dominierenden Menge hat. Entwerfe Graphen mit n Knoten, m Kanten und einer exakten dominierenden Menge der Größe k für die folgenden Werte von n, m und k:

    (a) $n = 16$, $m = 63$, $k = 2$,

    (b) $n = 9$, $m = 21$, $k = 3$,

    (c) $n = 25$, $m = 50$, $k = 7$.

10. Finde einen Hamiltonischen Kreis im folgenden Graphen.

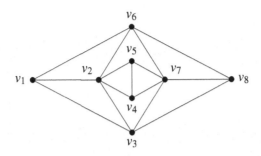

Lektion 9

Das Konzept der Public-Key-Kryptographie

Alle bisher betrachteten Kryptosysteme haben die Eigenschaft, dass der Schlüssel ein gemeinsames Geheimnis zwischen den zwei kommunizierenden Partnern ist. Es wird jeweils der gleiche Schlüssel sowohl zur Verschlüsselung als auch zur Entschlüsselung verwendet. Weil der Sender und der Empfänger in diesem Sinn gleichberechtigt sind, nennen wir solche Kryptosysteme **symmetrisch**. Auch wenn einige von ihnen, wie zum Beispiel AES, als sicher gelten, haben alle symmetrischen Kryptosysteme gewisse Schwachstellen, die uns motivieren neue Kryptosysteme zu entwickeln. Diese müssen nicht zwingend symmetrisch sein. Zuerst nennen wir ein paar Einschränkungen von symmetrischen Kryptosystemen:

(1) Die symmetrischen Kryptosysteme brauchen am Anfang einen sicheren Schlüsselaustausch oder eine Schlüsselverabredung zwischen den beiden Kommunikationspartnern. Diesen können wir im Spiel gegen einen aktiven Gegner nicht sicher in einem öffentlichen Netz zu realisieren.

(2) In der Realität haben wir oft ein Netzwerk von mehreren Beteiligten. Eine Zentrale sammelt Informationen von vielen Agenten.

 • Wenn alle den gleichen Schlüssel haben, reicht ein Verräter – und das System ist geknackt.

 • Wenn jeder einen anderen Schlüssel verwendet, müssen viele Schlüssel verwaltet werden, und zusätzlich muss jeder Agent vor dem Senden seiner Nachricht seine Identität preisgeben.

(3) Es gibt eine grosse Vielfalt von Kommunikationsaufgaben, die wir mit symmetrischen Kryptosystemen nicht lösen können. Man möchte sich zum Beispiel bei elektronischen Wahlen als berechtigter Wähler präsentieren, aber bei der Abstimmung seine Identität nicht preisgeben. Dazu braucht man Protokolle, mittels derer man eine Kontrollstation von seinen Befugnissen (vom Besitz eines Geheimnisses wie beispielsweise eines Ausweises oder Passworts) überzeugen kann, ohne dabei seine Identität (sein Geheimnis) an die Kontrollstation preisgeben zu müssen.

Diese und noch einige andere Gründe führten zu einer weiteren intensiven Forschung in der Kryptographie. Auf der Suche nach einer Lösung kamen uns die Algorithmik und Komplexitätstheorie zur Hilfe, indem sie unsere Schwäche – die Unfähigkeit schwere Probleme zu lösen – in kryptographische Stärken umwandelten. Die Idee basiert auf sogenannten Einwegfunktionen, von denen mehrere anwendbare Kandidaten gefunden wurden.

*Als eine **Einwegfunktion** bezeichnen wir eine Funktion f mit folgenden Eigenschaften:*

(1) Die Funktion f ist effizient (also mit polynomieller Zeitkomplexität) berechenbar.

(2) Die Umkehrfunktion f^{-1}, die aus dem Wert $f(x)$ das Argument x berechnet, $f^{-1}(f(x)) = x$, ist nicht effizient berechenbar.

Wegen (1) kann die Einwegfunktion f zur effizienten Verschlüsselung verwendet werden. Wenn x der Klartext ist, dann ist $f(x)$ der Kryptotext. Die Eigenschaft (2) der Einwegfunktion garantiert uns, dass es keinen effizienten (randomisierten) Algorithmus gibt, der aus dem gegebenen Kryptotext $f(x)$ das Argument x, also den Klartext, berechnen kann. Damit ist nach der Definition in Lektion 8 $f(x)$ als Kryptotext sicher.

Aufgabe 9.1 Auch im Alltag findet man Prozesse, die an die Eigenschaften der Einwegfunktionen erinnern. Es ist beispielsweise leicht, ein Trinkglas auf den Boden zu werfen, damit es zersplittert. Aber es würde lange dauern (einen größeren Aufwand bedeuten), bis man den Anfangszustand wiederherstellen kann. Findest du noch weitere solche Beispiele?

Ein Beispiel für eine Einwegfunktion ist **das modulare Potenzieren**. Für eine gegebene positive ganze Zahl c und eine Primzahl p können wir eine Funktion $f_{c,p} \colon \mathbb{Z}_p \to \mathbb{Z}_p$ betrachten, die für jedes $a \in \mathbb{Z}_p$ den Wert $f_{c,p}(a) = a^c \bmod p$ aus $\mathbb{Z}_p$ berechnet. Wir schaffen es aber nur mit Algorithmen, die eine exponentielle Zeitkomplexität haben, den Wert a aus $a^c \bmod p$ für alle p und c zu bestimmen.

Aufgabe 9.2 Berechne aus $f_{c,p}(a) = a^c \bmod p$ für gegebene Zahlen c und p jeweils die Zahl $a \in \mathbb{Z}_p$.

(a) $f_{2,11} = 3$

(b) $f_{3,19} = 7$

(c) $f_{4,53} = 46$

(d) $f_{26,103} = 56$

Allgemein sind Einwegfunktionen für die Verschlüsselung nicht geeignet. Für den Empfänger muss es eine Möglichkeit geben, den Klartext aus dem Kryptotext effizient zu

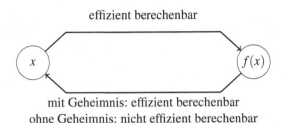

effizient berechenbar

mit Geheimnis: effizient berechenbar
ohne Geheimnis: nicht effizient berechenbar

Abbildung 9.1 Skizze einer Einwegfunktion f mit einer Hintertür. Die Umkehrfunktion f^{-1} kann nur mit Kenntnis der Hintertür effizient berechnet werden.

bestimmen. Wir werden also zu den schon bestehenden Eigenschaften der Einwegfunktion noch eine weitere Eigenschaft hinzufügen müssen, die uns eine effiziente Entschlüsselung garantiert:

*Als eine **Einwegfunktion mit einer Hintertür** (siehe Abbildung 9.1) bezeichnen wir eine Funktion f mit folgenden Eigenschaften:*

(1) Die Funktion f ist effizient (also mit polynomieller Zeitkomplexität) berechenbar.

(2) Die Umkehrfunktion f^{-1}, die aus dem Wert $f(x)$ das Argument x berechnet, $f^{-1}\big(f(x)\big) = x$, ist nicht effizient berechenbar.

*(3) Es existiert ein Geheimnis (genannt **Hintertür**) von f, so dass mit Hilfe dieses Geheimnisses das x aus dem $f(x)$ schnell bestimmt werden kann.*

Mit dem Konzept der Hintertür geben wir dem Empfänger eine Möglichkeit, den Klartext aus dem Kryptotext effizient zu berechnen. Es soll also ein Geheimnis von f existieren (etwas Ähnliches wie ein Zeuge bei randomisierten Algorithmen[1]), so dass der Empfänger mit Hilfe dieses Geheimnisses den Klartext aus dem Kryptotext schnell (effizient) bestimmen kann. Dabei ist es wichtig zu bemerken, dass eine Hintertür eine universelle Information für die Funktion f ist. Mit einer Hintertür kann man effizient x aus $f(x)$ für jedes x berechnen. Also braucht man nicht mehrere Hintertüren, die abhängig davon sind, wie das Argument x von f aussieht.

Die Idee der Einwegfunktion können wir am Beispiel eines Schnappschlosses nachvollziehen: Die Funktion f ist das Schließen des Schnappschlosses. Wenn das Schloss offen ist, dann kann es jeder schließen, indem er das Schloss zusammendrückt. Das geht sehr schnell. Aber nur jene Person, die den passenden Schlüssel besitzt, kann das Schnappschloss in kurzer Zeit und ohne Gewalteinwirkung öffnen. Der Schlüssel ist also

---

[1]Diese Klammerbemerkung ist für diejenigen gedacht, die das Modul „Wahrscheinlichkeit und zufallsgesteuerte Systeme" gelesen haben.

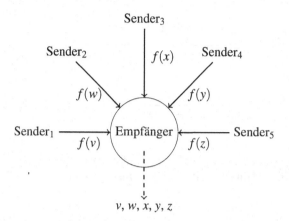

Abbildung 9.2 Schema der Kommunikation mit einem Public-Key-Kryptosystem. Der Empfänger besitzt alleine ein Geheimnis von f und kann damit die Kryptotexte $f(v)$, $f(w)$, $f(x)$, $f(y)$ und $f(z)$ zu den entsprechenden Klartexten v, w, x, y und z entschlüsseln.

die Hintertür. Ohne den Schlüssel ist das Öffnen des Schnappschlosses nicht einfach realisierbar.

Aufgabe 9.3 Der Hobbykoch Karl diniert immer wieder in exklusiven Restaurants, um sich von deren Kochkünsten inspirieren zu lassen. Eines Abends bestellt er im Restaurant „Secret Key" die beste Fischsuppe, die er je gegessen hat. Er versucht die verschiedenen Zutaten herauszuschmecken, damit er am nächsten Tag die Suppe selber kochen kann. Die Suppe gelingt ihm aber nicht. Er versucht es immer wieder, aber irgendetwas fehlt. Dem Koch aus „Secret Key" fällt es natürlich leicht, die Suppe herzustellen, da er das genaue Rezept kennt. Aber ein Gast kann die Zutaten ohne das Originalrezept nicht herausschmecken. Wenn Karl an das geheime Rezept kommen könnte, wäre sein Problem gelöst. Dazu müsste er aber durch die Hintertür des Restaurants einbrechen. . .

Versuche in dieser Geschichte die Idee der Einwegfunktion zu sehen. Beschreibe sie in deinen Worten. Findest du selber ähnliche Beispiele für Einwegfunktionen mit einer Hintertür?

Wozu hilft uns eine hypothetische Einwegfunktion f mit einer Hintertür? Der Empfänger ist im Besitz des Geheimnisses von f und braucht für die Kommunikation dieses Geheimnis mit niemandem zu teilen (wie in Abbildung 9.2 gezeigt wird).

Die Funktion f, und damit das Verschlüsselungsverfahren, kann veröffentlicht und jedem potenziellen Sender zur Verfügung gestellt werden. Deswegen nennt man die Kryptosysteme, die Einwegfunktionen mit einer Hintertür verwenden, **Public-Key-Kryptosysteme** (Kryptosysteme mit einem öffentlichen Schlüssel). Offensichtlich entfällt bei solchen Systemen das Problem des geheimen Schlüsselaustauschs, weil man keine gemeinsamen Geheimnisse braucht. Somit sind die erwähnten Schwächen (1) und (2) der symmetrischen Kryptosysteme beseitigt. Den Wunsch (3) erfüllen die Public-Key-

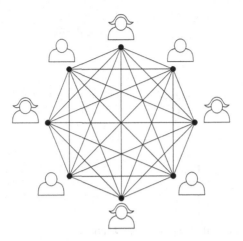

Abbildung 9.3 Die Knoten entsprechen den beteiligten Personen in einem Netzwerk. In einem symmetrischen Kryptosystem muss jede Zweiergruppe ihren eigenen Schlüssel haben. Also muss jede der n Personen mit jeder der anderen $n-1$ Personen einen gemeinsamen Schlüssel haben. Mit $n(n-1)$ wird jeder benötigte Schlüssel doppelt gezählt, also ist $\frac{n(n-1)}{2}$ die benötigte Anzahl von Schlüsseln.

Kryptosysteme auch, aber eine ausführliche Beschreibung würde den Rahmen dieses Buches sprengen. In Lektion 11 finden sich ein paar eindrucksvolle Anwendungen.

Wenn wir in einem Netzwerk von n Beteiligten mit einem Public-Key-Kryptosystem sicher kommunizieren möchten, so dass jede Person mit jeder anderen Person direkt kommunizieren kann, dann braucht jeder Teilnehmer ein Paar von Schlüsseln:

- einen **öffentlichen Schlüssel**, den er den anderen zur Verschlüsselung zur Verfügung stellt, und

- einen **privaten Schlüssel**, mit welchem er für ihn bestimmte Nachrichten entschlüsseln kann.

Weil für die Verschlüsselung Einwegfunktionen verwendet werden, kann vom öffentlichen Schlüssel nicht auf den privaten Schlüssel (also auf das Geheimnis) geschlossen werden.

In einem Public-Key-Kryptosystem werden also insgesamt n Schlüsselpaare benötigt. In einem symmetrischen Kryptosystem wächst die Anzahl von Schlüsseln viel schneller, weil jede Zweiergruppe der n Beteiligten ihren eigenen Schlüssel braucht. Insgesamt sind also $\frac{n(n-1)}{2}$ Schlüssel im Spiel (siehe Abbildung 9.3). Die Schlüsselverwaltung ist damit in einem Public-Key-Kryptosystem viel einfacher als in einem symmetrischen Kryptosystem. Wenn ein zusätzlicher Teilnehmer zum Netzwerk hinzukommt, dann muss er einfach für sich einen privaten und einen öffentlichen Schlüssel bestimmen. Bei einem symmetrischen Kryptosystem muss aber der neue Teilnehmer mit jedem bisherigen Netzwerkbeteiligten einen neuen Schlüssel verabreden. Es müssen also weitere n Schlüssel sicher ausgetauscht werden, bis die Kommunikation gestartet werden kann.

	Name	Telefonnummer
K	Knuth	00128143752946
R	Rivest	00173411020745
Y	Yao	00127345912233
P	Papadimitriou	00372453008122
T	Thomas	00492417738429
O	Ogden	00012739226541
G	Good	00015402316555
R	Rabin	00048327450028
A	Adleman	00173555248001
P	Papert	00016172531555
H	Hopcroft	00013782442358
I	Ibarra	00124327010098
E	Edmonds	00183274553211

Tabelle 9.1 Verschlüsselung mit Hilfe eines Telefonbuchs.

Ein weiterer großer Vorteil von Public-Key-Kryptosystemen ist, dass sich die Kommunizierenden nicht treffen müssen, um einen Schlüssel auszutauschen. Jeder Agent hat einen privaten Schlüssel, den er für sich behält, und einen öffentlichen Schlüssel, den er ohne Bedenken jedem zugänglich machen kann. In einem symmetrischen Kryptosystem hingegen müssen sich die Kommunizierenden treffen, um einen gemeinsamen Schlüssel zu vereinbaren. Oder sie müssen den Schlüssel vor der geheimen Kommunikation über einen sicheren Kanal übermitteln. Im Alltag gibt es aber leider keine sicheren Kanäle.

Wenn wir Einwegfunktionen mit einer Hintertür finden würden, würden wir einen echten Erfolg erzielen. Aber gibt es sie überhaupt? Sehen die drei Anforderungen an solche Funktionen nicht übertrieben und unnatürlich aus? Das folgende Beispiel soll euch davon überzeugen, dass die Idee der Einwegfunktion mit einer Hintertür gar nicht so abwegig ist.

Erste Idee auf der Suche nach einer Einwegfunktion mit einer Hintertür

Betrachten wir die folgende polyalphabetische Verschlüsselung: Jeder Buchstabe wird einzeln durch eine Folge von 14 Dezimalziffern verschlüsselt. Für jeden Buchstaben wählen wir zufällig aus irgendeinem Telefonbuch einen Namen, der mit diesem Buchstaben anfängt. Die entsprechende Telefonnummer nehmen wir in den Kryptotext auf. Falls die Nummer weniger als 14 Ziffern hat, setzt man an den Anfang entsprechend viele Nullen. Auf diese Weise würden wir das Wort KRYPTOGRAPHIE etwa wie in Tabelle 9.1 verschlüsseln. Der Kryptotext lautet also:

```
0012814375294600173411020745001273459122330037245300812200492
4177384290001273922654100015402316555000483274500280017355524
800100016172531555000137824423580012432701009800183274553211 .
```

Beachte, dass auf diese Weise ein bestimmter Klartext auf sehr viele Kryptotexte abgebildet werden darf. Aber zu jedem Kryptotext existiert genau ein Klartext. Den

Klartext kann man also eindeutig aus dem Kryptotext bestimmen.

Vorausgesetzt, dass jeder außer dem Empfänger nur gewöhnliche Telefonbücher besitzt, die alphabetisch nach dem Nachnamen sortiert sind, ist es eine sehr aufwändige Aufgabe, die Telefonnummer im Telefonbuch zu finden, um den zu der im Kryptotext gesendeten Nummer zugehörigen Namen zu erfahren.[2] Nur der Empfänger, der ein nach Telefonnummern sortiertes Welttelefonbuch besitzt, kann den Kryptotext effizient[3] entschlüsseln.

Dieses Beispiel ist nur eine Ideen-Illustration, und wir wollen es nicht ernsthaft als ein Public-Key-Kryptosystem in Betracht ziehen, denn für den Rechner ist das Sortieren keine besonders schwere Aufgabe. Wir benötigen eine andere Idee, um eine Einwegfunktion mit einer Hintertür zu konstruieren.

Hinweis für die Lehrperson Falls die Klasse die Grundlagen des Moduls „Algorithmen und Datenstrukturen" schon kennt, könnte man an dieser Stelle das vorgestellte Kryptosystem mit dem Telefonbuch genauer analysieren. In einem nach Telefonnummern sortierten Telefonbuch mit n Einträgen kann man mit der binären Suche eine gegebene Telefonnummer durch ungefähr $\log_2 n$ Anfragen finden. Wenn man eine Telefonnummer in einem unsortierten Telefonbuch sucht, muss man im Durchschnitt mit $\frac{n}{2}$ Anfragen rechnen. Damit liegt der Aufwand für die Entschlüsselung eines Buchstabens mit einem nicht nach Nummern sortierten Telefonbuch exponentiell höher als bei der Entschlüsselung mit einem nach Nummern sortierten Telefonbuch. Für $n = 10^9$ sind es im Durchschnitt $5 \cdot 10^8$ Anfragen, wenn man das Geheimnis nicht kennt. Wenn man es hingegen kennt, dann reichen ungefähr $\log_2 10^9 = 9 \cdot \log_2 10 < 9 \cdot \log_2 16 = 9 \cdot \log_2 2^4 = 36$ Anfragen.

Für die Entschlüsselung eines Textes mit m Buchstaben ist der Aufwand zum Entschlüsseln bei Kenntnis des Geheimnisses ungefähr $m \cdot \log_2 n$, ohne das Geheimnis braucht man ungefähr $m \cdot \frac{n}{2}$. Falls m wesentlich kleiner als n ist, was eigentlich auch zu erwarten ist, spart man durch die Kenntnis des Geheimnisses viel Arbeit.

Das Geheimnis herzustellen – das bedeutet, das Telefonbuch nach den Telefonnummern zu sortieren – kostet mehr als $n \cdot \log_2 n$ Operationen. Wenn also m wesentlich kleiner als n ist, dann ist $n \cdot \log_2 n$ immer noch groß im Vergleich zu $m \cdot \log_2 n$.

Eine schwer berechenbare Grapheigenschaft als Geheimnis

Das Kryptosystem mit dem Telefonbuch ist ein gutes Beispiel dafür, dass der Aufwand für das Entschlüsseln ohne Kenntnis des Geheimnisses größer sein kann als mit dem Geheimnis. Praktikabel ist dieses Kryptosystem nur deswegen nicht, weil auch dieser höhere Aufwand heute mit guter Rechnerunterstützung problemlos zu bewältigen ist. Unser nächstes Ziel ist es also andere Geheimnisse zu finden, ohne deren Kenntnis der Aufwand für die Entschlüsselung noch viel größer wird. Die Idee ist graphentheoretische Eigenschaften zu betrachten, deren Berechnung für einen gegebenen Graphen zu den schweren Problemen gehört.

---

[2]Man könnte natürlich auf die Idee kommen, jede Nummer anzurufen. Neben den damit verbundenen Kosten könnte es sich als schwierig herausstellen, den Namen des Telefonnummernbesitzers zu erfahren.

[3]mittels binärer Suche.

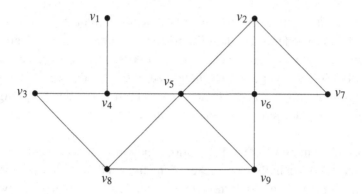

Abbildung 9.4 Das Public-Key-Kryptosystem DOMINATE verwendet als öffentlichen Schlüssel einen Graphen wie zum Beispiel diesen mit $n = 9$ Knoten.

9.1 Das Public-Key-Kryptosystem DOMINATE

Beispiel 9.1 Wir entwerfen nun ein Public-Key-Kryptosystem zur Kommunikation von Zahlen. Das Klartextalphabet ist damit Zif $= \{0, 1, 2, 3, 4, 5, 6, 7, 8, 9\}$. Als öffentlichen Schüssel verwenden wir einen Graphen, zum Beispiel einen wie in Abbildung 9.4.

Unser Kryptotext besteht unter anderem aus diesem Graphen und Zahlen, die wir den Knoten zuordnen. Für die Sicherheit des Kryptosystems ist es unwesentlich, über welches Alphabet der Kryptotext – also der Graph und die Zahlen – codiert wird.[4]

Sei nun k der Klartext, also eine Zahl, die der Sender dem Empfänger zuschicken möchte. Wir nehmen an, dass unser Graph n Knoten hat.

Wir möchten das Verschlüsselungsverfahren am Graphen in Abbildung 9.4 demonstrieren. Hier ist also $n = 9$. Die Zahl $k = 999$ soll dem Empfänger verschlüsselt übermittelt werden. Der Sender schreibt k zuerst als eine Summe von n nichtnegativen ganzen Zahlen[5] und ordnet jedem Knoten beliebig einen dieser Summanden zu. Wie k in n Summanden zerlegt wird und welcher Summand welchem Knoten zugeordnet wird, wird dem Sender überlassen. Jede Wahl ist zulässig. Am besten macht es der Sender zufällig.

In unserem Beispiel ist $n = 9$, also zerlegen wir die Zahl $k = 999$ in 9 Summanden, zum Beispiel in

$$999 = 0 + 77 + 39 + 123 + 264 + 96 + 133 + 67 + 200,$$

und wir ordnen diese Summanden den Knoten des Graphen, wie in Abbildung 9.5 dargestellt, zu. Der Inhalt aus Abbildung 9.5 ist noch nicht der Kryptotext. Ansonsten

---

[4]Im Modul „Algorithmen und Datenstrukturen" oder im Modul „Informationstheorie und Codierung" kann man lernen, wie man Graphen, welchen entweder bei den Knoten oder bei den Kanten Zahlen zugeordnet sind, binär eindeutig darstellen kann.

[5]Wir nehmen nur der Einfachheit halber an, dass die Summanden nicht negativ sind. Das Kryptosystem würde aber genau gleich funktionieren, wenn auch negative Summanden erlaubt wären.

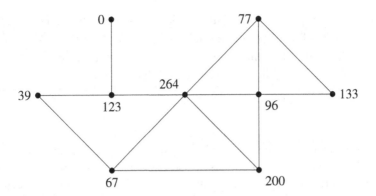

Abbildung 9.5 Die Summanden 0, 77, 39, 123, 264, 96, 133, 67, 200 werden den Knoten im Graphen beliebig zugeordnet.

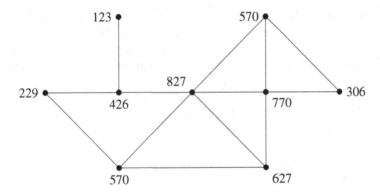

Abbildung 9.6 Die definitive Zuordnung der Zahlen zu den Knoten. Diese Zahlen entsprechen dem Kryptotext.

könnte jeder die ursprüngliche Zahl aus dem Graphen durch das Aufsummieren aller zu den Knoten gehörenden Zahlen berechnen. Es ist noch ein weiterer Verschleierungsschritt notwendig.

Für jeden der n Knoten addieren wir die diesem Knoten zugeordnete Zahl zu den Zahlen seiner Nachbarknoten und weisen diese Summe dem entsprechenden Knoten als definitive Zahl zu. Für den Graphen in Abbildung 9.5 bedeutet dies, dass man für den Knoten v_1 die ihm zugeordnete Zahl 0 zur Zahl 123 dazuzählt, weil v_4 der einzige Nachbarknoten von v_1 ist. Damit wird dem Knoten v_1 definitiv die Zahl 123 zugeordnet (siehe Abbildung 9.6). Der Knoten v_5 hat die fünf Nachbarn v_4, v_8, v_9, v_6 und v_2. Deswegen addieren wir

$$264 + 123 + 67 + 200 + 96 + 77 = 827$$

und erhalten so 827 als die definitive, dem Knoten v_5 zugeordnete Zahl.

Nun kann der Kryptotext aus Abbildung 9.6 in einer beliebigen Textdarstellung an den Empfänger geschickt werden. Dabei muss man nicht unbedingt den Graphen als einen

Text codieren. Der Graph sowie die Nummerierung seiner Knoten ist beiden Parteien bekannt, weil der Graph der öffentliche Schlüssel ist. Also reicht es, die Zahlen in der Reihenfolge der Knoten zu kommunizieren. Die Zahlen trennt man durch Betragsstriche | ab. Für den Graphen in Abbildung 9.6 sieht dies folgendermaßen aus:

$$123|570|229|426|827|770|306|570|627\,.$$

Aufgabe 9.4 Verteilt euch in Gruppen von zwei bis drei Personen. Jede Gruppe denkt sich eine geheime Zahl k aus, die man der Lehrperson und einer anderen Gruppe zuschicken möchte. Verwendet den Graphen in Abbildung 9.4 um k zu verschlüsseln. Gebt nun den definitiven Graphen der Lehrperson und einer anderen Gruppe. Im Anschluss versucht jede Gruppe die geheime Zahl einer anderen Gruppe herauszufinden.

Hinweis für die Lehrperson Diese Aufgabe könnte man auch so durchführen, dass alle Gruppen ihre Kryptotexte der Lehrperson geben, und die Lehrperson jeder Gruppe den gleichen Kryptotext verteilt. So haben alle Schüler die gleiche Chance, das Geheimnis zu finden. Wenn die Schüler die Kryptotexte von anderen Schülern bekommen, kann es sein, dass beim Verschlüsseln Fehler passiert sind oder dass die Schüler zu große Zahlen gewählt haben, die das Entschlüsseln erschweren. Der Lehrer kann in dieser Zeit alle Kryptotexte entschlüsseln und so den Schülern demonstrieren, dass das Entschlüsseln mit Hilfe des Geheimnisses sehr schnell geht. Die Schüler sind dadurch motiviert, das Geheimnis so schnell wie möglich zu finden.

Die Schüler finden das Geheimnis oft selber heraus. Wenn dies nicht der Fall sein sollte, könnte man ihnen den Tipp geben, dass man nur eine lineare Anzahl (z.B. weniger als fünf) von Operationen braucht, um den Kryptotext zu entschlüsseln.

Jetzt ist die Zahl k gut in der Nachricht versteckt und ohne das Geheimnis des Graphen nicht so leicht herauszufinden. Mit dem Geheimnis könnten wir k in diesem Beispiel durch zwei arithmetische Operationen bestimmen. Der Aufwand dazu ist sogar viel kleiner als der Aufwand zum Verschlüsseln. Aber was ist das Geheimnis des Graphen?

Der Graph in Abbildung 9.4 hat die Eigenschaft, dass er eine spezielle dominierende Menge $\{v_1, v_7, v_8\}$ besitzt. Diese Knotenmenge ist deshalb speziell, weil jeder Knoten mit *genau einem* Knoten dieser Menge verbunden ist. Wir geben uns also nicht mit einer gewöhnlichen dominierenden Menge wie in der letzten Lektion zufrieden, sondern möchten zusätzlich noch die Eigenschaft erfüllen, dass jeder Knoten, der nicht zur dominierenden Menge gehört, mit *genau einem* Knoten der dominierenden Menge verbunden ist.[6] Wir nennen eine solche dominierende Menge eine **exakte dominierende Menge**. Wie in Abbildung 9.7 zu sehen ist, teilt diese dominierende Menge den Graphen in drei voneinander disjunkte Teile.[7] Das bedeutet, dass jeder nicht-dominierende Knoten im

---

[6]Bei einer **dominierenden Menge** erlauben wir, dass ein Knoten mit mehreren Knoten der dominierenden Menge verbunden ist. Hauptsache ist, dass jeder Knoten mit *mindestens* einem Knoten aus der dominierenden Menge eine gemeinsame Kante hat.

[7]Zwei Mengen heißen **disjunkt**, wenn sie keine gemeinsamen Elemente besitzen. In unserem Fall sind die Elemente die Knoten. Es gibt keinen Knoten, der zu zwei Mengen (Nachbarschaften der dominierenden Mengen) gehört.

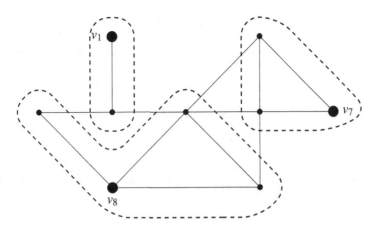

Abbildung 9.7 Die exakte dominierende Menge des Graphen teilt den Graphen in voneinander unabhängige Teile.

Graphen genau mit einem der Knoten aus der Menge $\{v_1, v_7, v_8\}$ verbunden ist. Das heißt auch, dass jeder Knoten im Graphen genau in einem dieser drei Teile ist. Damit ist die Summe der drei Zahlen, die den Knoten der exakten dominierenden Menge zugeordnet sind, genau k.

Aufgabe 9.5 Begründe in eigenen Worten die Behauptung, dass die Summe der Zahlen, die zu den Knoten der exakten dominierenden Menge gehören, immer k ergeben muss.

Die Kenntnis der exakten dominierenden Menge stellt den privaten Schlüssel dar. Der Empfänger entschlüsselt auf diese Weise den Klartext k. Er kennt die exakte dominierende Menge und addiert deshalb die zu dieser dominierenden Menge gehörenden Zahlen. In unserem Beispiel erhalten wir $123 + 570 + 306 = 999$.

Wir nennen dieses Public-Key-Kryptosystem DOMINATE. Das Schema dieses Public-Key-Kryptosystems sieht wie folgt aus:

Public-Key-Kryptosystem DOMINATE

Klartextalphabet:	Zif $= \{0, 1, 2, 3, 4, 5, 6, 7, 8, 9\}$
Kryptotextalphabet:	Zif $= \{0, 1, 2, 3, 4, 5, 6, 7, 8, 9, |\}$
Öffentlicher Schlüssel:	ein Graph G mit n Knoten
Privater Schlüssel:	exakte dominierende Menge H des Graphen
Verschlüsselung:	Ein Klartext k wird wie folgt verschlüsselt:
	1. Zerlege die Zahl k zufällig in n Summanden.
	2. Verteile diese n Summanden zufällig auf die n Knoten von G, so dass jeder Knoten genau eine Zahl erhält und jede Zahl genau einem Knoten zugeordnet wird.

	3. Addiere zur Zahl jedes Knoten alle Zahlen, die zu den benachbarten Knoten gehören. Der Graph mit den resultierenden Zahlen entspricht dem Kryptotext.
Entschlüsselung:	Addiere die Zahlen, die zu den Knoten dieser exakten dominierenden Menge gehören.

Aufgabe 9.6 Bildet wieder kleine Gruppen von etwa drei bis vier Personen und verwendet die Graphen in Abbildung 9.8, Abbildung 9.9 und Abbildung 9.10, um in diesen Gruppen gemeinsam Zahlen zu verschlüsseln. Tauscht diese Kryptotexte dann zwischen den Gruppen aus und versucht die Nachrichten der anderen Gruppen zu entschlüsseln.

Hinweis für die Lehrperson Wenn man spielerisch den Umgang mit DOMINATE übt (wie zum Beispiel in Aufgabe 9.6 beschrieben), soll man darauf achten, dass man zur Verschlüsselung nicht zu große Graphen wählt. Die Klartexte sollten auch nicht zu große Zahlen sein. Sonst ist das Risiko zu groß, dass es schon bei der Verschlüsselung zu Rechenfehlern kommt und somit das Spiel am Ende nicht funktioniert.

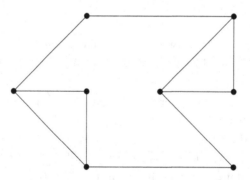

Abbildung 9.8 Graph zum Verschlüsseln von Zahlen mittels DOMINATE.

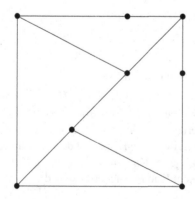

Abbildung 9.9 Graph zum Verschlüsseln von Zahlen mittels DOMINATE.

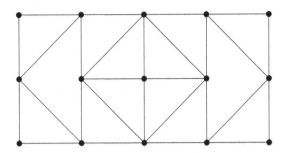

Abbildung 9.10 Graph zum Verschlüsseln von Zahlen mittels DOMINATE.

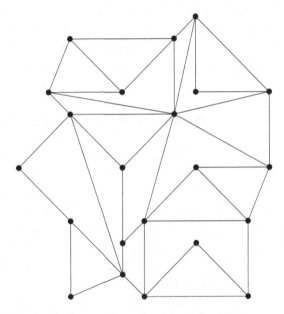

Abbildung 9.11 Ein Graph mit einer exakten dominierenden Menge.

In den Graphen in Abbildung 9.8, Abbildung 9.9 und Abbildung 9.10 kann man nach einer kleinen Anstrengung eine exakte dominierende Menge finden. Aber ist das für jeden Graphen möglich?

Aufgabe 9.7 Versuche im Graphen aus Abbildung 9.11 eine exakte dominierende Menge zu finden.

Ihr habt in der Aufgabe 9.7 gesehen, dass es nicht immer einfach oder manchmal sogar unmöglich ist in einer bestimmten Zeit die exakte dominierende Menge zu finden. Für Graphen mit 200 Knoten schaffen es sogar die besten Algorithmen auf den schnellsten Rechnern nicht in vernünftiger Zeit eine solche Menge zu finden. Wie wir wissen, ist das Problem der Existenz einer exakten dominierenden Menge in einem gegebenen Graphen

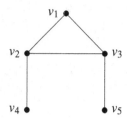

Abbildung 9.12 Ein Graph, der keine exakte dominierende Menge besitzt.

schwer. Haben wir also damit – unter der Voraussetzung, dass wir einen genügend großen Graphen verwenden – ein sicheres Public-Key-Kryptosystem gebaut? Leider nicht, weil wir später sehen werden, dass es für das Entschlüsseln nicht unbedingt notwendig ist, die exakte dominierende Menge zu finden.

Wie baut man Graphen, die für das Public-Key-Kryptosystem DOMINATE geeignet sind?

Nicht jeder Graph hat die Eigenschaft, dass er eine exakte dominierende Menge von Knoten besitzt. Der Graph in Abbildung 9.12 besitzt zum Beispiel keine exakte dominierende Menge. Wir begründen das, indem wir zwei Fälle unterscheiden: Wir sehen, dass entweder der Knoten v_2 oder der Knoten v_4 in der exakten dominierenden Menge sein muss. Falls v_2 in der exakten dominierenden Menge wäre, dann würde v_2 die Knoten v_1, v_3, v_4 und sich selbst überdecken (siehe Abbildung 9.13 a). Der einzige Knoten, der übrig bleibt, ist v_5. Also müsste dieser Knoten in der exakten dominierenden Menge sein, was aber nicht sein kann. Im zweiten Fall schauen wir, was passiert, wenn der Knoten v_4 zur dominierenden Menge gehören würde (siehe Abbildung 9.13 b): Es werden nur die Knoten v_2 und v_4 überdeckt. v_1 und v_3 können aber nicht in der exakten dominierenden Menge liegen, weil sonst der Knoten v_4 doppelt überdeckt würde. Also bleibt nur noch v_5 übrig, was wiederum nicht möglich ist, weil durch diese Wahl der Knoten v_1 nicht überdeckt würde.

Aufgabe 9.8

(a) Konstruiere einen Graphen mit vier Knoten, der keine exakte dominierende Menge besitzt. Begründe, weshalb er keine exakte dominierende Menge hat.

(b) Finde einen Graphen mit sechs Knoten, der keine exakte dominierende Menge hat. Wieso besitzt er keine exakte dominierende Menge?

(c) Knobelfrage: Gibt es für jede Anzahl von Knoten einen Graphen, der keine exakte dominierende Menge besitzt? Begründe deine Behauptung.

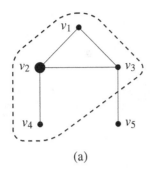 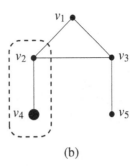

(a)   (b)

Abbildung 9.13 (a) Fall 1: v_2 ist in der exakten dominierenden Menge. (b) Fall 2: v_4 ist in der exakten dominierenden Menge.

Wir können aber Graphen mit einer exakten dominierenden Menge auf einfache Art und Weise in fünf Schritten konstruieren (siehe Abbildung 9.14):

1. Zeichne n Knoten auf.

2. Wähle eine Teilmenge dieser Knoten aus und markiere diese Knoten, indem du sie dicker zeichnest. Diese Teilmenge wird die exakte dominierende Menge H sein (Abbildung 9.14 a).

3. Verbinde jeden nicht markierten Knoten beliebig mit genau einem dicken Knoten durch eine Kante. Die so entstandenen kleinen Graphen entsprechen den unabhängigen Teilen im Graphen (Abbildung 9.14 b).

4. Nun darfst du beliebige Kanten zwischen die nicht markierten Knoten setzen. Dadurch wird die Eigenschaft, dass jeder dieser Knoten mit genau einem Knoten der exakten dominierenden Menge verbunden ist, nicht verletzt (Abbildung 9.14 c).

5. Zeichne alle Knoten dick, damit die exakte dominierende Menge H nicht mehr sichtbar ist (Abbildung 9.14 d).

Der mit dem obigen Vorgehen entstandene Graph hat mindestens eine exakte dominierende Menge. Es könnte aber sein, dass der Graph auch noch weitere solche Mengen besitzt.

Aufgabe 9.9 Zeichne einen Graphen mit 20 Knoten mit dem obigen Vorgehen. Tausche diesen Graphen mit dem deines Banknachbarn aus. Versuche in seinem Graphen die exakte dominierende Menge so schnell wie möglich zu finden.

Kryptoanalyse des Public-Key-Kryptosystems DOMINATE

Wir haben schon beobachtet, dass wir aus den Zahlen in Abbildung 9.5 die geheime Zahl finden können, indem wir die Summe aller Zahlen bilden und so die Zahl k erhalten.

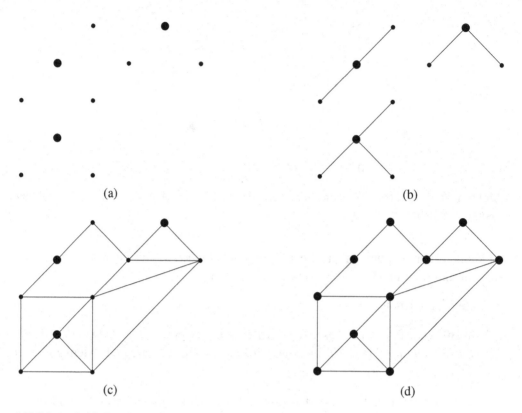

Abbildung 9.14 Konstruktion eines Graphen mit einer exakten dominierenden Menge. (a) Schritte 1 und 2. (b) Schritt 3. (c) Schritt 4. (d) Schritt 5.

Die Frage ist: Wie kann man aus dem Kryptotext (Abbildung 9.6) auf die Zahlen in Abbildung 9.5 schließen? Die Idee ist, die Zahlen als Unbekannte eines Systems von linearen Gleichungen zu bestimmen. Sei x_i die Zahl des Knoten v_i aus Abbildung 9.5. In unserem Beispiel gilt also $x_1 = 0$, $x_2 = 77$, $x_3 = 39$ und so weiter. Wenn man die Abbildung 9.5 nicht hat, dann sind diese Zahlen x_i unbekannt. Sei c_i die Zahl von v_i in Abbildung 9.6, das heißt die Zahl, die im Kryptotext gesendet wird. Es gilt zum Beispiel $c_1 = 123$, $c_2 = 570$ und $c_3 = 229$. Wir können jedes c_i als die Summe von x_i und allen x_j's von denjenigen v_j's, die Nachbarn von v_i sind, ausdrücken. Damit erhalten wir für jeden Knoten eine lineare Gleichung. Weil wir n Knoten haben, kriegen wir auf diese Weise ein lineares Gleichungssystem mit n Gleichungen und n Unbekannten.

Für den Graphen in Abbildung 9.4 erhält man wie folgt ein lineares Gleichungssystem: Der Knoten v_1 hat nur einen Nachbarn v_4 und somit gilt

$$x_1 + x_4 = c_1.$$

Der Knoten v_2 hat die drei Nachbarn v_5, v_6 und v_7, und deswegen gilt:

$$x_2 + x_5 + x_6 + x_7 = c_2.$$

Analog erhalten wir die folgenden Gleichungen:

$$x_3 + x_4 + x_8 = c_3$$
$$x_1 + x_3 + x_4 + x_5 = c_4$$
$$x_2 + x_4 + x_5 + x_6 + x_8 + x_9 = c_5$$
$$x_2 + x_5 + x_6 + x_7 + x_9 = c_6$$
$$x_2 + x_6 + x_7 = c_7$$
$$x_3 + x_5 + x_8 + x_9 = c_8$$
$$x_5 + x_6 + x_8 + x_9 = c_9$$

Aufgabe 9.10 Setze in das oben beschriebene lineare Gleichungssystem die Zahlen für c_1, c_2, ..., c_9 aus Abbildung 9.6 ein und berechne die Zahlen $x_1, x_2, \ldots, x_9$ entweder von Hand oder mit einem geeigneten Taschenrechner oder Computerprogramm.

Dieses Gleichungssystem ist von Hand aufwändig zu lösen, aber es ist machbar. Bei einem Graphen mit 200 Knoten hat das lineare Gleichungssystem 200 Gleichungen mit 200 Unbekannten. Solch große lineare Gleichungssysteme können aber immer noch mit Hilfe von Algorithmen gelöst werden. Damit ist das vorgeschlagene Public-Key-Kryptosystem noch immer nicht sicher. Wir sehen jetzt aber wenigstens, dass der Arbeitsaufwand für die Entschlüsselung viel größer ist, wenn man den privaten Schlüssel (das heißt die exakte dominierende Menge) nicht kennt, als wenn man das Geheimnis kennt.

Aufgabe 9.11 Die Spartaner ziehen wieder in den Krieg und wollen ihre geheimen Kriegspläne ihren Verbündeten zuschicken. Diesmal entscheiden sie sich dafür das Public-Key-Kryptosystem DOMINATE zu verwenden. Sie wissen, dass für den Gegner ein Kryptoanalytiker WMPMPN arbeitet und dieser eine Methode zur Lösung von linearen Gleichungssystemen hat. Wie bei allen verwendeten Methoden wächst der Aufwand mit der Anzahl der Gleichungen. Der Kryptoanalytiker WMPMPN braucht n^3 Minuten, um ein lineares Gleichungssystem mit n Unbekannten zu lösen. Wie groß müssen die Spartaner den Graphen wählen, um zu verhindern, dass der Gegner die Nachricht innerhalb von drei Tagen bis zum Beginn der Schlacht entschlüsseln kann?

Aufgabe 9.12 Benenne die Knoten in Abbildung 9.9 und erstelle das Gleichungssystem, dessen Lösung zur Kryptoanalyse von Kryptotexten dienen kann, die mit dem Graphen in Abbildung 9.9 verschlüsselt worden sind.

Hinweis für die Lehrperson Bei den folgenden Aufgaben kann man Wettbewerbe zwischen Gruppen oder einzelnen Schülerinnen und Schülern veranstalten.

Aufgabe 9.13 Spiele jetzt den Kryptoanalytiker. Du erhältst den Graphen aus Abbildung 9.15. Du weißt, dass zur Verschlüsselung das Public-Key-Kryptosystem DOMINATE verwendet wurde. Der Graph in Abbildung 9.15 hat keine exakte dominierende Menge. Kannst du begründen, weshalb

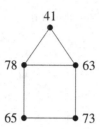

Abbildung 9.15 Ein mit DOMINATE verschlüsselter Kryptotext.

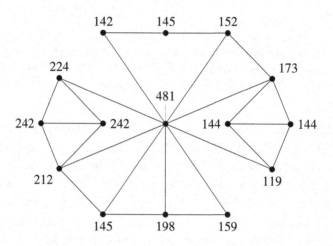

Abbildung 9.16 Kryptotext für Aufgabe 9.14.

wir keine solche Menge finden? Schaffst du es trotzdem den Klartext mit höchstens 4 Operationen (es geht sogar mit 2 Operationen) zu bestimmen?

Aufgabe 9.14 Entschlüssle den mit dem Public-Key-Kryptosystem DOMINATE verschlüsselten Kryptotext, der durch den Graphen in Abbildung 9.16 bestimmt ist.

Aufgabe 9.15 Betrachte den Kryptotext aus Abbildung 9.17. Hat der Graph eine exakte dominie-rende Menge?

Es gibt eine Möglichkeit, um den Klartext mit höchstens sechs arithmetischen Operationen zu bestimmen. Findest du ein solches Vorgehen?

Aufgabe 9.16 Wenn wir bei der Kryptoanalyse keine exakte dominierende Menge im Graph finden können, dann können wir versuchen den Klartext durch das Lösen eines linearen Glei-chungssystems zu bestimmen. Das geht gut, wenn das Gleichungssystem genau eine ganzzahlige nichtnegative Lösung hat. Könnte es aber nicht passieren, dass man unendlich viele Lösungen erhält? Untersuche für die Antwort der Frage den Graphen in Abbildung 9.8.

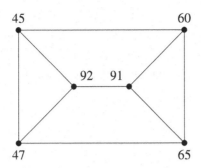

Abbildung 9.17 Kryptotext für Aufgabe 9.15.

Die Zeitkomplexität der Kryptoanalyse

Wir haben gesehen, dass wir einen mit DOMINATE verschlüsselten Kryptotext auch mit Hilfe von linearen Gleichungssystemen knacken können. Im Folgenden werden wir erkennen, dass uns das unter gewissen Umständen gar nicht hilft. Dazu vergleichen wir die Zeitkomplexität für die Kryptoanalyse (mit dem linearen Gleichungssystem) mit der Zeitkomplexität für die Entschlüsselung.

Wir nehmen an, dass der Graph n Knoten besitzt. Wenn man das Geheimnis – also die exakte dominierende Menge – kennt, dann muss man im schlimmsten Fall n Zahlen zusammenzählen, was $n - 1$ Operationen entsprechen würde. Die exakte dominierende Menge ist aber in der Regel viel kleiner und deshalb ist das sehr großzügig geschätzt. Bei Kenntnis des privaten Schlüssels braucht man also höchstens n Operationen, um den Klartext zu bestimmen.

Wenn man den privaten Schlüssel nicht kennt, bemüht man sich ein lineares Gleichungssystem zu lösen, um an den Klartext zu kommen. Bei n Knoten haben wir dafür ein lineares Gleichungssystem mit n Unbekannten und n Gleichungen:[8]

$$a_{11}x_1 + a_{12}x_2 + \ldots + a_{1n}x_n = c_1 \tag{1}$$

$$a_{21}x_1 + a_{22}x_2 + \ldots + a_{2n}x_n = c_2 \tag{2}$$

$$\vdots$$

$$a_{n1}x_1 + a_{n2}x_2 + \ldots + a_{nn}x_n = c_n \tag{n}$$

Wir lösen dieses lineare Gleichungssystem durch das **Einsetzungsverfahren**. Das heißt, wir lösen das Gleichungssystem in n Schritten. Im ersten Eliminationsschritt wird eine Gleichung nach einer beliebigen Variablen, zum Beispiel x_1, aufgelöst. Dieser Term für x_1 wird dann in die übriggebliebenen Gleichungen eingesetzt, so dass wir ein neues lineares Gleichungssystem mit $n - 1$ Unbekannten und $n - 1$ Gleichungen bekommen.

---

[8]Es ist klar, dass in unserem Gleichungssystem die meisten $a_{ij} = 0$ sind. Weil wir aber nur eine obere Schranke für die Anzahl der Operationen wollen, dürfen wir großzügig abschätzen.

Im zweiten Eliminationsschritt wird dann auf die gleiche Weise eine zweite Variable eliminiert. Dieses Vorgehen setzen wir fort, bis wir nur noch ein Gleichungssystem mit einer Gleichung und einer Unbekannten haben. Diese Gleichung kann man dann nach dieser Unbekannten auflösen und durch Rückwärtseinsetzen die Werte der übrigen Variablen bestimmen.

Aufgabe 9.17 Bestimme mit dem Einsetzungsverfahren, welches soeben beschrieben wurde, die Lösung des folgenden Gleichungssystems:

$$2x_1 - x_2 + x_3 = 3$$
$$x_1 + 5x_2 - 7x_3 = 8$$
$$7x_1 + x_2 - 3x_3 = 14$$

Wie viele arithmetischen Operationen hast du gebraucht, um dieses Gleichungssystem zu lösen?

Wir möchten nun zuerst berechnen, wie viele Operationen ein solcher Eliminationsschritt braucht. Wir nehmen dazu den ersten Schritt, weil er am meisten Operationen benötigt. Wir lösen also die Gleichung (1) nach der Variablen x_1 auf. Das gibt dann:

$$x_1 = \frac{1}{a_{11}}(c_1 - a_{12}x_2 - \ldots - a_{1n}x_n) \tag{$*$}$$

Bis jetzt haben wir noch keine Operation gebraucht, weil wir die Gleichung (1) nur umgestellt haben. Aber den erhaltenen Term für x_1 setzen wir nun in die Gleichungen (2) bis (n) ein. Das Einsetzen des Terms $(*)$ in die Gleichung (2) sieht zum Beispiel folgendermaßen aus:

$$a_{21} \cdot \left(\frac{1}{a_{11}}(c_1 - a_{12}x_2 - \ldots - a_{1n}x_n)\right) + a_{22}x_2 + \ldots + a_{2n}x_n = c_2$$

Am wenigsten Operationen brauchen wir, wenn wir zuerst a_{21} mit $\frac{1}{a_{11}}$ multiplizieren und diesen neuen Faktor dann mit jedem Summanden in der Klammer multiplizieren. Dafür brauchen wir also $n + 1$ Operationen. Im Anschluss fassen wir noch gleiche Summanden zusammen, was höchstens $n - 1$ Operationen braucht. Das Einsetzen von $(*)$ in die Gleichung (2) kostet uns also insgesamt $1 + n + (n - 1) = 2n$ Operationen. Weil wir auch noch in die Gleichungen (3) bis (n) einsetzen müssen (also die obige Überlegung $n - 1$ Mal wiederholen müssen), brauchen wir also im ersten Eliminationsschritt $(n - 1) \cdot 2n < 2n^2$ Operationen.

Wir haben insgesamt höchstens n Eliminationsschritte und dann noch das Einsetzen zur Bestimmung von x_n bis x_1, was dazu führt, dass wir für das Lösen des linearen Gleichungssystems ungefähr $2n^3$ Operationen brauchen.[9]

---

[9] Wir haben die Anzahl der arithmetischen Operationen nur grob abgeschätzt, und es gibt auch noch effizientere Algorithmen, die schneller sind, aber für eine Idee reicht uns dieser Wert.

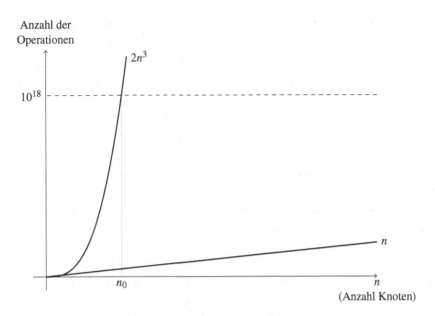

Abbildung 9.18 Gegenüberstellung zweier Funktionsgraphen, die den Unterschied zwischen Entschlüsselung mit Hilfe des privaten Schlüssels und ohne privaten Schlüssel verdeutlichen. Auf der x-Achse sind die Anzahl der Knoten n und auf der y-Achse die dazu benötigte Anzahl der Operationen. Es ist $n_0 = 500\,000 \cdot 2^{\frac{2}{3}}$.

Wir wissen also, dass wir mit dem privaten Schlüssel n Operationen und ohne den privaten Schlüssel ungefähr $2n^3$ Operationen brauchen können. Die Funktionsgraphen sind in Abbildung 9.18 dargestellt. Es ist plausibel anzunehmen, dass ein Rechner heutzutage 10^9 Operationen pro Sekunde ausführen kann. Das bedeutet, dass der Rechner für die Ausführung von 10^{18} Operationen viel zu lang zu arbeiten hat. Er würde nämlich $\frac{10^{18}}{10^9} = 10^9$ Sekunden $= 31.7$ Jahre rechnen. In Abbildung 9.18 ist die Grenze 10^{18} eingezeichnet, die wir in diesem Beispiel als höchstens akzeptable Menge an Computerarbeit für die Kryptoanalyse setzen. Wenn man die Anzahl der Knoten bei n_0, gegeben durch das kleinste n_0 mit der Eigenschaft $2n_0^3 \geq 10^{18}$, wählt (in unserem Fall ist $n_0 = 500\,000 \cdot 2^{\frac{2}{3}}$), dann kann der Computer den Kryptotext zwar mit Hilfe des privaten Schlüssels – in unserem Fall mit der exakten dominierenden Menge – entschlüsseln, aber es würde zu lange dauern, wenn man den Kryptotext mit dem Gleichungssystem zu knacken versuchte.

Aufgabe 9.18 Zeichne jeweils die Funktionsgraphen wie in Abbildung 9.18 für die beiden Funktionen $f(n) = 20 \cdot n^{\frac{2}{3}}$ und $g(n) = n$. Wähle eine geeignete Skala für die x- und y-Achse.

Es ist wichtig anzumerken, dass die Zeitkomplexität für die Kryptoanalyse nicht von der Länge des Klartextes, sondern von der Schlüssellänge – in unserem Fall also der

Anzahl der Knoten im Graphen – abhängt. In einem Public-Key-Kryptosystem kann man größere Schlüssellängen verwenden, wenn sowohl die Verschlüsselung wie auch die Entschlüsselung effizient durchführbar sind. Weil man den Schlüssel nicht wie in einem symmetrischen Kryptosystem über einen sicheren Kanal übermitteln muss, spielt die Schlüssellänge keine Rolle.

Der Kryptoanalytiker spielt in der modernen Kryptologie gegen die Zeit. Wir können dieses Spiel gegen die Zeit mit einer Mausefalle vergleichen. Gewünscht wäre eigentlich eine Mausefalle, bei der die Maus zwar leicht reinkommt (diese Geschwindigkeit wird sogar durch einen gut riechenden Käse beschleunigt), aber nicht mehr ohne fremde Hilfe rauskommt. Der Fallensteller kann die Mausefalle öffnen, aber die Maus nicht. Das wäre eine Einwegfunktion mit einer Hintertür. Die Hintertür hat der Fallensteller mit dem Schlüssel. Er weiss, wie man die Falle öffnet.

In der Kryptologie haben wir aber nie eine solche gewünschte Einwegfunktion mit einer Hintertür. Wir haben meistens Mausefallen mit einem dicken Kartonboden. Die Maus kommt wieder leicht rein, aber nicht mehr so leicht heraus. Der Kartonboden kann aber mit einem polynomiellen Algorithmus geknackt werden. Wenn die Maus beginnt den Boden durchzufressen, dann könnte sie sich befreien. Aber es ist auch hier ein Spiel gegen die Zeit. Ist sie genug schnell? Hat sie sich befreit, bevor der Fallensteller die Tür öffnet? Das heißt, kann sie sich in der Zeit, in der das Problem aktuell ist, befreien? Oder falls der Fallensteller die Mausefalle vergisst: Schafft es die Maus, sich zu befreien, bevor sie erschöpft ist und nicht mehr weiter fressen kann? Hat sie also genügend Kapazität, um sich zu befreien?

Das Public-Key-Kryptosystem DOMINATE ist für praktische Zwecke nicht geeignet. Einen Graphen mit 10^6 Knoten zu speichern bedeutet eine Speicherkomplexität von $(10^6)^2 = 10^{12}$ Bits, weil der Graph potenziell so viele Kanten haben darf. Zusätzlich fordert die Verschlüsselung rund n^2 Operationen, und somit kann man bei dieser Schlüssellänge DOMINATE nicht effizient verwenden. Und bei kürzeren Schlüssellängen ist dieses Public-Key-Kryptosystem nicht sicher.

Aufgabe 9.19 Nehmen wir an, wir entwickeln ein Public-Key-Kryptosystem, in welchem bei der Schlüssellänge n der Aufwand für die Verschlüsselung und für die Entschlüsselung mit der Hintertür n^2 Operationen benötigt. Wie hoch muss der Aufwand bei der Kryptoanalyse (ohne die Kenntnis des Geheimnisses) sein, damit das Public-Key-Kryptosystem für die Praxis gleichzeitig effizient und sicher ist? Wie würdest du dann die Schlüssellänge wählen?

Im Folgenden werden wir uns noch einen weiteren Kandidaten für eine Einwegfunktion mit einer Hintertür anschauen. Diese Einwegfunktion basiert ebenfalls auf einem schweren Problem.

9.2 Das Untersummen-Problem als Grundlage für ein Public-Key-Kryptosystem

Hinweis für die Lehrperson Der folgende Abschnitt präsentiert einen weiteren lehrreichen aber erfolglosen Versuch, ein Public-Key-Kryptosystem zu bauen. Für das Durcharbeiten dieses Abschnitts braucht man 3–6 Unterrichtsstunden. Im Bezug auf die folgenden Lektionen ist dieser Abschnitt optional. Es ist jedoch hilfreich mindestens den erweiterten Euklidischen Algorithmus aus diesem Abschnitt zu behandeln.

Einer der ersten Kandidaten für ein Public-Key-Kryptosystem wurde um 1976 herum von Martin Hellman und Ralph Merkle entwickelt. Es basiert auf dem sogenannten **Untersummen-Problem**:[10]

> *Gegeben seien $n + 1$ positive ganze Zahlen a_1, a_2, ..., a_n und b. Das* ***Untersummen-Problem*** *ist das folgende: Finde jene Zahlen a_i, deren Summe die Zahl b ergibt.*

Die Zahlen a_1, a_2, ..., a_n werden wir in Zukunft als Vektor[11] zusammenfassen und ihn mit A bezeichnen:

$$A = (a_1, a_2, \ldots, a_n).$$

Beispiel 9.2 Seien $A = (9, 13, 7, 1, 19, 5, 11, 22)$ und $b = 35$. Diese Zahlen sind in Abbildung 9.19 als Quader mit der betreffenden Länge dargestellt. Die Aufgabe ist nun, jene Quader zu finden, welche die graue Schachtel ganz ausfüllen. Weil die Menge A in diesem Beispiel klein ist, können wir alle Kombinationen (Teilmengen) von Quadern aus A ausprobieren, indem wir sie in die Schachtel füllen und schauen, ob die Schachtel ganz ausgefüllt wird. Die Quader mit den Längen 9, 7 und 19 erfüllen unseren Wunsch, denn es gilt $35 = 9 + 7 + 19$ (siehe Abbildung 9.20).

Aufgabe 9.20

(a) Wie viele Teilmengen hat die Menge A aus Beispiel 9.2?

(b) Wie viele Teilmengen hat eine Menge A bestehend aus n Elementen?

Die zu überprüfende Anzahl der Teilmengen in Beispiel 9.2 ist überschaubar. Aber bei einer Menge A mit n Elementen müssen wir schlimmstenfalls 2^n Teilmengen überprüfen. Das ist für große n viel zu aufwendig. Schon für $n = 60$ müsste ein Rechner, der

---

[10]In der Literatur wird es oft mit **Rucksack-Problem** bezeichnet. Aber genau genommen ist das Untersummen-Problem ein Spezialfall des Rucksackproblems.

[11]Einen **Vektor** können wir als eine endliche Folge von Zahlen ansehen, wo die Position der Elemente eine Rolle spielt. Eine Zahl darf mehrmals vorkommen.

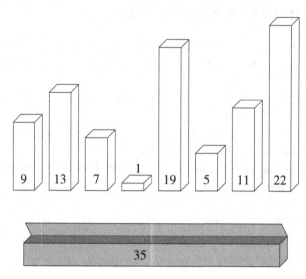

Abbildung 9.19 Darstellung des Untersummen-Problems: Welche der Quader mit den Längen 9, 13, 7, 1, 19, 5, 11 und 22 füllen die graue Schachtel mit der Länge 35?

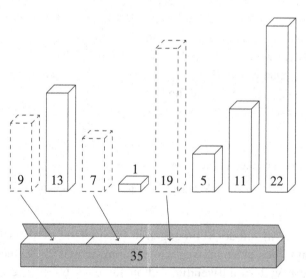

Abbildung 9.20 Lösung des Untersummenproblems: Die graue Schachtel wird mit den Quadern der Länge 9, 7 und 19 ganz ausgefüllt.

10^9 Operationen pro Sekunde bewältigen kann, mehr als 36 Jahre[12] rechnen, um alle $2^{60} = 1\,152\,921\,504\,606\,846\,976$ Teilmengen zu überprüfen.

Es gibt bis heute keinen besseren Algorithmus, um das Untersummen-Problem zu lösen. Wir müssen also schlimmstenfalls alle 2^n Teilmengen überprüfen. Das heißt, wir betrachten es als ein schweres Problem.

Das Public-Key-Kryptosystem MERKLE-HELLMAN

Wir möchten ein Kryptosystem bauen, welches auf dem Untersummen-Problem basiert. Der öffentliche Schlüssel ist ein Vektor $A = (a_1, a_2, \ldots, a_n)$. Als Beispiel nehmen wir den Vektor

$$A = (a_1, a_2, a_3, a_4, a_5, a_6, a_7) = (5, 27, 43, 81, 163, 341, 819).$$

Das Kryptosystem MERKLE-HELLMAN nutzt eine Blockverschlüsselung und arbeitet mit dem Kryptotextalphabet $\{0, 1\}$. In einem ersten Schritt müssen wir deshalb die Nachricht binär codieren. Der neue Klartext soll also nur noch Nullen und Einsen enthalten. Dafür brauchen wir die einfache Codierungstabelle (Tabelle 6.4) aus Lektion 6. Als Beispiel nehmen wir den folgenden Klartext:

HELLMAN.

Jedem Buchstaben ordnen wir nun gemäß Tabelle 6.4 fünf Bits zu. Das H wird durch 00111, das E durch 00100 usw. ersetzt. Diese Vorgehensweise führt zum Text

00111001000101101011011000000001101.

Die Blockverschlüsselung von MERKLE-HELLMAN nutzt eine Blocklänge von sieben Bits, da der verwendete öffentliche Schlüssel A ein Vektor mit sieben Komponenten ist:

0011100 1000101 1010110 1100000 0001101.

Jeder Block wird einzeln verschlüsselt. Wir beginnen mit dem ersten Block

$$X = (x_1, x_2, x_3, x_4, x_5, x_6, x_7) = (0, 0, 1, 1, 1, 0, 0),$$

und berechnen den Kryptotextblock durch

$$b_X = \sum_{i=1}^{7} a_i \cdot x_i = 0 \cdot 5 + 0 \cdot 27 + 1 \cdot 43 + 1 \cdot 81 + 1 \cdot 163 + 0 \cdot 341 + 0 \cdot 819 = 287.$$

---

[12]In dieser Rechnung haben wir nur die Anzahl der Teilmengen n gezählt. Das ist natürlich stark vereinfacht, aber es geht hier nur um eine Größenordnung und nicht um eine genaue Rechnung. Für jede Teilmenge müsste man jeweils alle Elemente dieser Teilmenge addieren. Das würde bei einer Teilmenge mit k Elementen $k - 1$ Operationen kosten. Dann muss man die erhaltene Zahl mit b vergleichen, was noch eine weitere Operation kostet. Pro Teilmenge braucht man also k Operationen um festzustellen, ob sie eine Lösung des Problems ist.

Hinweis für die Lehrperson Wenn die Schulklasse das Skalarprodukt schon kennt, soll man die Zahl b_X als Skalarprodukt von A und X einführen, das heißt es gilt

$$b_X = A \cdot X.$$

Aufgabe 9.21 Berechne für den zweiten, den dritten, den vierten und den fünften Block des obigen Klartextes den dazugehörigen Kryptotextblock b_X.

Eine 1 an der i-ten Stelle im Vektor X (also $x_i = 1$) bedeutet, dass a_i in der Summe berücksichtigt wird. Wenn an der Stelle j eine 0 steht (also $x_j = 0$), dann wird a_j nicht zur Summe gezählt. Wir erkennen an dieser Stelle also das **Untersummen-Problem**.

Aufgabe 9.22 Wie sieht der Vektor X aus, wenn wir als öffentlichen Schlüssel den Vektor

$$A = (1, 5, 7, 9, 13, 11, 19, 22)$$

aus Beispiel 9.2 und den Kryptotext $b_X = 35$ wählen?

Aufgabe 9.23 Nadja ist von Deutschland in die Schweiz umgezogen. Deshalb veranstaltet sie eine Einweihungsfeier ihrer neuen Wohnung. Kommen dürfen aber nur jene, die ihren neuen Wohnkanton herausfinden. Zu diesem Zweck verschlüsselt sie das Kennzeichen des Kantons mit dem öffentlichen Schlüssel $A = (3, 7, 11, 14, 22)$ zum Kryptotext

    0 25.

Holger mag Nadja sehr, und deshalb versucht er den Kryptotext zu knacken. In welchem Kanton wohnt Nadja? Wird Holger den richtigen Kanton herausfinden? Begründe deine Antwort.

Kryptosystem MERKLE-HELLMAN*

Klartextalphabet:	Lat
Kryptotextalphabet:	$\{0, 1, 2, 3, 4, 5, 6, 7, 8, 9, \llcorner\}$
Öffentlicher Schlüssel:	Ein Vektor $A = (a_1, a_2, \ldots, a_n)$ mit $a_k \in \mathbb{N}$ und $a_i \neq a_j$ für $i \neq j$.
Verschlüsselung:	Ersetze jeden Buchstaben durch seine Binärdarstellung gemäss Tabelle 6.4. Teile den so erhaltenen Text in Blöcke von n Bits ein. Wenn der letzte Block weniger als n Bits hat, dann fülle ihn hinten mit Nullen auf. Schreibe jeden Block $X = x_1 x_2 \ldots x_n$ als Vektor $X = (x_1, x_2, \ldots, x_n)$ auf und berechne die Zahl

$$b_X = \sum_{i=1}^{n} a_i \cdot x_i.$$

Der Kryptotext besteht aus den Zahlen b_X, welche zur Unterscheidung durch ein Leerzeichen getrennt werden.

Aufgabe 9.24 Berechne für den Klartext MERKLE und den öffentlichen Schlüssel

$$A = (5, 27, 43, 81, 163, 341, 819)$$

den Kryptotext mit dem Public-Key-Kryptosystem MERKLE-HELLMAN*.

In Aufgabe 9.23 haben wir gesehen, dass die Verschlüsselung mit MERKLE-HELLMAN*
nicht immer injektiv ist. Es kann sein, dass zu einem Kryptotext mehrere Klartexte passen.
Wenn wir zum Beispiel den öffentlichen Schlüssel

$$A = (4, 5, 6, 7, 8, 11)$$

wählen, kann der Kryptotext $b_X = 12$ entweder aus dem Klartext $X = (1, 0, 0, 0, 1, 0)$
oder aus $X = (0, 1, 0, 1, 0, 0)$ entstanden sein. Wir werden im nächsten Abschnitt sehen,
wie wir diese Mehrdeutigkeit beseitigen können.

Die Aufgabe eines Kryptoanalytikers ist es, aus dem Kryptotext b_X und dem öffentlichen Schlüssel A auf den binären Vektor X und somit auf den Klartext H zu schließen.
Weil das Untersummen-Problem für große n nicht effizient lösbar ist, ist diese Aufgabe
für große Vektoren A nicht in vernünftiger Zeit zu bewältigen. Der Kryptotext b_X ist somit
sicher.[13]

Die Hintertür des Public-Key-Kryptosystems MERKLE-HELLMAN*

Jetzt stellt sich aber die Frage, wie ein berechtigter Empfänger den Kryptotext b_X entschlüsseln kann. Wie sieht die Hintertür aus?

Der Vektor $A = (5, 27, 43, 81, 163, 341, 819)$ des Beispiels hat eine spezielle Eigenschaft.[14] Jede Komponente dieses Vektors ist größer als die Summe aller Komponenten,
die kleiner sind. Die kleinste Komponente ist 5, dann folgen

$$
\begin{aligned}
27 \quad &(> 5), \\
43 \quad &(> 5 + 27 = 32), \\
81 \quad &(> 5 + 27 + 43 = 75), \\
163 \quad &(> 5 + 27 + 43 + 81 = 156), \\
341 \quad &(> 5 + 27 + 43 + 81 + 163 = 319) \text{ und} \\
819 \quad &(> 5 + 27 + 43 + 81 + 163 + 341 = 660).
\end{aligned}
$$

---

[13]Meistens besteht der Kryptotext nicht nur aus einer Zahl b_X. Wir werden uns aber bei den weiteren
Ausführungen darauf beschränken, das Kryptosystem nur für einen Block X des Klartextes zu erklären.
Für alle anderen Blöcke funktioniert die Verschlüsselung und Entschlüsselung analog. Wenn wir also
von Klartext sprechen, meinen wir jeweils nur einen Block X des Klartextes.

[14]Im Vektor A sind die Komponenten zusätzlich zu dieser Eigenschaft noch der Größe nach geordnet. Das
ist keine Voraussetzung für das Public-Key-Kryptosystem. Der Vektor könnte auch ungeordnet sein.
Für das Verständnis des Public-Key-Kryptosystems ist es jedoch einfacher, wenn wir die Komponenten
sortieren.

Aufgabe 9.25 Sei $A = (5, 27, 43, 81, 163, 341, 819)$ der öffentliche Schlüssel und $b_X = 536$. Es ist klar, dass 819 nicht in der Summe sein kann, weil $819 > 536$.

(a) Weshalb muss die zweitgrößte Komponente aus A in der Summe sein?

(b) Wie sieht es mit der drittgrößten Komponente aus?

(c) Bestimme den zum Kryptotext $b_X = 536$ gehörenden Klartext.

In Zukunft nehmen wir der Einfachheit halber an, dass die Komponenten im Vektor $A = (a_1, a_2, \ldots, a_n)$ der Größe nach geordnet sind. Es gelte also

$$a_1 < a_2 < \ldots < a_n.$$

Ein Vektor mit der Eigenschaft, dass jede Komponente größer ist als die Summe aller von ihr links stehenden (das heißt aller kleineren) Komponenten, wird **superwachsend** genannt.

*Sei $A = (a_1, a_2, \ldots, a_n)$ ein Vektor mit $a_1 < a_2 < \ldots < a_n$. Der Vektor A heißt **superwachsend**, wenn die Ungleichung*

$$a_k > \sum_{i=1}^{k-1} a_i$$

für alle $1 \leq k \leq n$ gilt.

Bei superwachsenden Vektoren haben wir das Problem der Mehrdeutigkeit, welches in Aufgabe 9.23 und am Schluss des letzten Abschnitts angesprochen wurde, nicht. Jeder Kryptotext kann eindeutig entschlüsselt werden.

Aufgabe 9.26 Erkläre in eigenen Worten, weshalb bei superwachsenden Vektoren der Klartext immer eindeutig ist.

Beispiel 9.3 Wir betrachten den superwachsenden Vektor

$$A = (a_1, a_2, a_3, a_4, a_5, a_6, a_7) = (1, 3, 10, 22, 43, 90, 175),$$

und möchten den Kryptotext

$$b_X = 287$$

entschlüsseln. Wir werden wie in Aufgabe 9.25 Schritt für Schritt die einzelnen Summanden bestimmen. Wenn wir einen Summanden gefunden haben, dann werden wir mit $\tilde{b}_X$ den Wert bezeichnen, der noch übrigbleibt, wenn wir diesen Summanden von b_X subtrahieren.

Wir beginnen mit der letzten und somit größten Komponente – in unserem Beispiel $a_7 = 175$. Wenn diese Komponente kleiner als $b_X = 287$ ist, dann muss sie zwingend

Abbildung 9.21 Die Summe der Komponenten 1, 3, 10, 22, 43 und 90 ist kleiner als 175. Wir können also die 175 nicht durch andere Komponenten ersetzen.

ein Summand der Summe sein, weil wir es nicht schaffen, diese Komponente durch die anderen Komponenten zu ersetzen (siehe Abbildung 9.21). Wenn wir sogar alle Komponenten kleiner als a_7 aufaddieren würden, wäre die Summe immer noch kleiner als a_7, weil wir den Vektor superwachsend gewählt haben. Es sind also $x_7 = 1$ und $\tilde{b}_X = b_X - a_7 = 287 - 175 = 112$. Es bleibt deshalb noch zu ermitteln, welche Summanden aus $a_1, a_2, \ldots, a_6$ sich zur Summe $\tilde{b}_X$ aufaddieren. Wir fahren wieder mit dem größten der Summanden fort, also mit $a_6 = 90$. Auch dieser Summand muss – mit der gleichen Begründung – in der Summe sein, und wir bekommen $x_6 = 1$ und $\tilde{b}_X = 112 - 90 = 22$. Der Summand $a_5 = 43$ ist größer als $\tilde{b}_X = 22$, also ist $x_5 = 0$ und $\tilde{b}_X$ bleibt unverändert. $a_4 = 22$ ist genau $\tilde{b}_X = 22$, und deshalb ist das die letzte Komponente, die noch in der Summe ist. Wir bekommen $x_4 = 1$ und $\tilde{b}_X = 0$. Wie können hiermit also unsere Suche nach Summanden beenden. Zusammenfassend ist der Klartext

$$X = (x_1, x_2, x_3, x_4, x_5, x_6, x_7) = (0, 0, 0, 1, 0, 1, 1),$$

und es gilt $22 + 90 + 175 = 287$.

Für superwachsende Vektoren lässt sich der Kryptotext also mit dem folgenden Vorgehen entschlüsseln:

Sei $A = (a_1, a_2, \ldots, a_n)$ der öffentliche Schlüssel,
$\tilde{b}_X \leftarrow b_X$ der Kryptotext und $i \leftarrow n$.
   1. Für i von n bis 1 wiederhole die Schritte 2. – 4.
     2. Falls $a_i > \tilde{b}_X$, dann setze $x_i \leftarrow 1$ und $\tilde{b}_X \leftarrow \tilde{b}_X - a_i$.
     3. Sonst setze $x_i \leftarrow 0$.
     4. Setze $i \leftarrow i - 1$.
   5. Gib $X = (x_1, x_2, \ldots, x_n)$ aus.

Aufgabe 9.27 Sei $A = (2, 3, 6, 13, 25, 51)$ der öffentliche Schlüssel. Du fängst den folgenden Kryptotext ab:

    9 28 31 66 15 .

Wie lautet der Klartext?

Mit dem beschriebenen Vorgehen können also Kryptotexte, die mit Hilfe von superwachsenden Vektoren entstanden sind, effizient entschlüsselt werden. Leider können alle Leute diese Kryptotexte entschlüsseln, auch Drittpersonen, weil man kein Geheimnis dazu braucht. Wir haben also die Hintertür für alle geöffnet, was nicht im Sinne eines sicheren Public-Key-Kryptosystems ist.

Dennoch war unsere Arbeit nicht umsonst. Wir haben nun einen Weg gefunden, wie ein berechtigter Empfänger den Kryptotext entschlüsseln könnte. Das einzige, was wir noch ändern müssen, ist der öffentliche Schlüssel. Wir müssen einige Informationen dieses öffentlichen Schlüssels „privatisieren", so dass ein unberechtigter Empfänger mit dem öffentlichen Schlüssel nichts anfangen kann.

„Privatisierung" des öffentlichen Schlüssels

Am einfachsten wäre es, wenn der momentan öffentliche Schlüssel nur dem Empfänger bekannt wäre und wir uns eine neue Idee für den definitiven öffentlichen Schlüssel überlegen würden. Wir wissen ja, dass das Untersummen-Problem für zufällig gewählte Zahlen a_i im Vektor $A = (a_1, a_2, \ldots, a_n)$ nicht zu lösen ist, ohne dass man alle 2^n Teilmengen aus A durchprobiert. Für solche Vektoren gibt es bis heute kein schnelleres Vorgehen. Deshalb wäre ein Vektor A mit zufällig gewählten a_i's ein guter Kandidat für den öffentlichen Schlüssel.

Bevor wir den Vektor A bestimmen, wählen wir einen superwachsenden Vektor

$$A' = (a_1', a_2', \ldots, a_n').$$

Das Ziel ist es, die Zahlen a_i' aus A' mit Hilfe eines privaten Schlüssels so zu verändern, dass der neu entstandene Vektor

$$A = (a_1, a_2, \ldots, a_n)$$

kein superwachsender Vektor mehr ist. Man darf auch von A nicht auf A' schließen können, wenn man den privaten Schlüssel nicht kennt.

Diese Forderung an den privaten Schlüssel erfüllen uns die modularen Operationen. Wir wählen zwei beliebig große ganze Zufallszahlen m und w. Die einzigen zwei Bedingungen, die diese beiden Zahlen erfüllen müssen, sind die folgenden:

   1. m soll größer sein als die Summe aller Komponenten aus A'. Es soll also

$$m > \sum_{i=1}^{n} a_i'$$

  gelten.

   2. m und w sind teilerfremd. Das heißt, m und w besitzen keine gemeinsamen Teiler.

Die Komponenten von A berechnen sich aus jenen von A' durch

$$a_i = a_i' \cdot w \bmod m$$

für $1 \leq i \leq n$.

Als Beispiel nehmen wir den superwachsenden Vektor

$$A' = (5, 27, 43, 81, 163, 341, 819),$$

$m = 1507 > 1479 = 5 + 27 + 43 + 81 + 163 + 341 + 819$ und $w = 53$. Der Vektor A lässt sich also mit Hilfe der Formel

$$a_i = a'_i \cdot 53 \bmod 1507$$

berechnen. Für $a'_1 = 5$ gilt

$$a_1 = 5 \cdot 53 \bmod 1507 = 265 \bmod 1507 = 265.$$

Auf die gleiche Weise berechnen wir

$$a_2 = 27 \cdot 53 \bmod 1507 = 1431 \bmod 1507 = 1431,$$
$$a_3 = 43 \cdot 53 \bmod 1507 = 2279 \bmod 1507 = 772,$$
$$a_4 = 81 \cdot 53 \bmod 1507 = 4293 \bmod 1507 = 1279,$$
$$a_5 = 163 \cdot 53 \bmod 1507 = 8639 \bmod 1507 = 1104,$$
$$a_6 = 341 \cdot 53 \bmod 1507 = 18\,973 \bmod 1507 = 1496,$$
$$a_7 = 819 \cdot 53 \bmod 1507 = 43\,407 \bmod 1507 = 1211.$$

Wir haben durch diese Umformungen erreicht, dass der Vektor

$$A = (265, 1431, 772, 1279, 1104, 1496, 1211)$$

nicht mehr an einen superwachsenden Vektor erinnert. Dieser Vektor kann also ohne Bedenken als öffentlicher Schlüssel für alle zugänglich gemacht werden.

Aufgabe 9.28 Sei $A' = (2, 3, 6, 13, 25, 51)$ der Vektor aus Aufgabe 9.27. Wähle die Schlüssel m und w zufällig, so dass sie die erforderlichen Bedingungen erfüllen. Berechne den Vektor A.

Wir haben nun aus einem superwachsenden Vektor A' einen scheinbar zufällig bestimmten Vektor A berechnet. Eine Drittperson sieht nur den Vektor A, der aussieht, als ob er keine besonderen Eigenschaften oder Zusammenhänge zwischen den Zahlen hätte. Nur der berechtigte Empfänger kennt die privaten Schlüssel m und w, welche ihm ermöglichen aus A wieder A' zu berechnen.

Wie entschlüsselt der berechtigte Empfänger den Kryptotext?

Die besondere Wahl der privaten Schlüssel m und w ermöglicht uns, die obige Transformation des Vektors A' zum Vektor A wieder rückgängig zu machen. Dazu brauchen wir das bezüglich der Multiplikation modulo m inverse Element zu w.

Hinweis für die Lehrperson Dieses inverse Element existiert immer, weil wir m und w so gewählt haben, dass diese beiden Zahlen teilerfremd sind. Der Beweis dieser Behauptung wird im nächsten Abschnitt gegeben. Wir werden auch einen Algorithmus kennenlernen, mit welchem man auf einfache Weise multiplikative Inverse berechnen kann. Dieser Algorithmus baut auf dem schon bekannten Euklidischen Algorithmus auf.

Wir können also immer ein w^{-1} so bestimmen, dass

$$w \cdot w^{-1} \bmod m = 1$$

gilt. Für $w = 53$ und $m = 1507$ ist $w^{-1} = 654$, denn es gilt

$$53 \cdot 654 \bmod 1507 = 34\,662 \bmod 1507 = 1.$$

Mit diesem w^{-1} lässt sich der superwachsende Vektor A' aus dem Vektor A bestimmen. Die einzelnen Komponenten von $A' = (a'_1, a'_2, \ldots, a'_n)$ lassen sich durch die Formel

$$a'_i = a_i \cdot w^{-1} \bmod m$$

berechnen.

Den zum superwachsenden Vektor gehörenden Kryptotext b'_X bekommen wir durch die Formel

$$b'_X = w^{-1} \cdot b_X \bmod m,$$

weil

$$
\begin{aligned}
b'_X &= w^{-1} \cdot b_X \bmod m \\[6pt]
&= \left(w^{-1} \sum_{i=1}^{n} a_i \cdot x_i \right) \bmod m \\
&\quad \{\text{nach Definition von } b_X\} \\[6pt]
&= \left(\sum_{i=1}^{n} w^{-1} \cdot a_i \cdot x_i \right) \bmod m \\
&\quad \{\text{weil } w^{-1} \text{ unabhängig von } i \text{ ist}\} \\[6pt]
&= \left(\sum_{i=1}^{n} (w^{-1} \cdot a_i \cdot x_i) \bmod m \right) \bmod m \\
&\quad \{\text{wegen Gesetz (M2)}\} \\[6pt]
&= \left(\sum_{i=1}^{n} (w^{-1} \cdot a_i \bmod m) \cdot x_i \right) \bmod m \\
&\quad \{\text{weil } x_i = 0 \text{ oder } x_i = 1\}
\end{aligned}
$$

$$= \left(\sum_{i=1}^{n} a_i' \cdot x_i \bmod m \right)$$

$$\left\{ \text{weil } a_i' = w^{-1} \cdot a_i \bmod m \right\}$$

$$= \sum_{i=1}^{n} a_i' \cdot x_i$$

$$\left\{ \text{weil } \sum_{i=1}^{n} a_i' < m \text{ und } x_i \le 1 \right\}.$$

Der berechtigte Empfänger kann also mit Hilfe der privaten Schlüssel m und w den Kryptotext folgendermaßen entschlüsseln:

1. Zuerst bestimmt er $b_X' = w^{-1} \cdot b_X \bmod m$.

2. Dann kann der Empfänger das Untersummen-Problem für den superwachsenden Vektor A' und den Kryptotext b_X' mit dem Vorgehen von Seite 265 lösen. Dadurch bekommt er den Klartext X.

Das Kryptosystem MERKLE-HELLMAN lässt sich also folgendermassen zusammenfassen:

Kryptosystem MERKLE-HELLMAN

Klartextalphabet: Lat

Kryptotextalphabet: $\{0, 1, 2, 3, 4, 5, 6, 7, 8, 9, \sqcup\}$

Privater Schlüssel: Ein superwachsender Vektoren $A' = (a_1', a_2', \ldots, a_n')$ mit ganzen Zahlen m und w mit $m > \sum_{i=1}^{n} a_i'$, so dass m und w teilerfremd sind.

Öffentlicher Schlüssel: Ein Vektor $A = (a_1, a_2, \ldots, a_n)$ mit $a_k \in \mathbb{N}$, welcher aus einem superwachsenden Vektor $A' = (a_1', a_2', \ldots, a_n')$ (das heißt $a_i' < a_j'$ für $i < j$) durch die Rechnung

$$a_i = a_i' \cdot w \bmod m$$

für $1 \le i \le n$ entstanden ist.

Verschlüsselung: Ersetze jeden Buchstaben durch seine Binärdarstellung gemäß Tabelle 6.4. Teile den so erhaltenen Text in Blöcke von n Bits ein. Wenn der letzte Block weniger als n Bits hat, dann fülle ihn mit Nullen auf. Schreibe jeden Block $X = x_1 x_2 \ldots x_n$ als Vektor $X = (x_1, x_2, \ldots, x_n)$ auf und berechne jeweils die Zahl

$$b_X = \sum_{i=1}^{n} a_i \cdot x_i.$$

Der Kryptotext besteht aus den Zahlen b_X, welche zur Unterscheidung durch ein Leerzeichen getrennt werden.

Entschlüsselung: 1. Bestimme alle $b'_X = w^{-1} \cdot b_X \bmod m$.
                        2. Löse das Untersummen-Problem für den superwachsenden Vektor
                           A' und alle Kryptotexte b'_X mit dem Vorgehen von Seite 265.
                        3. Wandle die binäre Darstellung mit Hilfe der Tabelle 6.4 in den
                           Klartext um.

Aufgabe 9.29 Du kennst den öffentlichen Schlüssel $A = (11, 5, 10, 3)$ und die privaten Schlüssel $m = 17$ und $w = 11$. Entschlüssle den Kryptotext

$14_{\sqcup}13_{\sqcup}14_{\sqcup}11_{\sqcup}16_{\sqcup}10_{\sqcup}5_{\sqcup}5$.

Aufgabe 9.30 Verschlüssle den Klartext WINTER mit dem Kryptosystem MERKLE-HELLMAN. Wähle als private Schlüssel den Vektor $A' = (4, 6, 12, 24, 50, 100)$ und die Zahlen $m = 200$ und $w = 7$.

Wie berechnet man ein inverses Element bezüglich der Multiplikation modulo m?

Beim Aufbau des Public-Key-Kryptosystems MERKLE-HELLMAN müssen wir eine multiplikative Inverse für den privaten Schlüssel w bestimmen. Diese könnten wir natürlich berechnen, indem wir die Werte

$$1 \cdot w \bmod m,$$

$$2 \cdot w \bmod m,$$

$$3 \cdot w \bmod m,$$

$$\vdots$$

$$m \cdot w \bmod m$$

berechnen, bis wir ein x finden, so dass

$$x \cdot w = 1 \bmod m$$

gilt. Dieses x ist dann die multiplikative Inverse w^{-1}. Wenn wir kein solches x finden, dann existiert keine multiplikative Inverse modulo m. Wenn m eine sehr große – zum Beispiel eine 30-stellige – Zahl ist, dann ist dieser Weg nicht praktisch umsetzbar.

Aufgabe 9.31 Existiert für die folgenden w eine multiplikative Inverse w^{-1} bezüglich der Multiplikation modulo m? Falls ja, bestimme w^{-1}.

   (a) $w = 5$, $m = 7$

   (b) $w = 7$, $m = 5$

   (c) $w = 3$, $m = 6$

(d) $w = 6, m = 3$

(e) $w = 4, m = 9$

(f) $w = 6, m = 4$

Wie wir später zeigen werden, existiert immer ein inverses Element modulo m, wenn w und m teilerfremd sind.

Dazu brauchen wir den **Euklidischen Algorithmus** aus Lektion 4. Mit diesem Algorithmus haben wir den größten gemeinsamen Teiler zweier Zahlen a und b mit $a > b$, also $\mathrm{ggT}(a, b)$, berechnet:

Gegeben sind zwei positive ganze Zahlen a und b mit $a > b$.
1. Solange $a \neq 0$ ist, wiederhole die Operationen 2.–3.
    2. Ersetze a durch $a \bmod b$.
    3. Vertausche die beiden Zahlen a und b.
4. Der größte gemeinsame Teiler ist die Zahl b.

Dieser Algorithmus liefert das richtige Ergebnis wegen den Gesetzen (T8), (T1) und (T4):

$$\boxed{\mathrm{ggT}(a, b) = \mathrm{ggT}(a \bmod b, b)} \tag{T8}$$

$$\boxed{\mathrm{ggT}(a, b) = \mathrm{ggT}(b, a)} \tag{T1}$$

$$\boxed{\mathrm{ggT}(a, m \cdot a) = a \text{ und insbesondere } \mathrm{ggT}(a, 0) = a} \tag{T4}$$

Wenn wir beispielsweise den größten gemeinsamen Teiler von $a = 7$ und $b = 5$ berechnen möchten, gehen wir wie folgt vor:

$$\mathrm{ggT}(7, 5) \overset{(T8)}{=} \mathrm{ggT}(2, 5)$$
$$\overset{(T1)}{=} \mathrm{ggT}(5, 2)$$
$$\overset{(T8)}{=} \mathrm{ggT}(1, 2)$$
$$\overset{(T1)}{=} \mathrm{ggT}(2, 1)$$
$$\overset{(T8)}{=} \mathrm{ggT}(0, 1)$$
$$\overset{(T1)}{=} \mathrm{ggT}(1, 0) = 1$$

Mit Hilfe des Euklidischen Algorithmus möchten wir folgende Behauptung zeigen:

Es sei t der größte gemeinsame Teiler zweier Zahlen a, $b \in \mathbb{N}$. Dann gibt es zwei Zahlen α, $\beta \in \mathbb{Z}$, so dass

$$t = \alpha \cdot \mathbf{a} + \beta \cdot \mathbf{b}$$

*gilt. Man nennt $\alpha \cdot \mathbf{a} + \beta \cdot \mathbf{b}$ eine **ganzzahlige Linearkombination** von a und b.*

Wenn also $a = 7$ und $b = 5$ sind, dann ist $t = 1$, wie oben berechnet. Wir können in diesem Fall 1 als die folgende Linearkombination von 7 und 5 schreiben:

$$1 = 3 \cdot \mathbf{7} - 4 \cdot \mathbf{5}.$$

Aufgabe 9.32 Stelle die Zahl t als ganzzahlige Linearkombination der Zahlen a und b dar.

(a) $t = 3$, $a = 9$, $b = 6$

(b) $t = 45$, $a = 30$, $b = 5$

Aufgabe 9.33 Es seien a und b zwei natürliche Zahlen. Wie kann man a als ganzzahlige Linearkombination von a und b darstellen?

Wie kommt man aber auf die Zahlen $\alpha = 3$ und $\beta = -4$? Wir schauen uns nochmals die Rechnung von oben genauer an. Wenn wir es schaffen würden, dass wir alle Zahlen in dieser Rechnung durch eine ganzzahlige Linearkombination von 7 und 5 ersetzen könnten, dann würden wir in der letzten Zeile der obigen Gleichung eine ganzzahlige Linearkombination von 7 und 5 finden. Wir ersetzen die Zahlen schrittweise und beginnen mit $7 = 1 \cdot \mathbf{7} + 0 \cdot \mathbf{5}$ und $5 = 0 \cdot \mathbf{7} + 1 \cdot \mathbf{5}$. Wir erinnern uns, dass

$$a \bmod b = a - (a \operatorname{div} b) \cdot b$$
$$= a - \underbrace{(b + b + \ldots + b)}_{(a \operatorname{div} b)-\text{Mal}}$$

gilt.

$$\operatorname{ggT}(\underbrace{1 \cdot \mathbf{7} + 0 \cdot \mathbf{5}}_{7},\ \underbrace{0 \cdot \mathbf{7} + 1 \cdot \mathbf{5}}_{5})$$

$$\overset{\text{(T8)}}{=} \operatorname{ggT}(\underbrace{1 \cdot \mathbf{7} + 0 \cdot \mathbf{5} - (0 \cdot \mathbf{7} + 1 \cdot \mathbf{5})}_{7},\ \underbrace{0 \cdot \mathbf{7} + 1 \cdot \mathbf{5}}_{5})$$

$$= \operatorname{ggT}(\underbrace{1 \cdot \mathbf{7} - 1 \cdot \mathbf{5}}_{2},\ \underbrace{0 \cdot \mathbf{7} + 1 \cdot \mathbf{5}}_{5})$$

$$\overset{\text{(T1)}}{=} \operatorname{ggT}(\underbrace{0 \cdot \mathbf{7} + 1 \cdot \mathbf{5}}_{5},\ \underbrace{1 \cdot \mathbf{7} - 1 \cdot \mathbf{5}}_{2})$$

$$\overset{\text{(T8)}}{=} \operatorname{ggT}(\underbrace{0 \cdot \mathbf{7} + 1 \cdot \mathbf{5} - 2(1 \cdot \mathbf{7} - 1 \cdot \mathbf{5})}_{5},\ \underbrace{1 \cdot \mathbf{7} - 1 \cdot \mathbf{5}}_{2})$$

$$= \text{ggT}(\underbrace{-2 \cdot 7 + 3 \cdot 5}_{1}, \underbrace{1 \cdot 7 - 1 \cdot 5}_{2})$$

$$\overset{(T1)}{=} \text{ggT}(\underbrace{1 \cdot 7 - 1 \cdot 5}_{2}, \underbrace{-2 \cdot 7 + 3 \cdot 5}_{1})$$

$$\overset{(T8)}{=} \text{ggT}(\underbrace{1 \cdot 7 - 1 \cdot 5}_{2} - 2\underbrace{(-2 \cdot 7 + 3 \cdot 5)}_{1}, \underbrace{-2 \cdot 7 + 3 \cdot 5}_{1})$$

$$= \text{ggT}(\underbrace{5 \cdot 7 - 7 \cdot 5}_{0}, \underbrace{-2 \cdot 7 + 3 \cdot 5}_{1})$$

$$\overset{(T1)}{=} \text{ggT}(\underbrace{-2 \cdot 7 + 3 \cdot 5}_{1}, 0)$$

$$= \underbrace{-2 \cdot 7 + 3 \cdot 5}_{1}$$

Wir wissen schon, dass der größte gemeinsame Teiler von 7 und 5 die 1 ist. Also gilt

$$1 = -2 \cdot 7 + 3 \cdot 5.$$

Dieses Verfahren nennt man den **erweiterten Euklidischen Algorithmus**. Der Algorithmus funktioniert genau gleich wie der Euklidische Algorithmus, nur dass man die Ausgangszahlen a und b durch die entsprechende ganzzahlige Linearkombination ersetzt. Wir ersetzen also am Anfang a durch

$$1 \cdot \mathbf{a} + 0 \cdot \mathbf{b}$$

und b durch

$$0 \cdot \mathbf{a} + 1 \cdot \mathbf{b}.$$

Dann rechnen wir gleich weiter wie beim Euklidischen Algorithmus, nur dass wir in jedem Schritt die Zahlen als ganzzahlige Linearkombination von a und b stehen lassen. Dann bekommen wir am Schluss den größten gemeinsamen Teiler von a und b, ausgedrückt durch eine ganzzahlige Linearkombination von a und b.

Aufgabe 9.34 Berechne jeweils mit dem erweiterten Euklidischen Algorithmus den größten gemeinsamen Teiler von a und b und stelle diesen als ganzzahlige Linearkombination von a und b dar.

(a) $a = 15, b = 12$

(b) $a = 27, b = 21$

(c) $a = 144, b = 60$

(d) $a = 250, b = 73$

Jetzt müssen wir nur noch zeigen, dass man alle Zahlen in der Rechnung als ganzzahlige Linearkombination von a und b darstellen können. Wir beginnen den erweiterten Euklidischen Algorithmus mit zwei Zahlen, welche eine ganzzahlige Linearkombination von a und b sind. Dann ersetzten wir jeweils das a durch

$$a \bmod b = a - (a \operatorname{div} b) \cdot b = a - \underbrace{(b + b + \ldots + b)}_{(a \operatorname{div} b) - \mathrm{Mal}}.$$

Während der Rechnung führen wir also nur folgende Operationen durch:

1. Addition zweier ganzzahliger Linearkombinationen

2. Subtraktion zweier ganzzahliger Linearkombinationen

Wenn man diese beiden Operationen auf Linearkombinationen von a und b anwendet, dann ist das Resultat wieder eine Linearkombination von a und b: Seien $\alpha_1 \cdot \mathbf{a} + \beta_1 \cdot \mathbf{b}$ und $\alpha_2 \cdot \mathbf{a} + \beta_2 \cdot \mathbf{b}$ zwei ganzzahlige Linearkombinationen von a und b. Die Summe

$$(\alpha_1 \cdot \mathbf{a} + \beta_1 \cdot \mathbf{b}) + (\alpha_2 \cdot \mathbf{a} + \beta_2 \cdot \mathbf{b}) = (\alpha_1 + \alpha_2) \cdot \mathbf{a} + (\beta_1 + \beta_2) \cdot \mathbf{b}$$

ist auch eine ganzzahlige Linearkombination von a und b, weil sowohl $\alpha_1 + \alpha_2$ wie auch $\beta_1 + \beta_2$ ganze Zahlen sind.[15]

Aufgabe 9.35 Beweise, dass die Differenz zweier ganzzahliger Linearkombinationen auch wieder eine ganzzahlige Linearkombination ist.

Wir wissen nun, dass wir mit dem erweiterten Euklidischen Algorithmus nicht nur den größten gemeinsamen Teiler t zweier Zahlen a und b berechnen können. Wir können t sogar als Linearkombination von a und b darstellen:

$$t = \alpha \cdot \mathbf{a} + \beta \cdot \mathbf{b}.$$

Wie können wir nun aber diesen erweiterten Euklidischen Algorithmus zum Berechnen von Inversen verwenden? Wir möchten die multiplikative Inverse von w modulo m berechnen. Wir haben vorausgesetzt, dass w und m teilerfremd sind. Also würde der Euklidische Algorithmus den grössten gemeinsamen Teiler $t = 1$ finden. Mit dem erweiterten Euklidischen Algorithmus können wir außerdem 1 als eine Linearkombination von w und m darstellen:

$$1 = \alpha \cdot \mathbf{w} + \beta \cdot \mathbf{m}.$$

Wenn wir diese Gleichung modulo m rechnen, fällt der zweite Summand auf der rechten Seite weg:

$$1 = \alpha \cdot \mathbf{w} \bmod m.$$

---

[15]Die Summe zweier ganzer Zahlen ist wieder eine ganze Zahl.

Das α ist nun die multiplikative Inverse von w modulo m. Wir haben also Folgendes gezeigt:

> *Die Zahl w besitzt eine multiplikative Inverse modulo m, wenn w und*
> *m teilerfremd sind. Außerdem liefert uns der erweiterte Euklidische*
> *Algorithmus ein Verfahren, mit welchem wir diese multiplikative Inverse*
> *effizient berechnen können.*

Aufgabe 9.36 Berechne jeweils die multiplikative Inverse von w modulo m.

(a) $w = 16, m = 27$

(b) $w = 43, m = 24$

(c) $w = 123, m = 72$

Ist das Public-Key-Kryptosystem MERKLE-HELLMAN sicher?

Die vorgestellten Kandidaten für Public-Key-Kryptosysteme könnte man mit den folgenden drei Ansätzen zu knacken versuchen:

1. Mit einem Algorithmus, der das allgemeine schwere Problem, auf welchem das Kryptosystem aufgebaut ist, effizient löst und damit das Geheimnis lüftet.

2. Mit einem Algorithmus, der nur das Unterproblem, welches durch die verwendeten speziellen Probleminstanzen definiert ist, lösen kann.

3. Mit einem anderen Weg zum Knacken des Kryptosystems, der nicht das Geheimnis zu lüften braucht und somit nicht das schwere Problem lösen muss.

Die heutige Informatik liefert glaubwürdige Gründe dafür, dass schwere Probleme tatsächlich nicht effizient lösbar sind.

Also sollte ein Kryptoanalytiker versuchen, das Public-Key-Kryptosystem so zu knacken, dass er die speziellen Probleminstanzen, auf welchen die Kryptosysteme aufgebaut sind, zu lösen versucht oder das schwere Problem gar nicht zu lösen versucht. Letzteres ist uns beim Kryptosystem DOMINATE ganz gut gelungen. Wir haben gesehen, dass wir das Kryptosystem mit Hilfe eines geeigneten linearen Gleichungssystem knacken können, ohne das Geheimnis des Graphen zu lüften. Das dauert zwar länger als das Lösen mit Hilfe der exakten dominierenden Menge, aber wenn der Graph klein ist, ist es durchaus mit dem Gleichungssystem für einen Computer bewältigbar.

Beim Public-Key-Kryptosystem MERKLE-HELLMAN hat man ein paar Jahre lang geglaubt, dass es sicher ist. Das allgemeine Untersummen-Problem lässt sich mit keinem Algorithmus effizient lösen. Adi Shamir hat aber 1984 herausgefunden, dass die Vektoren für den öffentlichen Schlüssel von einer spezielleren Form sind als sich die Erfinder Merkle und Hellman erhofft hätten. Die Vektoren des öffentlichen Schlüssels sehen zwar zufällig gewählt aus und sind (meistens) nicht superwachsend, aber sie sind trotzdem einfacher zu handhaben als zufällig gewählte Vektoren. Adi Shamir hat einen Algorithmus gefunden, der effizient einen Kryptotext, der mit MERKLE-HELLMAN verschlüsselt worden ist, knackt. Der Algorithmus sucht eine Hintertür, um den öffentlichen Schlüssel in einen superwachsenden Vektor zu verwandeln. Die Ausgabe ist also ein Paar w' und m'. Der Algortihmus garantiert aber nicht, dass die privaten Schlüssel mit diesen beiden Schlüsseln übereinstimmen. Es kann also sein, dass der Algorithmus versagt. Das passiert aber nur in sehr wenigen Fällen.

Unser Ziel ist es, ein Public-Key-Kryptosystem zu bauen, bei welchem die Kryptoanalyse eine exponentielle Zeitkomplexität im Vergleich zu der Entschlüsselung (und der Verschlüsselung) hat. Dies ist uns hier noch nicht gelungen. Die erreichten Unterschiede in der Zeitkomplexität sind nur von polynomieller Grösse. Die Suche nach dem gewünschten Public-Key-Kryptosystem werden wir im nächsten Kapitel fortsetzen.

9.3 Ein Public-Key-Kryptosystem zum Verschicken eines Bits

Im Abschnitt über das Public-Key-Kryptosystem DOMINATE haben wir gezeigt, wie man eine beliebige natürliche Zahl verschlüsselt mit Hilfe eines Graphen kommunizieren kann. Leider waren die n Zeitkomplexität der Verschlüsselung und die ungefähre n^3 Zeitkomplexität der Kryptoanalyse zu nahe beieinander. Um DOMINATE sicher zu machen, muss der Schlüssel so gross gewählt werden, dass die Verschlüsselung zwar noch machbar, aber für die Anforderungen der Praxis nicht hinreichend effizient ist.

In diesem Abschnitt versuchen wir DOMINATE zu verbessern, indem die Entschlüsselung ohne den geheimen Schlüssel nicht so einfach mittels der Lösung eines Systems von linearen Gleichungen umgesetzt werden kann. Dazu bauen wir ein Public-Key-Kryptosystem zum Senden eines einzelnen Bits statt einer ganzen Zahl.

Hinweis für die Lehrperson Dieser Abschnitt ist optional. Falls man ihn unterrichten will, besteht auch die Möglichkeit, statt einer Vermittlung durch eine Erklärung des Kryptosystems die Klasse das Kryptosystem selbst mit einer gemäßigten Lenkung entwickeln zu lassen.

Also fokussieren wir jetzt darauf, wie man eine binäre Nachricht verschlüsselt verschicken kann.

> Eine **binäre Nachricht** ist eine Information, die zwei Werte annehmen kann,
> also beispielsweise „ja" und „nein", oder „schwarz" und „weiß".

Die Nachricht kommt als „ungerade" oder „gerade" beim Empfänger an. Deshalb ist es wichtig, sich zuerst darauf zu einigen, was „ungerade" und was „gerade" repräsentieren soll. Diese Repräsentation geschieht öffentlich, das heißt, jeder darf wissen, dass beispielsweise „ungerade" die Antwort „ja" und „gerade" die Antwort „nein" darstellt.

Wir verwenden für die Verschlüsselung wieder die Graphen, die wir zu Beginn des Kapitels eingeführt haben. Die Aufgabe des Senders ist es, je nachdem, welche Antwort er vermitteln will, eine gerade bzw. eine ungerade Anzahl Knoten im Graphen zu markieren. In unserem Beispiel wählt er eine ungerade Anzahl, wenn die geheime Nachricht „ja" ist und eine gerade Anzahl, wenn die geheime Nachricht „nein" ist. Die Knoten, die er auswählt, markiert er grün. Dieses grüne Markieren muss beim Sender im Geheimen geschehen. Niemand darf sehen, welche Knoten grün markiert sind, weil man von der Anzahl grüner Knoten im Graphen direkt die geheimzuhaltende Nachricht ableiten kann.

Anschliessend wird für jeden Knoten im Graphen bestimmt, ob er eine gerade oder eine ungerade Anzahl grün markierte Knoten als Nachbarn hat. Hier ist wichtig zu beachten, dass jeder grüne Knoten für sich selbst auch als Nachbar zählt. Auf diese Weise erhält jeder Knoten im Graph eine Bezeichnung „gerade" bzw. ein „ungerade" abhängig davon, wie viele grün markierte Nachbarknoten er hat.

Aufgabe 9.37 Siehst du die Analogie zu der Verschlüsselung in DOMINATE? Erkläre sie.

Könntest du die Bezeichung „gerade" und „ungerade" durch gewisse Zahlen ersetzen, die dann wie in DOMINATE mittels einer geeigneten Addition aufsummiert werden?

Diese Beschriftung der Knoten mit „gerade" und „ungerade" ist öffentlich im Gegensatz zu den grün markierten Knoten und wird schließlich dem Empfänger zugeschickt. Vorher muss der Sender allerdings die grün markierten Knoten wieder zu normal aussehenden Knoten machen, es soll schließlich geheim bleiben, welche Knoten er ursprünglich grün markiert hat.

Mit gegebenem Graphen und den beschrifteten Knoten soll die geheime Antwort des Senders entschlüsselt werden. Genauer gesagt geht es darum, anhand der Beschriftungen der Knoten mit „gerade" bzw. „ungerade" (welche jeweils für jeden Knoten die Anzahl grün markierter Nachbarn angeben) herauszufinden, ob der Sender sich vor dem Versenden insgesamt eine gerade oder eine ungerade Anzahl Knoten grün markiert hat.

Das Geheimnis zur effizienten Entschlüsselung ist genau wie in DOMINATE eine exakte dominierende Menge. Jeder, der die exakte dominierende Menge kennt, kann die Anzahl ursprünglich grün markierter Knoten wie folgt bestimmen und damit die Nachricht entschlüsseln:

Eine gegebene exakte dominierende Menge von k Knoten teilt die Knoten des Graphen in k disjunkte Knotenmengen ein. Für jede dieser Knotenmengen sagt der in dieser Menge dominierende Knoten, ob die Anzahl der grünen Knoten in dieser Menge gerade oder ungerade ist. Um festzustellen, ob die Gesamtzahl grüner Knoten des ganzen Graphen gerade oder ungerade ist, reicht es zu schauen, wie viele der k Knoten der exakten dominierenden Menge mit „ungerade" bezeichnet werden. Wenn gerade viele der k Knoten mit „ungerade" bezeichnet sind, dann ist die Gesamtzahl der grünen Knoten gerade. Wenn ungerade viele der k Knoten mit „ungerade" beschriftet sind, dann ist die Gesamtzahl der grünen Knoten ungerade. Dies folgt daraus, dass eine Summe von Zahlen nur dann als Resultat eine ungerade Zahl ergibt, wenn die Anzahl der ungeraden Summanden ungerade ist.

Aufgabe 9.38 Wie sieht die Entschlüsselung mit dem geheimen Schlüssel (einer exakten dominierenden Menge) aus, wenn du statt „ungerade" und „gerade" mit Einsen und Nullen arbeitest und für die Addition $\oplus_2$ verwendest? Begründe die Korrektheit deiner Überlegung.

Aufgabe 9.39 Überlege, wie alles ablaufen würde, wenn man in jedem Knoten statt nur die Information „gerade" oder „ungerade" die genaue Anzahl der grünen Knoten in der Nachbarschaft in der Nachricht angeben würde. Welchen Aufwand würde es bei der Verschlüsselung, bei der Entschlüsselung mit dem Geheimnis und bei der Entschlüsselung ohne das Geheimnis des Graphen bedeuten?

Um die Arbeit des Kryptosystems zu illustrieren, betrachten wir das folgende Beispiel: Der Lehrer will eine anonyme Umfrage machen. Um möglichst ehrliche Antworten von seinen Schülern zu erhalten, weil diese keine Angst haben müssen, dass andere Mitschüler ihre Beurteilung beim Abgeben sehen können, läuft die Umfrage verschlüsselt ab. Der Lehrer verteilt jedem Schüler einen Graphen und fügt hinzu, dass er in diesem die exakte dominierende Menge kennt. Er erklärt den Schülern weiter, wie das Verschlüsselungsverfahren jetzt ablaufen soll, dass sie sich im Geheimen eine gerade oder ungerade Anzahl Knoten markieren sollen, anschließend für jeden Knoten die markierten Nachbarn zählen und dazuschreiben sollen, ob diese Anzahl gerade oder ungerade ist. Der Lehrer erklärt, dass diejenigen, welchen sein Unterricht gefallen hat, eine ungerade Anzahl Knoten und diejenigen, welchen er nicht gefallen hat, eine gerade Anzahl Knoten grün markieren sollen. Dann weist er darauf hin, dass dies geheim ablaufen muss und er diese Markierung nicht sehen darf.

Fritz in der letzten Reihe ist erleichtert, dass die Umfrage auf diese Weise abläuft, weil er sich sonst nicht getraut hätte, zu sagen, dass ihm der Unterricht überhaupt keinen Spaß gemacht hatte. Als der Lehrer jedem Schüler einen Graphen austeilt, markiert er deshalb eine gerade Anzahl von Knoten grün und achtet darauf, dass es der Lehrer nicht sieht (siehe Abbildung 9.22).

Anschließend zählt er für jeden Knoten die markierten Nachbarn. Wenn der Knoten selbst schon grün ist, dann zählt er ihn auch als Nachbarn von sich selbst (siehe Abbildung 9.23).

Jetzt übermalt Fritz die grün markierten Knoten wieder schwarz, damit niemand sehen kann, wie viele Knoten er markiert hat. Nur der Lehrer, der die exakte dominierende Menge des Graphen kennt, soll in der Lage sein, die Anzahl ursprünglich grün markierter Knoten herauszufinden und das erst, wenn Fritz den Graphen abgegeben hat und der Lehrer nicht mehr weiß, welcher Graph von welchem Schüler kommt (siehe Abbildung 9.24).

Aufgabe 9.40 Finde die exakte dominierende Menge im Graphen von Abbildung 9.24.

Aufgabe 9.41 Du bist der Lehrer. Vor dir liegt ein Stapel von Graphen, von denen jeder eine Antwort auf die Frage „Wie hat dir der Unterricht gefallen?" verschlüsselt hat. Da du das Geheimnis, also die exakte dominierende Menge kennst, kannst du die Antworten der Schüler jetzt leicht entschlüsseln. Erkläre, wie du vorgehen musst.

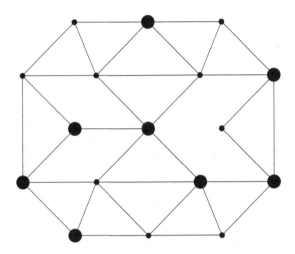

Abbildung 9.22 Fritz malt eine gerade Anzahl von Knoten grün an. Die grünen Knoten sind in diesem Bild dicker als die anderen.

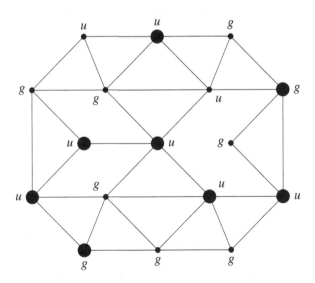

Abbildung 9.23 In jedem Knoten steht, ob die Anzahl der Nachbarknoten gerade (*g*) oder ungerade (*u*) ist.

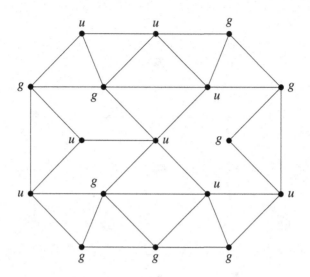

Abbildung 9.24 Die grünen Knoten wurden wieder übermalt.

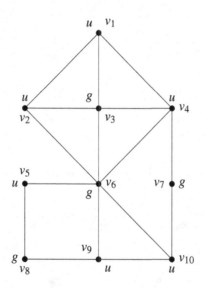

Abbildung 9.25 Antwort eines Schülers.

Aufgabe 9.42 Als Lehrer kennst du die exakte dominierende Menge, deshalb fällt es dir nicht schwer, die geheime Nachricht zu entschlüsseln. Ganz am Anfang hast du mit deinen Schülern öffentlich vereinbart, dass diejenigen, welchen der Unterricht gefallen hat, eine „ungerade" Anzahl Knoten, und diejenigen, welchen der Unterricht nicht gefallen hat, eine „gerade" Anzahl Knoten geheim markieren sollen. Wie lautet die Antwort des Schülers, der den Graph aus Abbildung 9.25 verschlüsselt hat?

Beschäftigen wir uns jetzt mit der Sicherheit des entworfenen Kryptosystems, das wir MODDOMINATE nennen werden. Der Aufwand zur Verschlüsselung von MODDOMINATE sieht gleich wie in DOMINATE aus. Bei der Entschlüsselung mit einer exakten dominierenden Menge sind auch beide Kryptosysteme gleich effizient. Wie ist es aber bei der Entschlüsselung ohne das Geheimnis (also der Kryptoanalyse)? Nehmen wir an, wir verwenden 1 und 0 statt „ungerade" und „gerade". Man könnte wieder jedem Knoten v_i eine Unbekannte x_i und eine Gleichung zuordnen. So erhält zum Beispiel der Knoten v_1 in Abbildung 9.25 die Gleichung

$$x_1 \oplus_2 x_2 \oplus_2 x_3 \oplus_2 x_4 = 1,$$

weil v_2, v_3 und v_4 die Nachbarn von v_1 sind und v_1 selbst mit „ungerade" markiert ist.

Aufgabe 9.43 Erstelle das vollständige Gleichungssystem für den Graphen aus Abbildung 9.25.

Wo ist der Unterschied zu DOMINATE? Bei DOMINATE haben wir ein System von linearen Gleichungen erhalten, und für solche Systeme haben wir mehrere effiziente Algorithmen zur Lösung zur Verfügung. Bei MODDOMINATE erhalten wir ein System von binären modularen Gleichungen. Hier werden Werte 0 und 1 für die x_i's gesucht, so dass alle Gleichungen erfüllt werden. Weil die Gleichungen alle modulo 2 gerechnet werden, ist es kein Problem multiplikative Inverse zu berechnen. Also können wir ein solches Gleichungssystem mit Algorithmen für gewöhnliche lineare Gleichungssysteme lösen.

Hinweis für die Lehrperson Nun könnte man sich aber überlegen ein Public-Key-Kryptosystem zu bauen, welches die Summen jeweils modulo einer Zahl, die keine Primzahl ist, rechnet. Falls wir modulo einer Primzahl p rechnen, rechnen wir immer in einem Körper und in jedem Körper funktioniert die Gauss'sche Elimination. Die Kryptoanalyse würde im Falle einer zusammengesetzten Zahl komplizierter werden, weil wir keine modularen Inversen berechnen könnten. Das würde heißen, dass wir die bekannten Algorithmen zum Lösen von linearen Gleichungssystemen nicht mehr verwenden können. Heißt das auch, dass wir die Kryptoanalyse gar nicht mehr mit Hilfe von modularen linearen Gleichungssystemen führen können? Gibt es andere Algorithmen, die Lösungen zu modularen linearen Gleichungssystemen liefern? Diese Fragen müsste man zuerst beantworten, bevor man versucht ein sicheres Public-Key-Kryptosystem basierend auf Graphen zu bauen. Das Thema ist aber so schwierig, dass wir hier diesen Gedanken nicht weiter verfolgen können.

In der nächsten Lektion werden wir die Suche nach praktikablen Public-Key-Kryptosystemen fortsetzen.

9.4 Zusammenfassung

Das Grundprinzip der Public-Key-Kryptographie liegt in der neuen Definition der Sicherheit eines Kryptosystems. Ein Kryptosystem ist sicher, wenn jedes Entschlüsselungsverfahren ohne die Kenntnis des Geheimnisses des Kryptosystems ineffizient und somit praktisch nicht umsetzbar ist. Egal wie genial ein Kryptoanalytiker ist, er hat keine Chance, eine brauchbare Kryptoanalyse zu entdecken, weil es einfach keine gibt.

Der Entwurf von Public-Key Kryptosystemen basiert auf dem Konzept der Einwegfunktionen mit einer Hintertür. Solche injektiven Funktionen müssen sehr effizient berechenbar sein, aber ihre Umkehrfunktion soll wesentlich schwerer berechenbar sein. „Wesentlich schwerer" beinhaltet den Wunsch, dass der notwendige Aufwand zu ihrer Berechnung praktisch nicht umsetzbar ist.

Die Idee ist, die Einwegfunktionen mit einer Hintertür zur Verschlüsselung zu verwenden und sie öffentlich zu machen, so dass sie jede Person zur Versendung von Nachrichten verwenden kann. Weil man dadurch den Schlüssel zur Verschlüsselung auch publik macht, nennt man auf Einwegfunktionen mit einer Hintertür basierte Kryptosysteme Public-Key-Kryptosysteme. So verschlüsselte Nachrichten kann niemand entschlüsseln, weil die Umkehrfunktion schwer berechenbar ist. Um Einwegfunktionen mit Hintertür erfolgreich einzusetzen, müssen sie noch eine sonderbare Eigenschaft haben, die dem Empfänger ermöglicht die Kryptotexte effizient zu entschlüsseln. Es muss ein Geheimnis der Funktion geben, das nur dem Empfänger zur Verfügung steht, das nicht effizient berechnet werden kann, und mit dem man Kryptotexte effizient entschlüsseln kann. Solche Geheimnisse nennen wir auch die Hintertür der Einwegfunktion.

Auf den ersten Blick sieht das Konzept der Einwegfunktion mit einer Hintertür nicht natürlich aus, und man kann sich fragen, ob solche Funktionen überhaupt existieren. In dieser Lektion haben wir gesehen, dass diese Idee nicht ganz unrealistisch ist. Wir haben Beispiele von Public-Key-Kryptosystemen gegeben, in denen die Kryptoanalyse ohne die Kenntnis des Empfängergeheimnisses viel aufwändiger war als die Verschlüsselung und Entschlüsselung mit dem Geheimnis. Dieses „viel aufwändiger" reichte aber nicht zum Bau von Public-Key-Kryptosystemen in der Praxis, weil der Unterschied in den Rechenaufwänden zu klein war für praktische Zwecke. Um solche Public-Key-Kryptosysteme vor der Kryptoanalyse sicher zu machen, muss man so große Schlüssel wählen, dass die Entschlüsselung mehr Arbeit fordert als man sich in einer effizienten Kommunikation leisten kann. Damit ist das verbleibende Ziel für die nächste Lektion, Einwegfunktionen mit Hintertür zu suchen, für die der Unterschied zwischen Entschlüsselung mit Geheimnis und Kryptoanalyse ohne Geheimnis von exponentieller Zeitkomplexität ist.

Kontrollfragen

1. Was ist ein symmetrisches Kryptosystem?

2. Welche Schwachstellen haben symmetrische Kryptosysteme?

3. Was ist eine Einwegfunktion?

4. Was ist eine Einwegfunktion mit einer Hintertür?

5. Wann bezeichnen wir ein Kryptosystem als ein Public-Key-Kryptosystem?

6. Warum nennt man Public-Key-Kryptosysteme auch asymmetrische Kryptosysteme?

7. Welche Vorteile haben Public-Key-Kryptosysteme?

8. Beschreibe die Verschlüsselung mit Hilfe eines Telefonbuchs. Weshalb ist dieser Kandidat keine gute Einwegfunktion?

9. Wie verschlüsselt man im Public-Key-Kryptosystem DOMINATE?

10. Wie ist eine exakte dominierende Menge in einem Graphen definiert?

11. Wie funktioniert die Entschlüsselung im Public-Key-Kryptosystem DOMINATE?

12. Besitzt jeder Graph eine exakte dominierende Menge?

13. Wie kann man einen Graphen mit einer beliebigen Anzahl von Knoten so konstruieren, dass er eine exakte dominierende Menge besitzt?

14. Verschlüsseln wir mit DOMINATE einen Klartext mit einem Graphen, der keine exakte dominierende Menge besitzt. Kann man den Kryptotext trotzdem effizient entschlüsseln? Falls ja, wie?

15. Wenn man einen mit DOMINATE verschlüsselten Kryptotext mit Hilfe eines Gleichungssystems entschlüsseln möchte, dann kann es passieren, dass das Gleichungssystem unendlich viele Lösungen hat. Ist das ein Hindernis für die Kryptoanalyse?

16. Wie viele Operationen braucht man, um einen mit DOMINATE verschlüsselten Kryptotext mit Hilfe des Geheimnisses zu entschlüsseln? Wie viele Operationen braucht man, wenn man den Kryptotext ohne das Geheimnis entschlüsseln möchte?

17. Beschreibe das Untersummen-Problem.

18. Wie viele Teilmengen hat eine Menge mit n Elementen?

19. Was hat MERKLE-HELLMAN* mit dem Untersummen-Problem zu tun?

20. Beschreibe das Vorgehen beim Verschlüsseln mit dem Public-Key-Kryptosystem MERKLE-HELLMAN*.

21. Weshalb ist es nicht gut, wenn wir als öffentlichen Schlüssel einen superwachsenden Vektor wählen?

22. Weshalb kann ein superwachsender Vektor nicht zur Verschlüsselung verwendet werden?

23. Wie bekommen wir aus einem superwachsenden Vektor einen Vektor, der zufällig aussieht und nicht mehr superwachsend ist?

24. Wie verschlüsselt man mit dem Public-Key-Kryptosystem MERKLE-HELLMAN?

25. Erkläre die Entschlüsselung eines mit dem Public-Key-Kryptosystem MERKLE-HELLMAN verschlüsselten Kryptotexts.

26. Beschreibe den erweiterten Euklidischen Algorithmus.

27. Wo ist der Hauptunterschied zwischen DOMINATE und MODDOMINATE?

28. Wenn man einen mittels MODDOMINATE verschlüsselten Text ohne die dominierende Menge zu entschlüsseln versucht, kann man versuchen ein Gleichungssystem abzuleiten und zu lösen. Um welche Art von Gleichungen handelt es sich?

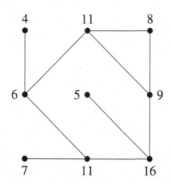

Abbildung 9.26 Kryptotext einer Zahl, die mit DOMINATE verschlüsselt worden ist.

29. Müssen die Gleichungsysteme, die von einem mit MODDOMINATE verschlüsselten Krypto-text abgeleitet sind, gelöst werden, um den Klartext zu erfahren?

30. Wie schwer ist es zu bestimmen, ob ein modulares Gleichungssystem eine Lösung hat?

31. Nehmen wir an, dass MODDOMINATE ein sicheres Public-Key-Kryptosystem ist. Würdest du es verwenden? Welche Vorteile und welche Nachteile würdest du ihm zuschreiben?

32. Welche Strategie wählst du bei der Wahl der Schlüssellänge, wenn du weißt, dass der Aufwand bei der Verschlüsselung und der Entschlüsselung mit dem geheimen Schlüssel durch eine Funktion f beschränkt ist und der Aufwand bei der Enschlüsselung mindestens $g(n)$ für eine Funktion g ist?

Kontrollaufgaben

1. (a) Konstruiere einen Graphen mit drei Knoten, der keine exakte dominierende Menge besitzt. Begründe deine Behauptung.

    (b) Wie könnte man auf einfache Weise einen Graphen mit einer ungeraden Anzahl $n = 2k + 1$, $k \in \mathbb{N}$ von Knoten konstruieren, der keine exakte dominierende Menge besitzt? Begründe die Nichtexistenz einer exakten dominierenden Menge in dem von dir konstruierten Graphen.

2. Entschlüssle den Kryptotext aus Abbildung 9.26.

3. Zeichne einen Graphen mit 25 Knoten, der eine exakte dominierende Menge besitzt.

4. Betrachte den mit DOMINATE verschlüsselten Kryptotext in Abbildung 9.27.

    (a) Hat der Graph eine exakte dominierende Menge?

    (b) Es gibt eine Möglichkeit, den Kryptotext mit höchstens vier arithmetischen Operationen zu entschlüsseln. Findest du einen solchen Entschlüsselungsweg?

5. Erfinde einen Graphen mit mindestens 8 Knoten, der zwar keine exakte dominierende Men-ge besitzt, der aber ungeeignet ist für die Verschlüsselung mit DOMINATE, weil wenige Operationen zur Bestimmung der Klartexte aus den Kryptotexten reichen.

6. Stelle für den Graphen aus Abbildung 9.26 das Gleichungssystem auf, um den Kryptotext zu entschlüsseln.

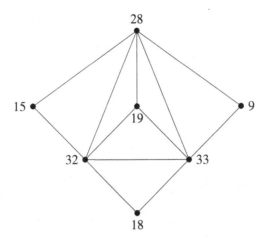

Abbildung 9.27 Ein mit DOMINATE verschlüsselter Kryptotext.

7. Wir haben gesehen, dass wir in einem Graphen, der eine exakte dominierende Menge besitzt, den Kryptotext auch durch eine Kryptoanalyse, die ein Gleichungssystem löst, knacken können. Die Lösung der Gleichungssystems muss nicht immer eindeutig sein. Wenn man aber Werte der Lösungen für alle Variablen addiert, bekommt man in diesem Fall immer eine eindeutige Lösung, die dem ursprünglichen Klartext entspricht. Beweise diese Behauptung.

8. Finde einen Graphen, der keine exakte dominierende Menge besitzt, und bei welchem die Kryptoanalyse durch das Lösen eines Gleichungssystems fehlschlagen würde, weil das Gleichungssystem unendlich viele Lösungen – nicht nur für die Variablenmenge, sondern auch für die Summe aller Variablen – liefert.

9. Es sei $A = (1, 3, 5, 15, 27, 61, 114, 233)$ der öffentliche Schlüssel des Public-Key-Kryptosystems MERKLE-HELLMAN*. Entschlüssle den Kryptotext

   16 156 20 133 180.

10. Sei $A' = (4, 5, 10, 20)$ ein superwachsender Vektor. Wähle geeignete m und w, und wandle den superwachsenden Vektor damit in einen scheinbar zufällig gewählten Vektor A um.

11. (a) Verschlüssle den Klartext SUPER mit MERKLE-HELLMAN. Wähle dazu als private Schlüssel einen superwachsenden Vektor A' und geeignete Zahlen m und w.

    (b) Überprüfe, ob dein Kryptotext stimmt, indem du w^{-1} berechnest und damit den Kryptotext wieder entschlüsselst.

12. Berechne jeweils mit dem erweiterten Euklidischen Algorithmus den größten gemeinsamen Teiler von a und b und stelle diesen als ganzzahlige Linearkombination von a und b dar.

    (a) $a = 22, b = 24$

    (b) $a = 3, b = 10$

    (c) $a = 100, b = 125$

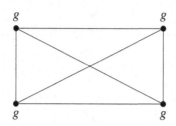

Abbildung 9.28 Kryptotext, der mit MODDOMINATE verschlüsselt wurde.

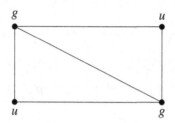

Abbildung 9.29 Kryptotext, der mit MODDOMINATE verschlüsselt wurde.

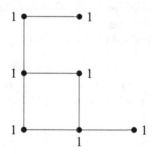

Abbildung 9.30 Kryptotext, der mit MODDOMINATE verschlüsselt wurde.

13. Berechne jeweils die multiplikative Inverse von w modulo m.

   (a) $w = 5, m = 24$

   (b) $w = 32, m = 17$

   (c) $w = 33, m = 13$

   (d) $w = 7, m = 5$

   (e) $w = 45, m = 28$

14. Der Kryptotext in Abbildung 9.28 wurde mit MODDOMINATE verschlüsselt. Kannst du den Klartext bestimmen? Wie viele Operationen brauchst du? Schaffst du es auch für den Kryptotext in Abbildung 9.29?

15. Der Graph in Abbildung 9.30 wurde mit MODDOMINATE verschlüsselt. Kannst du den Klartext bestimmen? Die Zahl 1 steht für „ungerade".

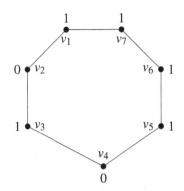

Abbildung 9.31 Kryptotext, der mit MODDOMINATE verschlüsselt wurde.

16. Abbildung 9.31 zeigt einen Kryptotext, der mit MODDOMINATE verschlüsselt wurde. Ist der Klartext 0 (gerade) oder 1 (ungerade)? Kannst du alle möglichen Verteilungen von Nullen und Einsen auf diesen Graphen finden, ohne alle 2^7 Möglichkeiten zu untersuchen?

Lektion 10

Zahlentheoretische Public-Key-Kryptosysteme und RSA

Die Grundidee der Public-Key-Kryptographie liegt im Entwurf von Kryptosystemen mit einer effizienten Verschlüsselung und mit einer Entschlüsselung, die

(1) effizient mit der Kenntnis des geheimen Schlüssels realisierbar ist und

(2) ohne das Geheimnis nicht effizient durchführbar ist.

Der wesentliche Punkt ist, dass wir für die effiziente Verschlüsselung den geheimen Schlüssel nicht brauchen und das Verschlüsselungsverfahren somit mit einem öffentlichen Schlüssel jedem frei zur Verfügung steht. Aus dem öffentlichen Schlüssel kann der geheime Schlüssel nicht effizient berechnet werden.

In Lektion 9 haben wir versucht solche Kryptosysteme zu entwerfen. Dies ist uns teilweise gelungen. Zum Beispiel konnten wir mit Hilfe des schweren Problems der dominierenden Menge ein Kryptosystem entwerfen. Da war die Entschlüsselung mit dem privaten Schlüssel mit einer linearen Zeitkomplexität[1] möglich, während wir eine kubische Zeitkomplexität benötigen, um den Klartext ohne Kenntnis des privaten Schlüssels mittels Lösung von Systemen von linearen Gleichungen zu bestimmen.

Dieser Unterschied zwischen linearer und kubischer Zeitkomplexität war uns aber zu gering. Wir müssen einen sehr großen Schlüssel wählen, damit die Kryptoanalyse ohne privaten Schlüssel in der Praxis nicht umsetzbar ist. Der Schlüssel wird dann aber so groß, dass der Aufwand zum Verschlüsseln und Entschlüsseln zwar machbar, aber viel zu groß für eine schnelle Umsetzung im Alltag ist. Auf diese Weise ist uns klar geworden, dass wir einen exponentiellen Unterschied zwischen den Zeitkomplexitäten der Entschlüsselung ohne und mit privatem Schlüssel anstreben müssen.

Leider fand man keine Möglichkeit, schwere Probleme wie die dominierende Menge oder das Untersummen-Problem zum Bau eines Public-Key-Kryptosystems mit den gewünschten Eigenschaften zu verwenden. Die einzigen erfolgreichen Public-Key-Kryptosysteme basieren auf zahlentheoretischen Problemstellungen. Im Zentrum steht

---

[1] Wir sprechen von linearer Zeitkomplexität, wenn es einen Algorithmus für den gegebenen Zweck gibt, dessen Zeitkomplexität durch eine lineare Funktion von oben beschränkt ist.

die Faktorisierung. Dabei handelt es sich um die Aufgabe, die Primfaktoren einer natürlichen Zahl n zu bestimmen. Zur Lösung dieses Problems sind bis heute nur Algorithmen bekannt, die bestenfalls in exponentieller Zeit laufen. Deshalb geht man davon aus, dass es unmöglich ist, Zahlen mit mehr als 500 Dezimalstellen in realistischer Zeit in Faktoren zu zerlegen.

Warum ist die Faktorisierung so interessant für uns? Seien zwei Primzahlen p und q gegeben. Sei die Funktion f mit zwei Argumenten die Multiplikation von zwei Zahlen, das heißt

$$f(p, q) = p \cdot q.$$

Die Funktion f ist effizient berechenbar. Wie aber ist es mit der Umfehrfunktion von f? Diese soll für eine gegebene Zahl n, mit $n = p \cdot q$, die Faktoren p und q berechnen, das heißt

$$f^{-1}(n) = (p, q).$$

Die Umkehrfunktion f^{-1} entspricht damit der Faktorisierung und f^{-1} ist deshalb eine schwer berechenbare Funktion. Somit ist die Funktion f ein Kandidat für eine Einwegfunktion. Leider gibt es kein Geheimnis (Hintertür), das uns die Berechnung von f^{-1} vereinfachen würde. Aus diesem Grund können wir nicht direkt die Funktion f^{-1} einsetzen, um ein Public-Key-Kryptosystem zu bauen.

Das Problem der Faktorisierung bleibt trotzdem zentral für den Entwurf von sicheren Public-Key-Kryptosystemen. Die ganze Public-Key-Kryptographie basiert auf der vertretbaren Annahme, dass die Faktorisierung ein schweres Problem ist. Die Public-Key-Kryptosysteme werden so gebaut, dass sie sicher sind, wenn diese Annahme stimmt. Es gibt aber auch andere algorithmische Probleme, die man als schwer betrachtet und die zum Entwurf von Public-Key-Kryptosystemen verwendet werden. In solchen Fällen kommen zu der Annahme der Schwierigkeit der Faktorisierung noch zusätzliche Annahmen über die Schwierigkeit weiterer Probleme.

Hinweis für die Lehrperson Für diese Lektion werden die Grundlagen des modularen Rechnens und die Algebra aus Lektion 2 vorausgesetzt.

10.1 Das Public-Key-Kryptosystem RABIN

Das einfachste Public-Key-Kryptosystem mit den gewünschten Eigenschaften ist das Kryptosystem RABIN: Sowohl die Verschlüsselung mit dem öffentlichen, als auch die Entschlüsselung mit dem privaten Schlüssel können effizient umgesetzt werden. Das Kryptosystem RABIN zu knacken ist genauso schwer wie die Faktorisierung. Dies bedeutet, wenn wir RABIN effizient knacken könnten, dann könnten wir es auch schaffen effizient zu faktorisieren und umgekehrt. Die Attraktivität von RABIN liegt einerseits in der einfachen Verschlüsselung und andererseits in der Verständlichkeit, denn das Kryptosystem RABIN ist auch ohne tieferes zahlentheoretisches Wissen zugänglich.

Hinweis für die Lehrperson Das Public-Key-Kryptosystem RABIN wird in diesem Buch nicht zufällig als erstes echtes Public-Key-Kryposystem präsentiert. Um das Kryptosystem RSA vollständig zu verstehen, bedarf es eines sehr großen Aufwands im Umfang von einem Semesterkurs an einer Universität. Beim Kryptosystem RABIN hingegen können in kurzer Zeit die Funktionalität und ein tieferes Verständnis vermittelt werden.

Für das Public-Key-Kryptosystem RABIN werden die Begriffe des modularen Quadrates sowie der modularen Wurzel benötigt. Das modulare Quadrieren kennen wir bereits. Hier soll zu einer gegebenen Zahl x das Quadrat $x^2 \bmod n$ in $(\mathbb{Z}_n - \{0\}, \odot_n)$ berechnet werden, wobei dieses in $\mathbb{Z}_n$ liegt. Für $n = 7$ sehen die modularen Quadrate der Zahlen aus $\mathbb{Z}_7 - \{0\}$ wie folgt aus:

$$1^2 \bmod 7 = 1$$
$$2^2 \bmod 7 = 4 \bmod 7 = 4$$
$$3^2 \bmod 7 = 9 \bmod 7 = 2$$
$$4^2 \bmod 7 = 16 \bmod 7 = 2$$
$$5^2 \bmod 7 = 25 \bmod 7 = 4$$
$$6^2 \bmod 7 = 36 \bmod 7 = 1.$$

Damit ist 1 das Quadrat modulo 7 der beiden Zahlen 1 und 6. Die Zahl $2 \in \mathbb{Z}_7$ ist das Quadrat modulo 7 der Zahlen 3 und 4. Weiter ist 4 das Quadrat modulo 7 von 2 und 5. Damit sind die Zahlen 1, 2 und 4 Quadrate modulo 7 in $(\mathbb{Z}_7 - \{0\}, \odot_7)$. Für $n = 7$ sind die Zahlen 3, 5 und 6 somit keine modularen Quadrate in $(\mathbb{Z}_7 - \{0\}, \odot_7)$.

> *Sei n eine positive ganze Zahl. Wir nennen eine Zahl $z \in \mathbb{Z}_n - \{0\}$*
> ***modulares Quadrat*** *in $(\mathbb{Z}_n - \{0\}, \odot_n)$ oder* **quadratischer Rest,**
> *wenn eine Zahl $x \in \mathbb{Z}_n - \{0\}$ existiert, so dass $z = x^2 \bmod n$.*

Aufgabe 10.1 Sind 2 und 5 modulare Quadrate in $(\mathbb{Z}_6 - \{0\}, \odot_6)$?

Aufgabe 10.2 Welche Zahlen aus dem Monoid $(\mathbb{Z}_{12} - \{0\}, \odot_{12})$ sind modulare Quadrate (quadratische Reste)?

Aufgabe 10.3 Bestimme alle modularen Quadrate in den folgenden Gruppen:

 (a) $(\mathbb{Z}_3 - \{0\}, \odot_3)$,

 (b) $(\mathbb{Z}_5 - \{0\}, \odot_5)$,

 (c) $(\mathbb{Z}_{11} - \{0\}, \odot_{11})$,

 (d) $(\mathbb{Z}_{17} - \{0\}, \odot_{17})$.

Was kann man Interessantes bezüglich der Anzahl der modularen Quadrate beobachten? Was fällt dir weiter auf?

Wir haben gesehen, dass jede Zahl in $(\mathbb{Z}_n - \{0\}, \odot_n)$ modular quadriert werden kann, jedoch nicht jede Zahl in $(\mathbb{Z}_n - \{0\}, \odot_n)$ ein modulares Quadrat einer Zahl in $(\mathbb{Z}_n - \{0\}, \odot_n)$ ist.

> *Wir sagen, dass x eine **modulare Wurzel** von $z \in (\mathbb{Z}_n - \{0\}, \odot_n)$ ist, falls x^2 mod $n = z$.*

Wir haben gesehen, dass einige Zahlen keine modularen Wurzeln haben. Zum Beispiel haben die Zahlen 3 und 5 keine modularen Wurzeln in $(\mathbb{Z}_7 - \{0\}, \odot_7)$, weil sie keine quadratischen Reste sind.

Aufgabe 10.4 Welche Zahlen haben keine modulare Wurzel in

(a) $(\mathbb{Z}_5 - \{0\}, \odot_5)$,

(b) $(\mathbb{Z}_9 - \{0\}, \odot_9)$,

(c) $(\mathbb{Z}_{17} - \{0\}, \odot_{17})$,

(d) $(\mathbb{Z}_{23} - \{0\}, \odot_{23})$?

Wenn wir die modularen Wurzeln modulo einer Primzahl p betrachten, stellen wir fest, dass jede Zahl in $\mathbb{Z}_n - \{0\}$ mindestens zwei modulare Wurzeln hat. Der Grund dafür ist der folgende: Wenn x eine modulare Wurzel von z ist, dann ist auch das additive Inverse $(-x)$ zu x eine modulare Wurzel von z.

Aufgabe 10.5 Überprüfe diese Behauptung an den bisher betrachteten Beispielen in Aufgabe 10.3.

Satz 10.1 *Sei p eine Primzahl. Sei $x \in \mathbb{Z}_p$ eine modulare Wurzel der Zahl $z \in \mathbb{Z}_p - \{0\}$. Dann ist auch $(-x) = p - x \in \mathbb{Z}_p - \{0\}$ eine modulare Wurzel von z.*

Beweis Weil x eine Wurzel von z modulo p ist, gilt x^2 mod $p = z$. Jetzt zeigen wir, dass das auch für $(-x) = p - x$ gilt:

$$(p - x)^2 \text{ mod } p = (p^2 - 2px + x^2) \text{ mod } p$$
$$= (p(p - 2x) + x^2) \text{ mod } p$$
$$\{\text{Distributivgesetz}\}$$
$$= x^2 \text{ mod } p$$
$$\{\text{nach Regel (M1)}\}$$
$$= z$$

Wir erhalten $(p - x)^2$ mod $p = z$. Damit haben wir bewiesen, dass $(-x) = p - x$ eine modulare Wurzel von z ist. $\qquad\square$

Aufgabe 10.6 Gilt Satz 10.1 auch für Zahlen in $\left(\mathbb{Z}_m - \{0\}, \odot_m\right)$, wobei m eine zusammengesetzte Zahl ist? Zeige warum oder finde eine Zahl m und einen quadratischen Rest $z \in \mathbb{Z}_m - \{0\}$, für die Satz 10.1 nicht gilt.

Satz 10.2 *Sei p eine Primzahl und sei z ein modulares Quadrat (ein quadratischer Rest) in $\left(\mathbb{Z}_p - \{0\}, \odot_p\right)$. Dann hat z genau zwei modulare Wurzeln.*

Beweis Wenn z ein quadratischer Rest ist, dann gibt es ein x, so dass $x^2 \bmod p = z$. In Satz 10.1 haben wir bewiesen, dass dann auch $(-x) = p - x$ eine modulare Wurzel von z ist. Weil p eine Primzahl und somit eine ungerade Zahl ist, können x und $(-x)$ nicht gleich sein, also es muss $x \neq (-x)$ gelten. Anders ausgedrückt: Eine der beiden Zahlen x oder $(-x)$ muss gerade, die andere ungerade sein. Daraus folgt, dass z mindestens zwei modulare Wurzeln x und $(-x)$ hat.

Es bleibt zu beweisen, dass es nicht mehrere modulare Wurzeln geben kann. Um dies zu erreichen, zeigen wir für $x^2 \bmod p = z$, dass jede modulare Wurzel y von z entweder x oder das additive Inverse $(-x)$ ist. Weil es in $\left(\mathbb{Z}_p, \odot_p\right)$ zu jeder Zahl genau ein additives Inverses gibt, können außer x und $(-x)$ keine anderen Wurzeln existieren.

Sei $y^2 \bmod p = z$, was bedeutet, dass y eine modulare Wurzel von z in $\left(\mathbb{Z}_p - \{0\}, \odot_p\right)$ ist. Es gilt

$$z - z = x^2 \bmod p - y^2 \bmod p = 0.$$

Wegen dem Gesetz (M5) aus Lektion 2 gilt

$$(x^2 - y^2) \bmod p = 0,$$

und somit ist $x^2 - y^2 = (x + y) \cdot (x - y)$ durch p teilbar.

Weil $0 \leq |x - y| < p$ gilt, kann $x - y$ nur dann durch p teilbar sein, wenn $x - y = 0$, also $x = y$ gilt. Weil $0 < x + y < 2p$, kann $x + y$ nur dann durch p teilbar sein, wenn $x + y = p$ bzw. $y = (-x) = p - x$ gilt. Somit kann y nur x selbst oder das additive Inverse $(-x)$ sein. $\square$

Aufgabe 10.7 Gilt Satz 10.2 auch für zusammengesetzte Zahlen? Beweise dies oder finde eine Zahl m und ein $z \in \mathbb{Z}_m - \{0\}$, so dass die Anzahl der modularen Wurzeln von z in $\left(\mathbb{Z}_m - \{0\}, \odot_m\right)$ nicht gleich 2 ist.

Jetzt haben wir alle wichtigen Vorkenntnisse, um das Public-Key-Kryptosystem RABIN einzuführen. Wir werden hier erklären, wie RABIN aufgebaut ist, wie es funktioniert und wie es angewendet wird. In den nachfolgenden Abschnitten wird dann noch zusätzlich für diejenigen, die keine Angst vor Mathematik haben, aufgezeigt, warum RABIN korrekt funktioniert, warum es sicher ist und wie es effizient aufgebaut wird.

Der Empfänger baut das Public-Key-Kryptosystem. Alle Geheimnisse dürfen ausschließlich dem Empfänger bekannt sein. Er wählt zufällig zwei große Primzahlen p und

q. Um die Verschlüsselung zu vereinfachen, wählt man p und q so, dass $p \bmod 4 = 3$ und $q \bmod 4 = 3$. Mit großen Primzahlen sind Primzahlen gemeint, die etwa 300 bis 700 Dezimalstellen haben. Mit diesen zwei Primzahlen berechnet der Empfänger jetzt zwei Zahlen p_q^{-1} und q_p^{-1}, so dass

$$p \odot_q p_q^{-1} = 1 \qquad \text{und} \qquad q \odot_p q_p^{-1} = 1.$$

Damit ist p_q^{-1} das multiplikative Inverse zu p in der Gruppe $\left(\mathbb{Z}_q - \{0\}, \odot_q\right)$, und q_p^{-1} ist das multiplikative Inverse zu q in der Gruppe $\left(\mathbb{Z}_p - \{0\}, \odot_p\right)$.

Illustrieren wir dies mit kleinen Primzahlen p und q: Sei $p = 3$ und $q = 7$. Dann ist

$$3 \odot_7 5 = (3 \cdot 5) \bmod 7 = 1 \qquad \text{und} \qquad 7 \odot_3 1 = (7 \cdot 1) \bmod 3 = 1.$$

Wir sehen, dass $p_q^{-1} = p_7^{-1} = 5$ und $q_p^{-1} = q_3^{-1} = 1$.

Aufgabe 10.8 Bestimme für die folgenden Werte p und q die inversen Elemente p_q^{-1} und q_p^{-1}:

 (a) $p = 5, q = 13$,

 (b) $p = 11, q = 3$,

 (c) $p = 17, q = 7$.

Am Schluss berechnet der Empfänger die Zahl $n = p \cdot q$. Die Zahlen p, q, p_q^{-1} und q_p^{-1} bleiben sein privater Schlüssel, während die Zahl n als öffentlicher Schlüssel für die Verschlüsselung bekannt gegeben wird. Hier sehen wir, wie wichtig es ist, dass kein effizienter Algorithmus zur Berechnung von p und q mit einem gegebenen n existiert.

Alle zahlentheoretischen Kryptosysteme verwenden eine Blockverschlüsselung und arbeiten mit dem Alphabet $\{0, 1\}$. Wir setzen also voraus, dass alle Klartexte zuerst binär codiert worden sind (siehe Lektion 6).

Public-Key-Kryptosystem RABIN

Klartextalphabet:	$\{0, 1\}$
Kryptotextalphabet:	$\{0, 1\}$
Öffentlicher Schlüssel:	n als Produkt von p und q
Privater Schlüssel:	Primzahlen p und q, so dass $p \bmod 4 = 3$ und $q \bmod 4 = 3$ gilt, und die multiplikativen Inversen p_q^{-1} und q_p^{-1}, wobei $p \odot_q p_q^{-1} = 1$ und $q \odot_p q_p^{-1} = 1$
Verschlüsselung:	Der Klartext wird in Blöcke der Länge $\lfloor \log_2(n-1) \rfloor + 1$ aufgespalten. Jeder Block wird als binäre Codierung einer Zahl w angeschaut und separat verschlüsselt. Für eine gegebene Zahl w ist der entsprechende Block c des Kryptotextes das modulare Quadrat dieser Zahl:

$$c = w^2 \bmod n.$$

c wird dann wieder binär codiert.

| Entschlüsselung: | Der Kryptotext wird ebenfalls in Blöcke der Länge $\lfloor \log_2(n-1) \rfloor + 1$ aufgespalten. Jeder Block wird separat entschlüsselt und dabei als binär codierte Zahl c interpretiert. |

Für die Zahl $c = w^2 \bmod n$ werden die maximal vier verschiedenen modularen Wurzeln von c wie folgt berechnet: Zuerst werden $m_p = \sqrt{c} \bmod p$ und $m_q = \sqrt{c} \bmod q$ mittels folgender Formeln berechnet:

$$m_p = c^{\frac{p+1}{4}} \bmod p = (c \bmod p)^{\frac{p+1}{4}} \bmod p,$$
$$m_q = c^{\frac{q+1}{4}} \bmod q = (c \bmod q)^{\frac{q+1}{4}} \bmod q.$$

Anschließend werden $(-m_p)$ und $(-m_q)$ bestimmt:

$$(-m_p) = p - m_p,$$
$$(-m_q) = q - m_q.$$

Mit folgendem Verfahren kann jetzt die Wurzel von $c \bmod n$ berechnet werden:

$$x_1 = \left(m_q \cdot p \cdot p_q^{-1} + m_p \cdot q \cdot q_p^{-1}\right) \bmod n$$
$$x_2 = \left((-m_q) \cdot p \cdot p_q^{-1} + m_p \cdot q \cdot q_p^{-1}\right) \bmod n$$
$$x_3 = \left(m_q \cdot p \cdot p_q^{-1} + (-m_p) \cdot q \cdot q_p^{-1}\right) \bmod n$$
$$x_4 = \left((-m_q) \cdot p \cdot p_q^{-1} + (-m_p) \cdot q \cdot q_p^{-1}\right) \bmod n$$

Eine dieser 4 modularen Wurzeln x_1, x_2, x_3 und x_4 ist die Zahl w, die dem Block des Klartextes entspricht.

Es könnte überraschen, dass wir im Public-Key-Kryptosystem RABIN bis zu vier Kandidaten für den Klartextblock w erhalten. Wenn es sich dabei um einen Text in einer natürlichen Sprache handelt, ist offensichtlich, welcher Kandidat der ursprüngliche Klartext ist. Wenn es sich nicht um einen Text in einer natürlichen Sprache handelt, dann gibt es zahlentheoretische Ansätze, die es ermöglichen, mit zwei zusätzlich mitgelieferten Bits im Kryptotext die Wurzel eindeutig zu bestimmen. Wir werden hier aber nicht näher auf dieses Thema eingehen, da dies zusätzliches Vorwissen aus der Zahlentheorie erfordert.

Hinweis für die Lehrperson Eines dieser Bits ist einfach zu bestimmen. Dieses besagt nur, ob aus zwei zueinander inversen Wurzeln x und $n - x$ der tatsächliche Klartext die größere oder die kleinere Zahl ist. Das zweite Bit ist die Jacobizahl für n und den Klartext.

Beispiel 10.1 Wir schauen uns nun die Verschlüsselung und die Entschlüsselung mit dem Public-Key-Kryptosystem RABIN für konkrete Primzahlen p und q an. Sei $p = 3$ und $q = 7$. Wie wir schon bestimmt haben, gilt

$$p_q^{-1} = 5 \quad \text{und} \quad q_p^{-1} = 1.$$

Der öffentliche Schlüssel ist somit:

$$n = 3 \cdot 7 = 21.$$

Alle Zahlen kleiner als $n = 21$ können damit verschlüsselt werden, weil die Klartextblöcke eine Länge von $\lfloor \log_2(n-1) \rfloor + 1$ haben.

Sei $w = 16$ die Zahl, die dem Klartextblock entspricht. Wir berechnen den Kryptotextblock mit:

$$c = w^2 \bmod n$$
$$= 16^2 \bmod 21$$
$$= 256 \bmod 21$$
$$= 4.$$

Der Empfänger berechnet die modularen Wurzeln m_p und $(-m_p)$ von c modulo p, und die modularen Wurzeln m_q und $(-m_q)$ modulo q:

$$m_p = c^{\frac{p+1}{4}} \bmod p = 4^1 \bmod 3 = 1$$
$$m_q = c^{\frac{q+1}{4}} \bmod q = 4^2 \bmod 7 = 2$$
$$(-m_p) = 3 - 1 = 2$$
$$(-m_q) = 7 - 2 = 5$$

Bemerke, dass wir $m_q = 2$ und $(-m_p) = 2$ nicht als gleich betrachten, weil die Zahl 2 eine andere Bedeutung in $\mathbb{Z}_3 - \{0\}$ als in $\mathbb{Z}_7 - \{0\}$ hat.

Entsprechend erhalten wir die vier modularen Wurzeln von $c = 4$ modulo 21:

$$x_1 = \left(m_q \cdot p \cdot p_q^{-1} + m_p \cdot q \cdot q_q^{-1} \right) \bmod n$$
$$= (2 \cdot 3 \cdot 5 + 1 \cdot 7 \cdot 1) \bmod 21$$
$$= 37 \bmod 21$$
$$= 16,$$
$$x_2 = \left((-m_q) \cdot p \cdot p_q^{-1} + m_p \cdot q \cdot q_p^{-1} \right) \bmod n$$
$$= (5 \cdot 3 \cdot 5 + 1 \cdot 7 \cdot 1) \bmod 21$$
$$= 82 \bmod 21$$
$$= 19,$$

$$x_3 = \left(m_q \cdot p \cdot p_q^{-1} + (-m_p) \cdot q \cdot q_p^{-1}\right) \bmod n$$
$$= (2 \cdot 3 \cdot 5 + 2 \cdot 7 \cdot 1) \bmod 21$$
$$= 44 \bmod 21$$
$$= 2,$$
$$x_4 = \left((-m_q) \cdot p \cdot p_q^{-1} + (-m_p) \cdot q \cdot q_p^{-1}\right) \bmod n$$
$$= (5 \cdot 3 \cdot 5 + 2 \cdot 7 \cdot 1) \bmod 21$$
$$= 89 \bmod 21$$
$$= 5.$$

Wir sehen, dass $x_1 = 16$ dem Klartextblock w entspricht.

Zusätzlich bemerken wir, dass wir gleichzeitig eine Kontrolle der Korrektheit unserer numerischen Rechnungen durchgeführt haben. Es gilt $x_4 = (-x_1)$, weil $5 = 21 - 16$ ist, und $x_3 = (-x_2)$, weil $2 = 21 - 19$ gilt.

Aufgabe 10.9 Baue das Public-Key-Kryptosystem Rabin für die gegebenen Primzahlen p und q auf und verwende es, um den Klartextblock w zu verschlüsseln und danach wieder zu entschlüsseln.

(a) $p = 7, q = 11, w = 60$,

(b) $p = 7, q = 19, w = 39$,

(c) $p = 3, q = 31, w = 91$,

(d) $p = 11, q = 3, w = 22$,

(e) $p = 23, q = 7, w = 100$.

Aufgabe 10.10 Bei der Entschlüsselung in Aufgabe 10.9 erhalten wir manchmal zwei und manchmal vier modulare Wurzeln. Kannst du erklären, warum? Formuliere eine allgemeine Behauptung, die aussagt, bei welcher Beziehung des Klartextblocks w zu den Primzahlen p und q genau zwei Wurzeln vorkommen.

Aufgabe 10.11 ⋆ Berechne für alle p und q aus Aufgabe 10.9 den Wert

$$\left(p \cdot p_q^{-1} + q \cdot q_p^{-1}\right) \bmod n.$$

Was beobachtest du? Kannst du es erklären?

Jetzt sind wir soweit, dass wir ein schon gebautes (also mit gegebenen p, q, p_q^{-1}, q_p^{-1}) Public-Key-Kryptosystem Rabin benutzen können. Genauer gesagt wissen wir, wie wir mit dem öffentlichen Schlüssel n Klartexte verschlüsseln und mit Hilfe des privaten Schlüssels p, q, p_q^{-1} und q_p^{-1} die Kryptotexte entschlüsseln können. Wenn man eine zuverlässige Zentrale zur Generierung und Verwaltung von privaten Schlüsseln hat, kann man als Nutzer mit diesem Wissen auskommen. Für diejenigen, die alles verstehen und selber bauen wollen, sind noch die folgenden drei Punkte zu betrachten:

1. **Korrektheit** Wir brauchen einen Beweis, warum sich der Klartextblock tatsächlich unter den bei der Entschlüsselung berechneten Wurzeln befindet.

2. **Effizienz** Wir wissen nicht, wie man p_q^{-1} und q_p^{-1} effizient berechnen kann. Falls p oder q rund 500 Dezimalziffern haben, ist es unmöglich, rund 10^{500} viele Zahlen auf der Suche nach dem inversen Element auszuprobieren. Wir brauchen einen effizienten Algorithmus, der zu den gegebenen p und q die inversen Elemente p_q^{-1} und q_p^{-1} findet.

3. **Sicherheit** Wir verstehen nicht, warum wir das Public-Key-Kryptosystem RABIN als sicher betrachten dürfen. Wir wollen zeigen, dass die Entschlüsselung von Kryptotexten ohne den privaten Schlüssel genauso schwer ist wie das Faktorisieren der Zahl n. Beruhend auf unserer Annahme, dass die Faktorisierung von großen Zahlen nicht praktisch berechenbar ist, wäre dann auch RABIN praktisch nicht zu knacken.

Wir gehen nun diesen Themen in der angegebenen Reihenfolge nach.

Hinweis für die Lehrperson Die Vermittlung des Wissens aus der Zahlentheorie ist so gestaltet, dass man die Themen in der gegebenen Reihenfolge bearbeiten muss. Also kann man Thema 1 behandeln und auf die Themen 2 und 3 verzichten, es ist aber zum Beispiel nicht möglich Thema 2 anzugehen ohne Thema 1 durchgearbeitet zu haben. Besonders das in Thema 1 vermittelte Wissen ist auch notwendig, falls man später die Korrektheit der Funktionalität des berühmten Public-Key-Kryptosystems RSA nachweisen will.

Im Folgenden wird das Wissen über die Führung von direkten und indirekten Beweisen aus dem Modul „Geschichte und Begriffsbildung" [9] vorausgesetzt.

Korrektheit und Effizienz von RABIN

Um die korrekte Funktionalität des Kryptosystems RABIN zu beweisen, müssen wir zuerst zeigen, dass wir tatsächlich mittels Potenzieren die Wurzeln modulo einer Primzahl berechnen können. Anschließend begründen wir, warum wir bei der Entschlüsselung aus den Wurzeln modulo p und q die Wurzeln modulo n (wobei $n = p \cdot q$) berechnen können.

Um das alles zu erreichen, müssen wir zuerst ein paar berühmte Sätze der Zahlentheorie erlernen. Wir setzen voraus, dass der folgende Satz bereits bekannt ist:

Satz 10.3 (Fundamentalsatz der Arithmetik) *Jede natürliche Zahl $n \geq 2$ kann eindeutig als Produkt ihrer Primfaktoren dargestellt werden.*

Es gilt zum Beispiel

$$14\,623\,400 = 2^3 \cdot 5^2 \cdot 11 \cdot 17^2 \cdot 23,$$

und der Fundamentalsatz der Arithmetik besagt, dass es keine andere Primfaktorenzerlegung von $14\,623\,400$ gibt, in der andere Primzahlen oder dieselben Primzahlen mit anderen Häufigkeiten vorkommen.

Aufgabe 10.12 Finde die Primfaktorenzerlegungen der folgenden Zahlen:

(a) 65 856,

(b) 47 087 040,

(c) 39 916 800 000.

Aufgabe 10.13 Verwende den Fundamentalsatz der Arithmetik, um die folgende Behauptung zu beweisen:

Falls eine Primzahl p das Produkt a · b von zwei natürlichen Zahlen a und b teilt, dann teilt p mindestens eine der Zahlen a und b.

Betrachten wir die Gruppe $(\mathbb{Z}_7 - \{0\}, \odot_7)$. Nehmen wir die Zahl 3 und multiplizieren sie mit allen anderen Zahlen aus $\mathbb{Z}_7 - \{0\}$:

$$3 \odot_7 1 = 3 \qquad\qquad 3 \odot_7 4 = 5$$
$$3 \odot_7 2 = 6 \qquad\qquad 3 \odot_7 5 = 1$$
$$3 \odot_7 3 = 2 \qquad\qquad 3 \odot_7 6 = 4$$

Was beobachten wir? Wir erhalten immer eine andere Zahl, und damit sind die Resultate alle Zahlen aus $\mathbb{Z}_7 - \{0\}$. Mathematisch können wir es wie folgt ausdrücken:

$$\{3 \odot_7 1, 3 \odot_7 2, 3 \odot_7 3, 3 \odot_7 4, 3 \odot_7 5, 3 \odot_7 6\} = \{1, 2, 3, 4, 5, 6\}$$
$$= \mathbb{Z}_7 - \{0\}.$$

Gilt dies aber auch für die Zahl 4? Wir probieren es aus:

$$4 \odot_7 1 = 4 \qquad\qquad 4 \odot_7 4 = 2$$
$$4 \odot_7 2 = 1 \qquad\qquad 4 \odot_7 5 = 6$$
$$4 \odot_7 3 = 5 \qquad\qquad 4 \odot_7 6 = 3$$

Aufgabe 10.14 Probiere aus, ob man durch die Multiplikation der Zahl 2 (1, 5, 6) mit allen anderen sechs Zahlen aus $\mathbb{Z}_7 - \{0\}$ auch alle sechs Zahlen aus $\mathbb{Z}_7 - \{0\}$ bekommt.

Aufgabe 10.15 Berechne in $(\mathbb{Z}_{11} - \{0\}, \odot_{11})$ die Produkte $a \odot_{11} 1, a \odot_{11} 2, \ldots, a \odot_{11} 10$ für alle Zahlen a aus $\mathbb{Z}_{11} - \{0\}$. Was stellst du fest?

Aufgabe 10.16 Begründe folgende Behauptung: Aus $a \bmod p = b \bmod p$ folgt, dass $a - b$ durch p teilbar ist.

Unsere Hypothese drücken wir jetzt in der folgenden Behauptung aus:

Satz 10.4 *Sei p eine Primzahl. Für jede Zahl $a \in \{1, 2, 3, \ldots, (p-1)\}$ gilt*

$$\{a \odot_p 1, a \odot_p 2, a \odot_p 3, \ldots, a \odot_p (p-1)\} = \{1, 2, 3, \ldots, (p-1)\}.$$

Beweis Weil wir genau $p - 1$ Produkte $a \odot_p i$ für $i \in \{1, 2, \ldots, (p-1)\}$ haben, reicht es zu beweisen, dass

$$a \odot_p i \neq a \odot_p j$$

für alle $i \neq j$ gilt, und dass $a \odot_p k \neq 0$ für jedes $k \in \mathbb{Z}_p - \{0\}$ gilt.

Letzteres ist offensichtlich, weil $a \odot_p k = 0$ bedeuten würde, dass p die Zahl $a \cdot k$ teilt. Das ist aber nicht möglich, weil dann entweder a oder k durch p teilbar sein müsste (siehe Aufgabe 10.13). Es gilt jedoch $0 < a < p$ sowie $0 < k < p$, und somit kann p weder a noch k teilen.

Die erste Behauptung beweisen wir mit einem indirekten Beweis. Wir nehmen an, dass ein i und j existieren mit $i > j$ und

$$(a \cdot i) \bmod p = a \odot_p i = a \odot_p j = (a \cdot j) \bmod p.$$

Wie wir in Aufgabe 10.16 gesehen haben, bedeutet das also, dass die Primzahl p die Differenz

$$a \cdot i - a \cdot j = a \cdot (i - j)$$

teilt. Wenn p das Produkt $a \cdot (i - j)$ teilt, dann muss p entweder a oder $(i - j)$ teilen. Dies ist aber nicht möglich, weil $0 < a < p$ und $0 < (i - j) < p$ gilt. Somit haben wir gezeigt, dass

$$a \odot_p i \neq a \odot_p j$$

für alle $i \neq j$ gilt, womit die Behauptung des Satzes bewiesen ist.   □

Wozu ist Satz 10.4 nützlich? Er hilft uns zwei wichtige Resultate der Zahlentheorie zu beweisen. Das erste ist unsere ausgesprochene, aber nicht bewiesene Behauptung aus Lektion 2:

Satz 10.5 *Für jede Primzahl p ist $\left(\mathbb{Z}_p - \{0\}, \odot_p\right)$ eine Gruppe.*

Beweis Dass $\left(\mathbb{Z}_p - \{0\}, \odot_p\right)$ ein Monoid mit dem neutralen Element 1 ist, haben wir bereits in Lektion 2 gezeigt. Es bleibt noch zu zeigen, dass für jedes Element $a \in \mathbb{Z}_p - \{0\}$ ein inverses Element a^{-1} in $\mathbb{Z}_p - \{0\}$ existiert.

Sei a eine beliebige Zahl aus $\mathbb{Z}_p - \{0\}$. Nach Satz 10.4 beinhalten die Zahlen

$$a \odot_p 1, \quad a \odot_p 2, \quad a \odot_p 3, \quad \ldots, \quad a \odot_p (p-1)$$

alle Zahlen aus $\{1, 2, 3, \ldots, (p-1)\}$. Also ist auch eine 1 unter diesen Zahlen. Das heißt, es gibt ein $b \in \{1, 2, 3, \ldots, (p-1)\}$, so dass

$$a \odot_p b = 1$$

gilt. Damit ist b das inverse Element a^{-1} zu a.

Weil der Beweis für ein beliebiges a geführt wurde, hat jedes Element aus $\mathbb{Z}_p - \{0\}$ ein inverses Element, und somit ist $\left(\mathbb{Z}_p - \{0\}, \odot_p\right)$ eine Gruppe.   □

Aufgabe 10.17 Bestimme das inverse Element der Zahl 8 in der multiplikativen Gruppe $\left(\mathbb{Z}_{31} - \{0\}, \odot_{31}\right)$.

Aufgabe 10.18 Zeige, dass $(\mathbb{Z}_8 - \{0\}, \odot_8)$ keine Gruppe ist.

Aufgabe 10.19 $\star$ Beweise den folgenden Satz:

Wenn n keine Primzahl ist, dann ist $(\mathbb{Z}_n - \{0\}, \odot_n)$ keine Gruppe.

Jetzt verhilft uns Satz 10.4 zu einem der bekanntesten Sätze der Mathematik, der gerade in der Public-Key-Kryptographie von zentraler Bedeutung ist. Die Behauptung des Satzes ist, dass jedes Element a aus $\mathbb{Z}_p - \{0\}$ potenziert mit $(p-1)$ das neutrale Element 1 ergibt.

Betrachten wir das Beispiel $p = 11$ und $a = 4$. Dann gilt

$$a^{p-1} \bmod p = 4^{10} \bmod 11$$
$$= 1\,048\,576 \bmod 11$$
$$= 1.$$

Aufgabe 10.20 Bestimme $a^{p-1} \bmod p$ für die folgenden Werte von a und p:

(a) $p = 7$ und $a = 4$

(b) $p = 13$ und $a = 7$

(c) $p = 11$ und $a = 6$

(d) $p = 23$ und $a = 20$

Satz 10.6 (Der kleine Satz von Fermat) *Für jede Primzahl p und jedes $a \in \mathbb{Z}_p - \{0\}$ gilt*

$$a^{p-1} \bmod p = 1.$$

Beweis Im Satz 10.4 haben wir für ein beliebiges $a \in \{1, 2, \ldots, (p-1)\}$ bewiesen, dass

$$\{a \odot_p 1, a \odot_p 2, \ldots, a \odot_p (p-1)\} = \{1, 2, \ldots, (p-1)\}.$$

Durch die Produkte von a mit allen Zahlen aus $\mathbb{Z}_p - \{0\}$ erzeugen wir also alle Zahlen aus $\mathbb{Z}_p - \{0\}$, und zwar jede Zahl genau einmal. Damit muss das Produkt aller Zahlen aus der linken Menge gleich dem Produkt aller Zahlen aus der rechten Menge $\{1, 2, \ldots, (p-1)\}$ sein. Also gilt:

$$(a \cdot 1 \cdot a \cdot 2 \cdot \ldots \cdot a \cdot (p-1)) \bmod p = (1 \cdot 2 \cdot \ldots \cdot (p-1)) \bmod p.$$

Weil die Multiplikation kommutativ ist, erhalten wir:

$$(1 \cdot 2 \cdot \ldots \cdot (p-1) \cdot a^{p-1}) \bmod p = (1 \cdot 2 \cdot \ldots \cdot (p-1)) \bmod p.$$

Wenn wir beide Seiten dieser Gleichung von links mit den inversen Elementen 2^{-1}, 3^{-1}, $\ldots$, $(p-1)^{-1}$ multiplizieren, erhalten wir

$$(2 \cdot 2^{-1} \cdot \ldots \cdot (p-1) \cdot (p-1)^{-1} \cdot a^{p-1}) \bmod p$$
$$= (2 \cdot 2^{-1} \cdot \ldots \cdot (p-1) \cdot (p-1)^{-1}) \bmod p,$$

und somit

$$a^{p-1} \bmod p = 1.$$

Damit ist der kleine Satz von Fermat bewiesen. $\qquad\square$

Aufgabe 10.21 Simuliere den Beweis des kleinen Satzes von Fermat für $p = 7$ und $a = 4$ indem du alle Werte $4 \odot_7 i$ für $i = 1, 2, \ldots, (p-1)$ bestimmst und alle Schritte des Beweises mit diesen konkreten Zahlen nachahmst.

Der kleine Satz von Fermat hat viele interessante Anwendungen. Eine davon ist das effiziente Bestimmen vom Inversen eines Elementes $a \in (\mathbb{Z}_p - \{0\}, \odot_p)$. Weil nach dem kleinen Satz von Fermat

$$a \odot_p a^{p-2} = (a \cdot a^{p-2}) \bmod p = a^{p-1} \bmod p = 1$$

gilt, ist $a^{p-2} \bmod p$ das inverse Element modulo p zu a. Der kleine Satz von Fermat liefert uns auf diese Weise das inverse Element ohne großen Aufwand, weil wir effizient modular potenzieren können.

Aufgabe 10.22 Bestimme das inverse Element von 3 in $(\mathbb{Z}_{11} - \{0\}, \odot_{11})$.

Aufgabe 10.23 Bestimme das inverse Element von 7 in $(\mathbb{Z}_{17} - \{0\}, \odot_{17})$.

Was nützt uns der kleine Satz von Fermat für die Berechnung der modularen Wurzel modulo einer Primzahl? Wir beobachten erstens, dass wir durch die Multiplikation beider Seiten von

$$a^{p-1} \bmod p = 1$$

mit a die Gleichung

$$a^p \bmod p = a$$

erhalten. Zweitens, falls $a = x^2 \bmod p$ (das heißt, a ist ein modulares Quadrat) ist, dann gilt

$$a^{\frac{p-1}{2}} = (x^2)^{\frac{p-1}{2}} = x^{p-1}.$$

Nach dem kleinen Satz von Fermat gilt dann

$$a^{\frac{p-1}{2}} \bmod p = x^{p-1} \bmod p = 1,$$

weil $x \in \mathbb{Z}_p - \{0\}$ ist. Damit haben wir die folgende Behauptung bewiesen.

Satz 10.7 *Falls a ein modulares Quadrat in der Gruppe $(\mathbb{Z}_p - \{0\}, \odot_p)$ für eine Primzahl p ist, dann gilt*

$$a^{\frac{p-1}{2}} \bmod p = 1.$$

Es bleibt noch die Frage, was $a^{\frac{p-1}{2}} \bmod p$ ist, wenn a kein Quadrat ist. Wir wissen schon, dass 1, 2 und 4 die modularen Quadrate in $(\mathbb{Z}_7 - \{0\}, \odot_7)$, und dass 3, 5 und 6 keine modularen Quadrate modulo 7 sind. Wir berechnen nun $a^{\frac{p-1}{2}} \bmod p$ für $p = 7$ (es ist also $\frac{p-1}{2} = 3$) und setzen für a die Zahlen 3, 5 und 6 ein:

$$3^3 \bmod 7 = 27 \bmod 7 = 6 = (-1)$$
$$5^3 \bmod 7 = 125 \bmod 7 = 6 = (-1)$$
$$6^3 \bmod 7 = 216 \bmod 7 = 6 = (-1)$$

Aufgabe 10.24 Berechne jeweils den Wert von $a^{\frac{p-1}{2}} \bmod p$ für alle Elemente a aus den folgenden Gruppen:

(a) $(\mathbb{Z}_3 - \{0\}, \oplus_3)$

(b) $(\mathbb{Z}_5 - \{0\}, \oplus_5)$

(c) $(\mathbb{Z}_{11} - \{0\}, \oplus_{11})$

(d) $(\mathbb{Z}_{13} - \{0\}, \oplus_{13})$

Das sieht ziemlich verdächtig aus. Wie wir schon gezeigt haben, gilt $a^{\frac{p-1}{2}} \bmod p = 1$ für alle quadratischen Reste modulo p. Nach den vorangegangenen Beispielen sieht es aus, als ob

$$a^{\frac{p-1}{2}} \bmod p = (p - 1) = (-1)$$

gelten würde, wenn a kein modulares Quadrat ist. Wir werden zeigen, dass tatsächlich $a^{\frac{p-1}{2}} \bmod p$ nur 1 oder $(p - 1)$ sein kann.

Satz 10.8 *Sei $p > 2$ eine Primzahl. Für jede Zahl $a \in \mathbb{Z}_p - \{0\}$ gilt*

$$a^{\frac{p-1}{2}} \bmod p \in \{1, p - 1\}.$$

Beweis Der kleine Satz von Fermat sagt uns, dass

$$a^{p-1} \bmod p = 1 \tag{10.1}$$

gilt. Weil p eine Primzahl größer als 2 ist, ist p ungerade. Also können wir p als

$$p = 2p' + 1 \tag{10.2}$$

schreiben. Es gilt also $p' = \frac{p-1}{2}$. Wenn wir den Term (10.2) in die Gleichung (10.1) einsetzen, erhalten wir

$$2^{(2p'+1)-1} \bmod p = a^{2p'} \bmod p = 1.$$

Nun subtrahieren wir von beiden Seiten 1 und bekommen:

$$(a^{2p'} - 1) \bmod p = 0$$
$$((a^{p'})^2 - 1^2) \bmod p = 0. \tag{10.3}$$

Nach der binomischen Formel $x^2 - y^2 = (x + y) \cdot (x - y)$ können wir (10.3) wie folgt umschreiben:

$$((a^{p'} + 1) \cdot (a^{p'} - 1)) \bmod p = 0.$$

Diese Gleichung ist aber nur richtig, wenn

$$(a^{p'} + 1) \bmod p = 0 \quad \text{oder} \quad (a^{p'} - 1) \bmod p = 0$$

gilt, das heißt, wenn $a^{p'} + 1$ oder $a^{p'} - 1$ durch p teilbar ist.

Aus der Gleichung $(a^{p'} + 1) \bmod p = 0$ kommen wir durch die Addition von $p - 1 = (-1)$ zu beiden Seiten auf

$$a^{p'} \bmod p = p - 1.$$

Aus der Gleichung $(a^{p'} - 1) \bmod p = 0$ kommen wir durch die Addition von 1 zu beiden Seiten auf

$$a^{p'} \bmod p = 1.$$

Weil $p' = \frac{p-1}{2}$ ist, erhalten wir

$$a^{\frac{p-1}{2}} \bmod p = p - 1 \quad \text{oder} \quad a^{\frac{p-1}{2}} \bmod p = 1,$$

was die Aussage des Satzes ist. $\qquad \square$

Aufgabe 10.25 ⋆ Schaffst du es, die folgende Vertiefung der Aussage von Satz 10.8 zu beweisen?

Für jede Primzahl $p > 2$ gilt:

(1) Wenn $a \in \mathbb{Z}_p - \{0\}$ ein modulares Quadrat ist, dann gilt $a^{\frac{p-1}{2}} \bmod p = 1$, und

(2) wenn $a \in \mathbb{Z}_p - \{0\}$ kein modulares Quadrat ist, dann ist $a^{\frac{p-1}{2}} \bmod p = p - 1 = (-1)$.

Jetzt können wir endlich zeigen, dass wir tatsächlich die Wurzel modulo p durch Potenzieren wie bei der Entschlüsselung im Kryptosystem RABIN ziehen können.

Satz 10.9 *Sei p eine Primzahl mit $p > 2$ und $p \bmod 4 = 3$.*
Für jedes modulare Quadrat a in $\left(\mathbb{Z}_p - \{0\}, \oplus_p\right)$ ist

$$a^{\frac{p+1}{4}} \bmod p$$

eine quadratische Wurzel von a.

Beweis Weil $p \bmod 4 = 3$ gilt, ist $p + 1$ durch 4 teilbar, und somit ist $\frac{p+1}{4}$ eine ganze Zahl. Da a ein modulares Quadrat modulo p ist, gilt

$$a = x^2 \bmod p$$

für ein $x \in \mathbb{Z}_p - \{0\}$. Wir rechnen jetzt wie folgt:

$$
\begin{aligned}
a^{\frac{p+1}{4}} \bmod p &= \left(x^2\right)^{\frac{p+1}{4}} \bmod p \\
&= x^{\frac{2(p+1)}{4}} \bmod p \\
&= x^{\frac{p+1}{2}} \bmod p \\
&= x^{\frac{p-1}{2}} \cdot x \bmod p \\
&= \left(x^{\frac{p-1}{2}} \bmod p \cdot x \bmod p\right) \bmod p.
\end{aligned}
\tag{10.4}
$$

Die letzte Umformung folgt aus der Gleichung (M3) auf Seite 49.

Aufgrund von Satz 10.8 wissen wir jetzt, dass

$$x^{\frac{p-1}{2}} \bmod p = 1 \quad \text{oder} \quad x^{\frac{p-1}{2}} \bmod p = p - 1 = (-1).$$

Falls $x^{\frac{p-1}{2}} \bmod p = 1$ ist, erhalten wir aus Gleichung (10.4)

$$a^{\frac{p+1}{4}} \bmod p = (1 \cdot x \bmod p) \bmod p = x,$$

weil $x < p$ ist.

Falls $x^{\frac{p-1}{2}} \bmod p = (-1) = p - 1$ ist, erhalten wir aus (10.4)

$$
\begin{aligned}
a^{\frac{p+1}{4}} \bmod p &= ((p - 1) \cdot x) \bmod p \\
&= (px - x) \bmod p \\
&= (px - p + p - x) \bmod p \\
&= ((x - 1) \cdot p + p - x) \bmod p \\
&= (p - x) \bmod p \\
&= p - x \\
&= (-x).
\end{aligned}
$$

Der drittletzte Schritt folgt aus der Gleichung (M1) auf Seite 36.

Wir wissen schon, dass sowohl x wie auch $(-x) = p - x$ die Wurzeln des modularen Quadrats $a = x^2 \bmod p$ sind. Somit können wir mittels der Potenz $a^{\frac{p+1}{4}} \bmod p$ tatsächlich eine Wurzel von a berechnen.   □

Satz 10.9 liefert uns eine effiziente Methode zur Berechnung von beiden Wurzeln eines modularen Quadrats modulo einer Primzahl p. In Lektion 7 haben wir gelernt effizient zu potenzieren, und nach Satz 10.9 ist $a^{\frac{p+1}{4}} \bmod p$ eine der beiden Wurzeln. Die andere Wurzel ist das additive inverse Element zur ausgerechneten Wurzel, nämlich

$$p - a^{\frac{p+1}{4}} \bmod p.$$

Um die korrekte Funktionalität des Kryptosystems RABIN zu beweisen, müssen wir zeigen, dass wir aus zwei Wurzeln x von a modulo p und y von a modulo q mit der Formel

$$\left(y \cdot p \cdot p_q^{-1} + x \cdot q \cdot q_p^{-1} \right) \bmod n \tag{10.5}$$

eine Wurzel von a modulo $n = p \cdot q$ berechnen können.

Aufgabe 10.26 Seien $p = 7$, $q = 11$ und somit $n = 7 \cdot 11 = 77$. Sei 13 ein modulares Quadrat modulo 77. Bestimme die modularen Wurzeln von 13 modulo 7 und modulo 11, und verwende diese Wurzeln, um die Wurzel von 13 modulo 77 mit Hilfe der Formel (10.5) zu berechnen.

Der Weg zum Verständnis der Formel (10.5) ist sehr lehrreich. Zahlen können verschiedene Darstellungsformen haben. Eine Zahl kann nicht nur als Dezimal- oder Binärzahl, sondern zum Beispiel auch als römische Zahl dargestellt werden. Leider hat noch niemand eine verständliche und praktische Vorgehensweise dafür entwickelt, wie man zwei römische Zahlen miteinander multipliziert. So hat man bis anhin beide Zahlen zuerst in die Dezimaldarstellung umgewandelt, anschliessend multipliziert, und danach das Resultat wieder in eine römische Zahl zurückverwandelt.

Auszug aus der Geschichte Im Mittelalter war die Zahl 0 als Synonym für „Nichts" aus religiösen Gründen in Europa verboten. Deswegen durfte man auch das indische Dezimalsystem nicht verwenden, und die Zahlen durften nur römisch dargestellt werden. Die ausführliche Geschichte kann im Buch *Die Geschichte der Null* [11] nachgelesen werden. Weil aber die Multiplikation von zwei römischen Zahlen unglaublich kompliziert war, hat man die Multiplikation heimlich in Dezimaldarstellung durchgeführt und diese Zwischenberechnung danach vernichtet, um nicht in Konflikt mit der Kirche zu geraten.

Wir wollen jetzt etwas Ähnliches tun. In der Dezimal- oder Binärdarstellung von natürlichen Zahlen wissen wir nicht, wie wir modulare Wurzeln modulo einer Primzahl direkt berechnen können. Genauer gesagt, wir wissen nicht, wie man sie effizient berechnen kann, weil wir bis heute noch nichts Besseres kennen, als alle Zahlen aus $\mathbb{Z}_p - \{0\}$ modulo p zu quadrieren, um die Wurzel zu finden.

Wenn aber p etwa 500 Dezimalstellen hat, ist dies physikalisch nicht mehr realisierbar, wir müssten nämlich 10^{500} Zahlen beim vollständigen Ausprobieren quadrieren. Deswegen suchen wir eine andere Darstellung von Zahlen aus $\mathbb{Z}_n$ für ein $n = p \cdot q$, in der es einfach und effizient ist, die Wurzel modulo n zu berechnen. Unsere Vorgehensweise zur Berechnung einer Wurzel eines modularen Quadrats d sieht wie folgt aus:

1. Wandle d in eine neue Darstellung der Zahlen aus $\mathbb{Z}_n$ um.

2. Berechne alle Wurzeln von d in dieser neuen Darstellung.

3. Wandle die neue Darstellung der berechneten Wurzeln in die ursprüngliche Darstellung um.

Die Kernfrage ist jetzt: Wie soll die neue Darstellung der Zahlen aus $\mathbb{Z}_n$ für $n = p \cdot q$, p und q Primzahlen, aussehen? Die neue Darstellung stellt eine Zahl $d \in \mathbb{Z}_n$ als ein Paar von Zahlen mittels der folgenden einfachen Vorschrift dar:

$$d \mapsto (d \bmod p, d \bmod q).$$

Damit haben wir zum Beispiel für $n = 7 \cdot 11$ mit $p = 7$ und $q = 11$ die folgenden Darstellungen der Zahlen 1, 20, 55, 28 und 23:

$$1 \mapsto (1 \bmod 7, 1 \bmod 11) = (1, 1)$$
$$20 \mapsto (20 \bmod 7, 20 \bmod 11) = (6, 9)$$
$$55 \mapsto (55 \bmod 7, 55 \bmod 11) = (6, 0)$$
$$28 \mapsto (28 \bmod 7, 28 \bmod 11) = (0, 6)$$
$$23 \mapsto (23 \bmod 7, 23 \bmod 11) = (2, 1)$$

Im Folgenden nennen wir die Darstellung $(d \bmod p, d \bmod q)$ der Zahlen von $\mathbb{Z}_{p \cdot q}$ die **Chinesische Darstellung**.

Aufgabe 10.27 Betrachte $n = 11 \cdot 23$. Bestimme die Chinesische Darstellung der Zahlen 1, 0, 56, 230, 252 und 79 aus $\mathbb{Z}_n$.

Das Erste, was wir jetzt überprüfen müssen, ist, ob die Chinesische Darstellung der Zahlen aus $\mathbb{Z}_n$ für $n = p \cdot q$ tatsächlich eine erlaubte Darstellung ist. Eine **Darstellung** muss immer eindeutig sein, was bedeutet, dass es sich um eine Codierung der Zahlen aus $\mathbb{Z}_n$ handeln muss. In der Terminologie der Lektion 2 muss die Abbildung

$$d \mapsto (d \bmod p, d \bmod q)$$

eine injektive Abbildung sein. Bezeichnen wir diese Abbildung als Iso. Die Abbildung Iso geht aus der Menge $\mathbb{Z}_n$ hervor, und niemand zweifelt daran, dass unsere Vorschrift für jede Zahl aus $\mathbb{Z}_n$ umsetzbar ist. Iso geht in die Menge aller Paare (i, j) über, wobei $i \in \mathbb{Z}_p$ und $j \in \mathbb{Z}_q$ ist. Diese Menge bezeichnen die Mathematiker als

$$\mathbb{Z}_p \times \mathbb{Z}_q = \left\{ (i, j) \mid i \in \mathbb{Z}_p \text{ und } j \in \mathbb{Z}_q \right\}.$$

Allgemein nennt man für zwei beliebige Mengen A und B die Menge

$$A \times B = \left\{ (r, s) \mid r \in A \text{ und } s \in B \right\}$$

das **kartesische Produkt von A und B**.

Offensichtlich hat das kartesische Produkt $A \times B$ genau $|A| \cdot |B|$ viele Elemente, wobei $|A|$ die Anzahl der Elemente in A bezeichnet. Somit ist die Anzahl der Elemente in $\mathbb{Z}_p \times \mathbb{Z}_q$ genau $p \cdot q = n$, das heißt

$$|\mathbb{Z}_n| = |\mathbb{Z}_p \times \mathbb{Z}_q|.$$

Wenn Iso: $\mathbb{Z}_n \to \mathbb{Z}_p \times \mathbb{Z}_q$ eine injektive Funktion wäre, dann stellt jedes Paar $(i, j) \in \mathbb{Z}_p \times \mathbb{Z}_q$ genau eine Zahl aus $\mathbb{Z}_n$ dar. Somit würde es eine Umkehrfunktion Iso^{-1} zu Iso geben, die jedem Paar (i, j) die entsprechende Zahl aus $\mathbb{Z}_n$ eindeutig zuordnet. Unsere Aufgabe ist es zu zeigen, dass Iso tatsächlich injektiv ist, und dass die Formel (10.5) die explizite Darstellung der Umkehrfunktion Iso^{-1} ist.

Nehmen wir als Beispiel $n = 6 = 2 \cdot 3$ und somit $p = 2$ und $q = 3$. Wir berechnen die Funktion Iso für alle 6 Elemente aus $\mathbb{Z}_n$:

$$\text{Iso}(0) = (0 \bmod 2, 0 \bmod 3) = (0, 0)$$
$$\text{Iso}(1) = (1 \bmod 2, 1 \bmod 3) = (1, 1)$$
$$\text{Iso}(2) = (2 \bmod 2, 2 \bmod 3) = (0, 2)$$
$$\text{Iso}(3) = (3 \bmod 2, 3 \bmod 3) = (1, 0)$$
$$\text{Iso}(4) = (4 \bmod 2, 4 \bmod 3) = (0, 1)$$
$$\text{Iso}(5) = (5 \bmod 2, 5 \bmod 3) = (1, 2).$$

In Abbildung 10.1 sehen wir, dass jedes Element aus $\mathbb{Z}_2 \times \mathbb{Z}_3$ genau eine Zahl aus $\mathbb{Z}_6$ darstellt. Wenn wir die Pfeile umkehren, erhalten wir die Umkehrfunktion Iso^{-1}.

Aufgabe 10.28 Betrachte $n = 3 \cdot 5 = 15$. Berechne die Funktion Iso aus $\mathbb{Z}_{15}$ in $\mathbb{Z}_3 \times \mathbb{Z}_5$, und stelle sie graphisch wie in Abbildung 10.1 dar.

Aufgabe 10.29 Betrachte $n = 4 \cdot 3 = 12$. Die Zahl 4 ist offensichtlich keine Primzahl. Berechne trotzdem für alle Argumente $a \in \mathbb{Z}_{12}$ die Funktion

$$\text{Iso}(a) = (a \bmod 4, a \bmod 3)$$

aus $\mathbb{Z}_{12}$ nach $\mathbb{Z}_4 \times \mathbb{Z}_3$. Ist Iso eine injektive Funktion?

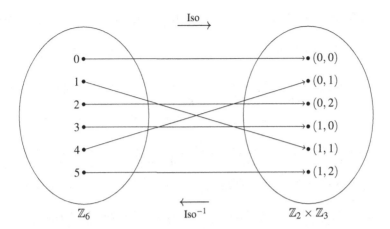

Abbildung 10.1 Mengendarstellung der Funktion Iso, die Elemente der Menge $\mathbb{Z}_6$ auf Elemente der Menge $\mathbb{Z}_2 \times \mathbb{Z}_3$ abbildet.

Aufgabe 10.30 Betrachte $n = 2 \cdot 6 = 12$. Bestimme für alle Argumente $a \in \mathbb{Z}_{12}$ die Funktionswerte

$$\mathrm{Iso}(a) = (a \bmod 2, a \bmod 6).$$

Ist Iso eine injektive Funktion?

Aufgabe 10.31 Betrachte $n = 3 \cdot 3 = 9$. Bestimme für alle Argumente $a \in \mathbb{Z}_9$ die Funktionswerte

$$\mathrm{Iso}(a) = (a \bmod 3, a \bmod 3).$$

Was beobachtest du?

Satz 10.10 (Chinesischer Restsatz (erste vereinfachte Version)) *Seien $n = p \cdot q$, wobei p und q zwei unterschiedliche Primzahlen sind. Dann ist die Funktion* Iso, *definiert durch*

$$\mathrm{Iso}(a) = (a \bmod p, a \bmod q),$$

eine injektive Funktion von $\mathbb{Z}_n$ nach $\mathbb{Z}_p \times \mathbb{Z}_q$.
Die Funktion Iso^{-1}, *definiert durch*

$$\mathrm{Iso}^{-1}(r, s) = \left(s \cdot p \cdot p_q^{-1} + r \cdot q \cdot q_p^{-1}\right) \bmod n,$$

ist die Umkehrfunktion von Iso.

Beweis Wir beweisen die zwei Behauptungen des Satzes nacheinander:

1. Beweisen wir zuerst, dass Iso eine injektive Funktion ist. Nehmen wir das Gegenteil an, nämlich, dass

$$\mathrm{Iso}(x) = \mathrm{Iso}(y) = (r, s)$$

für zwei Zahlen x und y aus $\mathbb{Z}_n$, $x \geq y$, gilt. Dann gilt

$$x = k_x \cdot p + r \qquad\qquad y = k_y \cdot p + r$$
$$x = l_x \cdot q + s \qquad\qquad y = l_y \cdot q + s$$

für irgendwelche natürlichen Zahlen k_x, k_y, l_x, l_y,r und s mit $r < p$ und $s < q$. Damit gilt

$$x - y = k_x \cdot p + r - k_y \cdot p - r = (k_x - k_y) \cdot p,$$

und somit ist $x - y$ durch p teilbar (das heißt, p ist ein Primfaktor in der Zerlegung von $x - y$). Analog gilt

$$x - y = l_x \cdot q + s - l_y \cdot q - s = (l_x - l_y) \cdot q,$$

und somit teilt q die Differenz $x - y$ von x und y.

Weil beide Primfaktoren p und q in der Primfaktorzerlegung von $x - y$ sind, muss $n = p \cdot q$ die Zahl $x - y$ auch teilen. Weil $0 \leq x - y < n$ gilt, ist es nur möglich, wenn

$$x - y = 0.$$

Daraus folgt $x = y$, und somit gibt es keine zwei unterschiedlichen Argumente x und y mit $\text{Iso}(x) = \text{Iso}(y)$. Wir haben also bewiesen, dass Iso tatsächlich eine injektive Funktion aus $\mathbb{Z}_n$ nach $\mathbb{Z}_p \times \mathbb{Z}_q$ ist.

2. Um zu beweisen, dass Iso^{-1} eine Umkehrfunktion von Iso ist, reicht es aus,

$$\text{Iso}\big(\text{Iso}^{-1}(r,s)\big) = (r,s)$$

zu zeigen.

$$\text{Iso}\big(\text{Iso}^{-1}(r,s)\big) = \text{Iso}\big((s \cdot p \cdot p_q^{-1} + r \cdot q \cdot q_p^{-1}) \bmod n\big)$$
$$\{\text{nach Definition von Iso}^{-1}\}$$
$$= \big((s \cdot p \cdot p_q^{-1} + r \cdot q \cdot q_p^{-1}) \bmod p,$$
$$(s \cdot p \cdot p_q^{-1} + r \cdot q \cdot q_p^{-1}) \bmod q\big)$$
$$\{\text{nach Definition von Iso}\}$$
$$= \big((r \cdot q \cdot q_p^{-1}) \bmod p, (s \cdot p \cdot p_q^{-1}) \bmod q\big)$$
$$\left\{ \begin{array}{l} \text{Weil } p \text{ die Zahl } s \cdot p \cdot p_q^{-1} \\ \text{und } q \text{ die Zahl } r \cdot q \cdot q_p^{-1} \text{ teilt (Regel (M1))} \end{array} \right\}$$
$$= (r,s)$$
$$\left\{ \begin{array}{l} \text{Weil } q \odot_p q_p^{-1} = 1, \text{ denn } q_p^{-1} \\ \text{ist das inverse Element zu } q \text{ in } (\mathbb{Z}_p - \{0\}, \odot_p), \\ \text{und } p \odot_q p_q^{-1} = 1 \text{ gilt.} \end{array} \right\}$$

☐

Jetzt wissen wir, wie wir die Zahlen aus $\mathbb{Z}_p \times \mathbb{Z}_q$ zur Darstellung von Zahlen aus $\mathbb{Z}_n$ mit $n = p \cdot q$ für die Entschlüsselung im Public-Key-Kryptosystem RABIN nutzen können. Die Entschlüsselung läuft wie folgt ab:

1. Nimm den Kryptotext c und stelle ihn in $\mathbb{Z}_p \times \mathbb{Z}_q$ als

$$(c \bmod p, c \bmod q)$$

   dar.

2. (a) Berechne die modularen Wurzeln m_p und m_q von c modulo p und q wie folgt:

$$m_p = (c \bmod p)^{\frac{p+1}{4}} \bmod p$$
$$m_q = (c \bmod q)^{\frac{q+1}{4}} \bmod q$$

   (b) Betrachte (m_p, m_q), $(p-m_p, m_q)$, $(m_p, q-m_q)$ und $(p-m_p, q-m_q)$ als Wurzeln von c modulo n in der Chinesischen $\mathbb{Z}_p \times \mathbb{Z}_q$-Darstellung.

3. Berechne die vier Wurzeln x_1, x_2, x_3 und x_4 von c in $\mathbb{Z}_n$, indem du die Darstellungen aus $\mathbb{Z}_p \times \mathbb{Z}_q$ mittels Iso^{-1} nach $\mathbb{Z}_n$ transformierst.

Dank Satz 10.10 verstehen wir Schritt 1 und Schritt 3 der Entschlüsselung und können diese umsetzen. Durch Satz 10.9 haben wir verstanden, dass wir, genau wie in Schritt 2(a) beschrieben, die Wurzeln von c modulo den Primzahlen p und q tatsächlich bestimmen können. Das Einzige, was wir noch nicht vollständig verstehen, ist, warum die Paare (m_p, m_q), $\big((-m_p), m_q\big)$, $\big(m_p, (-m_q)\big)$ und $\big((-m_p), (-m_q)\big)$ die Chinesischen Darstellungen der Wurzeln von c modulo n sind. Um auch Schritt 2(b) vollständig zu verstehen, schauen wir uns jetzt die zweite Version des Chinesischen Restsatzes an.

Aufgabe 10.32 Spiele die Rolle des Empfängers im Public-Key-Kryptosystem RABIN mit dem privaten Schlüssel $p = 3$, $q = 7$, $p_q^{-1} = 5$ und $q_p^{-1} = 1$, und entschlüssle die Kryptotexte 4, 7 und 15.

Um den Schritt 2(b) der RABIN-Entschlüsselung zu verstehen, müssen wir die Operationen $\oplus_{p,q}$ und $\odot_{p,q}$ in der Zahlenwelt von $\mathbb{Z}_p \times \mathbb{Z}_q$ so einführen, dass sie dasselbe bewirken wie das Addieren und Multiplizieren modulo n in der Zahlenwelt $\mathbb{Z}_n$.

Wir wollen die Situation erreichen, die in Abbildung 10.2 veranschaulicht ist. Das heißt, wir wollen für zwei beliebige Elemente a und b aus $\mathbb{Z}_n$ den Wert $a \oplus_n b$ mittels einer Rechnung innerhalb von $\mathbb{Z}_p \times \mathbb{Z}_q$ bestimmen können.

Wie in Abbildung 10.2 dargestellt, beschreiben wir zuerst mittels Iso die Elemente a und b durch ihre Chinesischen Darstellungen

$$\text{Iso}(a) = u = (a \bmod p, a \bmod q)$$

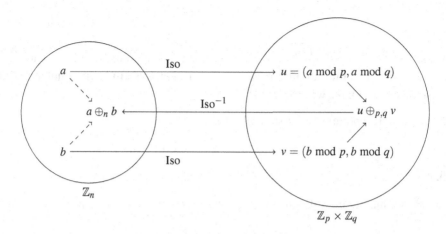

Abbildung 10.2 Darstellung der Operationen $\oplus_{p,q}$ und $\odot_{p,q}$ in der Zahlenwelt $\mathbb{Z}_p \times \mathbb{Z}_q$.

und

$$\text{Iso}(b) = v = (b \bmod p, b \bmod q).$$

Als Zweites wollen wir mittels der Addition $\oplus_{p,q}$ in $\mathbb{Z}_p \times \mathbb{Z}_q$ das Element $u \oplus_{p,q} v$ berechnen. Die Addition $\oplus_{p,q}$ soll so definiert werden, dass $u \oplus_{p,q} v$ nichts anderes ist als die Chinesische Darstellung von $a \oplus_n b$ in $\mathbb{Z}_p \times \mathbb{Z}_q$. Das heißt, es soll

$$a \oplus_n b = \text{Iso}^{-1}(u \oplus_{p,q} v) = \text{Iso}^{-1}\big(\text{Iso}(a) \oplus_{p,q} \text{Iso}(b)\big)$$

gelten.

Analog dazu möchten wir eine Multiplikation $\odot_{p,q}$ in $\mathbb{Z}_p \times \mathbb{Z}_q$ haben. Wir definieren die Operationen $\oplus_{p,q}$ und $\odot_{p,q}$ wie folgt:

Für alle Elemente (a_1, a_2) und $(b_1, b_2) \in \mathbb{Z}_p \times \mathbb{Z}_q$ gilt

$$(a_1, a_2) \oplus_{p,q} (b_1, b_2) = (a_1 \oplus_p b_1, a_2 \oplus_q b_2),$$
$$(a_1, a_2) \odot_{p,q} (b_1, b_2) = (a_1 \odot_p b_1, a_2 \odot_q b_2).$$

Aufgabe 10.33 Zeige, dass $(\mathbb{Z}_3 \times \mathbb{Z}_5, \oplus_{3,5})$ eine Gruppe ist.

Aufgabe 10.34 Zeige, dass $(\mathbb{Z}_r \times \mathbb{Z}_s, \oplus_{r,s})$ eine Gruppe für beliebige $r, s \in \mathbb{Z}^+$ ist.

Aufgabe 10.35 Zeige, dass $(\mathbb{Z}_3 - \{0\} \times \mathbb{Z}_5 - \{0\}, \odot_{3,5})$ eine Gruppe ist.

Aufgabe 10.36 ⋆ Zeige, dass $(\mathbb{Z}_p - \{0\} \times \mathbb{Z}_q - \{0\}, \odot_{p,q})$ für zwei beliebige Primzahlen p und q eine Gruppe ist.

Aufgabe 10.37 Ist $\big((\mathbb{Z}_p \times \mathbb{Z}_q) - \{(0,0)\}, \odot_{7,3}\big)$ eine Gruppe? Begründe deine Antwort.

Der folgende Satz zeigt, dass unsere Definitionen von $\oplus_{p,q}$ und $\odot_{p,q}$ genau unsere Wünsche (wie in Abbildung 10.2 dargestellt) erfüllen.

Satz 10.11 (Chinesischer Restsatz (zweite vereinfachte Version)) *Sei $n = p \cdot q$ für zwei Primzahlen p und q. Dann gilt für alle $a, b \in \mathbb{Z}_p$:*

$$\mathrm{Iso}(a \oplus_n b) = \mathrm{Iso}(a) \oplus_{p,q} \mathrm{Iso}(b),$$
$$\mathrm{Iso}(a \odot_n b) = \mathrm{Iso}(a) \odot_{p,q} \mathrm{Iso}(b).$$

Beweis Als Erstes beobachten wir für $n = p \cdot q$, dass für jedes Element $c \in \mathbb{Z}_n$

$$\boxed{(c \bmod n) \bmod p = c \bmod p} \tag{M6}$$

gilt. Wir begründen es wie folgt: Falls

$$c = k \cdot n + c_1 \quad \text{und} \quad c_1 = l \cdot p + c_2$$

für ein $c_1 = c \bmod n < n$ und ein $c_2 = c_1 \bmod p < p$, dann

$$\begin{aligned}
c &= k \cdot n + c_1 \\
&= k \cdot p \cdot q + l \cdot p + c_2 \\
&= p \cdot (k \cdot q + l) + c_2.
\end{aligned}$$

Damit gilt nach (M1) auf Seite 36:

$$\begin{aligned}
c \bmod p &= \bigl(p \cdot (k \cdot q + l) + c_2\bigr) \bmod p \\
&= c_2 \bmod p \\
&= c_2.
\end{aligned}$$

Analog gilt

$$\begin{aligned}
(c \bmod n) \bmod p &= \bigl((k \cdot n + l \cdot p + c_2) \bmod n\bigr) \bmod p \\
&= (l \cdot p + c_2) \bmod p \\
&= c_2 \bmod p \\
&= c_2.
\end{aligned}$$

Somit haben wir die Gleichung $c \bmod p = (c \bmod n) \bmod p$ (M6) bewiesen. Jetzt können wir die gewünschte Gleichung beweisen. Seien a mit

$$a_1 = a \bmod p \quad \text{und} \quad a_2 = a \bmod q$$

und b mit

$$b_1 = b \bmod p \quad \text{und} \quad b_2 = b \bmod q$$

zwei beliebige Elemente aus $\mathbb{Z}_n$. Wir rechnen nun:

$$
\begin{aligned}
\mathrm{Iso}(a \oplus_n b) &= \mathrm{Iso}\big((a+b) \bmod n\big) \\
&= \Big(\big((a+b) \bmod n\big) \bmod p,\ \big((a+b) \bmod n\big) \bmod q\Big) \\
&= \big((a+b) \bmod p,\ (a+b) \bmod q\big) \\
&\quad \{\text{nach Gesetz (M6)}\} \\
&= \big((a_1+b_1) \bmod p,\ (a_2+b_2) \bmod q\big) \\
&\quad \left\{ \begin{array}{l} \text{weil } (a+b) \bmod p = (a \bmod p + b \bmod p) \bmod p \\ \text{und } (a+b) \bmod q = (a \bmod q + b \bmod q) \bmod q \end{array} \right\} \\
&= (a_1, a_2) \oplus_{p,q} (b_1, b_2) \\
&\quad \{\text{nach Definition von } \oplus_{p,q}\} \\
&= \mathrm{Iso}(a) \oplus_{p,q} \mathrm{Iso}(b).
\end{aligned}
$$

Ähnlich rechnen wir für die Multiplikation:

$$
\begin{aligned}
\mathrm{Iso}(a \odot_n b) &= \mathrm{Iso}\big((a \cdot b) \bmod n\big) \\
&= \Big(\big((a \cdot b) \bmod n\big) \bmod p,\ \big((a \cdot b) \bmod n\big) \bmod q\Big) \\
&= \big((a \cdot b) \bmod p,\ (a \cdot b) \bmod q\big) \\
&\quad \{\text{nach (M6)}\} \\
&= \big((a \bmod p \cdot b \bmod p) \bmod p,\ (a \bmod q \cdot b \bmod q) \bmod q\big) \\
&\quad \{\text{nach (M3) auf Seite 49}\} \\
&= \big((a_1 \cdot b_1) \bmod p,\ (a_2 \cdot b_2) \bmod q\big) \\
&= (a_1, a_2) \odot_{p,q} (b_1, b_2) \\
&= \mathrm{Iso}(a) \odot_{p,q} \mathrm{Iso}(b).
\end{aligned}
$$

$\square$

Was nützt uns die Tatsache, dass wir die Operationen $\oplus_n$ und $\odot_n$ in $\mathbb{Z}_n$ mittels $\oplus_{p,q}$ und $\odot_{p,q}$ in $\mathbb{Z}_p \times \mathbb{Z}_q$ ausdrücken können? Wenn wir ein modulares Quadrat c haben mit $m_p = \sqrt{c} \bmod p$ und $m_q = \sqrt{c} \bmod q$, dann können wir zeigen, dass (m_p, m_q) tatsächlich die Chinesische Darstellung einer Wurzel von c in $\mathbb{Z}_p \times \mathbb{Z}_q$ ist. Wir rechnen einfach in $\mathbb{Z}_p \times \mathbb{Z}_q$ wie folgt:

$$
\begin{aligned}
(m_p, m_q)^2 &= (m_p, m_q) \odot_{p,q} (m_p, m_q) \\
&= (m_p^2 \bmod p,\ m_q^2 \bmod q) \\
&= (c \bmod p,\ c \bmod q) \\
&\quad \left\{ \begin{array}{l} \text{weil } m_p \text{ die Wurzel von } c \bmod p \\ \text{und } m_q \text{ die Wurzel von } c \bmod q \text{ ist} \end{array} \right\}
\end{aligned}
$$

Weil $\text{Iso}(c) = (c \bmod p, c \bmod q)$ gilt, ist $(m_p, m_q)^2$ tatsächlich gleich der Chinesischen Darstellung von c, und somit ist (m_p, m_q) die Chinesische Darstellung einer Wurzel von c in $\mathbb{Z}_p \times \mathbb{Z}_q$.

Aufgabe 10.38 Argumentiere, warum $(p - m_p, m_q)$, $(m_p, q - m_q)$ und $(p - m_p, q - m_q)$ auch Wurzeln von c in der Chinesischen $\mathbb{Z}_p \times \mathbb{Z}_q$-Darstellung sind.

Aufgabe 10.39 Rechne $\big((a \oplus_n b) \odot_n c\big) \oplus_n b$ zuerst in der Zahlenwelt von $\mathbb{Z}_n$ und entsprechend dasselbe in der Welt $\mathbb{Z}_p \times \mathbb{Z}_q$ als $\Big(\big(\text{Iso}(a) \oplus_{p,q} \text{Iso}(b)\big) \odot_{p,q} \text{Iso}(c)\Big) \oplus_{p,q} \text{Iso}(b)$ für gegebene Zahlen a, b, c und $n = p \cdot q$. Vergleiche danach mittels Iso oder Iso^{-1} die berechneten Resultate.

(a) $n = 21$, $a = 6$, $b = 19$ und $c = 4$

(b) $n = 35$, $a = 22$, $b = 33$ und $c = 31$

(c) $n = 217$, $a = 208$, $b = 4$ und $c = 199$

Wir haben jetzt gesehen, wie das Public-Key-Kryptosystem RABIN funktioniert und wie wir alle Wurzeln des Kryptotextes c effizient bestimmen können. Somit haben wir die beiden Punkte *Korrektheit* und *Effizienz* überprüft. Als Letztes wollen wir jetzt noch die *Sicherheit* von RABIN prüfen.

Sicherheit von RABIN

Wir gehen davon aus, dass nicht effizient faktorisiert werden kann, weil bis heute noch kein effizienter Algorithmus für dieses Problem gefunden wurde. Solange man nicht effizient faktorisieren kann, gilt das Public-Key-Kryptosystem RABIN als sicher. Dies wollen wir jetzt beweisen.

Nehmen wir an, dass wir den Kryptotext $c = w^2 \bmod n$ und seine vier Wurzeln x, $n - x$, y und $n - y$ kennen. Ohne Beschränkung der Allgemeinheit[2] nehmen wir an, dass $x > y$ gilt. Unsere Aufgabe ist es, mit Hilfe dieser Kenntnis die Zahl n zu faktorisieren, das heißt p und q zu bestimmen.

Wir nehmen zwei von den vier Wurzeln, die nicht additive Inverse zueinander sind. Wir wählen x und y. Weil x und y Wurzeln von c sind, gilt

$$c = x^2 \bmod n \quad \text{und} \quad c = y^2 \bmod n.$$

Die offensichtliche Folge daraus ist, dass

$$0 = c - c = x^2 \bmod n - y^2 \bmod n = (x^2 - y^2) \bmod n$$

---

[2] Damit meinen wir, dass es egal ist, welche Variable größer ist als die andere. Wir nennen einfach die größere x und die kleinere y.

gilt, das heißt, n teilt $x^2 - y^2 = (x+y) \cdot (x-y)$. Anders ausgedrückt: Es gibt ein $k \in \mathbb{Z}^+$, so dass

$$k \cdot n = (x+y) \cdot (x-y). \tag{10.6}$$

Zuerst stellen wir fest, dass

„n teilt $(x-y)$ nicht"

gilt, weil $0 < x < n$, $0 < y < n$ und $x > y$ gilt und somit $0 < x - y < n$.

Es gilt aber auch

„n teilt $(x+y)$ nicht",

weil $0 < x + y < 2n$ und $x + y \neq n$ gilt, da y kein additives Inverses zu x ist.

Was können wir daraus schließen? Wir wissen, dass $n = p \cdot q$ für zwei uns unbekannte Primzahlen p und q gilt. Also können wir die Gleichung (10.6) wie folgt schreiben:

$$k \cdot p \cdot q = (x+y) \cdot (x-y).$$

Weil $n = p \cdot q$ weder $(x+y)$ noch $(x-y)$ teilt, und p und q in der Faktorisierung der Zahl $(x+y) \cdot (x-y)$ auftreten müssen, bleibt nur noch die Möglichkeit, dass eine der Primzahlen, zum Beispiel p, die Zahl $(x+y)$ teilt und die andere Primzahl q die Zahl $x - y$ teilt. Was hilft uns diese Beobachtung? Weil p und q Primzahlen sind, die n teilen, gilt

$$p = \mathrm{ggT}(n, x+y) \qquad \text{und} \qquad q = \mathrm{ggT}(n, x-y).$$

Warum? Die Primzahl p teilt beide Zahlen n und $x + y$. Die Zahl q $(n = p \cdot q)$ teilt $x + y$ nicht, und somit ist p die größte Zahl, die beide Zahlen n und $x + y$ teilt. Analog dazu kann man für $q = \mathrm{ggT}(n, x-y)$ argumentieren.

Damit haben wir Folgendes entdeckt:

> Wenn x und y zwei Wurzeln modulo n, mit $n = p \cdot q$, von einem modularen Quadrat c sind und $x + y \neq n$ gilt, dann sind $p = \mathrm{ggT}(n, x+y)$ und $q = \mathrm{ggT}(n, x-y)$.

Wir sehen also, dass wir dank der Kenntnis zweier Wurzeln (die nicht zueinander additiv invers sind) eines Quadrats modulo n effizient n in $p \cdot q$ faktorisieren können.

Beispiel 10.2 Betrachten wir als Beispiel $n = 21$ und den Kryptotext $c = 4$. Aus Beispiel 10.1 sehen wir, dass 16, 19, 2 und 5 die vier quadratischen Wurzeln von 4 modulo 21 sind. Wir betrachten jetzt die Wurzeln $x = 5$ und $y = 2$, die offensichtlich nicht zueinander additiv invers sind ($5 + 2 = 7 \neq 21$). Damit gilt

$$x + y = 7 \quad \text{und} \quad x - y = 3$$

und somit

$$7 = \mathrm{ggT}(21, 7) \quad \text{und} \quad 3 = \mathrm{ggT}(21, 3).$$

Spielen wir es noch mit anderen Wurzeln durch. Wir nehmen zum Beispiel $x = 19$ und $y = 5$. Offensichtlich ist $x + y = 24 \neq 21$. Wir erhalten

$$x + y = 24 \quad \text{und} \quad x - y = 14,$$

und folglich ist

$$3 = \mathrm{ggT}(21, 24) \quad \text{und} \quad 7 = \mathrm{ggT}(21, 14).$$

Aufgabe 10.40 Gibt es noch andere Möglichkeiten, wie wir die Wurzelpaare in Beispiel 10.2 auswählen können? Wenn ja, nutze diese Wurzelpaare zur Bestimmung von p und q.

Aufgabe 10.41 Zerlege die Zahl 33 in das Produkt $p \cdot q$ mit Hilfe des im Beispiel 10.2 vorgestellten Verfahrens, wenn du weißt, dass 2 und 13 modulare Wurzeln von 4 modulo 33 sind.

Wir sind mit dem Faktorisieren von n noch nicht ganz fertig. Was, wenn der Kryptotext c statt vier nur zwei Wurzeln besitzt, die zueinander additiv invers sind? Wir haben gesehen, dass dieser Fall mit zwei Wurzeln nur dann auftritt, wenn der Klartext w durch eine der beiden Primzahlen p oder q teilbar ist. Angenommen w sei durch q teilbar. Weil $w = m \cdot q$ nicht durch n teilbar ist, erhalten wir

$$\mathrm{ggT}(n, w) = \mathrm{ggT}(p \cdot q, m \cdot q) = q,$$

und mit dem berechneten q können wir p mittels $p = \frac{n}{q}$ direkt bestimmen. Wenn wir also den Klartext w erfahren, können wir n faktorisieren.

Aufgabe 10.42 Du kennst den öffentlichen Schlüssel $n = 437$ von RABIN. Über den Kryptotext $c = 368$ findest du heraus, dass die einzigen zwei modularen Wurzeln von c die Zahlen 46 und 391 sind. Kannst du mit dieser Information und mit der Hilfe des Euklidischen Algorithmus die Zahl $n = 437$ faktorisieren?

Aufgabe 10.43 Sei $n = 1763$ der öffentliche Schlüssel von RABIN. Jetzt erfährst du, dass die Zahl $738^2 \bmod 1763$ nur zwei modulare Wurzeln hat. Kannst du mit dieser Information die Zahl $n = 1763$ faktorisieren?

Aufgabe 10.44 Sei $n = p \cdot q$ für zwei unbekannte Primzahlen p und q. Du weißt, dass w und $n - w$ die einzigen zwei modularen Wurzeln der Zahl $c = w^2 \bmod n$ sind. Gilt dann $\mathrm{ggT}(w, n) = \mathrm{ggT}(n - w, n)$? Mit anderen Worten: Spielt es keine Rolle, ob wir n mit Hilfe von $\mathrm{ggT}(w, n)$ oder mit Hilfe von $\mathrm{ggT}(n - w, n)$ faktorisieren?

Effizienter Aufbau des Kryptosystems RABIN

Wir wissen schon ganz genau, warum RABIN funktioniert, so wie auch, dass dieses Public-Key-Kryptosystem sicher ist, und dass die Verschlüsselung und die Entschlüsselung effizient berechnet werden können. Die letzte verbleibende Frage ist, ob der Empfänger das Public-Key-Kryptosystem auch selbst effizient aufbauen kann.

Der Empfänger braucht zuerst zwei große Primzahlen p und q mit $p \bmod 4 = q \bmod 4 = 3$. Eine Möglichkeit wäre, diese einfach in einer großen Datenbank von Primzahlen auszusuchen. Die Zahlen p und q müssen aber riesig sein, ihre Darstellung soll also rund 500 Dezimalstellen betragen. Das ist deswegen wichtig, damit keine Faktorisierungsalgorithmen aus n die Zahlen p und q in vernünftiger Zeit ausrechnen können. Eine Datenbank wäre deshalb aber unrealistisch, da diese viel zu viel Speicherplatz brauchen würde.

Wünschenswert wäre es darum, p und q zufällig zu generieren. Das geht auch, weil zwischen den ersten m Zahlen ungefähr auf jeder $\ln(m)$-ten Stelle eine Primzahl liegt. Also reicht es, zufällig ungefähr $\ln(m)$ große Zahlen zu generieren, weil man dann erwarten kann, dass sich darunter eine Primzahl befindet. Damit reduziert sich die Zeitkomplexität der Suche nach Primzahlen auf das Testen, ob eine generierte Zahl eine Primzahl ist. Nach der Definition der Primzahlen, dass sie nur durch 1 und sich selber teilbar sind, würde das für eine 500-stellige Zahl x ein unzumutbarer Aufwand bedeuten, die Zahl x durch alle rund 10^{500} kleineren Zahlen zu teilen. Glücklicherweise gibt es aber Algorithmen zum effizienten Testen, ob eine Zahl eine Primzahl ist. Diese zu verstehen erfordert aber so viel mathematisches und algorithmisches Wissen, dass wir sie hier nicht vorstellen werden.

Mit gegebenen p und q kann der Empfänger mit dem Euklidischen Algorithmus effizient die inversen Elemente p_q^{-1} und q_p^{-1} berechnen. Der kleine Satz von Fermat ist eine weitere effiziente Möglichkeit zur Berechnung von

$$p_q^{-1} = p^{q-2} \bmod q \quad \text{und} \quad q_p^{-1} = q^{p-2} \bmod p.$$

Damit hat der Empfänger bereits das komplette Geheimnis, den privaten Schlüssel p, q, p_q^{-1} und q_p^{-1}, effizient berechnet.

Jetzt muss er die beiden Zahlen p und q nur noch zu $n = p \cdot q$ multiplizieren und die Zahl n für alle potenziellen Sender öffentlich machen. Damit ist das Public-Key-Kryptosystem RABIN aufgebaut und kann zuverlässig in Betrieb genommen werden.

10.2 Das Public-Key-Kryptosystem RSA

RSA ist das bekannteste Public-Key-Kryptosystem, weil es in kryptographischen Anwendungen zum Standard geworden ist. Der Name RSA ist das Kürzel der Nachnamen seiner Erfinder Ronald Rivest (*1947), Adi Shamir (*1952) und Leonard Adleman (*1945). Zu verstehen, warum es funktioniert, warum es als sicher betrachtet werden kann und wie es effizient aufgebaut wird, ist – verglichen mit dem Public-Key-Kryptosystem von RABIN – sehr komplex.

Ein Empfänger kann das Public-Key-Kryptosystem wie folgt aufbauen:

1.   Wähle zufällig zwei große Primzahlen p und q und berechne $n = p \cdot q$.

2. Berechne den Wert der Eulerschen Phi-Funktion $\varphi(n) = (p-1) \cdot (q-1)$, die die Anzahl der Elemente x in $\mathbb{Z}_n$ mit $ggT(n,x) = 1$ bestimmt (siehe Aufgabe 10.46).

3. Wähle zufällig eine große Zahl $d \in \mathbb{Z}_n$ mit $ggT\left(d, \varphi(n)\right) = 1$ und berechne e, das invers zu d modulo $\varphi(n)$ ist, das heißt

$$(d \cdot e) \bmod \varphi(n) = 1.$$

Damit ist das Public-Key-Kryptosystem RSA aufgebaut. Der öffentliche Schlüssel ist (n, e) und der private Schlüssel ist $(p, q, \varphi(n), d)$.

Aufgabe 10.45 Sei $n = 221 = 13 \cdot 17$. Liste alle Zahlen x aus $\mathbb{Z}_{221}$ mit der Eigenschaft $ggT(221, x) > 1$ auf.

Aufgabe 10.46 Kannst du begründen, warum die Anzahl der Elemente $x \in \mathbb{Z}_n$ mit $ggT(n, x) = 1$ genau $(p-1) \cdot (q-1)$ ist?

Jetzt können wir das Public-Key-Kryptosystem RSA wie folgt beschreiben:

Public-Key-Kryptosystem RSA

Klartextalphabet: $\{0, 1\}$

Geheimtextalphabet: $\{0, 1\}$

Öffentlicher Schlüssel: (n, e)

Privater Schlüssel: $(p, q, \varphi(n), d)$

Verschlüsselung: Der Klartext wird in Blöcke der Länge $\lfloor \log_2(n-1) \rfloor + 1$ geschnitten. Jeder Block wird als binäre Codierung einer Zahl $w \in \{0, 1, \ldots, n-1\}$ angeschaut. Der Kryptotext c wird berechnet durch:

$$c = \text{Ver}_{(n,e)}(w) = w^e \bmod n.$$

Entschlüsselung: Für einen Kryptotextblock c berechnen wir den entsprechenden Klartextblock w mittels:

$$w = \text{Ent}_{(p,q,\varphi(n),d)}(c) = c^d \bmod n.$$

Wir bemerken, dass sowohl die Verschlüsselung wie auch die Entschlüsselung effizient berechnet werden können, weil es nur um modulares Potenzieren geht.

Betrachten wir das folgende Beispiel:

1. Zuerst braucht der Empfänger zwei Primzahlen, er wählt $p = 11$ und $q = 13$. Er berechnet die Zahl n mit $n = p \cdot q = 11 \cdot 13 = 143$.

2. Anschließend berechnet er $\varphi(n) = (p-1) \cdot (q-1) = (11-1) \cdot (13-1) = 10 \cdot 12 = 120$, das ist die Anzahl Elemente in $\mathbb{Z}_n$, die keinen gemeinsamen Teiler (außer 1) mit n haben.

3.   Der Empfänger soll jetzt zufällig eine Zahl d aus $\mathbb{Z}_n$ wählen, die keinen gemeinsamen Teiler (außer 1) mit $\varphi(n)$ hat. Er wählt $d = 7$. Dann berechnet er das Inverse e zu d mod $\varphi(n)$ mit dem erweiterten Euklidischen Algorithmus und erhält $e = d^{-1}$ mod $\varphi(n) = 7^{-1}$ mod $120 = 103$. Es gilt also $7 \cdot 103$ mod $120 = 1$.

Auf diese Weise hat sich der Empfänger das Public-Key-Kryptosystem RSA aufgebaut. Der öffentliche Schlüssel ist

$$(n, e) = (143, 103)$$

und der private Schlüssel

$$(p, q, \varphi(n), d) = (11, 13, 120, 7).$$

Aufgabe 10.47 Du sollst jeweils das Public-Key-Kryptosystem RSA mit den folgenden Zahlen aufbauen. Gib immer den öffentlichen Schlüssel (n, e) sowie den privaten Schlüssel $(p, q, \varphi(n), d)$ an.

(a) $p = 3, q = 5, d = 7$,

(b) $p = 17, q = 19, d = 11$,

(c) $p = 31, q = 13, d = 23$.

Korrektheit von RSA

Beim Public-Key-Kryptosystem RSA beschränken wir unsere Bemühungen auf den Beweis, dass die Entschlüsselung tatsächlich die Umkehrfunktion der Verschlüsselung ist. Die Überlegungen zum effizienten Aufbau und zur Sicherheit dieses Public-Key-Kryptosystems sind zu komplex und erfordern weiteres nicht-triviales Vorwissen aus der Mathematik und der Informatik. Dafür begründen wir die Korrektheit von RSA nur mit Hilfe der uns schon bekannten Sätzen, nämlich dem kleinen Satz von Fermat und dem Chinesischen Restsatz.

Satz 10.12 *Sei* $(p, q, \varphi(n), d)$ *der private Schlüssel und* (n, e) *der entsprechende öffentliche Schlüssel des Public-Key-Kryptosystems* RSA. *Dann gilt für jede Zahl* $w \in \{1, \ldots, n-1\}$

$$\mathrm{Ent}_{(p,q,\varphi(n),d)}\left(\mathrm{Ver}_{(n,e)}(w) \right) = w.$$

Beweis Dank den Gesetzen des Potenzierens und des modularen Rechnens erhalten wir direkt

$$\mathrm{Ent}_{(p,q,\varphi(n),d)}\left(\mathrm{Ver}_{(n,e)}(w) \right) = \mathrm{Ent}_{(p,q,\varphi(n),d)}\left(w^e \bmod n \right)$$
$$= \left(w^e \bmod n \right)^d \bmod n$$
$$= \left(w^e \right)^d \bmod n$$
$$= w^{e \cdot d} \bmod n.$$

Damit sehen wir, dass es nun unsere Aufgabe ist, die Gleichheit

$$w^{e \cdot d} \bmod n = w$$

zu zeigen.

Die Chinesische Darstellung von w in $\mathbb{Z}_p \times \mathbb{Z}_q$ ist $(w \bmod p, w \bmod q)$. Wegen dem Chinesischen Restsatz reicht es also zu zeigen, dass die Chinesische Darstellung von $w^{e \cdot d} \bmod n$ in $\mathbb{Z}_p \times \mathbb{Z}_q$ auch $(w \bmod p, w \bmod q)$ ist, das heißt, dass

$$\left((w^{e \cdot d} \bmod n) \bmod p, (w^{e \cdot d} \bmod n) \bmod q \right) = (w \bmod p, w \bmod q)$$

gelten muss. Weil für $n = p \cdot q$ allgemein gilt $(a \bmod n) \bmod p = a \bmod p$ (siehe Beweis von Satz 10.11), bleibt uns, die Gültigkeit der Gleichung

$$(w^{e \cdot d} \bmod p, w^{e \cdot d} \bmod q) = (w \bmod p, w \bmod q) \qquad (10.7)$$

zu zeigen.

Hier unterscheiden wir zwei Fälle, nämlich ob genau eine der Primzahlen p oder q die Zahl w teilt oder keine der beiden Zahlen. Offensichtlich können nicht beide Primzahlen p und q die Zahl w teilen, weil dann $n = p \cdot q$ die Zahl w auch teilen würde, und dies ist unmöglich, weil $0 < w < n$ ist.

Fall 1: Keine der Primzahlen p und q teilt w.

Weil $e \cdot d \bmod \varphi(n) = 1$ ist, gilt $e \cdot d = k \cdot \varphi(n) + 1$ für ein $k \in \mathbb{N}$. Wir rechnen:

$$
\begin{aligned}
w^{e \cdot d} \bmod p &= w^{k \cdot (p-1) \cdot (q-1) + 1} \bmod p \\
&\quad \{\text{weil } e \cdot d = k\varphi(n) + 1 \text{ und } \varphi(n) = (p-1) \cdot (q-1)\} \\
&= \left(w^{p-1}\right)^{k \cdot (q-1)} \cdot w \bmod p \\
&= \left(\left(w^{p-1} \bmod p\right)^{k \cdot (q-1)} \cdot w \right) \bmod p \\
&\quad \{\text{nach Gesetz (M3) auf Seite 49}\} \\
&= \left(1^{k \cdot (q-1)} \cdot w\right) \bmod p \\
&\quad \left\{ \begin{array}{l} w^{p-1} \bmod p = 1, \text{ weil } (w \bmod p)^{p-1} \bmod p = 1 \\ \text{für } w \bmod p \neq 0 \text{ nach dem kleinen Satz von Fermat} \end{array} \right\} \\
&= (1 \cdot w) \bmod p \\
&= w \bmod p.
\end{aligned}
$$

Analog erhalten wir

$$w^{e \cdot d} \bmod q = w^{k \cdot (p-1) \cdot (q-1)+1} \bmod q$$

$$\{\text{weil } e \cdot d = k\varphi(n) + 1 \text{ und } \varphi(n) = (p-1) \cdot (q-1)\}$$

$$= \left(w^{q-1}\right)^{k \cdot (p-1)} \cdot w \bmod q$$

$$= \left(\left(w^{q-1} \bmod q\right)^{k \cdot (p-1)} \cdot w\right) \bmod q$$

$$\{\text{nach Gesetz (M3)}\}$$

$$= \left(1^{k \cdot (p-1)} \cdot w\right) \bmod q$$

$$\left\{ \begin{array}{l} w^{q-1} \bmod q = 1, \text{ weil } (w \bmod q)^{q-1} \bmod q = 1 \\ \text{für } w \bmod q \neq 0 \text{ nach dem kleinen Satz von Fermat} \end{array} \right\}$$

$$= (1 \cdot w) \bmod q$$

$$= w \bmod q.$$

Damit ist Gleichung (10.7) für den Fall 1 bewiesen.

Fall 2: Wir nehmen an, p teilt w und q teilt w nicht. Dann gilt $w \bmod p = 0$ und folglich

$$w^{e \cdot d} \bmod p = \left((w \bmod p)^{e \cdot d}\right) \bmod p$$

$$= \left(0^{e \cdot d}\right) \bmod p$$

$$= 0.$$

Somit gilt

$$w \bmod p = 0 = w^{e \cdot d} \bmod p.$$

Der Beweis der Gleichung

$$w^{e \cdot d} \bmod q = w \bmod q$$

ist identisch mit dem Beweis dieser Tatsache im Fall 1. Somit haben wir die Gleichung (10.7) auch für den Fall 2 bewiesen.

$\square$

Hinweis für die Lehrperson Wir sehen hier die Nützlichkeit der Chinesischen Darstellung der Zahlen in $\mathbb{Z}_p \times \mathbb{Z}_q$. Nur dank dem Chinesischen Restsatz reichte uns der kleine Satz von Fermat für den Beweis von $\text{Ent}_{(p,q,\varphi(n),d)}\left(\text{Ver}_{(n,e)}(w)\right) = w$. Der Beweis kann auch ohne die Verwendung der Welt $\mathbb{Z}_p \times \mathbb{Z}_q$ (also ohne den Chinesischen Restsatz) geführt werden. Dann braucht es aber den Satz von Euler, der eine nicht-triviale Verallgemeinerung des kleinen Satzes von Fermat ist.

Aufgabe 10.48 Seien p und q zwei Primzahlen und $n = p \cdot q$. Beweise, dass für jedes Element $w \in \mathbb{Z}_n - \{0\}$ mit $\text{ggT}(n, w) = 1$ die Gleichung

$$w^{(p-1) \cdot (q-1)} \bmod n = 1$$

gilt.

Aufgabe 10.49 Ein Kryptoanalytiker erfährt bei RSA die Primzahlen p und q. Wie kann er dann den Kryptotext $c = w^e \bmod n$ zum Klartext w entschlüsseln?

Für eine sichere Anwendung von RSA ist es wichtig, alle Teile p, q, $\varphi(n)$, und d des privaten Schlüssels geheim zu halten. Aufgabe 10.49 deutet an, dass die Aufdeckung von p und q (also die Faktorisierung von n) zur effizienten Entschlüsselung des Kryptotextes führt. Wie sieht dies mit $\varphi(n)$ aus? Die Antwort dazu soll die Bearbeitung der folgenden zwei Aufgaben liefern.

Aufgabe 10.50 Sei $n = 527$ ein Produkt von zwei Primzahlen. Du kennst den öffentlichen Schlüssel $(n, e) = (527, 18)$. Jetzt erfährst du, dass $\varphi(n) = \varphi(527) = 480$ ist. Hilft dir diese geheime Information bei der Faktorisierung von n?

Aufgabe 10.51 Sei (n, e) ein öffentlicher Schlüssel von RSA. Erkläre eine effiziente Vorgehensweise, wie man aus n, e und $\varphi(n)$ die restlichen Teile p, q und d des privaten Schlüssels berechnen kann.

10.3 Zusammenfassung

Die zahlentheoretischen Public-Key-Kryptosysteme sind die einzigen Kryptosysteme mit einem öffentlichen Schlüssel, die tatsächlich in der Praxis verwendet werden und als sicher betrachtet werden dürfen. Zwei von diesen Kryptosystemen haben wir hier vorgestellt. Beide basieren auf der Annahme, dass man nicht effizient faktorisieren kann. Wenn jemand einen effizienten Algorithmus für die Faktorisierung von großen Zahlen entwickeln würde, wären die vorgestellten Public-Key-Kryptosysteme sofort unsicher. Die besten bekannten Algorithmen für die Faktorisierung haben aber eine exponentielle Zeitkomplexität, und in der Algorithmik glaubt man nicht an die Existenz effizienter Faktorisierungsalgorithmen. Das heißt, die Faktorisierung wird als ein schweres Problem betrachtet. Somit ist es erlaubt die Sicherheit eines Public-Key-Kryptosystems zu begründen, indem man zeigt, dass das Knacken des Public-Key-Kryptosystems mindestens so schwer ist wie das Faktorisieren.

Als Erstes haben wir das Public-Key-Kryptosystem RABIN vorgestellt, das modulares Quadrieren als Verschlüsselung einsetzt. Entschlüsseln bedeutet dann, die modulare Wurzel zu ziehen. Das geht nur mit der Kenntnis von p und q. Wir haben bewiesen, dass das Public-Key-Kryptosystem RABIN genauso schwer zu knacken ist wie das Faktorisieren und somit als sicher betrachtet werden kann.

Das Public-Key-Kryptosystem RSA ist zum Standard der Kryptosysteme mit öffentlichem Schlüssel geworden. Es basiert auf dem modularen Potenzieren $c = w^e \bmod n$ mittels einer großen Zahl e. Aus c und e die Zahl w zu berechnen ist das diskrete Logarithmus-Problem, für welches kein effizientes Verfahren bekannt ist. Falls man das multiplikative inverse Element d zu e modulo $\varphi(n)$ kennt, kann man w mittels Potenzieren berechnen. Die Kenntnis von nur einem der Teile p, q, d oder $\varphi(n)$ des privaten Schlüssels reicht aus, um die Entschlüsselung effizient durchzuführen.

Wir brauchten zwei wichtige Sätze der Zahlentheorie, um das Verständnis für die Funktionalität dieser zwei Kryptosysteme zu erlangen. Der Chinesische Restsatz zeigt uns, dass wir für $n = p \cdot q$ mit $\mathrm{ggT}(p, q) = 1$ Zahlen aus $\mathbb{Z}_n$ als Zahlenpaare in der Zahlenwelt $\mathbb{Z}_p \times \mathbb{Z}_q$ eindeutig darstellen können, und dass wir dann statt in $\mathbb{Z}_n$ in der Welt $\mathbb{Z}_p \times \mathbb{Z}_q$ rechnen dürfen. Die berechneten Resultate können wir danach eindeutig in die $\mathbb{Z}_n$-Darstellung zurückverwandeln. Dies kann sehr vorteilhaft sein, weil wir in der Chinesischen $\mathbb{Z}_p \times \mathbb{Z}_q$-Darstellung Zusammenhänge sehen, die wir sonst kaum direkt in der üblichen Zahlendarstellung festgestellt hätten. Der zweite wichtige Satz ist der kleine Satz von Fermat, der für alle Primzahlen p besagt, dass $a^{p-1} \bmod p = 1$ für alle $a \in \mathbb{Z}_p - \{0\}$ gilt.

Kontrollfragen

1. Was ist die Umkehrfunktion der Multiplikation?

2. Warum spielt das Problem der Faktorisierung eine große Rolle in der Kryptologie?

3. Wann ist eine Zahl c ein modulares Quadrat in $\left(\mathbb{Z}_n - \{0\}, \odot_n\right)$?

4. Sei p eine Primzahl. Wie viele Wurzeln modulo p kann eine Zahl $a \in \mathbb{Z}_p - \{0\}$ haben?

5. Sei x eine Wurzel einer Zahl c modulo einer Primzahl p. Kannst du sofort eine andere Wurzel von c nennen?

6. Sei a ein Element aus $\mathbb{Z}_n - \{0\}$. Wenn n eine Primzahl ist, dann hat a entweder zwei Wurzeln modulo n oder keine Wurzel. Gilt das auch, wenn n eine zusammengesetzte Zahl ist?

7. Was ist der private und was ist der öffentliche Schlüssel beim Public-Key-Kryptosystem RABIN?

8. Wie verschlüsselt man mit RABIN?

9. Wie entschlüsselt man mit RABIN? Wie viele Kandidaten für den Klartext können aus der Entschlüsselung resultieren?

10. Wie kann man effizient die Wurzel modulo einer Primzahl ziehen?

11. Wie kann man effizient das multiplikative Inverse p_q^{-1} zu p modulo q für zwei Primzahlen p und q bestimmen?

12. Aus welchem bekannten Satz folgt: Wenn eine Primzahl p ein Produkt $a \cdot b$ von zwei natürlichen Zahlen a und b teilt, teilt die Zahl p entweder a oder b?

13. Welche algebraische Struktur ist $(\mathbb{Z}_p - \{0\}, \odot_p)$ für eine Primzahl p?

14. Sei p eine Primzahl und sei a aus $\mathbb{Z}_p - \{0\}$. Welche Werte kann der Ausdruck $a^{\frac{p-1}{2}} \bmod p$ annehmen? Was sagen diese Werte aus?

15. Was besagt der kleine Satz von Fermat?

16. Sei p eine Primzahl und sei a aus $\mathbb{Z}_p - \{0\}$. Welche Beziehung hat die Zahl $a^{p-2} \bmod p$ zu der Zahl a in $(\mathbb{Z}_p - \{0\}, \odot_p)$?

17. Warum muss man beim modularen Rechnen immer genau darauf achten, welche Bedeutung die Notation $(-a)$ hat?

18. Sei $n = p \cdot q$ für zwei Primzahlen p und q. Wie kann man eine beliebige Zahl $a < n$ eindeutig in $\mathbb{Z}_p \times \mathbb{Z}_q$ darstellen?

19. Sei (r, s) die Chinesische Darstellung einer Zahl a aus $\mathbb{Z}_n$ in $\mathbb{Z}_p \times \mathbb{Z}_q$. Wie kann man a aus r und s berechnen?

20. Sei $n = p \cdot q$ für zwei Primzahlen p und q. Wie muss man die Operationen Addition und Multiplikation in $\mathbb{Z}_p \times \mathbb{Z}_q$ definieren, so dass man in $\mathbb{Z}_p \times \mathbb{Z}_q$ die Berechnungen in $\mathbb{Z}_n$ nachahmen kann?

21. Warum kann man nur für Primzahlen p mit $p \bmod 4 = 3$ behaupten, dass $c^{\frac{p+1}{4}} \bmod p$ eine Wurzel des modularen Quadrates $c \in \mathbb{Z}_p$ ist?

22. Wenn (m_p, m_q) für $m_p \neq 0$ und $m_q \neq 0$ die Chinesische $\mathbb{Z}_p \times \mathbb{Z}_q$-Darstellung einer Wurzel eines Quadrates c modulo $n = p \cdot q$ für zwei Primzahlen p und q ist, wie sehen die Chinesischen $\mathbb{Z}_p \times \mathbb{Z}_q$-Darstellungen der restlichen drei Wurzeln aus?

23. Wie stark hängt die Sicherheit von RABIN mit dem Faktorisieren zusammen?

24. Sei $n = p \cdot q$ für zwei Primzahlen p und q. Seien x und y zwei Wurzeln eines modularen Quadrates e mit $x + y \neq n$. Wie kann man p und q aus n, e, x und y bestimmen?

25. Sei $n = p \cdot q$ für zwei Primzahlen p und q. Eine Wurzel einer Zahl $a \in \mathbb{Z}_n$ kann in $\mathbb{Z}_p \times \mathbb{Z}_q$ als $(r, 0)$ für $r \neq 0$ dargestellt werden. Welche Eigenschaft hat a? Wie viele Wurzeln besitzt a?

26. Wie baut man ein RSA-Public-Key-Kryptosystem? Was ist der private und was der öffentliche Schlüssel?

27. Wie verschlüsselt und entschlüsselt man mit RSA?

28. Welche zahlentheoretischen Sätze braucht man um zu zeigen, dass die RSA-Entschlüsselung die Umkehrfunktion der Verschlüsselung ist?

Kontrollaufgaben

1. Bestimme die quadratische Wurzel modulo n für die folgenden Zahlen c:

    (a) $n = 133, c = 63$

    (b) $n = 133, c = 121$

    (c) $n = 10\,403, c = 6006$

    (d) $n = 11\,639 = 103 \cdot 113, c = 11\,501$

2. Bestimme das inverse Element a^{-1} für die gegebene Primzahl p und ein $a \in \mathbb{Z}_p - \{0\}$.

    (a) $p = 7, a = 3$

    (b) $p = 101, a = 2$

    (c) $p = 101, a = 79$

    (d) $p = 103, a = 5$

    (e) $p = 113, a = 3$

3. Welche Zahlen aus $(\mathbb{Z}_{13} - \{0\}, \odot_{13})$ sind modulare Quadrate?

4. Finde ein n und ein a aus $\mathbb{Z}_n$, so dass a mehr als vier modulare Wurzeln modulo n besitzt.

5. Finde eine natürliche Zahl n und ein Element $a \in \mathbb{Z} - \{0\}$, so dass a mehr als sechs Wurzeln modulo n hat.

6. Finde alle Zahlen $a \in \mathbb{Z}_{77}$, die genau zwei Wurzeln modulo 77 haben.

7. Wieso scheitert der Beweis zu Satz 10.2, wenn p keine Primzahl ist?

8. Bestimme für die gegebenen Zahlen (r, s) aus $\mathbb{Z}_p \times \mathbb{Z}_q$ ihre übliche $\mathbb{Z}_n$-Darstellung.

    (a) $(r, s) = (3, 5)$, $p = 7$, $q = 19$

    (b) $(r, s) = (72, 14)$, $p = 101$, $q = 103$

    (c) $(r, s) = (242, 2)$, $p = 5$, $q = 113$

    (d) $(r, s) = (31, 5)$, $p = 41$, $q = 17$

9. Baue das Public-Key-Kryptosystem RABIN für die gegebenen Primzahlen p und q auf und verwende es, um den Klartext c zu verschlüsseln und danach wieder zu entschlüsseln (alle Wurzeln von $c^2 \bmod n$ zu bestimmen).

    (a) $p = 19$, $q = 103$, $c = 217$

    (b) $p = 7$, $q = 19$, $c = 62$

    (c) $p = 31$, $q = 3$, $c = 2$

    (d) $p = 103$, $q = 23$, $c = 1133$

10. Der öffentliche Schlüssel von RABIN ist $n = 11021$. Jetzt erfährst du, dass 2033 eine modulare Wurzel modulo 11021 von 214 ist. Hilft dir das, um 11021 schnell zu faktorisieren?

11. Sei $a \cdot b = p \cdot m$ für irgendwelche Zahlen a, b, p und m aus $\mathbb{Z}^+$. Sei p eine Primzahl. Erkläre, warum p eine der Zahlen a oder b teilen muss. Welchen bekannten Satz brauchst du dazu?

12. Beweise den Fundamentalsatz der Arithmetik.

13. Zeige, dass $(\mathbb{Z}_q - \{0\}, \odot_q)$ für die gegebenen q keine Gruppe ist. Bestimme eine Menge $A \subseteq \mathbb{Z}_q$, so dass $(A, \odot_q)$ eine Gruppe ist.

    (a) $q = 12$

    (b) $q = 14$

    (c) $q = 9$

14. Bestimme, welche Zahlen aus $(\mathbb{Z}_{21}, \odot_{21})$ inverse Elemente haben, und berechne die entsprechenden inversen Elemente.

15. Bestimme, welche Zahlen a Quadrate modulo p sind für gegebene a und p.

    (a) $p = 19$, $a = 16$

    (b) $p = 19$, $a = 3$

    (c) $p = 5$, $a = 2$

    (d) $p = 13$, $a = 12$

    (e) $p = 101$, $a = 3$

    (f) $p = 31$, $a = 24$

16. Bestimme die modulare Wurzel von 102 in $(\mathbb{Z}_{133}, \odot_{133})$.

17. Bestimme die Werte $a^{p-1} \bmod p$ für die folgenden Werte von a und p:

    (a) $p = 19$ und $a = 3$

    (b) $p = 11$ und $a = 8$

    (c) $p = 6$ und $a = 2$

    Könntest du einige dieser Werte direkt ohne zu rechnen angeben?

18. Bestimme die Chinesische Darstellung aller Zahlen aus $\mathbb{Z}_{21}$.

19. Erkläre, warum $\left(\mathbb{Z}_7 \times \mathbb{Z}_{31} - \{(0,0)\}, \odot_{7,31} \right)$ keine Gruppe ist.

20. Betrachte $n = 3 \cdot 2 \cdot 5 = 30$. Für die Zahl $a \in \mathbb{Z}_{30}$ definieren wir die Abbildung aus $\mathbb{Z}_{30}$ nach $\mathbb{Z}_3 \times \mathbb{Z}_2 \times \mathbb{Z}_5$ wie folgt:

$$a \mapsto (a \bmod 3, a \bmod 2, a \bmod 5).$$

    Zeige, dass diese Abbildung injektiv ist.

21. Definiere die beiden Operationen $\oplus_{3,2,5}$ und $\odot_{3,2,5}$, so dass $(\mathbb{Z}_3 \times \mathbb{Z}_2 \times \mathbb{Z}_5, \oplus_{3,2,5})$ und $\left((\mathbb{Z}_3 - \{0\}) \times (\mathbb{Z}_2 - \{0\}) \times (\mathbb{Z}_5 - \{0\}), \odot_{3,2,5} \right)$ Gruppen sind. Beweise auch, dass sie tatsächlich Gruppen sind.

22. Finde einen effizienten Weg, wie man aus $(r, s, w) \in \mathbb{Z}_3 \times \mathbb{Z}_2 \times \mathbb{Z}_5$ das entsprechende Element a mit $a \bmod 3 = r$, $a \bmod 2 = s$ und $a \bmod 5 = w$ berechnen kann.

23. (Knobelaufgabe) Seien p, q und t drei Primzahlen mit der Eigenschaft $3 = p \bmod 4 = q \bmod 4 = t \bmod 4$. Sei $n = p \cdot q \cdot t$. Verschlüssle jede Zahl $a < n$ mittels Quadrieren modulo n, das heißt

$$c = a^2 \bmod n.$$

    Schaffst du es, mit Hilfe von p, q und t einen effizienten Weg zur Entschlüsselung zu finden? Wie viele Wurzeln von c resultieren höchstens bei der Berechnung? Kannst du zeigen, dass diese Verschlüsselung ohne die Kenntnis von p, q und t mindestens so schwer zu knacken ist wie das Faktorisieren?

24. Bestimme aus dem gegebenen öffentlichen Schlüssel (n, e) von RSA und aus dem gelüfteten Geheimnis $\varphi(n)$ die restlichen Teile p, q und d des privaten Schlüssels.

    (a) $n = 11\,639$, $e = 4415$, $\varphi(n) = 11\,424$

    (b) $n = 28\,363$, $e = 22\,403$, $\varphi(n) = 28\,000$

    (c) $n = 201\,563$, $e = 112\,483$, $\varphi(n) = 200\,640$

    (d) $n = 64\,523$, $e = 10\,201$, $\varphi(n) = 63\,840$

Lektion 11

Anwendungen der Public-Key-Kryptographie und Kommunikationsprotokolle

Wir verdanken den Public-Key-Kryptosystemen so viele erfolgreiche Anwendungen, dass wir sie hier nicht vollständig aufzählen können. Nicht nur die vertrauliche Kommunikation gehört zu den Highlights der Public-Key-Kryptographie, sondern auch Online-Banking, elektronischer Handel, elektronische Wahlen, elektronisches Geld, digitale Unterschriften und digitales Ausweisen. Viele dieser Anwendungen ermöglichen einen Nachrichtenaustausch, der auf den ersten Blick verblüfft. Würdet ihr uns glauben,

- dass man Dokumente so digital unterschreiben kann, dass sich jeder von der Echtheit der Unterschrift überzeugen und sie trotzdem nicht fälschen oder nachahmen kann?

- dass man sich elektronisch als befugt oder berechtigt ausweisen kann, ohne seine eigene Identität der Kontrollstelle preiszugeben?

- dass man andere vom Besitz eines Geheimnisses überzeugen kann, ohne ein einziges Bit des Geheimnisses zu verraten?

- dass man ein Geheimnis auf mehrere Personen so aufteilen kann, dass eine einzelne Person keine Möglichkeit hat das Geheimnis herauszufinden? Nur wenn sich alle Personen zusammenfinden, können sie das gemeinsame Geheimnis bestimmen.

Das Ziel dieser Lektion ist es einige solche Kommunikationsprotokolle vorzustellen. Weil beim mehrfachen Nachrichtenaustausch in Kommunikationsprotokollen die Rollen des Senders und des Empfängers nicht mehr eindeutig sind, werden wir die Kommunikationspartner allgemein Alice und Bob nennen oder wir sprechen spezifisch über Kunden, Banken, Fälscher, etc.

11.1 Digitale Unterschrift von Dokumenten

Handschriftliche Unterschriften sind juristisch gesehen eine Art Echtheitsgarantie. In der digitalen Kommunikation (zum Beispiel bei der digitalen Geldüberweisung) kann man aber keine handschriftlichen Unterschriften leisten. Außerdem hätte man gerne noch fälschungssicherere Unterschriften, als es die handschriftlichen sind.

Formulieren wir unsere Zielsetzung für den Aufbau eines Kommunikationsprotokolls ganz genau. Ein Kunde will der Bank eine Echtheitsgarantie für eine Überweisung von seinem Konto geben oder ein anderes Dokument für die Bank unterschreiben. Dabei stellen wir folgende Anforderungen:

(1) Die Bank muss von der Echtheit der Unterschrift des Kunden überzeugt werden. Sowohl die Bank als auch der Kunde müssen vor einem Dritten (Fälscher) geschützt werden, der sich als Kunde gegenüber der Bank ausgeben möchte.

(2) Der Kunde sollte vor solchen Aktivitäten der Bank geschützt werden, bei denen die Bank behauptet, ein unterschriebenes Dokument des Kunden zu haben, obwohl der Kunde dieses Dokument nicht unterschrieben hat (das heißt die Bank darf nicht lernen können, die Unterschrift des Kunden zu fälschen).

(3) Wenn der Kunde ein Dokument unterschrieben hat, hat die Bank die Möglichkeit, jeden Dritten davon zu überzeugen, dass dieses Dokument vom Kunden unterschrieben wurde.

Die Anforderung (1) können wir auch mit einem symmetrischen Kryptosystem erfüllen. Kein symmetrisches Kryptosystem kann uns aber gewährleisten, dass beide Bedingungen (1) und (2) auf einmal erfüllt werden.

Aufgabe 11.1 Entwirf ein Kommunikationsprotokoll für digitale Unterschriften, das auf einem symmetrischen Kryptosystem basiert und die Erfüllung der Forderung (1) garantiert.

Die Eigenschaft (2) ist schwerer zu erfüllen als (1), weil sie auf den ersten Blick kontraintuitiv aussieht. Einerseits soll die Bank von der Echtheit der Unterschrift des Kunden überzeugt werden, und somit erwarten wir, dass sie für die Überprüfung der Unterschrift etwas über die Erzeugung der Unterschrift weiß. Andererseits darf die Bank nicht zu viel über die Art wie der Kunde unterschreibt wissen, weil die Bank sonst die Unterschrift des Kunden nachahmen könnte.

Trotzdem bauen wir dank des Konzeptes der Public-Key-Kryptographie ein Kommunikationsprotokoll, das alle diese drei Anforderungen erfüllt.

Der Kunde hat ein Public-Key-Kryptosystem mit dem öffentlichen Schlüssel p_K und dem privaten Schlüssel s_K. Das Public-Key-Kryptosystem ist kommutativ in dem Sinne, dass

$$\text{Ent}_{s_K}\left(\text{Ver}_{p_K}(t)\right) = t = \text{Ver}_{p_K}\left(\text{Ent}_{s_K}(t)\right)$$

für jeden Klartext t gilt. Das bedeutet, wir können nicht nur mit $\text{Ver}_{p_K}(t)$ verschlüsseln und danach mit $\text{Ent}_{s_K}\big(\text{Ver}_{s_K}(t)\big)$ entschlüsseln, sondern wir können zuerst mit $\text{Ent}_{s_K}(t)$ verschlüsseln und dann mit

$$\text{Ver}_{p_K}\big(\text{Ent}_{s_K}(t)\big)$$

zurück zum Klartext entschlüsseln.

Wir sehen, dass das Public-Key-Kryptosystem RSA die gewünschte kommutative Eigenschaft erfüllt und somit für unseren Zweck genutzt werden kann um das folgende Kommunikationsprotokoll DIGITALE UNTERSCHRIFT anzuwenden.

Kommunikationsprotokoll DIGITALE UNTERSCHRIFT

Ausgangssituation: Der Kunde hat ein kommutatives Public-Key-Kryptosystem mit dem öffentlichen Schlüssel p_K und dem privaten Schlüssel s_K. Die Bank kennt den öffentlichen Schlüssel p_K des Kunden.

Zielsetzung: Der Kunde möchte ein Dokument u digital unterschreiben, so dass sich die Bank und jeder Dritte von der Echtheit der Unterschrift überzeugen kann. Es spielt dabei keine Rolle, ob das Dokument u vom Kunden oder der Bank erstellt wurde.

1. Der Kunde bestimmt die Unterschrift $c = \text{Ent}_{s_K}(u)$ und schickt das Paar (u, c) mit dem Dokument u und der digitalen Unterschrift c an die Bank.

2. Die Bank berechnet $u' = \text{Ver}_{p_K}(c)$ und überprüft, ob

$$u = u'$$

gilt. Somit ist die Echtheit der Unterschrift bestätigt.

Wir beobachten, dass die DIGITALE UNTERSCHRIFT den Text des Dokuments u nicht ändert, sondern nur einen zusätzlichen Text mit dem Dokument mitschickt. Überprüfen wir, ob die Anforderungen (1), (2) und (3) durch die DIGITALE UNTERSCHRIFT erfüllt werden:

(1) Kein anderer außer dem Kunden kann die Unterschrift $c = \text{Ent}_{s_K}(u)$ effizient berechnen. Somit ist die Bank von der Echtheit des unterschriebenen Dokumentes überzeugt.

(2) Die Kenntnis von u und c hilft der Bank nicht, ein anderes Dokument u' mit $c' = \text{Ent}_{s_K}(u')$ zu unterschreiben, weil die Bank den privaten Schlüssel s_K des Kunden nicht effizient aus p_K, u und c berechnen kann.

(3) Weil der öffentliche Schlüssel p_K des Kunden öffentlich bekannt ist, kann die Bank jedem Dritten das Paar (u, c) vorzeigen, womit er die Echtheit der Unterschrift des Kunden selbst mittels

$$\text{Ver}_{p_K}(c) = u.$$

überprüfen kann.

Aufgabe 11.2 Erkläre, welche Probleme auftreten können, wenn jemand das Public-Key-Kryptosystem RABIN anstelle von RSA für die Implementierung des Kommunikationsprotokolls DIGITALE UNTERSCHRIFT verwenden würde.

Aufgabe 11.3 Das vorgestellte Kommunikationsprotokoll hält das Dokument u nicht vertraulich, weil u unverschlüsselt kommuniziert wird. Jeder, der lauscht, kann u erfahren. Tauschen wir die Anforderung (3) mit der folgenden Anforderung:

(4) Kein Dritter, der die Kommunikation zwischen der Bank und den Kunden belauscht, darf den Inhalt des unterschriebenen Dokumentes erfahren.

Entwirf ein Kommunikationsprotokoll, das die drei Anforderungen (1), (2) und (4) erfüllt.

Hinweis für die Lehrperson Das Protokoll DIGITALE UNTERSCHRIFT ist so wie vorgestellt noch nicht ganz sicher. Es ist einem Kryptoanalytiker bei der Nutzung des Public-Key-Kryptosystems RSA mit kleinem Aufwand möglich eine digitale Unterschrift für ein neues Dokument zu erstellen, das der Kombination aus zwei bereits signierten Dokumenten entspricht.

Betrachten wir dazu ein Beispiel. Gegeben sind zwei von der gleichen Person digital unterschriebene Dokumente: Dokument u_1 mit der digitalen Unterschrift c_1 und das Dokument u_2 mit der Unterschrift c_2. Dann ist die digitale Unterschrift c' für das Dokument $u' = u_1 \cdot u_2$ durch die folgende Gleichung gegeben:

$$
\begin{aligned}
c' &= \mathrm{Ent}_{s_K}(u_1 \cdot u_2) \\
&= (u_1 \cdot u_2)^d \bmod n \\
&= u_1^d \bmod n \cdot u_2^d \bmod n \\
&= \mathrm{Ent}_{s_K}(u_1) \cdot \mathrm{Ent}_{s_K}(u_2) \\
&= c_1 \cdot c_2.
\end{aligned}
$$

Eine Drittperson kann also die digitale Unterschrift c' für das Dokument $u_1 \cdot u_2$ erstellen, ohne den privaten Schlüssel zu kennen. Obwohl es nicht zu erwarten ist, dass $u_1 \cdot u_2$ einem sinnvollen Klartext (Dokument) entspricht, ist diese Tatsache eine unerwünschte Sicherheitslücke.

Dieser Fall wird in der Praxis verhindert, indem eine sogenannte kryptographische **Hashfunktion** h verwendet wird. Die Erstellung einer digitalen Unterschrift erfolgt dann wie folgt:

1. Der Kunde bestimmt die Unterschrift $c = \mathrm{Ent}_{s_K}\big(h(u)\big)$ und schickt das Paar (u, c) mit dem Dokument u und der digitalen Unterschrift c an die Bank.

2. Die Bank berechnet $u' = \mathrm{Ver}_{p_K}(c)$ und überprüft, ob

$$
h(u) = u'
$$

gilt und somit die Echtheit der Unterschrift bestätigt ist.

Auf kryptographische Hashfunktionen können wir aber in diesem Buch nicht weiter eingehen.

11.2 Vergessliche Übertragung oder Münzwurf über das Telefon

Hinweis für die Lehrperson Die Kenntnis der elementaren Grundkonzepte der Wahrscheinlichkeitstheorie sind für das Studium dieses Abschnitts hilfreich, obwohl nicht unbedingt erforderlich.

Die Grundideen können auch mit einem intuitiven Verständnis der Wahrscheinlichkeit begriffen werden.

Alice und Bob können sich nicht einigen, was sie am Wochenende zusammen unternehmen. Alice will Rogallo fliegen und Bob möchte tauchen. Das zusätzliche Problem ist, dass sie sich telefonisch zu einigen versuchen. Sonst hätten sie einfach eine Münze geworfen und der Gewinner dieses zufälligen Verfahrens hätte dann die Entscheidung getroffen.

Das folgende Kommunikationsprotokoll zeigt die Idee auf, wie wir den zufälligen Münzwurf über das Telefon realisieren können, ohne dass jemand mogeln kann. Hier gehen wir zuerst von der künstlichen Voraussetzung aus, dass Alice unfähig ist, in vernünftiger Zeit eine gegebene Telefonnummer in einem Telefonbuch zu finden, weil ihr Telefonbuch dick und nur nach Namen sortiert ist. Damit begreifen wir die Grundidee und finden danach einen Weg, wie wir diese künstliche Voraussetzung vermeiden können.

Kommunikationsprotokoll EINFACHE ZUFALLSENTSCHEIDUNG

Ausgangssituation: Alice und Bob besitzen beide das gleiche Telefonbuch, das wie üblich nach Namen sortiert ist.

Zielsetzung: Alice und Bob möchten auf faire Weise eine Münze werfen. Sie stehen sich jedoch nicht gegenüber, sondern müssen den fairen Münzwurf per Telefon oder E-Mail realisieren.

1. Bob sucht sich im Telefonbuch zufällig eine beliebige Telefonnummer t aus und schickt diese an Alice. Danach fordert er Alice auf zu sagen, ob die Telefonnummer, welche im Telefonbuch auf die Nummer t folgt, *gerade* oder *ungerade* ist.

2. Alice kann nicht in beschränkter Zeit im Telefonbuch die Nummer t finden, weil ihr Telefonbuch nach Namen sortiert ist. Somit wirft Alice eine faire Münze. Kopf bedeutet dabei *gerade* und Zahl bedeutet entsprechend *ungerade*. Das Resultat, also entweder *gerade* oder *ungerade*, schickt sie an Bob.

3. Bob überprüft mit Hilfe des Telefonbuchs die Wahl von Alice.

   (a) Wenn Alice die korrekte Wahl getroffen hat, dann hat sie gewonnen und Bob akzeptiert seine Niederlage, womit das Wochenende nach den Wünschen von Alice ablaufen wird.

   (b) Wenn Alice falsch geraten hat, dann ist Bob der Gewinner.

   Bob beweist, dass er nicht gemogelt hat, indem er Alice den Namen n, der zur Telefonnummer t gehört, zusendet.

4. Alice kann nun in ihrem Telefonbuch mit Hilfe des Namens n die Telefonnummer t finden. Jetzt überprüft sie, ob die Telefonnummer, die auf t folgt, *gerade* oder *ungerade* ist.

   (a) Wenn Alice richtig lag, dann hat sie gewonnen.

   (b) Wenn Alice jedoch falsch lag, dann akzeptiert sie den Gewinn von Bob.

Aufgabe 11.4 Begründe, warum bei diesem Protokoll Alice und Bob die gleiche Wahrscheinlichkeit haben zu gewinnen.

Aufgabe 11.5 Beim Kommunikationsprotokoll EINFACHE ZUFALLSENTSCHEIDUNG haben wir vorausgesetzt, dass Alice im Schritt 2 einen fairen Münzwurf macht. Nehmen wir an, dass Alice eine gezinkte Münze besitzt, bei der mit der Wahrscheinlichkeit $\frac{2}{3}$ Kopf fällt. Was würde dies für das Kommunikationsprotokoll bedeuten? Kann Alice daraus einen Profit für sich erzielen?

Aufgabe 11.6 Kannst du das Protokoll so modifizieren, dass Alice mit der Wahrscheinlichkeit $\frac{5}{8}$ gewinnt?

In Anbetracht der Computernutzung dürfen wir nicht voraussetzen, dass Alice es nicht schafft, den Namen zur gegebenen Nummer und somit die Nachfolgenummer zu finden. Also brauchen wir ein Geheimnis, das tatsächlich mit realisierbarem Aufwand nicht zu berechnen ist. Eine Idee dies umzusetzen lautet wie folgt:

Alice wählt ein für Bob praktisch unberechenbares Geheimnis. Dann sollen Alice und Bob so kommunizieren, dass am Ende Bob das Geheimnis mit der Wahrscheinlichkeit $\frac{1}{2}$ erfährt. Wenn er es erfährt, hat er gewonnen. Wenn er es nicht erfahren kann, hat Alice gewonnen.

Das Geheimnis sollen die Primfaktoren p und q einer zusammengesetzten Zahl $n = p \cdot q$ sein. Nach der Basisannahme der Public-Key-Kryptographie kann man p und q nicht effizient aus n bestimmen. Die Kommunikation soll so ablaufen, dass Bob zufällig mit Wahrscheinlichkeit $\frac{1}{2}$ zwei unterschiedliche, nicht zu einander additiv inverse Wurzeln eines Quadrates modulo n erfährt. Aus unserer Überlegung zur Sicherheit von RABIN wissen wir schon, dass zwei unterschiedliche Wurzeln eines modularen Quadrates modulo n ausreichen, um n zu faktorisieren.

Diese grobe Idee können wir wie folgt umsetzen:

Kommunikationsprotokoll ZUFALLSENTSCHEIDUNG

Zielsetzung: Alice und Bob möchten auf faire Weise eine Münze werfen. Sie stehen sich jedoch nicht gegenüber, sondern müssen den fairen Münzwurf per Telefon oder E-Mail realisieren.

1.   Alice wählt zufällig zwei unterschiedlich große Primzahlen p und q mit $p \bmod 4 = q \bmod 4 = 3$ und berechnet $n = p \cdot q$. Sie schickt n an Bob.

2.   Bob wählt zufällig ein $x \in \mathbb{Z}_n$ mit $\mathrm{ggT}(x, n) = 1$. Er berechnet

$$a = x^2 \bmod n$$

und sendet Alice das modulare Quadrat a.

3.   Wie beim Entschlüsselungsverfahren von RABIN beschrieben (siehe Lektion 10), berechnet Alice mit Hilfe von p und q alle vier Wurzeln von a modulo n, nämlich:

$$x, \quad n - x, \quad y, \quad n - y.$$

Dann wählt Alice zufällig eine der vier Wurzeln aus und schickt sie an Bob.

4. (a) Falls die gesendete Wurzel y oder $n - y$ ist, dann kennt Bob x und y mit $x + y \neq n$ und kann mittels

$$\gcd(x + y, n) \qquad \text{und} \qquad \frac{n}{\gcd(x + y, n)}$$

beide Primfaktoren von n berechnen. Er kann sie dann an Alice schicken um seinen Gewinn nachzuweisen.

   (b) Falls Bob x oder $n - x$ erhält, so hat er nichts erfahren und kann nicht effizient p und q bestimmen. Er teilt Alice seine Niederlage mit.

5. (a) Falls Alice die zwei Zahlen p und q von Bob erhält, akzeptiert sie den Gewinn von Bob.

   (b) Falls Alice die Niederlagserklärung von Bob erhält, schickt sie ihm p und q zu, damit er überprüfen kann, dass sie nicht gemogelt hat und n tatsächlich ein Produkt zweier Primzahlen ist.

6. Falls Bob p und q von Alice erhält und damit überhaupt zu diesem Schritt gelangt, überprüft Bob, dass $n = p \cdot q$ und dass p und q Primzahlen sind. Wenn alles stimmt, akzeptiert er seine Niederlage und geht am Wochenende fliegen.

Aufgabe 11.7 Nehmen wir an, dass Alice $p = 19$ und $q = 31$ wählt. Bob wählt $x = 27$. Spiele das Kommunikationsprotokoll ZUFALLSENTSCHEIDUNG durch, indem Alice eine modulare Wurzel unterschiedlich von 27 und 562 wählt.

Aufgabe 11.8 Teilt euch in der Klasse in Zweiergruppen auf und spielt die Rollen von Alice und Bob selbständig durch.

Aufgabe 11.9 Nehmen wir an, dass Alice im Schritt 3 feststellt, dass a nur zwei modulare Wurzeln hat. Was bedeutet das? Wie soll sie sich jetzt verhalten? Kann sie das Kommunikationsprotokoll fortsetzten und dabei garantieren, dass die Anforderungen an das Resultat der Kommunikation erfüllt werden?

Erklären wir zuerst, warum das Kommunikationsprotokoll ZUFALLSENTSCHEIDUNG korrekt funktioniert, unter der Voraussetzung, dass Alice nicht mogelt. Alice wählt p und q zufällig, und so hat Bob keine Möglichkeit sie rechnerisch aus n zu bestimmen. Auch Bob wählt x zufällig, und somit hat Alice keine Ahnung, welche der vier Wurzeln von a das bekannte x von Bob ist. Weil Bob n kennt, ist ihm natürlich auch $n - x$ bekannt. Damit ist die Wahrscheinlichkeit $\frac{1}{2}$, dass Alice zufällig y oder $n - y$ wählt, die Bob unbekannt sind. Somit erfährt Bob mit der Wahrscheinlichkeit $\frac{1}{2}$ etwas, was er schon kennt (x oder $n - x$) und mit Wahrscheinlichkeit $\frac{1}{2}$ eine neue Wurzel y oder $n - y$. Wenn Bob y erfährt, weiß er, dass $\gcd(x + y, n)$ einer der Primfaktoren von n ist[1]. Damit kann

---

[1] Falls vergessen, schlage nochmals die Überlegungen über die Sicherheit von RABIN in Lektion 10 nach.

er beide Primfaktoren p und q berechnen. Ohne x und y zu kennen hat Bob wegen des zu hohen Rechenaufwands keine Chance p und q herauszufinden.

Bei der Wahl von x hat Bob keine Möglichkeit zu mogeln. Wenn $\text{ggT}(n, x) \neq 1$, wird Alice es sofort erkennen und das Kommunikationsprotokoll mit Bob unterbrechen. Dann wird es kein gemeinsames Wochenende geben, und dieses Risiko geht Bob sowieso nicht ein.

Aufgabe 11.10 Erkläre, wie Alice aus dem modularen Quadrat $a = x^2 \bmod n$ effizient erkennen kann, ob $\text{ggT}(n, x) \neq 1$ ist oder nicht.

Wenn Alice n nicht als ein Produkt von zwei Primzahlen wählt oder eine falsche Wurzel (keine Wurzel) in Schritt 3 an Bob schickt, wird Bob vielleicht p und q nicht bestimmen können. Aber Alice muss dann im Schritt 6 mit der Zusendung von p und q Bob überzeugen, dass sie fair gespielt hat. Bob kann effizient überprüfen, ob p und q Primzahlen sind und ob $n = p \cdot q$ ist. Er kann auch leicht überprüfen, ob die gesendete Zahl hoch 2 modulo n die Zahl a ergibt, also ob die gesetzte Zahl tatsächlich eine Wurzel von a modulo n ist.

Aufgabe 11.11 Kannst du das Kommunikationsprotokoll ZUFALLSENTSCHEIDUNG so abändern, dass Bob mit der Wahrscheinlichkeit $1 - \frac{1}{2^k}$ für eine gegebene positive ganze Zahl $k > 2$ gewinnt?

Das Kommunikationsprotokoll kann aber auch für die sogenannte **vergessliche Übertragung** dienen. Alice soll mit der Wahrscheinlichkeit $\frac{1}{2}$ Bob ein Geheimnis anvertrauen, und am Ende will sie selber nicht wissen, ob sie das Geheimnis verraten hat oder nicht. Die ersten vier Kommunikationsschritte des Kommunikationsprotokolls ZUFALLSENT-SCHEIDUNG erfüllen die Anforderung der vergesslichen Übertragung und entsprechen dem ursprünglichen Kommunikationsprotokoll RABIN für diese Aufgabe.

Aufgabe 11.12 Alice will Bob den geheimen Schlüssel (p, q, d) ihres RSA Kryptosystems mit der Wahrscheinlichkeit $\frac{1}{2}$ verraten, und am Ende will sie nicht wissen, ob Bob den geheimen Schlüssel kennt oder nicht. Wie kann das mit einem Kommunikationsprotokoll umgesetzt werden?

Eine wichtige Beobachtung ist, dass das vorgestellte Kommunikationsprotokoll VER-GESSLICHE ÜBERTRAGUNG sicher gegen einen passiven Kryptoanalytiker ist. Weil die eine Wurzel x von a Bob geheim hält, kann der Kryptoanalytiker aus der einen von Alice gesendeten Wurzel von a nicht effizient auf die Faktorisierung von n schließen.

Aufgabe 11.13 Welche Probleme können auftreten, wenn ein aktiver Kryptoanalytiker mitspielt?

Aufgabe 11.14 Wie können Alice und Bob die hier vorgestellten Kommunikationsprotokolle sicher gegenüber einem aktiven Kryptoanalytiker machen?

Aufgabe 11.15 Alice möchte eine große Zahl d generieren und als geheimen Schlüssel für das Kryptosystem ONE-TIME-PAD an Bob senden. Bob besitzt kein Public-Key-Kryptosystem. Bob soll den Schlüssel mit der Wahrscheinlichkeit $1 - \frac{1}{10^6}$ erfahren und die Kommunikation soll gegen einen passiven Kryptoanalytiker sicher sein.

11.3 Vergleich von zwei geheimen Zahlen

Stell dir vor, Alice und Bob wollen zwei Zahlen vergleichen, aber beide wollen ihre eigene Zahl geheim halten. Am Ende wollen aber beide wissen, wer von ihnen die größere Zahl hat. Ihre Zahlen können delikat sein, zum Beispiel können sie ihr Alter oder ihren aktuellen Kontostand betreffen.

Auf den ersten Blick scheint das eine unlösbare Aufgabe zu sein. Und doch kann dies durch geschicktes Einbetten und Verschleiern der beiden Zahlen in den ausgetauschten Nachrichten ermöglicht werden.

Hinweis für die Lehrperson Das folgende Protokoll zu verstehen ist sehr anspruchsvoll. Deren Kenntnis ist für die weiteren Teile dieser Lektion nicht erforderlich. Wir empfehlen es nur mit besonders motivierten Schülerinnen und Schülern durchzuarbeiten.

Kommunikationsprotokoll ZAHLENVERGLEICH

Ausgangssituation: Alice besitzt die Zahl a und Bob die Zahl b, wobei $a, b \in \{1, 2, \ldots, 100\}$. Alice hat ein zahlentheoretisches Public-Key-Kryptosystem mit dem öffentlichen Schlüssel p_A und dem privaten Schlüssel s_A.

Zielsetzung: Alice und Bob sollen feststellen, ob $a < b$ oder $a \geq b$ gilt, und dabei darf niemand mehr über a und b erfahren, als man aus dem Resultat des Vergleichs schließen kann. Das gilt auch für Bob bezüglich der Zahl a und für Alice bezüglich b.

1. Bob wählt zufällig eine große Zahl x und berechnet $\text{Ver}_{p_A}(x)$ mit dem öffentlichen Schlüssel p_A von Alice. Dann verschleiert Bob seine Zahl b, indem er Alice

$$\text{Ver}_{p_A}(x) - b$$

und die Anzahl der Dezimalstellen von x schickt.

2. Alice berechnet die 100 Zahlen:

$$y_i = \text{Ent}_{s_A}\left(\text{Ver}_{p_A}(x) - b + i\right)$$

für alle $i = 1, 2, \ldots, 100$.

(a) Falls es ein j gibt, sodass $y_j = 0$, wird das Kommunikationsprotokoll unterbrochen und fängt neu an mit einer neuen Wahl der Zahl x von Bob in Schritt 1.

(b) Falls alle y_i unterschiedlich von 0 sind, wählt Alice eine Primzahl p, die weniger Dezimalstellen als x hat. Danach berechnet Alice die 100 Zahlen

$$z_i = y_i \bmod p$$

für alle $i = 1, 2, \ldots, 100$, die die Zahlen y_i verschleiern. Falls für alle unterschiedlichen Zahlen $i, j \in \{1, 2, \ldots, 100\}$ die Eigenschaften $|z_i - z_j| \geq 2$ und $z_i \in \{1, 2, \ldots, p-2\}$ erfüllt sind, setzt Alice die Arbeit fort. Sonst muss sie in Schritt 2(b) ein neues p wählen und nochmals alle z_i bestimmen.

Alice sendet an Bob die Zahl p und die Zahlenfolge

$$f_1 = z_1, \qquad f_2 = z_2, \qquad \ldots, \qquad f_a = z_a,$$
$$f_{a+1} = z_{a+1} + 1, \quad f_{a+2} = z_{a+2} + 1, \quad \ldots, \quad f_{100} = z_{100} + 1,$$

in der sie ihre Zahl a geschickt versteckt hat.

3. Bob testet, ob

$$f_b = x \bmod p.$$

(a) Fall dies gilt, schließt Bob daraus, dass $a \geq b$ ist.

(b) Wenn es jedoch nicht gilt, schließt er, dass $a < b$ ist.

Danach teilt Bob das Resultat Alice mit.

Bevor wir jetzt rechnerisch begründen, warum das Kommunikationsprotokoll funktioniert, verdeutlichen wir die Idee dahinter. Für $i = b$ gilt

$$y_i = \text{Ent}_{s_A}\big(\text{Ver}_{p_A}(x) - b + i\big) = \text{Ent}_{s_A}\big(\text{Ver}_{p_A}(x)\big) = x,$$

also befindet sich x an der b-ten Stelle der Zahlenfolge $y_1, y_2, \ldots, y_{100}$. Alice kennt diese Stelle nicht. Indem sie aber 1 zu allen Zahlen z_i mit $i > a$ aufaddiert, wird $z_b = x \bmod p$ genau dann nicht verändert, wenn $a \geq b$ ist.

Aufgabe 11.16 Verteilt euch in Gruppen von 2–4 Personen. Jede Gruppe wählt eine Zahl zwischen 1 und 100 und spielt entweder Bob oder Alice bei der Kommunikation mit einer anderen Gruppe.

Jetzt beweisen wir die folgende Behauptung:

$$f_b = x \bmod p \quad \text{genau dann, wenn} \quad a \geq b.$$

Beweis Wir unterscheiden die zwei Fälle $a \geq b$ und $a < b$:

- Sei $a \geq b$. Dann gilt

$$f_b = z_b$$

$\{$weil $a \geq b$ wurde zu z_b die 1 nicht aufaddiert$\}$

$$= y_b \bmod p$$
$$= \text{Ent}_{s_A}\left(\text{Ver}_{P_A}(x) - b + b\right) \bmod p$$

$\{$weil $y_i = \text{Ent}_{s_A}\left(\text{Ver}_{P_A}(x) - b + i\right)$ und $i = b\}$

$$= \text{Ent}_{s_A}\left(\text{Ver}_{P_A}(x)\right) \bmod p$$
$$= x \bmod p.$$

- Sei $a < b$. Dann gilt

$$f_b = z_b + 1$$

$\{$weil $b > a\}$

$$= y_b \bmod p + 1$$
$$= \text{Ent}_{s_A}\left(\text{Ver}_{P_A}(x) - b + b\right) \bmod p + 1$$
$$= \text{Ent}_{s_A}\left(\text{Ver}_{P_A}(x)\right) \bmod p + 1$$
$$= x \bmod p + 1.$$

$\square$

Aufgabe 11.17

(a) Wie muss man das Protokoll ZAHLENVERGLEICH anpassen, um zwei Zahlen a und b aus dem Bereich von 1 bis 200 zu vergleichen?

(b) Wie muss man das Protokoll ändern, wenn man Zahlen aus dem Bereich 0 bis 20 vergleichen möchte und den Rechenaufwand reduzieren will?

Mag sein, dass wir noch nicht alles über den Aufbau des Protokolls verstehen. Warum rechnet Alice modulo p? Wieso fordern wir $|z_i - z_b| \geq 2$ und $z_i \leq p - 2$ in Schritt 2 des Protokolls?

Überlegen wir zuerst, wieso wir modulo p rechnen. Nehmen wir an, Alice würde ohne Verschleierung mittels modulo p die Folge

$$g_1 = y_1, \qquad g_2 = y_2, \qquad \ldots, \qquad g_a = y_a,$$
$$g_{a+1} = y_{a+1} + 1, \quad g_{a+2} = y_{a+2} + 1, \quad \ldots, \quad g_{100} = y_{100} + 1$$

schicken. Dann würde Bob für jedes $i \in \{1, \ldots, 100\}$ den Wert $\mathrm{Ver}_{p_A}(g_i)$ ausrechnen. Für alle $i \leq a$ erhält er

$$\mathrm{Ver}_{p_A}(g_i) = \mathrm{Ver}_{p_A}\Big(\mathrm{Ent}_{s_A}\big(\mathrm{Ver}_{p_A}(x) - b + i\big)\Big)$$
$$\{\text{weil } g_a = y_a = \mathrm{Ent}_{s_A}\big(\mathrm{Ver}_{p_A}(x) - b + a\big)\}$$
$$= \mathrm{Ver}_{p_A}(x) - b + i.$$

Damit ist

$$\mathrm{Ver}_{p_A}(g_1), \quad \mathrm{Ver}_{p_A}(g_2), \quad \ldots, \quad \mathrm{Ver}_{p_A}(g_a)$$

eine Folge von Zahlen, die immer um 1 ansteigt. Weil Ver_{p_A} eine injektive Funktion ist, gilt

$$\mathrm{Ver}_{p_A}(g_{a+1}) = \mathrm{Ver}_{p_A}\Big(\mathrm{Ent}_{s_A}\big(\mathrm{Ver}_{p_A}(x) - b + a + 1\big) + 1\Big)$$
$$\neq \mathrm{Ver}_{p_A}\Big(\mathrm{Ent}_{s_A}\big(\mathrm{Ver}_{p_A}(x) - b + a + 1\big)\Big).$$

Somit wüsste Bob, dass die erste Stelle j mit

$$\mathrm{Ver}_{p_A}(g_j) \neq \mathrm{Ver}_{p_A}(x) - b + j,$$

(oder die erste Stelle, an der der Unterschied zur vorherigen Zahl nicht 1 ist) die $(a+1)$-te Stelle der Folge ist. Somit hätte Bob die Zahl a gelernt.

Weil p wesentlich kleiner als x ist (weniger Dezimalstellen hat), erhält die Folge $z_1, \ldots,$ z_{100} mehrere Sprünge.

Die Eigenschaft $|z_i - z_j| \geq 2$ für $i \neq b$ garantiert uns, dass alle Elemente der Folge $f_1, \ldots, f_{100}$ paarweise unterschiedlich sind und damit, dass das Element $x \bmod p$ nirgendwo anders in $f_1, \ldots, f_{100}$ (wenn überhaupt) als auf der b-ten Stelle erscheinen kann. Dies ist aber nur dazu gut, dass im Falle einer Überprüfung Bob nicht behaupten kann, dass sein b anders ist, weil $x \bmod p$ auch auf einer anderen Position in $f_1, \ldots, f_{100}$ steht.

Aufgabe 11.18 Begründe mit eigenen Worten, warum beim Protokoll ZAHLENVERGLEICH Alice die Zahl b von Bob nicht erfahren kann.

Aufgabe 11.19 Im Protokoll ZAHLENVERGLEICH muss sich Alice am Schluss auf die Aussage von Bob verlassen. Sie kann nicht überprüfen, ob Bob die Wahrheit sagt. Erweitere das Protokoll so, dass Alice das Resultat überprüfen kann, vorausgesetzt, beide halten sich an dein überarbeitetes Protokoll.

11.4 Zero-Knowledge-Beweissysteme

Betrachten wir das folgende Szenario: Wir wollen eine Zugangskontrolle für einen Rechner (eine Datenbank oder ein Gebäude, etc.) konstruieren. Die Kontrollstelle darf nur Personen mit einem gültigen Passwort zulassen und dabei darf sie die Anonymität des Besuchers (Nutzers) nicht verletzen. Das bedeutet, dass der Nutzer die Kontrollstelle vom Besitz seines Passworts überzeugen soll ohne ein einziges Bit seines Passwortes zu verraten. Ist dies überhaupt möglich?

Hinweis für die Lehrperson Die Grundkenntnisse der Wahrscheinlichkeitstheorie sind für die Bearbeitung dieses Abschnitts erforderlich.

Das Konzept der **Zero-Knowledge-Beweissysteme** zeigt, dass dies tatsächlich machbar ist. Wir modellieren die Situation wie folgt: Wir haben zwei Personen, nämlich einen Beweiser und einen Verifizierer. Der Beweiser will den Verifizierer überzeugen, dass er ein Geheimnis (zum Beispiel ein Passwort) besitzt, ohne einen Teil des Geheimnisses preis zu geben. Der Verifizierer will sich davon überzeugen, dass der Beweiser das Geheimnis tatsächlich besitzt. Dem Verifizierer stehen alle effizienten Algorithmen zur Verfügung, und er darf zwischen den Kommunikationsschritten nur solche Berechnungen durchführen, die tatsächlich einem realisierbaren Rechenaufwand entsprechen.

Die Aufgabe in dieser Formulierung sieht unlösbar aus. Sie wird aber lösbar, wenn wir in den Anforderungen die absolute Sicherheit der Verifizierung aufgeben und stattdessen zufrieden sind, wenn die Überprüfung mit hoher Wahrscheinlichkeit im folgenden Sinn klappt.

*Ein Kommunikationsprotokoll heißt **Zero-Knowledge-Beweissystem** mit einem Sicherheitsgrad k, falls Folgendes gilt:*

(1) Falls der Beweiser ein Geheimnis besitzt, dann muss der Verifizierer (die Kontrollstelle) sich davon überzeugen lassen.

(2) Falls der Beweiser das Geheimnis nicht besitzt und den Besitz nur vortäuscht, wird der Verifizierer diese Täuschung mit einer Wahrscheinlichkeit von mindestens $1 - \frac{1}{2^k}$ entdecken (also wird der Verifizierer mit einer Wahrscheinlichkeit von höchstens $\frac{1}{2^k}$ getäuscht).

(3) Alle Berechnungen des Verifizierers und des Beweisers sind effizient umsetzbar.

(4) Es gibt keinen effizienten Weg aus der Kommunikation ein einziges Bit des Geheimnisses zu berechnen, also lernt der Verifizierer durch das Protokoll auch nichts über das Geheimnis des Beweisers.

Veranschaulichung von Zero-Knowledge-Beweissystemen

Wie diese vier Zielsetzungen erfüllt werden könnten, deutet das folgende anschauliche Spiel an, das in Abbildung 11.1 skizziert ist. Die Abbildung zeigt eine Höhle mit einem Eingang. Vom Eingang führt ein Pfad bis zu einer Verzweigung V, die vom Eingang aus nicht beobachtbar ist. An der Verzweigung beginnt ein Rundgang, der wieder an

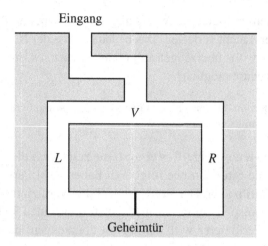

Abbildung 11.1 Eine Höhle wie in dieser Abbildung kann als Zero-Knowledge-Beweissystem verwendet werden. Die Skizze zeigt eine Höhle mit einem Eingang. Vom Eingang führt ein Pfad zur Verzweigung V. Im Rundgang der Höhle befindet sich gegenüber dem Punkt V die geschlossene Geheimtür. Den linken Weg zur Geheimtür bezeichnen wir mit L und den rechten entsprechend mit R.

der Verzweigung endet. Im Rundgang gegenüber der Verzweigung V befindet sich eine geschlossene Geheimtür, die von V aus nicht zu sehen ist. Die zwei Wege, die von V aus zur Geheimtür führen, bezeichnen wir mit L und R.

Der Beweiser behauptet jetzt, dass er eine Zauberformel kennt, mit der er die Geheimtür in der Höhle öffnen kann. Der Verifizierer will überprüfen, ob dies stimmt, aber er darf dabei die Zauberformel nicht lernen. Dass heißt: Er darf den Beweiser bei der Öffnung der Geheimtür nicht beobachten. Die beiden können nach folgendem Protokoll verfahren.

Zero-Knowledge-Beweissystem GEHEIMNISBEWEIS

Ausgangssituation: Gegeben sei eine Höhle wie in Abbildung 11.1 dargestellt.

Zielsetzung: Der Beweiser möchte den Verifizierer davon überzeugen, dass er das Geheimnis zur Öffnung der Geheimtür kennt, ohne dass der Verifizierer das Geheimnis erfährt.

1. Der Beweiser geht alleine in die Höhle. An der Stelle V geht er zufällig entweder den linken Weg L oder er geht den rechten Weg R und bleibt bei der Geheimtür stehen. Der Verifizierer kann den Punkt V vom Eingang aus nicht beobachten, also weiß er nicht, auf welcher Seite der Geheimtür sich der Beweiser befindet.

2. Der Verifizierer geht in die Höhle und bleibt auf der Verzweigung V stehen. Da wirft er eine faire Münze, wobei Kopf L und die Zahl R bedeutet. Er fordert den Beweiser auf zum Punkt V zu kommen, wobei der Beweiser den Weg einschlagen soll, der dem zufälligen Münzwurf des Verifizierers entspricht.

3. Wenn sich der Beweiser auf der gleichen Seite der Geheimtür befindet, von welcher aus er den Punkt V erreichen soll, dann geht er einfach dorthin, ohne die Geheimtür zu öffnen. Wenn er aber auf der anderen Seite der Geheimtür steht (zum Beispiel auf der Seite des Weges L und die Forderung ist von der rechten Seite zum Punkt V zu kommen), dann öffnet er die Geheimtür, geht hindurch und kommt von der gewünschten Seite zum Punkt V.

4. Wenn der Beweiser von der gewünschten Seite zum Punkt V kommt, glaubt der Verifizierer, dass der Beweiser die Geheimtür öffnen kann. Sonst glaubt er ihm nicht.

Hier sehen wir, dass ein Beweiser, der tatsächlich die Geheimtür öffnen kann, den Verifizierer immer erfolgreich von dieser Tatsache überzeugen kann. Wenn der Beweiser die Zauberformel für die Geheimtür nicht kennt, muss er sich auf sein Glück verlassen. Egal wo er nach dem Schritt 1 steht (auf der Seite L oder R), der Verifizierer fordert ihn mit der Wahrscheinlichkeit von $\frac{1}{2}$ auf die Geheimtür zu öffnen um von der anderen Seite zu erscheinen. Also hat der Beweiser mit der Wahrscheinlichkeit $\frac{1}{2}$ Glück und kann auf der richtigen Seite erscheinen, und mit der Wahrscheinlichkeit $\frac{1}{2}$ wird er die Aufforderung des Verifizierers nicht erfüllen können.

Damit hat das Zero-Knowledge-Beweissystem GEHEIMNISBEWEIS nur einen Sicherheitsgrad von 1, also kann der Beweiser mit der Wahrscheinlichkeit $\frac{1}{2}$ den Verifizierer täuschen. Wie kann der Sicherheitsgrad zu einem beliebigen k erhöht werden? Wir lassen einfach das komplette Protokoll k mal hintereinander ablaufen. Danach trifft der Beweiser die folgende Entscheidung:

(a) Wenn irgendeine seiner Aufforderungen nicht erfüllt wurde, lehnt er den Beweis ab.

(b) Wenn jedoch alle k Aufforderungen erfüllt wurden, glaubt der Verifizierer, dass der Beweiser die Zauberformel kennt.

Wie hoch ist die Wahrscheinlichkeit, dass der Beweiser den Verifizierer täuschen kann? Eine Täuschung kann der Beweiser nur dann erreichen, wenn er das Glück hat, k mal hintereinander auf der richtigen Seite zu stehen. Bei einem Versuch hat er Glück mit der Wahrscheinlichkeit $\frac{1}{2}$, bei k Versuchen nacheinander hat er Glück mit der Wahrscheinlichkeit $\left(\frac{1}{2}\right)^k = \frac{1}{2^k}$. Somit hat der Verifizierer die Garantie, dass nach der Erfüllung von k seiner Aufforderungen der Beweiser die Geheimtür mit der Wahrscheinlichkeit $1 - \frac{1}{2^k}$ tatsächlich öffnen kann. Wichtig ist, dass der Verifizierer seine Aufforderungen zufällig macht. Sonst könnte der Beweiser das Entscheidungsverfahren des Verifizierers lernen und die Aufforderungen durch die passende Aktion in Schritt 1 immer erfüllen, ohne je die Geheimtür öffnen zu müssen.

Was haben wir hier gelernt? Zero-Knowledge-Beweissysteme können wir so konstruieren, dass der Verifizierer eine Folge von zufällig erzeugten Aufforderungen an den Beweiser stellt und dem Beweiser nur glaubt, wenn dieser alle Aufforderungen erfüllt.

Diese Aufforderungen müssen so beschaffen sein, dass sie nur mit Kenntnis des Geheimnisses erfüllt werden können. Ohne das Geheimnis zu wissen muss sich der Beweiser auf sein Glück verlassen. Die Wahrscheinlichkeit Glück zu haben muss beschränkt sein.

Aufgabe 11.20 Nehmen wir an, der Verifizierer im Zero-Knowledge-Beweissystem GEHEIM-NISBEWEIS besitzt keine faire Münze. Er wirft Kopf (L) mit der Wahrscheinlichkeit $\frac{2}{3}$. Diese Tatsache ist allgemein bekannt. Was für einen Einfluss hat dies auf den Sicherheitsgrad des Zero-Knowledge-Beweissystems? Mit welcher Wahrscheinlichkeit kann der Beweiser in k Wiederholungen des Protokolls den Verifizierer täuschen?

Aufgabe 11.21 Betrachte die Höhle in der folgenden Abbildung:

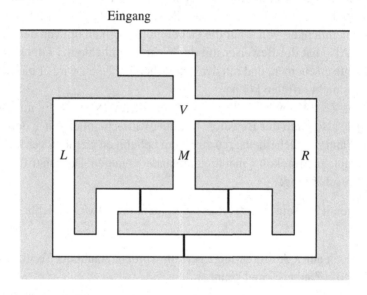

In den Gängen der Höhle befinden sich drei Geheimtüren. Der Beweiser behauptet, dass er mindestens zwei der Geheimtüren öffnen kann. Kann dies der Verifizierer mit einem Zero-Knowledge-Beweissystem überprüfen? Erläutere dein Zero-Knowledge-Beweissystem.

Zero-Knowledge-Beweissystem mit modularen Wurzeln

Im Folgenden stellen wir ein echtes Zero-Knowledge-Beweissystem vor, das tatsächlich für einen anonymen Zugang von befugten Personen zu einem System verwendet werden kann. Dieses Protokoll basiert wieder auf der Schwierigkeit des modularen Wurzelziehens. Der Verifizierer kennt ein modulares Quadrat a modulo eine Zahl $n = p \cdot q$ für zwei Primzahlen p und q und lässt jeden durch, der ihm glaubhaft machen kann, dass er eine Wurzel von a modulo n kennt.

Zero-Knowledge-Beweissystem MODULARE WURZEL

Ausgangssituation: Der Beweiser und der Verifizierer kennen eine Zahl n mit $n = p \cdot q$ für zwei Primzahlen p und q, die beiden unbekannt sind. Außerdem kennen sie eine Zahl $c \in \mathbb{Z}_n - \{0\}$, die ein Quadrat modulo n ist.

Zielsetzung: Der Beweiser will den Verifizierer davon überzeugen, dass er eine modulare Wurzel x von c kennt, ohne x zu verraten.

1. Der Beweiser wählt zufällig eine Zahl $r \in \mathbb{Z}_n$ mit $\text{ggT}(r, n) = 1$ und sendet

$$u = r^2 \bmod n$$

an den Verifizierer.

2. Der Verifizierer wählt zufällig ein Bit b und sendet es an den Beweiser.

$b = 0$ entspricht der Forderung zu zeigen, dass u tatsächlich ein Quadrat modulo n ist, also dass der Beweiser im ersten Schritt nicht gemogelt hat.

$b = 1$ entspricht der Forderung, das Geheimnis x (die Quadratwurzel von c) verschleiert mittels r so zu übertragen, dass man es, vorausgesetzt, r ist eine quadratische Wurzel, überprüfen kann.

3. (a) Wenn $b = 0$ ist, dann sendet der Beweiser die Zahl r.

(b) Wenn $b = 1$ ist, dann sendet der Beweiser die Zahl

$$w = r \cdot x \bmod n.$$

4. (a) Falls $b = 0$ ist, prüft der Verifizierer, ob

$$u = r^2 \bmod n$$

gilt.

(b) Falls $b = 1$ ist, prüft der Verifizierer, ob

$$w^2 \bmod n = u \cdot c \bmod n$$

ist.

Der Verifizierer anerkennt den Beweiser als Eigentümer einer quadratischen Wurzel von c modulo n, wenn die Überprüfung stimmt. Sonst weist er ihn zurück.

Wir bemerken, dass alle Berechnungen einfach auf eine effiziente Weise umsetzbar sind. Also ist die Anforderung (3) an Zero-Knowledge-Beweissysteme erfüllt.

Überprüfen wir jetzt die Anforderung (1). Wenn der Beweiser das Geheimnis x mit der Eigenschaft $x^2 \bmod n = c$ kennt, hält er sich an die Regeln des Protokolls. Damit sendet er tatsächlich im Schritt 1 ein $u = r^2 \bmod n$ und kennt die entsprechende modulare Wurzel r von u. Falls der Verifizierer mit der zufälligen Wahl $b = 0$ diese Tatsache überprüfen will, sendet ihm der Beweiser einfach die Zahl r. Mit $u = r^2 \bmod n$ kann der

Verifizierer schnell überprüfen, ob r tatsächlich eine modulare Wurzel von u ist.

Falls der Verifizierer mit $b = 1$ eine Verschleierung des Geheimnisses x fordert, erhält er $w = x \cdot r \bmod n$. Dann gilt

$$w^2 \bmod n = x^2 \cdot r^2 \bmod n$$
$$= \left(x^2 \bmod n \cdot r^2 \bmod n\right) \bmod n$$
$$\{\text{nach dem Gesetz (M3) (siehe S. 49)}\}$$
$$= (c \cdot u) \bmod n$$
$$\left\{\text{weil } c = x^2 \bmod n \text{ und } u = r^2 \bmod n\right\}.$$

Also erhält der Verifizierer bei der Berechnung von $w^2 \bmod n$ und $c \cdot u \bmod n$ mit den ihm bekannten Zahlen w, c, u und n die gleichen Zahlen und akzeptiert den Beweis des Beweisers.

Aufgabe 11.22 Seien $n = 161$ und $c = 64$. Das Geheimnis des Beweisers ist $x = 15$. Spiele das Zero-Knowledge-Beweissystem MODULARE WURZEL mit deinem Nachbarn zweimal durch, einmal für $b = 0$ und einmal für $b = 1$.

Wir haben gezeigt, dass der Beweiser den Verifizierer mit Sicherheit vom Besitz des Geheimnisses überzeugen kann, wenn er es tatsächlich besitzt.

Wie ist es, wenn der Beweiser das Geheimnis nicht besitzt, aber trotzdem versucht den Verifizierer von dessen Besitz zu überzeugen? Wir zeigen, dass in diesem Fall der Verifizierer den Betrug des Beweisers mit der Wahrscheinlichkeit $\frac{1}{2}$ entdeckt. Nach k Wiederholungen des Protokolls wird der Beweiser mit der Wahrscheinlichkeit $1 - \frac{1}{2^k}$ entlarvt.

Nehmen wir an, dass der Beweiser im ersten Schritt des Protokolls mogelt und die gesendete Zahl u kein Quadrat modulo n ist. In diesem Fall wird durch die Forderung $b = 0$ der Beweiser mit der Wahrscheinlichkeit $\frac{1}{2}$ beim Lügen erwischt.

Nehmen wir jetzt an, die Zahl u, die der Beweiser im ersten Schritt an den Verifizierer sendet, sei tatsächlich ein Quadrat modulo n. Der Verifizierer wählt $b = 1$ mit der Wahrscheinlichkeit $\frac{1}{2}$. Jetzt ist der Beweiser gefordert ein w zu schicken, das eine modulare Wurzel von $u \cdot c$ ist. Die Zahl $u \cdot c$ ist ein Quadrat modulo n, weil beide Zahlen u und c modulare Quadrate sind. Wir wissen, dass man ohne Kenntnis von p und q nicht effizient die Wurzel einer Zahl modulo n ($n = p \cdot q$) berechnen kann. Das reicht uns aber nicht zum Beweis, weil es vielleicht in diesem spezifischen Fall bei gegebenem Wissen gehen könnte. Wir zeigen jetzt, dass man aus der Kenntnis einer Wurzel w von $u \cdot c$ (also einer Zahl w mit $w^2 \bmod n = u \cdot c \bmod n$) auch die Wurzel von c bestimmen kann. Dies würde bedeuten, dass, wenn der Beweiser eine Wurzel von $u \cdot c$ kennen würde, er auch das Geheimnis, nämlich eine Wurzel von c, kennen würde.

Sei w eine Wurzel von $u \cdot c \bmod n = r^2 \cdot c \bmod n$. Weil der $\mathrm{ggT}(r, n) = 1$ ist, existiert das inverse Element r^{-1} mit $r \cdot r^{-1} \bmod n = 1$, und der Beweiser kann r^{-1} effizient berechnen. Danach kann der Beweiser rechnen, indem er die gegebene Gleichung dank der Kommutativität und der Assoziativität wie folgt umformt:

$$w^2 \bmod n = r^2 \cdot c \bmod n \quad | \cdot \left(r^{-1}\right)^2$$

$$w^2 \cdot \left(r^{-1}\right)^2 \bmod n = c \bmod n$$

$$\left(w \cdot r^{-1}\right)^2 \bmod n = c \bmod n.$$

Somit ist $w \cdot r^{-1}$ eine Wurzel von c modulo n. Wenn wir den Fall behandeln, bei dem der Beweiser keine Wurzel von c kennt, dann kennt er auch keine Wurzel von $u \cdot c \bmod n = r^2 \cdot c \bmod n$ und kann damit die Forderung des Verifizierers nicht erfüllen.

Aufgabe 11.23 Sei $n = 133$, $r = 20$ und $c = 64$. Berechne eine Wurzel von $c = 64$, wenn du weißt, dass

$$w^2 \bmod n = r^2 \cdot c \bmod n$$

für $w = 8$ gilt. Dabei solltest du so vorgehen, dass du die Zahl $n = 133$ nicht faktorisierst.

Aufgabe 11.24 Nehmen wir an, dass wir im Voraus wissen, dass der Verifizierer die Forderung $b = 0$ stellen wird. Spiele den Beweiser für allgemeine n und c so, dass du ohne die Wurzel von c modulo n zu kennen die Forderung $b = 0$ des Verifizierer erfüllst.

Aufgabe 11.25 Nehmen wir nun an, dass wir im Voraus wissen, dass der Verifizierer die Forderung $b = 1$ stellen wird. Spiele den Beweiser für allgemeine n und c so, dass du ohne die Wurzel von c modulo n zu kennen die Forderung $b = 1$ des Verifizierer erfüllst.

Wir haben gesehen, dass das Zero-Knowledge-Beweissystem MODULARE WURZEL die folgenden Eigenschaften hat:

(1) Wenn der Beweiser das Geheimnis kennt und der Beweiser und der Verifizierer sich an das Protokoll halten, wird der Beweiser mit Sicherheit den Verifizierer von seinem Besitz des Geheimnisses überzeugen können.

(2) Wenn der Beweiser das Geheimnis nicht kennt, wird der Verifizierer diese Tatsache mit der Wahrscheinlichkeit $\frac{1}{2}$ entdecken, auch wenn der Beweiser sich nicht an die Regeln des Protokolls halten wird (also eine Täuschung versucht).

Es bleibt nur zu begründen, warum der Verifizierer nichts über das Geheimnis des Beweisers erfährt. Hier verzichten wir auf eine detaillierte mathematische Argumentation und argumentieren eher auf einer intuitiven Ebene. Falls der Beweiser die Forderung $b = 0$ stellt, will er nur überprüfen, ob u tatsächlich ein modulares Quadrat ist. Dabei erfährt er nichts über irgendeine Wurzel von c. Falls er mit $b = 1$ die Zahl w mit $w^2 \bmod n = u \cdot c \bmod n$ anfordert, erhält er $w = r \cdot x \bmod n$, wobei r eine zufällige Zahl aus

$\{ a \in \mathbb{Z}_n \mid \mathrm{ggT}(n, a) = 1 \}$ ist. Somit ist die modulare Wurzel x von c durch eine zufällige Zahl verschleiert und wir können auch w als eine zufällige Zahl betrachten. Also hat der Verifizierer keine Chance aus w irgendeine Information von x zu erfahren. Dies ist eine ähnliche Situation wie beim Kryptosystem ONE-TIME-PAD, wo der Klartext mit einem zufälligen Schlüssel verschlüsselt wird.

Ein Zero-Knowledge-Beweissystem mit Graphen

Im Folgenden stellen wir ein anderes Zero-Knowledge-Beweissystem vor, das nicht auf einem zahlentheoretischen, sondern auf einem graphentheoretischen Problem basiert. Wir betrachten das Problem des **Graphisomorphismus**, das wir in Lektion 8 vorgestellt haben.

Hinweis für die Lehrperson Das Zero-Knowledge-Beweissystem in diesem Abschnitt ist etwas komplizierter und abstrakter als die bereits vorgestellten Beweissysteme, dafür benötigt es keine Zahlentheorie und ist somit auch ohne das Studium der Lektion 10 zugänglich.

Gegeben sind zwei Graphen G_1 und G_2, beide haben die gleiche Anzahl n an Knoten und die gleiche Anzahl Kanten. Die Aufgabe ist festzustellen, ob G_1 und G_2 isomorph sind, das heißt, ob man durch eine Umbenennung (Permutation) der Knoten von G_1 den Graph G_2 erhalten kann. Wir wissen, dass dieses Problem schwer ist, und somit gibt es keinen effizienten Algorithmus, der für zwei beliebige isomorphe Graphen den Isomorphismus (Knotenpermutation) berechnen kann.

Die Idee dieses Zero-Knowledge-Beweissystems ist es, dass der Beweiser den Isomorphismus von zwei Graphen G_1 und G_2 kennt und den Verifizierer davon überzeugen will, ohne ihm dabei den Isomorphismus zu verraten.

Zero-Knowledge-Beweissystem GRAPHISOMORPHISMUS

Ausgangssituation: Es gibt zwei Graphen G_1 und G_2 von jeweils n Knoten, die zueinander isomorph sind. Beide Graphen sind sowohl dem Verifizierer als auch dem Beweiser bekannt. Der Verifizierer kennt jedoch den Isomorphismus nicht.

Zielsetzung: Der Beweiser behauptet, dass er den Isomorphismus zwischen G_1 und G_2 kennt, das heißt er kennt die Permutation R_1 mit $R_1(G_1) \equiv G_2$ bzw. die Permutation R_2 mit $R_2(G_2) \equiv G_1$. Er möchte dies dem Verifizierer beweisen, ohne dass dieser den Isomorphismus erfährt.

1. Der Beweiser wählt zufällig ein $i \in \{1, 2\}$ und eine Permutation $P = (j_1, j_2, \ldots, j_n)$. Danach benennt der Beweiser die Knoten von G_i anhand von P um und schickt den resultierenden Graphen $P(G_i)$ an den Verifizierer.

2. Der Verifizierer wählt zufällig ein $k \in \{1, 2\}$ und schickt k an den Beweiser. Dies entspricht der Forderung einen Beweis für den Isomorphismus von $P(G_i)$ und G_k zu liefern.

3. Der Beweiser kennt den Isomorphismus R_1 bzw. R_2 zwischen G_1 und G_2.

   (a) Falls $i = k$, dann schickt der Beweiser die Permutation $Q = P$ dem Verifizierer.

   (b) Falls $i \neq k$, dann schickt der Beweiser die Permutation $Q = P \circ R_k$ dem Verifizierer.

4. Der Verifizierer überprüft, ob

$$P(G_i) \equiv Q(G_k)$$

gilt. Falls die Gleichung wahr ist, glaubt er dem Beweiser. Sonst weist er den Beweiser zurück.

Aufgabe 11.26 Betrachte die beiden dargestellten Graphen G_1 und G_2. Gibt es eine oder mehrere Permutationen P, so dass $G_1 \equiv P(G_2)$?

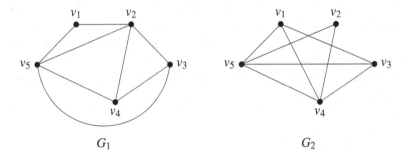

$$G_1 \qquad\qquad\qquad\qquad G_2$$

Aufgabe 11.27 Spiele das Protokoll des Zero-Knowledge-Beweissystems GRAPHISOMORPHIS-MUS mit deinem Nachbarn dreimal durch. Nutze dazu die beiden Graphen aus Aufgabe 11.26. Beim ersten Durchlauf soll der Beweiser $i = 1$ und $P = (5, 4, 3, 1, 2)$ wählen und der Verifizierer soll die Aufforderung $k = 2$ stellen. Die weiteren zwei Runden sind euch überlassen. Für die Wahl von i und k soll ein Münzwurf verwendet werden.

Wir überprüfen jetzt, ob das Protokoll tatsächlich ein Zero-Knowledge-Beweissystem ist. Wenn der Beweiser einen Isomorphismus zwischen G_1 und G_2 kennt, dann kann er den Verifizierer immer davon überzeugen. Falls der Verifizierer $k = i$ gewählt hat, reicht es, dass der Beweiser die zufällig gewählte Permutation P an den Verifizierer schickt. Falls $k \neq i$, muss der Beweiser die Permutation $Q = P \circ R_k$ schicken, wobei R_k die Umbenennung von G_k zu G_i beschreibt und P den Übergang von G_i zum Graphen $P(G_i)$.

Wenn der Beweiser das Geheimnis (einen Isomorphismus zwischen G_1 und G_2) nicht kennt, kann er den Verifizierer nur dann täuschen, wenn der Verifizierer zufällig k so wählt, dass $k = i$ gilt. In dem Fall, der mit der Wahrscheinlichkeit $\frac{1}{2}$ auftritt, sendet der Beweiser die zufällig gewählte Permutation P.

Falls $k \neq i$, fordert der Verifizierer den Beweiser auf eine Permutation Q zu finden, sodass $Q(G_k) \equiv P(G_i)$. Nehmen wir an der Beweiser könnte Q berechnen. Weil $k \neq i$, müsste $G_k \equiv Q^{-1}(P(G_i))$, und somit könnte der Beweiser einen Isomorphismus zwischen G_1 und G_2, nämlich den Isomorphismus, gegeben durch die Permutation $Q^{-1} \circ P$, berechnen. Wenn wir aber voraussetzen, dass er keinen Isomorphismus zwischen G_1 und G_2 kennt und auch nicht effizient bestimmen kann, dann kann der Beweiser die Permutation Q mit $Q(G_k) \equiv P(G_i)$ auch nicht finden und somit die Aufforderung des Verifizierers nicht erfüllen.

Aufgabe 11.28 Nehmen wir an, der Beweiser kennt den Isomorphismus nicht, aber er kennt die Forderung k des Verifizierers im Voraus. Wie kann er vorgehen, dass er mit Sicherheit die Aufforderung des Verifizierers erfüllen kann?

Aufgabe 11.29 Nehmen wir an, der Verifizierer erfährt die Zahl i und die Permutation P, die der Beweiser im Schritt 1 zufällig gewählt hat. Wie kann er vorgehen, um das Geheimnis zu erfahren?

Jetzt bleibt zu erklären, warum der Verifizierer aus dem Protokoll nichts über den Isomorphismus zwischen G_1 und G_2 lernt. Falls $k = i$, dann erfährt der Verifizierer nur eine zufällige Permutation P, die nichts mit dem Isomorphismus zwischen G_1 und G_2 zu tun hat. Falls $k \neq i$, erhält der Verifizierer $P \circ R_k$. Weil P eine zufällige Permutation ist, ist $P \circ R_k$ auch als eine zufällige Permutation zu betrachten. Damit ist R_k so verborgen, dass der Verifizierer nichts über R_1 bzw. R_2 lernen kann.

11.5 Teilen von Geheimnissen

In gewissen kryptographischen Anwendungen ist es notwendig ein Geheimnis (einen Schlüssel) auf mehrere Beteiligte aufzuteilen. Wir können uns dazu das folgende Szenario vorstellen: Ein Vorgesetzter möchte, dass seine fünf Angestellten im Notfall Zugriff auf den Tresor der Firma erhalten. Da der Chef aber seinen Leuten nicht vollständig vertraut, möchte er, dass der Schlüssel für den Tresor so auf die Angestellten verteilt wird, dass nicht einer alleine den Tresor öffnen kann, wenn sich aber drei oder mehr Leute zusammen tun, dann können sie den Schlüssel rekonstruieren und somit den Tresor öffnen.

> Eine **Geheimnisteilung** bezeichnet das Aufteilen eines Schlüssels s auf n verschiedene Personen P_i, sodass folgende Bedingungen gelten:
>
> (1) Jede beteiligte Person P_i kennt genau einen Teilschlüssel s_i. Dieser Teilschlüssel ist keiner anderen Person bekannt.
>
> (2) Der geheime Schlüssel s kann nur mit Hilfe von mindestens k der n Teilschlüssel bestimmt werden.
>
> (3) Sind jemandem weniger als k Teilschlüssel bekannt, so kann er den geheimen Schlüssel nicht herausfinden, auch nicht einen Bestandteil des geheimen Schlüssels.

Einfaches Protokoll zur Geheimnisteilung

Als Erstes schauen wir uns ein ganz einfaches Verfahren zur Geheimnisteilung an. Bei dieser Methode müssen alle beteiligten Personen ihre Schlüssel zusammenlegen um den geheimen Schlüssel s zu rekonstruieren, das heißt es gilt $k = n$.

Der Hüter des Schlüssels teilt dazu den geheimen Schlüssel s zufällig in n Summanden auf. Jeder Summand wird einer beteiligten Person gegeben. Diese können den Schlüssel s nur dann rekonstruieren, wenn sie alle zusammenkommen und ihre jeweiligen Summanden (Teilschlüssel) addieren.

Im Detail läuft das Verfahren also wie folgt ab:

Kommunikationsprotokoll EINFACHE GEHEIMNISTEILUNG

Ausgangssituation: Der Hüter besitzt eine ganze Zahl s als Geheimnis.

Zielsetzung: Der Hüter möchte sein Geheimnis s so auf n Personen $P_1, P_2, \ldots, P_n$ aufteilen, dass alle zusammenarbeiten müssen um das Geheimnis s zu bestimmen.

1. Der Hüter wählt zufällig $n - 1$ ganze Zahlen (auch negative) $s_1, s_2, \ldots, s_{n-1}$ als Teilschlüssel und gibt diese den entsprechenden Personen P_1, P_2, usw. Den letzten Teilschlüssel s_n wählt der Hüter so, dass alle Teilschlüssel aufsummiert den Schlüssel s ergeben. Folglich ist damit der Teilschlüssel s_n durch die Gleichung

$$s_n = s - s_1 - s_2 - s_3 - \cdots - s_{n-1}$$

gegeben. Die Zahl s_n kann deshalb auch negativ sein.

2. Wenn sich alle n Personen treffen und ihre jeweiligen Teilschlüssel s_i aufsummieren, können sie damit den Schlüssel s bestimmen.

Aufgabe 11.30 Für alle Fälle, hat Dagobert Duck den Schlüssel für seinen Tresor an seine drei Neffen Tick, Trick und Track mit dem Protokoll EINFACHE GEHEIMNISTEILUNG aufgeteilt. Tick hat den Teilschlüssel $s_1 = 13$ erhalten, Trick den Teilschlüssel $s_2 = 42$ und Track den Teilschlüssel $s_3 = -29$. Wie lautet der Schlüssel zum Tresor von Dagobert Duck?

Aufgabe 11.31 Könnte das Kommunikationsprotokoll EINFACHE GEHEIMNISTEILUNG auch mit modularer Arithmetik ausgeführt werden? Begründe deine Antwort.

Aufgabe 11.32 Betrachten wir die folgende Version des Kommunikationsprotokolls EINFACHE GEHEIMNISTEILUNG: Statt ganzen Zahlen werden fünfstellige binäre Zahlen verwendet. Anstelle der Addition und Subtraktion nutzen wir die Binäre Operation $\oplus_{\text{bin}}$ aus Lektion 5. Wir wollen den Schlüssel $s = 00110$ auf vier Personen aufteilen. Die folgenden drei Teilschlüssel sind bereits zufällig den Personen P_1, P_2 und P_3 zugewiesen worden:

$$s_1 = 00101, \quad s_2 = 11011, \quad s_3 = 10100.$$

Bestimme den Teilschlüssel s_4, der für die Person P_4 bestimmt ist.

Kommunikationsprotokoll zur Geheimnisteilung von Adi Shamir

Die EINFACHE GEHEIMNISTEILUNG funktioniert zwar sehr gut, kann aber nur gebraucht werden, wenn $k = n$ gilt, das heißt, wenn alle Personen zusammen arbeiten sollen. Falls sich auch weniger Personen zusammenfinden dürfen, um den Schlüssel zu bestimmen, brauchen wir eine raffiniertere Geheimnisteilung. Ein elegantes Geheimnisteilungs-Protokoll wurde vom berühmten Informatiker Adi Shamir (*1952) entwickelt. Seiner Mithilfe verdanken wir bereits das Public-Key-Kryptosystem RSA.

Die Grundlage dieser Geheimnisteilung bildet eine einfache Überlegung über Funktionen aus der Mathematik: Für die Konstruktion einer Geraden benötigen wir die Kenntnis zweier Punkte, die auf dieser Gerade liegen. Zur Bestimmung eines quadratischen Polynoms brauchen wir drei Punkte zu kennen. Der Grad eines Polynoms bestimmt also, wie viele Punkte benötigt werden, um die Funktion zu zeichnen. Diese Idee bildet die Grundlage für unsere Geheimnisteilung.

Kommunikationsprotokoll GEHEIMNISTEILUNG

Ausgangssituation: Der Hüter besitzt eine Zahl s als Geheimnis.

Zielsetzung: Der Hüter möchte sein Geheimnis s so auf n Personen $P_1, P_2, \ldots, P_n$ aufteilen, dass k oder mehr Personen zusammenarbeiten müssen um das Geheimnis s zu bestimmen.

1. Der Hüter wählt zufällig $k - 1$ Zahlen a_1 bis a_{k-1}, die geheim bleiben. Diese Zahlen bilden zusammen mit dem Schlüssel s das folgende Polynom vom Grad $k - 1$:

$$f(x) = s + a_1 \cdot x + a_2 \cdot x^2 + \ldots + a_{k-1} \cdot x^{k-1}.$$

Der Teilschlüssel s_i für jede Person P_i wird durch den Funktionswert $f(i)$ des Polynoms bestimmt:

$$s_i = f(i)$$

und an die entsprechende Person P_i übergeben.

2. Wenn sich k oder mehr Personen treffen, können sie mit ihren Teilschlüsseln s_i ein Gleichungssystem aufstellen, um das Polynom f und somit den Schlüssel s zu bestimmen.

Betrachten wir dazu ein Beispiel. Der Hüter der geheimen Zahl $s = 2$ möchte das Geheimnis auf $n = 5$ Personen aufteilen und es sollen $k = 3$ oder mehr Personen die Zahl s bestimmen können. Er wählt deshalb zufällig zwei Zahlen $a_1 = -0.9$ und $a_2 = 0.2$, um das folgende Polynom vom Grad 2 zu erhalten:

$$f(x) = 2 - 0.9 \cdot x + 0.2 \cdot x^2.$$

Mit diesem Polynom lassen sich nun die Teilschlüssel wie in Abbildung 11.2 dargestellt für die beteiligten Personen berechnen. Für jede Person P_i wird der entsprechende Schlüssel s_i durch den Funktionswert $f(i)$ bestimmt. Das heißt, dass zum Beispiel der

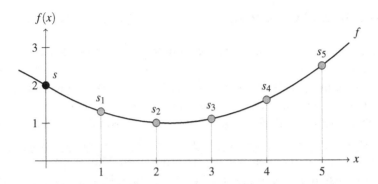

Abbildung 11.2 Der Hüter möchte die geheime Zahl s auf fünf Personen aufteilen, mit $k = 3$. Er wählt deshalb zufällig das Polynom $f(x) = 2 - 0.9 \cdot x + 0.2 \cdot x^2$ vom Grad 2. Der Funktionswert $f(0)$ stellt dabei die geheime Zahl s dar. Die Funktionswerte $f(1)$, $f(2)$, usw. sind die Teilschlüssel $s_1 = 1{,}3$, $s_2 = 1$, $s_3 = 1{,}1$, $s_4 = 1{,}6$ und $s_5 = 2{,}5$, die auf die entsprechenden Personen aufgeteilt werden.

Funktionswert $f(1)$ der Teilschlüssel s_1 der Person P_1 ist. Entsprechend werden die Teilschlüssel der anderen Personen berechnet und an diese verteilt:

$$s_1 = f(1) = 1{,}3 \qquad\qquad s_4 = f(4) = 1{,}6$$
$$s_2 = f(2) = 1 \qquad\qquad s_5 = f(5) = 2{,}5.$$
$$s_3 = f(3) = 1{,}1$$

Später treffen sich die drei Personen P_2, P_4 und P_5 und möchten den geheimen Schlüssel s bestimmen. Dafür müssen sie das Polynom f herausfinden, indem sie das folgende Gleichungssystem aufstellen:

$$s_2 = s + a_1 \cdot 2 + a_2 \cdot 2^2$$
$$s_4 = s + a_1 \cdot 4 + a_2 \cdot 4^2$$
$$s_5 = s + a_1 \cdot 5 + a_2 \cdot 5^2.$$

Durch Einsetzen der entsprechenden Werte für s_2, s_4 und s_5 in die drei Gleichungen können die drei Unbekannten a_1, a_2 und s ausgerechnet werden, und die drei Personen erhalten somit den Schlüssel s.

Aufgabe 11.33 Der Hüter hat die geheime Zahl s mit der GEHEIMNISTEILUNG auf fünf Personen aufgeteilt, wobei $k = 3$ ist. Du erfährst die folgenden drei Teilschlüssel $s_1 = 17$, $s_3 = 9$ und $s_5 = -31$. Bestimme das Geheimnis s, indem du das entsprechende Gleichungssystem löst.

Aufgabe 11.34 Für das Kommunikationsprotokoll GEHEIMNISTEILUNG können beliebige reelle Zahlen verwendet werden. Wie müsste das Protokoll abgeändert werden, wenn das Geheimnis s, die Zahlen a_i und die Teilschlüssel s_i alles Zahlen in $\mathbb{Z}_p$ für eine Primzahl p sein sollen?

11.6 Zusammenfassung

Die Anwendungen der Public-Key-Kryptosysteme können einen richtig faszinieren, weil sie Kommunikationen ermöglichen, die man nicht für möglich gehalten hätte. Die einfachste Anwendung ist die DIGITALE UNTERSCHRIFT, deren Korrektheit jede und jeder überprüfen kann und die trotzdem niemand nachmachen kann. Um dies zu erreichen, reicht es ein Dokument mit einem privaten Schlüssel zu verschlüsseln. Jedes kommutative Public-Key-Kryptosystem wie RSA kann zu diesem Zweck verwendet werden.

Mit Hilfe von RABIN können wir per Telefon einen Münzwurf oder eine Zufallsentscheidung realisieren. Die Basisidee beruht auf der Tatsache, dass man aus zwei modularen Wurzeln x und y einer Zahl c mit $x + y \neq n$ die Zahl $n = p \cdot q$ für zwei Primzahlen p und q faktorisieren kann. Also lässt man einen Kommunikationspartner (Bob) ein modulares Quadrat $a = x^2 \bmod n$ für x mit $\mathrm{ggT}(x, n) = 1$ erzeugen und gibt a dem anderen Kommunikationspartner (Alice), der nicht x, dafür aber p und q kennt. Alice kann alle vier modularen Wurzeln von a berechnen, kennt aber die modulare Wurzel x im Besitz von Bob nicht. Sie schickt dann zufällig eine dieser Wurzeln an Bob. Weil Bob zwei Wurzeln x und $n - x$ kennt, erfährt er mit der Wahrscheinlichkeit $\frac{1}{2}$ eine andere Wurzel und kann in diesem Fall p und q bestimmen. Wenn er das kann, hat er gewonnen, sonst hat Alice gewonnen.

Mit dieser Strategie kann man auch die Aufgabe der vergesslichen Übertragung realisieren, mit der man einer Person ein Geheimnis so zuschicken kann, dass

(1) der Empfänger das Geheimnis mit der Wahrscheinlichkeit $\frac{1}{2}$ erfährt und

(2) der Sender keine Ahnung hat, ob der Empfänger das Geheimnis gelernt hat oder nicht.

Ein weiteres spektakuläres Kommunikationsprotokoll ist ZAHLENVERGLEICH. Hier können Bob und Alice ihre geheimen Zahlen so vergleichen, dass am Ende

(1) beide wissen, wer die größere Zahl hat

(2) und keine/keiner mehr über die Zahl des anderen als das Resultat des Vergleichs erfährt.

Die grobe Idee ist, dass Bob seine Zahl verschlüsselt in einer Folge von allen verschlüsselten Zahlen aus dem betrachteten Bereich verschickt. Dann verschleiert Alice ihre Zahl in Ordnung dieser Folge, indem sie die Zahlen ändert, die ab der entsprechenden Stelle vorkommen. Danach kann Bob feststellen, ob seine Zahl geändert wurde oder nicht, und somit erfährt er das Resultat des Vergleichs.

Zero-Knowledge-Beweissysteme ermöglichen es, jemanden vom Besitz eines Geheimnisses zu überzeugen, ohne ein einziges Bit des Geheimnisses zu verraten. Die Grundidee dabei ist es zu zeigen, dass man gewisse Aufgabenstellungen lösen kann, die nur mit der Kenntnis des Geheimnisses effizient lösbar sind. Das Zero-Knowledge-Beweissystem

MODULARE WURZEL basiert auf den zahlentheoretischen Kenntnissen, die wir zum Bau von RABIN in Lektion 10 vermittelt haben. Hier kennen beide, der Verifizierer sowie der Beweiser, ein modulares Quadrat c modulo n mit $n = p \cdot q$ für zwei Primzahlen p und q. Keiner der beiden kennt p und q. Nur der Beweiser kennt eine modulare Wurzel x von c und sollte den Verifizierer davon überzeugen. Die ganze Kommunikation verläuft so geschickt, dass nur zufällige Zahlen kommuniziert werden.

Ähnlich funktioniert das Zero-Knowledge-Beweissystem GRAPHISOMORPHISMUS, bei dem nur ein zufälliges Bit und zufällige Permutationen kommuniziert werden. Hier überzeugt der Beweiser den Verifizierer darüber, dass er einen Isomorphismus zwischen zwei Graphen G_1 und G_2 kennt, wobei der Verifizierer den Isomorphismus nicht kennt und auch während der Kommunikation nicht erfahren wird.

Das letzte Anwendungsbeispiel ist die Teilung eines Geheimnisses. Es geht darum ein Geheimnis auf mehrere Personen so zu verteilen, dass sie das Geheimnis nur lernen können, wenn alle Beteiligten oder ein bestimmter Teil von ihnen zusammenarbeiten. Für diesen Zweck eignen sich Polynome sehr gut, weil man ein Polynom des Grades k aus $k+1$ unterschiedlichen Funktionswerten bestimmen kann, aber mit weniger Funktionswerten ist dies unmöglich.

Kontrollfragen

1. Welche Anforderungen stellen wir an die DIGITALE UNTERSCHRIFT?

2. Wie kann man RSA für das Protokoll DIGITALE UNTERSCHRIFT verwenden?

3. Welche Eigenschaft muss ein Public-Key-Kryptosystem haben, um für das Protokoll DIGITALE UNTERSCHRIFT nach dem vorgestellten Schema verwendbar zu sein?

4. Welche Probleme würden auftreten, wenn wir für die DIGITALE UNTERSCHRIFT versuchen würden, RABIN zu verwenden?

5. Sei $n = p \cdot q$ für zwei Primzahlen p und q. Wenn man ein x mit $\mathrm{ggT}(x, n) \neq 1$ findet, kann man dann effizient p und q bestimmen?

6. Wie kann man zufällig per Telefon eine faire Entscheidung treffen?

7. Warum ist RABIN für den Aufbau des Kommunikationsprotokolls ZUFALLSENTSCHEIDUNG so gut geeignet? Könnte man auf eine ähnliche Art und Weise RSA verwenden?

8. Was ist eine vergessliche Übertragung? Wie können wir dies mit einem Kommunikationsprotokoll umsetzen?

9. Wie lautet die Idee des Protokolls ZAHLENVERGLEICH? Welche Eigenschaften werden dabei garantiert?

10. Wie können wir Labyrinthe verwenden, um jemanden von der Kenntnis eines Geheimnisses zu überzeugen, ohne dieses preiszugeben?

11. Was sind Zero-Knowledge-Beweissysteme? Welche Anforderungen müssen diese erfüllen?

12. Wie rechenstark dürfen der Beweiser und der Verifizierer in einem Zero-Knowledge-Beweissystem sein?

13. Würden die vorgestellten Zero-Knowledge-Beweissysteme funktionieren, wenn der Verifizierer eine unbeschränkte Rechenstärke (könnte beliebig komplexe Berechnungen durchführen) hätte?

14. Wie können wir jemanden davon überzeugen, dass wir eine modulare Wurzel von einem modularen Quadrat kennen, ohne die Wurzel zu verraten?

15. Welche Nachrichten werden während des Zero-Knowledge-Beweissystems MODULARE WURZEL ausgetauscht? Kann man von diesen Nachrichten etwas in Erfahrung bringen?

16. Wie können wir das Problem des Graphisomorphismus zum Entwurf eines Zero-Knowledge-Beweissystems verwenden?

17. Was haben die Probleme gemeinsam, die man zum Bau von Zero-Knowledge-Beweissystemen verwendet?

18. Wie können wir ganz einfach eine geheime Zahl auf verschiedene Personen aufteilen, so dass alle diese Personen zusammenarbeiten müssen um die geheime Zahl herauszufinden?

19. Wir wollen mit dem Kommunikationsprotokoll GEHEIMNISTEILUNG einen Schlüssel so auf sieben Personen aufteilen, dass mindestens fünf Personen zusammenarbeiten müssen um den Schlüssel zu bestimmen. Welchen Grad müssen wir für das Polynom wählen?

Kontrollaufgaben

1. Sei (n, e) mit $n = 527$ und $e = 31$ der öffentliche Schlüssel von RSA. Du weißt, dass $\varphi(n) = 480$. Berechne den privaten Schlüssel und verwende ihn, um das Dokument $u = 411$ digital mit RSA zu unterschreiben.

2. Sei $n = 143\,321$ der öffentliche Schlüssel von RABIN im Kommunikationsprotokoll ZUFALLSENTSCHEIDUNG. Im zweiten Schritt wählt Bob $x = 574$.

   Bestimme zuerst den privaten Schlüssel (p, q) von Alice, wenn du weißt, dass $\varphi(n) = 142\,500$. Simuliere danach den Verlauf des Kommunikationsprotokolls für alle vier Möglichkeiten der Entwicklung abhängig davon, welche der modularen Wurzeln Alice an Bob schickt.

3. Betrachten wir die gleiche Aufgabenstellung wie in Kontrollaufgabe 2, nur mit dem Unterschied, dass Bob die Zahl $x = 22\,088$ wählt. Was ändert sich am Verlauf des Kommunikationsprotokolls?

4. Nehmen wir an, bei der Durchführung des Kommunikationsprotokolls ZUFALLSENTSCHEIDUNG findet Bob eine Zahl x, so dass $\mathrm{ggT}(x, n) \neq 1$. Hat er eine Möglichkeit so zu spielen, dass er mit Sicherheit gewinnt?

   Wie hoch ist die Wahrscheinlichkeit, dass ein zufällig gewähltes $x \in \mathbb{Z}_n - \{0\}$ die Eigenschaft $\mathrm{ggT}(x, n) \neq 1$ besitzt?

5. Kannst du das Kommunikationsprotokoll ZUFALLSENTSCHEIDUNG so abändern, dass für eine positive ganze Zahl k Alice mit der Wahrscheinlichkeit $1 - \frac{1}{2^k}$ gewinnt, aber dabei ihre Rolle nicht mit der Rolle von Bob austauscht?

6. Alice und Bob wollen ihre Zahlen a bzw. b vergleichen. Die Zahlen sind aber aus dem Bereich von 1 bis 1 000 000. Das ist mit dem Kommunikationsprotokoll ZAHLENVERGLEICH ein riesiger Aufwand, weil man eine Folge von 1 000 000 Zahlen behandeln muss.

Kannst du Alice und Bob helfen, den Aufwand auf höchstens das Fünffache des Aufwands beim Vergleich von Zahlen aus dem Intervall von 1 bis 100 zu reduzieren?

7. Verwende RSA zur Simulation des Kommunikationsprotokolls ZAHLENVERGLEICH. Der öffentliche Schlüssel ist (n, e) für $n = 35 = 5 \cdot 7$ und $e = 9$. Die Zahl von Alice ist 5 und die Zahl von Bob ist 8. Du kannst davon ausgehen, dass die Zahlen der beiden im Bereich von 1 bis 10 liegen.

8. Simuliere die Kommunikation im ZAHLENVERGLEICH, wenn (n, e) gleich wie in Kontrollaufgabe 7 sind, aber Bob die Zahl 3 und Alice die Zahl 6 haben.

9. Für die folgenden Teilaufgaben seien die folgenden zwei Graphen gegeben.

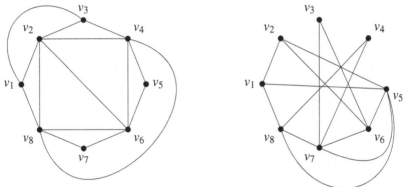

(a) Finde einen Isomorphismus zwischen den beiden Graphen.

(b) Spiele die Rolle des Beweisers im Zero-Knowledge-Beweissystem GRAPHISOMOR-PHISMUS. Nehmen wir an, im ersten Schritt wählt der Beweiser zufällig $i = 1$ und $P = (6, 3, 1, 2, 4, 7, 5, 8)$. Im zweiten Schritt fordert der Verifizierer $k = 2$. Welche Permutation schickt jetzt der Beweiser dem Verifizierer?

(c) Im ersten Schritt wählt der Beweiser zufällig $i = 2$ und eine unbekannte Permutation P. Kannst du diese Permutation bestimmen, wenn du weißt, dass der Beweiser für $k = 1$ (die Forderung vom Verifizierer) die Permutation $(8, 7, 6, 5, 4, 3, 2, 1)$ schickt?

10. Die Idee, die hinter dem Kommunikationsprotokoll EINFACHE GEHEIMNISTEILUNG steckt, kann auch dazu verwendet werden, den Durchschnitt der Mathematiknote einer Klasse zu bestimmen, ohne dass die einzelnen Schülerinnen und Schüler ihre Note preisgeben müssen.

Sie können dies erreichen, indem sie wie folgt vorgehen: Die erste Schülerin denkt sich eine zufällige Zahl aus und addiert ihre Mathematiknote zu dieser Zahl. Das Resultat schreibt sie dann auf einen Zettel, den sie an den nächsten Schüler weiterreicht. Alle weiteren Schüler machen nacheinander das Folgende, nachdem sie den Zettel von der Vorgängerin bzw. dem Vorgänger erhalten haben: Sie addieren ihre Note zur Zahl auf dem Zettel und schreiben das Resultat auf einen neuen Zettel. Den ursprünglichen Zettel vernichten sie und geben den neuen Zettel an die nächste Schülerin weiter. Der letzte Schüler gibt dann schließlich seinen neuen Zettel mit seiner addierten Note zurück an die erste Schülerin. Wie kann die erste

Schülerin nun mit dem erhaltenen Zettel die Durchschnittsnote in Mathematik der Klasse ausrechnen?

11. Für das Kommunikationsprotokoll GEHEIMNISTEILUNG sind die folgenden Werte gegeben: $n = 6$ und $k = 4$. Bestimme aus den folgenden vier gegebenen Teilschlüsseln das Geheimnis s:

$$s_2 = 111, \qquad s_3 = 238, \qquad s_5 = 750, \qquad s_6 = 1171.$$

Anhang A

Lösungen zu ausgewählten Aufgaben

Lösungen zu Lektion 1

Aufgabe 1.2 A, B, C, AA, AB, AC, BA, BB, BC, CA, CB, CC, AAA, AAB, AAC, ABA, ABB, ABC, ACA, ACB, ACC, BAA, BAB, BAC, BBA, BBB, BBC, BCA, BCB, BCC, CAA, CAB, CAC, CBA, CBB, CBC, CCA, CCB, CCC

Aufgabe 1.4

(a) Es gibt $3^3 = 27$ Texte der Länge drei über dem Alphabet $\{A, B, C\}$, weil an jeder der drei Stellen jedes der drei Symbole vorkommen kann.

(b) Es gibt $4^5 = 1024$ Texte der Länge fünf über dem Alphabet $\{0, 1, 2, 3\}$, weil wir für jede der 5 Positionen des Textes 4 Möglichkeiten haben.

(c) Es gibt $2 + 2^2 + 2^3 = 14$ Texte der Längen 1 bis 3 über dem Alphabet $\{0, 1\}$.

(d) Es gibt 2^n Texte der Länge n über dem Alphabet $\{0, 1\}$.

(e) Es gibt $\frac{8!}{2^4} = 2520$ oder $\binom{8}{2} \cdot \binom{6}{2} \cdot \binom{4}{2} \cdot \binom{2}{2} = 2520$ Texte der Länge 8 über dem Alphabet $\{A, B, C, D\}$ mit der zusätzlichen Bedingung, dass jedes Symbol in jedem Text genau zweimal vorkommt, denn für die zwei Symbole A kann man aus 8 Plätzen 2 auswählen, für das Symbol B bleiben noch 6 Stellen übrig, für C 4 Stellen, und das D wird auf die restlichen beiden Stellen verteilt.

(f) Es gibt $\frac{8!}{4! \cdot 3!} = 280$ oder $\binom{8}{4} \cdot \binom{4}{1} \cdot \binom{3}{3} = 280$ Texte der Länge 8 über dem Alphabet $\{0, 1, 2\}$, so dass die Texte genau vier Nullen und eine Eins enthalten, denn für die vier Nullen muss man 4 Stellen aus 8 auswählen und aus den übrigen 4 Stellen wird eine Stelle für die Eins ausgewählt. Die übrigen drei Stellen werden mit je einer Zwei besetzt.

(g) Es gibt $\binom{4}{2} + \binom{4}{3} + \binom{4}{4} = 6 + 4 + 1 = 11$ Texte der Länge 4 über dem Alphabet $\{0, 1\}$, die mindestens so viele Symbole 1 wie 0 enthalten, denn solche Texte haben entweder zwei, drei oder vier Einsen.

(h) Es gibt $\binom{8}{5} \cdot 2^3 + \binom{8}{6} \cdot 2^2 + \binom{8}{7} \cdot 2 + \binom{8}{8} = 577$ Texte der Länge 8 über dem Alphabet $\{0, 1, 2\}$ mit mindestens 5 Nullen, so dass die Texte mehr Nullen als Symbole 1 und 2 zusammen haben. Sobald die Stellen für die Nullen bestimmt sind, dürfen die restlichen Stellen jeweils beliebig durch eine Eins oder eine Zwei besetzt werden.

Aufgabe 1.5 3245434422422435

Aufgabe 1.6 Der Klartext lautet ΚΡΥΠΤΟΣ (Kryptos).

Aufgabe 1.8 Die Funktion $f(x) = x^2$ ist nicht injektiv, weil zum Beispiel für die Argumente -2 und 2 die Funktionswerte identisch sind. Es gilt $f(-2) = 4 = f(2)$.

Aufgabe 1.9 $f^{-1}(y) = \frac{y+8}{6}$

Aufgabe 1.12 Nein, denn $y = 5$ ist zum Beispiel auch eine monoton wachsende Funktion, aber für jedes Argument ist der Funktionswert gleich. Also ist die Funktion nicht injektiv.

Aufgabe 1.13 Seien x und y zwei Argumente aus A mit $x \neq y$. Das heißt, es gilt entweder $x < y$ oder $x > y$. Weil f eine streng monoton wachsende Funktion ist, gilt im ersten Fall $f(x) < f(y)$ und im zweiten Fall $f(x) > f(y)$. Daraus folgt aber, dass in jedem Fall $f(x) \neq f(y)$ gilt, was uns die Injektivität der Funktion f beweist.

Aufgabe 1.17

$$\mathscr{B}^* = \{1, 2, 3, 4, 5, 11, 12, 13, 14, 15, 21, 22, 23, 24, 25, 31, 32,$$
$$33, 34, 35, 41, 42, 43, 44, 45, 51, 52, 53, 54, 55, 111,$$
$$112, 113, 114, 115, 121, 122, 123, 124, 125, \ldots\}$$

Aufgabe 1.19 Man könnte zum Beispiel vor jene Codewörter, die nur aus einer Ziffer bestehen, eine Null setzen. Somit haben dann alle Codewörter die Länge 2.

Oder man könnte zu jedem Codewort 9 addieren, damit alle Codewörter die Länge 2 haben. Dann hätten wir

$$f(\text{A}) = 10, \quad f(\text{B}) = 11, \quad \ldots, \quad f(\text{Z}) = 35.$$

Aufgabe 1.20 Der Klartext lautet POLYBIOS. Ja, diese Chiffrierung ist eine Codierung.

Aufgabe 1.21 Der Klartext lautet:

```
ZWEID INGES INDUN ENDLI CHDAS UNIVE RSUMU NDDIE MENSC
HLICH EDUMM HEITA BERBE IMUNI VERSU MBINI CHMIR NICHT
GANZS ICHER
```

Aufgabe 1.22 Der Klartext lautet KRYPTOLOGIE.

Aufgabe 1.25 Der folgende Klartext stammt aus den Memoiren von *Giacomo Girolamo Casanova*:

```
DIEVERNUNFTISTDESHERZENSGROESSTEFEINDIN.
```

Aufgabe 1.26 Der Schlüssel ist 20 und der Klartext lautet:

```
SOLANGEDIESONNESCHEINTSINDWIRNICHTZUSPAET.
```

Aufgabe 1.27 Bei der ROT13-Chiffrierung wird zum Beispiel A auf N und N wieder auf A abgebildet. Die Buchstaben werden in Buchstabenpaare aufgeteilt, und bei der Verschlüsselung wird jeder Buchstabe auf seinen „Partner" abgebildet. Das heißt, wenn man die Verschlüsselung zweimal hintereinander auf einen Klartext anwendet, bekommt man wieder denselben Klartext.

Aufgabe 1.28 Da wir aus dem ursprünglichen Text alle Leerzeichen entfernt haben, wissen wir, dass die Leerzeichen auf dem Papierstreifen dadurch entstanden sind, dass die letzte Zeile auf der Skytale nicht bis zum Ende mit Buchstaben gefüllt worden ist. Das wiederum heißt, dass diese Leerzeichen alle nebeneinander liegen müssen. Wenn man zu der Anzahl Buchstaben zwischen zwei Leerzeichen noch Eins addiert, dann bekommt man den Schlüssel.

Aufgabe 1.29 Die Spartaner müssen den Text auf 11 Spalten aufteilen.

Aufgabe 1.30 Der Schlüssel ist 5 und der Klartext lautet:

```
EINKLEINERSCHRITTFUERMICHABEREINGROSSE
RSPRUNGFUERDIEMENSCHHEITNEILARMSTRONG.
```

Da der Kryptotext keinen sinnvollen Text darstellt, ist der Schlüssel weder 1 noch 75 (die Länge des Textes). Es gibt auch keine Leerzeichen zwischen zwei Buchstaben. Das bedeutet, dass alle Zeilen beim Verschlüsseln gefüllt worden sind. Es könnte allenfalls sein, dass in der letzten Zeile und Spalte ein Feld leer geblieben ist. Das wäre nämlich ein Leerzeichen ganz am Schluss des Kryptotextes, welches wir nicht sehen. Wenn wir zuerst annehmen, dass kein Leerzeichen am Schluss steht, dann haben wir $75 = 3 \cdot 5 \cdot 5$ Buchstaben, die auf ein Rechteck zu verteilen sind. Wir könnten also 3, 5, 15 und 25 als mögliche Schlüssel haben. Falls am Schluss ein Leerzeichen stehen würde, dann hätten wir $76 = 2 \cdot 2 \cdot 19$ Zeichen, das heißt, wir müssten zusätzlich noch die Schlüssel 2, 4, 19 und 38 ausprobieren. Also müssten wir schlimmstenfalls insgesamt 8 Schlüssel ausprobieren.

Aufgabe 1.34 Jedes Loch auf der Lochkarte kann entweder offen oder zu sein. Insgesamt haben wir $n \times m$ Felder, folglich gibt es $2^{m \cdot n}$ Schlüssel.

Lösungen zu Lektion 2

Aufgabe 2.2 Hier geben wir nur die Lösungsidee:

Die Anzahl der Schlüssel vom Kryptosystem 3TAGE ist $26 \cdot 100 \cdot 26 = 67\,600$. Diese Zahl ist zu groß für Lszqupt, und er kann nicht alle diese Schlüssel in drei Tagen ausprobieren. Lszqupt ist aber klug genug um zu wissen, dass er gar nicht alle 67 600 Schlüssel ausprobieren muss. Warum?

1. Zuerst beobachten wir, dass es keine Rolle spielt, ob man bei der Verschlüsselung zuerst mit CAESAR die Symbole um i Stellen verschiebt und danach mit SKYTALE mit dem Schlüssel k die Positionen im Text vertauscht, oder ob man zuerst mit SKYTALE die Positionen austauscht und danach die Symbole um i Positionen verschiebt. Diese zwei Aktionen sind in dem Sinn unabhängig, dass es keine Rolle spielt, in welcher Reihenfolge sie angewendet werden. Es kommt immer dasselbe heraus.

2. Wenn man zweimal hintereinander mit CAESAR mit den Schlüsseln i und j verschlüsselt, ist es das Gleiche, wie wenn man nur einmal mit CAESAR mit dem Schlüssel $i + j$ (oder $i + j - 26$, falls $i + j \geq 26$ gilt) verschlüsseln würde.

Somit weiss Lszqupt, dass die Verschlüsselung mit einem Schlüssel (i, k, j) von 3TAGE dasselbe ist, wie wenn man mit dem Schlüssel $(k, i + j)$ zuerst mit SKYTALE und dann mit CAESAR verschlüsseln würde. In anderen Worten führen die Schlüssel (i, k, j) und (r, k, s) in 3TAGE zu der gleichen Verschlüsselung, falls $i + j = r + s$ ist. Probiere es zum Beispiel für $(3, 8, 4)$ und $(1, 8, 6)$ aus.

Um alle Verschlüsselungsmöglichkeiten von 3TAGE auszuprobieren, reicht es also, genau $100 \cdot 26 = 2600$ Schlüssel auszuprobieren. Du kannst leicht überprüfen, dass Lszqupt dies in drei Tagen schaffen kann. Hast du inzwischen schon den wahren Namen von Lszqupt herausgefunden?

Aufgabe 2.4

(a) $72 \operatorname{div} 9 = 8$, $72 \bmod 9 = 0$

(b) $225 \operatorname{div} 3 = 75$, $225 \bmod 3 = 0$

(c) $257 \operatorname{div} 8 = 32$, $257 \bmod 8 = 1$

(d) $13 \operatorname{div} 25 = 0$, $13 \bmod 25 = 13$

Aufgabe 2.5

(a) $25 \oplus_{26} 25 = 50 \bmod 26 = 24$

(b) $0 \oplus_{26} 19 = 19 \bmod 26 = 19$

(c) $231 \oplus_3 222 = 453 \bmod 3 = 0$

(d) $1378 \oplus_{10} 24\,795 = 26\,173 \bmod 10 = 3$

(e) $13\,874 \oplus_2 123 = 12\,997 \bmod 2 = 1$

Aufgabe 2.6

(a) 13 Uhr, weil $9 + 100 \bmod 24 = 109 \bmod 24 = 13$ ist.

(b) Sonntag, weil $3 + 53 \bmod 7 = 56 \bmod 7 = 0$ ist.

(c) August, weil $9 + 47 \bmod 12 = 56 \bmod 12 = 8$ ist.

Aufgabe 2.7

(a) 5 Harasse, 4 Flaschen bleiben übrig

(b) 10 Harasse, 4 Flaschen bleiben übrig

(c) 3 Harasse, 3 Flaschen bleiben übrig

(d) nein

(e) 2 Harasse

Aufgabe 2.8

(a) 10 und 10

(b) 2 und 2

(c) 6 und 6

Aufgabe 2.9

$$(w + x + y + z) \bmod a = \Big(\big((w \bmod a + x \bmod a) \bmod a + y \bmod a \big) \bmod a + z \bmod a \Big) \bmod a$$

Aufgabe 2.10 (b)

$$(x - y) \bmod a = (a \cdot x \operatorname{div} a + x \bmod a - a \cdot y \operatorname{div} a - y \bmod a) \bmod a$$

$$= \bigl(a \cdot (x \operatorname{div} a - y \operatorname{div} a) + x \bmod a - y \bmod a\bigr) \bmod a$$

$$\{\text{nach Distributivgesetz}\}$$

$$= \bigl(a \cdot (x \operatorname{div} a - y \operatorname{div} a) + a + x \bmod a - y \bmod a\bigr) \bmod a$$

$$\{\text{nach Gesetz (M1)}\}$$

$$= (a + x \bmod a - y \bmod a) \bmod a$$

$$\{\text{nach Gesetz (M1), weil } x \operatorname{div} a \geq y \operatorname{div} a\}$$

Aufgabe 2.11 Die Summe von zwei geraden Zahlen $2i$ und $2j$ ergibt $2i + 2j = 2 \cdot (i + j)$, was eine gerade Zahl ist. Das Produkt zweier geraden Zahlen $2i$ und $2j$ ist $2i \cdot 2j = 2(2ij)$, also wieder eine gerade Zahl. Somit ist $(\mathbb{N}_{\text{gerade}}, +, \cdot)$ eine algebraische Struktur.

Beachte: Wenn du beweisen willst, dass eine algebraische Struktur vorliegt, musst du für alle Elemente aus der entsprechenden Menge S zeigen, dass man mittels der angegebenen Operationen nur Elemente aus S erzeugen kann.

Aufgabe 2.12

(a) $(\mathbb{N}_{\text{ungerade}}, +)$ ist keine algebraische Struktur. Um dies zu zeigen, reicht es, zwei Zahlen a und b aus $\mathbb{N}_{\text{ungerade}}$ zu finden, so dass $a + b$ nicht in $\mathbb{N}_{\text{ungerade}}$ liegt. Wählen wir $a = 1$ und $b = 3$. Es gilt $1 + 3 = 4$, und 4 als gerade Zahl gehört nicht in $\mathbb{N}_{\text{ungerade}}$.

(b) Wir möchten zeigen, dass $(\mathbb{N}_{\text{ungerade}}, \cdot)$ eine algebraische Struktur ist. Wir müssen also zeigen, dass für alle a und b aus $\mathbb{N}_{\text{ungerade}}$ $a \cdot b$ auch in $\mathbb{N}_{\text{ungerade}}$ ist. Weil a und b ungerade sind, kann man sie als

$$a = 2i + 1 \text{ und } b = 2j + 1$$

für irgendwelche natürlichen Zahlen i und j darstellen. Somit gilt

$$a \cdot b = (2i + 1) \cdot (2j + 1)$$
$$= 4ij + 2i + 2j + 1$$
$$= 2(2ij + i + j) + 1.$$

Weil $2ij + i + j$ eine natürliche Zahl ist, haben wir damit bewiesen, dass $a \cdot b = 2m + 1$ für ein $m \in \mathbb{N}$ ist, und somit ist $a \cdot b$ eine ungerade Zahl.

Aufgabe 2.15 Die Menge $\mathbb{Q}$ enthält die Zahl 0. Wir dürfen nicht durch 0 teilen. Der Term $\frac{3}{0}$ hat zum Beispiel keine Bedeutung, und somit gehört $\frac{3}{0}$ nicht in $\mathbb{Q}$.

Aufgabe 2.17

(c) Überprüfen wir alle Möglichkeiten für $a \cdot b$ für a, b aus $\{0, 1\}$:

$$0 \cdot 0 = 0, \quad 0 \cdot 1 = 0, \quad 1 \cdot 0 = 0, \quad 1 \cdot 1 = 1.$$

Die Resultate sind 0 oder 1, und somit ist $(\{0, 1\}, \cdot)$ eine algebraische Struktur.

(d) Weil $1 + 1 = 2$ gilt, ist $(\{0, 1\}, +)$ keine algebraische Struktur.

(g) Weil $3 - 7 = -4$ gilt, und -4 nicht in $\mathbb{Q}^+$ ist, ist $(\mathbb{Q}^+, +, -, \cdot, /)$ keine algebraische Struktur.

Aufgabe 2.19 Es sind genau diejenigen Zahlen, für die $a = b$ gilt.

Aufgabe 2.23

(c) Die Tabelle der Operation ∘ ist symmetrisch bezüglich der Hauptdiagonalen, und somit ist diese Operation kommutativ. Die Operation $a \circ b$ entspricht dem Minimum von a und b, und es kann einfach überprüft werden, dass diese Operation assoziativ ist.

Aufgabe 2.24

(c) Wir definieren die Operation ∘ wie folgt:

$$a \circ b = (2a + b) \bmod 3\,.$$

Offensichtlich ist $(\{0, 1, 2\}, \circ)$ eine algebraische Struktur.

Wir überzeugen uns einfach, dass ∘ nicht kommutativ ist.

$$2 \circ 1 = (2 \cdot 2 + 1) \bmod 3 = 5 \bmod 3 = 2$$
$$1 \circ 2 = (2 \cdot 1 + 2) \bmod 3 = 4 \bmod 3 = 1\,.$$

Jetzt müssen wir Argumente a, b und c finden, so dass

$$(a \circ b) \circ c \neq a \circ (b \circ c)$$

gilt. Statt nur zu probieren, können wir es uns gezielt überlegen:

$$\begin{aligned}
(a \circ b) \circ c &= ((2a + b) \bmod 3) \circ c \\
&= (2(2a + b) + c) \bmod 3 \\
&= (4a + 2b + c) \bmod 3\,, \\
a \circ (b \circ c) &= a \circ ((2b + c) \bmod 3) \\
&= (2a + 2b + c) \bmod 3\,.
\end{aligned}$$

Die Ausdrücke $4a + 2b + c$ und $2a + 2b + c$ unterscheiden sich in der Anzahl der a, und deswegen wählen wir $a = 1$, $b = 0$ und $c = 0$. Jetzt erhalten wir:

$$\begin{aligned}
(1 \circ 0) \circ 0 &= ((2 \cdot 1 + 0) \bmod 3) \circ 0 \\
&= 2 \circ 0 \\
&= (2 \cdot 2 + 0) \bmod 3 \\
&= 1\,, \\
1 \circ (0 \circ 0) &= 1 \circ ((2 \cdot 0 + 0) \bmod 3) \\
&= 1 \circ 0 \\
&= (2 \cdot 1 + 0) \bmod 3 \\
&= 2\,.
\end{aligned}$$

Somit ist ∘ auch nicht assoziativ.

Aufgabe 2.25

(h) $(\{0, 2, 4, 6, 8, 10\}, \odot_4, \oplus_2)$ ist eine algebraische Struktur. Statt alle Argumente für $\odot_4$ und $\oplus_2$ auszuprobieren, reicht uns die folgende kurze Begründung: Alle Zahlen in der Menge sind gerade. Die Summe von zwei geraden Zahlen ist immer eine gerade Zahl. Eine gerade Zahl modulo 2 ist immer 0, also gilt $a \oplus_2 b = 0$ für alle a und b aus $\{0, 2, 4, 6, 8, 10\}$. Das Produkt zweier geraden Zahlen ergibt immer eine gerade Zahl. Eine gerade Zahl modulo 4 kann nur 0 oder 2 ergeben. Beide Zahlen 0 und 2 sind in unserer Menge vorhanden.

(j) Für alle $i, j \in \mathbb{N}$ gilt

$$2^i \cdot 2^j = 2^{i+j}.$$

Somit ist $(\{2^i \mid i \in \mathbb{N}\}, \cdot)$ eine algebraische Struktur.

(k) $(\{2^i \mid i \in \mathbb{N}\}, +)$ ist keine algebraische Struktur, was

$$2^1 + 2^2 = 2 + 4 = 6$$

zeigt. Die Zahl 6 ist keine Zweierpotenz, also kann 6 nicht als 2^k für ein $k \in \mathbb{N}$ dargestellt werden.

Aufgabe 2.27

(a) Die Zahl 0 ist das neutrale Element von $(\{0, 1, 2, 3\}, \oplus_4)$, weil

$$0 \oplus_4 a = (0 + a) \bmod 4 = a \bmod 4 = a$$

für alle $a \in \{0, 1, 2, 3\}$ gilt.

Aufgabe 2.28

(b) $(S, \times)$ ist kein Monoid. Wir begründen für jede Zahl aus $\{0, 1, 2, 3, 4\}$, warum sie kein neutrales Element sein kann:

- Die Zahl 0 ist kein neutrales Element wegen

$$1 \times 0 = 2 \cdot 1 \odot_5 2 \cdot 0 = 2 \odot_5 0 = 0.$$

- Die Zahl 1 ist kein neutrales Element wegen

$$1 \times 1 = 2 \cdot 1 \odot_5 2 \cdot 1 = 2 \odot_5 2 = 4.$$

- Die Zahl 2 ist kein neutrales Element wegen

$$0 \times 2 = 2 \cdot 0 \odot_5 2 \cdot 2 = 0 \odot_5 4 = 0.$$

- Die Zahl 3 ist kein neutrales Element wegen

$$2 \times 3 = 2 \cdot 2 \odot_5 2 \cdot 3 = 4 \odot_5 6 = 4.$$

- Die Zahl 4 ist kein neutrales Element wegen

$$0 \times 4 = 2 \cdot 0 \odot_5 2 \cdot 4 = 0 \odot_5 8 = 0.$$

Aufgabe 2.36 Sei e das neutrale Element einer kommutativen Gruppe $(S, \circ)$. Sei $a \in S$, und seien b und c inverse Elemente von a bezüglich $\circ$. Also gelten

$$a \circ b = e \text{ und } a \circ c = e.$$

Somit gelten auch

$$a \circ b \circ c = (a \circ b) \circ c = e \circ c = c,$$
$$a \circ b \circ c = a \circ c \circ b = (a \circ c) \circ b = e \circ b = b.$$

Also erhalten wir $b = c$, und somit gibt es nur ein inverses Element zu a.

Aufgabe 2.47 Der Klartext ist von Louis Pasteur und wurde mit dem Schlüssel $s = 5$ verschlüsselt:

UNGLUECKLICHSINDDIEJENIGENDENENALLESKLARIST.

Für die Entschlüsselung ist $s^{-1} = 21$.

Aufgabe 2.49

(a) $(-21) = 5$, weil $21 \oplus_{26} 5 = 26 \bmod 26 = 0$ gilt.

$3^{-1} = 9$ wegen $3 \odot_{26} 9 = 27 \bmod 26 = 1$.

(b)

$$\text{Ent}\left(\triangle, (3, 21)\right) = 3^{-1} \odot_{26} \left(\text{Ord}(\triangle) \oplus_{26} (-21)\right)$$
$$= 9 \odot_{26} \left(\text{Ord}(\triangle) \oplus_{26} 5\right)$$
$$= 9 \odot_{26} \left(\left((3 \odot_{26} \text{Ord}(\square)) \oplus_{26} 21\right) \oplus_{26} 5\right)$$
$$\{\text{weil } \text{Ord}(\triangle) = (3 \odot_{26} \text{Ord}(\square)) \oplus_{26} 21\}$$
$$= 9 \odot_{26} \left((3 \odot_{26} \text{Ord}(\square)) \oplus_{26} (21 \oplus_{26} 5)\right)$$
$$\{\text{weil } \oplus_{26} \text{ assoziativ ist}\}$$
$$= 9 \odot_{26} (3 \odot_{26} \text{Ord}(\square))$$
$$\{\text{weil } 21 \oplus_{26} 5 = 0\}$$
$$= (9 \odot_{26} 3) \odot_{26} \text{Ord}(\square)$$
$$\{\text{weil } odot_{26} \text{ assoziativ ist}\}$$
$$= 1 \odot_{26} \text{Ord}(\square)$$
$$\{\text{weil } 9 \text{ die Inverse zu } 3 \text{ bezüglich } \oplus_{26} \text{ ist}\}$$
$$= \text{Ord}(\square)$$

Aufgabe 2.52 Der Abstand zwischen A und F ist 5, und A ist der nullte Buchstabe in der Folge. Somit muss $b = 5$ sein. Der Abstand zwischen E und J ist auch F, und somit ist $a = 0$ und $b = 5$ ein passender Schlüssel. Überlege dir, ob du nicht noch einen anderen passenden Schlüssel finden kannst.

Lösungen zu Lektion 3

Aufgabe 3.4 Man kann so vorgehen, dass man den Ziffern einer nach der anderen einen Buchstaben aus dem lateinischen Alphabet zuordnet. Für die Ziffer 0 haben wir 26 Möglichkeiten einen Buchstaben auszusuchen. Danach bleiben noch 25 Buchstaben, aus denen wir einen für die Ziffer 1 wählen dürfen. Für die Ziffer 2 bleiben uns noch 24 Möglichkeiten, usw.

Somit ist die Anzahl unterschiedlicher Codierungen aus $\{0, 1, 2, \ldots, 9\}$ in $\{A, B, C, \ldots, Z\}$ genau

$$26 \cdot 25 \cdot 24 \cdot 23 \cdot 22 \cdot 21 \cdot 20 \cdot 19 \cdot 18 \cdot 17 = \frac{26!}{16!} = 19\,275\,223\,968\,000.$$

Aufgabe 3.5 Der Strategie von Aufgabe 3.4 folgend erhalten wir die allgemeine Formel

$$m \cdot (m - 1) \cdot (m - 2) \cdots (m - n + 1 =) = \frac{m!}{n!}.$$

Aufgabe 3.8 SKYTALE ist nicht monoalphabetisch, weil beim Austausch der Positionen auf jede Position potenziell ein beliebiger Buchstabe kommen kann. Weil es sich dabei aber nicht um einen Ersatz von Buchstaben durch Buchstaben im wahrsten Sinne des Wortes handelt (wir mischen nur die Positionen), ist es besser bei dieser Auslegung nicht über ein polyalphabetisches Kryptosystem zu sprechen.

Die Kryptosysteme CAESAR und LINCAEASAR sind offensichtlich monoalphabetische Kryptosysteme.

Aufgabe 3.9 Für das Ersetzten einer Ziffer $i \in \{0, 1, 2, 3, 4, 5, 6, 7, 8, 9\}$ mit einem Schlüssel $j \in \{0, 1, 2, 3, 4, 5, 6, 7, 8, 9\}$ betrachten wir die folgenden Regeln:

1. Wenn i die letzte Ziffer im Klartext ist oder wenn rechts von i eine gerade Ziffer liegt, dann ersetze i durch die Ziffer $i \oplus_{10} j = (i + j) \bmod 10$.

2. Wenn rechts der Ziffer i im Klartext eine ungerade Ziffer unterschiedlich von 9 liegt, ersetze i durch die Ziffer $i \oplus_{10} 1$.

3. Wenn rechts der Ziffer i die Ziffer 9 steht, ersetze i durch i (ändere also die Ziffer nicht).

Wie würdest du begründen, dass es sich hier um eine Codierung von Klartexten in Kryptotexte handelt? Kannst du die Decodierung beschreiben?

Aufgabe 3.12 Die folgende Tabelle zeigt die Zuordnungen zwischen den Buchstaben des Klartext- und des Kryptotextalphabets:

Klartextbuchstabe	A	B	C	D	E	F	G	H	I	J	K	L	M	N	O	P	Q	R	S	T	U	V	W	X	Y	Z
Kryptotextbuchstabe	O	Z	Q	N	H	J	V	S	T	M	X	A	F	R	P	C	K	L	W	U	G	B	Y	D	E	I

Der Klartext ist aus dem Buch *Der Herr der Ringe* [18, S. 68]:

1 Drei Ringe den Elbenkönigen hoch im Licht,
2 Sieben den Zwergenherrschern in ihren Hallen aus Stein,
3 Den Sterblichen, ewig dem Tode verfallen, neun,
4 Einer dem Dunklen Herrn auf dunklem Thron
5 Im Lande Mordor, wo die Schatten drohn.
6 Ein Ring, sie zu knechten, sie alle zu finden,
7 Ins Dunkel zu treiben und ewig zu binden
8 Im Lande Mordor, wo die Schatten drohn.

Aufgabe 3.13 Die folgende Tabelle zeigt die Zuordnungen zwischen den Buchstaben des Klartext-
und des Kryptotextalphabets:

Klartextbuchstabe	A	B	C	D	E	F	G	H	I	J	K	L	M	N	O	P	Q	R	S	T	U	V	W	X	Y	Z
Kryptotextbuchstabe	K	W	L	H	O	R	D	C	P	U	Z	I	T	S	M	F	A	Q	X	N	E	Y	V	B	G	J

Der Klartext ist aus dem Buch *Linear B: Die Entzifferung der mykenischen Schrift* [3]:

```
 1 DER DRANG, GEHEIMNISSE AUFZUDECKEN, IST IM WESEN DES
 2 MENSCHEN TIEF EINGEWURZELT; SCHON DIE EINFACHSTE
 3 NEUGIER BERUHT JA AUF DER AUSSICHT, EIN WISSEN ZU
 4 TEILEN, DAS ANDERE UNS VORENTHALTEN. EINIGE SIND
 5 GLUECKLICH GENUG, EINEN BERUF ZU FINDEN, DER IN DER
 6 LOESUNG VON RAETSELN BESTEHT. ABER DIE MEISTEN VON UNS
 7 MUESSEN DIESEN DRANG MIT DER LOESUNG KUENSTLICH ZU
 8 UNSERER UNTERHALTUNG AUSGEDACHTER RAETSELAUFGABEN
 9 STILLEN. DETEKTIVGESCHICHTEN UND KREUZWORTRAETSEL
10 WERDEN VIELEN NUTZEN; EINIGE WENIGE MOEGEN SICH DER
11 ENTSCHLUESSELUNG VON GEHEIMSCHRIFTEN HINGEBEN.
```

Aufgabe 3.15 Die folgende Tabelle zeigt die Zuordnungen zwischen den Buchstaben des Klartext-
und des Kryptotextalphabets:

Klartextbuchstabe	A	B	C	D	E	F	G	H	I	J	K	L	M	N	O	P	Q	R	S	T	U	V	W	X	Y	Z
Kryptotextbuchstabe	I	O	E	M	T	D	P	Z	Q	L	U	X	R	W	A	J	Y	H	S	B	F	C	K	N	V	G

Der Klartext ist aus dem Buch *Wilde Reise durch die Nacht* [13, Umschlagrückseite] und lautet:

```
1 DERZW OELFJ AEHRI GEGUS TAVEB RICHT ZUEIN ERWAH RLICH
2 FANTA STISC HENRE ISEAU FERFL IEGTU EBERD ENMON DHINW
3 EGKAE MPFTG EGENR IESEN UNDBE FREIT EINEJ UNGFR AUAUS
4 DENKL AUENE INESD RACHE NERTR IFFTA UFHOE CHSTS ONDER
5 BAREK REATU RENUN DSCHA UTSOG ARDEM TODBE IDERA RBEIT
6 ZUINE INERE INZIG ENNAC HTMUS SGUST AVEVO NDERE RDEZU
7 MMOND EINMA LQUER DURCH DASGA NZEUN IVERS UMUND WIEDE
8 RZURU ECKRE ISEND ENNER HATEI NEWET TEABG ESCHL OSSEN
9 BEIDE RSEIN LEBEN UNDSE INESE ELEAU FDEMS PIELS TEHEN.
```

Aufgabe 3.17 Zuerst wird der Klartext in die Bigramme

```
IM GE BI RG EL EB EV ON DE NB ER GE NA NE
IN EM GE WA ES SE RL EB EV ON WA SS ER
```

zerlegt, dann müssen wir im Bigramm SS und am Schluss ein X einfügen, damit in keinem
Bigramm zwei gleiche Buchstaben vorkommen und kein Buchstabe alleine steht:

```
IM GE BI RG EL EB EV ON DE NB ER GE NA NE
IN EM GE WA ES SE RL EB EV ON WA SX SE RX.
```

Aus dem Schlüssel REISFELD folgt die Tabelle

R	E	I/J	S	F
L	D	A	B	C
G	H	K	M	N
O	P	Q	T	U
V	W	X	Y	Z

und damit der Kryptotext

```
SK HR AS LO RD SD RW UG HD MC IE HR KC HF
FK SH HR XD IF FI LG SD RW UG XD IY FI IV.
```

Aufgabe 3.18 Das Schlüsselwort lautet WINTER und der Klartext ist:

```
Wer klare Begriffe hat, kann befehlen.
```

Das Sprichwort stammt aus *Maximen und Reflexionen* von Johann Wolfgang von Goethe.

Aufgabe 3.19 Diese Tabelle hat $6 \cdot 6 = 36$ Felder. Also können wir die Tabelle auf 36! Arten füllen.

Aufgabe 3.21 Auch bei ADFGVX sollten wir wie bei SKYTALE darauf achten, dass wir Leerzeichen in der letzten Zeile vermeiden. Denn auch hier weiß man, dass die Leerzeichen in der letzten Zeile und in den hinteren Spalten vorkommen müssen. Sobald wir mehr als zwei Leerzeichen haben, können wir auf die Anzahl der Zeilen und somit auch auf die Anzahl der Spalten in der Tabelle schließen. (Überlege dir, wie das geht.) Sobald wir die Anzahl der Zeilen kennen, können wir die Spalten in zwei Gruppen einordnen: Spalten mit Leerzeichen am Schluss und ohne Leerzeichen am Schluss. Die Spalten der ersten Gruppe werden vorne stehen, und jene der zweiten hinten. So gewinnt der Gegner ohne viel Aufwand Informationen, was man eigentlich vermeiden könnte.

Wir sollten also darauf achten, dass wir den Schlüssel b so wählen, dass in der letzten Zeile keine Leerzeichen stehen. Dies wird dadurch erreicht, wenn die Länge des Schlüssels entweder ein Teiler der Länge des Klartextes ist oder wenn der Schlüssel die Länge zwei hat. (Wieso bekommen wir nie ein Leerzeichen in der letzten Zeile mit einem Schlüssel der Länge zwei, egal wie lange der Klartext ist?)

Aufgabe 3.22 Der Klartext lautet

```
DAS FRAGEN KOSTET NICHTS.
```

Lösungen zu Lektion 4

Aufgabe 4.2 Der Kryptotex lautet: OPNPLTOIG.

Aufgabe 4.4 Der Klartext lautet:

```
EINMALSEHENISTBESSERALSHUNDERTMALHOEREN
```

Aufgabe 4.6

(a) Der mit dem Schlüssel AB verschlüsselte Kryptotext lautet:

1 PMOFTALJCI RVTTCIT EES BFRHSUEJGFR BUT UOD LAON TIDH
2 HESAEE OODH BN FIOEN WJNAIHEO FFLTVPRTPSUOG GETTIAMTFN.
3 BLT SFIOE LRBEGTF NBCILBSTEO, BMIDKU ES VFRAWFIGEMT AUN
4 HJMNEM UOD GRBGU:
5 "ITT EA KENAOD?"
6 "KA."
7 "XAT SPLM IDH UUO?"
8 "SQRJCI EJN HECEU UOD MATS MOT!"
9 DFR CESGTTFIHES NBCI KVRAEN UFBFRMEHEO:
10 "ITT EA OODH KENAOD?"

(b) Der mit ABCDEFGHIJKLMNOPQRSTUVWXYZ verschlüsselte Kryptotext ist:

1 PMQHXERPKQ BFFFQWJ UWK VZNDQSEJIHV FAZ CWN VMAB HYTZ
2 ZYMWAC MODJ DR JOUMV GTZMWVUE XXFNRLPRPSWQK KKZBQKWFRB.
3 PBJ KXCIA HPZEGVH RFIOTJCDQA, PAYTCM YM RBPYWFKIIQZ GCV
4 RTYZSA KEV YLVCQ:
5 "GRT EC MIRGUL?"
6 "SK."
7 "HMF GDBC AVB OQK?"
8 "QORJEK INT NMKOE GAR AQJK EIN!"
9 ZBP AESIVXJONMA XLOU YJHQWF OZXBPKEHGQ:
10 "MXZ KI WYNT WSBQEV?"

Aufgabe 4.7 Das Wort DIE kann durch den Schlüssel BABBAGE auf die folgenden Kryptotext-buchstaben abgebildet werden:

Klartext	DIE	DIE	DIE	DIE	DIE	DIE	DIE
Schlüssel	BABBAGE	BABBAGE	BABBAGE	BABBAGE	BABBAGE	BABBAGEB	BABBAGEBA
Kryptotext	EIF	DJF	EJE	EIK	DOI	JMF	HJE

Aufgabe 4.8 Die Länge des Schlüssels ist 5.

Aufgabe 4.9 Der Schlüssel ist ZIEGE, und der Klartext lautet:

1 EIN MANN KOMMT AN EINEM BRUNNEN IN IRLAND VORBEI. ER
2 SCHAUT HINUNTER UND UEBERLEGT, WIE TIEF ES HIER WOHL IST.
3 DA ER NUR EIN SCHWARZES LOCH SIEHT, HEBT ER EINEN KLEINEN
4 STEIN AUF UND WIRFT IHN HINEIN. UND ER LAUSCHT, LAUSCHT,
5 LAUSCHT, HOERT ABER KEINEN AUFPRALL. ALSO UEBERLEGT ER SICH,
6 DASS ER WOHL EINEN GROESSEREN STEIN BRAUCHT. GESAGT, GETAN.
7 ER FINDET EINEN RIESENGROSSEN STEIN, HEBT IHN MIT LETZTER
8 KRAFT HOCH UND WIRFT IHN IN DEN BRUNNEN. WAEHREND ER NOCH
9 AUF DEN AUFPRALL WARTET, SIEHT ER AUF EINMAL EINE ZIEGE, DIE
10 IN EINEM AFFENZAHN AUF IHN ZURENNT UND IN DEN BRUNNEN SPRINGT.
11 ER DENKT SICH, MENSCH, IST DAS HIER EIN SELTSAMES LAND, WO BIN

12 ICH DENN DA GELANDET? NACH EINER WEILE KOMMT EIN ZWEITER MANN
13 UND FRAGT: HAST DU MEINE ZIEGE GESEHEN? ER ANTWORTET:
14 ICH WEISS JA NICHT, OB ES DEINE WAR. DAS WAR EIN SELTSAMES
15 VIECH, DIE IST DOCH ECHT EINFACH IN DEN BRUNNEN GESPRUNGEN!
16 DARAUF MEINT DER MANN: NEIN, MEINE KANN DAS NICHT GEWESEN SEIN,
17 DIE HAB ICH AN EINEM STEIN FESTGEBUNDEN.

Aufgabe 4.10 Der Klartext lautet

EINMALEINSISTEINSEINSPLUSEINSGIBTZWEIEINSDURCHEINSI
STEINSEINSMINUSEINSISTNULLSPANNENDMITDEREINS

und wurde mit VIGENÈRE und dem Schlüssel MATHE verschlüsselt.

Aufgabe 4.11 Der Klartext wurde mit dem Schlüssel RAD verschlüsselt. Der Klartext lautet:

DER ROLLER MIT ROLF ROLLTE UND ROLLTE NACH UNTEN ROLF
HATTE SCHON ANGST DASS DAS ROLLEN NIE AUFHOERT NUN
GING ES BERGAUF UND DER ROLLER MIT ROLF HOERTE AUF ZU
ROLLEN ROLF ATMETE AUF UND WOLLTE DIE NAECHSTEN TAGE
VOM ROLLER NICHTS MEHR HOEREN

Aufgabe 4.12 Der Klartext wurde mit dem Schlüssel RAD verschlüsselt. Der Klartext lautet:

"IHR LINKES RUECKLICHT BRENNT NICHT!", BELEHRT DER POLIZIST
DEN LASTWAGENFAHRER. DER STEIGT AUS, GEHT NACH HINTEN UND
BLEIBT FASSUNGSLOS BEI SEINEM FAHRZEUG STEHEN. "SEHEN SIE,
ES FUNKTIONIERT NICHT!", WIEDERHOLT DER BEAMTE FREUNDLICH.
"ZUM TEUFEL MIT DEM RUECKLICHT!", SCHNAUZT IHN DER KAPITAEN
DER LANDSTRASSE AN. "SAGEN SIE MIR LIEBER, WO MEIN ANHAENGER
GEBLIEBEN IST."

Aufgabe 4.13 Die Klartextbuchstaben V, L, G, N, U und O werden mit den Schlüsselbuchstaben S, C, H, A, T und Z auf den Kryptotextbuchstaben N abgebildet. Die erwartete relative Häufigkeit des Buchstaben N im Kryptotext errechnet sich demnach mit:

$$rh_{13}(k) \approx \frac{1}{6}\Big(rh_{21}(t) + rh_{11}(t) + rh_6(t) + rh_{13}(t) + rh_{20}(t) + rh_{14}(t)\Big)$$
$$= \frac{1}{6}\Big(0{,}64 + 3{,}49 + 2{,}69 + 10{,}01 + 4{,}27 + 2{,}39\Big)$$
$$= 3{,}915.$$

Analog werden die erwarteten relativen Häufigkeiten für die beiden Buchstaben P und A berechnet:

$$rh_{15}(k) \approx 3{,}335 \qquad \text{und} \qquad rh_0(k) \approx 4{,}5133.$$

Aufgabe 4.14 Das Vorgehen ist übereinstimmend mit jenem in der Lösung zur Aufgabe 4.13 für den Kryptotextbuchstaben N beschriebenen. Die Werte lauten:

$$rh_0(k) \approx 2{,}724, \qquad rh_1(k) \approx 3{,}57 \qquad \text{und} \qquad rh_{25}(k) \approx 2{,}534.$$

Aufgabe 4.15 Wir erhalten eine Häufigkeitsverteilung mit dem maximalen Wert der Friedmanschen Charakteristik, wenn wir einen Text t betrachten, bei dem die Buchstaben möglichst ungleich verteilt sind. Im Extremfall kommt im Text nur ein Buchstabe vor und alle anderen Buchstaben fehlen. Dann sieht die Häufigkeitsverteilung zum Beispiel so aus, dass $rh_0 = 1$ ist und für alle anderen Häufigkeiten gilt: $rh_1 = rh_2 = \cdots = rh_{25} = 0$. Daraus folgt der maximale Wert $FC(t) = 1$.

Den minimalen Wert erhalten wir bei einer Gleichverteilung. Das bedeutet, dass die Häufigkeiten der Buchstaben einander gleich sind: $rh_0 = rh_1 = rh_2 = \cdots = rh_{25}$. Somit gilt $FC(t) = \frac{1}{26}$.

Aufgabe 4.16 Die Friedmansche Charakteristik des Textes beträgt 0,0794 und ist somit nahe bei der Friedmanschen Charakteristik der deutschen Sprache. Beachte, dass Leerzeichen und Satzzeichen ignoriert werden.

Aufgabe 4.17 Die Friedmansche Charakteristik für den mit PERM verschlüsselten Text ist 0,0742 und somit nahe bei κ_D, wie es für eine monoalphabetische Verschlüsselung zu erwarten ist. Die Friedmansche Charakteristik für den zweiten mit VIGENÈRE verschlüsselten Text hingegen ist 0,0432 und somit nahe bei κ_G.

Aufgabe 4.18 Die Friedmansche Charakteristik für den Klartext beträgt 0,0746 und für die Kryptotexte

(a) 0,0531,

(b) und 0,0472.

Aufgabe 4.19 Der Schlüssel ist MISSMAPLE und der Klartext aus dem Buch *Glennkill* [17, Umschlagrückseite] lautet:

```
 1 EINES MORGENS LIEGT DER SCHAEFER GEORGE GLENN LEBLOS IM
 2 IRISCHEN GRAS, EIN SPATEN RAGT AUS SEINER BRUST. DIE SCHAFE
 3 VON GEORGE SIND ENTSETZT: WER KANN DEN ALTEN SCHAEFER
 4 UMGEBRACHT HABEN? UND WARUM? MISS MAPLE, DAS KLUEGSTE SCHAF
 5 DER HERDE, BEGINNT SICH FUER DEN FALL ZU INTERESSIEREN.
 6 GLUECKLICHERWEISE HAT GEORGE DEN SCHAFEN VORGELESEN, UND SO
 7 TRIFFT SIE DAS KRIMINALISTISCHE PROBLEM NICHT GANZ
 8 UNVORBEREITET. TROTZ VIELER MISSVERSTAENDNISSE KOMMEN SIE DER
 9 MENSCHENWELT MIT IHRER SCHAFSLOGIK NACH UND NACH AUF DIE
10 SCHLICHE UND VERFOLGEN UNERBITTLICH DIE SPUR DES TAETERS.
11 ZWISCHEN WEIDE UND DORFKIRCHE, STEILKLIPPEN UND SCHAEFERWAGEN
12 WARTEN UNGEAHNTE ABENTEUER AUF MISS MAPLE UND IHRE HERDE -
13 BIS ES IHNEN TATSAECHLICH GELINGT, LICHT INS DUNKEL ZU BRINGEN
14 UND DEN RAETSELHAFTEN TOD IHRES SCHAEFERS AUFZUKLAEREN.
```

Aufgabe 4.20 Der Wert der Friedmanschen Charakteristik für die Schlüssellänge $m = 3$ ist $FC^{(3)}(t) = 0{,}0519$. Der Wert $FC^{(7)}(t)$ für die Schlüssellänge $m = 7$ ist jedoch 0,101. Der Wert für die Schlüssellänge 7 ist sehr ausgeprägt. Die Zahl ist sogar größer als κ_D, da der Text sehr kurz ist. Tatsächlich ist 7 die richtige Schlüssellänge. Der Schlüssel ist GALLIER und der Klartext [7, S. 2] lautet:

```
OBELIX IST DER DICKSTE FREUND VON ASTERIX. SEINES ZEICHENS
LIEFERANT FUER HINKELSTEINE, GROSSER LIEBHABER VON
WILDSCHWEINEN UND WILDEN RAUFEREIEN, IST ER STETS BEREIT,
ALLES STEHEN UND LIEGEN ZU LASSEN, UM MIT ASTERIX EIN
NEUES ABENTEUR ZU ERLEBEN. IN SEINER BEGLEITUNG BEFINDET
SICH IDEFIX, DER EINZIGE ALS UMWELTFREUNDLICH BEKANNTE
HUND, DER VOR VERZWEIFLUNG AUFHEULT, WENN MAN EINEN BAUM
FAELLT.
```

Aufgabe 4.21 Der Klartext [12, S. 2] wurde mit dem Schlüssel WALD verschlüsselt und lautet:

1 SEITDEM DIE BUNTBAEREN DEN GROSSEN WALD BEVOELKERT HABEN, GILT
2 DIE IDYLLISCHE GEMEINDE NAMENS BAUMING ALS EINE DER
3 ANZIEHENDSTEN TOURISTENATTRAKTIONEN ZAMONIENS. ABER SELTSAME
4 DINGE GEHEN VOR IM DUNKLEN FORST. DES NACHTS HOERT MAN DAS
5 STOEHNEN DER DRUIDENBIRKEN UND DER STERNENSTAUNER, MAN MUNKELT
6 VON DER WALDSPINNENHEXE, DIE NOCH IMMER IM UNBEWOHNTEN TEIL
7 DES WALDES IHR UNWESEN TREIBEN SOLL. EINES TAGES VERSCHLAEGT ES
8 ENSEL UND KRETE, EIN JUNGES GESCHWISTERPAAR VON
9 FHERNHACHENZWERGEN, IN DEN WILDEN, VON VERBOTSSCHILDERN
10 UMSTANDENEN TEIL DER BAUMWELT, UND DAS, WAS SIE DORT ERLEBEN,
11 UEBERSTEIGT ALL IHRE ERWARTUNGEN...

Aufgabe 4.22 Die Wahrscheinlichkeit, dass wir dreimal hintereinander zufällig den Buchstaben A bestimmen, ist gegeben durch rh_0^3. Somit ist die Wahrscheinlichkeit, dass wir dreimal hintereinander den gleichen Buchstaben bestimmen, gegeben durch die Summe:

$$rh_0^3 + rh_1^3 + \cdots + rh_{25}^3 = 0{,}0084.$$

Aufgabe 4.23 Zuerst bestimmen wir zufällig eine Position des Textes. In Tabelle 3.1 auf Seite 77 der erwarteten Buchstabenhäufigkeiten von deutschen Texten ist die Wahrscheinlichkeit, dass wir zufällig eine Position mit einem Vokal erwischen, gegeben durch:

$$\text{Prob(Vokal)} = rh_0 + rh_4 + rh_8 + rh_{14} + rh_{20}$$
$$= 0{,}3843.$$

Damit erhalten wir die Wahrscheinlichkeit, dass wir zufällig zweimal eine Position bestimmen, auf der sich ein Vokal befindet mit:

$$\text{Prob(Vokal)}^2 = 0{,}1477.$$

Aufgabe 4.24 Die Wahrscheinlichkeiten für die beiden Ereignisse bestimmen wir folgendermaßen:

(a) Die Wahrscheinlichkeit berechnet sich mit $\text{Prob}(E) \cdot \text{Prob}(I) \cdot \text{Prob}(N)$. Aus $\text{Prob}(E) = rh_4 = 0{,}1774$, usw. folgt somit:

$$\text{Prob}(E) \cdot \text{Prob}(I) \cdot \text{Prob}(N) = 0{,}0013.$$

(b) Bestimmen wir zuerst die gültigen Buchstabenfolgen, die wir erhalten können: EIN, ENI, IEN, INE, NEI, NIE. Es gibt also 6 Möglichkeiten, um das Ereignis zu erfüllen, wobei alle Buchstabenfolgen mit der gleichen Wahrscheinlichkeit von 0,0013 (siehe Aufgabe 1.0 (a)) auftreten können. Somit erhalten wir die gesuchte Wahrscheinlichkeit mit:

$$6 \cdot \mathrm{Prob}(E) \cdot \mathrm{Prob}(I) \cdot \mathrm{Prob}(N) = 0,0081$$

Aufgabe 4.28 Die Schätzung für die Schlüssellänge ist 8,2839 und damit ziemlich nahe an der tatsächlichen Schlüssellänge 9.

Aufgabe 4.29 Die durch die Formel bestimmte Schätzung für die Schlüssellänge beträgt 2,8921. Es ist also gut möglich, dass die tatsächliche Schlüssellänge 3 ist. Und tatsächlich, wenn wir die Kryptoanalyse zu Ende führen, erhalten wir mit dem Schlüssel ROM den folgenden Klartext [7, S. 1]:

```
WIR BEFINDEN UNS IM JAHRE 50 V. CHR. GANZ GALLIEN IST VON DEN
ROEMERN BESETZT... GANZ GALLIEN? NEIN! EIN VON UNBEUGSAMEN
GALLIERN BEVOELKERTES DORF HOERT NICHT AUF, DEM EINDRINGLING
WIDERSTAND ZU LEISTEN. UND DAS LEBEN IST NICHT LEICHT FUER
DIE ROEMISCHEN LEGIONAERE, DIE ALS BESATZUNG IN DEN BEFESTIGTEN
LAGERN BABAORUM, AQUARIUM, LAUDANUM UND KLEINBONUM LIEGEN...
```

Aufgabe 4.38

(a) $\mathrm{ggT}(162, 125) = 1$,

(b) $\mathrm{ggT}(109\,956, 98\,175) = 3927$,

(c) $\mathrm{ggT}(990, 2160) = 90$,

(d) $\mathrm{ggT}(602, 430) = 86$,

(e) $\mathrm{ggT}(2898, 2254) = 322$.

Aufgabe 4.39

(a) Die Gleichung $\mathrm{ggT}(a, b) = \mathrm{ggT}(3a, b)$ gilt für alle $a, b \in \mathbb{Z}^+$, wenn b nicht durch 3 teilbar ist. Um dies zu sehen, betrachten wir die Primfaktoren von a und b. Allgemein gilt

$$a = \mathrm{ggT}(a, b) \cdot p_1 \cdot p_2 \cdot \ldots \cdot p_k$$
$$b = \mathrm{ggT}(a, b) \cdot q_1 \cdot q_2 \cdot \ldots \cdot q_l,$$

für die Primzahlen $p_1, \ldots, p_k$ und $q_1, \ldots, q_l$, wobei $p_i \neq q_j$ für alle $i \in \{1, \ldots, k\}$ und $j \in \{1, \ldots, l\}$. Mit anderen Worten: $\{p_1, \ldots, p_k\} \cap \{q_1, \ldots, q_l\} = \emptyset$.

Weil b nicht durch 3 teilbar ist, ist $q_i \neq 3$ für alle $i \in \{1, \ldots, l\}$. Die Faktorisierung von $3a$ ist

$$3a = \mathrm{ggT}(a, b) \cdot 3 \cdot p_1 \cdot p_2 \cdot \ldots \cdot p_k.$$

Weil $\mathrm{ggT}(3 \cdot p_1 \cdot p_2 \cdot \ldots \cdot p_k, q_1 \cdot q_2 \cdot \ldots \cdot q_l) = 1$, erhalten wir $\mathrm{ggT}(3a, b) = \mathrm{ggT}(a, b)$.

Wir beobachten, dass die Bedingung $b \bmod 3 \neq 0$ (b ist nicht durch 3 teilbar) wichtig ist. Wenn die Primzahl 3 eine der Primzahlen aus $\{q_1, \ldots, q_l\}$ wäre (wie beispielsweise q_1), dann würde daraus

$$\mathrm{ggT}(3a, b) = \mathrm{ggT}\big(\mathrm{ggT}(a, b) \cdot 3 \cdot p_1 \cdot p_2 \cdot \ldots \cdot p_k, \mathrm{ggT}(a, b) \cdot 3 \cdot q_2 \cdot q_3, \ldots q_l\big) = 3 \cdot \mathrm{ggT}(a, b)$$

folgen.

Ein konkretes Beispiel ist die Wahl $a = 7$ und $b = 3$. Offensichtlich gilt

$$\mathrm{ggT}(7, 3) = 1 \qquad \text{und} \qquad \mathrm{ggT}(3a, b) = \mathrm{ggT}(21, 3) = 3.$$

(d) Die Gleichung gilt und kann mittels (T7) wie folgt bewiesen werden:

$$
\begin{aligned}
\mathrm{ggT}(a + 5b, a + 6b) &= \mathrm{ggT}(a + 6b, a + 5b) && \{\text{nach (T1)}\} \\
&= \mathrm{ggT}(b, a + 5b) && \{\text{nach (T7), weil } a + 6b > a + 5b\} \\
&= \mathrm{ggT}(a + 5b, b) && \{\text{nach (T1)}\} \\
&= \mathrm{ggT}(a + 4b, b) && \{\text{nach (T7)}\} \\
&= \mathrm{ggT}(a, b) && \{\text{nach wiederholter Anwendung von (T7)}\}
\end{aligned}
$$

Aufgabe 4.40

(a) $\mathrm{ggT}(12\,963\,734, 4\,876\,235) = 49$,

(b) $\mathrm{ggT}(5684, 45) = 1$,

(c) $\mathrm{ggT}(7\,648\,345, 34\,563) = 41$,

(d) $\mathrm{ggT}(87635, 8395) = 5$,

(e) $\mathrm{ggT}(3\,462\,948\,672, 277\,456\,266) = 6$.

Aufgabe 4.41 Der Klartext lautet:

```
KUESSMICHKUESSMICHSAGTEDERFROSCHKOENIGZURPRINZESSIN.
```

Aufgabe 4.42 Die Anzahl zugeordneter Symbole ist durch die erwartete relative Häufigkeit aus Tabelle 3.1 vorbestimmt. Variieren können wir nur die Symbole aus $\{00, \ldots, 99\}$, die wir den einzelnen Klartextbuchstaben zuordnen. Demnach können wir dem Buchstaben A eine Auswahl aus 6 Zahlen zuordnen. Dem Buchstaben B werden dann weitere 2 Zahlen aus den restlichen 94 Zahlen zugewiesen, und dem Buchstaben C wiederum 2 Zahlen der restlichen 92 Zahlen usw. Daraus folgt die Formel für die Anzahl der Schlüssel:

$$\binom{100}{6} \cdot \binom{94}{2} \cdot \binom{92}{2} \cdot \binom{90}{5} \cdot \binom{85}{17} \cdot \binom{68}{2} \cdot \ldots \cdot \binom{1}{1} \approx 342 \cdot 10^{108}.$$

Kontrollaufgabe 5

(a) Der Klartext lautet:

1 UBOOTE UNTERSCHEIDEN SICH DURCH EINIGE BESONDERHEITEN
2 VON GEWOEHNLICHEN SCHIFFEN. SIE SCHWIMMEN NICHT NUR
3 AN DER WASSEROBERFLAECHE, SONDERN SCHWEBEN IM WASSER.
4 DIE TAUCHFAHRT IST DAS HAUPTANWENDUNGSGEBIET. HIER
5 SOLLTE DIE GESAMTE MASSE GENAU GLEICH DER MASSE DES
6 VERDRAENGTEN WASSERS SEIN. DIESER ZUSTAND WIRD
7 ALLERDINGS NIE GENAU ERREICHT. EINERSEITS WIRKEN SICH
8 NAEMLICH SELBST KLEINSTE UNTERSCHIEDE ZWISCHEN DER
9 UBOOTMASSE UND DER DES VERDRAENGTEN WASSERS AUS.
10 ANDERERSEITS VERAENDERT SICH DIE DICHTE DES UMGEBENDEN
11 WASSERS LAUFEND DURCH AENDERUNGEN DES SALZGEHALTES,
12 DER MENGE VON SCHWEBESTOFFEN UND DER TEMPERATUR DES
13 WASSERS. DAS UBOOT HAT ALSO IMMER EINE GERINGE TENDENZ
14 ZU STEIGEN ODER ZU SINKEN UND MUSS DAHER EINGESTEUERT
15 WERDEN, WOZU WASSER IN DEN REGELZELLEN ZUGEFLUTET ODER
16 AUSGEDRUECKT WIRD.

(b) Der Schlüssel ist BLAU.

Kontrollaufgabe 12 Die Gleichung gilt für alle $a, b \in \mathbb{Z}^+$ mit $2b > a > b$. Um dies zu beweisen, reicht es, das Gesetz (T7) zweimal wie folgt anzuwenden:

$$
\begin{aligned}
\mathrm{ggT}(a, b) &= \mathrm{ggT}(a - b, b) & \{\text{nach (T7), weil } a > b\} \\
&= \mathrm{ggT}(b, a - b) & \{\text{nach (T1)}\} \\
&= \mathrm{ggT}\big(b - (a - b), a - b\big) & \{\text{nach (T7), weil } b > a - b \text{ aus } 2b > a \text{ folgt}\} \\
&= \mathrm{ggT}(2b - a, a - b) & \{\text{weil } 2b - a = b - (a - b)\}
\end{aligned}
$$

Kontrollaufgabe 13 Dem Kuckuck soll man nicht immer trauen. Diesmal sieht das vorgeschlagene Gesetz verdächtig aus. Wenn b zum Beispiel durch zwei teilbar ist und a nicht, dann kann die Zahl $2a - b$ dank dem multiplikativen Faktor 2 auch durch zwei teilbar sein, und damit könnte die Zahl 2 zusätzlich in den ggT einfließen.

Wir bestätigen unseren Verdacht mit der Wahl $a = 3$ und $b = 2$, die zweifellos die Bedingung $a > b > \frac{a}{2}$ erfüllt. Offensichtlich gilt $\mathrm{ggT}(3, 2) = 1$. Wenn wir aber $a = 3$ mit zwei multiplizieren, erhalten wir die gerade Zahl 6, und wenn wir von dieser Zahl die gerade Zahl b subtrahieren, bleibt die Zahl gerade. Somit gilt das Gesetz im Allgemeinen nicht, denn:

$$
\mathrm{ggT}(2a - b, b) = \mathrm{ggT}(2 \cdot 3 - 2, 2) = \mathrm{ggT}(4, 2) = 2.
$$

Lösungen zu Lektion 5

Aufgabe 5.2 Der Klartext lautet ASTERIXUNDOBELIX.

Aufgabe 5.3 Es gibt 26^n Schlüssel der Länge n für das ONE-TIME-PAD.

Aufgabe 5.4 Der Schlüssel ist NAMEN, und die entschlüsselten Namen sind SARAH, JONAS, LAURA, MARCO und LUKAS.

Aufgabe 5.5

(a) $|T_n| = |K_n| = 26^n$ und $|S_n| = 12$

(b) $|T_n| = |K_n| = 26^n$ und $|S_n| = 12 \cdot 26 = 312$

(c) $|T_n| = |K_n| = 26^n$ und $|S_n| = 26!$

(d) $|T_n| = 26^n$, $|K_n| = 10^{2n}$ und $|S_n| = \binom{100}{6} \cdot \binom{94}{2} \cdot \binom{92}{2} \cdot \binom{90}{5} \cdot \binom{85}{17} \cdot \binom{68}{2} \cdot \ldots \cdot \binom{1}{1} \approx 342 \cdot 10^{108}$

Aufgabe 5.6 Jeder der $|T_n|$ Klartexte kann auf $|S_n|$ Arten verschlüsselt werden. Also können wir höchstens

$$|T_n| \cdot |S_n|$$

Kryptotexte haben. Je nach verwendetem Kryptotextalphabet wird die Anzahl der möglichen Kryptotexte noch weiter eingeschränkt.

Aufgabe 5.7 Bei der Anzahl der Kanten, die zu einem Kryptotext führen, ist es gleich wie bei der Anzahl der Kanten, die von einem Klartext wegführen. Der Kryptotext kann nämlich wegen den drei Schlüsseln auf drei Arten entstanden sein. Also führen zu jedem Kryptotext genau drei Kanten.

Aufgabe 5.11 Es gibt viele Paare (t, k), so dass bei keinem Schlüssel der Klartext t durch k verschlüsselt wird. Zum Beispiel kann der Klartext 00 nur durch die vier Kryptotexte 00, 11, 22, 33 verschlüsselt werden. Alle anderen Kryptotexte können mit den vier möglichen Schlüsseln 0, 1, 2 und 3 nicht erreicht werden. Also ist zum Beispiel das Paar $(00, 01)$ ein Paar, das nie erreicht wird.

Aufgabe 5.15 Für die Klartextlänge 1 ist CAESAR$_1$ ein perfekt sicheres Kryptosystem. Es gibt 26 Klartexte der Länge 1, 26 Kryptotexte der Länge 1 und 26 Schlüssel. Also gilt die erste Bedingung für ein perfekt sicheres Kryptosystem. Jeder Klartext kann mit den 26 Schlüsseln auf jeden Kryptotext abgebildet werden. Das heißt, dass die Mengendarstellung ein vollständiger $(26, 26)$-bipartiter Graph ist. Wenn die Schlüssel zufällig nach der Gleichverteilung gewählt werden, dann sind alle Anforderungen an ein perfekt sicheres Kryptosystem erfüllt.

Aufgabe 5.16 Die erste Anforderung an ein perfekt sicheres Kryptosystem ist erfüllt:

$$|S_n| = |T_n| = |K_n| = 2^n .$$

Jeder Klartext kann durch jeden Kryptotext verschlüsselt werden. Es gibt also für jedes Paar von Klar- und Kryptotexten einen Schlüssel, der den betreffenden Klartext in den Kryptotext umwandelt. Also entspricht die Mengendarstellung des Kryptosystems einem $(2^n, 2^n)$-bipartiten Graphen. Da der Schlüssel zufällig ausgewählt wird, haben wir ein perfekt sicheres Kryptosystem.

Aufgabe 5.17 Aus der Mengendarstellung in Abbildung A.1 ist ersichtlich, dass kein $(8, 8)$-bipartiter Graph vorliegt. Also ist das Kryptosystem nicht perfekt sicher. Die erste Bedingung für die perfekte Sicherheit wäre übrigens auch nicht erfüllt, denn es gilt $|S_n| = 4$, aber es sind $|T_n| = |K_n| = 8$.

Kontrollaufgabe 5 Die Lösungen für die Teilaufgaben lauten:

(a) Der Klartext ist LEHRREICH.

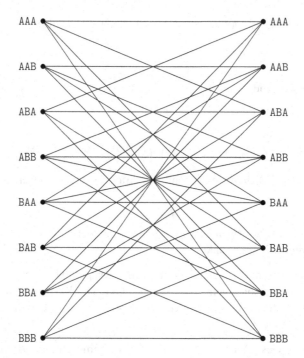

Abbildung A.1 Mengendarstellung des Kryptosystems aus Aufgabe 5.17. Damit die Darstellung übersichtlich bleibt, haben wir auf die Beschriftung der Kanten verzichtet.

Lösungen zu Lektion 6

Aufgabe 6.5 Zuerst wird die simulierte ENIGMA in die korrekte Ausgangslage gebracht. Dazu nimmt man die Einstellungen der Walzenlage, der Grundstellung und der Steckerverbindung entsprechend dem gegebenen Schlüssel vor. Danach können wir den Kryptotext einfach eingeben und erhalten als Ausgabe den folgenden Klartext:

    SCHERBIUS.

Aufgabe 6.8 Der Text lautet: INFORMATIK.

Lösungen zu Lektion 7

Aufgabe 7.1 Wir müssen den Schlüssel k so wählen, dass die folgende Gleichung gilt:

$$\big((t \oplus_{26} i) \oplus_{26} j\big) \oplus_{26} k = t \oplus_{26} j$$

Da die modulare Addition modulo 26 assoziativ und kommutativ ist, können wir die Gleichung wie folgt umformen:

$$(t \oplus_{26} j) \oplus_{26} (i \oplus_{26} k) = t \oplus_{26} j$$

Daraus erkennen wir, dass der Schlüssel k das additive Inverse zum Schlüssel i sein muss:

$$k = (-i) = (26 - i).$$

Aufgabe 7.5 Nein, diese beiden Kryptotexte reichen nicht um den Klartext t zu bestimmen. Jedoch kann der Kryptoanalytiker aus k_A und k_{AB} den Schlüssel von Bob s_B berechnen:

$$k_A \oplus_{bin} k_{AB} = (t \oplus_{bin} s_A) \oplus_{bin} (t \oplus_{bin} s_A \oplus_{bin} s_B)$$
$$= (t \oplus_{bin} t) \oplus_{bin} (s_A \oplus_{bin} s_A) \oplus_{bin} s_B$$
$$\{\text{weil } \oplus_{bin} \text{ kommutativ und assoziativ ist.}\}$$
$$= 0 \oplus_{bin} 0 \oplus_{bin} s_B$$
$$= s_B.$$

Aufgabe 7.6 Nein, dies kann der Kryptoanalytiker nur mit allen drei Kryptotexten. Jedoch kann der Kryptoanalytiker mit den beiden Kryptotexten k_A und k_{AB} den Schlüssel von Bob, oder mit k_B und k_{AB} den Schlüssel von Alice bestimmen. Betrachte dazu die Lösung zu Aufgabe 7.5.

Aufgabe 7.14 Die schnelle modulare Exponentiation zur Berechnung einer Potenz $a^x \bmod p$ erfolgt gleich wie die schnelle Exponentiation. Die einzige Erweiterung ist nun, dass wir nach jedem Zwischenschritt modulo p rechnen. Für die Potenz $a^{22} \bmod p$ sieht das dann zum Beispiel so aus:

0	a
1	$a^2 = a \cdot a \bmod p$
1	$a^4 = a^2 \cdot a^2 \bmod p$
0	$a^8 = a^4 \cdot a^4 \bmod p$
1	$a^{16} = a^8 \cdot a^8 \bmod p$

Wie zuvor können wir das Resultat a^{22} durch eine Multiplikation der Potenzen bilden, bei denen in der linken Spalte eine 1 steht. Nun rechnen wir jedoch nach jeder Multiplikation noch modulo p:

$$a^{22} = \left((a^2 \cdot a^4) \bmod p \cdot a^{16} \right) \bmod p.$$

Aufgabe 7.15 Alice berechnet x mit:

$$x = c^a \bmod p = 3^6 \bmod 17 = 15,$$

und Bob berechnet y:

$$y = c^b \bmod p = 3^4 \bmod 17 = 13.$$

Nun erhält Alice den gemeinsamen Schlüssel s_{AB} mit der Berechnung:

$$s_{AB} = y^a \bmod p = 13^6 \bmod 17 = 16.$$

Bob berechnet mit

$$s_{AB} = x^b \bmod p = 15^4 \bmod 17 = 16.$$

ebenfalls den gleichen Schlüssel.

Aufgabe 7.17 Die geheimen Zahlen a und b lauten:

(a) $a = 2$, $b = 3$ und $s_{AB} = 3^{2 \cdot 3} \bmod 5 = 4$

(b) $a = 5$, $b = 7$ und $s_{AB} = 2^{5 \cdot 7} \bmod 13 = 7$

Aufgabe 7.20 Die Zahlen 6 und 7 sind ebenfalls Generatoren der zyklischen Gruppe $(\mathbb{Z}_{13} - \{0\}, \odot_{13})$.

Lösungen zu Lektion 8

Kontrollaufgabe 9 Lösungen für die Unteraufgaben (a) und (b):

(a)

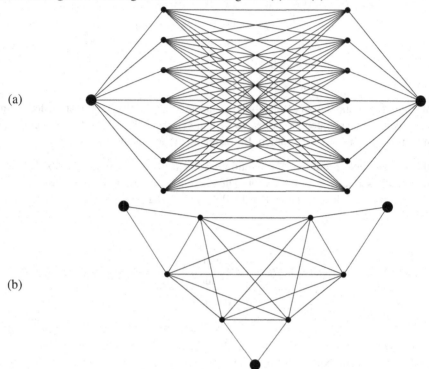

(b)

Lösungen zu Lektion 9

Aufgabe 9.2

(a) $a = 5$

(b) $a = 6$

(c) $a = 33$

(d) $a = 57$

Aufgabe 9.13 Wir finden keine dominierende Menge, weil sicher einer der Knoten v_1, v_2 oder v_5 (siehe Abbildung A.2) in der dominierenden Menge sein muss, damit der Knoten v_5 mit einem Knoten aus der dominierenden Menge verbunden ist. Wie man leicht überprüfen kann, ist es nicht möglich, dass nur einer dieser drei Knoten in der dominierenden Menge ist. Es bleiben immer Knoten übrig, die man dann keinem dominierenden Knoten zuordnen könnte.

Man könnte den Graphen natürlich so knacken, dass man mit den Werten aus Abbildung 9.15 ein lineares Gleichungssystem aufstellt und dieses löst. Dazu braucht man aber mehr als 4 Operationen.

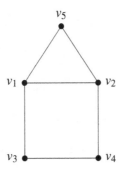

Abbildung A.2 Beschriftung der Knoten des Graphen aus Abbildung 9.15.

Seien $x_1, \ldots, x_5$ die unbekannten Werte der Knoten $v_1, \ldots, v_5$. Es gelten also die folgenden Gleichungen:

$$78 = x_1 + x_2 + x_3 + x_5 \, ,$$
$$63 = x_1 + x_2 + x_4 + x_5 \, ,$$
$$65 = x_1 + x_3 + x_4 \, ,$$
$$73 = x_2 + x_3 + x_4 \, ,$$
$$41 = x_1 + x_2 + x_5 \, .$$

Daraus folgt, dass

$$x_3 = 78 - 41 = 37 \quad \text{und} \quad x_4 = 63 - 41 = 22$$

gelten muss. Das ergibt 2 Operationen. Weiterhin gilt

$$x_1 + x_2 + x_5 = 41 \, ,$$

Also ist die gesuchte Summe

$$x_3 + x_4 + x_1 + x_2 + x_5 = 37 + 22 + 41 = 100 \, .$$

Insgesamt haben wir also 4 Operationen gebraucht. Man könnte die Anzahl der Operationen noch weiter reduzieren, weil man eigentlich zweimal die 41 abzieht und dann wieder einmal dazuzählt. Zusammengefasst würde also auch die folgende Rechnung mit 2 Operationen 100 ergeben:

$$78 + 63 - 41 = 100 \, .$$

Aufgabe 9.14 Die gesuchte Zahl ist $242 + 145 + 144 + 198 = 729$.

Aufgabe 9.15 Der Graph besitzt keine dominierende Menge. Da der Graph punktsymmetrisch bezüglich des Mittelpunktes der Skizze ist, muss man nur zwei Fälle überprüfen (siehe Abbildung A.3):

1. Ein äußerer Knoten (d. h. v_1, v_2, v_5 oder v_6) liegt in der dominierenden Menge.

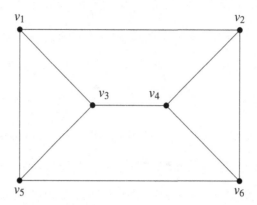

Abbildung A.3 Beschriftung der Knoten des Graphen aus Abbildung 9.17

2. Ein innerer Knoten (d. h. v_3 oder v_4) liegt in der dominierenden Menge.

In beiden Fällen muss man feststellen, dass mit der betreffenden Wahl der Graph nicht in nicht überlappende Teile zerlegt werden kann:

1. Im ersten Fall nehmen wir an, dass v_1 in der dominierenden Menge liegt. v_1 ist Nachbar von v_2, v_3 und v_5. Übrig bleiben noch die Knoten v_4 und v_6. Keiner der beiden Knoten kann nun in der dominierenden Menge liegen, weil v_1 und v_4 (bzw. v_6) jeweils gemeinsame Nachbarn haben würden.

2. Wenn v_3 in der dominierenden Menge sein würde, dann sind nur v_2 und v_6 keine Nachbarn von v_3. Wiederum gilt aber, dass diese beiden Knoten nicht in der dominierenden Menge liegen können, weil sie ansonsten gemeinsame Nachbarn mit v_3 hätten.

Es gibt dennoch eine Möglichkeit, den Kryptotext mit höchstens 6 Operationen zu entschlüsseln. Seien $x_1, \ldots, x_6$ die unbekannten Zahlen, die zu den Knoten $v_1, \ldots, v_5$ im Graphen von Abbildung A.3 gehören. Es gilt also

$$x_1 + x_2 + x_3 + x_5 = 45$$
$$x_1 + x_2 + x_4 + x_6 = 60$$
$$x_1 + x_3 + x_4 + x_5 = 92$$
$$x_2 + x_3 + x_4 + x_6 = 91$$
$$x_1 + x_3 + x_5 + x_6 = 47$$
$$x_2 + x_4 + x_5 + x_6 = 65$$

Wenn man alle diese Gleichungen addiert und die linke Seite zusammenfasst, bekommt man

$$4 \cdot (x_1 + x_2 + x_3 + x_4 + x_5 + x_6) = 400.$$

Wenn wir die beiden Seiten also durch 4 teilen, bekommen wir mit sechs Operationen – fünf für die Summe und eine für die Division durch 4 – die Summe 100.

Aufgabe 9.16 Der Graph in Abbildung 9.8 ist ein Beispiel für einen Graphen, der ein Gleichungssystem liefert, welches unendlich viele Lösungen für $x_1, x_2, \ldots, x_8$ besitzt. Das ist für uns aber kein Hindernis, weil wir nicht an den einzelnen x_i's interessiert sind, sondern an der Summe $x_1 + x_2 + \ldots + x_8$. Und diese Summe ist in diesem Gleichungssystem eindeutig. Rechne es nach.

Aufgabe 9.20

(a) Jedes der acht Elemente aus A kommt in einer Teilmenge entweder vor oder nicht. Deshalb gibt es $2^8 = 256$ Teilmengen in dieser Menge A.

(b) Wenn eine Menge A n Elemente besitzt, dann gibt es 2^n Teilmengen.

Aufgabe 9.21

$$X = (1, 0, 0, 0, 1, 0, 1) \quad \Rightarrow \quad b_X = 987$$
$$X = (1, 0, 1, 0, 1, 1, 0) \quad \Rightarrow \quad b_X = 552$$
$$X = (1, 1, 0, 0, 0, 0, 0) \quad \Rightarrow \quad b_X = 32$$
$$X = (0, 0, 0, 1, 1, 0, 1) \quad \Rightarrow \quad b_X = 1063$$

Aufgabe 9.22 $X = (0, 0, 1, 1, 0, 0, 1, 0)$

Aufgabe 9.23 Der Klartext ist nicht eindeutig, denn es gibt zwei Möglichkeiten, mit den vorhandenen Summanden die Summe 25 zu berechnen: $25 = 3 + 22 = 11 + 14$. Es gibt also zwei mögliche Klartexte: AR und AG. Nadja sollte also einen anderen Vektor zum Verschlüsseln wählen, wenn sie möchte, dass alle eine faire Chance haben sie zu besuchen.

Aufgabe 9.25 Die zweitgrößte Komponente aus A muss in der Summe sein, weil A die Eigenschaft hat, dass jede Komponente des Vektors größer ist als die Summe aller Komponenten, die kleiner sind. Deshalb wird eine Summe jener Komponenten, die kleiner als 341 sind, immer unter 341 bleiben. Dasselbe Argument führt dazu, dass die dritte Komponente auch in der Summe sein muss.

Wenn man mit dieser Überlegung alle Komponenten des Vektors A der Größe nach durchprobiert, dann kann man in kurzer Zeit den Klartext

```
0101110
```

finden.

Aufgabe 9.26 Der Klartext wäre nicht eindeutig, wenn zwei verschiedene Summen zum gleichen Resultat führen würden. Nehmen wir an, es gibt zwei Summen, die den gleichen Wert haben. Sei $s_1 + s_2 + s_3 + \cdots + s_n$ die erste Summe und $t_1 + t_2 + t_3 + \cdots + t_m$ die zweite Summe. Wir nehmen an, dass es die kleinste Summe ist, die nicht eindeutig darstellbar ist. Es würde also Folgendes gelten:

$$s_1 + s_2 + s_3 + \cdots + s_n = t_1 + t_2 + t_3 + \cdots + t_m.$$

Es ist klar, dass in beiden Summen kein Summand zweimal vorkommt, weil in superwachsenden Vektoren keine Zahl zweimal vorkommen kann. Zusätzlich dürfen wir annehmen, dass kein s_i gleich groß ist wie ein t_j für alle $i \in \{1, 2, \ldots, n\}$ und alle $j \in \{1, 2, \ldots, m\}$. Wenn das so wäre, dann könnten wir diesen Summand auf beiden Seiten subtrahieren und würden zwei neue Summen erhalten, die auch wieder gleich groß sein müssen. Weil diese Summen kleiner sind, erhalten wir einen Widerspruch zu unserer Annahme.

Wir nehmen an, dass s_1 der größte Summand beider Seiten der Gleichung ist. Wenn das nicht so wäre, dann könnten wir die Summanden einfach umbenennen, damit s_1 der größte Summand wird. Wir können nun die Gleichung nach s_1 auflösen:

$$s_1 = t_1 + t_2 + t_3 + \cdots + t_m - s_2 - s_3 - \cdots - s_n$$

Weil wir angenommen haben, dass s_1 der größte Summand ist, sind alle Summanden auf der rechten Seite kleiner als s_1. Das ist aber ein Widerspruch, weil die Summe aller Komponenten, die kleiner als s_1 sind, sicher kleiner als s_1 ist, weil wir einen superwachsenden Vektor haben. Dass wir noch einen Teil der Terme subtrahieren, macht die rechte Seite noch kleiner ... Also können wir zusammenfassend sagen, dass bei superwachsenden Vektoren der Klartext immer eindeutig ist.

Aufgabe 9.27 Die Binärdarstellung des Klartextes ist

```
011000 010010 001010 100101 100100.
```

Der Klartext lautet somit

```
MERKLE .
```

Aufgabe 9.29 Zuerst brauchen wir das modulare multiplikative Inverse von $w = 11$. Wir suchen also eine Zahl w^{-1}, so dass

$$11 \cdot w^{-1} \bmod 17 = 1.$$

Die Zahl $w^{-1} = 14$ erfüllt diese Gleichung. Dann berechnen wir den Vektor $A' = (a'_1, a'_2, a'_3, a'_4)$ mit

$$a'_1 = 11 \cdot 14 \bmod 17 = 1,$$
$$a'_2 = 5 \cdot 14 \bmod 17 = 2,$$
$$a'_3 = 10 \cdot 14 \bmod 17 = 4,$$
$$a'_4 = 3 \cdot 14 \bmod 17 = 8.$$

Die Kryptotexte b_X müssen wir mit Hilfe der Formel

$$b'_X = w^{-1} \cdot b_X \bmod 17$$

in Kryptotexte b'_X umwandeln. Der neue Kryptotext lautet

```
9␣12␣9␣1␣3␣4␣2␣2.
```

Für jede Zahl dieses Kryptotextes lösen wir das Untersummen-Problem mit dem superwachsenden Vektor $A' = (1, 2, 4, 8)$ und dem Algorithmus von Seite 265. So muss zum Beispiel für $b'_X = 9$ $x_4 = 1$ sein. Es bleibt $b'(1)_X = 9 - 8 = 1$ übrig. Also sind $x_3 = 0$ und $x_2 = 0$, aber $x_1 = 1$. Es gilt also $X = (1, 0, 0, 1)$. Wenn wir mit jedem b_X aus dem Kryptotext gleich vorgehen, bekommen wir die folgende Binärdarstellung des Klartextes:

```
1001001110011000110000100100100.
```

Wenn wir die Bits in Fünferblöcken anordnen und die überflüssigen Nullen am Schluss des Klartextes weglassen, bekommen wir die Darstellung

$10010_\sqcup 01110_\sqcup 01100_\sqcup 01100_\sqcup 00100_\sqcup 10001$,

was dem Klartext

SOMMER

entspricht.

Aufgabe 9.30 Zuerst müssen wir mit Hilfe von m und w den superwachsenden Vektor A' in einen scheinbar zufällig gewählten Vektor A umwandeln, indem wir für jede einzelne Komponente von A' die folgende Rechnung durchführen:

$$a_i = a'_i \cdot w \bmod m.$$

Das gibt uns den öffentlichen Vektor $A = (28, 42, 84, 168, 150, 100)$. Um den Klartext WINTER zu verschlüsseln, müssen wir ihn in eine binäre Zeichenkette umwandeln:

$10110_\sqcup 01000_\sqcup 01101_\sqcup 10011_\sqcup 00100_\sqcup 10001$.

Weil der öffentliche Schlüssel ein Vektor mit 6 Komponenten ist, teilen wir die Zeichenkette in Blöcke von je sechs Bits auf:

$101100_\sqcup 100001_\sqcup 101100_\sqcup 110010_\sqcup 010001$.

Jeder dieser Blöcke lässt sich als Vektor $X = (x_1, x_2, x_3, x_4, x_5, x_6)$ schreiben. Die Blöcke verschlüsseln wir einzeln mit der Formel

$$b_X = \sum_{i=0}^{n} a_i \cdot x_i.$$

Für den ersten Block $X = (1, 0, 1, 1, 0, 0)$ berechnet sich also der Kryptotext als

$$b_X = 28 \cdot 1 + 42 \cdot 0 + 84 \cdot 1 + 168 \cdot 1 + 150 \cdot 0 + 100 \cdot 0 = 280.$$

Die restlichen Blöcke verschlüsseln wir analog und bekommen den Kryptotext

$280_\sqcup 128_\sqcup 280_\sqcup 220_\sqcup 142$.

Aufgabe 9.31

1. Ja: $w^{-1} = 3$

2. Ja: $w^{-1} = 3$

3. Nein

4. Nein

5. Ja: $w^{-1} = 7$

6. Nein

Aufgabe 9.33 $a = 1 \cdot a + 0 \cdot b$

Aufgabe 9.42 Der Schüler hat eine ungerade Anzahl von Knoten markiert, also hat der Unterricht dem Schüler gefallen.

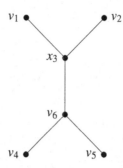

Abbildung A.4 Graph zur Lösung Kontrollaufgabe 8.

Kontrollaufgabe 7 In Aufgabe 9.16 haben wir ein Gleichungsssytem für den Graphen aus Abbildung 9.8 erstellt. Dort haben wir gesehen, dass die Summe der x_i's eindeutig ist. Weshalb gilt das aber allgemein in jedem Graphen, der eine dominierende Menge besitzt? Bei der Kryptoanalyse erstellen wir für jeden Knoten eine Gleichung. Schauen wir uns nun nur jene Gleichungen an, die zu den Knoten der dominierenden Menge gehören. Wenn wir diese Gleichungen addieren, bekommen wir auf der rechten Seite die Zahl, die dem gesuchten Klartext entspricht, weil ja die Summe der Zahlen, die im Kryptotext bei den dominierenden Knoten stehen, den Klartext liefert. Auf der linken Seite der Gleichung wird die Summe aller x_i's stehen, weil die dominierenden Knoten so definiert sind, dass jedes x_i in genau einem Knoten der dominierenden Menge als Summand vorkommt. Weil alle Lösungen für die x_i's diese Gleichung auch erfüllen müssen, wissen wir, dass die Summe der x_i's eindeutig definiert ist.

Kontrollaufgabe 8 Der Graph aus Abbildung A.4 erfüllt die geforderten Bedingungen: Nehmen wir an, dass $c_1 = c_2 = c_4 = c_5 = 2$ und $c_3 = c_6 = 4$ sind. Dann sieht das dazugehörige Gleichungssystem folgendermaßen aus:

$$x_1 + x_3 = 2$$
$$x_2 + x_3 = 2$$
$$x_1 + x_2 + x_3 + x_6 = 4$$
$$x_4 + x_6 = 2$$
$$x_5 + x_6 = 2$$
$$x_3 + x_4 + x_5 + x_6 = 4.$$

Ihr könnt nachrechnen, dass die Lösung des Gleichungssystems $x_1 = x_2 = x_4 = x_5 = 2 - t$ und $x_3 = x_6 = t$ ist. Nun berechnen wir die Summe über alle diese x_i:

$$x_1 + x_2 + x_3 + x_4 + x_5 + x_6 = 8 - 2t.$$

Die Kryptoanalyse führt also nicht zu einer eindeutigen Lösung.

Kontrollaufgabe 9 Der Klartext lautet SANDBURG.

Lösungen zu Lektion 10

Aufgabe 10.3 Lösung zu Teilaufgabe (c).

$$1^2 \bmod 11 = 1 \qquad\qquad 2^2 \bmod 11 = 4 \bmod 11 = 4$$
$$3^2 \bmod 11 = 9 \bmod 11 = 9 \qquad 4^2 \bmod 11 = 16 \bmod 11 = 5$$
$$5^2 \bmod 11 = 25 \bmod 11 = 3 \qquad 6^2 \bmod 11 = 36 \bmod 11 = 3$$
$$7^2 \bmod 11 = 49 \bmod 11 = 5 \qquad 8^2 \bmod 11 = 64 \bmod 11 = 9$$
$$9^2 \bmod 11 = 81 \bmod 11 = 4 \qquad 10^2 \bmod 11 = 100 \bmod 11 = 1.$$

Die Zahlen 1, 3, 4, 5 und 9 sind quadratische Reste (modulare Quadrate), die Zahlen 2, 6, 7, 8 und 10 sind keine modularen Quadrate.

Wir beobachten, dass die Anzahl der modularen Quadrate genau die Hälfte der Zahlen aus $\mathbb{Z}_{11} - \{0\}$ ist. Weiter bemerken wir, dass es zu jedem modularen Quadrat a genau zwei Zahlen x und y gibt, so dass

$$x^2 \bmod 11 = y^2 \bmod 11 = a.$$

Für $a = 4$ sind zum Beispiel $x = 2$ und $y = 9$, weil

$$2^2 \bmod 11 = 9^2 \bmod 11 = 4.$$

Aufgabe 10.5 Lösen wir die Aufgabe für den Fall (c), also für die Gruppe $\left(\mathbb{Z}_{11} - \{0\}, \odot_{11}\right)$. Die Wurzeln von 4 sind 2 und 9, und es gilt tatsächlich $2 + 9 = 11$ und somit $2 \oplus_{11} 9 = 0$. Die Wurzeln von 1 sind 1 und 10, und es gilt $1 \oplus_{11} 10 = 0$. Die Wurzeln von 3 sind 5 und 6, und es gilt $5 \oplus_{11} 6 = 0$. Die Wurzeln von 5 sind 4 und 7, und es gilt $4 \oplus_{11} 7 = 0$. Die Wurzeln von 9 sind 3 und 8, und es gilt $3 \oplus_{11} 8 = 0$.

Aufgabe 10.6 Satz 10.1 gilt für das Rechnen modulo m für alle positiven ganzen Zahlen $m \geq 2$. Wir beobachten im Beweis von Satz 10.1, dass wir nirgendwo die Tatsache gebraucht haben, dass p eine Primzahl ist.

Aufgabe 10.7 Zuerst bemerken wir, dass $\left(\mathbb{Z}_m - \{0\}, \odot_m\right)$ nicht unbedingt eine algebraische Struktur sein muss. Für $m = 4$ gilt beispielsweise $2 \odot_4 2 = 4 \bmod 4 = 0$. Aber unabhängig von dieser Tatsache dürfen wir schauen, wie viele modulare Wurzeln die Elemente aus $\mathbb{Z}_m - \{0\}$ haben. Nehmen wir $m = 6$ und rechnen wir alle modularen Quadrate aus:

$$1^2 \bmod 6 = 1 \qquad 2^2 \bmod 6 = 4 \qquad 3^2 \bmod 6 = 3$$
$$4^2 \bmod 6 = 4 \qquad 5^2 \bmod 6 = 1.$$

Wir sehen, dass die Zahl 3 aus $\mathbb{Z}_6 - \{0\}$ genau eine modulare Wurzel hat, nämlich 3. Damit gilt Satz 10.2 für $m = 6$ nicht. Dies ist nicht überraschend, denn die fünf Elemente in $\mathbb{Z}_6 - \{0\}$ können wir nicht in Wurzelpaare einteilen.

Gibt es Situationen, in denen Zahl mehr als zwei Wurzeln hat? Betrachte $m = 8$. Dann gilt

$$1^2 \bmod 8 = 1 \qquad 3^2 \bmod 8 = 1 \qquad 5^2 \bmod 8 = 1 \qquad 7^2 \bmod 8 = 1.$$

Aufgabe 10.13 Wir beweisen die Behauptung indirekt. Nehmen wir an, die Primzahl p teilt weder a noch b. Somit kann man a und b so faktorisieren, dass die Zahl p in der Faktorisierung von a sowie von b nicht vorkommt. Die Folge ist, dass man $a \cdot b$ als Produkt der Faktorisierungen von a und b aufschreiben kann und die Primzahl p nicht in dieser Faktorisierung von $a \cdot b$ enthalten ist.

Weil p das Produkt $a \cdot b$ teilt, gilt

$$a \cdot b = p \cdot m$$

für irgendeine natürliche Zahl m. Wenn wir m faktorisieren und diese Faktorisierung in $a \cdot b = p \cdot m$ einsetzen, erhalten wir eine neue Faktorisierung von $a \cdot b$, die die Primzahl p beinhaltet.

Somit haben wir zwei unterschiedliche Faktorisierungen von $a \cdot b$ gefunden. Eine, die p enthält und eine andere, die p nicht enthält. Damit gibt es zwei Faktorisierungen der Zahl $a \cdot b$, was ein Widerspruch zur Aussage des Fundamentalsatzes der Arithmetik ist.

Aufgabe 10.20 Das Ergebnis ist immer 1.

Aufgabe 10.33 Weil wir modulo 3 und modulo 5 rechnen, ist es offensichtlich, dass $u \oplus_{3,5} v$ in $\mathbb{Z}_3 \times \mathbb{Z}_5$ ist für alle $u, v \in \mathbb{Z}_3 \times \mathbb{Z}_5$. Somit ist $(\mathbb{Z}_3 \times \mathbb{Z}_5, \oplus_{3,5})$ eine algebraische Struktur. Das neutrale Element ist $(0, 0)$, weil

$$(a, b) \oplus_{3,5} (0, 0) = (a \oplus_3 0, b \oplus_5 0) = (a, b)$$

für alle $(a, b) \in \mathbb{Z}_3 \times \mathbb{Z}_5$ gilt. Weil die Operationen $\oplus_3$ und $\oplus_5$ assoziativ und kommutativ sind, ist auch die Operation $\oplus_{3,5}$ assoziativ und kommutativ. Genau kann man es für die Kommutativität wie folgt begründen: Für alle (a, b) und $(c, d) \in \mathbb{Z}_3 \times \mathbb{Z}_5$ gilt:

$$\begin{aligned}
(a, b) \oplus_{3,5} (c, d) &= (a \oplus_3 c, b \oplus_5 d) \\
&= (c \oplus_3 a, d \oplus_5 b) \\
&\quad \{\text{wegen der Kommutativität von } \oplus_3 \text{ und } \oplus_5\} \\
&= (c, d) \oplus_{3,5} (a, b).
\end{aligned}$$

Kannst du genauso detailliert die Assoziativität von $\oplus_{3,5}$ begründen?

Jetzt müssen wir noch zeigen, dass es für jedes Element $(a, b) \in \mathbb{Z}_3 \times \mathbb{Z}_5$ ein inverses Element bezüglich $\oplus_{3,5}$ gibt. Wir rechnen wie folgt:

$$\begin{aligned}
(a, b) \oplus_{3,5} (3 - a, 5 - b) &= \big((a + 3 - a) \bmod 3, (b + 5 - b) \bmod 5\big) \\
&= (3 \bmod 3, 5 \bmod 5) \\
&= (0, 0).
\end{aligned}$$

Somit ist $\big((-a), (-b)\big) = (3 - a, 5 - b)$ das inverse Element zu (a, b), und $(\mathbb{Z}_3 \times \mathbb{Z}_5, \oplus_{3,5})$ ist eine Gruppe.

Aufgabe 10.36 Ähnlich wie in der Lösung zur Aufgabe 10.33 können wir einfach einsehen, dass $\big(\mathbb{Z}_p - \{0\} \times \mathbb{Z}_q - \{0\}, \odot_{p,q}\big)$ eine algebraische Struktur ist und dass $\odot_{p,q}$ kommutativ und assoziativ ist. Wir müssen hier nur zusätzlich beobachten, dass wir auch nie die Elemente $(0, v)$ und $(u, 0)$ für irgendwelche u und v erzeugen, weil $x \cdot y = 0$ bedeutet, dass x oder y gleich 0 sein muss.

Somit gilt für $a, c \in \mathbb{Z}_p - \{0\}$ und $b, d \in \mathbb{Z}_q - \{0\}$, dass

$$(a, b) \odot_{p,q} (c, d) = (a \odot_p c, b \odot_q d) \in \mathbb{Z}_p - \{0\} \times \mathbb{Z}_q - \{0\}.$$

Offensichtlich ist $(1, 1)$ das neutrale Element bezüglich $\odot_{p,q}$.

Jetzt bleibt noch zu zeigen, dass es für jedes Element $(a, b) \in \mathbb{Z}_p - \{0\} \times \mathbb{Z}_q - \{0\}$ ein inverses Element bezüglich $\odot_{p,q}$ gibt. Sei a_p^{-1} das inverse Element zu a modulo p (also sei $a \odot_p a_p^{-1} = 1$) und sei b_q^{-1} das inverse Element zu b modulo q. Die Elemente a_p^{-1} und b_q^{-1} existieren, weil $(\mathbb{Z}_p - \{0\}, \odot_p)$ und $(\mathbb{Z}_q - \{0\}, \odot_q)$ Gruppen sind. Somit erhalten wir

$$(a, b) \odot_{p,q} (a_p^{-1}, b_q^{-1}) = (a \odot_p a_p^{-1}, b \odot_q b_q^{-1}) = (1, 1).$$

Also ist $(a_p^{-1}, b_q^{-1}) \in \mathbb{Z}_p - \{0\} \times \mathbb{Z}_q - \{0\}$ das inverse Element zu (a, b) bezüglich $\odot_{p,q}$.

Aufgabe 10.42 Wir bestimmen die beiden Zahlen $\mathrm{ggT}(46, 437)$ und $\mathrm{ggT}(391, 437)$. Mindestens eine dieser Zahlen muss ein nicht-trivialer Faktor von n sein.

$$\mathrm{ggT}(46, 437) = \mathrm{ggT}(46, 23) = 23$$

Jetzt rechnen wir $437 : 23 = 19$ und erhalten die Primfaktorisierung $19 \cdot 23$ von 437.

$$\mathrm{ggT}(391, 437) = \mathrm{ggT}(46, 391) = \mathrm{ggT}(23, 46) = 23$$

Wir sehen, dass wir auch mit der zweiten modularen Wurzel 391 effizient den öffentlichen Schlüssel n faktorisieren können.

Aufgabe 10.46 Die Zahl n ist gleich $p \cdot q$ und die beiden Zahlen p und q sind Primzahlen. Somit gibt es für alle $x \in \mathbb{Z}_n - \{0\}$ nur folgende drei Möglichkeiten:

(1) $\mathrm{ggT}(n, x) = 1$,

(2) $\mathrm{ggT}(n, x) = p$,

(3) $\mathrm{ggT}(n, x) = q$.

Die Möglichkeit (2) kann nur dann eintreten, wenn $x = m \cdot p$ für eine positive ganze Zahl m (das heißt, wenn x ein Vielfaches von p ist). Also sind $p, 2p, 3p, \ldots, (q - 1) \cdot p$ die $q - 1$ Zahlen, die (2) erfüllen.

Analog erfüllen genau $p - 1$ Zahlen $q, 2q, \ldots, (p - 1) \cdot q$ die Eigenschaft (3).

Keine Zahl in $\mathbb{Z}_n - \{0\}$ kann gleichzeitig die beiden Eigenschaften (2) und (3) haben, sonst müsste sie durch beide Primzahlen p und q und somit auch durch n teilbar sein. Dies kann jedoch keine Zahl x mit $0 < x < n$ erfüllen.

Die Anzahl der Zahlen in $\mathbb{Z}_n$ ist n. Wenn wir 0 und alle x mit den Eigenschaften (2) und (3) aus $\mathbb{Z}_n$ herausnehmen, bleiben genau

$$n - 1 - (p - 1) - (q - 1) = n - p - q + 1$$

Zahlen übrig, die die Eigenschaft (1) haben. Jetzt reicht es

$$(p - 1) \cdot (q - 1) = p \cdot q - p - q + 1$$

zu rechnen, um zu sehen, dass

$$\left| \{ x \in \mathbb{Z}_n \mid \mathrm{ggT}(x, n) = 1 \} \right| = (p - 1) \cdot (q - 1)$$

gilt.

Aufgabe 10.49 Es ist offensichtlich, dass die Zahl d ausreicht, um effizient bei bekanntem öffentlichen Schlüssel (n, e) entschlüsseln zu können. Wenn uns jemand p und q verrät, dann können wir direkt $\varphi(n) = (p - 1) \cdot (q - 1)$ bestimmen. Das uns bekannte e hat genau ein inverses Element d modulo $\varphi(n)$ und dieses können wir mit Hilfe des Euklidischen Algorithmus aus e und $\varphi(n)$ effizient bestimmen.

Aufgabe 10.50 Wir wissen, dass $n = p \cdot q = 527$ und $\varphi(n) = (p - 1) \cdot (q - 1) = 480$ für zwei unbekannte Primzahlen p und q gilt. Davon erhalten wir die zwei folgenden Gleichungen der zwei Unbekannten p und q:

$$p \cdot q = 527 \tag{A.1}$$
$$(p - 1) \cdot (q - 1) = 480 \tag{A.2}$$

Durch Ausmultiplizieren erhalten wir (A.3) aus (A.2):

$$p \cdot q - p - q + 1 = 480. \tag{A.3}$$

Wir erhalten die lineare Gleichung (A.4)

$$p + q - 1 = 47 \tag{A.4}$$

durch die Subtraktion (A.1) − (A.3).

Jetzt lösen wir das Gleichungssystem (A.1), (A.4). Aus (A.1) erhalten wir

$$p = \frac{527}{q}$$

und setzen es in (A.4) ein:

$$\frac{527}{q} + q = 48 \quad | \cdot q$$
$$527 + q^2 - 48q = 0$$
$$(q - 17) \cdot (q - 31) = 0.$$

Die ganzen Zahlen 17 und 31 sind die Lösungen der erhaltenen quadratischen Gleichung und somit die gesuchten Zahlen p und q.

Kontrollaufgabe 24 Die Zahlen p, q und d lauten:

(a) $p = 103, q = 113, d = 9887,$

(b) $p = 251, q = 113, d = 13\,067,$

(c) $p = 353, q = 571, d = 71\,947,$

(d) $p = 571, q = 113, d = 54\,121.$

Lösungen zu Lektion 11

Aufgabe 11.2 Wenn das Dokument u (oder einer seiner Blöcke) kein modulares Quadrat modulo n ist, kann man keine Wurzel berechnen, und somit kann man nicht unterschreiben, weil das unterschriebene Dokument eine modulare Wurzel von u wäre. Andererseits entstehen keine Probleme, wenn u ein modulares Quadrat ist. Der Kunde berechnet alle zwei oder vier Wurzeln von u und schickt genau eine an die Bank zurück. Es spielt keine Rolle, welche Wurzel x verwendet wird, weil für alle $x^2 \bmod n = u$ gilt.

Die Verwendung eines solchen Verfahrens ist aber für den Kunden ziemlich gefährlich. Die Bank kann sich ein y ausdenken und dem Kunden das Dokument $u = y^2 \bmod n$ zum Unterschreiben schicken. Falls der Kunde das Dokument u mit einer modularen Wurzel x von u unterschreibt, besteht die Möglichkeit, dass $x \neq y$ und $x + y \neq n$ ist. Falls dies vorkommt, kann die Bank p und q effizient ausrechnen und somit das Entschlüsselungsverfahren des Kunden erlernen und in seinem Namen beliebige Dokumente unterschreiben.

Aufgabe 11.9 Wenn Alice in Schritt 3 des Protokolls ZUFALLSENTSCHEIDUNG feststellt, dass a nur zwei Wurzeln hat, dann bedeutet dies, dass Bob in Schritt 2 gemogelt oder sich verrechnet hat. Die Zahl x erfüllt die Eigenschaft $\mathrm{ggT}(x, n) = 1$ nicht und ist ein Vielfaches von p oder q.

Jetzt muss Alice das Kommunikationsprotokoll komplett abbrechen. Falls sie dabei nicht auf Bob sauer geworden ist, muss sie es nochmals mit neuen, zufällig gewählten p und q wiederholen. Warum darf sie nicht die ursprünglichen Primzahlen verwenden?

Egal, ob Alice die modulare Wurzel x selbst oder die andere modulare Wurzel $n - x$ schickt – Bob kann nur zu folgenden zwei Erkenntnissen kommen:

1. Bob hat gemogelt. Er weiß, dass $\mathrm{ggT}(x, n) = b > 0$ gilt und somit weiß er, dass b einer der Faktoren p oder q von n ist. Also hat Bob eine hundertprozentige Gewinngarantie.

2. Bob hat nicht gemogelt, er hat einfach vergessen die Bedingung $\mathrm{ggT}(x, n) = 1$ zu überprüfen oder sich dabei verrechnet. Dann wird Bob in Schritt 4 nichts Neues erfahren (Alice schickt x oder $(-x)$, die er schon kennt) und seine Niederlage zugeben.

Somit kann eine Zufallsentscheidung nicht mehr erreicht werden.

Aufgabe 11.11 Das Kommunikationsprotokoll muss wie folgt geändert werden: Im zweiten Schritt wählt Bob k Zahlen $x_1, x_2, \ldots, x_k$ zufällig aus $\mathbb{Z}_n - \{0\}$, alle Zahlen mit der Eigenschaft $\mathrm{ggT}(x_i, n) = 1$. Dann rechnet er

$$a_i = x_i^2 \bmod n$$

für alle $i = 1, \ldots, k$ und sendet $a_1, a_2, \ldots, a_k$ an Alice und fordert sie auf, ihm für jedes a_i eine modulare Wurzel von a_i modulo n zu schicken. Kannst du jetzt selbst begründen, warum Bob mit der Wahrscheinlichkeit $1 - 2^{-k}$ gewinnen wird?

Aufgabe 11.32 Wir müssen den Teilschlüssel s_4 so wählen, dass die Gleichung

$$s = s_1 \oplus_{\text{bin}} s_2 \oplus_{\text{bin}} s_3 \oplus_{\text{bin}} s_4$$

erfüllt ist. Wir können dazu die Gleichung folgendermaßen umformen:

$$s_4 = s \oplus_{\text{bin}} s_1 \oplus_{\text{bin}} s_2 \oplus_{\text{bin}} s_3.$$

Durch Einsetzen der entsprechenden Teilschlüssel erhalten wir dann die folgende binäre Folge als Teilschlüssel s_4:

$$s_4 = 00110 \oplus_{\text{bin}} 00101 \oplus_{\text{bin}} 11011 \oplus_{\text{bin}} 10100$$
$$= 01100.$$

Aufgabe 11.33 Um den geheimen Schlüssel s zu bestimmen können wir das folgende Gleichungssystem aufstellen:

$$s_1 = s + a_1 \cdot 1 + a_2 \cdot 1^2$$
$$s_3 = s + a_1 \cdot 3 + a_2 \cdot 3^2$$
$$s_5 = s + a_1 \cdot 5 + a_2 \cdot 5^2.$$

Wenn wir dieses nun nach den Variablen s, a_1 und a_2 auflösen, erhalten wir das Polynom, das für die GEHEIMNISTEILUNG gewählt wurde:

$$f(x) = s + a_1 \cdot x + a_2 \cdot x^2$$
$$= 9 + 12x - 4x^2.$$

Dabei können wir den geheimen Schlüssel s direkt ablesen bzw. wir haben die Lösung bereits durch das Auflösen des Gleichungssystems erhalten. Somit ist der geheime Schlüssel $s = 9$.

Literatur

[1] Tim Bell, Ian Witten und Mike Fellows. *Computer Science Unplugged. An enrichment and extension programme for primary-aged children.* 2006. URL: www.csunplugged.com.

[2] Hans-Joachim Böckenhauer und Juraj Hromkovič. *Formale Sprachen. Lehrbuch für Unterricht und Selbststudium.* Springer Vieweg, 2013.

[3] John Chadwick. *Linear B: Die Entzifferung der mykenischen Schrift.* Heidelberg: Vandenhoeck + Ruprecht Gm, 1982.

[4] Paulo Coelho. *Der Fünfte Berg.* Zürich: Diogenes, 2007.

[5] Euklid. *Die Elemente.* Hrsg. von C. Thaer. Darmstadt: Wissenschaftliche Buchgesellschaft, 1980.

[6] Andreas Frommer, Angela Klewinghaus und Katrin Schäfer. *Data Encryption Standard. Bitte 64 Bit!* URL: http://www.matheprisma.de/Module/DES (besucht am 05.06.2009).

[7] Goscinny und Uderzo. *Asterix bei den Olympischen Spielen.* Stuttgart: Delta, 1985.

[8] Juraj Hromkovič. *Berechenbarkeit. Lehrbuch für Unterricht und Selbststudium.* Springer Vieweg, 2011.

[9] Juraj Hromkovič. *Lehrbuch Informatik. Vorkurs Programmieren, Geschichte und Begriffsbildung, Automatenentwurf.* Wiesbaden: Vieweg+Teubner, 2008.

[10] Juraj Hromkovič. *Sieben Wunder der Informatik. Eine Reise an die Grenze des Machbaren mit Aufgaben und Lösungen.* 2. Aufl. Vieweg+Teubner, 2008.

[11] Robert Kaplan. *Die Geschichte der Null.* 6. Aufl. Piper, 2006.

[12] Walter Moers. *Ensel und Krete.* 8. Aufl. München: Wilhelm Goldmann, 2002.

[13] Walter Moers. *Wilde Reise durch die Nacht.* München: Wilhelm Goldmann, 2003.

[14] Daniel Palloks. *Enigma-Simulation in Javascript/HTML.* URL: http://people.physik.hu-berlin.de/~palloks/js/enigma/ (besucht am 23.04.2014).

[15] Simon Singh. *Geheime Botschaften. Die Kunst der Verschlüsselung von der Antike bis in die Zeiten des Internet.* München und Wien: Carl Hanser, 2000.

[16] Frank Spiess. *Three Rotor Enigma Simulation.* URL: http://www.enigmaco.de (besucht am 12.11.2009).

[17]   Leonie Swann. *Glennkill*. 4. Aufl. München: Goldmann, 2007.

[18]   John R. R. Tolkien. *Der Herr der Ringe*. 11. Aufl. Stuttgart: Klett-Cotta, 2002.

[19]   Dietmar Wätjen. *Kryptographie. Grundlagen, Algorithmen, Protokolle*. Heidelberg: Springer, 2008.

[20]   Enrique Zabala. *Rijndael Cypher*. URL: http://www.formaestudio.com/rijndaelinspector (besucht am 12.11.2009).

Index